应急管理
理论与实务

主编　杨文明

上海三联书店

序　言

民太安集团杨文明董事长嘱托我为本书写个序言，我多少有些犹豫。我所顾虑的是，我长期做经济学、金融学、保险学的教育和研究工作，对应急管理领域涉猎不多，恐难以对本书做出专业的评价；但从另外一个角度讲，作为杨文明在南开求学时期的导师，我见证了他及其创办的民太安集团多年来的成长，考虑到我们的师生情谊，作为导师的我能在学生主编的著作中作序，此乃是导师的义务和幸事，出于对南开学子的鼓励，我很乐意在此谈谈我的观点和看法。

南开大学1982年重新创办了金融系，1984年设立了保险专业，80年代末开创了"南开—北美"精算教育模式，这在全国都是具有开创意义的。在这个过程中，南开培养了一大批优秀的学子，他们或成为政府官员，或成为学界翘楚，或成为产业精英，文明就是其中非常具有代表性的一位。他于1984年到1988年在南开大学经济学院攻读本科，在学期间，就体现出了特有的创新能力和领导才能，后又在南开攻读了经济学硕士学位，进一步提升了实践和理论融合贯通的能力。作为典型的南开学子，文明既传承了南开厚实质朴的精神特质，工作扎实而不张扬，同时又将人生的事业融入到国家的发展需求中，将"允公允能，日新月异"的精神很好地溶化到了他及企业的使命担当中去。

民太安将"服务人民太平安康"作为企业使命，在这种定位及长期艰苦的努力下，民太安成功地成为国内保险公估行业的塑造者和领头羊，有力促进了保险业的体系化，并为保险更好地服务于国家大局贡献了难能可贵的力量。2016年后，民太安发起成立了深圳市应急管理学会，并担任会长单位，汇集了深圳市诸多应急管理的企业单位，为搭建应急管理生态，服务应急管理改革与创新，作出艰辛的努力和值得肯定的贡献。

在民太安成立三十周年之际，民太安团队将自己的经验和探索写成这本著作，是值得肯定和鼓励的。尤其是作为一家民营企业，能够克服当前经济下行的压力，在不断完善产品和服务应急管理实践需求的同时，还能够抽出精力来完成这部大块头的著作，不仅体现了民太安团队的"专业主义"，更体现了他们的"家国情怀"，我为他们卓越的工作和体现出来的专业精神点赞！

拿到书稿后，我粗读了一遍，总体来说，本书有三个特点：一是很好地将理论与实务结合起来，前五章将相关的基础理论进行了非常概要的总结，后续的二十四章对各个细分领域进行了较为深入的研究和分析；二是以应急为核心，结合了"保险"与"科技"，这使得对应急管理的理解更为全面，对相关领域的研究更具有深度，也体现了民太安的特点和时代的特色；三是全书视野开阔、逻辑严密、文字简明、点面结合，读完后既能够对应急管理领域有全盘的了解，也能对一些典型的细化领域有较为深入的掌握。基于上述这些特点，这本书既可以作为理论工作者了解实践、深入归纳提炼再加工的重要素材，也可以为实务工作者工作提供理论指引，同时对安全应急相关的保险、科技等领域的专业人士也有重要的参考价值。

当然，随着世界之变、时代之变和历史之变，特别是随着国家应急管理实践的快速发展，本书也还有很多地方需要与实践进展一起不断完善。尤其是，正在快速变化的风险减量领域、科技创新领域、巨灾保险和安全生产责任保险领域、应急管理体制创新领域等，中国在短短几十年内走完西方国家数百年的历程，必然会伴随着很多风险的集中压缩与释放，在这种情况下，如何用好科技带来的便利，如何完善保险的风险管理功能，如何不断优化大国应急管理的体制机制，就显得非常重要。我希望民太安团队能够以新时代中国特色社会主义思想为指导，与时俱进，紧紧跟住这个时代，努力服务好这个时代，做新时代的弄潮儿。

民太安的总部在深圳，而深圳在全国经济社会发展与城市建设中占有独特的地位，按照中央的部署，2035年，将深圳建设成为社会主义现代化强国的城市范例；到本世纪中叶，将深圳建设成为竞争力、创新力、影响力卓著的全球标杆城市。在这种定位下，深圳所承担的探索使命是巨大而光荣的。在发展与安全同等重要的宏观政策导向下，深圳的现代化，深圳的城市示范意义，必然包含着在城市应急管理方面的探索。也正是在这个意义上，我希望民太安团队能够在深圳这片沃土上，更加积极探索，更加务实创新，我希望在十年后、二十年后、三十年后,民太安能够在创造中国特色社会主义经济体系和应急管理领域作出更大的贡献,成为行业的领军者! 届时,我做为南开的教师,也会为南开人的事业与成就感到骄傲!

南开大学教授,博士生导师

2024 年 1 月 1 日

序　言

　　应急管理是一项关系人类生存与发展的系统工程,是以人民为中心,针对自然灾害、事故灾难、公共卫生事件和社会安全等各类突发事件,从预防与应急准备、监测与预警、应急处置与救援、事后恢复与重建的全灾种、全过程(全周期)、全方位、全社会(全主体)的管理。它的地位和任务,正如习近平总书记指出的,"应急管理是国家治理体系和治理能力的重要组成部分,承担防范化解重大安全风险、及时应对处置各类灾害事故的重要职责,担负保护人民群众生命财产安全和维护社会稳定的重要使命。"

　　了解历史才能看得远,理解历史才能走得远。新中国成立后,党和国家始终高度重视公共安全与应急管理工作,在党中央领导下,我国创造了许多抢险救灾、应急管理的奇迹。以毛泽东同志、邓小平同志、江泽民同志为主要代表的中国共产党人心系国家安危,心系人民群众生命安全和身体健康,坚持从维护人民群众的根本利益出发,开新篇、打基础,带领全党全国各族人民,治江河、抗地震、送瘟神、平叛乱、保平安、平风波、降事故、战洪灾、化危机,使新中国的应急管理工作迈出了坚实步伐,为新中国的应急管理事业奠定了坚实基础。以胡锦涛同志为代表的中国共产党人坚持科学发展观,在深刻总结抗击非典经验教训、科学分析公共安全形势的基础上,作出了全面加强以"一案三制"(制定应急预案体系,健全应急体制、机制、法制)为主要内容的应急管理工作的重大决策,全面、系统、主动地加强应急管理工作,并夺取了抗击冰雪灾害和汶川特大地震等严重自然灾害和灾后恢复重建重大胜利,妥善处置了一系列重大突发事件,成功举办了北京奥运会、残奥会和上海世博会。党的十八大以来,中国特色社会主义进入新时代,应急管理进入新时期。以习近平同志为核心的党中央更加重视公共安全与应急管理工作,国家安全得到全面加强,经受住了来自政治、经济、意识形态、自然界等方面的风险挑战考验,为党和国家兴旺发达、长治久安提供了有力保证。

在以习近平同志为核心的党中央的坚强领导下,新时期应急管理呈现了新态势、新格局:即以总体国家安全观为统领,统筹发展和安全;以人民安全为宗旨,坚持人民至上生命至上;以防范化解重大风险挑战为主线,推动公共安全治理模式向事前预防转型;以服务和建设与现代化强国相适应的中国特色大国应急体系为目标,积极推进我国应急管理体系和能力现代化;以加强优化统筹国家应急能力建设为重点;以科技进步特别是现代信息技术为支撑;以中国特色社会主义法治体系为保障;以构建人类命运共同体为己任,以新安全格局保障新发展格局。

但是,我国是世界上自然灾害最为严重的国家之一,当前和今后一个时期又是我国各类矛盾和风险易发期,各种可以预见和难以预见的风险因素明显增多,公共安全与应急管理面临诸多风险挑战:特别是自然灾害的突发性、异常性和复杂性增加,极端性凸显;安全生产和生态环境工作处在脆弱期爬坡期过坎期,存量风险和增量风险交织叠加,形势依然复杂严峻;公共安全风险多样化复杂化,突发性更加明显;网络安全风险凸显化,放大性更加明显;高风险的城市和低设防的农村并存,城市脆弱性凸显;我国社会主要矛盾已经转化,平安成为老百姓解决温饱后的第一需求;世界之变、时代之变、历史之变正以前所未有的方式展开,不稳定性和不确定性更加明显。而且,这些风险挑战相互影响、相互转化、相互交织、相互叠加,我们必须增强忧患意识,坚持底线思维,做到居安思危、未雨绸缪,准备经受风高浪急甚至惊涛骇浪的重大考验。

综上所述,加强应急管理体系和能力建设,既是一项紧迫而光荣任务,又是一项长期而艰巨任务。正是在这种迫切的公共安全与应急管理实践需求引导下,深圳涌现了一批应急管理的学术团体和具有社会担当的企业,民太安集团和深圳市应急管理学会就是其中的佼佼者。深圳是改革开放后党中央一手缔造建设起来的现代化国际大都市,作为社会主义现代化建设的先行示范区,在很多方面的探索都走在全国的前列,在应急管理领域也不例外。前些年,我曾到深圳市应急管理学会座谈交流,欣喜地发现,该学会立足深圳应急管理的实践,在应急预案、应急演练、应急避难场所建设、应急文化宣传、保险机制探索等方面都取得了不错的成绩。同时,我也了解到民太安集团在杨文明董事长带领下,长期深耕保险公估领域,主导了多起自然灾害、安全生产事故的损失评估,为社会和谐做出了重要贡献。应急管理是一门综合性、实践性很强的科学,需要全身心的投入和服务,需要不断地学习和借鉴,需要坚持不懈地探索和积累。2024年是民太安集团成立三十周年,我很高兴看到他们能够将自己在保险服务和应急管理领域的诸多探索和实践进行总结提炼,形成这本《应急管理理论与实务》,该书涉及应急管理的诸多领域,但更偏重于在实践落地层面的经验总结,更偏重于实务,这是该书独特的价值所在。

《"十四五"国家应急体系规划》等规划明确提出:到2025年,应急管理体系和能力现代化建设取得重大进展,形成统一指挥、专常兼备、反应灵敏、上下联动的中国特色应急管理体制,建成统一领导、权责一致、权威高效的国家应急能力体系,防范化解重大安全风险体制机制不断健全,应急救援力量建设全面加强,应急管理法治水平、科技信息化水平和综合保障能力大幅提升,安全生产、综合防灾减灾形势趋稳向好,自然灾害防御水平明显提升,全社会防范和应对处置灾害事故能力显著增强。到2035年,建立与基本实现现代化相适应的中国特色大国应急体系,全面实现依法应急、科学应急、智慧应急,形成共建共治共享的应急管理新格局。

"雄关漫道真如铁,而今迈步从头越"。面对公共安全与应急管理的新态势、新挑战、新任务,面对党中央的殷切希望和广大人民群众的迫切要求,衷心希望包括民太安团队在内的应急管理学界和实务界同仁,坚持目标导向、问题导向,进一步积极探索、不断实践、深入总结,找到真问题,寻求真答案,为积极推进我国应急管理体系和能力的现代化做出自己应有的贡献,无愧于我们这个伟大的时代!

原国务院参事、原国务院应急管理专家组组长、

原国家减灾委专家委副主任

2024年1月1日

导　读

　　人类历史既是发展生产力的历史,也是增强危机应对能力的历史。党的十八大以来,以习近平同志为核心的党中央着眼党和国家事业发展全局,坚持以人民为中心的发展思想,统筹发展和安全两件大事,把安全摆到了前所未有的高度,应急管理事业得到了前所未有的快速发展。

　　同时,当代中国也面对着极其严重的安全挑战,《"十四五"国家应急体系规划》中明确提出,我国是世界上自然灾害最为严重的国家之一,灾害种类多、分布地域广、发生频率高、造成损失重,安全生产仍处于爬坡过坎期,各类安全风险隐患交织叠加,生产安全事故仍然易发多发。而且,随着工业化、城镇化持续推进,我国中心城市、城市群迅猛发展,人口、生产要素更加集聚,产业链、供应链、价值链日趋复杂,生产生活空间高度关联,各类承灾体暴露度、集中度、脆弱性大幅增加,风险防控的难度不断加大。

　　面对如此严峻的形势,我们需要在宏观上把握好应急管理的机制建设。总体而言,一个国家的应急管理主干性机制包括三个方面,其一是国家的公共机制,借助于公共权力及资源,快速实现对资源的高度整合及对危机的快速应对;其二是市场机制,充分利用市场的力量,来促进行业产业的发展,为应急管理提供支撑和服务;其三是社会机制,表现为充分动员社会力量来参与应急管理,弥补国家力量、市场力量的空缺,并促进社会主体的自救。这三方面的力量或机制是相互依托、互为支撑的关系,共同构成应急管理的整体体系。

　　保险是市场经济条件下风险管理的基本手段,去年10月召开的中央金融工作会议明确要求"发挥保险业的经济减震器和社会稳定器功能"。保险业应该胸怀"国之大者",为经济社会发展提供高质量服务,在应急管理中发挥好市场机制的作用。尤其体现为,可以发挥损失补偿的作用,从而减少民众的损失,降低政府公共财政的压力;可以发挥整体社会风险控制的作用,通过专业化的风险管理,来增强社会民众抵御风险的能力,促进社会稳定;可以通过风险减量的一系列服务,来降低企业或其他社会主体的风险水平,降低危机发生的概率和水平。可以说,无论是应急管理的"后端"——赔偿与重建,还是应急管理的"前端"——风险识别与防范,保险都发挥着难以替代的关键性作用。

本书围绕贯彻落实以习近平总书记为核心的党中央关于新时代全面加强突发事件应对、有效防范化解重大风险、切实维护国家安全和社会安定的一系列重大决策部署,既从理论和逻辑上梳理了相关重点领域的理论基础和学术探讨,又从实践的角度紧紧围绕风险与应急管理的主题,分别从自然灾害、社会安全、安全生产、保险机制、科技创新等方面进行了详细的阐释。全书以理论为指引、以实践为依托,结合 30 年来民太安集团的工作实例及国内外发生的多起典型案例,很好地诠释了应急管理理论与实践案例的相互依存关系。尤其值得一提的是,本书作者以公司的行业特色,详细阐释了保险机制与应急管理的共性,彰显了保险机制在应急管理中的独特功能。

我通过对全书的阅读,发现本书具有四个较为鲜明的特点:

一是内容全面性。本书以我国应急管理体系、制度的发展建设为引导,系统阐述了应急管理的体系建设、队伍建设、突发事件的应对处置流程和实际案例、主要工业企业的风险隐患排查与治理以及保险机制的功能作用,梳理了风险分析与管控的全流程和具体实践案例。

二是思路独特性。本书着眼于保险是风险管理的基本手段的思路,全面阐述了保险机制在应急管理中的角色定位和功能表现,强化了保险机制与应急管理的共性特质,凸显了保险机制是协同应急管理,实现应急管理能力和体系现代化的重要市场化工具。

三是实践应用性。本书所涉及的各个领域,尤其是各生产领域,在阐述理论、介绍流程和提出措施后,大都配有相应的应用案例,力求本书成为好用、管用的工作指导读本。

四是内容可读性。本书以读者为中心,在行文表述上简洁、生动,同时还提供了大量的表格、图片及案例,力求以文载道,以图释义,以案释理,增加本书的可读性,做到通俗易懂,使用方便。

2014 年,我在为杨文明董事长主编的《保险公估理论与实务》一书序言中曾写到,"民太安公司是我国保险公估业发展历程的参与者、见证者和成功者。"当时是民太安成立二十周年。时光飞逝,转眼间又过去了十年,在民太安成立三十周年的今天,我欣喜地看到这个初创于深圳、延伸到全国的公司不仅在保险公估领域依然保持着领头羊的位置,而且,在公估之外还开拓了安全应急领域,从而把业务的重点从事后损失核定延展到事前风险防范,这种全生命周期的风险管理思路不仅是对国家强调"风险减量"和"大安全"建设的及时回应,更是一种肯于并善于自我革新的企业家精神的真切表达!

　　基于上述认识,我愿意将此书推荐给广大应急和保险行业的从业者,愿我们一起致力于各类风险的防范治理和国家公共安全建设,为国家安定和人民幸福贡献自己的力量!也谨以此文祝愿民太安未来的征程更加辉煌!

陈文辉

2024 年 1 月 3 日

前　言

岁序常易,华章日新。从1994年民太安成立之日开始算起,已经走过了整整三十个年头。从社会的角度看,三十年的时间可视为一代人的时间长度,古人讲"三十而立",对于民太安来说,立什么,怎么立,是我们必须要回答的问题。回顾这饱含着艰辛、坎坷与成长的三十年,民太安人用专业深耕,用热爱坚持,努力奔跑,勇往直前,太多的人为此付出了美好的青春,太多的事值得我们去怀念和记忆。

然而,对于一家志怀高远的集团而言,不仅仅是要纪念自己的成长和发展,纪念自己的历史和初心,更重要的是,要把自己在奋斗过程中的经验加以积累和固化,将专业知识更好地总结和归纳,从而使后来者能够站在前人的肩上去理解业务的场景,去更好地服务于客户,去增进行业的价值。抱着这种信念,我们在民太安十周年时,组织公司的团队编写出版了《保险公估实务》一书;在民太安二十周年时,组织公司团队撰写出版了《保险公估理论与实践》一书,这些书成为公估行业为数不多的专业著作。

在当代中国,应急管理已经日益成为一门包括着极度复杂性的显学,国家重视程度不断加大,各地的实践发展日新月异,越来越多的高校和科研机构开始培养相关专业领域的本硕博学生,产学研结合已经成为各界的共识和努力前行的方向。在这种时代背景下,民太安在服务于保险业的同时,日益认识到从事故后端转向事故前端,从核损理赔转向风险防范的重要性。于是,我们在2013年成立了深圳市民太安风险管理研究院,2016年以研究院为会长单位发起成立深圳市应急管理学会,2021年公司专门设立安全应急业务部,在全国开展安全应急领域的服务,值此民太安成立三十周年之际,我们再次鼓足勇气,将近年来我们在安全应急领域的探索和思考,沉淀归纳成目前这本《应急管理理论与实践》,奉献给大家指正。

在书稿基本成熟后，我们邀请在保险、应急领域的权威专家，我的恩师南开大学风险管理与保险学系首任系主任、博士生导师刘茂山教授，原国务院应急管理专家组组长、原国家减灾委专家委副主任闪淳昌参事，帮我们审读书稿并作序，他们既是行业中权威的顶级专家，也都对我及民太安集团长期关注并给予多种指导，是我们前行的贵人。他们的序言既给了我们前行的压力，也让我们对自己的工作更加存满信心，衷心感谢他们在百忙之中为本书"提纲挈领"。尤其值得感谢的是，原中国银保监会陈文辉副主席通读了书稿，为本书作了导读，体现了监管者的严谨和对保险中介行业的关心和爱护，以及对保险中介行业胸怀"国之大者"的关切，使我们倍受鼓舞。

2024年1月8日，我们主创团队在拜望我的恩师刘茂山教授并讨论该书时，他提出"一本书要有自己的独特贡献，要能一句话概括书的独特价值和贡献，'画龙要点睛'。"我们琢磨老师的话，仔细思索这本书的独特价值在哪里？认为"从风险的视角来观察和研究应急管理的诸多理论和具体实操"就是本书的独特性所在吧，希望这种角度的研究能够为广大读者带来一些启发。

回头看，轻舟已过万重山；向前看，前路漫漫亦灿灿。未来我们将继续以昂扬斗志，务实作风，铿锵步伐，书写奋进新征程！尽管我们的团队已经非常认真扎实的去完成本书的撰写，但毫无疑问的是，他们都奋斗在企业的一线，能够分出来的精力和理论归纳水平都还是比较有限的，在此，我们鼓足勇气将我们的认识奉献于学术界和实务界，希望能够得到大家的批评教正！亦祝有缘与我们遇见的判卷人福暖四季，顺遂安康！

民太安集团董事长

深圳市应急管理学会会长

2024 年 1 月 6 日

编委会

目　　录

第一章 中国特色应急管理体系的发展变革与制度建设 *

第一节 中国特色应急管理体系的发展历程

自古以来,公共安全都既是公民的基本需求,也是政权合法性的核心要件。长期以来,我国作为一个突发事件多发、易发、并发的大国,加强应急管理、保护人民生命财产安全是各级党委政府的重要职责。自新中国成立以来,伴随着国际局势瞬息万变以及国内政治经济社会结构的不断变迁,面临着新型风险不断衍生的挑战,我国公共安全管理与应急管理实践历经发展演变,逐渐形成了具有中国特色的应急管理体系,从不同时期的特点来看,主要经历了灾害管理、综合应急管理、全面公共安全管理三个阶段。

一、以救灾防灾减灾为核心的灾害管理

(一)传统中国灾害管理发展概况

灾害是人类社会发展史上一个由来已久的现象,其中对农业社会的破坏力最大。自古以来,中国作为疆域广袤、幅员辽阔的大国,一直经受着各类灾害的侵袭,《中国救荒史》中曾统计指出:"我国历史上水、旱、蝗、雹、风、疫、地震、霜、雪等灾害,自公元前 1766 年(商汤十八年)至纪元后 1937 年止,计3703 年间,共达 5258 次,平均约每六个月强便有灾荒一次。"①与此同时,人们对灾害的抗争和反思也从未停止。早在古代中国,人们就开始重视自然灾害

---

* 本章为国家社科规划基金项目:"拓宽并规范民众诉求表达、利益协调与纠纷化解的网络渠道研究"(编号:20BZZ019)阶段性成果。

① 邓云特:《中国救荒史》,生活·读书·新知三联书店,1958 年,第 38 页。

的预防、准备和应对,各朝代在应对灾害和研究灾害的过程中逐渐形成了灾害理学、灾害工学以及灾害律学。灾害理学重在对灾害成因进行解释,天人感应学说和禳灾思想影响深远,早在西周《史记·周本纪》里就有对地震发生机理的记载:"天地之气,不失其序……阳伏而不能出,阴循而不能蒸,于是有地震";灾害工学旨在建造抗灾工程,黄河堤防、都江堰、鸿沟、郑国渠、大运河等都反映了古人防灾工程建设的高超技术水平;灾害律学则包括"上律朝纲、中律吏政、下律民风"等一系列制度和文化建设,其中,"上律朝纲"指的是历代君主都应把各类灾害视为上天的告诫和警示,对此君主需采取祭天祈祷、下罪己诏等措施;"中律吏政"指的是各朝代制定了一系列关于灾情报告、灾情评估、赈灾等方面的法律法规和政策,具体包括对救灾主体、救灾过程、救灾措施、救灾程序的详细规定;"下律民风"则指的是对老百姓进行灾害宣传教育,培养其应对和预防灾害的意识、方法和技能。[①] 总而言之,1949 年以前,中国就已逐渐发展形成了体系化的灾害管理思想、相对稳定的灾害救济框架和较为系统的灾害管理制度,这也是新中国成立以来的灾害管理制度建设和实践发展的基石。

(二) 新中国成立以来灾害管理的发展演变

自新中国成立到 2002 年,中国的灾害管理历经了救灾、防灾减灾、综合减灾三个阶段。[②]

第一阶段,自 1949 年新中国成立至 1978 年改革开放之前,该段时期我国的灾害管理工作以救灾为核心。尽管在新中国成立后,政治社会环境发生了根本性变化,但自然灾害的频发及其带来的损失和威胁并未减少,尤其是建国初期,长期战乱及统治阶级的剥削压迫,使得民间和政府的抗灾救灾资源能力非常有限,使得新中国刚建立便经受了几次严重灾荒。1950 年,时任内务部副部长的陈其瑗在《人民日报》刊发了《一年来的救灾工作总结》,指出:"一九四九年的灾荒,种类多(主要是水灾),地区广,灾情连续,不仅是美帝与蒋介石匪帮直接造成,也是封建阶级长期统治的结果",[③]《1949—2004 重大自然灾害案例》中也详细记载了 1949—1956 年间发生的 7 次重大自然灾害。在此时

---

① 孔锋:《理解古代中国的灾害管理:灾害理学、灾害工学与灾害律学》,科普中国网:https://www.kepuchina.cn/article/articleinfo? business_type=100&classify=0&ar_id=418651,2023—06—13.
② 童星、张海波:《基于中国问题的灾害管理分析框架》,载《中国社会科学》2010 年第 1 期。
③ 陈其瑗:《一年来的救灾工作总结》,《人民日报》1950 年 9 月 13 日。

期,自然灾害发生之频繁、规模之巨大、影响之严重,不仅造成了大量人口的死亡外流、大量财产的损失破坏,还严重阻碍新中国政权建设和社会改革工作的推进,对此,救灾已非是简单的举措活动,已然成为一场必须重视的政治运动和"严重的政治任务",中央和地方各级政府将救灾工作置于了前所未有的重要地位,开展了一系列的制度建设,制定和实施了多种政策及举措。随后,政府先后成立了水利部、内务部等灾害管理机构,1950年,又组建了中央救灾委员会,以加强对救灾工作的领导。从该时期的具体救灾措施也不难看出其工作重点,当时有学者指出要战胜灾荒,必须"生产自救,节约度荒,群众互助,以工代赈,并辅之以必要的救济",为中央政府所采纳践行;1958年,在第四次全国民政会议上,确定了"防重于救,防救结合,依靠集体,农业为主,兼顾副业,互相协作,厉行节约,消灭灾荒"的方针;此后"文化大革命"开始,救灾工作不可避免地受到了严重冲击,1976年,唐山大地震的惨剧是"人祸加重了天灾"。[①] 总的来看,1949年—1977年,在救灾过程中逐渐确立了中央政府为主导的救灾体制,形成了"全国找中央"的高度集中的灾害管理制度,中央政府成为唯一的责任主体,地方政府仅负执行责任。该体制模式尽管也存在种种问题,但基本适应了当时的政治社会结构和历史条件,保障了救灾工作的有序开展,有效应对了1952年的云南丽江地震、1966年的河北邢台地震、1975年的辽宁海城地震等自然灾害,其中一些方针和具体措施也为后来的现代救灾减灾体系所吸收。[②][③]

　　第二阶段,自1978年改革开放至1989年,该阶段的灾害管理以救灾减灾为主要内容。1978年中共十一届三中全会后,我国进入了改革开放和社会主义现代化建设的新时期,随着解放思想、拨乱反正以及经济体制改革的推行,灾害管理的局面焕然一新,救灾工作发生了重要调整,防灾减灾开始受到关注和重视。首先,从背景来看,十一届三中全会对民政工作的性质进行了讨论和明确,其工作重点从政治运动转向民政事务,救灾成为其重要业务;对自然灾害的认识有所深入,开始意识到人为因素、自然规律、科学认识的重要性,防灾减灾意识增强;财政体制的改革也使得中央政府为主导的救灾体制发生了转变,为适应经济体制改革的需要,1980年、1985年、1988年相继进行了三次财政体制改革,实行"划分税种、核定收支、分级包干"的分配办法。其次,从灾害

① 刘华清:《刘华清回忆录》,解放军出版社2007年版,第374页。
② 童星、张海波:《基于中国问题的灾害管理分析框架》,载《中国社会科学》2010年第1期。
③ 蒋积伟:《1978年以来中国救灾减灾工作研究》,中共中央党校博士论文,2009年。

管理的工作方针来看,1983年,第八次全国民政会议把救灾工作方针修订为:
"依靠群众,依靠集体,生产自救,互助互济,辅之以国家必要的救济和扶持"。
在上述背景下,改革开放后,传统救灾体制发生了调整与变革,其一是实行救
灾经费包干制,救灾经费不再由中央政府包揽,而是把救济费用包干到省,由
省统一安排分配,从而在很大程度上调动了地方政府的积极性,提高了救灾效
率;其二是在救灾领域推行保险业务,最先试行的领域是农村救灾合作保险,
目的是保障灾民的基本生活和恢复生产。救灾保险机制的建立不仅改变了以
往救灾经费单纯依赖国家的弊端,还有效增强了人们的防灾减灾意识,同时还
增强了灾后查灾、核灾工作的科学性和准确性,也是灾害管理从单纯救灾向防
灾减灾转变的具体表现;其三,将救灾和扶贫工作相结合,1985年,民政部等
九部委联合向国务院递交了《关于扶持农村贫困户发展生产治穷致富的请
示》,提出:"要把扶贫和救灾结合起来。救灾款在保障灾民基本生活的前提
下,可用于灾民生产自救,扶持贫困户发展生产。救灾款有偿收回的部分用于
建立扶贫救灾基金,有灾救灾,无灾扶贫"[①],在具体做法上,一方面扶持"旱涝
保收"的商品生产项目,另一方面则是强调救灾与防灾减灾相结合,以防为主,
因地制宜调整农村产业结构,增强抵抗自然灾害的能力,从产业结构上减少灾
害发生的可能性。总之,20世纪80年代的灾害管理工作发生了明显调整和
重要突破,打破了传统救灾工作观念和方法,正在从救灾向减灾救灾的方向上
转变。

第三阶段,1990年至2002年,灾害管理工作进入以综合减灾为重点的
现代灾害管理阶段。1987年,联合国大会确定1990—2000年为"国际减轻
自然灾害十年",次年,成立了"国际减轻自然灾害十年"指导委员会,随后,
中国加入联合国发起的"十年减灾"活动,1989年组建中国国际减灾十年委
员会,该机构的宗旨是:响应联合国倡议,积极开展减灾活动,增强全民、全
社会减灾意识,提高中国防灾、抗灾、救灾能力和工作水平,减轻自然灾害造
成的生命财产损失,工作目标是:贯彻以预防为主,防抗救相结合的方针,防
患于未然。增加灾前的经费投入,建立并完善预警系统和抗灾设施,提高灾
害预测、预报、预防和灾害评估水平;完善全国灾害信息网络及辅助决策系
统,增强对自然灾害的快速反应能力及决策能力;强化各级政府的减灾功
能,并设置相应的灾害分级管理系统,加强地区之间的灾害联防、联抗、联救

---

① 民政部政策研究室:《民政工作文件选编(1985)》,华夏出版社,1986年,第104页。

工作,提高灾后快速恢复、重建水平;建立健全减灾法规,做到依法减灾;推动减灾科研,发展减灾技术,逐步完善救灾工业体系,建立救灾器械研制机构,发展生产企业;开展减灾科普宣传活动,提高全民族、全社会减灾意识,建立健全减灾组织;到 20 世纪末,最终达到减少自然灾害损失 30％ 的目标。[①] 2005 年,该机构改名为国家减灾委员会,成为国家负责自然灾害减灾的最高领导机构,负责研究制定国家减灾工作的方针、政策和规划,协调开展重大减灾活动,指导地方开展减灾工作,推进减灾国际交流与合作等。进入 90 年代后,"减灾"概念和工作受到了前所未有的重视。从概念上来看,"减灾"一方面指的是减少自然灾害,另一方面指的是减轻自然灾害带来的损失,具体做法则是通过建设一系列减灾措施,防止或减少自然灾害的发生频率。从实际工作来看,减灾委成立后,开展了一系列减灾活动,建设了大规模的减灾工程,包括江河堤防、水库塘坝、防护林等;在非工程性减灾措施方面建立了各类灾害的监测预警系统,包括各类监测站、观测系统以及发布预警信息的网络。此外,在救灾模式方面,也发现了明显变革,开始实行救灾工作分级管理制度,"实行救灾工作分级管理最理想的模式是:按客观标准把灾情分为特大灾、大灾、中灾和小灾,并据此明确各级政府承担的责任。小灾主要通过地县两级财政、基层组织和群众的互助互济解决;中灾由省级帮助解决;大灾和特大灾以省以下各级解决为主,中央予以补助。"[②]总的来看,该阶段的灾害管理工作从根本上革新了传统救灾体制,具体有两方面的重大改变,一是救灾理念的转型,从救灾防灾为主转向了综合减灾,减灾工作还是具有独立性和优先性,政府部门对减灾工作高度重视,二是救灾模式的改革,分级管理制度的实施为 2003 年之后应急管理体系的建立奠定了基础。

尽管以综合减灾为主的现代灾害管理制度的建立取得了一系列体制、机制、制度的革新,但仍然存在一定局限:其一,防抗救工作由不同部门负责,缺乏统一的权威领导,妨碍减灾思想的贯彻执行;其二,以职能部门为主,以跨部门议事机构为协调的体制导致灾害管理过程中沟通碎片化;其三,灾害管理强调权力集中,地方防灾减灾的主动性不足,央地权责划分不明;其四,除自然灾害外,自然灾难、公共卫生、生产事故等社会性强的事故灾难不在国家减灾委

[①] 《中国国际减灾十年委员会简介》,载《中国减灾》1991 年第 1 期。
[②] 民政部法制办公室:《民政工作文件选编(1996)》,中国社会出版社,1997 年,第 39 页。

等有关部门的职能范围内,对这些事故的管理缺乏整体协调。2003 年,非典型肺炎蔓延,上述一系列条块分割的问题导致我国在"非典"应对初期不力,应急机制不健全、综合应急能力不足的问题得以全面暴露。①

二、全灾种、全过程、全主体的综合化应急管理

进入 21 世纪,各类人为性、社会性的事故灾难、公共卫生、社会安全事件频发,造成的损失性后果已远超自然灾害,而灾害管理对以上几类灾难的忽视,在一定程度上导致综合减灾工作实际进展缓慢。2003 年初的"非典事件"成为一个契机,作为新中国成立后最具有挑战性的重大危机,对"非典事件"的应对成为危机管理的重要转折,自此之后,我国开始从灾害管理进入到应急管理体系建设的新阶段。②

(一)"非典"后应急管理体系的初步建设

2003 年 7 月,在全国防治非典工作会议上,胡锦涛总书记指出,"通过抗击非典斗争,我们比过去更加深刻地认识到,我国的经济发展和社会发展、城市发展和农村发展还不够协调。公共卫生事业发展滞后,公共卫生体系存在缺陷;突发公共事件应急机制不健全,处理和管理突发公共事件能力不强;一些地方和部门缺乏应对突发公共事件的准备和能力。我们要高度重视存在的问题,采取切实措施加以解决,真正使这次防治非典斗争成为我们改进工作、更好地推动事业发展的一个重要契机。"温家宝总理也在会上提出"争取用 3 年左右的时间,建立健全突发公共卫生事件应急机制","提高突发公共卫生事件应急能力"。随后,中国应急管理体系建设开始起步,过去协调分散、条块分割、临时响应的灾害管理模式开始发生彻底转变。2003 年 10 月,党的十六届三中全会通过《关于完善社会主义市场经济体制若干问题的决定》,提出"建立健全各种预警和应急机制,提高政府应对突发公共事件和风险的能力。"2004 年 9 月,党的十六届四中全会作出《关于加强党的执政能力建设的决定》,进一步提出"建立健全社会预警体系,形成统一指挥、功能齐全、反应灵敏、运转高效的应急机制,提高保障公共安全和处置突发公共事件的能力。"2005 年,国

① 刘一弘、高小平:《新中国 70 周年应急管理制度创新》,载《甘肃行政学院学报》2019 年第 4 期。
② 刘智勇、陈苹、刘文杰:《新中国成立以来我国灾害应急管理的发展及其成效》,载《党政研究》2019 年第 3 期。

家相继出台了《国家自然灾害救助应急预案》《国家突发公共事件总体应急预案》,预示着灾害管理走向规范化的应急管理,应急响应环节得以突出。2006年8月,党的十六届六中全会通过《关于构建社会主义和谐社会若干重大问题的决定》,正式提出了我国按照"一案三制"的总体要求建设应急管理体系。[①]

从机构设置来看,2006年4月,国务院办公厅设置应急管理办公室,具体履行应急值守、信息汇总和综合协调职能,在应急管理活动中开始发挥运转枢纽作用。随后,全国各地相继成立了地方应急管理办公室,成为应急管理体系中的重要组成部分,也是应急管理体制开始建立的重要标志。同时,也加强了自然灾害管理部门的应急管理职能,如国家防汛抗旱总指挥部、国家森林防火指挥部、国务院抗震救灾指挥部、国家减灾委员会、国务院安全生产委员会,包括防汛抗旱、抗震救灾、森林防火、安全生产、公共卫生、公安、反恐、海上搜救以及核事故应急等在内的专项应急指挥系统也得到了完善。[②]

2003年"非典事件"后,国家逐渐建立以"一案三制"(应急预案、应急体制、应急机制、应急法制)为核心的应急管理体系。2007年颁发实施的《突发事件应对法》,标志着"一案三制"应急管理体系的初步建立,在这套制度体系中,"突发事件"取代了过往灾害管理中的核心概念"灾害",被界定为"突然发生、造成或可能造成严重社会危害,需要采取措施予以应对的自然灾害、事故灾难、公共卫生事件和社会安全事件",将原先灾害管理排除在外的事故灾难、公共卫生和社会安全事件纳入其中,更具整体性和包容性,相对地,"应急管理"也替代了"灾害管理"。由此,中国由综合减灾阶段迈向了应急管理阶段。[③]

(二)"汶川大地震"后应急管理体系的综合化发展

2008年是中国多灾多难的一年,相继发生了南方雪灾、西藏暴恐、胶州列车相撞、汶川大地震、西部旱灾等严重突发事件,"非典事件"后初步建立的应急管理体系经受了严峻考验。汶川大地震之后,党中央、国务院开始总结经验、查找问题,在10月8日召开的全国抗震救灾总结表彰大会上,胡锦涛总书记指出,"要进一步加强应急管理能力建设,大力提高处置突发公共事件能力。

---

① 高小平:《中国特色应急管理体系建设的成就和发展》,载《中国行政管理》2008年第11期。
② 刘智勇、陈苹、刘文杰:《新中国成立以来我国灾害应急管理的发展及其成效》,载《党政研究》2019年第3期。
③ 童星、张海波:《基于中国问题的灾害管理分析框架》,载《中国社会科学》2010年第1期。

要认真总结抗震救灾的成功经验,形成综合配套的应急管理法律法规和政策措施,建立健全集中领导、统一指挥、反应灵敏、运转高效的工作机制,提高各级党委和政府应对突发事件的能力。要大力建设专业化与社会化相结合的应急救援队伍,健全保障有力的应急物资储备和救援体系,长效规范的应急保障资金投入和拨付制度,快捷有序的防疫防护和医疗救治措施,及时准确的信息发布、舆论引导、舆情分析系统,管理完善的对口支援、社会捐赠、志愿服务等社会动员机制,符合国情的巨灾保险和再保险体系。通过全方位推进应急管理体制和方式建设,显著提高应急管理能力,最大限度减少突发公共事件造成的危害,最大限度地保障人民生命财产安全"。① 以汶川大地震为分界,我国应急管理体系建设再一次站到了历史的新起点上。②

自汶川地震后,我国进一步加强了应急管理体系的建设,在完善"一案三制"、提升应急管理能力、建设应急平台、发展应急产业以及鼓励社会参与等方面取得了新进展。

第一,进一步健全完善"一案三制"体系。首先,在应急预案方面,2011年国家修订了《国家自然灾害救助应急预案》,2012年修订了《国家地震应急预案》,次年,国务院办公厅正式出台了《突发事件应急预案管理办法》,明确了应急预案的概念、原则、分类、内容、编制程序、改进机制等,以期提高应急预案的针对性、实用性、可操作性,这标志着我国应急预案管理进入了规范化发展阶段;其次,在应急管理体制改革方面,"非典"后我国初步建立起统一领导、综合协调、分类管理、分级负责、属地管理为主的应急管理体制,但在后续突发事件应对中,仍然暴露出部门分割、条块分治、整合不够等弊端,对此,在汶川地震后,开始重点明确相关部门的职能链条,进行职能整合和条块理顺;再次,在应急管理机制建设方面,"非典"后我国基本形成了统一指挥、反应灵敏、协调有序、运转高效的应急管理机制,但在横向部门、跨政府部门协调之间仍存在协同联动不畅的问题,这也是汶川地震后应急管理机制建设的重要领域,2008年,广东与香港、澳门先后签订了《应急管理合作协议》,形成了两岸三地应急管理联动机制,2009年,也有多个区域联合建立了应急管理联动机制;最后,在应急管理法制健全方面,继续推进相关法律法规、政策的出台和完善,2008年修订《防震减灾法》,2010年颁布《自然灾害救助条例》。

---

① 胡锦涛:《在全国抗震救灾总结表彰大会上的讲话》,载《人民日报》2008—10—09。
② 高小平:《中国特色应急管理体系建设的成就和发展》,载《中国行政管理》2008年第11期。

第二,推进基层应急能力建设。汶川地震后,国家开始重视基层应急管理体系的完善,应急管理重心开始向基层延伸。在社区层面,加强对社区居民应急知识的普及教育和宣传,积极开展应急培训和应急演练,塑造社区应急管理文化;在学校层面,推进应急知识进教材、进课堂,设立中小学安全学习周,开展公共安全与应急管理主题教育,培养学生的应急意识和应急能力;在社会层面,通过多样化的形式强化社会公众的防灾减灾、自救互救的应急意识,普及应急知识和自救技能,开展应急科普教育。如发放《突发事件应急演练指南》《公众防灾避险手册》等应急出版物,深圳、苏州等地开办了安全教育体验馆。

第三,培育扶持应急产业发展。应急管理工作的顺利开展既需要各种专业知识技术的支撑,又需要大量的专业设备、专用工具和专备物资,由此催生了应急产业,但由于应急产业具有较强的备用性、专业性和公益性,政府必须出台相应的扶持和管理政策来推动应急产业的培育和发展。2011年国家发改委颁布的《产业结构调整指导目录(2011年本)》中明确将“公共安全与应急产品”列入鼓励类产业,2012年,工信部和国家安全生产监督管理总局联合发布《关于促进安全产业发展的指导意见》,2014年,国务院办公厅出台《关于加快应急产业发展的意见》,这些政策有效回应了我国应急管理实践对应急产业的迫切需求。在社会层面,各类应急产业协会、社会团体和非营利性组织相继成立,将应急管理的各个环节有效联结,使应急产业上下游的资源得到协调整合,其中较为有代表性的是“应急救援产业技术创新战略联盟”。[1] 在应急产业园区建设方面,对于一些投入巨大、技术和知识密集、风险较高的大型应急产业项目,一般直接由政府组织相关部门和单位共同完成。目前,国家已在广东东莞、上海徐汇区、四川绵阳市等地建成多个应急产业聚集区,年产值达4000亿元。[2]

第四,多元主体协同参与。自“非典”之后,很长一段时期内我国应急管理实践表现出明显的“强政府、弱社会”模式,社会力量参与明显不足,政府成为主要的行动主体。但在汶川大地震的应对中,多元主体协同参与的新格局开始显现,社会组织和公众参与的积极性高涨,协同水平提升,地震发生后,各类志愿者组织迅速奔赴救灾前线,成为抗震救灾中的一支重要社会

---

① 闪淳昌、薛澜:《应急管理概论——理论与实践》,高等教育出版社,2012年,第495—496页。
② 康光荣、郭叶波:《公共安全与应急救援产业发展研究》,载《宏观经济管理》2015年第8期。

力量。多元主体协同参与格局的逐渐形成也成为我国应急管理走向综合化的重要标志。①

汶川大地震后,我国应急管理体系逐渐向综合化的方向发展,综合化主要体现为以"一案三制"为基本框架的全灾种、全过程、多主体的管理体系。全灾种指的是在管理对象上更具包容性,利用同一套应急管理体系来应对和处理所有种类的紧急事态和灾难,覆盖自然灾害、事故灾难、公共卫生和社会安全事件;全过程指的是实现对突发事件的全阶段、全过程管理,贯穿预防、减除、准备、应对、恢复几个重要阶段;全主体指的是当突发事件发生时,政府内部来自不同的机构、部门和各级政府的代表一起工作、相互配,社会层面中政府部门、私人部门、社会组织、社会公众等多个层次的行动主体相互配合,共同发挥作用。

三、以风险为中心的公共安全管理

2012 年 11 月,党的十八大召开,中国特色社会主义进入新时代。与之相应,我国应急管理体系也进入了新的发展时期,2013 年后,在总体国家安全观战略的统筹下,应急管理开始被纳入更为立体化的公共安全管理体系框架内,在此仅对该阶段的发展历程作简要介绍,两种新趋向的具体内容则留待第二节再做详细阐释。

(一) 总体国家安全观下从应急管理到公共安全管理

2013 年,党的十八届三中全会提出全面深化改革的总目标是完善和发展中国特色社会主义制度,推进国家治理体系和治理能力现代化,进一步明确了我国政治和行政管理制度的顶层设计,与此同时,还决定成立中央国家安全委员会。在此背景下,立足新时代我国国情和灾害事故特点,2014 年 4 月 15日,习近平总书记主持召开中央国家安全委员会第一次会议,提出总体国家安全观的战略决策。同年 10 月,"贯彻落实总体国家观"写入党的十八届四中全会决定;2015 年,国家安全法草案明确了总体国家安全观的内涵;2016 年,中共中央政治局审议通过《关于加强国家安全工作的意见》,再次强调必须坚持

---

① 刘智勇、陈苹、刘文杰:《新中国成立以来我国灾害应急管理的发展及其成效》,载《党政研究》2019 年第 3 期。

总体国家安全观;2017 年 10 月 18 日,党的十九大报告明确将总体国家安全观作为坚持和发展中国特色社会主义基本方略之一,将"统筹发展和安全,增强忧患意识,做到居安思危"作为治国理政的一个重大原则,"坚持总体国家安全观"被写入党的十九大决议,写入新修订的党章中,明确"坚持总体国家安全观"是习近平新时代中国特色社会主义思想的重要组成部分。

在总体国家安全观战略的统辖下,公共安全成为国家安全的重要组成部分,应急管理被视为公共安全管理的一项重要内容,被纳入国家安全这一整体性范畴中,总体国家安全观也对提高综合防灾减灾救灾能力和应急管理能力、维护公共安全提出了新的发展要求,由此,综合化应急管理开始向公共安全管理转型。①

早在 2012 年,党的十八大就已提出要加强公共安全体系建设。2013 年,十八届三中全会围绕健全公共安全体系,提出食品药品安全、安全生产、防灾减灾救灾、社会治安防控等方面体制机制改革任务。2014 年,党的十八届四中全会再次提出加强公共安全立法、推进公共安全法治化的要求。2015 年 5 月 29 日,习近平总书记在中央政治局第 23 次集体学习时提出,建立"全方位、立体化的公共安全网"包含食品药品安全、安全生产、防灾减灾救灾、社会治安防控等方面体制机制改革任务以及加强公共安全立法。2015 年的《政府工作报告》在阐述社会安全问题时,同时提到"国家安全和公共安全"。同年出台的《国家安全法》将总体国家安全观这一国家战略进一步制度化,落实了公共安全综合治理能力和治理体系现代化实施路径。在 2017 年 2 月 17 日举行的国家安全工作座谈会上,习近平总书记提出:"要加强交通运输、消防、危险化学品等重点领域安全生产治理,遏制重特大事故的发生。"讲话要求站在国家安全的高度来审视安全生产问题。在党的十九大报告中,提及"安全"55 次和"风险"9 次,并对公共安全体系提出了新的要求,"树立安全发展理念,弘扬生命至上、安全第一的思想,健全公共安全体系,完善安全生产责任制,坚决遏制重特大安全事故,提升防灾减灾救灾能力"。

（二）以风险为中心从应急管理到公共安全管理

过去,风险预防和风险减除作为应急管理全过程的第一个环节,在制度体系和管理实践中常常被忽视,即使经过十几年的发展,综合化应急管理体系无

---

① 刘一弘、高小平:《新中国 70 周年应急管理制度创新》,载《甘肃行政学院学报》2019 年第 4 期。

论是在制度建设上还是在具体应对突发事件时仍着重于应急响应,而忽视了事前的风险预防和事后的危机学习,导致实际治理效果不甚理想。① 伴随全球风险社会的来临和加速扩展,近些年,新兴风险、巨灾、跨界危机不断涌现和多重叠加,突发事件的不确定性极大增强,对中国应急管理体系提出了新的更高要求,②即实现应急管理的"关口再前移",将风险管理置于首要和中心环节,促使应急管理向整合式的公共安全管理模式转型。③

2017 年初,国务院《国家突发事件应急体系建设"十三五"规划》提出,要在"十三五"期末建成与有效应对公共安全风险挑战相匹配,与全面建成小康社会要求相适应,覆盖全灾种、全过程、全社会共同参与的突发事件应急体系;与此同时,规划在总结突发事件应对的经验教训时指出,"从应急处置向风险治理转变,目的是实现关口前移,预防为主,源头治理,推进城市应急管理工作从被动应对型向常态化风险治理转变",改变了过去重事后处置、轻事前准备的不足,特别重视事前的风险管控和应急准备基础。同年,习近平在"7·26 讲话"中特别强调要坚决打好防范化解重大风险的攻坚战,不仅着眼于全面建成小康社会,而且着眼于国家安全大战略。在 2018 年党和国家机构改革中,重构应急管理体系,应急管理部门、卫生部门、公安部门形成大政府应急管理的三大机构核心,以应急管理部门为牵头组织,其职责定位之一是"防范化解重特大安全风险的主管部门"。2019 年 1 月 21 日,在省部级主要领导干部坚持底线思维着力防范化解重大风险专题研讨班上,习近平总书记强调坚持底线思维,增强忧患意识,提高防控能力,着力防范化解重大风险,就防范化解政治、意识形态、经济、科技、社会、外部环境、党的建设等领域重大风险提出明确要求。2020 年 10 月29 日,中国共产党第十九届中央委员会第五次全体会议公报,提出了"十四五"时期经济社会发展主要目标:防范化解重大风险体制机制不断健全,突发公共事件应急能力显著增强,自然灾害防御水平明显提升,发展安全保障更加有力。2022 年 2 月,国家应急体系"十四五"规划发布,明确提出要"以防范化解重大风险为主线"。在党的二十大报告中,也多次提及"风险"概念,提到"坚决维护国家安全,防范化解重大风险"。上述系列论述将风险防范和公共安全上升到新的高度,成为新时代应急管理的根本遵循和发展指向。④

---

① 张海波:《应急管理的全过程均衡:一个新议题》,载《中国行政管理》2020 年第 3 期。
② 张海波:《中国第四代应急管理体系:逻辑与框架》,载《中国行政管理》2022 年第 4 期。
③ 薛澜、周玲、朱琛:《风险治理:完善与提升国家公共安全管理的基石》,载《江苏社会科学》2008 年第 6 期。
④ 刘一弘、高小平:《新中国 70 周年应急管理制度创新》,载《甘肃行政学院学报》2019 年第 4 期。

除此之外,2013 年我国开始更加重视金融保险对风险预防和应急管理的重要作用,着手建立巨灾保险制度,这也从侧面体现了国家对风险管理的重视。2013 年在党的十八届三中全会上明确提出要建立巨灾保险制度。为进一步分散风险,2013 年 11 月 12 日,党的十八届三中全会通过《中共中央关于全面深化改革若干重大问题的决定》,明确提出"建立巨灾保险制度"。2014 年 8 月 13 日,《国务院关于加快发展现代保险服务业的若干意见》正式发布,明确了"建立巨灾保险制度"的指导意见。此后,我国地震保险、洪灾保险、火灾保险、雹灾保险等多种灾害险种陆续推出,深圳、宁波、云南、四川、广东等 28 个省市相继开展了巨灾保险试点工作,并在实践中取得一定成效。①

第二节　中国特色应急管理体系的创新发展趋向

十八大以来,专家学者普遍认为中国特色应急管理体系进入了新的发展阶段,这种在总体国家安全观统筹下、应急管理向以风险为中心的公共安全综合管理体系的重大转型,具体表现为两种发展趋势,其一,在总体国家安全观之下,应急管理的本质被界定为"公共安全管理",②同时服务于公共安全和国家安全;③其二,以风险治理为中心环节构建风险、应急、危机管理一体化的全过程公共安全综合治理,形成源头治理、应急处置、危机学习的新格局。④ 本章节将对以上两种创新发展趋向分别进行理论阐释和实践分析。

一、基于总体国家安全观的应急管理

(一) 总体国家安全观与应急管理的理论阐释

1. 总体国家安全观的含义

2014 年 4 月 15 日,在中央国家安全委第一次会议上,习近平总书记首次提出并系统阐述了总体国家安全观。他指出,坚持总体国家安全观,必须以人

---

① 刘智勇、陈苹、刘文杰:《新中国成立以来我国灾害应急管理的发展及其成效》,载《党政研究》2019 年第 3 期。
② 钟开斌:《中国国家安全体系的演进与发展:基于层次结构的分析》,载《中国行政管理》2018 年第 5 期。
③ 王宏伟:《总体国家安全观下的公共安全与应急管理》,载《社会治理》2015 年第 4 期。
④ 刘一弘、高小平:《新中国 70 周年应急管理制度创新》,载《甘肃行政学院学报》2019 年第 4 期。

民安全为宗旨,以政治安全为根本,以经济安全为基础,以军事、文化、社会安全为保障,以促进国际安全为依托,走出一条有中国特色的国家安全道路。2017年10月18日,党的十九大报告明确将总体国家安全观作为坚持和发展中国特色社会主义基本方略之一,习近平同志在党的十九大报告中再次强调:"坚持总体国家安全观,必须坚持国家利益至上,以人民安全为宗旨,以政治安全为根本,统筹外部安全和内部安全、国土安全和国民安全、传统安全和非传统安全、自身安全和共同安全,完善国家安全制度体系,加强国家安全能力建设,坚决维护国家主权、安全、发展利益"。总体国家安全已然超越传统国家安全的概念,在内涵和外延上具有更为丰富的意蕴。

(1)总体国家安全观的内涵

2015年7月1日,第十二届全国人民代表大会常务委员会第十五次会议通过新的《国家安全法》,在总体国家安全观指导下,该法明确将国家安全定义为:"国家政权、主权、统一和领土完整、人民福祉、经济社会可持续发展和国家其他重大利益相对处于没有危险和不受内外威胁的状态,以及保障持续安全状态的能力"。从该定义来看,国家安全已成为一个内涵更为丰富的概念,首先,该定义指出国家安全涵盖内外两大领域,即"不受内外威胁的状态"。当今时代国家安全的威胁既可能源于国家内部,也可能来自国家外部,只有既保证国家不受内部因素的威胁又保证免于外部因素的威胁,才能实现国家的安全状态。其次,国家安全指涉的具体内容对象更为全面,既包含"国家政权、主权、统一和领土完整"等传统国家安全的面向,又包含"人民福祉、经济社会可持续发展和国家其他重大利益"等新型非传统安全。最后,国家安全不仅是一种没有危险和不受威胁的现实状态,也需具备保障持续安全状态的能力,即国家安全并非静态的、一成不变的状态,而是追求在国家发展中实现持续安全。

理解总体国家安全观的内涵应当围绕五大要素,分别是以人民安全为宗旨,以政治安全为根本,以经济安全为基础,以军事、文化、社会安全为保障,以促进国际安全为依托。具体来看,以人民安全为宗旨,就是要坚持以民为本、以人为本,坚持国家安全一切为了人民、一切依靠人民,真正夯实国家安全的群众基础。以政治安全为根本,就是要坚持党的领导和中国特色社会主义制度不动摇,把制度安全、政权安全放在首要位置,为国家安全提供根本政治保证。以经济安全为基础,就是要确保国家经济发展不受影响,促进经济持续稳定健康发展,提高国家经济实力,为国家安全提供坚实物质基础。以军事、文化、社会安全为保障,就是要准确把握不同安全领域的特点规律,研究解决新情况新问题,建立完善强基固本、保障安全的各项对策措施,为维护国家安全提供硬实力和软实力保障。以促进国际安全为依托,就是要始终不渝走和平发展道路,在注重维护本国安全利益的同时,注重维护共同安全,推动建设持久和平、共同繁荣的和谐世界。上述五大要素,清晰反映了国家安全的内在逻辑关系。

（2）总体国家安全观的外延

习近平在中央国家安全委员会第一次会议讲话时指出,"坚持总体国家安全观,构建集政治安全、国土安全、军事安全、经济安全、文化安全、社会安全、科技安全、信息安全、生态安全、资源安全、核安全等于一体的国家安全体系"。上述十一个方面的安全,成为总体国家安全的主要构成要素。2015年7月1日发布的《国家安全法》新增了粮食安全、基础设施安全、金融安全、网络空间安全、外层空间、国际海底区域和极地安全等类型。

从外延来看,实际上集中反映为处理好五对关系。其一,既重视外部安全,又重视内部安全,强调外部安全与内部安全的相互联系、相互影响;其二,既重视国土安全,又重视国民安全,强调国土安全与国民安全的有机统一;其三,既重视传统安全,又重视非传统安全,强调传统安全威胁与非传统安全威胁相互影响,并在一定条件下可能相互转化;其四,既重视发展问题,又重视安全问题,强调发展和安全是一体两面,发展是安全的基础,安全是发展的条件,富国才能强兵,强兵才能卫国;其五,既重视自身安全,又重视共同安全,强调全球化大环境下中国和世界的安全已经密不可分。

（3）总体国家安全观的哲学意蕴

总体是一种理念,强调的是国家安全的全面性和系统性。总体强调的是"大安全",既包括政治、国土、军事等传统安全,也包括经济、文化、社会、网络、生态等非传统安全;既包括当下的安全领域,也包括太空、深海、极地、生物等新兴领域;既包括物的安全,也包括人的安全。另外,总体强调的是全面而不是全部,绝不能把安全问题泛化,一定要把握好安全的边界。离开基本国情谈安全、离开国际环境谈安全、离开发展谈安全,都是行不通的。

总体是一种状态,强调的是国家安全的相对性和可持续性。安全是相对的,风险因素始终存在,没有绝对安全。总体安全强调的是保持一种相对没有危险和不受内外威胁的状态。既要立足当下,又要着眼长远;既要立足对态势的动态感知和动态评估,又要着眼对中长期发展趋势的前瞻把握;既要有目标导向的总思路总框架总布局,又要善于根据新情况新问题新任务及时调整国家安全的战略战术。

总体是一种方法,强调的是对国家安全的科学统筹。总体谋求的是构建集各领域安全为一体的国家安全体系,妥善应对错综复杂的各类安全挑战。谋求总体国家安全,既要整体推进,又要突出重点;既要讲原则,又要讲策略;既要讲需求,又要重能力;既要讲维护,又要重塑造。特别是,要始终把国家安全置于党和国家全局中来把握,充分调动各领域各方面积极性,既各司其职又通力合作,从而凝聚强大合力。①

2. 总体国家安全与应急管理的关系

(1) 公共安全与国家安全的关系

当前我国正处于工业化社会向后工业化社会转型的关键时期,与工业化时期风险的较低复杂性、不确定性相比,后工业化社会的安全风险具有高度复杂性和不确定性,高新技术的快速发展与更新迭代以及经济全球化进程的不断推进,使得人类社会内外系统紧密关联、复杂耦合,不确定性的系统性风险与危机事件发生的概率越来越高,风险与危机的影响具有跨界性,不仅可以跨越地理、功能的边界,还可以超越系统内外的边界。

就我国国家安全面临的严峻形势来看,一方面,国际形势瞬息万变,正在发生复杂深刻的变化。由于全球发展不平衡加剧,西方发达国家经济发展放缓,美国为维护其主导的国际秩序,开始遏制中国等新兴经济体的发展,长期以来对中国实行西化、分化战略,近期在贸易领域的摩擦以及某些政治领域的分歧,使得中美关系在可预见的较长时期内将处于恶化紧张的低谷期,在传统安全威胁之外,带来了越来越多的非传统安全。与此同时,我国周边的安全形势不容乐观,民族分裂势力、跨境恐怖势力与国际宗教极端势力相结合,开展分裂国家的行动,给我国国家安全和领土完整带来了严重威胁。另一方面,国内安全形势也不容乐观,面临着经济发展阻滞和社会矛盾加剧叠加形成的复杂局势。社会安全领域,发展过程中各阶层长期积蓄的利益矛盾,一旦爆发将直接威胁社会稳定乃至政治安全;生产领域,新技术、新制度也使得新型风险、未知风险、人为风险、复杂性风险大大增加,引发的灾难事故、公共安全事件显著增多;政治领域,治理失效、官员腐败、官民冲突长期侵蚀着政府权威和政治信任,暴力恐怖、民族分裂、宗教极端活动严重影响着政治安全、社会稳定和国

---

① 中共中央党校:《习近平新时代中国特色社会主义思想基本问题》,人民出版社、中共中央党校出版社出版,2020年。

家安全;文化领域,网络民粹主义等不同社会思潮的兴起加剧了意识形态之间的冲突,对舆论安全、意识形态安全也带来了威胁。[1]

总之,近年来,国家安全形势日益呈现复杂化、叠加性等特点,原先泾渭分明的内部安全和外部安全、国土安全和国民安全、传统安全和非传统安全、生存安全和发展安全、自身安全和共同安全的风险开始相互交织、不断叠加、相互作用、相互转化,对内安全和对外安全的界限日益模糊,存在巨大重合度和复杂的转化链条,因而从整体层面对国家安全形成了前所未有的新挑战,风险的系统性、跨域性必须通过系统性治理思维来加以应对。[2]总体国家安全观正是我国在综合分析国内国际形势之后对国家安全内涵与外延、时空特征和内外因素作出新的判断从而提出的系统性的国家安全战略。正如习近平总书记指出,当前我国国家安全内涵和外延比历史上任何时候都要丰富,时空领域比历史上任何时候都要宽广,内外因素比历史上任何时候都要复杂。

总体国家安全观涵盖政治安全、国土安全、军事安全、经济安全、文化安全、社会安全、科技安全、信息安全、生态安全、资源安全、核安全等11类安全,任何一个领域积累风险或出现问题,达到临界点后,都有可能造成严重的公共安全事件,威胁社会公众的生命、健康和财产安全。反之,传统公共安全领域中的问题处理不慎,也很有可能演化成为威胁国家安全、政治安全的突发事件或公共危机,当国内爆发的突发事件、公共安全事件处置不当,其负面影响不断累积深化,则会蔓延至政治领域,危及政权稳定、政治安全和国家安全,此时公共安全问题就升级成为国家安全问题。因此,在当今国际国内局势下,公共安全与国家安全的界限已然模糊,开始成为密不可分、贯通链接的领域,国家安全作为更高层次、内涵更为丰富的概念,公共安全已成其中的重要组成部分,总体国家安全的实现必然离不开有效的公共安全管理。

(2)应急管理与国家安全的关系

从概念层次上来看,公共安全与应急管理是相对应的概念,因此,要论述清楚应急管理与国家安全之间的关系,有必要先从这一概念入手。简单来说,公共安全就是公众的安全,即公众的生命、健康、财产处于客观无危险、主观无威胁的状态。而应急管理就是对各级各类突发事件的管理,根据2007年颁布的《突发事件应对法》,突发事件是指"突然发生,造成或者可能造成严重社会

---

[1]　鞠丽华:《习近平总体国家安全观探析》,载《山东社会科学》2018年第9期。

[2]　王宏伟:《总体国家安全观下的公共安全与应急管理》,载《社会治理》2015年第4期。

危害,需要采取应急处置措施予以应对的自然灾害、事故灾难、公共卫生事件和社会安全事件"。因而,从概念上不难理解,公共安全是应急管理的追求目标和产出产品。应急管理通过减除、准备、响应与恢复四项活动,对自然灾害、事故灾难、公共卫生和社会安全四类事件进行管理,从而实现对公共安全的维系。具体来看,事前的风险预防和风险减除,其目的是降低突发事件发生的概念,从根源避免对公共安全产生威胁;事前为可能发生的突发事件做好充分准备,也可以提高应急效率,降低突发事件对公共安全的危害;事发的应急响应和应急处置也是为了在突发事件发生后将其损失性后果尽可能降到最低程度;事后的恢复活动则是使社会系统、社会公众尽快恢复到正常生产生活状态。总之,四个环节的活动均是为了降低突发事件对社会公众的安全状态带来的负面影响,尽快消除风险和危险,使其处于无危险、无威胁的状态。因此,应急管理作为维系公共安全的手段或途径,必然通过公共安全与总体国家安全紧密联系在一起。

此外,应急管理指向的特定类型突发事件以及总体国家安全涵盖的非传统安全也使得二者之间存在更为直接的关联。首先,社会安全类事件的应急管理与国家安全的联系更为直接。社会安全类事件指的是由人民内部矛盾引发或因人民内部矛盾处置不当而激发的危及社会安全、社会发展的重大事件,主要包括社会群体性事件、恐怖袭击、经济安全、涉外突发事件等,具体形式有战争、政治动乱、恐怖袭击、重大刑事案件、投毒、爆炸、聚众打砸抢、集体上访、静坐请愿、示威游行、围堵交通、围攻党政机关等。① 与自然灾害、事故灾难、公共卫生事件相比,社会安全类事件较为特殊,涉及公众人数众多、组织性较强、政府指向性更为明显的社会安全类事件一旦发生,很有可能会产生涟漪效应,在应对处置不当时快速传播、蔓延和放大,从而危及"国家政权、主权、统一和领土完整、人民福祉、经济社会可持续发展和国家其他重大利益"。社会安全事件的特殊性也反映在其主管部门是政法系统而非应急部门,而政法系统很大程度上关系到国家安全,因此也可以看出社会安全事件的应急管理与国家安全的交叉性。其次,从国家安全的维度出发,排除了传统的军事安全、政治安全的非传统安全,很大程度与公共安全存在重叠交叉,而非传统国家安全问题的解决往往依赖于应急管理,实际上各类突发事件是威胁非传统安全的主要因素,因此,应急管理也是维护

---

① 苗金明:《事故应急救援与处置》,清华大学出版社,2022 年,第 3 页。

和实现非传统安全的重要策略手段和制度体系。

（二）基于总体国家安全观的应急管理体系的创新发展

1. 总体国家观指导下应急管理的发展方向

通过对我国应急管理体系发展演进脉络的梳理不难看出，中国特色应急管理体系的发展演进存在两种不同路径：一是自下而上的适应创新机制，即在对具体突发事件的应急活动实践中，通过功能适应来推动结构调整，从而实现体系创新，这种演进方式通常是渐进的、迭代的和局部的。二是自上而下的顶层设计机制，即通过系统性变革推动结构调整来实现体系创新，这种方式往往是代际的、跃进的和整体的。2003 年"非典"后，中国开始统筹考虑对自然灾害、事故灾难、公共卫生和社会安全事件的应对，自上而下建构了"一案三制"为基础的应急管理体系，与前一阶段的灾害管理体系相比，无疑是一次整体性的变革演进。此后，应急管理体系继续向综合化的方向发展，在具体实践中从下而上不断创新体制、机制，但多为局部性优化，对其深层的结构性问题还需通过新的动力引入来推动应急管理向下一个阶段的整体演进。

2013 年，总体国家安全观提出要统筹内部安全与外部安全，是继"非典"之后统筹内部安全体系的进一步发展。从应急管理体系的跃进发展来看，"总体国家安全观"为中国应急管理提供了新的顶层设计，为应急管理体系的改革提供了自上而下的发展动力，对其变革方向和制度实践都将产生重大指引和具体影响，首先面临的就是整合方向的问题，即如何将应急管理整合进总体国家安全治理中？

在我国应急管理体系的建构和发展过程中，吸纳了以美国为代表的西方发达国家的很多经验，从各主要国家应急管理的发展实践来看，应急管理与国家安全治理的整合是大的发展趋势，具体整合时则存在两种不同的思路。第一是应急管理与国家安全治理的绝对整合，用国家安全管理体系完全涵盖应急管理体系。美国"9·11"事件发生后采取的就是这种改革思路。2001 年，9·11 事件发生后，美国政府认为安全管理责任分散是导致该事件应对失效的重要原因，因此，专门成立国土安全部，原有的应急管理部门美国紧急事态管理署成为国土安全部的内设机构，发展出了层次更高的国土安全模式，涵盖了原来独立的综合应急管理模式，并在此基础上进行了制度机制设计上的升级。然而这种模式很快迎来了意料之外的失败，由于国土安全部的首要职责是反恐，紧急事态管理署并入之后，部门地位下降，专业人才流失，此外，国土安全部高度集中的层级结构和指挥控制机制也与应急管理需要的网络结构和协同沟通机制存在内在冲突,因而直接导致了2005年"卡特丽娜"飓风应急管理的失败。第二种思路则是应急管理与国家安全治理的相对整合,即虽然在顶层设计上使国家安全治理体系涵盖应急管理体系,但从制度设计和机制流程上仍尽可能保留应急管理体系的独立性。实际上在遭遇"卡特丽娜失败"后,美国就再次对两个部门之间的关系进行调整,虽然在制度框架内紧急事态管理署仍处于国土安全部之下,但赋予了其在自然灾害应急管理中的领导地位。[①]

考虑到美国的前车之鉴,我国在总体国家观指导下也采取了应急管理与国家安全管理相对整合的模式,即一方面将应急管理置于国家安全管理之下,以加强对恐怖主义、金融危机等非传统安全的应对,另一方面也保证了应急管理体系的独立性,使其在自然灾害、事故灾难应对中仍发挥主导性作用。由此便较为理想地实现了对内外安全威胁的统筹管理和一体化应对。

2. 基于总体国家安全观的应急管理的实践进展

2013年之后,在总体国家安全观这一顶层设计的指引之下,应急管理与国家安全治理开始走向相对整合的发展模式,应急管理体系在保持其独立性的前提下被纳入国家安全治理体系中去,应急管理体系再次实现了观念性、系统性、结构性、代际性的整体跃迁,进入到新的发展阶段,即以总体国家安全观为统领的新一代应急管理体系,在管理理念、组织模式、管理主体、管理内容、管理方式上均有变革式发展。

第一,管理理念上,回归应急管理的本质,凸显"安全优先"的价值目标。应急管理部门成立后,在理论研究和实践探索中,对应急管理的实质与边界都出现了不同的理解,使得应急管理长期存在"名实之困"。党的十八大之后,党和国家对安全的理解超越改革开放时期对社会安全的重视、"非典"之后对公共安全的认识,扩展至对整体国家安全的重视。党的十九届五中全会提出的坚持统筹发展和安全,将安全发展贯穿国家发展各领域和全过程的战略部署,保障高水平安全与推动高质量发展具有同等重要的地位。具体而言,在统筹发展和安全的关系上,强调安全发展,将安全置于发展的前提,置于优先位置。在此基础上,要求应急管理回归本质,认识到应急管理是与常态管理相对而生的工作,实质上是为了防止社会系统从有序转为无序状态,或促使社会系统从

---

① 张海波:《中国总体国家安全观下的安全治理与应急管理》,载《中国行政管理》2016年第4期。

无序尽快回归有序状态的管理过程,即在紧急状态下维护公共安全和国家安全才是应急管理的本质,在应急管理各个环节和具体活动中,都应进一步凸显"安全优先"的价值目标,而非单纯追求应急处置的效率和效果。2015 年通过了《国家安全战略纲要》,指出根本目标是人民的利益和安全,提出在发展和改革中促进安全、把法治贯穿于国家安全的全过程、加强国家安全意识教育、坚持党对国家安全工作的绝对领导、积极参与地区和全球治理。

价值观念的转型直接反映在近些年的应急管理实践中。首先,在事故灾难处置中,强调将安全作为发展的红线。2013 年,吉林德惠"6·3"大火事故发生后,习近平总书记提出:"要始终把人民生命安全放在首位,以对党和人民高度负责的精神,完善制度、强化责任、加强管理、严格监管,把安全生产责任制落到实处,切实防范重特大安全生产事故的发生。"其次,在自然灾害防灾减灾救灾中,坚持将人民生命安全放在第一位。党的十九大报告提出:"树立安全发展理念,弘扬生命至上、安全第一的思想,健全公共安全体系,完善安全生产责任制,坚决遏制重特大安全事故,提升防灾减灾救灾能力。"党的二十大报告进一步强调:"提高防灾减灾救灾和重大突发公共事件处置保障能力,加强国家区域应急力量建设。"2022 年 9 月 5 日,习近平总书记对四川甘孜州泸定县 6.8 级地震作出重要指示:"要把抢救生命作为首要任务,全力救援受灾群众,最大限度减少人员伤亡。"再次,在公共卫生事件的应对中倡导生命至上。面对突如其来的新冠肺炎疫情,我们坚持人民至上、生命至上,最大限度保护了人民生命安全和身体健康。最后,在社会安全事件的处置上重视社会稳定的维护。2014 年 4 月 25 日,习近平总书记在主持第十八届中央政治局第十四次学习时指出:"改革开放以来,我们党始终高度重视正确处理改革发展稳定关系,始终把维护国家安全和社会安定作为党和国家的一项基础性工作。"

第二,在管理内容上,强调国家安全涵盖各类突发事件的管理体系,统筹应对国内外全灾种、全领域的突发事件。在总体国家安全的统领下,各领域突发事件被纳入国家安全这一宏观体系中,应急管理的目标是编织全方位、立体化的公共安全网,进一步加强、优化、统筹国家应急能力建设。社会治安、生产安全、网络安全等领域成为保障国家安全的重点公共安全领域,在具体实践中,进一步完善了立体化社会治安防控体系,提高社会治理的整体水平,注重从源头上排查化解矛盾纠纷;加强交通运输、消防、危险化学品等重点领域的安全生产治理,遏制重特大事故的发生;筑牢网络安全防线,提高了网络安全保障水平,强化关键信息基础设施防护,加大核心技术研发力度和市场化引导,加强网络安全预警监测,确保大数据安全,实现全天候、全方位感知和有效防护。2013年11月,十八届三中全会通过了《中共中央关于全面深化改革若干重大问题的决定》,提出设立中央国家安全委员会,完善国家安全体制和国家安全战略,确保国家安全,在"十三、创新社会治理体制"中专门论述了"健全公共安全体系"的内容,涉及的公共安全领域包括食品药品安全、生产安全、防灾救灾减灾、社会治安、网络和信息安全。

重点公共安全领域的实践进展还反映在相关法律体系的完善上。总体国家安全观提出后,我国相继修订和出台了一系列国家安全和公共安全领域的基本法律和配套法律。2015年4月,修订了《食品安全法》,7月通过了《国家安全法》,12月出台了《反恐怖主义法》,2016年通过了《网络安全法》等。上述法律文本均将实施总体国家安全观写进了正式法律条款。其中,《国家安全法》第二十九条规定:"国家健全有效预防和化解社会矛盾的体制机制,健全公共安全体系,积极预防、减少和化解社会矛盾,妥善处置公共卫生、社会安全等影响国家安全和社会稳定的突发事件,促进社会和谐,维护公共安全和社会安定。"这也再次说明了公共安全体系、应急管理体系是国家安全工作的重要内容,突发事件的应急处置和公共安全的维护被纳入进国家安全体系之中。①

第三,组织结构上,强化了"一体多元"的组织体系,重新界定党、政、军三大系统的结构关系。首先,党、政、军三大体系在应急管理中的结构关系和职能定位得以进一步整合和理顺。2013年,为提高国家安全协调层级,统筹维护国家安全,决定设立中央国家安全委员会,作为中共中央关于国家安全工作的决策和议事协调机构,统筹协调涉及国家安全的重大事项和重要工作。该委员会成为我国国家安全最高决策应对机构,横跨党、政、军三大体系,涵盖军队、外交、公安等多部门,涵盖了以政府为主体的应急管理体系,监管内外安全事务,兼具议事、决策、统筹的职能。在议事方面,设计顶层规划,为国家安全与国家利益研究拟定长远的战略,审议重大问题;在决策方面,面对当前国际环境下的传统安全和非传统安全问题,协调解决重大事项;在统筹方面,应对跨部门的突发事件,从整体上进行协调,调度军队和外交资源。不难看出,委员会的设立是为了更好地应对国内外综合安全问题尤其是跨域问题、新型安全、非传统安全领域的问题,对国家安全力量进行统一领导、集中决策和统筹协调,从国家顶层上对党、政、军三大系统进行各方协调以实现对国家安全、公

---

① 王宏伟:《总体国家安全观下的公共安全与应急管理》,载《社会治理》2015年第4期。

共安全的综合治理。

其次，党的领导地位更加凸显。党的十八大以后，各级党委显著强化了对应急管理工作的统一领导，加强了党委和政府部门之间的协同。在事故灾难领域，强化各级党委和政府领导责任，2013年，针对青岛黄岛输油管线泄漏爆燃事故，习近平总书记指出："要抓紧建立健全党政同责、一岗双责、齐抓共管的安全生产责任体系，建立健全最严格的安全生产制度……安全生产工作，不仅政府要抓，党委也要抓……党政一把手必须亲力亲为、亲自动手抓。"在公共卫生事件应对上，党对新冠肺炎疫情防控的统一领导，进一步彰显了党委在应急管理体系中的关键作用。"党中央统揽全局、果断决策，以非常之举应对非常之事。党中央坚持把人民生命安全和身体健康放在第一位，第一时间实施集中统一领导，中央政治局常委会、中央政治局召开21次会议研究决策，领导组织党政军民学、东西南北中大会战……成立中央应对疫情工作领导小组，派出中央指导组，建立国务院联防联控机制。"①

再次，在应急管理体系中政府、企业、社会三大部门的结构关系优化。在自然灾害领域，参与主体多元性明显提升，以政府为主体的应急管理得以扩展，不仅积极引导企业和社会组织的参与，也使多元主体之间的协同性有所提升。2008年，汶川地震后，社会组织开始参与到应急管理中来，自2013年雅安地震起，社会组织有序参与应急管理的机制逐步建立。2015年，民政部发布《关于支持引导社会力量参与救灾工作的指导意见》，要求各级地方政府积极协调财政等有关部门将社会力量参与救灾纳入政府购买服务范围，明确购买服务的项目、内容和准则，支持社会力量参与救灾工作。2019年3月27日，应急管理部推出的社会力量参与抢险救灾网上申报系统正式上线运行，可实现社会应急力量网上登记备案和审核、灾情信息发布、救援申请、抢险救援管理等功能。②

最后，在应急管理体系中中央和地方的结构关系、政府机构之间的关系得以调整和整合。其一，在总体国家安全观的统筹下，党、政、军和政、企、社的结构关系得以重新定义和优化，地方政府应急管理增强，中央政府只需负责跨省重大突发事件的协调应对，从而可以更加集中于处理国家安全的各类威胁。2013年芦山地震后，中央政府在应急管理活动中的角色适度退后，四川省政

---

① 习近平：《在全国抗击新冠肺炎疫情表彰大会上的讲话》，《人民日报》，2020年9月9日，第2版。
② 南京大学"提升我国应急管理体系与能力现代化水平"课题组，张海波、严佳等：《党的十八大以来我国应急管理体系建设实践与经验》，载《国家治理》2022年第23期。

府在抗震救灾中发挥了主导作用。其二,在维护公共安全和国家安全的目标要求下,应急管理体系中的子系统及其政府机构也进行了相对优化。例如,作为前端的自然灾害防灾救灾体系、安全监管体系、疾病防控体系、治安防控体系、食品监管体系、核安全体系等都和作为后端的应急管理体系之间进行了重新整合和结构优化,①使得具体政府机构的职责划分、职能定位更为明晰,机构之间的衔接协同更为有效。

2013 年以总体国家安全观的提出为标志,中国应急管理体系进入了以总体国家安全观为统领的新的发展阶段,该阶段以总体国家安全为管理理念,以《国家安全法》及一系列基本法律与配套法律为法律依据,形成了"国安委+党政同责+部门间议事协调机构+统筹协调部门"的组织模式,具体管理主体包括中央国安办、应急管理部、卫生健康委、公安部,建立了综合性、系统性国家安全反应计划,有利于应急力量的整体整合和应急能力的综合提升。②

二、以风险为中心的应急管理

(一) 风险管理与应急管理的理论阐释

1. 风险与风险管理的概念

(1) 风险的概念及特征

"风险"一词最早出现在 1319 年的意大利文献中,14 世纪又出现在了西班牙语、意大利语中。从词源学来考察,"风险 risk"由"risqué"一词演化而来,意为"reef""rock"。"风险"一词的来历有两种不同的说法,其一是"渔民说",即古代渔民出海捕捞时由风带来的无法确定的危险就是最早的"风险";其二是"源出说",即早期商船贸易往来可能遭遇暗礁、飓风或海滩从而招致损失,于是就把这种现象称为"风险"。由此可以看出,"风险"强调了人与外在世界即自然灾害现象之间存在的一种可能的损害关系,"风险"一词的出现,也意味着人类由完全被动地依附自然转换为主动地认识自然、适应自然和改造自然,人的主体意识开始觉醒。在中国古代汉语中,"风险"虽不是独立词汇,但有很多类似的词语表达了该词的含义,如"劫数、险象、风云;灾、难、祸、坎;险象环生、否极泰来、逢凶化吉、遇难呈祥、因祸得福"等。在现代汉语中,"风"意为飘

---

① 张海波:《中国总体国家安全观下的安全治理与应急管理》,载《中国行政管理》2016 年第 4 期。
② 闪淳昌、周玲、秦绪坤等:《我国应急管理体系的现状、问题及解决路径》,载《公共管理评论》2020 年第 2 期。

忽不定、不确定,"险"意为危险、不安全,《辞海》将风险解释为人们在生产建设和日常生活中遭遇能导致人身伤害、财产损失及其他经济损失的自然灾害、意外事故和其他不可测事件的可能性。

进入现代社会,"风险"更加成为各领域的研究热词,正如一位中国学者所言,"20世纪70年代以来,在西方大约没有一个概念能够像'风险'一样,得以在众多学科中日益受到青睐。"至今为止,学术界对风险概念的定义尚无定论,不同学者对风险概念有着不同的认识。1901年,威雷特在其博士论文《风险与保险的经济理论》中最早给出了风险的定义:风险是关于不愿发生的事件发生的不确定性的客观体现。1921年,经济学家奈特在其经典著作《风险、不确定性和利润》中首次明确区分了风险与不确定性,他认为风险是可用概率测定的不确定性,而不确定性的概念是不可测定的。① 目前,对"风险"概念存在四种理解,一是风险是面临的伤害或损失的不确定性;二是风险是产生损失的主客观不确定性;三是风险是损失的概率;四是风险是产生某种程度损失的可能性,风险=可能性*严重性。综合诸多概念阐释,可以将风险理解为未来结果或损失的不确定性。

对"风险"内涵的理解涉及四个方面:其一,风险具有双重来源,即既可能源于自然界又可能来自人类本身,二者是相通的,人类技术、制度安排、决策、行动都不可避免地带有风险,人类的行为自然也会加重自然界本身所具有的风险,工业社会以来,外部风险以及被制造出来的风险逐渐增多。其二,风险同时具有可计算性和不可计算性,其中可计算性强调了人们控制和减少风险的能动性,可以通过计算来估算损失并采取补偿措施,但风险的可计算性是相对的,风险不可消除、不可阻止,风险的发生也具有不可逆性。其三,风险可能会带来积极结果与负面结果,风险作为危险与损失的不确定性,因此很可能会带来各种损失性后果,但风险也会带来机会、机遇,若应对得当则可以转危为机,存在向积极结果转化的可能性。其四,风险既具有现实性又具有非现实性,一方面,风险会带来既成破坏性后果,另一方面风险也是一种潜在状态,是尚未发生但存在威胁的损害。

更具体地,应急管理所涉及的风险,更多是社会风险的概念,它指的是由社会各个领域中的不确定性因素引发社会动荡、社会冲突、社会损失的一种潜在的可能性关系状态。社会风险可以具体分为生态领域的风险,即由自然灾

---

① 孙立新:《风险管理:理论与实务》,经济管理出版社,2019年,第3页。

害、资源枯竭、环境污染、生态破坏、地壳异常运动所引发的对人的生存和发展造成损害的一种可能性关系状态,如各类自然灾害、病毒引发的传染病等;经济领域的风险,即由经济制度的缺位、失范、变异而引发的对人类的生命活动、生活机会、生存质量造成损害的一种可能性关系状态,如金融风险、周期性的金融危机、连锁反应等;政治领域的风险,即由政治利益冲突引发的权力斗争,以及军事暴力的滥用所导致的对人类的生存和发展造成损害的一种可能性关系状态,如战争风险、恐怖主义的风险、政治动荡的风险等;社会领域的风险,即由社会变迁所引发的对人的生命活动、生活境遇造成损害的一种可能性关系状态,如产业结构变革引发的就业风险、人口增长的风险、贫富极化的风险、民族宗教冲突的风险等。

(2)风险管理的概念及目标

伯恩斯坦在《与天为敌:风险探索传奇》一书中写道:"一个具有革命意义的看法是,对风险的掌握程度是划分现代和过去时代的分水岭:所谓对风险的掌握就是说未来不再更多地依赖上帝的安排,人类在自然面前不再是被动的。在人们跨越这个分水岭的道路之前,未来只是过去的镜子,或者只是属于那些垄断了对未来事件进行预测的圣贤和占卜者的黑暗领地","风险管理有助于我们在非常广阔的领域里进行决策,从分配财富到保护公共健康,从战争到家庭计划安排,从支付保费到系安全带,从种植玉米到玉米片的市场营销。"

"风险管理"词汇最早出现在一次保险主题的会议上,1938年,美国企业开始采取科学的方法进行风险管理,风险管理成为一项企业的管理活动。1981年,威廉姆斯和汉斯在《风险管理与保险》一书中给出了风险管理的定义:根据组织的目标或目的,以最少费用,通过风险识别、测定处理及风险管理技术把风险带来的不利影响降到最低程度的科学管理。更直观而言,风险管理指的是风险管理单位通过风险识别、风险评定、风险决策、风险监督等方式,对风险实施有效控制和妥善处理损失的过程。

就其内涵而言,风险管理的主体是家庭、企业、政府、社会组织、公共部门等风险管理单位,风险管理的核心是降低损失,风险管理的对象是纯粹风险,也可以是投机风险,风险管理的过程是决策的过程。从其特征而言,风险管理的对象具有特殊性,管理的范围具有广泛性,管理活动具有较强的应用性和全面性。从其功能和作用来看,风险管理具有计划、组织、指导、控制的功能,可以预防风险事故的发生,减少或转嫁风险事故造成的损失,保证风险管理单位的财务稳定性,营造安全的社会环境。

　　风险管理的目标是以最少的成本获得最大的安全保障,减少风险事故对风险管理单位造成的损失和不利影响。实际上,风险管理成本是影响风险决策管理和风险管理目标的重要内容,风险管理目标也会因经济社会环境、风险管理方案的差异而有所不同。

　　(3) 政府风险管理的概念及目标

　　当今世界面临着各种各样的全球性风险,如自然灾害、气候变化、恐怖主义、传染病爆发等,这些风险不仅在范围和影响力上不断扩大,也在相互关联上变得更加复杂,迫使政府必须采取措施来应对这些挑战,在此现实背景下,风险管理开始成为政府管理的重要任务。所谓政府风险管理指的是政府应用风险管理的方式方法进行公共事务管理和公共服务供给。政府风险管理的范畴是社会风险,既包括突发事件等社会危机,也包括公共安全、社会秩序、公共服务等社会治理与公共事务管理的风险;其管理对象具体包括:社会的综合风险和全面风险;政府内部的组织风险;政府外部的运营风险。

　　与一般风险管理的目标不同,政府风险管理的目标是危机发生概率的最低化和社会管理服务差评的最小化。具体而言,危机态的政府风险管理,目标是危机爆发可能性和损失的最小化;正常态的政府风险管理,目标是群众反对的最小化。此外,从目标的导向性来看,政府风险管理的直接设定目标是死伤和财产损失的最小化,该目标具有工具导向性;最终导向目标为基于公共安全的服务满意度,该目标具有价值导向性。

　　2. 风险管理与应急管理的关系

　　灾害是一个古老的话题,灾害管理也是古已有之的实践活动,正是灾害管理实践和研究发展中,应急管理和风险管理的活动逐渐出现。在灾害管理研究领域,长期以来形成了"工程—技术""组织—制度"、"政治—社会"三种研究传统和与之相应的"灾害""危机""风险"三大核心概念。进入工业社会以后,传统"灾害"概念面临着严重挑战,一方面,无法涵盖现实中出现的某些人为的、外部的、系统性的事故灾难,另一方面,传统的"灾害"受限于狭隘的"时—空"而难以反映其时空连续性和动态发展性,因此,随着现实实践的发展,"灾害"概念逐渐被"突发事件"概念所取代,并且将其置于广泛联系、相互链接、动态发展的复杂世界中,与风险、危机两个概念相联系。就三者之间的逻辑关联性而言,在显性层面,风险是导致突发事件爆发的原因,是突发事件发生的可能性以及突发事件发生后造成危害结果的可能性,而危机是由于突发事件诱发的、给人们的生命财产造成严重威胁的一种紧急或者非常态的社会情境或社会状态;在隐性层面,风险是指一种可以引发大规模损失的不确定性,其本质是一种未发生的可能性;危机则是指某种损失所引发的政治、社会后果,其本质是一种已发生的事实。因此,风险在前,危机居后,二者之间存在着因果关系,造成危机后果的根本原因是风险。

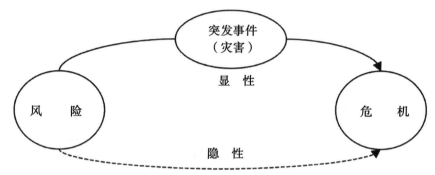

图 1-1　风险、突发事件(灾害)、危机之间的逻辑关系

图表来源:童星、张海波:《基于中国问题的灾害管理分析框架》,载《中国社会科学》2010 年第 1 期。

相应地,风险管理、应急管理、危机管理的内在逻辑关系就比较明晰了。首先,风险管理是针对突发事件爆发前的风险预防和风险减除的管理活动,应急管理则是以突发事件为中心,着重于突发事件爆发时的应急处置,危机管理则侧重于对突发事件爆发后的社会性影响进行降低或消除,因此,从先后次序来看,风险管理是应急管理的前置环节,而危机管理则是应急管理的后续活动。此外,从现实实践的角度而言,突发事件引发的危机是政府推动应急管理体系建立和发展的直接动因。然而,通过对风险、突发事件、危机三者间的逻辑关系分析,不难看出,风险而非突发事件才是危机的根源,因此,无论是应急管理还是危机管理都不能从根源上解决问题,甚至在社会风险积累程度较深的事故灾难、社会安全领域,过度应急反而会不利于解决根本问题。换而言之,中国当前最根本的问题是风险,而非突发事件,应急管理并不能从根本上解决政府所面临的危机,只有涵盖风险管理、应急管理、危机管理于一身的战略管理才能根治风险,摆脱危机,这就要求要将应急管理纳入国家治理结构优化的整体框架,进行风险管理、应急管理、危机管理"三位一体"的战略治理。具体来看,一是要实现系统治理,不仅要通过应急管理控制事态,减少损失,还要通过危机管理修复政府形象,增强政府合法性,更要借此契机推动社会改革,通过风险管理优化治理结构,化解风险,实现社会的长治久安。二是要实现动态治理,最理想的情况就是主动治理社会风险,可以藉由应急管理切入,以应急管理推动危机管理,再以危机管理推动风险管理。①

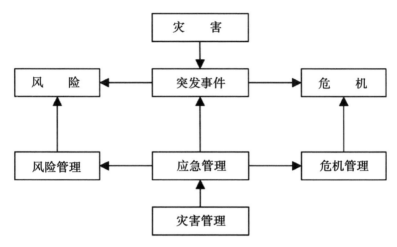

图 1-2　风险管理、应急管理、危机管理之间的逻辑关系

　　实现风险管理、应急管理、危机管理的有效衔接,建构"三位一体"的战略管理,其目标就是走向整合性的公共安全管理框架体系。从公共管理的角度来看,公共安全管理指的是政府制定公共政策,与其他公共组织一起运用政治、法律、经济和管理等手段,及时发现、隔离或消除各类安全隐患,对涉及公共安全的事件进行管理和提高安全管理、危机处理能力的行为,为的是维护人民的生命、财产安全,保证国家主权不被侵犯。从管理过程来看,风险管理、应急管理、危机管理构成了公共安全管理的主要内容。具体来看,首先,全过程的应急管理包括事前、事发、事中、事后的各个环节,其中,预测预警是应急管理活动的起点;其次,风险管理是应急管理工作的"关口再前移",通过对环境和"潜在损失"的系统性规划,从根本上杜绝和防止危害的产生,由此实现整体管理的优化。风险管理的重点包括两种情况,其一,风险源若被消除或控制,则重新进入常态管理和风险管理的起点,其二,若风险处置失当,"潜在的危害"转化为"突发事件",即转为应急管理阶段。最后,危机管理是对社会安全秩序可能造成特别紧急和严重威胁进行紧急决策处置,危机管理既具有高度的不确定性,又具有机遇性,兼顾"风险"与"事件"的特性,因此,危机管理可以

① 童星、张海波:《基于中国问题的灾害管理分析框架》,载《中国社会科学》2010 年第 1 期。

贯穿于风险管理和应急管理两个阶段。①

（二）以风险为中心的应急管理体系的创新发展

十八大以来，党中央高度重视防范化解重大风险，党的十九大把防范化解重大风险作为三大攻坚战之一。在 2019 年 1 月举办的省部级主要领导干部坚持底线思维着力防范化解重大风险专题研讨班开班式上，习近平总书记要求各级党委、政府和领导干部"提高战略思维、历史思维、辩证思维、创新思维、法治思维、底线思维能力"，"建立健全风险研判机制、决策风险评估机制、风险防控协同机制、风险防控责任机制"，切实防范化解重大风险。与此同时，我国应急管理体系逐渐由以"事件—应对"为中心的传统模式转向以风险中心的现代模式，前者尤为强调对突发事件的应对能力，重视突发事件发生的应对处置，因此具有一定的滞后性，后者则是通过风险识别、风险评估、风险沟通、风险管理一系列环节，实现关口前移，从而大幅提升了突发事件处置和危机应对的有效性。不同于传统的应急管理体系，以风险为中心的应急管理把核心放在对风险源的有效管控上，其管理重点是提前发现潜在的风险隐患，以预防、规避公共安全危机的发生，强调政府应具备风险监测、风险评估、风险沟通、风险规避、风险转移、风险应对的基础能力，重构了"风险—情景—任务"的分析链条。

与总体国家安全观自上而下提出的顶层设计不同，以风险为中心的应急管理是在具体应急领域对风险管理环节的日益重视和创新实践的发展过程中逐渐形成的。

1. 自然灾害领域

在灾害管理阶段，对自然灾害的管理经历了从救灾、防灾减灾到综合减灾模式的演进，"综合减灾"实际上就是通过风险预防来减少自然灾害发生的频率及其带来的损失。在综合化应急管理体系阶段，对自然灾害的风险管理同样受到重视，如 2011 年 12 月 8 日，国务院办公厅发布《国家综合防灾减灾规划（2011—2015 年）》将减轻灾害风险列为政府工作的优先事项。十八大以来，自然灾害的风险管理工作又有了很多新的进展，开始深入到具体风险管理的环节和能力建设上。2012 年 8 月 30 日，民政部发布《国家防灾减灾科技发展"十二五"专项规划》，指出自然灾害灾情和风险评估体系初步形成，有待完

---

① 薛澜、周玲、朱琴：《风险治理：完善与提升国家公共安全管理的基石》，载《江苏社会科学》2008 年第 6 期。

善。2017年1月13日,国务院办公厅印发《国家综合防灾减灾规划(2016—2020年)》,指出要从减少灾害损失向减轻灾害风险转变,更加重视强化多灾种综合风险防范能力建设,自然灾害领域的工作重心转向事前的风险管理。2017年7月19日,国务院办公厅印发《国家突发事件应急体系建设"十三五"规划》,开展第一次全国自然灾害综合风险普查,风险调查评估正式成为自然灾害领域全国性、普遍性、常规性的活动。2020年6月8日,国务院办公厅发布关于开展第一次全国自然灾害综合风险普查的通知,以摸清自然灾害风险底数,查明重点地区抗灾能力,客观认识全国和各地区自然灾害综合风险水平。2022年02月14日,国务院印发《"十四五"国家应急体系规划》,提出要对自然灾害风险和防治区划图进行编制,加强自然灾害风险区划与各级各类规划融合,到目前为止,自然灾害的风险管理工作已经走向了系统化、具体化和常规化。

2. 事故灾难领域

在事故灾难管理领域,对安全风险的防范成为工作重心。2011年12月8日,国家安全监管总局发布《安全生产应急管理"十二五"规划》中提出以建设更加高效的风险管理和应急救援体系为主线。2016年12月18日,《中共中央国务院关于推进安全生产领域改革发展的意见》的出台,提出风险分级管控和隐患排查治理双重预防工作机制的构建,严防风险演变、隐患升级导致生产安全事故发生,对事故灾难的风险管理开始细化到具体机制上。2017年9月22日,国家安全监管总局发布《安全生产应急管理"十三五"规划》,提出到2020年建成与小康社会相适应、与安全生产风险相匹配、覆盖应急管理全过程的安全生产应急体系,风险管理被囊括到安全生产应急体系的建设当中,成为安全生产应急体系的重要组成部分。2018年,中共中央印发《深化党和国家机构改革方案》,指出"为防范化解重特大安全风险,健全公共安全体系,整合优化应急力量和资源,推动形成统一指挥、专常兼备、反应灵敏、上下联动、平战结合的中国特色应急管理体制",决定组建应急管理部,作为国务院组成部门,主管自然灾害和事故灾难,强化了自然灾害和事故灾难的风险预防,为真正把问题解决在萌芽之时、成灾之前提供了组织保障,此外,相比于此前的国家安全生产监管总局,应急管理部作为国务院组成部门,在协调推进事故灾难风险预防上具有更高的行政权威,具备更强的专业能力。2020年党的十九届五中全会提出建设更高水平的平安中国,推动公安部门更加重视社会安全事件的风险预防。自2020年4月开始,国务院安委会部署开展全国安全生产专项整治三年行动,重点涵盖 2 个专题和 9 个行业领域,深入推进生产事故风险预防机制建设。2022 年 4 月 6 日,国务院安全生产委员会印发《"十四五"国家安全生产规划》,强调全力防范化解系统性重大安全风险。

3. 公共卫生领域

在公共卫生事件的应对中也越来越重视风险管理的环节。2012 年 10 月 8 日,国务院发布《卫生事业发展"十二五"规划》,提出要建立风险评估机制并完善突发公共卫生事件综合监测预警制度,尤其强调对食品安全、传染病、职业病的风险监测。2016 年 12 月 27 日,国务院发布《"十三五"卫生与健康规划》,提出要强化突发急性传染病、职业病、环境与健康风险评估。2019 年 5 月 9 日,中共中央、国务院发布《关于深化改革加强食品安全工作的意见》,提出到 2020 年,要初步建立基于风险分析和供应链管理的食品安全监管体系,风险分析成为公共卫生领域食品安全监管体系的重要组成部分。2021 年,在公共卫生应急管理体系补短板、堵漏洞、强弱项的过程中,国家疾病预防控制局成立,作为国家卫健委管理的副部级机构,主要职责是加强公共卫生事件的风险预防。2022 年 1 月 11 日,国家卫生健康委发布《"十四五"卫生健康标准化工作规划》,提出要完善环境健康风险评估标准,尤其强调了病媒生物风险评估标准,传染病传播风险控制相关消毒标准及病原微生物实验室的风险评估。

4. 社会安全领域

社会稳定风险评估机制的建立是社会安全事件风险管理的重要制度创新。2011 年 3 月 16 日,《中华人民共和国国民经济和社会发展第十二个五年规划纲要》发布,强调要建立重大工程项目建设和重大政策制定的社会稳定风险评估机制。2012 年 11 月 15 日,习近平总书记在《全面贯彻落实党的十八大精神要抓好六个方面工作》中指出:"对涉及群众切身利益的重大决策,要认真进行社会稳定风险评估"[①]。在 2013 年至 2017 年的 5 年间,各地对约 37.63 万起重大决策事项进行了"稳评",有效地预防了各类社会安全事件的发生;其中,因评估结果为高风险而停止决策的有 2807 起,占比为 0.75%;因评估结果为中风险而暂缓决策、待消除风险后予以决策实施的 9674 起,占比为 2.57%。2015 年 4 月 13 日,中共中央办公厅、国务院办公厅发布《关于加强社会治安防控体系建设的意见》,提出落实重大决策社会稳定风险评估制

---

① 习近平:《全面贯彻落实党的十八大精神要突出抓好六个方面工作》,载《求是》2013 年第 1 期。

度,着力完善决策前风险评估、实施中风险管控和实施后效果评价,从全过程的角度强调了风险管理在社会安全领域的贯彻落实。2017 年 7 月 19 日,国务院办公厅发布的《国家突发事件应急体系建设"十三五"规划》提出了要进一步对重大决策社会稳定风险评估机制。2021 年 3 月 12 日,《中华人民共和国国民经济和社会发展第十四个五年规划和 2035 年远景目标纲要》的通过,提出健全社会矛盾风险防控协同机制,至此,风险评估在社会安全领域从分散的风险评估、风险管控进一步整合为风险防控协同机制,开始走向系统化。[①]

第三节 中国特色应急管理体系的制度建设

2005 年以来,我国开始推行以"一案三制"为核心的应急管理体系,即应急预案、应急体制、应急机制和应急法制。本节沿用这种框架,从应急管理体制、应急管理机制和应急管理法制三部分具体介绍近年来中国特色应急管理体系的制度建设情况。

一、中国特色应急管理体制的建设发展

(一) 应急管理体制的概述

1. 应急管理体制的含义和内容

应急管理体制是应急管理体系的核心,为应急管理体系的建设和发展提供了组织保障和结构框架。体制是指组织模式和主体相互权力关系的正式制度建构。所谓应急管理体制指的就是国家党政机关、企事业单位、社会组织、公众等各类主体在从事应急管理时在机构设置、领导隶属关系、管理权限划分和运行程序等方面的职责划分、制度、方法、形式等的总称。从内容构成来看,应急管理体制是政府为完成突发事件应对任务而建立起来的具有确定功能的应急管理组织结构和行政职能。

2. 应急管理组织结构

应急管理组织结构指的是应急管理体系组成机构之间的职责划分和相互关系。从应急管理活动来看,一般由指挥、控制、沟通三项活动构成,相应地,

---

① 孔祥涛:《推进重大决策社会稳定风险评估治理》,载《中国党政干部论坛》2018 年第 11 期。

可以将应急管理组织机构划分为五个部分,分别是指挥与协调机构、实际操作机构、信息传递机构、物资保障机构和财务管理机构。其中,应急管理的指挥与协调机构居于核心地位,负责统一指挥、统一协调各个应急管理工作机构的行动;应急管理操作的实际操作机构是组织结构的主体,负责应急管理活动中的各项具体操作作业。应急管理组织结构的五个部分按照职责划分履行各自的职能,并相互配合、相互支持,共同应对各类突发事件。

在应急管理实践中,应急管理组织结构并非一成不变的,而是根据应急管理活动的进展和实际需要,适时加以放大、缩小和补充。随着突发事件的扩大升级,政府管理层级将从现场位置逐步上移,形成属地管理、逐级响应的组织结构,从基层层面直至上升至国家层面。

3. 应急管理职能

应急管理职能是应急管理主体实施应急管理活动时履行的职责和功能,具体包括应急管理主体的职责权限和行为方式。当前,应急管理理论主张对突发事件实施综合化管理,主张给予政府"一揽子授权",具体做法是在法律制度中预先确立政府应急管理的抽象的集中权限和具体的工作权限的方式,抽象授权适用于突发事件爆发后的危急状态,具体授权体现在任何时间和空间。

目前,应急管理职能的设置已较为全面、具体和成体系。在突发事件爆发前的预防阶段,应急管理主体应当将应急管理纳入经济社会发展规划;加强土地、建设、工程的标准化管理;组织实施减灾建设项目;进行公共安全和风险评估;检测监控风险源,排查隐患;进行减灾防灾教育、宣传、培训。在突发事件的准备阶段,应急管理主体应当发布预测、预警信息;组织演习培训;编制应对危机的预案;部门之间订立应急管理联动计划;准备应急管理人员、装备、物资等。在突发事件的响应阶段,应当及时启动应急管理预案和措施;实施紧急处置和救援;协调应急管理组织和行动;向社会通报危机状况及政府采取的措施;恢复关键性公共设施项目等。在突发事件后的恢复阶段,需要及时启动恢复计划和措施;进行重建和修复;提供补偿、赔偿和社会救助;进行评估、总结和审计等。[①]

(二) 应急管理体制的基本原则

应急管理体制的建立与调整应当适应一个国家或地区的政治、经济、自

---

① 高小平:《综合化:政府应急管理体制改革的方向》,载《行政论坛》2007 年第 2 期。

然、社会等方面的发展状况,能够反映突发事件的变化趋势和应急能力的提升要求。在 2007 年开始施行的《突发事件应对法》中,第四条规定:"国家建立统一领导、综合协调、分类管理、分级负责、属地管理为主的应急管理体制"。在我国,应急管理体制的确立与发展应该遵循上述基本原则。

1. 统一领导

统一领导的基本原则要求在突发事件的应对处置中必须构建统一领导的应急指挥机构。纵向上,表现为自上而下的组织管理体制和层级节制,实行垂直领导,下级服从上级,横向上,同级部门之间应当互相配合、协同行动、共同服务于指挥中枢。在突发事件应对中,相关管理主体和组织各方都应在统一的应急指挥机构的领导下,遵循相关法律制度、规范文件、应急预案,有序开展各项应急处置工作。

2. 综合协调

综合协调原则要求多元参与主体之间协同配合、有效联动,共同致力于突发事件的解决。在突发事件的应急处置中,往往涉及多方主体的共同参与,具体包括国家党政机关、企事业单位、基层自治组织、社会组织、公民个人、国际援助力量等。要使多元主体能够在指挥中枢的统一领导下发挥积极作用,就必须建立反应灵敏、协调有序、运转高效的应急机制,不断提高指挥中枢的综合协调能力。由协调主体综合协调参与组织间的人力、物力、财力、技术、信息等保障力量,构建统一的突发事件信息系统、应急指挥系统、救援队伍系统、物资储备系统等,整合各类组织的多种应急资源,形成社会各部门协同配合、社会参与的联动局面。

3. 分类管理

分类管理原则要求对每一类突发事件由相应部门进行专门管理。《突发事件应对法》将突发事件区分为自然灾害、事故灾难、公共卫生事件和社会安全事件四类。不同类型的突发事件,其生成机制、发展演化、影响后果等存在较为明显的差异,因此,需要一定的专门化管理。在统一指挥体制之下,针对不同类型的突发事件,专项应急部门需要收集、分析、报告信息,并为专业应急决策机构提供决策建议,按各自职责开展处置工作。但重大决策仍需由统一指挥机构的组织领导组织,在分类管理之上仍需坚持统一指挥原则。

4. 分级负责

分级负责原则要求应由不同层级的政府来应对不同级别的突发事件。《突发事件应对法》按照社会危害程度、影响范围等因素,将自然灾害、事故灾难、公共卫生事件分为特别重大、重大、较大和一般四个级别,不同级别的突发事件需要动用的人力、物力、财力不同,因此,应当由不同层级的政府来负主要管理责任。其中,特别重大的突发事件由国务院直接负责,重大的突发事件由省(区、市)人民政府负责,较大的突发事件由地级以上市、地区、自治州、盟人民政府负责,一般的突发事件则由县(市、区)自治县、旗、自治旗人民政府负责。当然,无论哪一级别的突发事件,各级政府都应履行预警和监测的工作职责,及时收集和分析信息,定期向上级政府汇报,编制应急预案,组织应急演练。如果在突发事件应对中出现履责不力、不作为、不按程序规定采取应急措施的,应当追究相关政府部门的行政或法律责任。

5. 属地管理

属地管理原则要求突发事件发生所在地政府必须迅速反应、积极响应,在第一时间内遏制突发事件的发生和蔓延。大量的事故灾难类突发事件统计表明,80%的人员死亡发生于突发事件爆发后的 2 小时内,因此,是否在第一时间内实施有效救援是应急响应成功与否的关键。正因如此,必须强调地方政府是发现突发事件风险源、预防发生、先行应对、防止扩散的第一责任人,赋予其统一实施应急处置的权力,以便地方政府能够在突发事件发生时迅速反应和及时处理。与此同时,属地管理并不意味着对上级政府及其有关部门指导的排斥,当突发事件不断升级为重大突发事件时,当地政府必须及时且如实地向上级汇报,此外,也不能免除发生地其他部门和单位的协同义务。

(三) 应急管理体制的实践发展

1. 我国应急管理体制的早期发展

自 2003 年"非典事件"之后,我国政府应急管理在实践发展中逐渐形成了统一领导、分级负责、条块结合的体制。

第一,实行党和政府的统一领导。我国是单一制国家,中央政府行使全国行政权,国务院是应急管理责任主体和最高行政领导机构,统一领导各类突发事件的预防和处置工作。党中央、国务院对应急管理的领导是全局性的、覆盖全国的。在国务院设有安全生产委员会、中国国际减灾委员会等组织领导机构,负责领导和协调相关领域的应急管理。遇到重大公共危机,通常是启动非常设指挥机构。或者成立临时性指挥机构,由国务院分管领导任总指挥,国务院有关部门参加,日常办事机构设在对口主管部门,统一指挥和协调各部门、各地区的应急处置工作。例如,在 2003 年"非典"疫情时,2004 年禽流感疫情时,国务院都成立了临时指挥机构,统一领导全国防治疫情工作。为了加强国务院非常态管理的协调职能,2005年末国务院在国务院办公厅内设立了国务院应急管理办公室,为司局级机构,职能是负责国务院办公厅所承担的相关应急管理方面的值班、信息汇总和综合协调工作,发挥运转枢纽作用。

第二,实行分类别、分部门管理。不同类别的突发事件由国务院下属的不同主管部门为主负责其预防和处置工作,其他相关政府部门参与配合。具体来看,在自然灾害中,水旱灾害由水利部、国家防汛抗旱总指挥部主管,气象灾害由国家气象局主管,地震灾害由国家地震局、国务院抗震救灾指挥部主管,地质灾害由国土资源部、建设部、农业部主管,草原森林火灾由国家林业局、国家森林防火指挥部主管。在事故灾难中,交通运输事故由交通部、民航总局、铁道部、公安部分别管理,生产事故由行业主管部门、企业总部管理,公共设施类事故由建设部、信息产业部、邮电部分别主管,核与辐射类事故则由国防科工委负责,生态环境类由国家环保总局负责。在公共卫生事件中,传染病疫情、食物中毒事件由卫生部主管,动物疫情则由农业部主管。在社会安全事件中,治安事件、恐怖事件由公安部主管,经济安全事件由中国人民银行主管,群体性事件由国家信访局、公安部、行业主管部门管理,涉外事件由外交部主管。

第三,实行分级管理、条块结合。"非典"后我国形成了分级管理和条块结合的应急体制,根据突发事件发生的规模程度和影响范围,分别由不同层级的政府实施应急管理。跨省区、跨部门或特别重大的突发事件,由国务院及有关部门直接管理,地方各级政府予以协助配合;其他局部性的或一般的突发事件,由地方响应层级政府负责处理,上级政府可予以指导、支持和帮助,初步形成了条块结合的管理结构和响应体制。

2. 早期我国应急管理体制存在的问题

(1) 部门分割

同我国行政管理体制一样,早期的政府应急管理体制也是传统上层建筑的产物,与计划经济体制相联系。从组织管理来看,应急管理存在着明显的部门化倾向,各部门垂直管理层次清晰,但部门之间的职责分工并不明确,职责交叉与管理脱节现象并存,部门之间的协调力度不够,协同性不足。以化学污染事故的应急处置为例,该事件涉及环保部门、运输部门、安全生产监管部门和地方政府,相关政府部门各有其管理职能,但如何统一行动、相互配合却缺乏明确规定,部门之间难以协调。此外,在资源调配、基础地理信息、信息通讯、救援队伍的建设方面,也存在着部门分割、低水平重复建设的情况,比如灾种主管部门缺乏救援力量和资源,但其他部门的力量和资源却处于闲置状态;比如很多应急管理部门均设有信息系统,但相互之间没有信息通报和共享机制。

（2）条块分治

在早期应急管理体系中,各级政府以及相关部门之间在应急管理中的职责划分、应急响应中的条块部门衔接方面,缺乏明确规定,未形成职责明确、规范有序的分级响应体制。由于条块应急管理职责划分不明确,经常出现条块衔接配合不够、管理脱节、协调困难等问题。当央属企业在地方上发生了重大事故时,就会容易出现与当地政府协同不力的问题,信息通报不及时导致地方无法及时开展救援,难以在第一时间内遏制事故灾难的蔓延。2003年,重庆市开县境内发生了一起气矿井喷事件,该气矿属于中国石油天然气公司西南油气田分公司,事故发生后,该公司仅向上级公司汇报,而没有及时通报地方政府,地方政府未能及时介入救援,导致天然气泄漏扩散,造成附近243名村民中毒死亡。[①]

（3）整合不够

应急管理的部门化导致了资源分散和决策层次降低,全局性危机被当成局部性问题来解决。比如,为了加强对各类突发事件的监测,气象、地质、卫生、防疫、统计等政府部门都设立了相应的监测体系,以开展监测预警工作。但各部门之间缺乏对各类风险信息的综合利用和分析评估,指标体系也不健全,不利于实现综合减灾和风险减除。

（4）信息不畅

早期应急管理体系建设中,信息体制长期不完善、不健全,基本是行政体制的延续,逐级管理、对上负责、随意性强、共享性低。在此种信息体制下,发生瞒报、缓报、漏报的现象非常多。相关部门中的应急管理信息系统相互分割,缺乏互通互联,无法实现信息资源的合作共享,导致综合信息的整合不够和分析研判不足,对突发事件的监测预警难以充分发挥实效。

（5）责任不明

"非典"之后,政府相关部门的应急管理权限有所增加,专设机构,增加编制,兴建应急管理平台等,但权限增加的同时,责任意识并未得到同步提升,责任体系尚未建立,职责分工不明确,责任追究制度未完全建立。比如,在重大突发事件发生时,某些部门领导以集体决策取代个人负责制,导致应急时机被

---

① 陈福今、唐铁汉:《公共危机管理》,人民出版社,2006年,第96—97页。

延误。

（6）主体单一

早期应急管理实践过度依赖政府部门，忽视了社会组织的参与与积极作用，造成应急管理主体单一，社会化参与程度不高的问题。实际上，除政府部门之外，各类非政府组织、社会组织、社区、企业、新闻媒体、公众都可以在突发事件应对中发挥积极作用，应当进一步提升社会风险防范意识，增强社会参与动员能力。[①]

3. 我国应急管理体制的改革方向与实践进展

2007 年之后，我国开始按照综合化的方向要求进一步建立和完善应急管理体制，改革行政管理体制，减少专业管理部门，推行"大部委制"，组建专门的应急管理职能机构，在此基础上，综合考虑建立政府应急预警体系、信息体系、决策体系、指挥体系、救援体系、救助体系和评估体系，实现应急管理各个系统之间的协调，建设一个前后衔接、综合配套、功能齐全和运转灵活的应急管理体系。从体制上来看，要保证有效整合应急管理资源，提高全社会应对突发事件的动员能力，实现政府公共部门、各类组织、社区、公民共同参与和相互合作，形成统一指挥、分工协作的应急管理组织结构。

综合化改革方向之下，这段时期我国应急管理体制的改革重点包括三个方面：其一，明确指挥关系。建立一个规格高、有权威的应急管理指挥机构，合理划分各相关机构的职责，明确纵向关系和横向关系。其二，明确管理流程。合理设定一整套应急管理响应的程序，形成运转高效、反应快速、规范有序的应急处置行动管理。其三，明确管理责任。通过组织整合、资源整合、信息整合、业务整合和行动整合，形成应急管理的统一责任体系。应急管理体制应包括监测预警体制、信息管理体制、决策指挥体制、组织协调体制、行动响应体制、处置救援体制、社会动员体制。

从实践进展来看，具体包括：第一，建立应急管理的统一指挥体制。建立统一指挥体制是为了适应应急管理的需要，以一定的行政区域为单位，凡在此地域范围内发生的突发事件都应该由当地党委、政府统一管理，当地党委、政府的主要领导有权处置辖区内所发生的突发事件。在国家层面专门设立一个领导机构和总体协调机构来处理应急管理事务，旨在解决部门分割、条块分割、力量分散等体制性因素所造成的应急管理难以整合资源、协调指挥力度不

---

① 高小平：《综合化：政府应急管理体制改革的方向》，载《行政论坛》2007 年第 2 期。

够等问题,强化综合协调、统一指挥能力,从而形成从中央到地方上下对口、相互衔接、共同行动、运行协调的应急管理体制。2013年中央国家安全委员会成立,是我国国家安全工作的最高领导机构,统筹管理内外安全事务,应急管理作为国内公共安全的组成被纳入其中;2018年,中华人民共和国应急管理部成立,将国家安全生产监督管理总局的职责,国务院办公厅的应急管理职责,公安部的消防管理职责,民政部的救灾职责,国土资源部的地质灾害防治、水利部的水旱灾害防治、农业部的草原防火、国家林业局的森林防火相关职责,中国地震局的震灾应急救援职责以及国家防汛抗旱总指挥部、国家减灾委员会、国务院抗震救灾指挥部、国家森林防火指挥部的职责整合,作为国务院组成部门,以进一步推动形成统一指挥、专常兼备、反应灵敏、上下联动、平战结合的中国特色应急管理体制。按照改革方案,一般性灾害由地方各级政府负责,应急管理部代表中央统一响应支援,当发生特别重大灾害时,应急管理部作为指挥部,协助中央指定的负责同志组织应急处置工作,保证政令畅通、指挥有效。

第二,建立分类管理应急事务的专业机构。在自然灾害领域,各级应急管理部门为主责部门,对财政部门、民政部门、卫生部门、人社部门、公安部门、工信部门、水利部门、交通运输部门、解放军和武警部队等其他主体进行协调;在事故灾难领域,应急管理部门主管,负责指挥消防救援局、国家安全生产应急救援中心、社会救援力量,同时还要协调交通运输部门、通讯保障部门和医疗服务部门等;在公共卫生事件领域,对于流行病,由各级卫健委负责指挥卫生应急办公室、疾病预防控制局、医政医管局、综合监督局等部门,同时负责协调交通运输部门、通信保障部门和应急管理部门,对于动物疫情,则由农村农业部门负责指挥畜牧兽医局、动物卫生与流行病学中心,同时协调交通、通信、应急管理部门;在社会安全事件领域,国家安全部门协同公安部门进行指挥,负责协调信访部门、医疗卫生部门、解放军和武警部队、民政部门等。此外,在应急管理部门分别设立了自然灾害类应急管理委员会、事故灾难类应急管理委员会、公共卫生类应急管理委员会、社会安全类应急管理委员会,这种分类管理突发事件的专业机构应该从中央到地方都统一地、上下衔接地、自上而下地进行调整。

第三,建立分级响应和属地管理相结合的体制。这一改革实践是为了适应突发事件的特点,为了有效解决条块结合的问题。首先,对于跨行政区域、跨行政层级、跨部门的突发事件的管理,需要由更高层次领导机构、协调机构来领导和协调,因而建立了以应对突发事件能力为依据的分级响应体制。其次,处理特别重大的突发事件,既要由中央派人或组织专门机关进行直接指挥和协调,也要充分尊重所在党委、政府。

第四,建立健全应急管理联动协同体制。这为建立统一指挥、分工协作、资源共享的应急管理体制提供了体制保障。加强各部门、各地区应急管理体系建设的统筹规划、资源整合和整体协同,使各种资源和力量能够协调和互相支援配合,避免了重复建设和资源闲置。①

4. 数字时代的应急管理体制创新

进入21世纪,以数字技术为代表的信息技术迅猛发展,不断丰富了公共部门治理"工具箱",数字技术正逐步成为社会经济运行的基础要素与独立治理主体,重塑着治理体系。在应急管理领域,数字化发展正成为应急管理能力和应急管理体系现代化发展的重要推动力,引领着全方位、系统性的制度重塑。在中国抗击新冠肺炎疫情中,数字技术在其应急管理过程中发挥了显著的赋能效用。数字技术不断推动着"平台式"应急管理形态的构建,新的体制安排在包容数字技术的同时也推动了应急管理效能的提升,具体表现为以下三方面的基本组织特征:

第一,调适性的权力结构逐渐形成,缩短了应急管理的纵向权力链条。在突发事件应对中,依托数字化平台权力配置的灵活性,自上而下的集权控制与分权协作可以在动态调适的平台结构中共存。根据突发事件的影响程度、跨区域协作的管理要求、应急物资短缺情况等,上级政府可以通过数字化平台进行调适性的权力配置。当危机升级,上级政府还可以进行远程控制指挥,或者直接授权一线指挥人员行动。

第二,分工重组更加灵活,部门分工的协作困境得以突破。数字化平台可以在不改变原有机构分工的基础上对部门进行"重新组合"②,根据突发事件应对需求调整部门组合,通过数字化技术组建虚拟的临时部门,实现阶段性的高效协作,从而形成以需求为导向的整体性组织结构。数字化平台的模块化特征,使其在突发事件发生时,可以对独立的功能模块进行组合、修改和添加,使应急管理的部门组合可以适应"不确定性"。

第三,包容性的参与形式出现,持续扩展了治理网络。数字化平台可以实

---

① 高小平:《综合化:政府应急管理体制改革的方向》,载《行政论坛》2007年第2期。
② 宋锴业:《中国平台组织发展与政府组织转型——基于政务平台运作的分析》,载《管理世界》2020年第11期。

现紧急动员,外部参与者可以通过平台采集、使用和共享信息,帮助公共部门协调社会资源,在短时间内完成应急资源的汇集和调配。社会组织、民众等社会主体可以通过平台纳入应急管理流程中,建立不同主体之间的多边互动关系,形成协作网络。①

二、中国特色应急管理机制的建设发展

(一) 应急管理机制的含义与内容

应急管理机制指的是对突发事件进行监测预警、应急决策、配置资源、救援处置、善后处理、调查评估等一系列机构和职能运行的路径与程序,是涵盖了事前、事发、事中、事后的突发事件应急管理全过程的系统化、制度化、程序化、规范化的方法与措施。当前我国应急管理机制建设的目标可以概括为统一指挥、反应灵敏、功能齐全、协调有序、运转高效。从构成上来看,当前中国应急管理机制已然形成了较为完备的监测预警机制、应急决策机制、资源配置与保障机制、新闻发布机制、控制处理机制、善后处理机制、评估机制等。

1. 应急管理监测预警机制

监测预警机制指的是应急管理主体根据有关风险现象的数据、情报和资料,运用逻辑推理和科学预测的方法与技术,对特定风险现象出现的约束性条件、未来发展趋势和演变规律等做出估计与推断,并发出确切的警示信号或信息,使公共部门和公众提前了解风险发展的状态,以便及时采取应对策略,防止或消除不利后果的一系列活动。建立和完善应急管理的监测预警机制是建立现代化应急管理体系的前提基础,也是实现应急管理"关口前移"的重要保障。

(1) 监测预警机制的功能

监测预警机制可以发挥信息收集与分析、风险预报、风险监测、信息发布与信息沟通等功能。其一,信息收集与分析。监测预警机制通过构建多元化、全方位的信息收集网络,将真实信息及时加以收集、汇总、分析、处理,并通过信息网络将有关风险和突发事件的各类信息及时传递给应急管理指挥系统和相关部门,保证应急信息的时效性、准确性和全面性。

---

① 郁建兴、陈韶晖:《从技术赋能到系统重塑:数字时代的应急管理体制机制创新》,载《浙江社会科学》2022年第5期。

其二,风险预报。监测预警机制在信息搜集和分析的基础上,对分析结果进行进一步甄别和分类,以全面清晰地预测突发事件的发展趋势,及时发现危机征兆,对可能爆发突发事件的类型、性质、等级、危害性后果、范围、程度等进行研判,并据此向决策者发出危机警报。

其三,风险监测。突发事件发生后,监测预警机制还将实时监测突发事件的各种因素和事态的发展变化,不断对其演化趋势做出分析判断,使应急管理决策指挥机构能够实时掌握事态发展动向,以便随时调整应急举措。

其四,信息发布。监测预警机制对信息的动态收集和分析,使得可以在突发事件发生初期尽可能地向公众发布相关信息,一方面,保障了公民的知情权,另一方面,减少流言和谣言传播及其负面影响。

其五,信息沟通。监测预警机制也为相关应急管理主体之间及时有效地沟通信息提供了保障。在利益相关者、政府部门、社会组织、公众之间,建立谈判和沟通渠道,及时交流沟通已有信息,有针对性地拟定解决方案。

（2）监测预警机制的构成

当前我国的监测预警机制一般由监测系统、咨询系统、组织网络和法规体系构成。第一,监测系统。监测系统是监测预警机制的核心,监测预警的流程一般包括:收集分析信息;将加工后的信息与风险预警指标进行对照,决定是否发出警报;发出警报。据此,监测系统又进一步包括信息收集子系统、信息加工子系统、决策子系统、警报子系统。第二,咨询系统。其功能是定期沟通信息,提供研究报告,提出应急处置的建议等,一般由具备专业知识和管理经验的专家学者和智囊团组成。由于突发事件类型多样,且具有专业性,军事专家、医学专家、地震专家、气象专家、水利专家、管理专家、信息技术专家、公关专家、法律专家的作用比较重要。第三,组织网络。具体包括专门机构和工作人员;规范化、制度化的监测体系、防范体系;畅通的信息沟通和处理渠道等。第四,法规体系。其目的在于保障应急管理的监测预警"有法可依",促进监测预警活动的规范化和法治化。相关法律规范既要规定有关部门、行业、企业、单位提供信息和获取信息的权利和业务,又要体现激励奖惩的作用。

2. 应急管理决策机制

应急管理决策机制是在紧急情况、危机事件或灾难发生时作出决策和管理行动的有组织、系统性的程序方法。与常态下的决策相比,应急决策需要在有限的信息、资源和时间内寻找相对满意的处理方案,利益群体和公众的参与有限,专家参与的数量不多,但作用更为突出,此外,应急决策的合法性一般通过法律预先授权获得,不需经过复杂的审议程序。

应急决策机制通常由三个系统构成,分别是中枢决断系统、参谋咨询系统和协调系统。其一,中枢决断系统指的是在突发事件发生时依法具有最终决定权力并承担相应责任的特定机构或个人,一般由最高行政首脑及其高级助理和少数核心部门的负责人构成。其二,参谋咨询系统由具有专业知识和管理经验的参谋咨询人员组成,为中枢决断系统提供知识和决策建议,有助于提高应急决策的科学性和有效性。参谋咨询系统可以是特定职位的个人,也可以是特设或临时组建的组织机构。其三,协调系统是负责协调突发事件应对所涉及的不同部门、不同行政区域行动的单元,以促进应急决策过程,保证决策质量。协调机构有时不会单独设置,而是在相关部门中设置专门的职责机构,有时也会专门设立综合协调机构。

尽管应急决策无需经过复杂的合法化程序,但决策权必须依法行使,通过法律制度加以规范和约束。目前已有的法律法规基本规定了决策主体、决策权限、决策程序和最终决策的采用方式,从而明确了决策权限,规范了决策行为,避免在紧急状态下发生决策主体不明、责任不清、权力滥用、程序混乱等现象,以尽可能提高应急管理决策的成功概率。

3. 应急管理资源配置与保障机制

应急管理过程涉及人力、财力、物力、社会文化、政治资源的配置问题,能否有效配置应急资源,提高资源配置的效率,往往决定了应急管理活动的成败。但应急资源配置与一般资源配置不同,常态下的一般资源配置通过市场机制来实现,而应急资源配置则依赖权威机制来运行。要建立完善的应急资源配置与保障机制,从广义上来说,要从公共管理的每一个层级和领域内全面融入应急管理,形成及时、高效、具有学习能力而不断自我革新和自我进步的资源动员与配置机制;从狭义上来看,则有关应急管理机构和组织进行优化重组,组织新的机构,组建新的队伍,优化人力资源结构,建立健全相关制度,形成规范化和制度化的资源动员与分配、使用、监督、审计和评估机制。

应急管理资源配置与保障机制主要涉及三方面内容:第一,应急资源的整合机制。突发事件应急处置的关键之一就是资源的有效整合,能否快速有效地将社会层面的不同部门、不同领域、不同层级的人力、物力、财力进行聚合,往往会影响最终的应急管理绩效。此外,信息已成为一种重要的战略资源,有必要基于数字化技术建立应急管理的信息系统,形成全国统一的信息管理平台和信息共享机制。第二,公共财政预算与支付制度。公共财政是应急管理活动资金的主要来源,其支出目标就是有效控制危机,化解风险,维护公共安全。只有合理地调整和利用公共财政预算与支出,保证专款专用,才能确保突发事件得以有效应对。第三,应急资源配置的监督与审计。突发事件应对中,应急资源的浪费、挪用、盗用、贪污等现象时有发生,阻碍了应急资源的合理配置和有效利用。因此,有必要建立应急资源管理的监督体系,通过内部控制、第三方评估、社会和舆论监督等多种途径来加以实施。

4. 应急管理新闻发布机制

应急管理过程中的新闻发布是应急管理工作的重要组成部分,在有效应对突发事件的同时,加强相关信息和新闻发布的规范化,及时准确地发布风险信息,对于提高应急管理效能、维护公共部门的良好形象具有重要意义。

应急管理新闻发布机制具体包括以下六个子系统:第一,新闻发布应急响应系统。突发事件发生后,应迅速启动新闻发布工作,在应急指挥部下设立专门的新闻发布机构,专门负责新闻发布工作。与此同时,还要确定新闻发布的具体方案,明确发布内容,确定发布形式等。第二,新闻发布系统。在具体进行新闻发布工作时要及时、准确、适度。突发事件一旦发生,就要在第一时间内进行信息发布和新闻报道,有效引导社会舆论,避免各种猜测和歪曲性报道。新闻发布需要得到授权,发布内容要提前按照程序报批,无新闻发布职能的部门和个人不得擅自进行信息发布。新闻发布的形式比较多样,如新闻发布会、吹风会、散发新闻稿、接受记者采访等。第三,中外记者采访管理系统。突发事件发生后,相关政府部门应当及时受理中外记者的采访,主动向其提供相关信息,还可设立新闻中心,专门负责记者采访接待工作。同时,还要加强对记者采访的组织管理,提前划定采访区域,避免记者采访影响应急处置的现场工作开展。第四,境内外舆情跟踪和通报系统。新闻发布机构还需时刻关注境内外的媒体报道和舆论情况,及时整理汇报,适时澄清事实,引导舆论。第五,互联网信息安全管理系统。互联网作为一种特殊媒体,具有传播迅疾、影响广泛、互动频繁等特征,对此,一方面要利用其及时传达政策、举措等正面信息,同时还要警惕网络舆论场中的谣言、流言、有害信息。第六,突发事件分类处理系统。不同类型的突发事件在新闻发布时应区别考虑,对自然灾害、事故灾难、公共卫生事件应当及时组织新闻发布,而对于涉及政治性、群体性的社会安全事件则要谨慎发布。

5. 应急管理控制处理机制

应急管理的控制指的是应急管理者通过监督、检查等行为,保证突发事件应对处置活动按照应对计划进行、实现应急管理目标,并不断纠正各种偏差的活动过程。根据其不同阶段,可以分为前馈控制、同期控制、反馈控制。其中,前馈控制可以预防管理活动中问题的发生,同期控制则是对正在进行的应急管理活动加以检查监督,一旦发现问题就及时纠正,反馈控制则是在应急管理活动结束后,对应急管理结果进行总结评价,以总结经验、汲取教训。

应急管理的处理即应急响应,也叫应急处置或应急救援,是指突发事件爆发后,有关组织或人员采取的控制事态的各种应急处置行动,包括信息报送与信息管理、情况通报、应急决策、人员疏散、应急联动、急救与治疗、外部救援等。

6. 应急管理善后处理机制

当突发事件基本得以控制时,应急管理活动就转入到善后处理阶段。善后处理机制的工作任务包含两个方面,一是进行事后的恢复重建和责任追究,慰藉公众心理和恢复生活秩序,二是总结经验教训,堵塞管理制度中的漏洞,制定长期发展战略。

从具体内容来看,善后处理机制的工作主要包含:灾害生产、生活基础设施的重建和秩序恢复;清算损失,赔偿损失;抢救受伤人员,救济群众,妥善安排生活资料和生产资料;对公众灾后受创心理进行抚慰和治疗;调查事故和处理相关责任人员等。

7. 应急管理评估机制

应急管理活动结束后的评估工作是对整个管理过程的总结,应急管理评估的专门化、制度化、规范化,有利于从已经发生的突发事件和危机中吸取经验教训,避免类似事件的再次发生。[①] 应急管理评估是将危机转化为机遇的关键节点,指的是管理者通过系统性和综合性的方法,对突发事件的性质、规模、影响以及相关因素进行情况调查、数据收集、分析和评估的过程。

在应急管理实践中,有效地评估需要遵循客观性、时效性、准确性等基本原则,采用科学的系统方法,对应急管理结构、突发事件监测预警情况、应急管理计划完备度、应急管理沟通、媒体管理、应急管理具体措施、应急管理实际效果等进行系统评价,具体包括调查系统、评估系统、追责系统和学习系统,分为准备阶段、实施阶段、总结阶段、改进阶段。

(二) 新时代应急管理机制的创新发展

党的十九大以来,中国特色社会主义进入新时代,应急管理体系发展也进

[①] 蔡立辉、王乐夫:《公共管理学》,中国人民大学出版社,2022 年,第 324—333 页。

入了新的时期和新的阶段。尤其是自 2018 年应急管理部组建以来,我国应急管理机制不断创新,应急管理流程得以重塑,其发展方向可以概括为两个特征:全过程管理的流程重塑和技术赋能的工作机制创新。

全过程管理的流程重塑。从全灾种管理到全过程管理的转变必然要求应急管理流程的重塑,而应急管理流程则进一步定义了应急管理的运行机制。应急管理全过程包括减缓、准备、响应、恢复四个环节,在《突发事件应对法》中,将应急管理全过程划分为预防与准备、预警与监测、救援与处置、善后与恢复几个阶段。过去,应急管理主要强调响应阶段,但多起重大突发事件显示,应急响应难以有效避免突发事件带来的重大损失,对此必须强调全过程的管理流程重塑,基于全过程对应急管理运行机制进行系统构建,从准备、预防、减缓、响应和恢复五个环节全面优化应急管理的运行机制。首先,准备成为应急管理活动的起点,要提升应急预案的有效性,加强应急救援队伍建设,大力发展应急产业,提升应急管理宣教实效。其次,预防对事故灾难更为有效,关键是将风险控制在可以接受的水平,对此,要提升政府监管实效,激发企业自我监管动力,鼓励社会监管。再次,减缓主要针对自然灾害和事故灾难,旨在减少自然灾害和事故灾难发生后的损失,对此需要降低物理脆弱性和社会脆弱性。然后,响应仍是应急管理的重点,尽管十多年来应急响应进展显著,但应急指挥的科学性仍需进一步提升,需要在应急管理部之下继续探索适合中国情境的应急指挥机制,既要发挥政治动员的优势,又要增强科学理性。最后,恢复既是流程的终点也是起点,自然灾害后的恢复工作重在可持续性地实现,事故灾难的恢复核心则是科学调查与问责机制的系统构建。[①]

技术赋能的工作机制创新。数字技术在应急管理机制创新中发挥着重要作用,尤其是对突发事件应对过程中信息机制和协作机制的创新优化产生了巨大影响。其一,构建了基于合作生产的应急管理信息机制。通过数字技术的赋能,在一定程度上打破了空间时间对信息采集和传递的限制,实现了应急信息的快速传递和高效利用。此外,数字技术的应用还改变了信息生产与传播的机构,打破了原有的信息生产者、传播者、使用者之间的界限。应急信息不仅可以从政府传递给公众,还可以在公众之间传递。在此形势下,公共部门应积极构建基于合作生产的信息机制,一方面激励公共部门、民众、社会组织、专家学者等多元主体共同参与到应急信息的供给中,再通过数字化平台进行

---

① 张海波:《新时代国家应急管理体制机制的创新发展》,载《人民论坛·学术前沿》2019 年第 5 期。

信息串联,实现信息渠道的多元互补和信息供给的互动合作;另一方面,形成应急信息网络,依托数字化平台链接多元信息生产主体,建立起跨区域、跨部门的信息网络,使信息传递和信息沟通转向"网状化"和"去中心化"。其二,构建整体性的应急管理协作机制。条块分割的体制特征导致了应急管理协作机制难以建立,阻碍了应急管理实践发展。对此,数字化平台可以提供新的协作方案,通过信息网络影响其他行动主体的行为选择。应急管理协作的主体涉及政府内的各个部门和政府外的社会力量,在政府内部,平台灵活的分工重组奠定了部门间合作的基础,但仍需进一步打破"信息孤岛"的障碍,推动不同部门数据平台的链接,形成系统融合式的协作形态,真正建立多部门联动的综合协调机制。在政社之间,数字化进程向公众和社会力量分享了非正式权力,民众开始被纳入突发事件应对的行动者网络之中,但科层制的约束仍然存在,紧急状态下决策者更加倾向于利用数字技术加以控制而非协调,对此,应当通过制度化充分保障公众的知情权和建议权,挖掘民众的自组织能力,引导民众自主参与协作。①

三、中国特色应急管理法制的建设发展

(一) 应急管理法制概述

1.应急管理法制的含义和特点

应急管理法制指的是针对突发事件引起的公共紧急情况制定或认可的处理国家权力之间、国家权力与公民权利之间、公民权利之间的各种社会关系的法律规范和原则的总和。② 在突发事件带来的危机状态下,应急管理法制致力于保障全社会能够恢复正常的社会生活秩序和法律秩序,维护和平衡社会公共利益与公民合法权益。

作为一种非常态法制,应急管理法制具有不同于一般法律法规的特征:其一,内容和对象上的综合性、边缘性。应急管理法制针对的是各类突发事件的应急管理活动,由于突发事件具有多样性和差异性,因此应急管理的法律规范必然具有综合性和边缘性。其二,适用上的临时性和预备性。应急管理法律法规适用于突发事件发生的紧急状态下的特殊情境,要在难以预料的情况下

---

① 郁建兴、陈韶晖:《从技术赋能到系统重塑:数字时代的应急管理体制机制创新》,载《浙江社会科学》2022年第5期。

② 钟开斌:《"一案三制":中国应急管理体系建设的基本框架》,载《南京社会科学》2009年第11期。

预先规定可能发生的突发事件管理状况,调整的是非常态的法律关系,因此具有临时性和预备性。其三,实施过程具有很强的行政紧急性。在突发事件爆发时的紧急状态下,应急管理主体被赋予了行政紧急权力,可以根据实际情况采取紧急处置措施,这种行政紧急权力不需根据具体法律内容实施,但必须遵循一定的合法程序。其四,立法目的上更强调对权利的保障。由于行政紧急权力容易被滥用,且会侵害公民的一部分合法权利,因此应急管理法制尤为强调对公民合法权益的保障。其五,法律制裁具有更大的严苛性。与常态下的法律法规相比,应急管理法律法规更具严苛性,同样的违法行为,在危机情形下会产生更为严重的后果,因此会被处以更严厉的惩罚。

2. 应急管理法制的原则和构成

(1) 应急管理法制的基本原则

应急管理法制的原则分为基本原则和具体原则。应急管理法制的基本原则包括法治原则、应急性原则和基本权利保障原则。其中,法治原则要求应急管理建立在法治基础之上,一切管理理念、管理方法和管理手段都要服从相关法律法规的规范。应急性原则指的是在突发危机情境下政府可以行使紧急权力,采取有效措施,可能会对行政相对人的权利和利益带来限制和影响。基本权利保障原则要求应急管理主体在行使行政紧急权力时不得过度侵害公民的基本权利,保障人权是应急管理法治精神的核心。

应急管理法制的具体原则是基本原则的进一步细化和延伸,是从目的、方法、手段和后果等方面对应急管理法律制度提出的更为具体而细致的要求。[①]应急管理法制需遵循以下具体原则:

第一,公共利益原则。应急管理活动的目的是维护公共利益,维护公共安全,避免公共利益和公共安全遭受突发事件和危机的危害,这是应急管理主体实施应急管理举措、动用行政紧急权力、限制人们部分合法权利的正当性基础。

第二,比例原则。行政紧急权力对人民基本权利的限制必须使目的与手段之间符合一定比例,行政紧急权力的行使应当在合理限度之内,与突发事件的性质、程度、状态相适应,对公民权利的限制要以控制危机为前提,尽可能降低损失程度。

第三,主动性和防范性原则。应急管理强调主动性和防范性,这与传统的

---

① 韩大元、莫于川:《应急法制论:突发事件应对机制的法律问题研究》,法律出版社,2005年,第57页。

被动应对模式相区别,在应急管理机制中,针对突发事件的风险预防、监测预警、预案制定都是为了预先对可能发生的突发事件进行主动防范,应急管理法制也应从制度规范上强调应急管理的主动性和防范性。

第四,积极责任原则。相较于一般性法律法规,应急管理法制尤为强调政府在应急管理活动中的积极责任,面对突发事件,政府应当发挥核心和领导作用,积极履行应急管理职责,主动提高应急管理效率,科学、及时、有效地应对突发事件及各类危机。

第五,权益救济原则。应急管理法制的权益救济原则指的是要对在突发事件中遭受损失的公民或受害人加以补偿或赔偿。包括:当企业的生产事故造成公民的损失时,企业必须对受害者进行赔偿;当政府应当对危机爆发承担责任时,需对相关受害者加以补偿;由自然灾害造成的损失,没有特定责任方,政府应尽其所能地降低其损害;在应急管理活动中,为了控制突发事件和危机的蔓延,不得不牺牲部分人的利益时,应当对受害人的损失作出补偿。[①]

（2）应急管理法制的构成

我国最早有关应急管理的法律法规是 1954 年出台的戒严制度,自此之后,相继颁布了一系列相关的法律、行政法规、部门规章以及地方性法律法规,基本建立了从中央到地方的突发事件应急管理法律制度体系。从构成来看具体包括下述领域:战争与政治突发事件法规;恐怖性突发事件法律法规;骚乱性社会突发群体性事件法律法规;灾害性突发事件法律法规,具体又分为针对地震灾害、洪涝灾害、环境灾害、地质灾害等各类自然灾害的法规制度;各类安全事故性突发事件的法律法规,主要包括交通运输、核事故、环境污染、化工产品、剧毒物品等具体方面的法律规范;公共卫生类突发事件的法律法规;其他有关应急管理的法律规范,如公民权利救济相关的法律法规、金融风险防治方面的法律法规等。

此外,我国还批准和签署了一系列国际条约、协议,其中有 20 余个涉及一般紧急状态法,在我国应急管理实践中也发挥了重要作用。

（二）应急管理法制的具体内容

1. 国家安全治理统筹性法律法规

我国国家安全法律体系建设肇始于 20 世纪末,从最初的巩固革命成果、

---

① 蔡立辉、王乐夫:《公共管理学》,中国人民大学出版社,2022 年,第 335—337 页。

保证政治斗争下的国家安全,到现阶段以总体国家安全观为内核推动国家总体安全的系统性构建,[①]其建设发展成果在应急管理法制中处于统筹地位,为具体突发事件应对法律提供了框架性指导。

当代国家安全治理的统筹性法律法规从总体国家安全的角度对传统国家安全和非传统国家安全的相关领域进行了较为详细的规定。传统安全领域的相关法律规范主要涉及与应对战争、恐怖主义性突发事件相关的法律制度,具体包括《中华人民共和国宪法》《中华人民共和国刑法修正案》《反分裂国家法》《中华人民共和国国家安全法》《中华人民共和国戒严法》《中华人民共和国反间谍法》《中华人民共和国保守国家秘密法》《中华人民共和国国家情报法》《国防交通条例》《民用运力国防动员条例》《中华人民共和国兵役法》《中华人民共和国预备役军官法》《人民防空法》《中华人民共和国反恐怖主义法》《境外非政府组织境内活动管理法》《全国人民代表大会常务委员会关于惩治劫持航空器犯罪分子的决定》等,此外,我国还签署了《防止和惩治恐怖主义公约》《制止向恐怖主义提供资助的国际公约》《国际合作防止恐怖主义行为》等多项国际公约。

在非传统安全领域,相继出台了《中华人民共和国网络安全法》《中华人民共和国核安全法》《中华人民共和国生物安全法》《中华人民共和国数据安全法》等,分别对网络安全和网络空间安全、核安全、生物安全、数据安全等新兴安全领域进行了系统规范,也对相关突发事件的应急活动进行了具体规定。例如,《核安全法》第四章专门对核事故应急进行了具体规定,涉及应急组织机构、应急预案制定实施、应急经费、应急演练、应急救援等内容。

2015年新《中华人民共和国国家安全法》和2007年出台的《中华人民共和国突发事件应对法》在国家安全治理和应急管理法律体系中尤为重要。2015年7月1日,第十二届全国人大常委会第十五次会议表决通过了新的国家安全法,成为统领国家安全各领域工作的综合性法律。该法律对政治安全、国土安全、军事安全、文化安全、科技安全等11个领域的国家安全任务进行了明确,确立了维护国家安全的专门机关,规定了健全国家安全风险监测预警制度、建立国家安全审查和监管机制等具体内容。

2007年出台的《中华人民共和国突发事件应对法》对突发事件的概念、类

---

① 马千里:《总体国家安全观视阈下国家安全法律体系重构——基于卢曼社会系统论之省思》,载于上海市法学会:《上海法学研究》集刊2022年第6卷,第14—22页。

型、等级等进行了明确界定,对突发事件应急管理的主体、职责、体制、机制进行了规范,对突发事件的预防与应急准备、监测与预警、应急处置与救援、事后恢复与重建等应对活动作出了详细要求。2021年,第十三届全国人大常委会第三十二次会议对《中华人民共和国突发事件应对管理法(草案)》进行了审议,并向公众公布,公开征集修订意见,该草案新增了"管理体制"专章,旨在理顺管理体制,明确各方责任,此外还对信息报送发布渠道、应急保障制度、应急管理能力建设、社会力量作用发挥、社会主体合法权益保障、应急管理过程中的征收征用制度等进行了进一步的完善和补充。

2. 自然灾害领域的法律法规

自新中国成立以来,关于自然灾害管理的法律法规建设取得了较大成就,尤其是从制定防灾减灾综合性立法以来,在自然灾害预防、应急方面的法制建设步伐加快,形成了以法律法规、规范性文件、规章、规划、预案、标准等层次分明的自然灾害法律法规体系。在法律层面,国家出台了《中华人民共和国海洋环境保护法》《中华人民共和国森林法》《中华人民共和国草原法》《中华人民共和国水法》《中华人民共和国环境保护法》《中华人民共和国水土保持法》《中华人民共和国防洪法》《中华人民共和国防震减灾法》《中华人民共和国公益事业捐赠法》《中华人民共和国气象法》《中华人民共和国防沙治沙法》《中华人民共和国清洁生产促进法》等。

在法规方面,国务院陆续出台了《森林防火条例》《中华人民共和国河道管理条例》《森林病虫害防治条例》《水库大坝安全管理条例》《中华人民共和国防汛条例》《城市绿化条例》《森林防火条例》《地震监测设施和地震观测环境保护条例》《中华人民共和国自然保护区条例》《破坏性地震应急条例》《中华人民共和国野生植物保护条例》《地震预报管理条例》《地震安全性评价管理条例》《人工影响天气管理条例》《退耕还林条例》《地震监测管理条例》《军队参加抢险救灾条例》《中华人民共和国水文条例》《汶川地震灾害恢复重建条例》《中华人民共和国抗旱条例》《气象灾害防御条例》《自然灾害救助条例》等。

在预案层面,具体包括《国家防汛抗旱应急预案》《国家自然灾害救助应急预案》《国家防汛抗旱应急预案》《国家地震应急预案》《国家突发地质灾害应急预案》《国家处置重、特大森林火灾应急预案》等专项应急预案。

3. 安全生产事故领域的法律法规

随着各行业安全事故的频发,安全生产问题日益受到重视,规范安全生产监督管理和事故灾难应急处置的法律体系不断健全和完善。《中华人民共和国安全生产法》是我国安全生产领域的基本法律,全面规定了企业及相关部门的安全生产责任、政府安全生产监管职责和权限、事故报告和调查程序以及处罚措施等,明确了安全生产责任制、安全生产标准化管理体系、安全生产的监督管理体制等。2021年6月10日,第十三届全国人民代表大会常务委员会第二十九次会议于通过了《全国人民代表大会常务委员会关于修改〈中华人民共和国安全生产法〉的决定》,新修订的《国家安全法》进一步明确了交通运输、住房和城乡建设、水利、民航等有关部门的安全监督管理职能,提出要建立相互配合、齐抓共管、信息共享、资源共用的工作机制,增加了安全生产权力和责任清单的规定;进一步压实了生产经营单位的安全生产主体责任,建立全员安全生产责任制和安全风险分级管控机制、重大事故隐患排查及报告制度;此外,还对矿山项目建设外包、危险作业等做了针对性修改,规定了安全生产的公益诉讼制度,增加了违法行为的处罚范围,加大对违法行为的惩处力度。

在生产事故应急处置方面,2018年开始施行的《生产安全事故应急条例》对生产安全事故应急工作的各级政府部门和各类生产经营单位的职责进行了明确,具体规定了应急预案的制定与实施、应急救援演练、应急救援队伍建设、应急值班制度;应急救援的措施、流程与程序、指挥机构及机制;以及相关主体的法律责任。2007年,国家专门出台了《生产安全事故报告和调查处理条例》,对生产安全事故的等级进行了划分,对事故报告的内容和要求、事故调查的职责和程序、事故处理的时限和举措等作出明确规定,规范生产安全事故的报告和调查处理,落实生产安全事故责任追究制度,防止和减少生产安全事故。2001年,国务院下发《国务院关于特大安全事故行政责任追究的规定》,详细列举了在特大安全事故的防范、应对中政府部门及其领导人、负责人以及企事业单位应当承担的职责。

除此之外,还有针对特定行业领域的专门性法律法规,包括《中华人民共和国矿山安全法》《中华人民共和国矿山安全法实施条例》《中华人民共和国建筑法》《建设工程安全生产管理条例》《中华人民共和国煤炭法》《中华人民共和国道路交通安全法》《中华人民共和国海上交通安全法》《中华人民共和国消防法》《中华人民共和国核安全法》《中华人民共和国环境保护法》《安全生产许可证条例》《危险化学品安全管理条例》等。相关部门规章、地方性法规、管理规定数量更多,如《危险化学品经营企业安全生产许可证管理办法》《安全生产违法行为行政处罚办法》《火灾事故调查规定》《放射工作人员健康管理规定》《煤矿安全监察条例》《石油天然气行业安全生产规定》《建筑施工企业安全生产管理规定》《交通运输企业安全生产管理规定》等。

4. 公共卫生领域的法律法规

我国现行的公共卫生应急法制体系由一系列法律法规、部门规章、应急预案、技术规范构成。在法律方面,国家针对不同领域的突发公共卫生事件分别制定了《中华人民共和国传染病防治法》《中华人民共和国疫苗管理法》《中华人民共和国动物防疫法》《中华人民共和国职业病防治法》《中华人民共和国国境卫生检疫法》《中华人民共和国食品安全法》《中华人民共和国进出境动植物检疫法》等法律。在《中华人民共和国基本医疗卫生与健康促进法》中也明确规定了国家建立健全突发公共事件应急体系和传染病防治体系的职责,《中华人民共和国精神卫生法》中规定各级政府应在突发事件发生后及时开展心理援助工作。

在部门规章方面,国家卫健委作为公共卫生突发事件应急的主管部门,在其职责范围内相继制定了诸多公共卫生事件应急的部门规章,如《中华人民共和国传染病防治法实施办法》《突发公共卫生事件与传染病疫情监测信息报告管理办法》《传染性非典型肺炎防治管理办法》《医疗机构传染病预检分诊管理办法》,上述部门规章对各级政府及医疗卫生机构在传染病预防及控制、疫情监测及报告等方面的职责作了明确规定。

在地方性法规和应急预案方面,广东省、北京市、天津市等地制定了应对突发公共事件的地方性法规,其他各省份也多制定了省级政府规章来落实应急条例。此外,国务院还专门制定了一系列应急预案,《国家突发公共事件应急预案》明确了突发公共事件的内涵与范围、应急组织架构和职责、应急保障、预案制定及和更新等内容;《国家突发重大动物疫情应急预案》《国家重大食品安全事故应急预案》《国家突发公共事件医疗卫生救援应急预案》分别对重大动物疫情、重大食品安全事故及救援工作等具体应急事务进行了相应规定。[①]

5. 社会安全领域的法律法规

20世纪末至21世纪初,我国处于社会快速转型期,社会矛盾凸显,各类群体性事件、民族冲突事件、暴力袭击事件频发。为了应对突发社会安全事件,我国陆续建立了较为完善社会安全治理法制体系。

相关法律法规包括:《中华人民共和国治安管理处罚法》《中华人民共和国

---

① 王志鑫、吴大华:《我国突发公共卫生事件应急法律体系的检视与完善》,载《中国卫生事业管理》2022年第8期。

集会游行示威法》《中华人民共和国人民武装警察法》《中华人民共和国人民武装警察法》《中华人民共和国监狱法》《大型群众性活动安全管理条例》等。

部门规章及规范性文件包括:《全国人民代表大会常务委员会关于严惩严重危害社会治安的犯罪分子的决定》《国务院办公厅关于认真做好城镇房屋拆迁工作维护社会稳定的紧急通知》《国务院办公厅关于控制城镇房屋拆迁规模严格拆迁管理的通知》《全国人民代表大会常务委员会关于取缔邪教组织、防范和惩治邪教活动的决定》《国务院办公厅关于进一步加强政府网站管理工作的通知》《大中型水利水电工程建设征地补偿和移民安置条例》《国务院办公厅关于切实做好当前减轻农民负担工作的通知》《中共中央国务院关于把矛盾纠纷排查化解工作制度化的意见》《中共中央国务院关于创新群众工作方法解决信访突出问题的意见》等。

除此之外,还有一系列更为具体的应急预案,如《国家大规模突发事件应急预案》《国家突发公共事件新闻发布应急预案》《国家处置大规模恐怖袭击事件应急预案》《国家处置劫机事件应急预案》《国家涉外突发事件应急预案》《国家粮食应急预案》《国家金融突发事件应急预案》等。

第二章　自然灾害风险与
灾害学的理论探索*

第一节　自然灾害风险概述

自然灾害是伴随人类社会始终的一种最常见的风险。"我们生活的地球，既是人类生存发展的家园，也是人类灾难深重的坟墓。"①古今中外，各种各样的自然灾害风险始终在威胁着不同国家和地域的人们的生产生活，威胁着他们的生命和财产安全。理解和把握好自然风险以及向自然灾害的演变规律，是做好应急管理工作的基本前提和艰巨使命。

一、自然灾害风险的含义

从字面上来理解，"灾"主要意指致灾因子，英文主要对应的单词是"Hazards"；"害"主要指向的是灾害或灾情，是指由"灾"造成的直接或间接的损失与影响，通常包括人员伤亡、财产损失、资源环境破坏、生态系统受损、社会秩序失常，以及生命线、生产线等受到危害不能正常运转，英文主要对应的单词是"Disasters"；"风险"主要是指潜在的、可能的影响，英文中主要用"Risk"来表示。将这些含义串起来理解，自然灾害是指由自然事件或力量为主因造成的生命伤亡和人类社会财产损失的事件。② 自然灾害风险则是指自然灾害发

---

* 本章为国家社科规划基金项目："拓宽并规范民众诉求表达、利益协调与纠纷化解的网络渠道研究"（编号：20BZZ019）阶段性成果。

① 丁志刚：《灾害政治学：灾害中的国家》，载《甘肃社会科学》2009 年第 5 期。
② 黄崇福：《自然灾害风险分析与管理》，科学出版社，2012 年，第 5 页。

生的潜在可能性及影响。

二、自然灾害风险的特点

(一) 地域与风险的相对匹配性

自然风险基于特定地区的特定自然条件,这种地理规定性决定了自然风险的相对固定性,所以,自然灾害在地球上的分布是不均匀的,特定种类的自然风险通常会集中在特定地区,或者说对于某一特定地区而言,其自然灾害的类型和影响也具有一定规律性。比如,在中国北方常见的沙尘暴在中国南方则很难看到,台风暴雨灾害对于沙漠地带而言就是天方夜谭,北欧国家也基本不存在高温热浪类的灾害,等等。

(二) 风险的常规性与灾害的突发性

地域与灾害的相对匹配性并不意味着在特定地域里自然风险是均衡分布的,从时间维度来看,自然风险演变为灾害的过程具有突发性。所以,对于特定地区而言,可能几十年甚至上百年都没发生某种自然灾害,但不知哪一天,就可能会发生巨大的自然灾害。人们常说的"百年一遇""三十年河东,三十年河西"等描述自然灾害的语汇,也表明了特别重大的自然灾害往往是在某个特定的突发点上发生的。

(三) 自然因素与人为因素的综合性

尽管在名称上我们称之为"自然灾害",但经历了数千年复杂演进的人类社会实际上很难说那些因素是"纯粹"的"自然因素"。自然所呈现出来的各种现象已经被潜移默化地打上了"人为"的影子。比如,气候变暖与人类对二氧化碳的过度排放相关,沙尘暴与人类对森林和植被的破坏相关,人们用以防止洪水泛滥的各种大坝也可能成为扩大洪涝灾害影响的工具,等等。

三、自然灾害风险的结构性来源

(一) 自然灾害风险的三种能量来源

地球是由大气圈、水圈、生物圈和岩石圈组成的,这些圈层每时每刻都在发生着运动和变化。从运动和能量的角度来看,自然灾害风险的来源主要包括三类因素。

第一类是地球内部的能量运动。主要是地球内部由增生作用和放射性元素衰变导致的原始能量。典型的表现比如地震、火山等,这些自然风险是地球内部热能的集中释放。

第二类是来自太阳的能量。太阳每天向地球的大气层辐射太阳能,整个大气层的平均温度从赤道向两极逐渐减少,温度的差别和地球的自转,产生了大气层运动,从而形成台风(飓风)、风暴潮等灾害。

第三类是重力能量。典型的表现是泥石流、滑坡等。

(二)人类行为对自然灾害风险的扩大

地球是人类赖以生存的载体,但这并不意味着地球本身就是适宜人类居住的。如同马克思和恩格斯所说,"周围的感性世界决不是某种开天辟地以来就已存在的、始终如一的东西,而是工业和社会状况的产物,是历史的产物,是世世代代活动的结果。"[①]人类的发展历史是改造和运用大自然的历史,但在这种改造和利用的过程中,也潜在地造成了对自然系统的破坏。比如,人类与洪水的关系即为如此,在长期的历史进程中,如何治理洪水对很多国家来说都是一个巨大的难题,美国地理学家 Gilbert White 在 1945 年发表文章《人类对洪水的调试》(Human Adjustment to Floods)一文,从人类行为的角度系统地分析了资源开发与自然灾害的关系。洪水治理只是一个比较典型的案例,可以说人类在工业化、城市化的过程中的诸多行为,都在一方面改造自然使之符合人类生存、发展和享受的目的,另一方面,也带来了对自然生态的不同程度的破坏,酝酿和扩大着自然灾害的风险。

四、世界各大洲自然灾害的分布特点

据联合国统计,每年世界范围内发生严重自然灾害 20 起左右,直接经济损失高达 250 亿美元,8.3 万人死亡。当今世界危害最大的四大自然灾害是:飓风、水灾、地震和火山爆发。

世界各大洲都有自身独特的地理风貌特点,也存在着完全不同的自然灾害风险。何志宁等总结了世界各大洲自然灾害的特点,从宏观上介绍了不同大洲所面对的主要自然灾害特点,这些特点如表 2-1。[②]

---

① 马克思和恩格斯:《德意志意识形态》,《马克思恩格斯选集》第 1 卷,人民出版社,1995 年版,第 76 页。
② 何志宁、任小春、张国锋、赵浩:《世纪之灾与人类社会》,人民出版社,2016 年,第 3 页。

表 2-1　世界各大洲自然灾害的特点

大洲名称	自然灾害特点
亚　洲	自然灾害类型齐全,主要有地震、干旱、洪涝、台风、热浪、寒潮、沙漠化、水土流失等。灾害分布广泛,灾害损失巨大。其中,尤为严重的包括中国、日本、印度、孟加拉国等。
欧　洲	自然灾害类型较少,低温灾害特别是雪灾比较严重。
非　洲	自然灾害类型较少但严重,以旱灾为主,尤其是热带草原地区,旱灾易引发蝗虫灾害。土地退化、沙漠化现象突出。
北美洲	自然灾害类型齐全,地震、龙卷风、飓风、洪涝灾害突出,损失严重。西海岸主要为地震、火山灾害;东、南部龙卷风、飓风灾害突出;中、南部洪涝灾害严重。
南美洲	自然灾害类型较少,以地震、火山喷发、泥石流、飓风为主,集中分布在太平洋沿岸的智利、哥伦比亚、秘鲁等国。
大洋洲	大陆内部气象灾害较多,如干旱、沙尘暴等,岛屿区域多火山、地震等灾害。

五、中国自然灾害的特点

中国幅员辽阔,地形复杂,气候多变,是自然灾害风险非常集中的国家,这些自然灾害严重干扰着人们的生产生活,也挑战着政府对灾害的危机应对能力。总体而言,中国的自然灾害具有下述四种比较突出的特点。

(一) 灾害种类多

除现代火山活动外,几乎所有种类的自然灾害都出现过,其中以干旱、洪涝、台风、地震、地质灾害等为主。从地域上来看,东部、南部沿海地区及部分内陆省份遭受热带气旋侵袭较多,东北、西北、华北等地旱灾频发,西南、华南等地严重干旱较多。

(二) 分布地域广

各省(区、市)均受到自然灾害影响,70%以上城市、50%以上人口分布在气象、地震、地质、海洋等灾害高风险区,58%国土面积处于7度以上地震烈度的高风险区,2/3以上的国土面积受到洪涝灾害威胁。

(三) 发生频率高

区域性洪涝、旱灾几乎每年都会出现,东南沿海地区平均每年有7个台风登陆,中西部地区各类自然灾害频发多发,东部地区城市内涝灾害时有发生,森林和草原火灾时有发生。

(四)灾害损失重

2000—2019年的20年间,平均每年因各类自然灾害造成的直接经济损失3400亿元以上,占GDP的比例为1.07%,约占世界的1/5;平均每年有3.4亿人次受灾;地质灾害、洪涝、地震造成的死亡人数分别居世界第一、第二和第三位。

第二节　中国常见的自然灾害及减灾方式

一、中国常见的自然灾害及其分类

2012年国家标准《自然灾害分类及代码》发布,按照该标准,中国自然灾害体系可以分为5大类,40种灾害。具体如表2-2。

表2-2　自然灾害分类

类别名称	类别含义	具体灾害
气象水文灾害	由于气象和水文要素的数量或强度、时空分布及要素组合的异常,对人类生命财产、生产生活和生态环境等造成损害的自然灾害。	干旱灾害、洪涝灾害、台风灾害、暴雨灾害、大风灾害、冰雹灾害、雷电灾害、低温灾害、冰雪灾害、高温灾害、沙尘暴灾害、大雾灾害……
地质地震灾害	由地球岩石圈的能量强烈释放剧烈运动或物质强烈迁移,或是长期累积的地质变化,对人类生命财产和生态环境造成损害的自然灾害。	地震灾害、火山灾害、崩塌灾害、滑坡灾害、泥石流灾害、地面塌陷灾害、地面沉降灾害、地裂缝灾害……
海洋灾害	海洋自然环境发生异常或激烈变化,在海上或海岸发生的对人类生命财产造成损害的自然灾害。	风暴潮灾害、海浪灾害、海冰灾害、海啸灾害、赤潮灾害……
生物灾害	在自然条件下的各种生物活动或由于雷电、自燃等原因导致的发生于森林或草原,有害生物对农作物、林木、养殖动物及设施造成损害的自然灾害。	植物病虫害、疫病灾害、鼠害、草害、赤潮灾害、森林/草原灾害……

（续表）

类别名称	类别含义	具体灾害
生态环境灾害	由于生态系统结构破坏或生态失衡,对人地关系和谐发展和人类生存环境带来不良后果的自然灾害。	水土流失灾害、风蚀沙化灾害、盐渍化灾害、石漠化灾害……

二、部分常见自然灾害及其特点

从中国自然灾害损失上来看,气象灾害所占比例高达 71%,地震灾害占 8%,海洋灾害占 7%,农林牧生物灾害占 6%,其他灾害占 8%。[①] 在上述这些灾害中,地震灾害、洪涝灾害、风暴潮灾害、地质灾害等的应急色彩更浓厚,本章就这具体的 4 种灾害进行展开说明。

（一）地震灾害

地震灾害指由地震引起的强烈地面振动及伴生的地面裂缝和变形,使各类建(构)筑物倒塌和损坏,设备和设施损坏,交通、通信中断和其他生命线工程设施等被破坏,以及由此引起的火灾、爆炸、瘟疫、有毒物质泄漏、放射性污染、场地破坏等造成人员伤亡、财产损失和社会功能破坏的灾害。

地震是人类面对的一种最可能导致生命危险的自然灾害。现代科学认为,地球内部如同一个大锅炉,越往里面越热,热量从内部往外部散失。地球内部的能量是驱动板块运动的动力源,地震能量主要来自地球内部,地球内部在不断运动,能量不断积累,当积累到一定程度就通过地震来释放。在古代,不同地方的人们曾对地震有完全不同的理解,比如,日本认为地震是因为巨大的鲶鱼翻身造成的,印度则认为地震是由于地下大象的愤怒,等等。

全球共有三个地震带。第一,约 70% 的地震分布在环太平洋地震带上,包括日本、中国台湾、美国加州圣安德列斯断层区等;第二,欧亚地震带,包括从地中海到喜马拉雅山,约占全球地震的 15%;第三,沿各大洋中脊分布的洋脊地震带,约占 5%。

这种分布特点符合板块学说的推理,该学说认为,地球的岩石圈是由若干刚性块体组成,板块内部相对比较稳定,各板块之间则发生俯冲、碰撞、剪切等

[①] 史培军:《灾害风险科学》,北京师范大学出版社,2016 年,第 335—336 页。

多种作用,正是这些板块间的相互运动造成了上述地带容易发生地震。但这种解释也有局限,比如中国的多数地震属于"板块内地震",不属于板块间地震,到底如何解释这种现象,学术界并没有足够有说服力的研究。

如果以中国历史上曾经发生的地震作为样本来研究,则中国也能呈现出两个较为明显的地震带,分别为:一条是南北地震带,北起阿拉善地块,经山丹、民勤、银川与秦岭相遇,然后从天水,沿岷江上游而下,直至怒江、澜沧江,再到云南西部;另一条是华北地震带,始于西安附近,经华县,进入汾河河谷,再经临汾、太原、大同转而向东,过蔚县、怀来、延庆,直至渤海。[1]

破坏性地震主要是构造地震,它由地下深处应变能高度聚集部位岩石破裂、断层错动与应变能释放过程中发出地震波所引起。地球内部导致地震现象发生的活动场所叫震源,震源在地面的垂直投影叫震中,震源中心到地面的垂直距离叫震源深度。

地震能量大小用震级衡量。我国一般采用里氏震级,通常小于3级的地震人们难以感觉出来,被称为"微震";3—4.5级的地震人能感觉出来,称为"有感地震";4.5—6级的地震称为"破坏性地震";6级以上地震为"强破坏性地震"。震级每相差一级,地震释放的能量相差约30倍。到目前为止,世界上发生过的最大地震震级为9.5级[2]。

地震是中国人民面临的一种主要的自然灾害,20世纪以来,全球因地震死亡160万,而中国约60万。历史记载全球死亡超过20万人的地震有6次,其中中国有4次。近代以来,唐山大地震、汶川地震等都给人们造成了深远的影响。遗憾的是,依靠目前人类对地震的认识,地震的准确预报率约为30%,建筑物抗震设防依然是减轻地震灾害最主要的应对措施。

(二) 洪涝灾害

洪涝灾害指因降雨、融雪、冰凌、溃坝(堤)、风暴潮等造成的江河洪水、渍涝、山洪等,以及由其引发的次生灾害。具体而言,当一地由于长期降雨或其他原因,使山洪暴发,或使江、河、湖、海所含水体水量迅猛增加,水位急剧上涨超过常规水位时的自然现象,称之为"洪水",英文常用flood来表示。由于降水过多,地面径流不能及时排除,农田积水超过作物耐淹能力,造成农业减产的灾

---

[1]　陈颙、史培军:《自然灾害》,北京师范大学出版社,2021年,第69页。
[2]　何志宁、任小春、张国锋、赵浩:《世纪之灾与人类社会》,人民出版社,2016年,第3页。

害,或城市超出城市排水系统的能力高限,造成财产或生命损失,叫作"涝灾",英文中常用 waterlog 来表示。洪灾和涝灾统称为洪涝灾害(flood disaster)。

洪涝灾害包括江河洪水、山区洪水、冰凌洪水、融雪洪水、城镇内涝等亚灾种。这些亚灾种的具体含义如下:(1)江河洪水灾害是指因暴雨引起的江河水量迅增、水位急涨的洪水,并造成生命财产损失的自然灾害;(2)山区洪水是指因降雨在山丘区引发洪水,并造成生命财产损失的自然灾害;(3)冰凌洪水是指由于冰凌阻塞形成冰塞或冰坝拦截上游来水,导致上游水位雍高,当冰塞溶解或冰坝崩溃时槽蓄水量迅速下泄形成洪水,并造成生命财产损失的自然灾害;(4)融雪洪水是指形成由冰融水和积雪融水为主要补给来源的洪水,并造成生命财产损失的自然灾害;(5)城镇内涝是指由于强降水或连续性降水超过城镇排水能力致使城镇内产生积水,并造成生命财产损失的自然灾害。

洪涝灾害是由于水流与积水超出天然或人工的限制范围,危及人类生命财产的安全而形成的。洪涝灾害对人类社会具有多方面的危害,例如,直接造成人畜死亡;冲毁或淹没建筑物;对公路、铁路、通信线路或其他工程设施造成破坏;使农作物歉收或绝收;造成土质恶化;造成工农业生产及其他人类活动中断;导致某些疾病流行;诱发次生灾害,如滑坡、泥石流等地质灾害,病虫害等农林灾害。

洪涝灾害造成农作物减产的内在原因为:积水深度过大,时间过长,使土壤中的空气相继排出,造成农作物根部氧气不足,呼吸困难,并产生乙醇等有毒有害物质,从而影响作物生长,甚至造成作物死亡。[①]

中国的洪涝灾害主要集中分布在长江、淮河流域以及东南沿海等地,中国40%的人口、35%的耕地和60%的工农业长期受到洪水威胁。洪涝灾害对粮食生产的危害仅次于旱灾,每年因洪涝灾害造成的粮食平均损失占总量的25%。[②]

洪涝灾害在中国非常常见,以应急管理部发布的2022年全国十大自然灾害为例,有五个为洪涝灾害,分别为"6月上中旬珠江流域暴雨洪涝灾害"、"6月份闽赣湘三省暴雨洪涝灾害"、"7月中旬四川暴雨洪涝灾害"、"8月上旬辽宁暴雨洪涝灾害"和"8月17日青海大通山洪灾害"。[③] 近年来最令人震惊和

---

① 黄崇福:《自然灾害风险分析与管理》,科学出版社,2012年,第7页。
② 史培军:《灾害风险科学》,北京师范大学出版社,2016年,第351页。
③ 《应急管理部发布2022年全国十大自然灾害》,中华人民共和国应急管理部网站,https://www.mem.gov.cn/xw/yjglbgzdt/202301/t20230112_440396.shtml,访问时间:2023年7月21日。

难忘的是郑州大水案件,2021 年 7 月 17 日至 23 日,河南省遭遇历史罕见特大暴雨,造成共有 150 个县(市、区)1478.6 万人受灾,直接经济损失 1200.6 亿元。其中郑州市 124 条河流共发生险情 418 处,造成因灾死亡失踪 380 人。[①]

(三) 风暴潮灾害

由台风、温带气旋等强烈大气扰动引起的海面异常升高的现象称为风暴潮(storm surge)。风暴潮形成高水位导致海水侵入陆地造成的灾害称为风暴潮灾害(storm surge disaster)。风暴潮是台风灾害的一部分,台风灾害包括强风、特大暴雨和风暴潮。[②]

风暴潮一般会影响几十公里至几百公里,往往是狂风巨浪溯江河而上,导致所影响海域内潮水暴涨,吞没码头、城镇和村庄,造成巨大的人员伤亡和财产损失。风暴潮是否成灾,与风暴潮位是否和天文潮高潮重叠关系很大,也取决于风暴潮发生地区的地理状况、海岸形状、海底地形等。其负面影响大小,与沿岸地区的社会发展程度、经济发展水平、人口密集程度以及风险暴露程度密切相关。

风暴潮灾害居海洋灾害之首。全球有 8 个热带气旋发生区,这些区域的沿岸国家都有可能遭受风暴潮的袭击。1970 年 11 月 13 日发生于孟加拉湾沿岸的强风暴潮灾害,夺取了恒河三角洲一带 30 万人的性命,使 100 万人无家可归。[③] 在中国登陆的热带风暴潮多集中于 7—9 月,这几个月也是台风多发的季节。

早在 20 世纪 20—30 年代,日本和美国就开展了关于风暴潮的研究,50—60 年代达到了鼎盛时期,提出了边缘波、陆架波、天文潮与风暴潮的非线性耦合等理论,70 年代后,风暴潮数值模拟实验逐渐得以开展,提出了一些台风气压场与风场模式,用于风暴潮预测预警。

目前,海堤工程仍然是抵御风暴潮灾害的主要措施。防波堤、滨海路堤、连岛交通堤等均为海堤的范畴。海堤工程的堤顶高程不同于传统的江河堤防工程,并非不允许海浪越过堤顶,而是以控制越浪量为准则确定海堤工程的堤顶高程。对于抗冲性能良好的堤身结构,越浪量可大些,以降低堤顶高程。

---

① 国务院灾害调查组:《河南郑州"7·20"特大暴雨灾害调查报告》,2022 年 1 月。
② 黄崇福:《自然灾害风险分析与管理》,科学出版社,2012 年,第 22—23 页。
③ 黄崇福:《自然灾害风险分析与管理》,科学出版社,2012 年,第 23 页。

（四）地质灾害

地质灾害是指因自然因素引发的危害人民生命和财产安全且与地质作用有关的灾害。广义的地质灾害包括地震、火山活动等灾害,但依据2004年施行的《地质灾害防治条例》(第394号国务院令),地质灾害的范围主要包括崩塌、滑坡、泥石流、地面塌陷、地裂缝、地面沉降等亚灾种。本书中将地震予以单列,在此讨论的地质灾害也主要包括上述六种亚灾种。

这些亚灾种的具体含义如下:(1)崩塌是指较陡斜坡上的岩、土体在重力作用下突然脱离山体崩落、滚动、撞击,造成生命财产损失的灾害;(2)滑坡是指斜坡上的岩土体由于自然原因,在重力作用下沿一定的软弱面整体向下滑动造成生命财产损失的灾害;(3)泥石流是指在山区沟谷中或坡面上,由于暴雨、冰雹、融水等水源激发的、含有大量泥沙石块的特殊洪流造成生命财产损失的灾害;(4)地面塌陷是指地表岩体或土体受自然作用影响,向下陷落并在地面形成凹陷、坑洞,造成生命财产损失的自然灾害;(5)地裂缝是指在一定自然地质环境下,由于自然因素,地表岩土体开裂,在地面形成一定长度和宽度裂缝,造成生命财产损失的自然灾害;(6)地面沉降是指因自然因素引发地壳表层松散土层压缩并导致地面标高降低,造成生命财产损失的自然灾害。

各类地质灾害的起因是不同的,多数与土质、岩体、降雨、地震等相关,具体原因见表2-3。

表2-3　各类地质灾害的常见原因

地质灾害	常见原因
崩　塌	岩体松动;重力失衡;持续强降雨、爆破等外力作用。
滑　坡	常与崩塌伴随;地下水影响;岩体松动;震动或流水侵蚀等。
泥石流	短时间内大量降雨;陡峻的地形地貌;丰富的松散物质来源;滥伐森林、过度垦荒、开山采矿、采石弃渣等活动会助长泥石流的形成。
地面塌陷	自然塌陷是由地表岩或土体由于地震、降雨、自重等向下陷落而成;人为塌陷是由于矿山采空等人为作用导致地面塌落。
地裂缝	地震导致裂缝;松散土体在地表水或地下水作用下形成的潜蚀裂缝;膨胀土或淤泥质软土胀缩变形;滑坡裂缝等。
地面沉降	过量抽取地下水,采掘固体矿产、石油或天然气,建造地面压强大的建筑物或工程设施等。

这些地质灾害造成的危害是多元化的,如果忽略具体细节的区分,大体有如下五类:(1)造成人畜伤亡;(2)摧毁或破坏建筑物、矿山、桥梁、水利水电设施、农田、道路、隧道、地下管道等,影响人们正常的生产生活;(3)影响正在运行的火车、汽车等,造成交通中断;(4)造成水库淤积与报废,船舶被推翻或击沉,河流阻塞或断流,形成江河中的险滩;(5)造成海水倒灌,加重土质恶化,污染地下水质等。

要防止地质灾害的发生也需要综合各类举措。比如:减少地下水开采量,调整开采层次;实施水土保持工程、封山育草、植树造林;增强工程选址的科学性,充分考虑受力均衡和地质特点,合理选择施工方法和时机;做好地质防灾宣传,识别和绘制特定区域的风险地图,加强预警预测;完善排水系统,有效疏导地表河流;制定和完善应急预案,加强应急演练,普及应急常识,增强社区和人们的防灾减灾救灾能力等。

三、工程性减灾与非工程性减灾

(一) 工程性减灾

从减灾的实施方式来看,通常可以分为工程性减灾和非工程性减灾。

工程性减灾是指人类社会通过投入相应的财力、物力、人力来建设各种工程项目以达到防范和控制灾害事故发生发展的减灾方式。工程性减灾的特点,主要包括以特定地域为实施空间,以建设时间为实施周期,以固定物体(工程项目)为减灾载体,以专门灾种为减灾对象,以直接而具体的减灾效果为实施目标。工程减灾在现实生活中有多种表现形式,比如水利工程、防震工程、防风固沙工程、水土流失治理工程、盐碱化治理工程、消防工程等。

(二) 非工程性减灾

非工程减灾性则是指人类社会通过投入相应的财力、物力、人力,利用制定减灾公共政策、完善相关应急预案、宣传减灾常识、组织减灾演习、更新和使用减灾技术等各种非工程的形式以达到减轻灾害事故及危害的目的。其表现方式包括减灾规划与风险评估、减灾宣传、减灾社区建设、灾害信息员培训、第一响应人培训、灾害预测预警技术开发、灾情预报、灾害法治及相关标准建设、防震演习、气象预报、灾害课题研究、主动避险的财税政策等。

（三）工程性减灾和非工程性减灾的关联

工程性减灾和非工程性减灾至少有以下五种不同。第一，工程性减灾表现为具体的工程项目，非工程性减灾则表现为政策、活动、文化培养、科学技术等多种形式，一些专家认为工程减灾的投入往往大于非工程减灾，但这种判断事实上不是绝对的，尤其是新科技的研发，往往需要大量的投入；第二，工程性减灾类似于计算机的"硬件系统"，具有基础性作用，非工程性减灾类似于计算机中的"软件系统"，虽然有时难以看到，但对于整个系统的运行起着至关重要的作用；第三，工程性减灾需要客观的物质载体，需要具体的空间、设备、对象，并在建成后成为新的社会财富（固定资产），而非工程性减灾则需要相应的组织、活动、传媒、技术等，二者的表现形式和载体不同；第四，二者对于具体灾种的重要性程度不同，比如，对于地震而言，预防和科学逃生固然重要，但最根本的还是建筑物的抗震效果，对于火灾而言，科学的逃生技能显得更为重要一些；第五，工程性减灾更侧重于应对自然灾害，而非工程性减灾则更侧重于减少人为事故，当然，这种区分并不是绝对的。

第三节　理解自然灾害风险的学科视角及研究重点

自然灾害伴随着人类历史的始终，人类社会在与自然灾害的长期搏斗中曲折发展。可以说，自然灾害的应对是整个人类的大课题，也是检验人类生存发展能力的直接考验，在这种长期的互动博弈中，人类发展出不同的学科思维对灾害问题进行透视，形成了蔚为壮观的灾害学学科群。

如果忽略具体差异而试图把握灾害学的整体框架性的脉络，则灾害学的形成和发展可以归纳为三种轨迹：第一，自然科学主导的旨在回答和解决技术性问题的轨迹，相关学科群如灾害物理学、灾害地理学、地质灾害学、地貌灾害学、灾害工程学、气象灾害学、天文灾害学、生物灾害学、灾害监测学、生物灾害学、灾害预报学、灾害医学等；第二，社会科学主导的旨在回答和解决管理类问题的轨迹，相关学科视角如灾害管理学、灾害经济学、灾害社会学、灾害伦理学、灾害军事学、灾害统计学、灾害保险学、灾害保障学、灾害心理学、灾害法学、灾害政治学、灾害历史学等；第三，突破自然科学与社会科学的这种划分办法，而是聚焦于某一类具体的灾害进行研究的轨迹，比如矿山灾害、交通灾害、地质灾害、气象灾害等。相对成系统地从不同学科视角来关注灾害问题的研究包括《中国灾害研究丛书》以及《灾害学》杂志等。

灾害学也是国际学术界普遍关注的问题，经常登载灾害学相关论文的一些重要期刊包括：Nature，Science，Risk Analysis，Natural Hazards，Environment Hazards，International Journal of Disaster Risk Science，International Journal of Disaster Risk Reduction，Disasters 等。

由于本书主要侧重从应急管理角度来审视相关问题，本节有针对性地选择了与应急管理关系密切的灾害社会学、灾害政治学、灾害管理学、灾害经济学、灾害法学进行简单介绍。其他学科视角的研究不再赘述。

一、灾害社会学的视角

（一）灾害社会学视角的独特性

社会学的研究有些基于研究对象，比如老年社会学、青年社会学；有些基于社区特点，比如城市社会学、农村社会学；有些基于社会构成要素，比如文化社会学、政治社会学等。灾害不仅表现为灾害因子引发的瞬间物理性冲击，还表现为这种冲击导致的受灾地社会长期变化的整个过程。灾害社会学是从社会运行状态的视角来对灾害进行社会学的研究，或者说，灾害社会学研究的不是一般状态下或良性运行状态下的社会问题，而是研究在"灾害"这种特殊场景下的社会问题或社会机制。具体而言，灾害社会学的研究，从地域空间看，研究的是"灾区"的问题；从时间来看，研究的是"灾时"的问题；从对象来看，既包括对"个体"的研究，也包括对"整体"的研究。

灾害社会学是从总体上对灾害进行的研究，是对各类灾害的社会学属性的一种概括和抽象。灾害都会包含着自然因素和社会因素，而灾害社会学的研究尽管也会涉及一些自然因素，但其更多的研究旨趣和重点在于与灾害有关的社会行为和社会现象，对自然因素的讨论只会限制在必要的极其有限的范围内。

（二）灾害社会学的核心关注点

自从 20 世纪 50 年代，美国地理学家吉尔伯特·怀特创立美国灾害中心，将社会学研究引入自然灾害研究之后，灾害社会学逐渐成为一门重要的交叉学科。从既有的灾害社会学的研究成果来看，灾害社会学所关注的主要问题包括①:灾害的社会学本质、引发灾害的社会原因、灾害本体的社会属性、灾害的社会后果与影响、灾害条件下人的心理与行为②、抵御灾害的社会对策、灾害引发的社会问题、灾害与社会文化③等。

灾害社会学对人们在灾害中的行为研究具有显著的特色。灾害是一种不同于正常状态下的特殊情境,人们往往会产生不同于正常状态的行为,比如集体恐慌、流言四起、抢夺财物、反对某些政府举措等。有学者把灾时个人的行为反应按照是否是适应性的、是否是社会性的标准分为八种类型,即一般避难行为、利他行为、领袖行为、过度防御行为、"木鸡"行为、自私行为、越轨行为、惊逃行为等。灾害社会学的一个重要的研究议题就是对这些灾害情景下的行为进行深入系统的研究。

灾害社会学中对脆弱性、抗逆力的研究是打通灾害与日常状态的理论工具。脆弱性是灾害社会学中的一个核心概念,它使灾害研究从侧重于对突发事件的研究转向对常态社会的研究。脆弱性试图回答的核心问题包括:哪些人群更容易暴露在灾害的负面影响中?他们是如何变得脆弱的?这些问题与社会平等、社会分层等社会议题在结构上是何关系从而使灾害社会学与主流社会学的核心议题连接起来?抗逆力是与此相关的一个概念,主要讨论的是当社会主体遭遇风险时,用于抵抗风险的能力与资源。脆弱性和抗逆力均可以用于个体微观层面和社会集体层面。

从灾害社会学对灾害的解释逻辑来看,主要有以下路径:功能主义的解释侧重于描述灾害的社会性后果,从而将灾害本身与社会学进行链接;原因探寻式的解释,利用脆弱性、致灾因子等理论工具,旨在寻求减灾的方式方法;延续性的解释,旨在寻求灾后重建中可以动员和运用的资源及方法,其核心的概念包括社会资本、抗逆力、社会生态韧性等。④

从灾害社会学研究的发展态势看,在20世纪70年代之前,灾害社会学主要是美国的社会学家在主导和推进;之后,日本、英国等国家的社会学家开始投入到灾害社会学的研究中;同时,发展中国家的社会学家也逐渐加入了灾害社会学的研究中来。这种态势增强了灾害社会学的跨文化研究,为本地的灾害研究及管理提供了更有力的学术支持。

---

① 参见:王子平:《灾害社会学》,河南人民出版社,1998年,第17页。
② 比较重要的著作如:R. R. Dynes. Organized Behavior in Disaster. Lexington, Heath, 1970。
③ [日]大矢根淳、浦野正树、田中淳、吉井博明:《灾害社会学导论》,蔡骥、翟四可译,商务印书馆,2017年。
④ 张亚楠:《中国灾害社会学脉络研究》,载《科技创业月刊》,2016年第10期。

二、灾害政治学的视角

(一) 灾害政治学视角的独特性

"灾害政治学就是运用人类社会政治组织的形式和优势,研究国家如何运用政权的力量对各类重大自然灾害进行预防、干预、抗灾救灾,将灾害损失降低到最低程度,并对灾后进行重建的科学。"[1]相对于其他学科视角,灾害政治学的研究并不够系统和深入。从中国知网上看,仅有少量以灾害政治学为主题的专业论文。丁志刚于2015年出版的著作《灾害政治学》可以视为本领域具有代表性的系统研究。在中国的政治国情和语境下,灾害的应对高度依赖于强大的国家力量,灾害政治学的研究是不可或缺的。

(二) 灾害政治学的核心关注点

灾害政治学应当聚焦和关注的问题主要包括:

第一,政治体制机制与灾害应对问题。政治作为国家意志的表达,体现着一个国家对灾害的基本认知和应对灾害的基本安排,尤其是在灾害情景下,政治机制如何搭建、如何运转,决定着灾害应对的成败。邓云特认为,"历代严重灾荒的发生,自然条件固然有相当的影响,但是我们如果详考典籍的记载,进一步研究灾荒形成的最终原因,或促发严重灾荒的基本因素,那我们就会发现,驾乎自然条件之上的,还有最根本的人为的社会条件存在着。""自然环境属于外部条件,惟有通过社会的内在条件,才能对社会发生影响。譬如长江大河所以会淤塞泛滥,给社会带来灾祸,固然跟自然的土质、雨量和地形的坡度等有关;但是历史上人工浚治的废弛,官吏的侵吞剥榨,实为决定性的原因。"[2]

第二,灾害应对与政治合法性问题。自古以来,灾害都与政权的合法性息息相关,救灾与政权之间存在着内在联系和双向建构问题[3]。清朝雍正皇帝在河南省武陟县的嘉应观上提联"河涨河落维系皇冠顶戴,民心泰否关乎大清江山。"也是从这个意义上说,灾害政治学必须回答"国家如何运用政权力量来应对灾害"这个核心问题。从历史的角度来看,灾害政治学应当梳理历朝历代不同统治者在应对灾害问题上的基本作为及有效程度,深究灾害应对与政治合法

① 丁志刚:《灾害政治学:灾害中的国家》,载《甘肃社会科学》2009年第5期。
② 邓云特:《中国救荒史》,东方出版中心,2020年,第72页。
③ 王勇:《国家起源及其规模的灾害政治学新解》,载《甘肃社会科学》2012年第5期。

性建构的问题。从比较政治的角度来看,灾害政治学还应当比较不同国家和社会对于类似灾害的应对举措,以及由此而导致的政治合法性差异。相对于日常情景,灾害情景更能体现公共管理者的能力和水平,更能体现政治机制的运作能力和运作成效,也由此而更容易和政治合法性产生直接、深层的关联。

第三,灾害状态下的政治议程建构及宣传问题。由于灾害与政治合法性的息息相关性,在灾害状态下的政权或公共管理当局并不一定会以灾害应对作为首要议题,事实上灾害应对还不得不嵌入在更大的公共管理体系中。国家对于灾害的态度并不是单一维度的。对灾害的态度总是受到特定时期内的特定政治需求的影响。比如,在1944年12月7日日本发生了7.9级的"昭和东南海大地震",并引发9米高的海啸,横扫日本中部沿海地区,造成遇难者和失踪者达1223人,美国《纽约时报》在第二天的报道中说,"这一场地震,让地球摇晃了整整6个小时",但当时正处于二战中的日本当局下令,禁止发表有关地震的消息,透露消息者以"通敌罪"论处,整个地震灾区不仅没人救助,灾民们还被禁止告知亲人。①

第四,国家权力与公民权利的边界问题。在灾害情况下,为了集中资源应对灾害,国家权力会出现扩大和集中的趋势,这就会涉及国家公共权力和公民个人权利的边界问题。比如,在灾害情况下,个人的财产在征用时如何保障其基本收益?如果面对洪水,必须要牺牲一些地区的利益,那么如何确定被牺牲的地区及如何补偿其损失?危机状态下公民的知情权如何得到保障及在何等程度上得以保障?灾害政治学要回答在灾害情景下,权力与权利的平衡问题。

三、灾害管理学的视角

在漫长的封建社会,人类对于自然灾害的认识极其有限,在这种情况下,人们往往将灾害的发生发展解释为某种超自然的力量在主导。近现代以来,围绕如何认识和有效管理灾害形成了一系列的相关研究。

(一) 灾害管理学视角的独特性

"灾害学主要研究灾害的形成机理和运动规律,而灾害管理学则应研究如何进行抗灾减灾和灾害的管理。"②灾害管理是这样一种技术与行为,它通过

---

① 何志宁、任小春、张国锋、赵浩:《世纪之灾与人类社会》,人民出版社,2016年,第66—67页。
② 汪寿阳:《关于建立灾害管理学的思考》,载《国际技术经济研究》,1999年第2期。

法律的、行政的、宣传教育的、经济制约的或其他有关的手段,控制、约束与引导人们对于灾害的反应与有关减灾的行为;协调有关减灾的各个区域、部门与环节;影响与改善人们的减灾观念;规划与调整减灾事业的发展目标与相应的背景条件;设计、组织、决策与指挥有关减灾的重要活动,或通过诸如此类的其他方式达到有利于系统提高减灾效益的目的。灾害管理学研究实现此定义的最佳技术途径。

（二）灾害管理学研究的核心议题

灾害管理学的研究采用运筹学、系统工程学、组织行为学、公共政策学研究的理论和方法来开展,广泛地运用信息技术和系统仿真技术来实现灾害的模拟和政策后果的模拟,以提高灾害预防能力和政策设计水平,从而提高灾害管理的效率。灾害管理的研究对象是多元而复杂的,包括但不限于如下八个方面。[①]

第一,灾害管理的一般原理。包括一般管理学的原理在灾害这种特定情景下,应当如何进行调整、补充或细化,讨论灾害情景的独特性及对管理行为的核心挑战,为灾害管理提供宏观指引。

第二,灾害物资管理。包括一切有关防灾救灾减灾的物质的生产、流通与运用等。比如,灾害监测预警的设备、堤坝的修建、粮食的储存等。管理好相关物资资源,是确保对灾害进行有效应对的基础。

第三,灾害决策与实施。决策是管理的核心内容,在灾害情境下,往往要面对非常紧迫的环境,需要领导者在信息尚不完备的情况下做出各种决策,这种决策和日常状态下的行政管理决策存在巨大差异,不仅决策信息缺乏完备性,而且往往会附带着很多可能的社会反应。

第四,灾害信息管理。包括灾害信息的收集、传递、查验、预报预警等,及时获得全面准确的信息是开展灾害应对工作的基础,目前全国各地均建立了灾害信息员系统来收集相关灾害信息,国家也开通了网络直报的信息系统,从而实现对灾害信息的及时收集和使用。

第五,灾害舆情管理。在网络和自媒体日益发达的情景下,任何灾情、险情及其应对都可能会立刻呈现在网络上,这为灾害管理提供了方便,也提出了重大的舆情管理的挑战。灾害情景本身就给社会成员带来巨大的心理压力,

---

① 部分内容参考了:马宗晋、高庆华、张业成、高建国:《灾害学导论》,湖南人民出版社,1998年。

也容易导致从众行为,如何面对和优化舆情管理,是灾害管理的重要组成部分。

第六,灾害组织管理。灾害管理组织是一个庞大的网络系统,涉及很多部门及部门间合作。灾害组织管理重点研究如何优化抗灾减灾指挥调度,如何制定和实施应急管理预案,如何协调好不同职能部门,如何在不同层级间组织实现命令统一性与应对灵活性的协调等。

第七,灾害经济管理。包括灾害导致的经济发展困境及克服、灾害损失的评估与灾害保险、灾害后经济发展规划与实施等。

第八,灾后重建与恢复。包括灾害后工程的规划与实施、灾害后重建的资源动员与整合、灾害后社会心理的恢复与疏导、灾害后特定群体的救助、灾害应对经验的积累与宣传等。

四、灾害经济学的视角

(一) 灾害经济学视角的独特性

一切社会现象都能够从经济的角度加以解释,灾害同样需要从经济学的角度加以审视。灾害经济学的视角认为灾害在很大程度上是一种重要的经济现象。[①] 但这种经济现象又不同于一般意义上的经济现象,一般意义上的经济学更侧重于研究现有社会生产力的发挥和新的社会生产力的获得,研究财富的生产和分配,而灾害经济学则侧重于研究如何减少不可抵抗的灾害给生活经济效益带来的破坏和损害,如何减少"负"的经济效益。所以,灾害经济学的研究更侧重于"逆向的思维研究方式",即不是增进经济效益,而是缩小灾害损失。

(二) 灾害经济学视角的主要议题

灾害经济学的研究对象主要包括[②]:(1)各种灾害,包括自然灾害,也包括相关的人为或社会灾害;(2)灾害对经济的直接和间接影响;(3)经济对灾害的影响,包括经济增长方式对灾害形成的影响,经济发展水平与社会脆弱性等;(4)灾害与具体的部门经济的相互关系,比如灾害与工业经济、农业经济、运输经济等方面的影响等;(5)灾害经济关系的运行,比如防灾减灾的投入与产出、

---

① 于光远:《灾害经济学提出的根据和它的特点(代序)》,郑功成:《灾害经济学》,湖南人民出版社,1998 年。
② 郑功成:《灾害经济学》,湖南人民出版社,1998 年,第 30—34 页。

灾害损失与补偿等。

灾害经济学的主要研究议题包括但不限于：(1)灾害经济学的基本理论框架，包括研究对象是什么，研究方法有何独特性，研究目的是什么，遵循哪些研究原则等；(2)灾害与其他经济活动的关联，比如灾害与水利工程的关系、灾害与地质工程的关系、灾害与医学发展的关系等；(3)减灾投入与减灾效益的经济学分析，灾害的防治体现在日常状态和应急状态，体现在工程减灾和非工程减灾的多种举措，灾害经济学的研究要回答，这些不同的举措在投入和产出方面的数字化衡量；(4)灾害统计学，包括对灾害信息的收集、分类、统计、信息传递等内容；(5)不同灾种的经济学研究，灾害种类繁多，不同种类的灾害体现出不同的特点，灾害经济学要对具体的灾害做出具体的经济学解释，比如洪涝灾害、地震灾害、台风灾害等；(6)灾害与保险的关系，保险是用市场手段来转移风险的结构性机制，如何利用好保险为灾害管理服务是灾害经济学的重要内容；(7)灾害损失的计算与经济补偿，有些是保险标的，涉及保险公司的赔付，更多的则不是保险标的，则涉及国家组织的援助或补偿等；(8)灾后恢复与重建的经济学，包括特定群体救助、灾害后产业规划等。

五、灾害法学的视角

(一) 灾害法学视角的独特性

灾害法学，"是指对严重影响人类生存与发展的自然灾害，国家、政府、社会组织以及公民个人应如何有效预防、抗击以及救助等问题进行全面、系统、深入地法律思考的一门法学科。"[①]所以，灾害法学所主要研究的核心内容便是如何通过法律规制行为来加强对灾害的有效预防和应对。

(二) 灾害法学的主要议题

整体来看，以"灾害法学"命名的现有研究非常少见，2023 年 8 月 3 日，以"灾害法学"作为"主题"在中国知网搜索，只有 4 篇论文[②]；但如果细化到具体

---

① 方印：《灾害法学基本问题思考》，载《法治研究》2014 年第 1 期。
② 这 4 篇论文分别为：王建平：《"人的致灾性"及其界定》，载《政法论丛》2015 年第 6 期；方印：《灾害法学基本问题思考》，载《法治研究》，2014 年第 1 期；褚鑫杰：《灾害法学研究》，载 2007 中国科协年会专题论坛暨第四届湖北科技论坛"湖北省防灾减灾与应急管理体系建设"分论坛论文集，2007 年；喻中、钟爱萍：《灾害法学研究刍议》，载《桂海论丛》2000 年第 3 期。

的法律或情景中,则相关研究会大幅度增加。由此可见,对具体灾害的相关法律问题,学术界的讨论较多,但从宏观视角上进行整体把握的研究比较少,也不够成熟。

灾害法学关注的具体问题包括但不限于:(1)"人的致灾性"[①],在多数法学家看来,任何灾害都不会是纯粹的自然灾害,都多多少少会与人的行为产生或直接或间接的关联,灾害法学聚焦于人如何导致或恶化了灾害的问题,并通过规则创制来对灾害加以科学化的应对;(2)灾害应对的"组织结构"和"权力结构"问题,只有在基本法律制度中明确了相关职能部门的职责、应对流程、权力的边界等,才算是完成了对灾害应对的结构性权力框架的搭建;(3)灾害应对中的"责任分配"及"问责制"问题,权力与责任对称;(4)灾害应对与治理中的"人权保障"问题,包括人的基本生活水准权利、健康权、生命权、财产权等;(5)与灾害相关的具体法律问题,比如《中华人民共和国突发事件应对法》《自然灾害救助条例》《气象灾害防御条例》《自然灾害情况统计调查制度》等,涉及如何规范其中各主体的职责、权利与义务关系问题,如何随着社会的变化来修改和完善相关法律条文问题等;(6)防灾减灾法律制度建设问题;等等。

参考文献

[1] [美]Patrick Leon Abbott:《自然灾害与生活》,姜付仁、汤爱平、文爱花等译,电子工业出版社,2021年。

[2] [日]大矢根淳、浦野正树、田中淳、吉井博明:《灾害社会学导论》,蔡驎、翟四可译,商务印书馆,2017年。

[3] [日]吉井博明、田中淳:《灾害与社会3:灾害危机管理导论》,何玮、陈文栋、李波译,商务印书馆,2020年。

[4] [新西兰]史蒂夫·马修曼:《灾难、风险与启示》,李玉良、王丽译,北京联合出版公司,2022年。

[5] 邓云特:《中国救荒史》,东方出版中心,2020年。

[6] 陈颙、史培军:《自然灾害》,北京师范大学出版社,2021年。

[7] 黄崇福:《自然灾害风险分析与管理》,科学出版社,2012年。

[8] 程晓陶、刘志雨、周玉文:《中国防洪安全》,湖北科学出版社,2021年。

[9] 史培军:《灾害风险科学》,北京师范大学出版社,2016年。

[10] 孙绍骋:《中国救灾制度研究》,商务印书馆,2005年。

---

① 王建平:《"人的致灾性"及其界定》,载《政法论丛》2015年第6期。

［11］马宗晋、高庆华、张业成、高建国：《灾害学导论》，湖南人民出版社，1998 年。

［12］梁茂春：《灾害社会学》，暨南大学出版社，2012 年。

［13］王子平：《灾害社会学》，湖南人民出版社，1998 年。

［14］郑功成：《灾害经济学》，湖南人民出版社，1998 年。

［15］丁志刚：《灾害政治学》，中国社会科学出版社，2015 年。

［16］刘波、姚清林、卢振恒、马宗晋：《灾害管理学》，湖南人民出版社，1998 年。

［17］夏明方：《文明的"双相"——灾害与历史的缠绕》，广西师范大学出版社，2020 年。

［18］谢永刚：《中国近五百年重大水旱灾害——灾害的社会影响及减灾对策研究》，黑龙江科学技术出版社，2001 年。

［19］李英冰、陈敏：《典型自然灾害时空态势分析与风险评估》，武汉大学出版社，2021 年。

第三章 社会风险与冲突管理学的理论探索*

第一节 社会风险与冲突管理概论

人类社会要维持健康运行,不仅需要有效地应对来自自然灾害风险的挑战,让人类在严苛的自然环境中能够保存和发展自身,同时还要面对来自人类内部的挑战,这种挑战的根本原因在于人类可用资源的有限性及人类欲望的无穷性之间的紧张关系。纵观世界各国,应对来自社会的风险始终是各国执政者最严峻的挑战之一。

一、社会风险及其独特性

相对于自然灾害风险、安全生产风险、公共卫生风险而言,社会风险或者说社会安全风险是最具有主观性和多变性的领域。因为,此种风险的主角是"人"及由人构成的"团体",而"人"则是最变幻莫测的,而由人构成的团体和社会则更具有多种复杂性和可能性。基于这种主体的特殊性,社会风险具有其他风险不具有或不明显的一些特殊属性。

社会安全风险与政府合法性具有强关联性。如果对自然风险应对不力,会造成对政府合法性的损伤,但如果对社会风险应对不力,人们可能会通过暴力手段来直接攻击政府,对政府的合法性而言,就更如同一种侮辱。在 2008 年发生

---

* 本章为国家社科规划基金项目:"拓宽并规范民众诉求表达、利益协调与纠纷化解的网络渠道研究"(编号:20BZZ019)阶段性成果。

的瓮安事件中,愤怒的人们直接一把火烧了代表公共权力的公安局、县政府和县委办公大楼,导致瓮安县委、县政府、县公安局等160多间办公室、42辆警车等交通工具被烧毁,150余人受伤。而在如汶川地震等诸多大灾大难中,人们的情绪更多的的是聚集在对灾害的惊叹及对死亡者的悲怜中,很少会发生针对政府的大规模的反对行为。在这些案例背后,我们能够看到,社会风险与政府合法性具有最直接、最密切的强关联性,在自然灾害风险、安全生产风险中人们质疑的是政府公共管理的能力,但在社会风险中人们反对的就是政府或公共秩序本身。

对社会风险的判断极难科学量化。尽可能用量化的数据来表达是现代科学的一种基本趋势,在社会科学领域,也存在着尽可能量化表达的学术取向。比如,在保险领域,可以通过大量的数字来挖掘某类风险发生的概率,比较典型的如发生交通事故的概率、发生某种疾病的概率等,但在社会安全领域,很难用量化的数字来表达发生的可能性。在当前各地普遍实行的社会稳定风险评估中,一般会采取通过专家打分的方法来赋予特定事件以某种量化的风险等级,但这种专家赋分本身就以专家主观衡量为基础的,不能称其为严格的定量判断。

二、社会安全领域的部分核心语汇

(一) 维权与维稳

依照《现代汉语新词语词典》的解释,"维权"的意思是"维护合法权益"。具体用法比如,"增强消费者维权意识""一手抓发展,一手抓维权"等。在学术研究的多数文献中,维权也在这个意义上使用,指的是采取维护得到法律保护权益的行为。所以,从字面上来看,维权是一个比较清晰的概念。但是,现实中的情况要复杂很多,其中,最为关键的是,如何界定"合法权益"。存在争议的一些情况比如:前后法律规则的不一致引发的权益界定困难;一些处于法律和政策之外的"正当权益"等。对于这些争议或盲点,维权宜采取广义的定义方法,即公民或社会组织为维护自身合法正当的权益而采取的要求政府或冲突对方承担权益实现责任的诉求表达行为。

"维稳"是"维持稳定"或"维护稳定"的简称。"维稳"一词这些年来频繁见诸报端,相关表述比如:"打好新形势下维稳主动仗"[①],20世纪90年代末,由

于企业改制破产等问题引发的社会冲突十分突出，中央成立了专门机构"维护稳定工作办公室"来综合处理维持稳定的相关事务，后来，各省、市、县指导乡镇和街道大都逐渐设置了"维稳办"来对接从上到下的任务要求。学术界对维稳的讨论，多数聚焦于当前维稳的效能缺失及其成因分析[1]。如同"维权"一样，维稳在字面上并没有多少争议，其不同理解主要在下一层的概念上，比如，稳定指的是"深层稳定"还是"表面稳定"，维持的手段是"压制的"、"化解的"，还是"转化的"等。

（二）冲突与公共冲突

《公共冲突管理》曾对冲突和公共冲突作出界定。[2] 这些界定经过近十年来与学术界的多次讨论，是经得起推敲和考验的。具体而言，冲突是相关各方由于意识到利益、目标、信念或期望的对立而导致的对抗性互动。在这个定义中，强调冲突的三个主要的构成要素，即：(1)主体间在利益、目标、信念或期望上的客观对立；(2)各方被他方阻碍的主观感受、信念和情绪；(3)各方之间的对抗性互动。

"公共冲突"可以从内涵和外延两个方面来加以界定。从内涵上说，公共冲突是指那些事关公共利益的冲突。所谓"事关公共利益"，可以有直接的和间接的两种形式。直接的形式是引发冲突的事项本身就是公共事项；间接的形式是冲突的事项本身不是公共事项，但该冲突的发展影响到了公共秩序、公共安全、公共福利等公共利益。

从外延上说，可以将公共冲突分为两类。第一类是社会性的公共冲突，包括公众间的冲突、公众与公共组织之间的冲突以及公共组织间的冲突。公众间的冲突经常是群体性的，有时甚至是有组织的。公众与公共组织间的冲突可以是个体公民与某一特定的公共组织之间的冲突，但也经常采取群体的甚至有组织的形式。第二类是公共组织内的冲突。这是一类特殊的公共冲突，一方面，它是一种组织内的冲突，具有组织内冲突的各种特征；另一方面，公共组织是为公共目的而建立的，其目标和任务都直接关系到公共利益，其内部所产生的冲突也会对公共利益产生重要影响。在这个意义上，公共组织内部的

---

[1]　相关研究如：唐皇凤：《"中国式"维稳：困境与超越》，载《武汉大学学报》2012年第5期。金太军、赵军锋：《基层政府"维稳怪圈"：现状、成因与对策》，载《政治学研究》2012年第4期。容志、陈奇星：《"稳定政治"：中国维稳困境的政治学思考》，载《政治学研究》2011年第5期。

[2]　参见：常健等《公共冲突管理》，中国人民大学出版社，2012年。

应急管理理论与实务

冲突也是公共冲突的一种特殊类型。

"公共冲突"与"社会冲突"具有包含的关系。一方面,公共冲突是社会冲突的一种具体形式,公共冲突肯定是一种社会冲突。另一方面,并非所有的社会冲突都表现为公共冲突。许多社会冲突可以表现为家庭冲突、私人间冲突或民事冲突等非公共冲突形式。

（三）群体性事件

"群体"在《现代汉语词典》中被解释为"本质上有共同点的个体组成的整体"①。作为社会学概念的群体,一般是指"通过一定的社会关系结合起来进行共同活动而产生相互作用的集体"。② 群体性事件中的群体与此略有不同,主要是指"超过一定数量的人群,而这一数量标准是法律和政府容许的合法政治行为的最高限度。"③群体性事件从字面意义上讲,主要是指有达到一定规模的人群参与的对社会造成了较大社会影响的集体行动,本来不具有价值判断的意思。但在当代中国,群体性事件有特定的指向,这些事件不包括现有的政治、行政、法律制度允许的那些集体行为,而专指现有的体制不允许至少是不鼓励的行为。2023 年 4 月 30 日在中国知网上以"群体性事件"作为主题词来搜索,共有 14068 篇文献,时间分布在 1989 年至 2023 年间,由此可见,群体性事件在学术界使用的广泛性。

受政治、经济和社会因素的影响,不同时期对群体性事件的认识和叫法也不尽相同。20 世纪 50 年代至 70 年代末,称"群众闹事"、"聚众闹事";80 年代称之为"治安事件"、"群众性治安事件";90 年代称之为"突发事件"、"治安突发事件"、"治安紧急事件"、"突发性治安事件"、"紧急治安事件";在 21 世纪初期称之为"群体性治安事件"、"群体性事件"。④

中国行政管理学会将群体性突发事件界定为,"由人民内部矛盾和纠纷所引起的部分公众参与的对社会秩序和社会基本价值产生严重威胁的事件。具体来说,我国转型期群体性突发事件,就是指在我国从计划经济体制向市场经济体制转轨、从传统农业社会向现代工业社会、从伦理型社会向法理型社会、从同质单一社会向异质多元社会、从封闭型社会向开放型社会转

---

① 中国社会科学院语言研究所词典编辑室:《现代汉语词典》,外语教学与研究出版社,2002 年,第 1605 页。
② 周晓虹:《现代社会心理学:多维视野中的社会行为研究》,上海人民出版社,1997 年,第 329 页。
③ 宋维强:《中国农民群体性事件研究》,南开大学博士学位论文,2006 年,第 5 页。
④ 王战军:《群体性事件的界定及其多维分析》,载《政法学刊》2006 年第 5 期。

82

型的过程中,因人民内部矛盾而引发,或因人民内部矛盾处理不当而积累、激发,由部分公众参与,有一定组织和目的,采取围堵党政机关、静坐请愿、阻塞交通、集会、聚众闹事、群体上访等行为,并对政府管理和社会秩序造成影响甚至使社会在一定范围内陷入一定强度对峙状态的突然发生的群体性事件。"[1]

公安机关多用"群体性治安事件"一词,是指"聚众共同实施的违反国家法律、法规、规章,扰乱社会秩序,危害公共安全,侵犯公民人身安全和公私财产安全的行为。"[2]2000年,公安部发布《公安机关处置群体性治安事件规定》,指出群体性治安事件主要包括以下十种具体形式:人数较多的非法集会、游行、示威;集会、游行、示威、集体上访中出现的严重扰乱社会秩序或危害公共安全的行为;严重影响社会稳定的罢工、罢课、罢市;非法组织和邪教等组织的较大规模聚集行动;聚众围堵、冲击党政机关、司法机关、军事机关、重要警卫目标、广播电台、电视台、通讯枢纽、外国驻华使馆、领事馆以及其他要害部门或单位;聚众堵塞公共交通枢纽、交通干线、破坏公共交通秩序或者非法占据公共场所;大型体育比赛、文娱等活动出现的聚众滋事或骚乱;聚众哄抢国家仓库、重点工程物资以及其他公私财产;较大规模的聚众械斗;严重危害公共安全、社会秩序的其他群体性行为。

2005年,国务院新闻办首次提出了"群体性事件"的概念。是指那些利益要求相同或相近的群众或个别团体、个别组织,在其利益受到损害或不能得到满足时,受人策动,经过酝酿,最终采取集会、游行,集体上访、集体罢课、罢市、罢工,集体围攻冲击党政机关、重点建设工程和其他要害部位,集体阻断交通,集体械斗甚至集体采取打、砸、烧、杀、抢等方式以求解决问题,并造成甚至引发某种治安后果的非法集体活动。[3]

群体性事件具有以下基本特点:从主体上看,具有一定规模,是由多数人构成的,这些人可能归属于特定群体,也可能是异质性的偶合群体;从目的上看,他们是为了实现特定的利益,或者是表达或发泄对某种制度、格局、事态的不满情绪;从手段上看,有些是和平的手段,如有组织的集会、上访、游行、示威、静坐等,有些则表现为具有暴力色彩的械斗、集体围攻、阻塞交通、纵火、打

---

① 中国行政管理学会课题组:《中国群体性突发事件成因及对策》,国家行政学院出版社,2009年,第2页。
② 林伟业、刘汉民:《公安机关应对群体性事件实务与策略》,中国人民公安大学出版社,2008年,第1页。
③ 张国星、喻维华、梁作廷:《群体性事件处置工作的基本理念和战术原则》,载《公安教育》2009年第9期。

砸抢等,这些手段都具有对抗性;从后果上看,会对社会秩序或价值造成一定影响,而不是仅限于个别人的范围。

三、社会安全研究的理论视角

社会风险或社会安全是社会科学研究领域一个具有超强魅力的永恒主题,在社会学、政治学、管理学等学科中都有聚焦于社会秩序的系统的专门的研究,在法学、新闻学、治安管理等学科中也涉及到了很多相关的议题,本章仅对社会科学研究领域最常见且研究较为深入的社会学、政治学和管理学的相关研究重点加以介绍。

(一)社会冲突研究:社会学的视角

社会冲突理论是社会学中的一个重要分支,20世纪后半期,它在对功能主义进行批判的基础上得到了快速发展。社会学中的冲突理论发端于马克思,后经韦伯、齐美尔、科塞、达伦多夫、柯林斯等人的不断完善,成为社会学中非常重要的理论流派,①这些社会学家也成为西方学术界不限于社会学本身的思想家。社会学对冲突的研究主要集中在以下领域:(1)对冲突根源的研究,侧重于从利益分化与社会变迁、阶级、个体感受等角度来解释冲突的原因。② (2)对冲突功能的研究,重点探讨社会冲突的实际作用,及功能发挥的相关因素等。③ (3)对大众心理的研究,主要是对群体状态下集体心理的研究等。④ (4)对冲突过程的研究。⑤

(二)抗争政治研究:政治学的视角

学术界对体制外政治行为的研究主要集中在集体行动、社会运动和革命三个不同的领域。⑥ 出现了很多著名学者,研究成果也较为丰硕。综合起来,主要有以下主要方面:(1)关于集体行为研究。内容主要包括:聚

---

① 参见乔纳森·特纳:《社会学理论的结构》,邱泽奇等译,华夏出版社,2001年,第162—255页。
② 代表性的研究如:《马克思恩格斯选集》;达伦多夫:《现代社会冲突》(2000);Ralf Dahrendorf(1959). *Class and Class Conflict in Industrial Society*;李培林等:《社会冲突与阶级意识》(2005)等。
③ 代表性的研究如:科塞:《社会冲突的功能》(1989);Cass R. Sunstein(2003). *Why Societies Need Dissent*。
④ 代表性的研究如:勒庞:《乌合之众》(2004);塞奇·莫斯科维奇:《群氓的时代》(2003)等。
⑤ 代表性的研究如:柯林斯:《互动仪式链》(2009);乔纳森·特纳:《社会学理论的结构》(2001)等。
⑥ 参见赵鼎新:《社会与政治运动讲义》,社会科学文献出版社,2006年,第2—3页。

众形成过程、组织规模及其影响、理性选择等。[①]（2）关于社会运动的研究。主要内容包括：运动的起因、动员、发展及其在社会变迁中的作用，运动中的情感、空间、舆论、传媒、话语、博弈、暴力等。[②]（3）关于革命的研究。主要内容包括：人们参加革命的心理动机、意识形态运动、政府内部的冲突及集团之间为获取权力而展开的竞争，以及从历史角度对不同国家革命的分析等。[③]

（三）冲突管理研究：管理学的视角

管理学的视角侧重于冲突的管理和化解。冲突管理理论在对冲突的起因、正负作用、升级过程、应对策略、相关方博弈、情绪管理、谈判、第三方干预、制度建设等问题进行了较为系统而具体的研究。[④] 综合而言，主要有以下方面：（1）围绕冲突，对于一些相关因素的关联进行了探讨，如合作、竞争、信任、权力、沟通、公正、情绪、个性等；[⑤]（2）对于一些化解冲突的技术手段和思维观

---

① 代表性的研究如：曼瑟尔·奥尔森：《集体行动的逻辑》（2004）；David A. Locher, *Collective Bahavior*, New Jersey : Pearson Education, inc, 2002; Herbert G. Blumer, The Field of Collective Behavior, Source：R. Park(ed.), *An Outline of the Principles of Sociology*, New York：Barnes & Noble, 1936, pp. 221—232; Neil J. Smelser：*Theory of Collective Behavior*, Routledge and Kegan Pual Led, 1962; Robert R Evans, *Readings in Collective Behavior*, Band Mcnally & Company, 1969。

② 代表性中文译著如：蒂利《身份、边界与社会联系》（2008）和《集体暴力的政治》（2006）；亨廷顿《变化社会中的政治秩序》（2008）；塔罗《运动中的力量——社会运动与斗争政治》（2005）；卡内提：《群众与权力》（2003）；勒庞：《乌合之众》（2004）等。外文著作较多，一些经典作品的介绍参见：Jeff Goodwin & James M. Jasper, *Social Movements：Critical Concepts in Sociology*, London and New York：Routledge, 2007. Volume 1—4。论文：裴宜理《社会运动理论的发展》，载《当代世界社会主义问题》2006 年第 4 期。

③ 代表性研究如：托克维尔：《旧制度与大革命》（1997）；斯考切波：《国家与社会革命：对法国、俄国和中国的比较分析》（2007）；庞勒《革命心理学》（2004），索罗金《革命社会学》（1925），詹森《革命性变迁》、蒂利《从动员到革命》，艾森斯塔特《革命与社会转型：对文明的比较研究》，米格代尔《农民、政治与革命——第三世界政治与社会变革的压力》（1974），杨奎松《革命》（第 1—4 卷）（2012）等。英文著作包括：Gurr, Ted(1970). *Why Men Rebel*. Princeton University Press。

④ 常健等著的《公共冲突管理》对上述问题进行系统的分析和总结。作为总论性的西方的代表性研究如：Morton Deutsch, Peter T. Coleman, Eric C. Marcus (2006), *The Handbook Of Conflict Resolution：Theory And Practice*; John Oetzel (2009), *The Sage Handbook of Conflict Communication*(2006); Dennis Sandole, *Handbook of Conflict Analysis and Resolution*; John Burton(1990), *Conflict：Resolution and Prevention*; Allan Edward Barsky (2000), *Conflict Resolution for the Helping Professions*; Sy Landau (2001), *From conflict to Creativity* 等。

⑤ 代表性研究如 Morton Deutsch, Peter T. Coleman, Eric C. Marcus (2006), *The Handbook Of Conflict Resolution：Theory And Practice*, John Wiley & Sons; John. G. Oetzel Stella Ting-Toomey (2006), *The Sage Handbook of Conflict Communication：Integrating Theory, Reseach, and Practice*. Sage publications。

念进行了研究,如非暴力、第三方干预、冲突特征与应对策略、倾听与劝说、谈判等;①(3)对于一些较为突出、难以化解的冲突类型进行了细化分析,如民族冲突、文化冲突、性别冲突、劳资冲突、宗教冲突等;②(4)对于具有一般意义的冲突过程或导致冲突升级的关键因素进行了研究,如冲突的不同阶段、冲突的扩散方式、影响冲突升级的各种因素等。③

第二节　对冲突升级规律的理论探索

社会冲突内嵌着一种紧张和对抗,这既是实务工作者最难以把控的方面,也是学术界竭尽所能希望能够揭示其规律的内在魅力所在。在关于社会冲突的所有研究中,最吸引人关注的话题之一,就是社会冲突是如何升级的,升级过程可以分为哪些阶段,主要影响因素有哪些,这些因素都是通过什么样的机制在起作用,围绕着这些话题,国内外学术界形成了多种研究成果。本节尝试对较有影响力的部分研究进行介绍。④

一、"竞争者—防御者"模型

不管是多大规模的冲突,总能最终具体到两个最核心的竞争主体上,二者的心理和动机是导致冲突升级的最直接的原因,在归纳竞争主体的心理动机

---

① 代表性研究如:Roger Fisher & William Ury (1981) *Getting to Yes*;Thomas Schelling (1958),*The Strategy of Conflict*;Jay Folberg (1984),*Mediation*:*A Comprehensive guide to Resolving Conflicts without Litigation*,Deborah Borisoff (1989),*Conflict Management*:*A Communication Skill Approach*;James Gilligan (2001),*Preventing Violence* 等。

② 代表性研究如:Morton Deutsch,Peter T. Coleman,Eric C. Marcus (2006),*The Handbook Of Conflict Resolution*:*Theory And Practice*,John Wiley & Sons。

③ 代表性的研究如:Dean G. Pruitt and Jeffrey Z. Rubin,*Social Conflict*:*Escalation*,*Stalemate and Settlement*;Louis r. Pondy,Organizational Conflict:concepts and Models,*Administrative Science Quarterly*,Vol. 12,No. 2 (Sep.,1967),pp. 296—320;Friedrich Glasl,Konfliktmanagement,Ein Handbuch für Führungskräfte,Beraterinnen und Berater,Bern:Paul Haupt Verlag,1997. English edition:*Confronting Conflict*,Bristol:Hawthorn Press,1999;Kenwyn K. Smith,The Movement of Conflict in Organizations:The Joint Dynamics of Splitting and Triangulation,*Administrative Science Quarterly*,Vol. 34,No. 1 (Mar.,1989),pp. 1—20 等。

④ 本节的部分内容,笔者曾在独著的《中国公共冲突的起因、升级与治理》(南开大学出版社,2013 年)及与常健、李婷婷合著的《公共冲突管理》(中国人民大学出版社,2012 年)等著作中进行介绍。在此,笔者对原有内容根据最新的思考进行了删改和补充。

方面,"竞争者—防御者"模型具有很强的解释力。该模型是从冲突主体不同动机与行为的角度来分析冲突恶化过程的模型,也被称之为"挑衅者—防御者"模型。①

在此模型中,作者将冲突双方称之为"竞争者"和"防御者"。竞争者是挑起冲突的一方,其动机是对利益格局现状不安,意图获得某种改变而将自己置身于冲突之中,其目的可能是从他人处获取什么,或在他方承担成本的情况下改变现实,或阻止他方令自己不愉快的行为。竞争者一般以较温和的策略开始,但若是不能奏效,竞争者会进一步加重战术,并不断升级,直至对方屈服或自己付出的成本大于预期的目标收益为止。防御者在此过程中可能是被动的,也可能会采取对应的升级策略。但如果是采取了升级策略,那么其原因是自卫的,而不是进攻的。在此模型中,竞争者在冲突升级过程中起到了关键作用。

一个关于个体和群体对持续不断的厌烦如何反应的实验证实了这个模型的主要观点。② 防御者(研究人员预先约定的一方)掌握着竞争者(被试验者)为完成任务而必需的物资,竞争者可以随时打电话给防御者。通过对电话记录的内容分析,发现了七种对抗的策略,竞争者标准化地使用了从低到高的策略。首先,他们索要这些物资;其次,命令他们;再次,抱怨竞争者的行为;然后,威胁对方;然后,不断地扰乱对方;最后,辱骂对方。只有少数参与者经历了每一个步骤,但几乎绝大部分是按照上述顺序不断升级的。该模型对其他案例,如冷战、校园枪击事件等的冲突恶化过程也具有很强的解释意义。③

该模型从心理与行为的角度探索冲突关系中,冲突双方对于双方利益格局边界,以及自身"成本-收益"边界的判断和调整,是较为简明扼要地挖掘和体现冲突升级规律的基础性研究。

① Pruitt,D. G. ,& Gahagan,J. P. (1974). Campus crisis:The search for power. In J. T. Tedeschi(Ed.),*Perspectives on social power*(pp. 349—392). Chicago:Aldine. ;Dean G. Pruitt & Sung Hee Kim. *Social Conflict:Escalation,Stalemate,and Settlement*. New York:McGrraw-Hill Companies. 2004. pp. 92—99,101—120.

② Mikolic,J. M. ,Parker,J. C. ,& Pruitt,D. G. (1997). Escalation in Response in to Persistent Annoyance:Groups vs. Individuals and Gender Effects. *Journal of Personality and Social Psychology*,72,151—163.

③ Dean G. Pruitt & Sung Hee Kim. *Social Conflict:Escalation,Stalemate,and Settlement*. New York:McGrraw-Hill Companies. 2004. pp. 92—96.

二、"冲突螺旋"模型

在现实生活中,人们总是能够看到陷于冲突之中的当事人仿佛进入了一种难以控制的关系之中,各种力量相互纠缠并如同一头脱缰野马,可能对彼此都不利,但却最终不断奔向恶化的方向,在国际关系、国内社会冲突、普通人际冲突等众多领域,都能够看到这种现象的影子。"冲突螺旋"模型比较集中地探讨了这种冲突升级的现象。该模型以冲突过程分析为主线,认为冲突升级源于双方"行动—反应"的恶性循环。这种模型的提出是 North、Osgood、Richardson 等多位学者探索的结果,其讨论分散在多篇论文中。[①]

该模型认为,一方的争斗战术会刺激或导致对方的报复或防御反应,而这会引起进一步的争斗行为,从而导致冲突的恶性升级螺旋。此模型突出双方相互报复的心理和行为,双方的动机都在一定程度上基于惩罚对方使之为所造成的痛苦负责。这种动机也部分基于防御或威慑——为防御对方而做出的准备、教训对方,以及使对方尝到足够的痛苦,并停止其行为。

这种螺旋一旦开始,便难以停止,因为每一方都将反击失败视为软弱的标志,从而采取更具伤害性的行为。双方都不让步,导致循环无法打破。这主要是三种原因导致的:一是,对方不值得自己做出让步;二是,担心自己的让步不仅使对方得到好处,而且还可能得寸进尺;三是,对方已被看作是典型的"侵略者",是导致冲突升级的始作俑者,因此,真正应该做出和解姿态的应该是对方。[②]

由于每一步反应总是比前一行为更为剧烈和紧张,所以,在几乎是所有的冲突螺旋中,双方使用的手段总是越来越重。其内在原因在于:其一,冲突螺旋产生了从小到大的转变。螺旋中的每一报复反应或防御反应都产生了关于该行为目标的新议题。因此,随着螺旋的上升,双方关于对方罪恶的记录就不断增长,并诱发了越加激烈的反应。其二,冲突中的每一方都倾向于将自己的损失看得比对方的损失大。对自己一方看来是慎重、适度的反应,对对方来

---

① 参见常健等:《公共冲突管理》,中国人民大学出版社,2012 年。
② Pruitt, D. G. , & Gahagan, J. P. (1974). Campus crisis: The search for power. In: J. T. Tedeschi (Ed.), *Perspectives on social power* (pp. 349—392). Chicago: Aldine. ; Dean G. Pruitt & Sung Hee Kim. *Social Conflict: Escalation, Stalemate, and Settlement.* New York: McGrraw—Hill Companies. 2004. pp. 92—99.

说，就是过度的升级行为，需要采取相同等级的行为来回应。其三，人们往往没有注意到他们已经处于冲突螺旋的事实，而只是将自己视为对对方带来的持续烦恼的反应。他们起始于温和的策略，因为这样做的风险最小。但是，如果这些策略达不到预期的效果，他们就会采用更重的，他们视为合理，并能够给对方带来足够压力使其屈服的策略。具有讽刺意味的是，对方也以同样的逻辑来使冲突升级。

冲突"螺旋"模型与"竞争者—防御者"模型的区分在于，在"竞争者—防御者"模型中，竞争者并不是基于对方的升级行为而采取进一步的升级举措，而只是基于对持续烦恼的行为反应。[①] 因此，在"竞争者—防御者"模型中，因果流是单向的，而在"冲突螺旋模型"中，因果流是双向的。

三、冲突升级中的"结构转换"

冲突升级的过程并非单单是表现出来的那些令人紧张和刺激的现象，而是在这些现象背后存在着一些结构性的转换。如何认识和掌握这些结构性的转换，对于是否能够有效地应对和管理冲突升级过程具有十分重要的作用。在西方学术界，曾有不少学者致力于冲突升级过程中结构转化的研究，最为突出的是对结构转换模型的概括和提炼。做出较大贡献的学者包括 Burton、Coleman、Pruitt、Olczak、Schumpeter 等人。[②] 他们描述了冲突升级时的一些重要转换，这些转换会导致冲突的持续或反复出现，其中最重要的转换包括心理转换、团体转换和群众转换。

（一）心理转换

心理转换更侧重于冲突过程中个体的心理状态的转换，主要包括情绪、态度、认知、目标等方面。

第一，情绪转换。冲突过程中的情绪主要包括责备、愤怒、恐惧等。责备会促进愤怒增长，产生打击对方的欲望；同时，责备使带着给对方一个教训的目的来惩罚对方的行为变得必要。当一方认为对方的行为不合理，并且不是由于偶然的机会或情有可原的环境造成的时候，他会变得愤怒，并采取惩罚对

---

① Dean G. Pruitt & Sung Hee Kim. *Social Conflict : Escalation , Stalemate , and Settlement.* New York: McGrraw-Hill Companies. 2004. p. 96.

② 参见许尧:《中国公共冲突的起因、升级与治理》,南开大学出版社,2013 年。

方的行为,而这会引起对方同样的报复。恐惧更多地体现在防御性螺旋中,也就是说双方会在恐惧的心理状态下,为使自己免受威胁而采取升级策略,军备竞赛就是这种心态的典型体现。

第二,敌对态度与认知的转变。在冲突中,双方往往会用双重标准评判自己和对手,那些推波助澜的人通常都觉得自己拥有特权,而对手不具备此项权利。[①] 对方往往被视为是道德败坏的,是自私的和残忍的;[②]对方往往被认为是对己方的利益怀有敌意,甚至是想打败或摧毁自己。相反,人们往往会认为自己的道德水准高于对方,并将自己视为对方侵犯行为的受害者。[③]

敌对的态度和认知至少可以通过七种途径促进冲突升级。[④] (1)敌对的态度和认知使人容易将不愉快的经历归因于对方的错误;(2)当对方不被信任时,其模棱两可的行为往往会被视为具有威胁性;(3)当对对方形成敌对态度时,被对方激怒后的克制力降低;(4)敌对态度阻碍沟通;(5)敌对的态度和认知减少了对他人的同情心;(6)敌对的态度与认知助长了非赢即输的零和思维,使局面僵化,创造性解决问题的可能性降低或消失;(7)当敌对的认知严重恶化时,对方将被视为恶魔式的敌人,冲突被视为正义与邪恶的战争。

第三,目标转换。随着各种转换的深入,常常会出现敌对而竞争的目标,比如惩罚对方、使他丢脸、击败对方,甚至毁灭对方。由此,冲突当事方的目标逐渐由"做好",逐渐转换为"获胜",到最后转换为"伤害对方"。在许多冲突的初始阶段,参与方是为了自己而尽力,并不在乎别人做得如何。随着冲突的发展,这种态度会被另一种更具有竞争性的目标所取代,那就是胜过对方。最后,冲突方的成本会不断上升,目标会转换为伤害或打击对方,如果付出成本不可避免,那就让对方的损失更为惨重,以牙还牙,血债血还,从而使冲突走向极端。

报复之所以能够促进冲突升级,在于它具备以下特征:[⑤]首先,报复往往会引发新的报复。其次,报复的冲动往往是如此热烈,以至于使当事人不再关

① 弗雷德·简特:《利害冲突》,马黎、李唐山译,中国人民大学出版社,2006年,第87—91页。

② Struch, N. & Schwartz, S. H. (1989). Intergroup aggression: Its predictors and distinctness from in-group bias. *Journal of Personality and Social Psychology*, 56, 364—373.

③ Hampson, F. O. (1997), Third-party roles in the termination of intercommunal conflict. *Millennium: Journal of International Studies*, 26, 727—750.

④ Dean G. Pruitt & Sung Hee Kim. *Social Conflict: Escalation, Stalemate, and Settlement*. New York: McGraw-Hill Companies. 2004. pp. 107—109.

⑤ Dean G. Pruitt & Sung Hee Kim. *Social Conflict: Escalation, Stalemate, and Settlement*. New York: McGrraw-Hill Companies. 2004. pp. 110—111.

切其他事项①。再次,报复倾向于采取更加严厉的手段,相对于自己受到的伤害,人们往往会用更严重的方式去惩罚对方②。其内在逻辑在于,被激怒的人们倾向于将自己视为受害者,这会带来强烈的不公正感,从而为其向对方施以严厉惩罚提供发自内心的合理性基础。③ 同时,人们往往会夸大自己受到的伤害,而淡化对方受到的伤害。④ 最后,复仇之所以促进冲突升级,在于记忆的持续性,这使已经受到伤害的记忆及由此而产生的动机存续很长时间,⑤如同中国社会中的民间俗语“君子报仇,十年不晚”。

(二) 团体转换

心理转换对个体冲突或团体冲突都具有适用性,但如果是团体间的冲突,则也会发生团体的转换。敌对的态度、认知和目标会在团体内讨论之后,变为团体的规范。在存在外部威胁的情况下,内部凝聚力增强,并因此增强了这些规范的约束作用。若是冲突中的一方是没有组织起来的松散集合,有时冲突会促进产生一个新的团体,它是强烈的个人情绪的混合沉淀,并会对对手毫不留情。

团体间冲突场景下,至少有 5 种途径使得团体转换促进冲突升级循环。⑥

第一,团体的两极分化。团体中的所有人开始反对对方团体中的所有人。这部分是因为各方中的极端分子相互战斗,不断产生恶性对抗事件,从而激怒了本来相对温和的其他成员,并使他们也变得极端起来。也可能是因为团体内部的讨论。当团体成员相互讨论一种观点时,这种看法会变得更加强化。⑦

第二,团体对抗目标的演化。比如团体打击甚至摧毁对方的野心,处于个

---

① Marongiu, P., & Newman, G. (1987). *Vengeance: The fight against injustice*. Totowa, NJ: Rowman & Littlefield.

② Fellman, G. (1998). *Rambo and the Dalai Lama: The compulsion to win and its threat to human survival*. Albany, NY: State University of New York Press.

③ Miller,. D. T. (2001). Disrespect and the experience of injustice. *Annual Review of Psychology*, 52, 527—553.

④ Baumeister, R. F., Smart, L., & Boden, J. M. (1990). Relation of threatened egotism to violence and aggression: The dark side of high self-esteem. *Psychological Review*, 103, pp. 5—33.

⑤ Frijda, N. H. (1993). The lex talions: On vengeance. In: S. H. M. Van Goozen, N. E. Van de Poll, & J. A. Sergeant (Eds.), Emotions: Essays on emotion theory. Hillsdale, NJ: Erbaum. pp. 263—289.

⑥ Dean G. Pruitt & Sung Hee Kim(2004). *Social Conflict: Escalation, Stalemate, and Settlement*. New York: McGraw-Hill Companies.. pp. 116—118.

⑦ Moscovici. S., & Zavalloni, M. (1969). The group as a polarizer of attitudes. *Journal of Personality and Social Psychology*, 12, 125—135.

体状态时无法想象的目标,团体却提供了实现的可能。团体的状态,可以使他们产生更高更复杂的目标,并提供了更多的对抗资源。

第三,失去控制的规范发展起来。规范是在一个团体中绝大多数成员所认可的关于态度、认知、目标或行为模式的正确想法。规范被灌输给新成员,被强加给心存质疑的老成员。消极的态度、不信任感、零和思维、不愿沟通等会成为团体规范的一部分。

第四,团体身份与团体凝聚力的发展。由于担心被排斥,以及团体中强大的从众压力,团体内变得高度一致化。高度凝聚团体中的成员会更相信他们行为的正当性,这使他们追求团体目标的行动更为坚强有力。

第五,在剧烈冲突中,好战激进的领导者往往会控制整个局势[1]。其领导地位的获得在于,他们能够与团体成员中主导情绪产生共鸣,并善于处理团体当下所专注的活动。[2] 假如冲突的化解需要谈判,则善于谈判的人就会成为领导者。但是,如果团体卷入了高度对抗的冲突中,则领导权往往会落入好战者手中,他们能够反映团体成员的愤怒,并形成团队战斗力。此类人往往对对手具有强烈的负面态度和认知,并会提出僵化的要求。因此,一旦他们成为主流,那么就会倾向于强化和扩大极端化的策略。

(三) 群众转换

当个人或团体介入到严重的冲突时,周边的群众也很难保持中立。他们会支持或加入其中一方。此类现象被称之为群众的两极分化。群众的两极分化是冲突升级循环的一部分,它既是之前冲突的结果,又是后续冲突的原因。

之前的冲突在两种途径上促进了群众的转换。一是,冲突中的双方会动员中立的群众,要求他们必须决定,到底是"支持我们,还是反对我们"。二是,升级策略的使用常常会骚扰或恐吓更大范围的群众,当人们在相互喊叫、破坏对方的财产,或者彼此伤害的时候,他们很难继续保持中立的态度。

群众转换会促进冲突的升级,其原因在于:一是,新成员的加入或新的支持者使冲突双方的力量更为强大。他们提供了更多的人力、物力、财力,并且

---

[1] Sherif, M., Harvey,. O. J., White, B. J., Hood, W. R.,& Sherif. C. W. (1961). *Intergroup cooperation and competition: The Robbers Cave experiment*. Norman, OK: University Book Exchange.

[2] Hollander, E. P. (1978). *Leadership dynamics: A practical guide to effective relationships*. New York: Free Press.

提高了团体对于自身实力的信心及获胜可能性的预期,更容易使用更重的策略来迫使对方就范。二是,两极分化使群众一分为二,成为相互对立的阵营。阵营内部的联系更加密切,但是阵营间的联系不断恶化。[①] 由此而破坏了本身相互交叉的团体成员身份,而且使中立的居间调停第三方消失了。

冲突升级的结构转换模型较为深入地描述了冲突过程中的个体心理与组织行为现象,是一种关于群体行为的心理审视。在群体心理学的经典著作《乌合之众》《狂热分子》《群氓之族》等作品中也很容易看到关于群体心理变化的介绍。了解群体心理及其转换是深入洞察冲突升级规律性的不二法门。

四、冲突升级"九阶段"模型

格拉索(Friedrich Glasl)1997 年发表的著作中,对冲突的行为阶段进行了更具体的分析,区分了冲突行为升级的九个阶段。该模型在冲突发展阶段特征的具体性和心理行为分析的综合性方面具有十分独到的分析,仿佛拿着显微镜洞悉了冲突升级过程中的细微差异,从而具备了解释冲突升级的"魔力"。这九个阶段及具体的特征如下。[②]

(一) 分歧强化

人们对一些问题出现不同意见,问题的解决遇到阻碍。这时,冲突各方的意见被凝固为不同的立场。[③] 各方的立场互不相容,与对方的互动令人失望,并被认为是浪费时间和精力,但人们仍然试图去克服差异。

(二) 激烈争辩

当冲突一方或双方对通过直接而公开的对话解决问题失去信心时,便转而采取控制性的争论方式。对话转变为言语上的对抗,各方都在寻找一

---

① Coleman,. J. S. (1957). *Community conflict*. New York: Free Press.

② Friedrich Glasl, Konfliktmanagement, Ein Handbuch für Führungskräfte, Beraterinnen und Berater, Bern: Paul Haupt Verlag, 1997. English edition: *Confronting Conflict*, Bristol: Hawthorn Press, 1999. 亦请参见常健等:《公共冲突管理》,中国人民大学出版社,2012 年。

③ 不同利益凝结为不同立场,在冲突升级过程中是一个值得特别关注的转折点,因为利益可以采取多种方式来加以满足,但立场却具有刚性,往往代表着不愿意采取别的方式来加以满足,这就给对方的行为方式提出了比较苛刻的要求。所以,在冲突化解过程中,要特别重视从"立场"退回到"利益",这是冲突化解的一个基本的框架性思路。

种更有力的方法来推销自己的观点,立场越来越强硬,争论也不再局限于原有问题。争论不再关注哪种观点更有说服力,而是关注争论的结果对自己声誉的影响,更加注意如何取得成功、压倒对方、显示强大的实力,而不能表现出顺从、犹豫不决和软弱无能。这时的争论更多地采取"准理性的"方法,如转移视线、夸大其词,上纲上线、美化自己观点,或提出非此即彼的极端选择。这些策略的目的是使对手在情感上失衡,并提高自己的声誉。但双方仍然在某些共同目标和利益上有部分一致,并且仍在合作与竞争两种选择之间摇摆不定。

(三)单方面采取行动

当一方认为继续对话是无用的,并试图在没有与对方商量的情况下采取某种行动时,冲突便进入了第三个阶段——单方面采取行动。这时,双方看不到共同利益和合作的希望,转而成为竞争者。各方都力图摆脱对对方的依赖,并获得对对方的控制。各方的目标都是阻止对手达成目标,而尽可能实现自己的利益。通过单方面采取行动,希望促使对方放弃或让步。同时,各方内部的差异趋于消失,联合起来共渡难关的意识日益强烈,并开始形成对对方的模式性看法,这些看法融入了越来越多的猜测和幻想。由于缺少沟通和反馈,误解不断加深。各方都极力否认自己在事件进程中的责任,而把自己的行动看作是对对手行动的必要回应。

(四)形象与结盟

在此阶段,冲突双方不再关注特定的问题,而是关心胜败,维护自己的声誉和形象,同时攻击对手的社会声誉、态度、地位和人际关系。在前两个阶段中逐渐形成的关于对方的负面看法被固化为一种特定形象。对方的优点不再被提及,而且总是将对方说成是不可救药的。由于对方在错误的道路上已经不可救药,使各方都觉得应当给对方施加更大压力,但并不认为自己应当对冲突升级负什么责任。双方在互动中都试图找对方行为不符合规范的地方,以便加害于对方。规则表面上仍被遵守,但一有机会,便会采取不友好的行动。这种行动的方式可能是旁敲侧击、模棱两可的评论、说反话或采用肢体语言,不违反任何规则,却使对方受到挑衅、侮辱和批评。如果受到质问,便会否认这是故意的伤害,这至少顾及了对方的脸面。与此同时,冲突双方都积极努力争取旁观者的支持,计划和实施各种提高自身形象的行动。

（五）撕破脸

"脸面"代表着一个人或组织在共同体或社会中所具有的基本地位。"撕破脸"意味着冲突各方不再顾及大家在日常状态下的基本礼节或社会行为规则。处于此阶段的冲突主体会突然感到他们看穿了对方的面孔,发现了后面隐藏的不道德、愚蠢和罪恶的真相。这种关于对方形象看法的转变是一种急转弯式的,它使整个冲突过程被重新解释:对方从一开始就一直在采取不道德的策略,所有积极的行动都不过是一种欺骗。人们在此转折点会产生一种恍然大悟的感觉。这时,对双方形象和立场的评价,不再是区分为高尚和卑劣,而是划分为天使和魔鬼。各方都认为自己代表了正义,而对方则是破坏性的、野蛮的、非人道的,是邪恶的化身,是必须被惩罚,甚至应当被消灭的对象。冲突涉及的不再是具体问题,而是具有神圣意义的价值。这使得双方的相互信任变得极为困难,任何示好的举动都会被认为是屈辱的、软弱的表现,担心有损自己的公众形象。在这种僵局中,诋毁对方的声誉成为使自己在道德上占上风的当然选择。

（六）威胁策略

既然其他方式似乎都不起作用,冲突双方都转而威胁要采取破坏性行动,以迫使对方做出让步。威胁使冲突双方对事件进程逐渐失去控制,并造成了必须迅速而激进地采取行动的压力。对情境的感知日益脱离实际。各方都把威胁视为阻止对方使用暴力的必要手段,而被威胁方意识到威胁变为现实所可能导致的破坏性后果,因而发出反威胁。无能为力的感觉导致了恐惧和无法控制的愤怒。相互施加的时间压力,使各方都无法对各种其他可能选择的后果做出权衡。惊慌情绪影响着行为方式选择,为了表明威胁是言出必行的,威胁方经常会发表公开声明,或采取一点攻击性举动,而对方则会将些视为攻击意图的真实体现,并以同样的方式予以反击。这使双方的选择余地日益缩小。同时,难以控制的攻击行动和混乱局面使得各方内部会分裂成一些各自为政的小团体,其破坏性行为是以协议的方式难以阻止的。

（七）有限的破坏性打击

威胁使各方都失去了安全感,他们都认为对方可能会采取破坏性很强的行动。因此,保障自身的生存成为优先议题。既然与对方共同解决问题已经不再可能,那么就必须通过致残性打击来清除对方。在进攻的行动中,对方已经成为纯粹的没有人性的敌人,不必顾及他们的尊严,或者说对方已经没有资格享有"尊严"。攻击的目标是使敌人受到潜在制裁,比如破坏对手的财政资源、法律地位、控制功能等。恐惧和压力导致猛烈攻击,这种攻击被对手认为是极端的手段,并予以更具破坏性的报复。对手的损失被当作自己的收益,即使它并不能满足自己的实际利益和需要。冲突双方可能对承受损失有某种准备,只要敌人的损失比自己的更大,就愿意承担这种代价。怨恨成为最强有力的动机。这时已不再有任何真正意义上的交流,各方都只是发出自己的信息,而不管对方是否收到,更不关心对方如何反应。道德已经不再是考虑的因素。

(八)致敌分裂

在此阶段,攻击加强,目标是摧毁敌人的关键系统,最好是将敌人打得四分五裂。对方的谈判者、代表和领袖成为攻击目标,以破坏他们的合法地位与影响力。使对方保持凝聚力的系统受到攻击,希望借此造成对方内部认同感的丧失,以便使之因内部的矛盾和离心力而四分五裂。当一方面临这种攻击方式的威胁而可能分裂时,便会采取更强硬的措施来压制内部的冲突。内部压力的加大,迫使各方对对方采取进一步的攻击行动。而各方内部分裂成许多相互攻击的小群体,使局势完全失控。对对方的打击会针对所有活生生的目标,主要目的是摧毁敌人的生存基础,限制各方行动的唯一考虑因素,是保证自己的生存。

(九)同归于尽

同归于尽是冲突升级的最后一个阶段,彻底消灭敌人的冲动是如此强烈,以至于自我保护这种本能需求也被置之度外。只要能彻底消灭敌人,组织、群体或个人的生存都可以作出牺牲。毁灭、破产、判刑、身体上的伤害,都变得无关紧要;双方背水一战,不留任何退路。一场无怨无悔的全面破坏性的大战就此展开。不存在任何无辜的受害者,不存在任何中立的一方。在决一死战的厮杀中仅存的唯一顾及,就是确保敌人与自己能够同归于尽。

五、对抗升级的"三阶段"论

笔者在《中国公共冲突的起因、升级与治理》一书中对上述这些对冲突升级的理论探索进行了评析,并分析了其适用的限度,在此基础上依照冲突双方对抗性程度的标准,结合现实生活中的大量的经验案例,将冲突升级区分为了三个阶段:和平抗议、有限阻碍和暴力对抗。[①]

（一）第一阶段:和平抗议

和平抗议,指人们用非暴力但很显著的方式来对对方施加压力,以迫使对方满足其诉求的过程。一般而言,和平抗议只有在人数众多的情况下,才有力量,所以,和平抗议阶段涉及动员的方式和效果问题。同时,和平抗议对集体行为的一致性和行为边界均有较高要求,所以,一般会有较高的组织性,具有较为明确的领导力量或组织力量。

在和平抗议阶段的行为主要表现为四类:第一类是以罢为主题的抗议,包括罢工、罢市、罢运、罢课等,这些形式多是特定群体在历史上形成的一些固定的抗议方式,比如:罢课的方式主要是教师和学生的抗议方式、罢市主要是商人的抗议方式;第二类是以自己的身体作为武器的抗议,比如静坐、绝食、卧轨、下跪、穿状衣、以自残相威胁等;第三类是网络上的公开声讨,比如网络公开信、论坛跟帖、媒体声明等;第四类是户外空间的非暴力聚集,比如群体上访、集体散步、公开集会等。和平抗议中的这些行为更接近于美国政治学家斯科特在《弱者的武器》一书中描述的那些弱者经常采取的潜在的对抗性行为。

（二）第二阶段:有限阻碍

有限阻碍,指人们用阻碍公共事务或特定组织正常运行的方式来表达自己的诉求,以迫使对方将自己的诉求提上议事日程,并以此逼迫对方做出让步的集体行为。有限阻碍阶段可能伴有一定的暴力对抗,但暴力的目的是造成阻碍,而不是发泄或攻击对方,暴力的协同性、广泛性也较低。也有学者将此类行为称之为"问题化"。

有限阻碍是一种通过强硬的方式来迫使对方对自己的诉求马上作出回应的一种手段。从各类公共冲突中的有限阻碍来看,主要有三类行为形式:第一,堵塞公共交通类,包括对铁路及相关设施进行破坏、在公路上设置障碍等;第二,围堵政府（企业、医院等）大门类,包括在政府门口聚集、静坐包围政府大

---

① 参见:许尧:《中国公共冲突的起因、升级与治理——当代群体性事件发展过程研究》,南开大学出版社,2013 年。

楼、堵塞交通要道、占领特定区域、阻止特定行为等。第三,阻碍公务类,可能是主动找上门去阻碍公务的进行,也可能是在政府执法过程中产生的阻碍行为。

(三) 第三阶段:暴力对抗

暴力对抗,指人们直接用暴力来达到自己的目标或以暴力来打击对手、发泄愤怒。暴力行为是冲突升级的最高阶段,在现实生活中主要表现为打、砸、抢、纵火、生理攻击等行为。若是冲突未在前述几个阶段得到化解或控制,则可能会导致暴力对抗的出现。

暴力是"意欲对对方的身体或对方珍视的东西进行伤害的行为"[1]。暴力的生成和扩散是冲突升级的高级阶段,也是冲突升级的直接表现。它以对对方进行肉体、财物、象征性符号等的破坏为主要内容,是冲突双方采取伤害性互动的极端形式。在给冲突双方带来严重伤害的同时,也对社会基本秩序产生恶劣影响。其中,由分散攻击到协同暴力的扩散,造成冲突双方形成尖锐对立,对人们的心理产生强烈震撼,并可能会引发日后的报复性冲突。

(四) 对抗行为起始点及影响因素

当遇到自己认为不公的事情时,人们最初采取何种方式来表达不满受到多种因素的影响。为了用最低的成本获取最大的收益,或者,在一些特殊的情绪占主导地位的场景中,往往无法进行理性算计,人们在公共冲突中的对抗行为表现出高度的复杂性。通过对现实中多起案例的观察及分析,人们表达抗议的初始行为受到怨恨强度、紧急程度、责任分散性、抗争先例成功率等因素的影响较为显著。

第一,怨恨强度与冲突行为的起始点。人们对于所遭遇的怨恨的强度越高,越容易以高对抗性的方式切入。人们对抗方式的选择与其感受高度相关,在一些情形中,尽管所针对事项是非常重要的,影响深远的,但由于这种怨恨均摊到了每个人身上,所以,并不容易形成坚强的抗议核心,反而容易使人们滋生搭便车心理,所以,往往以和平抗议开始。同时,人们的怨恨强度是高度变化的,一旦发生重大伤亡就会迅速提高当事人的怨恨强度。人们的怨恨还是可以

---

[1] Dean G. Pruitt & Sung Hee Kim (2004). *Social Conflict: Escalation, Stalemate, and Settlement*. New York: Mc Grraw- Hill Companies. p. 79.

积累和转移的。在实际生活中,人们并不是在每件事情上都必须获得或追求公正和公平,当人们碰到自认为不公正的待遇,往往会优先采取隐忍的态度,但这种怨恨积累到一定程度时,遇到适当的导火索,便如同洪水一样发泄出来。

第二,紧急程度与抗争行为的起始点。越是紧急的事情,人们越着急看到效果,或越倾向于直接通过自己的行为来阻止事态的恶化。所以,越是紧急,人们就缺乏耐心去进行不容易看到效果的和平抗议,而是直接从对抗程度较高的有限阻碍或暴力对抗开始。比较典型是,在拆迁过程中,一旦对方采取强力拆迁手段,则民众很容易采取阻止施工的直接对抗手段,这时,如果是双方都不肯让步,则又很容易演变为暴力冲突。相反,若是不太紧急的事情,人们有足够的时间来等待事态的进一步发展,也容许政府或其他相关主体在一段时间后给予确切的回复,则人们一般会以相对温和的抗争策略切入。

第三,责任分散程度与抗争行为的起始点。群体抗争总是多多少少和违法行为联系在一起,难以回避可能导致惩罚,所以,责任分散程度也会关系到群体抗争行为的起始点。一般而言,责任比较集中,容易识别个体行为及其责任的环境,民众更不易直接采取高度对抗性的行为,相反,若是在一种弱监控环境中,无法或很难确定是哪个个体实施了违法行为,或者,很多人都进行了某种违法活动,造成"法不责众"局面的,民众更容易随大流或放纵自己的破坏欲望。

第四,抗争先例成功率与抗争行为的起始点。人们采用何种方式来表达诉求总是与所处的环境分不开,这种环境尤其表现为各类社会主体在相互博弈过程中所体现出来的那种结构性的对比关系和在社会上被广泛认可的一类事的解释框架。对于类似的事件,在以往的民众抗议过程中,哪些方式更为有效,则民众就会倾向于直接采取类似的抗议方式。或者说,民众采取什么方式,与他们对这些方式效果的预期性高低有关。甚至,这种方式的选择已经渗透在一个社会的文化中,成为人们不假思索的产物。抗议活动的组织性越差,他们的行为方式就越依赖于大众头脑中普遍存在的基于一个社会文化传统的一些基本解读模式。

第三节 公共冲突治理的层次区分与机制建设

公共冲突的治理是任何政府所必须承担的核心职责,在西方历史中,即使是强调最小政府或守夜人政府的时期,保证公共秩序也是政府的基本职能。

公共冲突的治理并不是一种简单的或压制或疏通的二元选择,而是针对不同场景,有着纵向分层的治理结构,熟悉和运用好这些层次间的区分,才有可能实现对社会秩序或社会稳定的科学供给。

一、公共冲突治理的三个层次

从公共冲突治理的深度着眼,可以将其分成三个不同的层次:冲突处置、冲突化解和冲突转化。[①] 它们有着不同的目标、路径、手段、功能和要求,层次之间相互区别又相互依赖,构成公共冲突治理的立体结构。在现实生活中,之所以很多官员在危机情境中陷入进退两难的窘境,在很大程度上与其对冲突治理层次的划分缺乏足够了解有关。

(一) 第一层次:冲突处置

冲突处置是公共冲突治理的第一个层次,其目标定位于对公共冲突的直接制止、控制和平息,防止冲突升级,尽快恢复正常的公共秩序。因此,冲突处置显示出以结果为导向的特点,将制止冲突作为主要目标。在价值理念上,冲突处置强调直接的效用和效率,即如何能在最短的时间内以最小的代价来处理冲突。其评价标准是:公共冲突至少在表面上得到了解决,公开的冲突得到了控制,暴力行为受到了打击和惩罚,公共秩序得到了恢复。

基于这种目标定位,冲突处置在路径和手段的选择上具有明显的权力导向,即充分利用各种权力资源,迫使冲突方作出理性选择。常用的权力资源包括经济补偿资源、社会压力资源、政治和法律的限制资源、武力强制资源等。常用的具体手段包括限制冲突行动,打击暴力和破坏性行为,对冲突的是非对错做出判决,强制一方补偿另一方,或由政府动用资源来补偿利益受损方,惩罚促使冲突升级者,等等。

冲突处置的主要功能是控制冲突,将冲突的影响通过强力控制在一定范围内,防止公共冲突的对抗性升级和影响范围扩大,并促使其迅速降温和收缩。它是公共冲突治理不可缺少的环节。一方面,它可以防止小事态演化为大冲突,避免冲突事项可能导致的负面影响;另一方面,它可以使大冲突得到迅速的遏制,尽可能降低它对社会和公共生活造成的破坏性影响。与此同时,

---

① 常健、许尧:《论公共冲突治理的三个层次及其相互关系》,载《学习与探索》2011 年第 2 期。

它也为公共冲突的化解创造了限制性的外部环境,使冲突各方在这种外部压力下更有可能坐到冲突化解的谈判桌前。

但冲突的处置并非必然意味着冲突的化解。它能够使公共冲突得到控制,甚至使冲突事项得到解决,但其着力点并不是使公共冲突得到深度化解,其所采用的手段也不适合冲突的深度化解。因此,如果公共冲突治理仅仅限于冲突处置的层次,虽然能够使社会秩序保持表面稳定,但却有可能使冲突能量在深层积累。因此,公共冲突治理还必须有第二个层次,即冲突化解。

(二)第二层次:冲突化解

与冲突处置不同,冲突化解的目标定位于消除双方误解,建立信任关系,共同寻找满足冲突各方利益的解决方案。因此,冲突化解显示出以过程为导向的特点,即将解决冲突视为促进双方沟通和相互理解的过程,将促进双方合作共同探寻共赢解决方案的过程作为冲突治理的最重要内容。在价值理念上,它更加强调程序公平,因为遵循公平程序所产生的方案,才更有可能被双方所接受。与冲突处置相比,以过程为导向的冲突化解可能更加耗时费力,但它所达成的结果也更具有可接受性,更容易获得当事各方的尊重和执行。

冲突化解在路径和手段的选择上更加强调冲突各方平等的对话,通过冲突各方的平等协商和谈判来化解冲突。第三方干预只是为冲突各方的协商谈判提供必要的条件,创造适宜的氛围。只有在冲突各方直接面对面地谈判遇到困难时,第三方才会提供帮助。与冲突处置不同,冲突化解过程中的第三方不仅应当是中立的,而且应当对冲突各方的未来没有重要影响,以便使冲突各方尽可能在不受第三方压力的条件下,通过自己的努力达成冲突解决方案。

在具体方法上,冲突化解强调在冲突各方的谈判过程中,要将立场与利益区分开。立场是各方的主张,它们可能互不相容。利益是各方主张所要满足的需求,同一个需求可以通过多种不同的主张来满足。但是,如果各方只是坚持自己的立场,可能很难找到能满足各方需求的解决方案。然而,如果着眼于立场背后的利益,就可能发现新的能够满足各方利益的共赢解决方案。

冲突化解的主要功能是消解深层的紧张关系,促进冲突各方的合作。它是公共冲突治理的一个更为重要的环节。一方面,它通过促进沟通和相互理解,减少不必要的误解,避免怨恨积累,消解冲突升级的主体间因素;另一方面,它通过促进冲突各方之间的合作,为产生共赢的解决方案创造了主体间条件。

然而,冲突化解有其局限性。一方面,它费时费力,当遇到需要迅速解决的冲突事件时,就不能满足时限的要求。在这种情况下,冲突处置就成为必需的选择。另一方面,冲突化解主要关注冲突各方之间的紧张关系,但许多冲突的最终根源在于不合理的制度设计或文化习俗,仅仅靠冲突化解的努力无法从根本上消除冲突的根源。在这种情况下,就要进一步诉诸冲突转化的工作。

(三) 第三层次:冲突转化

冲突转化的目标定位于转变造成冲突的结构性因素。产生冲突的根本原因是利益对立,而利益对立关系总是与一定的利益分配制度相联系。尽管在任何一种利益分配制度下都会存在利益的差别、矛盾甚至对立,但当存在着大规模的、持续性的、高烈度的公共冲突时,通常表明在利益分配制度上存在着严重的缺陷。这种利益分配制度上的缺陷,会导致挪威著名政治学家加尔通所说的"结构性暴力"。"结构性暴力"不同于可以一目了然的"直接暴力",它是一种隐藏在社会制度中的合法暴力。它隐身于政治、经济、社会和文化之中,通常表现为对某些人或社会群体的重要权利的否定和侵犯。在"结构性暴力"的情境下,很多人的行为举止是"好公民",但这些人可能参与了"这样的制度设置:个人可能做了大量伤害别人的事情,但并不是故意做的,只是认为在履行他们的固定职责,就像从事该结构设置中确定的一项工作"。而冲突转化的目标,就是要转变产生"结构性暴力"的制度设计和文化习俗,改变不合理的利益分配格局。因此,冲突转化是结构导向的,在价值理念上,它更加强调和谐与平衡,努力使制度设计平衡地保障所有利益相关者的权益,使所有社会成员在利益关系上相互依赖、相互促进,从制度上保证社会成员的和睦相处。

在这种目标定位下,冲突转化在路径和手段的选择上更强调公民的广泛参与,提供更多的表达渠道、交流平台和参与机会,使不同利益群体都能够平等地参与制度的设计、补充、修改和完善,以保证利益分配制度能够更加平衡地保障所有社会成员的权益。冲突转化要求制度设计的多元参与,这不仅使得制度的设计过程变得更加复杂、更加漫长,而且使得制度设计过程充满了争辩、对抗、讨价还价、让步和妥协。但这种代价是值得的,因为它其实是将制度实施过程中的冲突转移到了制度制定过程中。

冲突转化的主要功能是消除公共冲突产生的深层的结构性原因,它同样是公共冲突治理的一个不可缺少的环节。一方面,这种转化提高了社会利益分配格局的合理化程度,减少了"结构性暴力"的产生,从而消解了公共冲突的制度性根源;另一方面,冲突转化所要求的公民广泛参与提高了社会成员对社会利益分析制度的认同程度,这为冲突处置和冲突化解的顺利进行提供了制度合法性保障。

二、公共冲突治理的五大机制

公共冲突治理的三个层次更多地是从治理哲学或理念上进行的区分,在现实生活中,还需要从管理的层面建构和完善冲突治理的具体机制。从过程视角来看,公共冲突治理可以区分出五大机制,即不同主张的表达机制、对立观点的交流机制、冲突利益的整合机制、争议事项的裁决机制、对抗行动的制动机制,它们具有相互衔接、相互依赖的关系。

(一) 不同主张的表达机制

公共冲突产生于对公共事项的不同主张。一方面,如果各种不同的主张被长期压抑,就可能造成冲突能量的聚集,在压抑的薄弱区域出现非指向性的冲突。另一方面,如果各种不同主张的表达缺乏规范渠道,也可能造成冲突的失控,导致冲突的广泛扩散和急剧升级。因此,要使产生冲突的不同主张得到有序表达,就需要建立不同主张的规范表达机制。

表达机制的第一个功能,是为不同主张提供表达渠道。它使人们对公共事项的不同主张能够以体制所允许的方式加以表达。畅通的表达渠道既可以使各种不同意见得到及时表达,防止信息阻塞;也可以使不同主张所携带的冲突能量得到适当疏泄,防止能量聚集。不同主张的表达渠道具有不同类型。对于社会性的公共冲突来说,主要表达渠道包括听证会、信访和投诉机构、新闻媒体、网络平台等形式,也可以通过各种社会组织、行业协会等渠道进行表达。

表达机制的第二个功能,是对表达方式予以必要规范,防止不当的表达方式所导致的冲突升级。合理的表达机制必须要对冲突的表达方式予以必要的规范,以不危害公共秩序以及不对他人合法权益造成伤害为限,禁止对他人名誉和权利的侵犯,限制各种歧视性的主张和宣传,禁止煽动和宣传民族和宗教仇恨,禁止干扰司法公正。对于违反规范的表达者,应当依法追究其法律责任。

表达机制的第三个功能,是为公共冲突的化解提供必要基础。不同的主张必须首先通过适当的表达渠道加以表达,才有可能进一步开展相互交流和利益整合。缺乏必要的表达渠道,就会使公共冲突的解决方案由于缺乏所需的必要信息而缺乏中立性和科学性,无论是偏向于冲突的某一方,还是忽略了重要事实而导致的不科学,都会而使冲突各方难以就冲突化解方案达成一致。

改革开放以来,政府为公民对社会事务发表不同的意见和主张提供了日益广泛和规范的表达渠道。人们不仅可以通过上级组织和信访等政府渠道来表达不同主张,还可以通过媒体和网络等社会渠道来发表不同观点。但不容回避的是,我们在表达机制的建设方面仍然存在着许多需要进一步改进的方面。一是表达渠道的宽度有待拓展,即如何为所有存在争议的公共事项提供充分的表达渠道;二是表达渠道的畅通性有待提高,即如何使得不同主张的表达能够迅速通过行政层级,及时、准确地传达到政府的决策机构;三是表达渠道的规范性有待提高,即如何建立有效的约束,防止对他人权利的侵犯和对社会公共秩序的破坏。

(二) 对立观点的交流机制

主张得到表达并不代表会一定得到倾听。一方面,被表达的不同主张之间相互对立,接受任何一方的观点都会受到其他各方的反对;另一方面,压制任何一方的观点,都难以使冲突的解决被各方视为公正,从而导致冲突升级。因此,由表达机制所形成的观点对立的公开化,如果缺乏相应的交流机制加以修正和纠偏,就会趋于极端,使对公共冲突的管理更加困难。在这个意义上,公共冲突管理不仅需要建立不同主张的表达渠道,而且必须为各种对立的观点建立相应的交流平台。而且,表达渠道越是畅通,对交流平台的需求就越迫切。

交流机制的第一个功能,就是为不同观点之间的沟通提供适当的平台。它使得不同观点的主张者能够直接开展对话。这一方面能够迫使各方必须针对对方的观点来精确表达自己的不同观点,防止各自独白经常出现的观点针对性错位;另一方面,它也使得公众和决策者能够在冲突各方的相互辩驳中通过对各方观点的直接比较来形成对问题的更全面和更具体的判断。

交流机制的第二个功能,是为对立观点的交流制定必要的规范。缺乏规范的交流,很容易激发强烈的情绪,使争论偏离理性的控制。交流机制要为对立观点的交流规定适当的程序、方式和限度,约束言辞表达和非言辞表达方式,控制对立的情绪和行为,严格禁止人身攻击和故意伤害,使交流能够在积极、平和的情绪氛围中以更加理性的方式进行。

交流机制的第三个功能,是使各种对立观点进行相互修正和纠偏。对立观点越是缺乏交流,就越是容易趋向极端化。为各种对立观点提供充分的交流机会,会迫使冲突各方倾听对方的观点,减少和消除彼此之间的误解。同时,在相互辩驳过程中,各方会尽可能地使自己的表达更加准确,减少不当用词和缺乏事实根据的推测,以避免被对方抓住把柄。这种修正和纠偏过程会使各方观点的共同之处逐渐显露出来,使不同之处更加聚焦,从而使争议事项更容易进入政策议程,为下一步的利益整合奠定基础。

对立观点的交流要求建立相应的交流平台。交流平台可以是在政府层面,如人大会议、政协会议、听证会、恳谈会等形式。它也可以是在民间层面,如居民(村民)代表大会、业主大会、职工代表大会、行业协会等形式。随着信息技术的迅速发展,媒体正逐渐成为各种对立观点的最重要的交流平台,它通过一些重要的专栏,使各种对立观点开展直接面对面的交流,使各种不同观点得到充分的倾听。

(三) 冲突利益的整合机制

对立观点的交流可以消除误解,限制极端化的主张,但却不能消除利益的对立。要实际化解冲突,还必须建立冲突利益的整合机制。

利益整合机制的第一个功能,是将对立的主张与其背后的利益区分开来,使冲突各方认识到自己的某种特定主张只是实现自身利益的一种方式,利益的满足可以有多种途径,从而减轻冲突主体对特定主张的僵化认识,为在更深的层面进行沟通和妥协提供可能。

利益整合机制的第二个功能,是为冲突各方共同寻找能够满足各方利益的解决方案提供适宜条件。冲突各方的利益整合,可以通过协商和谈判的形式来实现。而利益整合机制,就应当为协商和谈判创造条件,提供契机,营造良好的氛围。当冲突各方的直接协商和谈判面临困难时,可以通过斡旋和调解等第三方干预方式,搭起中介桥梁,用以缓解紧张情绪,传达各方意向,建议解决方案,解释方案给各方带来的利益,促使各方就解决方案达成一致。

利益整合机制的第三个功能,是为冲突各方寻找和达成解决方案建立适当的程序。无论是双方的谈判还是第三方的调解和斡旋,其成功与否在很大程度都依赖于是否具有正当的程序规定。正当的程序不仅能使各方更好地聚焦于冲突的事项,而且也能够使各方感到是以平等的身份在进行协商,更容易防止相互猜忌,有利于解决方案的达成。

中国文化强调"和为贵",在历史上非常重视调解的作用,被誉为"东方经验"。为了化解各种冲突,各地政府纷纷设立"人民调解委员会"、"社会矛盾调解中心"等组织,使得越来越多的公共冲突在基层得到了化解。但在冲突利益的整合机制建设方面还亟须大力加强。首先,利益整合的方式还缺乏多样化的、适合冲突事项的化解形式;其次,对谈判、调解等利益整合方式还缺乏有约束力的程序规定;第三,缺乏专业性的调解组织和被冲突各方信任的调解人员;第四是缺乏平等协商的文化氛围。

(四) 争议事项的裁决机制

并不是所有的利益冲突都能够通过协商谈判和调解斡旋的方式加以解决。当冲突各方的利益无法通过谈判和调解实现有效整合时,为了防止冲突行动的发生,就需要依靠争议事项的裁决机制,由中立第三方对冲突事项进行裁决,强制各方接受、执行解决方案。

裁决机制的第一个功能,是对冲突事项提供中立的判断。当冲突各方无法达成利益整合时,表明各方都只从自身的立场来看待冲突事项。在这种情况下,冲突的解决依赖于超出各方立场的中立判断。这种判断应当是不偏不倚的,以客观事实为依据,以公认的社会规范或法律规范为准绳。

裁决机制的第二个功能,是提供有约束力的解决方案。当冲突双方无法就冲突事项达成一致的解决方案时,久拖不决的冲突会给社会秩序、公共利益和冲突各方的利益都造成严重的负面影响。因此,必须确定一个有约束力的解决方案来终止冲突。这种解决方案必须是站在客观公正的立场上作出的,而且考虑到社会的整体利益。冲突各方不论在这一方案中得失如何,都必须接受和遵守。

裁决机制的第三个功能,是终止争议。裁决的首选方式是仲裁。如果仲裁不能解决问题,就会进一步诉诸司法判决。如果各方对司法判决不服,还可以上诉,直至终审判决。裁决机构可以是民间机构、行政机构或司法结构。但无论采取何种方式,裁决必须有终点,不能无限制地进行下去。即便是在现代社会,无论裁决程序多么严格,仍然不可能保证万无一失。法治社会对公民和政府的要求是:冲突各方在穷尽了各种裁决手段之后,必须服从依照公正的司法程序作出的最终裁决,即便这种裁决会对自己产生不利的影响。

中国改革开放以来,在冲突事项的裁决机制建设方面取得了相当的成就,不仅建立了各级行政的和司法的裁决机构,而且建立了比较严格的裁决程序。但在裁决机制的建设方面还存在着一些问题。一是缺乏多层次的裁决机构,特别是缺乏民间的仲裁机构;二是裁决机构缺乏充分的专业分工,特别是缺乏针对常见的公共冲突的专业裁决机构;三是裁决机构的公信力不足,使冲突当事人对裁决的中立性经常持怀疑态度;四是法治文化薄弱,缺乏对终审裁决的信仰和有效服从。

（五）对抗行动的制动机制

当冲突无法以和平的方式加以处理和化解,并且升级到对抗性行动阶段时,就需要启动对抗行动的制动机制,由合法拥有强制权力的政府机构,依法强制执行某项合法裁决,或采取强制性措施防止、阻止和镇压冲突方采取严重的对抗性行为,避免对社会秩序或冲突方造成严重甚至致命伤害。

对抗行动的制动机制是一个社会中公共冲突管理的最后一道防线,对于社会基本秩序的维持起着最为关键的作用。制动机制主要有四个功能。第一是强制执行功能,对拒不履行裁决结果的一方或多方采取强制性措施,使裁决得以执行。第二是防备功能,将法律并不禁止的对抗行动控制在一定的范围、规模和强度之内,防止其扩大、激化和升级。其措施如隔离、区域划定、宵禁、戒严等。第三是阻止功能,即当出现对抗行动升级时,特别是出现不遵守公共冲突的化解程序、危及公共安全的对抗性行动时,需要采取阻止措施,如设置障碍、强行驱散等。第四是镇压功能,即当出现严重暴力时,特别是出现企图推翻合法政府、分裂国家、采取恐怖行动侵害人民财产和生命安全、制造大规模流血事件等严重冲突时,要果断采取镇压措施,如抗暴行动、抓捕拘禁、火力震慑乃至武力压制等。

政府在制动对抗行动方面积累了很多经验,但也有不少教训。在现实中,既存在着暴力的过度使用,导致冲突的升级;也存在着暴力的过度慎用,导致极少数暴力分子在群体事件中恣意妄为。制动机制的建设需要进一步从两个方面加以改进:一是措施的针对性,即对于不同类型的情况,应当有不同类型的制动措施和不同类型的制动组织;二是程序的合法性,即对于所采取的每一项制动措施,都必须有法律的明确授权,制定严格的程序规定,并事先公开告知。对抗行动制动机制的完善客观上需要培养和造就更多的"暴力专家",更好地控制和使用"对他人和目标施加伤害的手段"。

参考文献

［1］许尧:《中国公共冲突的起因、升级与治理——当代群体性事件发展过程研究》,南开大学出版社,2013年。

［2］赵鼎新:《社会与政治运动讲义》,社会科学文献出版社,2012年。

［3］常健等:《公共冲突管理》,中国人民大学出版社,2012年。

［4］［美］狄恩·普鲁特、金盛熙:《社会冲突:升级、僵局及解决》,王凡妹译,人民邮电出版社,2013年。

［5］［德］乌尔里希·贝克:《风险社会:新的现代性之路》,张文杰、何博闻译,译林出版社,2022年。

［6］［美］科塞:《社会冲突的功能》,孙立平译,华夏出版社,1989年。

第四章　企业安全生产风险与管理理论

安全发展是我国现阶段治国理政的重要内容。党的十八大以来，习近平总书记始终把人民生命安全放在首位，高度重视安全生产工作，指出"人命关天，发展决不能以牺牲人的生命为代价"，强调"安全生产是民生大事，一丝一毫不能放松，要以对人民极端负责的精神抓好安全生产工作"，要求"各级党委和政府特别是领导干部要牢固树立安全生产的观念，正确处理安全和发展的关系，坚持发展决不能以牺牲安全为代价这条红线"。总书记关于安全生产的一系列重要论述、重要指示，深刻揭示了安全生产的极端重要性，充分彰显了人民至上、生命至上的价值理念，是统筹发展和安全、全面提升安全发展水平的根本遵循。

2021 年 6 月，"构建安全风险分级管控和隐患排查治理双重预防机制"纳入了新《安全生产法》，体现了我国安全生产管理的科学化、现代化，也从法律层面强调了安全生产风险管控的系统化，是我国安全生产领域应急管理法制化的重要体现，是国家治理体系化和法制化的必然要求。2022 年 4 月，国务院安委会制定出台了《关于进一步强化安全生产责任落实坚决防范遏制重特大事故的若干措施》，动员各方面力量全力抓好安全防范工作。2022 年 10 月，党的二十大胜利召开。报告第十一部分专章为"推进国家安全体系和能力现代化，坚决维护国家安全和社会稳定"，提出"以新安全格局保障新发展格局"，建立大安全大应急框架，"推进安全生产风险专项整治，加强重点行业、重点领域安全监管。提高防灾减灾救灾和重大突发公共事件处置保障能力，加强国家区域应急力量建设"。可以看出，安全生产在新时赋予了新内涵、新使命、新任务，是新发展格局的基本要求，是保持经济平稳发展的基础；也是新安全格局的内生需要，是维护社会稳定的政治责任。

第一节　企业安全生产风险

一、风险、隐患及事件

（一）风险

风险是指不确定性对目标的影响，是不确定性情境下不利事件或危险事件发生的可能性及其后果或影响的综合体，是不确定性结果的一种度量。在安全生产领域讨论的风险特指会造成负面的、消极的影响的风险，这种风险带有"不确定性"、"客观性"和"损失性"等特征。风险存在的根源是危险源的存在，危险源是指可能导致伤害、疾病、财产损失、工作环境破坏或这些情况组合的根源或状态。危险的物质、能量及其载体在客观上导致突发事件的发生具有必然性。

企业典型的危险源种类主要包括：①设备：如压力管道、起重机械、压力容器、电梯、客运索道型游乐设施等特种设备。②工艺：光气化、电解、氯化、硝化、合成氨、氟化等可能导致火灾、爆炸、中毒等后果的工艺。③物质：叠氮化钡、雷酸汞、硝化甘油、乙炔有毒、物质光气等有害、易燃、易爆危险化学品。④作业：动火作业、受限空间作业、吊装作业、盲板抽堵作业、动土作业、高处作业、设备检修作业等。⑤场所：粉尘涉爆场所、烟花爆竹场所、人员密集场所、大型综合体、城乡结合部及城中村等。

危险源的特性、规模决定了存在何种类型、何种等级的风险，决定了可能发生的事故类型。各项安全工作的目标就是消除、转移、降低风险，使突发事件发生的概率降低或造成的损失降低。严格地说，风险和危险是不同的，危险只是意味着一种坏兆头的存在，而风险则不仅意味着这种坏兆头的存在，而且还意味着有发生这个坏兆头的渠道和可能性。因此，有时虽然有危险存在，但不一定要冒此风险。

比如，人类要应用核能，就有受辐射的危险，这种危险是客观固有的。但在实践中，人类采取各种措施使其应用中受辐射的风险减小，甚至确保人绝对地与之相隔离，尽管仍有受辐射的危险，但由于无发生的渠道，所以人们是没有受辐射的风险。这里说明了人们应该关心的是"风险"，而并非"危险"，因为直接与人发生联系的是"风险"，而"危险"是事物客观的属性，是风险的一种前提表征。人们可以做到客观危险性很大,但实际承受的风险较小。

（二）隐患

安全事故隐患是指企业违反安全生产法律、法规、规章、标准、规程和安全生产管理制度的规定或者因其他因素,在生产经营活动中存在可能导致事故发生的物的危险状态、人的不安全行为和管理上的缺陷。

1. 物的危险状态

生产过程或生产区域内的物资条件(如材料、工具、设备、设施、成品、半成品)处于危险状态。如设备老化、无防护装置、无接地保护、报警装置失效、货物码放超高等等。

2. 人的不安全行为

人在工作过程中的操作、指示或其他具体行为不符合安全规定。如未佩戴防护用品、违反操作规程、交叉作业、忽视警告、酒后作业等等。

3. 管理上的缺陷

在开展各种生产活动中所必需的各种组织、协调等行动存在缺陷。如安全检查不及时、管理制度不健全、人员培训不到位、监督管理不落实、安全投入不足等等。

（三）事件

突发事件是指突然发生,造成或者可能造成严重社会危害,需要采取应急处置措施予以应对的自然灾害、事故灾难、公共卫生事件和社会安全事件。突发事件的发生,尤其是事故灾难类突发事件的发生有其偶然性和必然性,是在必要的安全工作执行不到位、各防护层出现缺陷的状况下出现的,是需要启动应急响应措施,利用各种应急资源开展救援的紧急状况。

典型的突发事件包括:①自然灾害:如地震、台风、洪涝、滑坡、沙尘等。②事故灾难:如火灾、中毒、爆炸、拥挤踩踏等。③公共卫生事件:如鼠疫、霍乱、禽流感、食物中毒等。④社会安全事件:如恐怖袭击、群体上访、金融事件等。

（四）风险、隐患和事件之间的关系

风险、隐患和事件存在或产生的根源都是危险源。风险和危险源是互相依存、不可分割的,也即只要危险源存在则风险一定存在,安全工作的目标是使风险处于可控水平,从而避免危险源的危险能量伤害人员、财产、环境,造成社会影响。隐患是由于风险防控措施的执行落实不到位而产生,是应该立即整改消除的。理想的状态是没有隐患存在,切断危险源到发生事件的路径,确保灾害事件不发生。突发事件是隐患没有被及时发现并消除,致使各层风险防控措施同时存在缺陷,风险水平处于不可控状态时发生的,其影响范围和规模在根源上取决于危险源的能量。安全是相对的,风险是客观存在的,突发事件的发生是有必然性的。

比如,危险源液化石油气瓶中存储的物质具有有毒有害、易燃易爆的特性,决定了该危险源存在中毒、窒息、火灾、爆炸的风险。从风险管控的角度,气瓶本身必须合格、安全附件必须有效、人员操作必须规范、存储场所必须合规、气瓶存放现场必须有泄漏监测报警装置等防控措施。如果管理不到位,存在气瓶老化、阀门关闭不严、泄漏报警装置失效等隐患时,就可能导致爆炸、中毒等突发事件。

二、风险管理

(一) 风险管理的概念

在现实世界,风险无处不在,风险成了影响人类一切活动的基本要素。风险管理的研究是管理学研究中的重要领域之一。关于风险管理较为全面而又确切的定义,最早是由美国学者威廉斯和汉斯给出的。他们在著作"Risk Management and Insurance"(1964)中指出:"风险管理是通过对风险的识别、衡量和控制而以最小的成本使风险所致损失达到最低程度的管理方法。"

风险管理的目标,首先是鉴别显露的和潜在的风险,处置并控制风险,以期预防损失;其次是在损失发生后提供尽可能的补偿,减小损失的危害性,保障企业安全生产和各项活动的顺利进行。风险管理者有句格言:损失前的预防胜于损失后的补偿。

风险管理是一项系统性、专业性、科学性和综合性很强的工作,是安全生产管理实现预防为主、关口前移的重要基础和源头,对切实增强安全生产管理工作的预见性、针对性、科学性和主动性,实现安全生产管理工作的"关口前移"具有重要意义。风险管理为企业安全发展、项目建设提供对待风险的整套科学依据,有助于全面识别、衡量、规避风险,用最小的代价将风险损失控制到最小,尽可能维护企业安全生产和项目投资收益,成为企业和项目成功的有力保障。

（二）风险管理的过程

风险管理的过程可以划分为5个环节：风险识别、风险分析与评估、风险处理、风险监控、风险沟通，其中，风险沟通贯穿于突发事件风险防控的全过程。

1. 风险识别

风险识别主要包括危险识别或危害因素识别，是风险管理的基础和前提条件。风险识别必须找出面临的各种突发事件风险，识别并确认潜伏的风险，主要回答"会发生什么糟糕的事"以及"如何发生"的问题。风险识别要求鉴别风险的来源、范围、特性以及与其行为或现象相关的不确定性，这在很大程度上界定了风险的本质特征。

2. 风险分析与评估

风险分析是从危险事件发生的可能性和后果或影响这两个方面的因素对风险进行分析。

风险评估是根据风险分析的结果，把所有可能面临的风险按照紧急程度和需要重视的程度排序，以便更加合理、有效地分配有限的资源。风险评估需要设定风险事件发生概率和严重后果及其伴随的不确定性的衡量标准或尺度，对该标准或尺度进行分析和估算，确定某一特定风险值的重要性或某一特定风险发生变化的指标和权重。

3. 风险处理

风险处理是指选择应对风险的合适的策略和手段并加以执行。传统上，有四种策略可供选择：避免、缩减、转移、保持或接受。

（1）风险避免。不去做那些可能导致风险的行为，直接避开导致风险的事项和活动，以消除可能发生的损失。

（2）风险缩减。采用恰当的做法来减少风险的发生、减弱风险的后果。

（3）风险转移。把风险的负担转嫁给另一方，通常是通过合同来实现。

（4）风险接受。在无法避免、缩减和转移风险的情况下，接受风险发生的可能性和后果。

4. 风险防控。风险防控要求以切实可行的方式开展突发事件风险监测和报告，及时发现突发事件风险苗头，以有效处置突发事件风险隐患。风险防控是开展有效的应急管理的重要一步，是应急管理的起点，也是应急管理的第一道防线,是危机预防基础上的"关口前移"。

5. 风险沟通。风险沟通是关于风险本质、影响、控制与其他相关信息的意见交换过程。风险沟通的作用在于:告知、引导、解决冲突和营造正面关系。

三、现代企业安全生产主要风险分析

安全生产风险是指在生产过程中因安全生产隐患可能引发的、致使大面积生命财产遭受重大损失的灾难性社会后果,它已成为现代社会典型的"社会风险"之一。生产社会化程度的飞速提高与经济结构转型的急剧加快,必然使"安全生产风险"在人类现代化进程中日益凸显,关注"安全生产风险"已成为事关社会生产未来发展走向的严峻现实问题。

我国《安全生产法》明确指出,安全生产工作应当以人为本,坚持人民至上、生命至上,把保护人民生命安全摆在首位,树牢安全发展理念,坚持安全第一、预防为主、综合治理的方针,从源头上防范化解重大安全风险。安全生产工作实行管行业必须管安全、管业务必须管安全、管生产经营必须管安全,强化和落实企业安全生产主体责任与政府监管责任,建立企业负责、职工参与、政府监管、行业自律和社会监督的机制。我国现代企业安全生产存在的主要风险就是安全生产主体责任是否落实。

(一) 安全生产主体责任制度的提出及发展

企业安全生产主体责任是伴随着我国安全生产形势发展提出并建立起来的,是我国治理事故灾害的重要手段,其本质上属于风险管理的制度工具。2004 年《国务院关于进一步加强安全生产工作的决定》明确提出"落实生产经营单位安全生产主体责任",正式开启了我国安全生产主体责任的时代。在2010 年《国务院关于进一步加强企业安全生产工作的通知》、2011 年《国务院关于坚持科学发展安全发展促进安全生产形势持续稳定好转的意见》、2015年《国务院办公厅关于加强安全生产监管执法的通知》,以及 2016 年《中共中央 国务院关于推进安全生产领域改革发展的意见》等国务院文件中均对企业安全生产主体责任进行了论述。2014 年《安全生产法》修改,企业安全生产主体责任被写入总则,并从安全投入、机构设置、教育培训、隐患排查治理等各个环节作了制度细化,为落实企业安全生产主体责任提供了明确指向。2021 年《安全生产法》修改,对企业安全生产主体责任作出规制,并在罚则部分做了制度创新。

（二）安全生产主体责任的概念及内容

企业安全生产主体责任是国家有关安全生产的法律法规要求企业在安全生产保障方面应当执行的有关规定、应当履行的工作职责、应当具备的安全生产条件、应当执行的行业标准、应当承担的法律责任。主要内容包括：

1. 建立健全企业安全生产组织机构责任体系

安全生产管理机构和安全生产管理人员,是企业开展安全生产管理工作的具体执行者,在企业安全生产工作中发挥着不可或缺的作用。其内容包括依法设置安全生产管理机构,配备安全生产管理人员;明确企业主要负责人对本企业的安全生产工作全面负责,规定分管安全生产的负责人、安全总监、其他分管负责人的职责;规定安全生产管理机构和安全生产管理人员的职责,确保单位日常安全生产工作,时时有人抓、事事有人管。

2. 建立健全企业安全生产规章制度责任体系

科学规范的规章制度是提高安全生产水平的有效途径。该责任体系包括建立健全安全生产责任制和各项规章制度、操作规程,明确全体从业人员安全生产的责任范围和考核标准等内容,考核结果作为安全生产奖励和惩罚的依据。构建"全覆盖、无死角"的安全生产责任制,确保安全生产。

3. 建立健全企业安全生产资金保障责任体系

企业应当按规定提取和使用安全生产费用,保证具备安全生产条件所必需的资金投入;安全生产费用在成本中据实列支;安排用于配备劳动防护用品、进行安全生产教育培训的经费;依法为从业人员缴纳工伤保险费;高危企业按规定投保安全生产责任保险等,这是企业持续、平稳开展生产经营活动的重要保障。

4. 建立健全企业安全生产教育培训责任体系

依法组织从业人员参加安全生产教育培训,保证其具备必要的安全生产知识,熟悉有关的安全生产规章制度和安全操作规程,掌握本岗位的安全操作技能,了解事故应急处理措施,知悉其在安全生产方面的权利和义务,取得相关上岗资格证书。明确安全生产教育培训的主要内容、参加人员、档案记录等要求。

5. 建立健全企业生产经营场所和设备设施安全管理的责任体系

必须制定生产经营场所的建筑性质、使用功能、出口通道、物品存放、安全间距等方面禁止性规定;设备设施的安装、运行、管理和安全防护装置的设置,应当符合国家标准或者行业标准,保证正常运转;依法履行建设项目安全设施"三同时"的规定;依法为从业人员提供劳动防护用品,并监督、教育其正确佩戴和使用。

6. 建立健全企业安全生产日常管理的责任体系

依法加强安全生产管理;定期组织开展安全检查;依法取得安全生产许可;依法对重大危险源实施监控;及时消除事故隐患;企业应向从业人员如实告知作业场所和工作岗位存在的危险因素、防范措施和事故应急措施;必须明确危险作业的管理要求,包括制定作业方案、落实安全交底、安排专人现场管理、配备安全设备、采取应急措施;统一协调管理承包、承租单位的安全生产管理工作。

7. 建立健全企业风险管控和应急救援的责任体系

企业应当定期开展风险评估,采取相应的风险管控措施,开展生产安全事故隐患排查治理工作;企业必须明确生产安全事故应急救援预案制定、应急救援演练、应急救援人员、设备物资配备和处置措施等要求,完备的应急体系是提高应对生产安全事故能力的重要保证。

四、企业安全生产主体责任落实难的成因分析

当前,我国安全生产正处于爬坡过坎期,过去长期积累的隐患问题集中暴露,新情况、新风险不断涌现,如果防范化解不当,就会使得小风险酿成大隐患,进而升级成危及社会公共安全的重特大事故。因而,如何建构切实可行的企业安全治理制度,进而有效化解各类风险,遏制事故发生,一直以来都是各方关注的焦点问题。《中共中央 国务院关于推进安全生产领域改革发展的意见》(2016 年),对进一步严格落实企业安全生产主体责任作出部署,要求实行企业全员安全生产责任制度,做到安全责任、管理、投入、培训和应急救援"五到位"。推动企业切实落实安全生产主体责任是做好安全生产工作,防范化解重大事故风险的根本出发点和落脚点。虽然,我国的安全生产管理工作从顶层到基层进行了管理、技术、法制、模式等多方面探索和实践,但企业安全生产主体责任没有很好落实的问题依然突出,成为困扰安全生产治理的一大"顽疾",严重威胁企业安全生产以及社会稳定。

据统计,2011—2020 年我国发生的 24 起重特大事故,均是生产安全责任

事故,其中企业安全生产主体责任不落实,是造成事故的主要原因。2021 年,国务院安委办通过对各地重大事故整改措施落实"回头看"情况初步分析,发现多地高危行业领域固有风险隐患突出,交通、煤矿、建筑施工、危化品等行业领域事故易发多发,企业安全生产主体责任没有压紧压实,安全基础不牢。

（一）安全意识淡漠,重生产,轻安全

企业生产经营者安全意识淡薄,未把安全生产放在可持续发展的战略高度来认识,折射出来一个很严重的问题就是我国目前的安全文化发展还处于一个较低水平的阶段。安全的核心是安全素质,它包含文化修养、风险意识、安全技能、行为规范等多方面因素,其标志是风险意识。企业经营者偏重经济效益,对安全生产所产生的社会效益认识不足,重视不够,把安全与生产对立起来,是目前企业在落实安全生产主体责任方面存在的最根本问题。

（二）企业安全责任履行不到位

企业的经济效益可分为经济效益和社会效益两类。安全对社会的影响和作用,体现其社会效益;对企业生产与销售等经济作用和影响,则反映了企业的经济效益。在企业发展的初期,许多企业只从短期经济利益考虑,安全投入不足,使企业的安全生产工作无法正常开展。企业普遍存在着规章制度不健全,执行不到位、安全设施不完善、生产设备陈旧老化、本质安全程度低等现象。

（三）企业安全基础工作不扎实

企业的安全教育、安全培训、安全技术均存在不同程度的欠缺。对事故的预防与控制,应从安全技术、安全教育、安全管理三个方面入手,采取相应的措施。大量的事故原因分析显示,事故的发生主要是由于设备或装置缺乏安全技术措施,管理上有缺陷和教育不够三个方面的原因引起的。技术、教育、管理三个方面,是有效预防与控制事故的重要环节,但目前仍有一些企业在这方面欠账较多,安全管理基础薄弱,预防和控制事故的能力低下。

（四）监管力量不足,力度不大

在市场经济条件下,企业的安全生产应该通过健全的监管体系来实现。然而在现实中,企业安全生产风险防范的全方位立体多元化的监督与管理体系仍未形成。从政府层面来说,安全生产监管部门的监督与管理还停留在初级阶段,制度不完善、监管不到位、处罚缺力度的现象较为普遍;从企业层面来说,内设的安全生产监督管理制度形同虚设,企业负责安全生产监管职责的部门在设置构架上层次不清、功能不全、职责配置不合理,冒险生产、违章作业导致的生产安全事故层出不穷;从社会层面来说,对中介机构的监督管理功能未充分发挥作用,评价、认证、检测、检验等任务仍存在不规范、不到位的情况。新闻媒体监督、安全生产举报制度作用仍然有限。社会公众对企业安全生产进行监督的力度仍有待加强。

(五) 安全工作协调机制有待健全

负有安全生产监管、监察职能的相关部门之间缺乏一套行之有效的工作制度和协调联动机制,严重削弱了监管执法力度。

第二节　落实现代企业安全生产主体责任的路径

一、全面落实安全生产责任体系

(一) 健全安全生产责任制

企业要建立健全从主要负责人到一线岗位员工覆盖所有管理和操作岗位的安全生产责任制,明确企业全员应承担的安全生产责任。加强安全生产法治教育,提高全员守法自觉性,建立自我约束、持续改进的安全生产内生机制,建立企业内部安全生产监督考核机制,推动各岗位安全生产责任落实到位。

(二) 落实企业主要负责人责任

企业法定代表人、实际控制人等主要负责人要强化落实第一责任人法定责任,牢固树立安全发展理念,带头执行安全生产法律法规和规章标准,加强全员、全过程、全方位安全生产管理,做到安全责任、安全管理、安全投入、安全培训、应急救援"五到位"。在安全生产关键时间节点要在岗在位、盯守现场,确保安全。

(三) 落实全员安全生产责任

强化内部各部门安全生产职责,落实一岗双责制度。重点行业领域企业要严格落实以师带徒制度,确保新招员工安全作业。企业安全管理人员、重点岗位、班组和一线从业人员要严格履行自身安全生产职责,严格遵守岗位安全操作规程,确保安全生产,建立"层层负责、人人有责、各负其责"的安全生产工作体系。

二、完善安全生产管理制度

(一) 完善安全生产管理团队

企业要依法建立健全安全生产管理机构,配齐安全生产管理人员,全力支持安全管理机构工作,并建立相应的奖惩制度。企业要持续提升安全管理科学化、专业化、规范化水平,建立安全技术团队。各重点行业领域企业通过自身培养和市场化机制全部建立安全生产技术和管理团队。

(二) 强化安全投入

企业要保证安全生产条件所必需的资金投入,严格安全生产费用提取管理使用制度,坚持内部审计与外部审计相结合,确保足额提取、使用到位,严禁违规挪作他用,对由于安全生产所必需的资金投入不足导致的后果承担相关法律责任。严格落实安全技术设备设施改造等支持政策,加大淘汰落后设备设施的力度,及时更新推广应用先进适用的安全生产工艺和技术装备,提高安全生产保障能力。企业要加强从业人员劳动保护,配齐并督促从业人员正确佩戴和使用符合国家或行业标准的安全防护用品。

(三) 强化安全教育培训

企业要建立健全安全教育培训制度,对从业人员进行安全生产教育和培训,保证从业人员具备必要的安全生产知识,熟悉安全生产规章制度和操作规程,掌握岗位操作技能和应急处置措施,未取得特种作业操作证和未经安全生产教育培训合格的从业人员,不得上岗作业。充分利用国家职业技能提升行动支持政策,加强企业安全人才培养。

(四) 持续推进企业安全生产标准化建设

企业要按照《企业安全生产标准化基本规范》(GB/T33000—2016)和行业专业标准化评定标准的要求自主建设,从目标职责、制度化管理、教育培训、现场管理、安全风险管控、隐患排查治理、应急管理、事故管理和持续改进等8

个方面,建立与企业日常安全管理相适应、以安全生产标准化为重点的企业自主安全生产管理体系,实现安全生产现场管理、操作行为、设备设施和作业环境规范化。企业要在安全生产标准化建设、运行过程中,根据人员、设备、环境和管理等因素变化,持续改进风险管控和隐患排查治理工作,有效提升企业安全管理水平。

三、完善安全风险防控机制

(一) 完善企业安全风险辨识评估制度

企业要按照有关法律法规标准,针对本企业类型和特点,科学制定安全风险辨识程序和方法,定期组织专业力量和全体员工全方位、全过程辨识生产工艺、设备设施、作业环境、人员行为和管理体系等方面存在的安全风险,做到系统、全面、无遗漏,持续更新完善。要按照有关标准规范,对辨识出的安全风险进行分类、梳理、评估,加强动态分级管理,科学确定安全风险类别和等级,实现"一企一清单"。

(二) 完善安全风险管控制度

企业要根据风险评估的结果,对安全风险分级、分类进行管理,逐一落实企业、车间、班组和岗位的管控责任,从组织、制度、技术、应急等方面对安全风险进行有效管控,达到回避、降低和监测风险的目的。针对高危工艺、设备、物品、场所和岗位等重点环节,要高度关注运营状况和危险源变化后的风险状况,动态评估、调整风险等级和管控措施,确保安全风险始终处于受控范围内。企业应尽快建立起完善的安全风险管控制度。

(三) 完善安全风险警示报告制度

企业要在醒目位置和重点区域分别设置安全风险公告栏,制作岗位安全风险告知卡,确保每名员工都能掌握安全风险的基本情况及防范、应急措施。对存在重大安全风险的工作场所和岗位,要设置明显警示标志,并强化危险源监测和预警。企业要依据有关法律法规要求,明确风险管控和报告流程,建立健全安全生产风险报告制度,接受政府监管和社会监督。企业主要负责人对本单位安全风险管控和报告工作全面负责,要按照安全风险管控制度的要求,对辨识出的安全风险,定期向相关监管部门报送风险清单。

四、完善安全隐患排查治理机制

（一）加强安全隐患排查

企业要建立健全以风险辨识管控为基础的隐患排查治理制度，制定符合企业实际的隐患排查治理清单，完善隐患排查、治理、记录、通报、报告等重点环节的程序、方法和标准，明确和细化隐患排查的事项、内容和频次，并将责任逐一分解落实，推动全员参与自主排查隐患，尤其要强化对存在重大风险的场所、环节、部位的隐患排查。企业要按照国家有关规定，通过与政府部门互联互通的隐患排查治理信息系统等方式，及时向负有安全生产监督管理职责的部门和企业职代会"双报告"风险管控和隐患排查治理情况。

（二）严格落实治理措施

企业要按照有关行业重大事故隐患判定标准，加强对重大事故隐患治理，并向负有监管职责的部门报告；制定并实施严格的隐患治理方案，做到责任、措施、资金、时限和预案"五到位"，实现闭环管理。企业要尽快建立起完善的隐患排查治理制度；要完善隐患排查治理"一张网"信息化管理系统，做到自查自改自报，实现动态分析、全过程记录管理和评价，防止漏管失控；企业隐患排查治理必须全面走向制度化、规范化轨道。

五、推动安全生产的机制建设

（一）建立完善企业安全承诺制度

企业主要负责人要结合本企业实际，在进行全面安全风险评估研判的基础上，通过各种方式途径，向社会和全体员工公开落实主体责任、健全管理体系、加大安全投入、严格风险管控、强化隐患治理等情况。要加强社会监督、舆论监督和企业内部监督，完善和落实举报奖励制度，督促企业严守承诺、执行到位。

（二）完善落实安全生产诚信制度

监管部门要健全完善安全生产失信行为联合惩戒制度，对存在以隐蔽、欺骗或阻碍等方式逃避、对抗安全生产监管，违章指挥、违章作业产生重大安全隐患，违规更改工艺流程，破坏监测监控设施，以及发生事故隐瞒不报、谎报或迟报等严重危害人民群众生命财产安全的主观故意行为的单位及主要责任人,依法依规将其纳入信用记录,加强失信惩戒,从严监管。

（三）提升专业技术服务机构服务水平

要筛选一批专业化安全技术服务机构,支持其做大做强,为企业提供高水平安全技术和管理服务;同时加强监督管理,尽快制定出台技术服务机构评价结果公开和第三方评估制度,确保规范运作,切实为企业提供有效技术支撑。

（四）充分发挥安责险参与风险评估和事故预防功能

深入推动落实《安全生产责任保险事故预防技术服务规范》（AQ9010—2019）,通过实施安责险,加快建立保险机构和专业技术服务机构等广泛参与的安全生产社会化服务体系。应急管理部门应建立安责险信息化管理平台,并对所有承保安责险的保险机构开展预防技术服务情况实现在线监测,并制定实施第三方评估公示制度。对预防服务没有达到规范标准要求、只收费不服务或少服务的责任单位和负责人予以警示,督促整改,情节严重的按照《安全生产责任保险实施办法》有关规定,纳入安全生产领域联合惩戒"黑名单"管理,并向社会公布。

第三节　现代企业安全生产管理理论

现代安全管理中有一个重要的特征就是以人为本,它强调的是以人为中心的安全管理,将管理的重点放在人员上,充分激励人员的士气和斗志,充分发挥人员的作用。现代安全管理的另一个重要特征是强调企业系统的安全管理,从某一组织整体出发,将管理的重点放在全员、全过程、全方位上,实行全员、全过程、全方位的管理,从而使企业能够保持一个良好的安全状态。

一、安全生产管理的原理和原则

（一）系统原理及其相关原则

1. 系统原理

系统原理是现代管理学的一个最基本原理。它是指人们在从事管理工作时,运用系统理论、观点和方法,对管理活动进行充分的系统分析,以达到管理的优化目标,即用系统论的观点、理论和方法来认识和处理管理中出现的问题。系统原理也是安全管理的基本原理。安全生产管理系统是生产管理的一个子系统,包括各级安全管理人员、安全防护设备与设施、安全管理规章制度、安全生产操作规范和规程以及安全生产管理信息等。安全贯穿于生产活动的方方面面,安全生产管理是全员、全过程、全方位的管理。

2. 相关原则

(1)动态相关性原则。动态相关性原则是指任何企业管理系统的正常运转,不仅要受到系统本身条件的限制和制约,还要受到其他有关系统的影响和制约,并随着时间、地点以及人们的不同努力程度而发生变化。对安全管理来说,动态相关性原则的应用可以从两个方面考虑:①系统要素的动态相关性是事故发生的根本原因;②为搞好安全管理,必须掌握与安全有关的所有对象要素之间的动态相关特征,充分利用相关因素的作用。

(2)整分合原则。整分合原则是指现代高效率的管理必须在整体规划下明确分工,在分工基础上进行有效的综合。运用该原则,要求企业领导在制定整体目标和进行宏观决策时,必须把安全纳入整体规划中加以考虑,安全管理必须做到明确分工、建立健全安全组织体系和安全生产责任制度,要强化安全管理部门的职能,树立其权威,以保证强有力的协调控制,实现有效综合。

(3)反馈原则。反馈原则是指成功、高效的管理,离不开灵敏、准确、快速地反馈。管理系统要实现目标,必须根据反馈及时了解这些变化,从而调整系统的状态,保证目标的实现。有效的安全管理,应该及时捕捉、反馈各种安全信息,及时采取行动,消除或控制不安全因素,使系统保持安全状态,达到安全生产的目标。

(4)封闭原则。封闭管理原则是指在任何一个管理系统内部,管理手段、管理过程等必须构成一个连续封闭的回路,才能形成有效的管理活动。封闭原则表明,在企业安全生产中,各管理机构之间,各种管理制度和方法之间,必须具有紧密的联系,形成相互制约的回路,安全生产管理才能有效。

(二)人本原理及其相关原则

1. 人本原理

人本原理是指在企业管理活动中必须把人的因素放在首位,体现以人为本的指导思想。以人为本有两层含义:①一切管理活动均是以人为本展开的。

人既是管理的主体,又是管理的客体,每个人都处在一定的管理层次上,离开人就无所谓管理。②在管理活动中,作为管理对象的诸要素和管理系统的诸环节,都是需要人去掌管、运作、推动和实施的。搞好企业安全生产管理,避免工伤事故与职业病的发生,充分保护企业职工的安全与健康,是人本原理的直接体现。

2. 相关原则

(1) 动力原则。动力原则是指推动管理活动的基本力量是人,管理必须有能够激发人的工作能力的动力。动力的产生可以来自于物质、精神和信息三类基本动力。

(2) 能级原则。现代管理学中的能级概念是指组织中的单位和个人都具有一定的能量,并且可按能量大小的顺序排列,即形成现代管理中的能级,就像原子中电子的能级一样。能级原则是指在管理系统中建立一套合理的能级,即根据单位和个人能量的大小安排其职位和工作,做到才职相称,这样才能发挥不同能级的能量,保证结构的稳定性和管理的有效性。

(3) 激励原则。激励原则是指利用某种外部诱因的刺激调动人的积极性和创造性,以科学的手段,激发人的内在潜力,使其充分发挥积极性、主动性和创造性。人的工作动力主要来源于内在动力、外部压力和工作吸引力。

(三) 预防原理及其相关原则

1. 预防原理

安全生产管理工作应该做到预防为主,通过有效的管理和技术手段,减少和防止人的不安全行为和物的不安全状态。在可能发生人身伤害、设备或设施损坏和环境破坏的场合,事先采取措施,防止事故发生。

2. 相关原则

(1) 偶然损失原则。偶然损失原则是指事故所产生的后果是随机的,反复发生的同类事故,并不一定产生相同的后果。该原则指出无论事故损失的大小,都必须做好预防工作。

(2) 因果关系原则。因果关系原则是指事故的发生是许多因素互为因果连续发生的最终结果。事故的因果关系决定了事故发生的必然性。所以,只要我们及时发现这些诱发事故的因素,事先采取措施消除这些因素,就可以防止事故的发生。

(3) 3E原则。3E原则是指造成人的不安全行为和物的不安全状态的主要原因可归结为技术、教育、身体和态度以及管理等四个方面的原因。由此可采取三种防治对策,即工程技术、教育和法制对策。

（4）本质安全化原则。本质安全化原则源于本质安全化理论,是指从一开始和从本质上就实现了安全化,从根本上消除事故发生的可能性,从而达到预防事故发生的目的。本质安全化是安全管理预防原理的根本体现,也是安全管理的最高境界。本质安全化原则不仅局限于设备、设施,还可以扩展到建设项目等。

（四）强制原理及其相关原则

1. 强制原理

强制原理是指采取强制管理的手段控制人的意愿和行动,使个人的活动、行为等受到安全管理要求的约束,从而实现有效的安全管理。

2. 相关原则

（1）安全第一原则。安全第一原则是指在进行生产和其他活动时,必须把安全工作放在一切工作的首要位置。当生产和其他工作与安全发生矛盾时,必须以安全为主,生产和其他工作要服从安全。

（2）监督原则。监督原则是指在安全管理工作中,为了使安全生产法律法规得到落实,必须明确安全生产监督职责,对企业生产中的守法和执法情况进行监督。

二、事故致因理论

事故发生有其自身的发展规律和特点,只有掌握了事故发生的规律,才能保证安全生产系统处于有效状态。

（一）事故频发倾向理论

事故频发倾向是指个别容易发生事故的稳定的个人内在倾向。事故频发倾向者的存在是工业事故发生的主要原因。如果企业中减少了事故频发倾向者,就可以减少工业事故。

（二）海因里希因果连锁理论

海因里希因果连锁理论,是把工业伤害事故的发生发展过程描述为具有一定因果关系事件的连锁，即：人员伤亡的发生是事故的结果；事故的发生原因是人的不安全行为或物的不安全状态；人的不安全行为或物的不安全状态是由于人的缺点造成的；人的缺点是由于不良环境诱发或者是由先天的遗传因素造成的。

（三）能量意外释放理论

能量意外释放理论认为工业事故及其造成的伤害或损坏，通常都是生产过程中失去控制的能量释放而导致的。根据能量意外释放理论，人们可以通过减少能量和加强屏蔽来防止意外的能量转移，从而防止事故的发生。

（四）系统安全理论

1. 系统安全理论

系统安全理论从系统的观点出发，在系统寿命周期的各阶段，运用工程的方法，识别危险源并使其危险性减少到最小，从而使系统在规定的功能、时间和成本范围内达到最佳的安全程度。

2. 系统安全理论的主要观点

（1）必须系统地考虑事故致因。（2）没有任何一种事物是绝对安全的。（3）不可能根除一切危险源。（4）必须动态分析生产过程中的危险源。

三、双重预防机制

（一）构筑防范生产安全事故的双重防火墙

第一重防火墙是管风险。以安全风险辨识和管控为基础，从源头上系统辨识风险。通过定性定量的方法把风险用数值表现出来，并按等级从高到低依次划分为重大风险、较大风险、一般风险和低风险。企业结合风险大小合理调配资源，分层分级管控不同等级的风险。

第二重防火墙是治隐患。以隐患排查和治理为手段，认真排查风险管控过程中出现的缺失、漏洞和风险控制失效环节，整治这些失效环节，动态地管控风险。

安全风险分级管控和隐患排查治理共同构建预防事故发生的双重机制，构成两道保护屏障，有效遏制重特大事故的发生。

（二）构建双重预防机制应坚持四大原则

1. 坚持目标导向原则

围绕管控企业生产风险，把全面辨识评估风险作为安全生产的第一道防线，把隐患排查治理作为安全生产的第二道防线。

2. 坚持系统性原则

以企业生产经营全流程、生命周期全过程为主线，从人、机、环、管 4 个方面开展风险管控和隐患治理，努力把风险管控挺在隐患之前、把隐患排查治理挺在事故之前。

3. 坚持全员参与原则

双重预防机制建设各项工作必须按责任分层、分级、分解落实，明确岗位责任。

4. 坚持持续改进原则

持续完善风险分级管控方式，持续开展隐患排查治理，确保企业安全生产水平稳步提升。

第四节　安全生产治理现代化的实现路径

社会主义现代化建设是一个由诸多领域构成的大系统，安全生产之于现代化建设具有基础性作用，关乎国家生存、人民生命安全、经济高质量发展、社会和谐稳定。习近平总书记多次对安全生产做出论述与批示，"安全生产事关人民福祉，事关经济社会发展大局"。国家治理现代化和国家安全，都把维护人民安全作为宗旨，党的十九届五中全会指出要把保护人民生命安全摆在首位，坚持总体国家安全观，实施国家安全战略。安全生产确保经济社会的可持续发展的同时，维护了人民群众的生命安全。从这个角度讲，安全生产治理现代化是统筹国民经济发展和人民安全的关键。在国家治理现代化的逻辑链中，国家安全是国家治理现代化的重要基石，国家治理现代化以安全生产治理现代化为依托，生产安全是国家安全的重要组成部分，安全生产治理现代化是实现国家治理现代化的有力抓手和重要战略支点。

一、治理现代化和安全的契合逻辑

党的十八届三中全会提出了"治理现代化"的概念,安全生产治理现代化则是治理现代化在安全生产领域的具体化。安全生产治理现代化是指在党的集中统一领导下,由政府主导,生产经营单位、中介机构、行业组织、社会公众等多元主体共同参与,推动安全生产治理理念、治理制度、治理手段、治理效果不断向更优方向发展进步的过程,旨在有效防范化解各种安全风险挑战,达到善治的理想状态,使人民群众获得显著的安全感。

(一) 安全生产治理要坚持总体国家安全观

国家安全是定国安邦的重要基石,是安全生产的前提。统筹经济发展和生产安全,维护国家安全是头等大事。实现安全生产治理现代化,以科学的治理手段治理生产安全隐患,是坚持总体国家安全观在安全生产领域的生动写照。安全生产与国家安全多个领域相互渗透,坚持总体国家安全观就是要把"发展不能以牺牲人的生命为代价"这条红线贯穿在安全生产治理的每一个环节、每个领域,明确安全生产治理与国家安全之间的辩证关系,实现安全生产与经济发展、社会进步、国家安全相协调,从而促进了国家治理现代化。

(二) 安全生产治理是塑造国家安全的有力抓手

塑造国家安全是国家安全预防性、建构性和前提性措施,是更具前瞻性的国家安全维护。国家安全是党治国理政、保障国泰民安的一项十分重要的工作。国家安全的含义应当具备安全的所有要素。国家安全系统是一个动态有机的系统工程,安全生产治理工作是一个动态发展、不断升级的过程,各种安全问题之间没有绝对的界限,往往相互渗透、转化,相互交叉。

在2020年12月中央政治局集中学习会议上,党中央提出要构建大安全格局,明确阐明了新时代中国特色国家安全道路,这是顺应新时代新发展的重大决策部署。大安全格局的构建,标志着贯彻总体国家安全观从观念到治理的转变。安全生产治理过程中要深入理解大安全格局的内涵与外延,在安全生产实践过程中,不断丰富之,发展之,完善之,从而激发社会活力和新动能。

（三）安全生产治理是政治性与整体性、安全性与社会性的统一

国家治理现代化与社会治理现代化是安全生产治理现代化的上位。安全生产具有安全与社会二重属性，安全生产治理既有社会治理的一般性，又有其独特的安全特殊性与时代性。安全生产治理现代化包含平安城市建设、公共安全保障工程、社会治理、国家安全在内的系统治理。当前，重要行业与重点领域安全生产风险依然存在。新形势下必须坚持系统思维，紧密结合国家治理，锚定党中央擘画的宏伟蓝图，统筹安全生产治理工作，平衡安全生产与经济发展、社会进步，提前预判未来安全生产的影响因素与威胁因素，营造安全发展环境，为决胜全面建成小康社会提供坚强保障。

二、安全生产治理现代化的内涵

安全生产只有做到"防止和减少生产安全事故"，才能保护生产力；只有做到系统性"保障人民群众生命和财产安全"，才能解放生产力；只有做到"促进经济社会持续健康发展"，才能壮大生产力；只有开展现代化安全生产治理，才能发展生产力。安全生产治理要以"发展绝不能以牺牲人的生命为代价"红线为总体要求，坚持系统治理、依法治理、综合治理、源头治理与专项治理相结合的科学治理要求，统筹推进各项工作，加强协调配合，协同推进国家各个领域的大治理现代化进程。

（一）系统治理

系统治理是指坚持系统思维，利用系统性原则和方法实施的治理。安全生产作为一个相互关联而又彼此耦合的复杂系统工程，涉及的范围广、领域多、跨度大，要将各因素相互作用的关系通盘考虑、整体推进。对高危行业，其高危险的自身特点决定了其治理模式要坚持系统观念与全周期治理意识，任何一个链条出错，都会牵一发而动全身，带来重大生产安全事故。

（二）依法治理

依法治理是运用法治原则和法治方式进行的治理。实践证明，只有把党和国家工作纳入法制化轨道，使各方面制度更加成熟、更加定型，安全生产治

理现代化才能落实,国家治理体系和治理能力现代化才能实现。

(三) 综合治理

综合治理是多个组织部门和单位联手,运用多种途径和方法手段,对某一领域或某一专项所实施的治理。当今的安全生产,从传统的高危行业,已经延续到国民经济、社会发展、教育等领域,承载着越来越多的生产力。强化综合治理,才能促使安全生产治理现代化的发展。

(四) 源头治理

源头治理是对治理对象从本源问题上进行的治理。从源头治理上指导相关行业提高企业本质安全水平,从源头遏制违法违规的生产行为,就要强化基层安全生产源头治理。要建立基层安全生产治理标准,加强安全监管网格化建设。

(五) 专项治理

专项治理是根据专项问题扎实推进安全生产专项整治的治理。安全生产的工作领域大部分为高度专业化的行业,需治理主体认真分析安全生产工作的规律特点,针对症结、难题,敢于碰硬,开展拉网式、起底式安全生产大排查、大整治行动,高质量推进安全发展,实现安全生产高效能治理。

安全生产治理现代化是安全生产治理体系现代化和安全生产治理能力现代化的有机统一。现代化的安全生产治理体系,是按照我国社会主义特色制度要求建立起来的安全生产制度体系,现代化的安全生产治理能力是运用安全生产治理体系的制度管理安全生产各要素表现出来的效能和能力,是安全生产制度执行力的集中体现。在治理过程中,政府、企业、安全服务机构与社会相关组织是安全生产治理四类主导行动主体,发挥着各自治理作用。

三、推进安全生产治理现代化的主要途径

安全生产是一项复杂的系统工程,要从安全生产的基础工作着手,常抓不懈、久久为功,构建现代化的安全生产治理体系,从根源上解决安全生产的种种问题,使各地方严守安全发展的底线红线,补齐安全生产领域短板,提高治理的社会化、法制化、智能化、专业化,进而提高安全生产治理能力,为高质量发展筑牢安全屏障。

（一）构建新形势下安全生产机制体制与法律法规体系

以习近平总书记关于安全生产的重要论述为指导，深化"放管服"政策，优化安全生产的政府体制与企业体制，全面构建安全监管长效机制，健全完善安全生产责任体系，建立健全治理制度体系、隐患排查治理和安全风险预防控制体系，把我国制度优势更好转化为治理效能。深刻汲取重特大事故教训，将安全生产相关内容纳入企业专题教育培训，不断壮大生产力。

（二）完善和落实安全生产责任制

要强化各安全主体责任落实，全面压实各环节安全生产责任。以忧患意识把握新发展理念，增强"隐患就是事故"的危机意识，始终坚持问题导向，解决国家最急最盼的安全生产战略性难题，以政治上的主动确保发展上的主动。构建系统完备、科学规范、运行有效的制度体系，坚持依法治理，加快安全生产法律法规的"废改立留"工作，构建安全生产治理的"四梁八柱"，健全安全生产法律法规体系，以《宪法》《刑法》《安全生产法》《突发事件应对法》为四梁，以行业内规章制度、标准规范为八柱，树立国家安全法治化的治理观念，以最严监管推动安全生产形势稳定好转；要坚持源头治理，强化对安全事故成因机理及时空和内在演变规律研究，切实提高治理措施的针对性、有效性，彻底清除事故链和各种风险的耦合作用，走中国特色安全生产之路。

（三）科学精准实施安全生产宏观政策

科学精准实施安全生产宏观政策是统筹发展和安全的必然要求。将"统筹发展与安全"作为经济社会发展的思想指引和行动指南，实现经济发展、社会进步与安全生产最优化的治理效果，才能全面落实国家关于全面深化改革，促进一切劳动、知识、技术、管理、资本的活力迸发。要在大城市、超大城市统筹高新技术企业的安全生产，多部门联动综合治理，严格落实企业安全生产责任制，加强消防、核安全、生化、危爆物品、水电气热等重点行业领域安全管理，防止风险聚集传导、叠加共振，提升安全生产治理效能，有效遏制重特大安全事故。

（四）以技术创新为安全生产基础工作保驾护航

针对安全生产基础工作中监管效能不高的老问题、人员经验能力不足带来的新风险,要一手抓治理、一手抓技术。坚持顶层设计和技术创新、数字化实践相结合,采取切实有效的手段,强化安全生产基础工作,筑牢安全生产的安全网,促进产业升级,提升本质安全水平,大力推进安全管理信息化,建设安全风险点监测预警系统,提升生产机械化自动化水平,推动安全监管数据协同共享,充分保护安全和发展利益。

数字化是国家安全治理的新手段、新视野。没有数字化就没有现代化。加快大数据、人工智能、区块链等信息技术手段与消防、核安全、生化、危爆物品、水电气热等重点行业领域深度融合,解决现实生产安全的问题,推进数字化转型,结合治理理论和方法进行创新,提升数字化促进治理体系和治理能力现代化的效能。通过物联网技术,精确收集各安全主体数据变化,基于云数据治理和算法分析能力,对风险数据与安全数据从源头传导到转化各环节进行完整链条的防控,实现一体化全网协同防控,大力提升对"黑天鹅"、"灰犀牛"等各类风险的预测、预判、预警、预防能力,形成安全生产治理领域新技术新方法,着实提高高质量发展和高水平安全良性互动,形成安全治理智能体系。

(五)加强安全生产基层治理现代化,打造共建共治共享治理格局

在多元主体、多种要素参与的安全生产治理中,要加强安全生产单位顶层设计,严格落实风险分级管控和主动报告制度,有效整合各类安全主体和各种资源,实施安全发展战略,从上到下,打通基层安全组织的神经末梢,实现安全治理工作的"最后一公里",全面提升基层安全生产治理能力。坚持基层安全隐患排查常态化,安全培训教育全员化,全链条形成合力,探索出一条有创新、有温度、有发展的基层安全生产治理模式。

(六)坚持以全周期治理意识,建立全链条的安全生产治理体系

要推进安全生产治理,必须加快治理模式创新、治理方式重塑、治理体系重构。要推进韧性城市、海绵城市建设,实施城市安全生产更新行动,合理确定安全生产规模与空间分布结构,加强水、电、油、气、粮食等战略资源的安全生产、应急储备与调度,保障生命线工程安全,确保城市平稳运行。要严格基层安全检查和监管执法,对不具备基本安全条件的企业与重大安全风险隐患实行"零容忍",从整体上提升风险防范化解能力水平。完善共建共享共治的社会治理制度,全面提升安全生产治理的科学化、精细化、智能化水平。

参考文献

［1］王龙康：《企业生产风险管理理论及应用》，电子工业出版社，2022 年。

［2］陈金龙、郑绍成：《安全生产管理概论》，化学工业出版社，2017 年。

［3］罗云：《企业安全风险精准管控》，应急管理出版社，2020 年。

［4］代海军：《安全生产主体责任的实践检视及调适途径》，载《中国行政管理》2022 年第
5 期。

［5］王庆运：《企业安全生产主体责任理论探讨》，载《中国安全生产科学技术》2008 年第
6 期。

［6］刘景凯：《以风险管理理论指导应急管理体系建设》，载《中国安全生产科学技术》2010
年第 4 期。

［7］卜素、李青：《论安全生产责任制监管模式的困境与重塑》，载《中国安全科学学报》
2021 年第 11 期。

［8］罗云、黄西菲、许铭：《安全生产科学管理的发展与趋势探讨》，载《中国安全生产科学
技术》，2016 年第 10 期。

［9］唐钧：《论安全发展的创建和统筹》，载《中国行政管理》2022 年第 1 期。

第五章　商业保险与风险管理理论

第一节　风险管理概述

一、风险及其构成

（一）风险的定义

所谓风险（Risk），是指未来结果的不确定性或波动性，如未来收益、资产或债务价值等的波动性或不确定性。简明牛津英语词典将风险定义为"危险，即坏结果、损失或者暴露在不幸事件中的机会"。因此，风险的定义包含两个方面的内容：一个方面强调风险表现为不确定性，而另一方面则强调风险表现为损失的不确定性。

风险表现为不确定性，属于广义风险，说明风险产生的结果可能带来损失、获利或是既无损失也无获利，如金融风险等。风险表现为损失的不确定性，属于狭义风险，说明风险只能表现为损失，没有从风险中获利的可能性，如企业经营风险等。平时所说的风险大多属于狭义风险，如"股市有风险，入市需谨慎"中提到的风险，这种不确定性包括损失发生与否的不确定、发生时间的不确定和导致结果的不确定。

风险的大小取决于不确定性程度的高低，但是不确定性并不等价于风险。根据事件的不确定性程度可以对风险的等级进行区分，下面相继介绍风险的等级划分和风险水平图。

根据风险与不确定性的关系可以对风险的等级进行划分：

第零级：完全确定。未来的后果与发生的概率可完全确认，无风险。

第一级:客观不确定。未来的后果可确定,但发生的概率无法客观判断。

第二级:主观不确定。未来的后果与发生的概率均无法客观判断。

第三级:完全不确定,或混沌不明,未来的后果与发生的概率均无法判断,风险程度最高。

图5-1是风险水平图,时间(T)距离到期日(T_3)的时间间隔越短,决策者掌握的信息量就越多,认知能力也越来越高;同时,不确定性程度也随着时间间隔的缩短而不断下降,风险也越来越小,直至无风险。

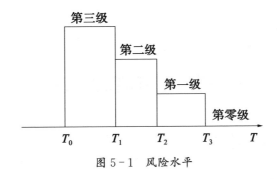

图5-1 风险水平

风险对于金融机构而言是客观存在的,如利率、汇率、股票价格等风险变量的波动通常并不依照某一金融机构的意愿而改变。因此,对于不同的金融机构而言,无论其风险管理水平如何,其所面临的外部风险大小是相似的甚至是相同的。

风险暴露,也即风险敞口,是指在各种业务活动中容易受到风险因素影响的资产和负债的价值,或者说是暴露于风险中的头寸规模。例如,信用风险的风险暴露是指信用风险影响的贷款量。在一般意义上,投资者所面临的风险水平的高低不仅取决于风险因素的波动性或不确定性的大小,更重要的是取决于其在特定风险因素下的暴露程度。

(二) 风险的组成

风险一般由三部分内容构成:风险因素、风险事故和损失。风险因素,是指能够产生和增加损失频率与损失幅度的潜在条件,是造成损失的内在或间接原因。例如,雷击、电路短路是造成火灾的风险因素;健康状况和年龄是人体生病的风险因素;酒后驾驶、疲劳驾驶是造成车祸的风险因素。风险事故,是造成损失的直接或外在原因,是损失的媒介物,即当存在风险时,只有发生风险事故才能导致损失。如果风险事故并未发生,那么风险仅表现为损失的可能性,尚未形成损失。如前文所述,人体生理器官功能出现问题造成的疾病就是风险事故,由于主观疏忽造成违章作业而引发的工伤也是风险事故。就某一事件来说,如果它是造成损失的直接原因,那么它就是风险事故,如燃放烟花炸伤人;而在其他条件下,如果它是造成损失的间接原因,它便成为风险因素,如燃放烟花造成建筑物失火,从而导致人员伤亡。损失通常包括狭义损失和广义损失。狭义损失是指由于自然灾害或意外事故而造成的经济价值的减少、灭失以及额外费用的增加。广义损失还包括一般情况下财产的正常损失,如固定资产的折旧,以及人们有意采取的合理行为所造成的损失,如焚毁假冒伪劣产品,而且还包括人们精神的损失。在信用风险管理范畴内,损失是指非故意、非计划、非预期的经济价值的减少。

　　风险是由风险因素、风险事故和损失三者构成的统一体。风险因素是引起或增加风险事故发生的机会或扩大损失幅度的条件,是风险事故发生的潜在原因;风险事故是造成生命财产损失的偶发事件,是造成损失的直接的或外在原因,是损失的媒介;损失是指非故意的、非预期的和非计划的经济价值的减少。风险因素会引起或增加风险事故,风险事故的发生可能造成损失,损失则又表明风险事故的大小,同时也能够体现风险因素的隐患和危害。三者之间具有相互交错的联动关系(见图 5-2)。

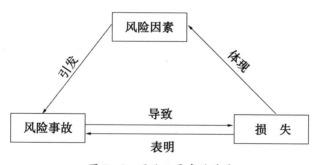

图 5-2　风险三要素的关系

二、风险管理的基本原理

(一) 风险管理的范畴

　　风险管理(Risk Management),是指风险管理主体用以降低风险导致的消极结果的决策过程,即通过开展风险识别及风险度量,同时在此基础上使用各种风险管理技术,对风险进行有效控制并妥善处理风险事故造成的后果,从而以最小的成本换取最大的安全保障的过程。风险管理思想起源于美国,并在 1929 年大萧条后逐渐成为现代企业经营管理的一项重要内容。随着科技的不断进步,现实生活中的潜在风险不断增加,如核风险等,也为风险管理增加了难度。

风险管理的具体内容包括:1. 风险管理的对象是风险。2. 风险管理的主体可以是任何组织和个人,包括个人、家庭以及营利性和非营利性组织。3. 风险管理的过程包括主要包括风险识别、风险度量以及风险控制。4. 风险管理的基本目标是以最小的成本收获最大的安全保障。从这个角度看,风险管理即是在降低风险得到的收益与相应付出的成本之间进行权衡,并决定采取何种措施的过程。

(二) 风险识别

风险识别,是指在风险事故发生前,人们运用各种方法系统地认识所面临的各种风险以及分析风险事故发生的潜在原因,简而言之,即认识风险的来源与所在。目前,根据分析对象和方法的不同,用于识别风险的常用方法主要有:政策分析法、财务分析法、流程图分析法和实地检视法等方法。

1. 政策分析法

该方法是针对政府形成的政策,分析辨识可能对公司产生不利影响的风险来源。基于对各国政局的稳定性、货币政策、财政政策、经贸政策、国际金融政策等政策的分析,可辨识出各国政治风险和财务风险的具体来源。

2. 财务分析法

该方法是根据财务报表与其他财务资料识别可能的风险。财务报表可以说是企业所有经营活动的缩影,因此,分析财务报表有助于认识经营风险可能的来源。此方法也是目前最普遍采用的风险识别方法。依据资产负债表可以认识公司的风险暴露类型;依据损益表可以了解公司业务盈亏风险的来源;依据现金流量表可以认识现金流量风险的来源;根据各种财务比率运算的结果,进一步以其他相关资料为佐证,追踪可能的风险来源。

3. 实地检视法

该方法是通过实地走访与现场勘查来辨识可能产生的风险,并且提供了风险管理人员与实际操作人员之间面对面沟通的机会,对风险管理工作的顺畅实施与绩效提高大有帮助。

（三）风险控制

风险控制就是指风险管理主体采取各种措施和方法，消灭或减少风险事件发生的各种可能性，或者减少风险事件发生时造成的损失。风险控制的四种基本方法是风险回避、风险转移、风险分散和损失控制。

1. 风险回避

风险回避是指风险管理主体为了完全避免可能发生的损失而主动放弃或拒绝实施某项风险行为。风险回避能够在风险事件发生前完全消除某一特定风险可能造成的各种损失，而其他任何方式只能减少损失发生的概率或减少损失的严重程度，或对损失发生后及时予以经济补偿，因而均没有直接回避风险的效果彻底。避免风险的主要优点是将损失出现的概率保持在零的水平，并消除以前曾经存在的损失出现的机会，因而简便易行，经济安全。

2. 风险转移

风险转移是指风险承担主体有意识地通过各种合法手段将其面临的风险转嫁给他人。尽管风险承担主体进行风险转移的原因和方式各有不同，但最终的目的均是将可能由自身承担的风险损失转由其他人来承担。转移风险时通常采用以下三种形式：一是保险。购买保险即被保险人将可能发生的风险转移给保险人。通过保险的方式，风险承担主体可以向保险公司投保，以保险费为代价，将风险转移给保险公司。以被保险人的信用为标的的信用保险就是金融风险保险中一种具有代表性的保险产品。二是买卖契约。在买卖合同中订立保证条款也可将风险转移出去。例如，通过期货期权交易，可以将风险转移给愿意承担风险的投机者。三是担保。根据担保合同，如果义务人不履行合同规定的义务，作为第三方的担保人必须保证合同按规定履行。例如，商业银行在发放贷款时，通常会要求第三方提供信用担保作为该笔贷款的还款保证，如果借款人在贷款到期时无法偿还贷款本息，那么担保人必须代为清偿。

3. 风险分散

风险分散是指增加承受风险的单位以减轻总体风险的压力，从而减少风险损失的行为。但是，进行风险分散时，也可能将收益同时分散。风险分散是基于简单的哲理——"不要把所有鸡蛋放在一个篮子里"。例如，在证券投资中，投资者通常都是采用多样化投资组合策略来分散风险。

4. 损失控制

损失控制是指在损失发生前尽可能全面地消除损失发生的根源,竭力降低致损事故发生的概率,在损失发生后减少损失的严重程度。所以,损失控制的基本点是预防损失发生和减少损失的严重程度。

损失控制是风险控制中最重要的措施。相对于其他措施而言,损失控制更积极、合理、有效。主动地预防与积极地实施抢救比单纯地采用风险回避、风险转移和风险分散更具有积极的意义。首先,它可以克服风险回避的种种局限。其次,从宏观角度来看,损失控制要优于转移和分散风险。就风险转移和风险分散而言,二者只是使风险从某些个人或单位转移给他人承担,并未能在更宏观的层面减少或消除风险损失。损失控制虽然不可能完全消除损失,但它仍不失为一种积极主动的预防与减少损失的措施。

损失控制的划分方式通常有三种:一是按控制目的可分为损失预防和损失抑制。二是按措施的执行程序可分为事前、事中和事后控制,损失的事前控制基本相当于损失预防,事中和事后控制实际上就是损失抑制。三是按采取措施的性质不同可分为工程法、教育法和程序法。

第二节　商业保险是风险管理的重要手段

一、商业保险的风险管理职能

保险和风险管理密不可分,保险是风险管理的一种手段,通过保险来转移个人、家庭、企业等的风险,把风险的损失转嫁给保险公司,从而减轻受损的程度,实现风险管理的目标。1931 年,美国管理协会（American Management Association，AMA)保险部首先提出了风险管理的概念。此后,保险一直被视为重要的风险管理手段。保险是指在一定条件下,保险人通过收取保费为被保人提供一定金额的保险金,在被保险人遭受意外损失时给予经济上的支持和安全的保障的一种经济行为。

（一）商业保险的分类

1. 按照被保险人的不同,可分为个人保险和团体保险。个人保险是以个人为单位进行保险,包括人寿保险、健康保险、意外险等;团体保险是以群体、团体为单位进行保险包括团体意外险、团体上下班路途意外险、集体医疗保险、集体养老保险等。

2. 按照合同保险的不同，可以分为定期保险和终身保险。定期保险是指在一定的保险期限之内进行保险，一旦保险期满，保险合同就终止；终身保险则是指保险人的保险期限为终身，直到人生终止保障合同才终止，包括传统的终身寿险和现代的万能保险。

3. 按照风险种类不同，保险可以分为人身保险和财产保险。人身保险是指对被保险人的生命、健康、身体罹患疾病等进行保险，包括人寿保险、健康保险、意外保险等；财产保险是指对被保险人的财产发生意外险损、险失等进行保险，包括车险、家财险、企业财产险等。

4. 按照保险费的缴纳方式不同，可分为趸缴保险和分期缴纳。趸缴保险是指被保险人一次性缴纳全部保费；分期缴纳则是指被保险人根据协议缴纳一定期限内的保费。

（二）主要风险管理功能

财产保险有以下几个风险管理功能：一是损失补偿功能。补偿损失职能是保险的基本职能之一，是指保险把集中起来的保险费用于补偿被保险人合同约定的保险事故或人身事件所致经济损失。二是分散危险功能。保险把集中在某一单位或个人身上的因偶发的灾害事故所致经济损失，通过直接摊派或收取保险费的办法平均分摊给所有被保险人。三是防灾防损功能。一般来说，所谓的防灾防损功能多是讲的财产保险。保险不但具有事后的补偿功能，而且在很多时候，具有事先为投保企业提供防止灾害与损失发生的建议，甚至为此采取措施，例如，为防止干旱，保险公司会采取人工降雨的方式，防止投保农业险的农户因干旱受损。四是融通资金功能。资金融通功能一方面是指保险公司将保险资金中的闲置部分重新投入到社会再生产过程中所发挥的金融中介作用。

人身保险的风险管理功能与财产保险大同小异，主要差异在于以下几个方面：一是人身保险的资金给付功能与财产保险不一样。财产保险的损失是确定的，而人的生命本身是无价的，不能直接换算成货币价值，但可以通过保险保障个体和家庭在发生损失事故后以生活保障。保险人根据被保人面临的人身危险的一般特征和具体情况确定投保费率，征收保费，建立保险基金。保险当事人双方事先要对保险的条件、期限和金额标准达成协议，保险人按照协定一次或分期付给被保人保险金。二是人身保险具有调节收入的功能。部分人身保险如人寿保险兼具风险保障和投资理财功能,人身保险合同的长期性,其资金融通功能比财产保险更强。随着保险基金积累的增多,可以积极运用保险资金,按照一定渠道投资,保证资金的保值增值。三是人身保险还具有合理避税功能。税收优惠保单的所有人和受益人可以享受税收的减免。一般国家税法规定,在被保险人死亡时给付的人寿保险金可以免交所得税。付给受益人的保险金还可以全部或部分免交遗产税。对年金收入也只征收适量的所得税,即只对其中的利息收入部分征税。

责任保险是广义上的财产保险,其特有的风险管理功能包括三种:一是责任保险的受益人往往是第三者,例如商品的生产厂家投保产品质量责任保险,一旦产品由于质量问题对消费者造成伤害,这类保险对于消费者及时有效得到伤害赔偿有很大帮助,能够保护消费者权益的同时也可以促进社会和谐稳定发展。二是在一些重大事故或者大面积灾害发生后可以帮助受灾群众快速获得赔偿恢复正常生活,维护社会稳定,减轻政府的压力以及财务负担,协助政府实现职能的转变,提高行政效能。如目前政府要求八大高危行业强制投保安全生产责任保险,在企业发生安全事故后,对于造成第三者的财产和人身损失由保险公司先行赔付,不再由政府进行兜底,一方面可以避免企业雇员和第三方不至于因为企业发生事故后不具备赔付能力而无法获得赔偿,另一方面政府也可以减少相关的财务开支,就是一个责任险方面的良好实践。三是促进贸易的需要,如履约责任保险的保险责任为在保险期间内,投保人未按照与被保险人所签订的合同或法律规定的义务履行相关义务的,且未按照合同约定或法律规定向被保险人履行赔偿责任,对于被保险人因此产生的直接经济损失,保险人按照保险合同的约定承担赔偿责任。此类保险降低了合作双方的交易成本,也可以促进国内产品的进出口,还可以在国外贸易中遇到公共安全事件时,及时化解危机。

二、商业保险的风险管理机制

(一)商业保险的风险管理范畴

商业保险一般对风险的保障有范围约定,如财产保险当中,并不是导致财产损失的所有风险都在保障范围当中,而人身保险也不是所有的人身风险都会有保障。拿常见的企业财产保险来说,基本责任包括保险人主要负责赔偿因火灾、雷击、爆炸、飞行物及其他空中运行物体坠落等原因造成保险标的的损失。企业财产保险综合险的保险责任比基本险有所扩展,除了承保基本险的责任以外,还负责赔偿因暴雨、洪水、台风、龙卷风、雪灾、雹灾、冰凌、泥石流、崖崩、突发性滑坡、地面突然塌陷等原因造成的保险标的的损失。而财产一切险是承保财产因自然灾害或意外事故以及由于突然和不可预料的事故造成的损失,除保险条款规定的责任外,保险人均负责赔偿。也就是说承保了人力不可抗拒的风险和人为的风险,只要是保险条款列明的免除责任以外的风险都予负责。

　　商业保险对风险的保障受制于法律法规限制,也受制于控制经营风险的需要,对投保人转嫁的风险保障是有限度的,主要体现在以下几个方面:一是风险不是投保人故意导致发生的,如投保人投保了意外险,但是故意受伤而骗取保险金的行为就是故意行为,此种情况保险人是不予赔付的。还有一种情况是投保人投保后必须要像没有投保一样小心谨慎控制风险,而不能因为转嫁了风险就放任风险不去控制管理导致风险扩大,如因被保险人疏于管理而发生的事故损失的风险随意扩大而发生的损失,保险人也不予以赔偿。二是对赔偿金额的限制。一般以投保时约定的金额为准,且最大不能超过保险标的的实际价值。三是对风险保障时效的限制。如果投保标的出了事故,一般的索赔时效为自知道发生保险事故起两年内,如果超过了索赔时效,保险公司也不承担风险。四是受最大承保能力限制。保险公司的最大承保能力要受其资本和准备金的约束。许多国家为了最大承保能力保障被保险人的利益,都在保险法规中规定保险机构的最低资本额和规定每一笔业务或每一风险单位的最高自留额对其资本加准备金的一定比例,超过部分必须办理分保。我国《保险法》第九十九条规定:保险公司对每一风险单位,最大承保能力即对一次保险事故可能造成的最大损失范围所承担的责任,不得超过其实有资本金加公积金总和的10%;超过的部分,应当办理再保险。

　　（二）商业保险的风险管理趋势

　　商业保险对风险的管理呈现出四化趋势,即"标准化""专业化""系统化"和"智能化"。标准化是指保险公司对风险的管理从杂乱、无序到逐步形成了标准化的管理体系,标准化的产品服务体系,标准化的作业流程,这将有力促进保险行业整体的风险管理水平和良性发展。专业化是指保险业越来越重视专业人才队伍的建设与培养,保险公司承保的保险标的种类繁多,面临的风险类型各不一样,仅仅只了解保险知识不能满足客户需求,需要一些熟悉行业风险特点的专业人士才能够为客户提供专业化的服务。系统化是指越来越多的保险公司开始重视保险经营信息化的建设工作,并利用系统积累了大量的风险数据并逐步形成完善的客户风险画像。下一步是要充分运用数据,让数据成为市场、产品和服务的精准载体,助力公司对风险的经营管理。智能化是指越来越多的科技手段和人工智能被运用到保险产品中来。

此外,保险公司还可以通过对风险的集合管理,从简单的"出险后"损失补偿转向"承保过程中"事故"预警",构建风险减量管理新商业模式,从总量上降低社会风险的暴露及其成本,为投保人和社会创造价值。保险公司开展风险减量服务是一件"双赢"甚至"多赢"的事情,不仅可以通过提前进行风险管理帮助投保人降低损失,同时也可以降低保险公司的理赔率和理赔金额,甚至可以助力政府在社会公共安全方面的治理工作,所以目前政府倡导保险公司积极布局风险减量相关服务领域。

(三) 商业保险风险管理的基本流程

1. 风险管理目标的设立

保险公司风险管理目标的设立主要包括:目标客户的筛选,产品的设计和定价、业务规模和利润的确定以及业务结构的组成等,以上都关系到保险公司风险管理目标的设立,如果保险公司对客户不加以筛选,承接的风险会变得非常大,如果产品定价过高,风险会变小,但业务规模难以完成,如果保险公司业务来源也就是承接的风险过于单一,往往也不利于稳定持续发展,因此在承保前,需要设立一个确定的风险管理目标。

2. 风险的识别和评估

风险识别是风险管理的基础环节,要对风险进行有效管理,首先需要识别出风险,不然就丧失了风险管理的基础和对象。常见的风险识别方法有风险清单分析法、流程图分析法、问卷调查、财务报表分析法、头脑风暴、鱼骨图等等,近年来也有越来越多地利用科技的手段来识别风险。

风险的评估是指保险公司在风险识别的基础上,利用其专业能力和以往经营的大量数据分析,对经营的风险加以分析和预测风险发生的概率和损失程度,从而为其提供管理的工具和经营决策。保险公司对某一产品是否承保、保费的收取以及是否分保等等,往往依据其对承保风险的评估结果。风险评估能力往往是保险公司经营是否具有可持续性的关键,最能体现保险公司的专业能力和水平。

　　3. 风险管理效果评价

　　按照戴明环的管理理论,管理遵循 PDCA 的循环优化过程。因此风险管理效果评价是风险管理的最后一环,也是风险管理目标设立的前面一环,其主要目的是评价风险管理的效果与预期设立目标的差异,并找到发生这种差异的外部及内部原因并进行改进,并不断缩小这种差异的过程,从而建立起保险公司的经营优势,达到对风险管理的最佳效果。

第三节　应急视域下商业保险对风险的全过程管理

　　应急管理是指政府和其他公共机构在突发事件的事前预防和准备、预警、事中处置和事后恢复的过程中,通过建立必要的应对机制,采取一系列必要的措施来保障公众生命、健康和财产安全所进行的管理活动。近年来,美国东北部大面积停电、飓风"卡特里娜"大规模破坏、台风杜苏芮灾害、河南特大暴雨、上海外滩踩踏事件、天津港危险品仓库爆炸事件等国内外风险事故造成了巨大的损失,也为应急管理提出了新的要求。2020 年,新冠疫情被认定为国际公共卫生紧急事件更为国家敲响了社会应急风险管理亟待加强的警钟。面对复杂的内外部形势,国家越来越重视的应急管理,并逐步构建了风险管理体系。

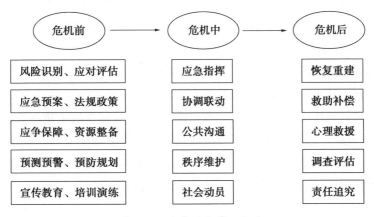

图 5-3　应急风险管理体系

　　保险公司的一般模式是基于大数定律在大量的投保人之间分散风险,从本质上看,保险公司是专业的风险管理服务机构,具有解决应急风险的专业能力。商业保险是市场化的风险管理手段和机制,有助于降低社会整体风险暴露,发挥风险减量管理的服务作用。

一、事故发生前的风险防范

(一) 风险识别和评估

保险公司在风险识别和评估具有专业优势。一是根据全国地域自然环境、经济社会发展程度、产业结构、人口布局以及气象等风险因素,绘制自然灾害等不同类型的风险地图,标注各区域不同的风险等级。二是结合承保对象所属行业以往的承保及理赔数据,对承保对象分析其行业风险特性,并对其进行具体评估。三是委派专业人员对企业进行隐患排查和风险评估,识别企业目前存在的隐患并评估其风险点,并出具查勘报告提出整改建议,用于作为服务企业或者提供给核保人员来确定保险价格或是否承保。四是制定专业风险管理方案,对企业的人员资质、专业能力、机器设备状态、物料管理以及管理能力、法律法规合规性检查及周边环境因素,给出综合性评估建议和管理咨询服务。

(二) 监测预警

保险公司的监测预警主要包括几个方面:一是对于风险较大的行业,在企业的重要设备或者重点监控对象安装物联网设备,监测重要参数的实时指标;如电压、水压、温度、可燃气体浓度等,并通过传感设备传输到后台人员给企业提供预警服务,对于其承保的大型企业,往往会提供一些监测预警服务。二是派驻专业人员跟踪预警,如工程监理对施工过程中的风险进行预警,对于施工过程中发现的一些违规行为进行提醒和干预等。三是借助科技手段提前预警,如卫星遥感以及地面感测技术定期监测获取数据来进行分析判断。四是持续研究探索,联合高校和科研机构成立火灾实验室或风险研究院,研究事故灾难相关保险标准制定、火灾风险评估和防控、火灾风险区划和数据库方面研究和事故预防工作。五是多方面协同提升风险智能防范专业能力,与政府、行业主管部门、龙头企业、应急管理部门等,共同构建区域的网格化风险精准监控体系。

(三) 宣传引导

保险公司也通过宣传教育和培训演练广泛传播风险防范理念,力争引导承保对象防患于未然。一是委派公司内部或聘请外部的防灾防损专家,对客户进行培训和应急演练。深圳某保险中介公司联合应急管理局为市民提供"第一响应人"培训系列课程，课程内容不仅包括防灾减灾意识和灾害处置能力提升，也包括城市发生大面积自然灾害导致人员受伤的急救方面的培训和应急演练。二是为企业、社区居民提供定期或不定期的宣传教育和培训，并制定一些常见自然灾害的预防和应急手册对企业进行免费赠送。近些年各家保险公司纷纷开展保险进社区，大力为居民宣传普及社区安全应急知识、保险知识、传染病防治、老年人健康关爱、防范非法集资、金融风险及反洗钱知识，告诉大家如何防范养老诈骗，提高警惕"代理退保"，加深了社会公众对保险知识的认识与理解，在协助政府提升社区居民自身风险防范和公共卫生治理体系的水平提升上取得了良好效果。

（四）风险减量

强调从"事故后端的损失控制"到"事故前端的风险控制"是我国近年来一种明显的政策导向。在这种强调"预防"的政策导向下，原中国银保监会于2023年1月发布《关于财产保险业积极开展风险减量服务的意见》，明确提出"风险减量"的概念，要求财产保险业回归保险本源，始终以服务人民群众和经济社会为出发点和落脚点，坚持依法合规服务底线，统筹谋划，不断提升风险减量服务水平，从风险减量服务的服务基础、服务领域、服务内容、服务形式、组织保障、依法合规等多个维度，为保险公司深耕风险减量服务提供了权威参考和指引。

二、事故发生时的风险控制

早在2003年12月18日，原保监会曾发布《保险业重大突发事件应急处理规定》，支持保险公司和保监会派出机构建立重大突发事件预警和监测反应处理系统，开展重大突发事件处理技术的交流与合作，并在必要时调动物资和调配相关工作人员，启动保险保障基金、巨灾风险基金或者其他特别融资方案。

（一）事故原因分析

事故发生后，需要确定事故原因和责任人，一方面判断事故是否属于保险范围，另一方面也有助于更好地采取应对措施。常见的认定手段包括现场勘查、证人采证等。现场勘查需要采取科学合理的方法,如拍照、录像、勘察记录等。证人采证需要采取公正合法的方式,如出示身份证明、签署证言、保证证言真实等。保险公司对事故原因的认定,既可以为企业、政府等部门分析事故原因提供事故资料和参考意见。其次,政府或者投保企业在事故发生后,如果与保险公司联合组成事故调查小组,也可以资源和技术共享,降低事故调查成本,保险公司也可以在第一时间掌握案件资料,以便快速核定保险责任,加快理赔速度。

（二）损失评估

事故造成的损失从可以用货币衡量影响的角度可分为健康和生命的损失、经济损失以及社会损失。健康和生命的损失主要体现为人员的伤残、生病或者死亡。此类损失是无法直接进行评估,在保险当中往往是采用经济学中人力资本的概念,以人的劳动价值的损失进行评估。死亡是完全丧失劳动价值,伤残和疾病的损失则是丧失了部分劳动价值以及为了维持恢复所消耗的医疗卫生资源。经济损失可包括直接经济损失和间接经济损失,主要是指事故造成居民住房、企业财产、基础设施和公共设施等的损害或破坏。这些损失或者破坏利用经济学方法货币化后可统一评估为直接经济损失。间接经济损失由于灾害的直接破坏而引起的企业生产量下降的经济损失称为间接经济损失。企业厂房、设备遭受直接破坏后停工停产带来的损失,以及企业因短缺原材料或者下游企业需求下降等产业关联原因造成的损失,都是典型的间接经济损失。社会损失是指发生事故对公众的情绪、政府的公信力的影响和环境破坏等可能导致远期的经济损失。

在事故发生后,政府和企业需要快速了解事故造成的损失情况,以便及时向上级汇报和采取对应措施。但受限于专业能力和人力的限制,一旦发生大面积灾害和事故灾难,损失的评估数据很难快速准确地获取。但保险公司在此类事件中,可以协助政府、企业发挥良好作用。

（三）救援控损

作为社会的稳定器和减震器,事故发生后,保险公司能够及时与受灾地区相关政府部门沟通,建立联动机制,有序控制损失,避免损失扩大。保险公司一方面能够充分调动跨区域理赔资源和专业力量,尽快进场勘察,准确获取城乡建筑物、农田、车辆等保险标的的受损情况,有针对性地控制风险;另一方面可以调动公司外部合作资源,及时提供救援、医疗等服务,避免二次伤害。此外,保险公司通过积极配合各级政府部门"特事特办、急事急办"的需求,提供科技和数据支持,及时搜集统计群众受灾信息,帮助政府搭建与群众之间的沟通桥梁,并设立求助通道、帮助受灾群众转移和有序撤离。

三、事故发生后的风险补偿

保障功能是保险业的立业之基,最能体现保险业的特色和核心竞争力。保险用分摊损失的方法来实现其经济补偿的目的,按照保险合同对遭受灾害事故而受损的单位、个人进行经济补偿,保险的产生和发展都是为了满足补偿灾害损失的需要。保险保障功能具体表现为财产保险的补偿功能和人身保险的给付功能。

保险是在特定灾害事故发生时,在保险的有效期和保险合同约定的责任范围以及保险金额内,按其实际损失金额给予补偿。通过补偿使得已经存在的社会财富因灾害事故所致的实际损失在价值上得到了补偿,在使用价值上得以恢复,从而使社会再生产过程得以连续进行。保险的这种补偿既包括对被保险人因自然灾害或意外事故造成的经济损失的补偿,也包括对被保险人依法应对第三者承担的经济赔偿责任的经济补偿,还包括对商业信用中违约行为造成的经济损失的补偿。人身保险是与财产保险完全不同性质的两种保险。人的生命价值很难用货币来计价,所以,人身保险的保险金额是由投保人根据被保险人对人身保险的需要程度和投保人的缴费能力,在法律允许的范围与条件下,与保险人双方协商约定后确定的。因此,在保险合同约定的保险事故发生或者约定的年龄到达或者约定的期限届满时,保险人按照约定进行保险金的给付。

国家金融监督管理总局公布数据显示,2022 年,保险业风险保障金额同比增长 12.6%,保险公司赔付支出 1.5 万亿元。事故发生后,保险公司对受灾群众和企业进行保险赔付,能够维护社会稳定,帮助人民群众的基本生活不受影响,帮助企业尽快恢复生产运营。

参考文献

[1] Hull J. Risk Management and Financial Institutions. (3rd eds.). Hoboken: John Wiley & Sons, 2012.

［2］Peters E. E. Complexity，Risk，and Financial Markets . New York：John Wiley & Sons，2001.

［3］［加］约翰·赫尔著：《风险管理与金融机构》，王勇译，机械工业出版社，2010 年。

［4］张金清：《金融风险管理》，复旦大学出版社，2011 年。

［5］钟开斌：《风险管理研究：历史与现状》，载《中国应急管理》2007 年第 11 期。

［6］万鹏：《将新冠疫情类重大传染病纳入巨灾保险范畴的探索——基于发行传染病巨灾保险债券的思考》，载《上海保险》2021 年第 2 期。

［7］万鹏：《时代呼唤构建"保险型"社会》，载《中国银行保险报》，2021—09—27。

第六章　突发事件应急演练实务

第一节　应急演练概述

一、应急演练的概念

应急演练,根据《突发事件应急演练指南》(应急办函〔2009〕62号)的定义,是指各级人民政府及其部门、企事业单位、社会团体等(以下统称演练组织单位)组织相关单位及人员,依据有关应急预案,模拟应对突发事件的活动。

出于加强应急演练工作指导的目的,《突发事件应急演练指南》中的定义更偏向于界定演练的组织实施和参与主体,对具体策划实施的要求、目的和效果未进行详细定义。在实际工作开展中,该定义所称"依据有关应急预案"中的"预案"不局限于正式编制印发的应急预案,还包括了临时性的策划、计划和行动方案等。

更加全面地说,应急演练是通过创造一个虚拟场景(包括突发事件情景和演练物理环境),使应急指挥体系中各个组成部门、单位或群体的人员模拟执行突发事件发生时各自职责和任务,并通过评估记录等方式,实现检验应急预案、锻炼应急队伍、优化应急处置等目的的集体性练习活动。

二、应急演练的分类

(一) 按组织形式划分

应急演练按照组织形式不同,可分为桌面演练和实战演练。

1. 桌面演练

桌面演练是指参演人员利用地图、沙盘、流程图、计算机模拟、视频会议等辅助手段,针对事先假定的演练情景,讨论和推演应急决策及现场处置的过程,从而促进相关人员掌握应急预案中所规定的职责和程序,提高指挥决策和协同配合能力。桌面演练通常在室内完成。

2. 实战演练

实战演练是指参演人员利用应急处置涉及的设备和物资,针对事先设置的突发事件情景及其后续的发展情景,通过实际决策、行动和操作,完成真实应急响应的过程,从而检验和提高相关人员的临场组织指挥、队伍调动、应急处置技能和后勤保障等应急能力。实战演练通常要在特定场所完成。

(二) 按内容划分

应急演练按照内容不同,可分为单项演练和综合演练。

1. 单项演练

单项演练是指只涉及应急预案中特定应急响应功能或现场处置方案中一系列应急响应功能的演练活动。注重针对一个或少数几个参与单位(岗位)的特定环节和功能进行检验。

2. 综合演练

综合演练是指涉及应急预案中多项或全部应急响应功能的演练活动。注重对多个环节和功能进行检验,特别是对不同单位之间应急机制和联合应对能力的检验。

(三) 按目的与作用划分

应急演练按照目的与作用不同,可分为检验性演练、示范性演练和研究性演练。

1. 检验性演练

检验性演练是指为检验应急预案的可行性、应急准备的充分性、应急机制的协调性及相关人员的应急处置能力而组织的演练。

2. 示范性演练

示范性演练是指为向观摩人员展示应急能力或提供示范教学,严格按照应急预案规定开展的表演性演练。

3. 研究性演练

研究性演练是指为研究和解决突发事件应急处置的重点、难点问题,试验新方案、新技术、新装备而组织的演练。

不同类型的演练相互组合,可以形成单项桌面演练、综合桌面演练、单项实战演练、综合实战演练、示范性单项演练、示范性综合演练等。

三、应急演练的作用

(一) 从监督指导者角度

1. 更好地完成应急管理监督指导工作

各负有应急管理职责的业务主管单位,根据国家相关法律法规及政府规章制度,须监督指导主管业务领域相关单位落实应急管理责任。检查内容包括静态的应急预案与规章制度、应急队伍建设、应急物资储备、应急设备设施配备等,通过开展应急演练监督指导工作,可以将上述静态的应急管理工作成果通过模拟事件场景和应急处置工作实现有机动态串联,更为生动、全面、直观地展示被监管单位的应急准备工作。

2. 完善应急管理相关政策法规

通过观摩监督各类应急演练,发现被监督单位在模拟突发事件应急处置工作中存在的短板与不足,检验与评估应急管理相关政策要求是否符合工作实际,从而进一步完善政策法规以更好地指导应急管理工作开展。

3. 满足工作成果展示和应急科普宣传需求

相关政府部门负有开展应急管理宣传教育与知识普及职责,对可能造成较大范围影响或涉及较多人员危害的突发事件,有必要通过各类宣教科普活动强化公众危机意识,提升社会整体风险防范和突发事件应对水平。通过应急演练直观、具体地观摩甚至亲身参与,相较于路演、传单、视频、授课等方式的宣教效果更为显著。

(二) 从策划实施者角度

1. 完善预案

应急预案是为指导各类突发事件应急处置工作而预先制定的行动方案,对其合理性、可行性、有效性的最佳检验方法便是通过实际的突发事件应急处置工作进行评估。但鉴于部分类型突发事件尤其是重特大突发事件发生频率极低,且仅通过实战检验难以体现应急预案的前瞻性和指导性,故通过模拟突发事件场景,开展应急演练活动来检验并完善预案是应急管理工作中重要且不可或缺的一环。

2. 明确责任

应急预案规定了各单位、各部门乃至各岗位的工作职责,但鉴于突发事件的复杂性,为保证应急预案的适用性,其关于工作职责和行动流程的描述一般不会过于详细。通过模拟突发事件处置,有助于相关主体进一步明确工作职责,避免实战中出现职责不清、流程不畅甚至互相推诿的现象。

3. 磨合机制

突发事件应急处置作为一个需要多主体参与、多层级指挥、多人协同的行动,在明确参与者责任的基础上,还应进一步健全完善应急处置机制,覆盖包括指挥协调机制、协同联络机制、机动运输机制、后勤保障机制、善后机制等应急处置工作全流程。通过应急演练,可以进一步磨合多方协同机制,理顺行动流程,最终形成处置合力,确保突发事件得到妥善处置。

4. 锻炼队伍

军事领域一直有"实战练兵"的说法,这一概念与应急演练类似,指通过模拟战场冲突场景,锻炼临场指挥和协同作战能力。同完善预案一样,开展实际突发事件处置是锻炼和检验应急处置队伍能力的最佳方法。应急演练作为模拟突发事件应急处置的活动,可以看作是一种对参演单位和队伍力量的特殊培训和锻炼方式。

(三) 从观摩者角度

1. 提升个人应急处置能力

无论是示范性或者其他类型的应急演练,一般都会邀请相关人员进行观摩,无论观摩者是专业应急管理人员还是普通公众,都可以从观摩过程中学习突发事件的应对思路、处置流程,从而提升个人应急处置能力。

2. 提升风险防范意识和灾害事故认知水平

通过应急演练现场观摩、视频观看乃至新闻浏览,演练可以不断拓宽宣传教育范围,实现对普通公众的大规模风险防范和灾害事故应对知识普及,从而提升广大群众在大型灾害事故中的自我保护水平,降低政府开展应急社会动员的难度。

四、我国应急演练开展概况

（一）应急管理部"应急使命"抗震救灾系列演练

"应急使命"抗震救灾系列演练作为应急管理部成立三年来首次举行的大规模实兵检验性演习，是国内外举行的最大规模演练活动之一，自 2021 年开始，在每年"全国防灾减灾日"（5 月 12 日）前后举行，规模和影响也在逐步扩大。

该系列演练立足于地震高发地区抗震救灾实际，充分考虑并设置了包括山地、河坝、水库、工厂、城市、生命线工程等各类抗震救灾重点和难点场景，调动了包括国家综合性消防救援队伍、军队、安全生产、建筑工程、医疗、电力、通信、公安等专业应急力量和社会应急力量协同作战，并检验了大规模协调指挥和协同作战能力。

"应急使命"系列演练包含了实战、综合、检验、示范等多种演练类型，既是对国家综合应急体系的一次实战检验和练兵，也能够增进全社会对于减灾防灾的关注度，进而增强公众的防灾减灾意识。该类大型演练涉及行政层级、参与主体、演练场景较多，一般需要长期精细规划和筹备，且需要庞大的通信、后勤保障，并为现场直播和媒体展示提供条件。

（二）深圳市三防专项演练与综合演练

作为经济活力和城市密度高的沿海城市，受台风、暴雨等气象灾害威胁较大，深圳市历来高度重视整体三防工作，每年均会组织全市范围的大型三防综合实战演练。自 2021 年深圳市应急管理监测预警指挥中心建立后，该中心在演练中综合指挥协调的作用越来越大，演练的规模和空间范围也越来越大。

2022 年深圳市三防演练，由市级综合演练和区级专项演练构成。市级层面综合演练，注重特大气象灾害期间重难点突发事件的应急处置，主要流程是组织协调市级通信、电力、交通运输、燃气、水务等主管部门和相关应急力量开展专业处置工作；区级层面专项演练，更加注重结合各辖区风险特征开展相应灾险情的应急处置，主要流程是指挥区级应急三防力量应对辖区内多发高发或面临风险较大的事故灾害。综合演练注重"专而精"，单项演练注重"全而广"，综合演练带有对重特大突发事件应急处置的探索研究性质，而单项演练更注重对各区级三防力量的检验练兵。

区级层面专项演练,在组织过程中采用了模块化任务分解和实地拉动练兵的思路——在市应急管理局统筹确定各区演练场景和科目后,由区应急管理局牵头进行场景设置、人员队伍配备和现场流程规划。这种形式能在保证演练质量的同时,以较低成本组织较大规模的演练,同时达到检验各区三防应急准备的目的。演练现场处置场景通过市应急指挥通信系统传回市应急管理监测预警指挥中心(指挥部),并在演练现场设置同步图传的录像机位以提升指挥部观感。

市级层面综合演练,针对跨区域大型或者重大风险点位台风、暴雨气象灾害,以检验锻炼市三防指挥部统筹指挥,以及市级专业应急救援队伍抢险救灾能力为主,与区级层面三防专项演练形成互补,两者共同保证了市级专业队伍和属地应急力量协同合作,市级统筹指挥与区级现场处置高效顺畅,对全市三防应急处置能力具有全面且有效的提升作用。

第二节　应急演练的组织与实施

一、应急演练规划

(一)应急演练规划的目的

演练规划指一段时期内开展演练工作的总体计划,是由各级政府及其部门、企事业单位、社会团体等根据自身应急管理职责和工作实际,制定的本辖区、本行业、本单位或本部门的应急演练工作安排。

制定和完善应急演练规划,有助于应急演练发挥维持和提升综合应急能力的作用,便于申请资金预算、确定专门负责部门和人员、协调衔接其他工作安排。应急演练规划宜纳入应急管理总体工作规划中来,并依据相关法律法规、政策要求和应急预案的规定,制定年度应急演练计划,合理规划应急演练的频次、规模、形式、时间、地点等,在可能的情况下,尽量制定中长期演练规划(3—5年)。也可以通过中短期(1—2年)确定性较强的演练规划与长期(3—5年)演练规划相结合,兼顾确定性和远景前瞻性。

演练承办单位通过协助演练组织单位制定中长期演练规划,有助于深入参与演练组织单位应急体系提升规划,开发业务需求,体现专业性和承办能力,为承接后续应急演练或其他应急管理相关项目提供帮助。

（二）应急演练规划的要点

演练规划主要流程应包括：梳理演练需求、确定演练内容、建立演练组织机构、规划演练形式、间隔和时间。政府部门演练规划一般与下一年度应急管理工作计划或下一年度预算申报同步进行，前者初步确定演练内容、形式和频次，后者确定各项演练的经费保障情况。

1. 梳理演练需求

和其他应急管理工作一样，演练需求的梳理应该建立在风险调查分析和应急能力评估之上，结合自身面临的主要突发事件风险现状，上级部门演练工作要求，以及相关法律法规、预案、方案等有关自身的应急职责，对照查找自身应急处置能力不足和需改进之处，并针对这些短板采取定制化的演练方案进行补足。

对于演练组织单位来说，演练需求是基于应急预案规定、上级工作要求以及自身应急管理工作履职考虑等因素综合得出的项目需求。宜在符合应急预案规定和上级工作要求的基础上，结合演练组织单位应急管理工作实际，深入查找重要风险隐患和应急工作薄弱环节，强化演练与应急管理重点工作和热点突发事件的联系，使应急演练工作与重大风险防范化解、热点突发事件警示防范等应急管理重点工作相互促进、相得益彰，打出"组合拳"。

2. 确定演练内容

演练需求确定后，可根据演练需求的时间紧迫性、与整体应急管理工作关联程度、现有条件实施可能性等因素筹划确定演练内容，具体应包括演练的主要目标、灾害事故场景、演练科目和大致参加对象范围等。同时，要注意到部分演练内容可能涉及敏感因素，容易引发社会公众的过度反应，非必要时应尽量避免此类主题，或通过选择恰当的演练形式、限制演练涉及范围、做好保密工作或预先进行宣传等方式避免预期之外的社会反应。

对于应急预案或上级部门有明确期限或频次规定的应急演练，宜作为演练规划中的优先层级，确保满足规定的期限或频次要求。

对于尚未开展应急演练的预案或相关应急处置工作有较大变化的演练，例如应急管理架构更改、人员队伍变动、器材设备更新、应急处置对象变化、应急预案修订等情形，宜采取"小步快跑"的渐进方式，根据"先单项后综合、先桌面后实战、循序渐进、时空有序"等原则，由简到难，逐步建立合理完善、衔接有序的应急演练计划，确保相关预案、架构、队伍、设备得到检验和锻炼，整体应急处置能力达到必要水平。

对于近几年内其他地市、同类型单位或相近业务领域出现的后果较为严重、引起较大舆论关注、具有警示参考意义的突发事件,可以作为在演练规划过程中的重点参考案例,通过模拟相似事件场景,检验和验证本单位在现有应急体系下应急处置能力是否能满足要求。

3. 规划演练形式、间隔和时间

演练形式的规划应在以往演练的基础上,采取先易后难、循序渐进的原则,按照先桌面后实战,先单项后综合,先研究后检验和示范的顺序,确保不同演练内容和形式之间衔接有序、互为增益,避免过度重复性演练造成人力、资金等资源低效使用和浪费。

演练间隔的确定首先要满足法律法规和上级工作要求。此外,同一灾害事故类型的演练间隔应在三年以内,对于面临的主要突发事件风险和近年来发生的规模或影响较大的突发事件类型,应酌情补充开展演练或加大频次。

对于与季节气候具有强关联的突发事件,演练时间的确定应根据其发生的时间规律确定,尽量在该类突发事件高发、易发期之前安排演练活动,以达到提示、检验、宣传等作用。演练时间应尽量避开社会敏感期和重大节假日,同时可适当提前或留有一定机动空间,以便结合实际工作情况调整。

4. 落实演练保障

经费、人员、设施、装备、技术和安全保障,是应急演练开展必不可少的要素,在演练规划阶段明确上述保障工作内容,有助于在演练筹备和实施阶段各类资源的高效合理利用,提高演练组织效率和整体保障质量。

经费保障是演练开展的经济基础,应在演练规划阶段与单位预算统筹考虑并合理衔接,根据演练的类型、次数、规模等进行合理充足的预算编制,以保证演练活动的顺利开展。一般演练经费至少包括:人员队伍补助津贴、物资损耗、场景布设与设备购置或租赁费用、专业技术服务费用、专家咨询及评估费用、记录总结及宣传费用等。

演练人员保障包括演练组织实施人员、参演观演人员和评估咨询专家等,可以结合演练组织单位与具体人员关系,通过下发通知、召开协调会、邀请出席或付费购买服务等形式予以确定,也可依托既有应急队伍、专家库等资源为演练提供支撑。

演练设施与装备保障既包括演练所需的物理场所和配套设施,也包括演练过程中涉及的专业装备器材和设施设备,确保模拟灾害事故的场景搭建尽量贴近实际,相关器材、设备维护保养和使用情况良好。

演练的技术保障主要包括指挥通信系统、监测预警系统、演练模拟平台、直播录制等演练辅助设备的技术保障工作,保障演练支持系统正常运作,使演练过程得到更好的呈现和记录。

演练的安全保障首先要求为参演和观演人员提供符合要求的安全防护装备,并进行必要的安全培训和提醒。在演练实施过程中,应根据应急处置影响范围合理分隔现场区域,必要时可考虑为高风险人员购买保险。

二、应急演练筹备实施

(一) 建立演练组织团队

演练组织团队负责演练的策划、设计、筹备、实施和评估总结等工作,一般由演练单位相关工作负责人、专业演练组织(承办)单位人员和评估咨询专家构成,并由演练组织单位指定相关专家或业务负责人作为执行团队负责人,必要时可吸收参演单位代表参与。为保证演练效果,演练组织团队一般不在演练中承担具体的应急处置任务,并且需要确保演练细节不应过分透露给参演人员。

分工合理、架构清晰的演练组织团队是开展高质量演练活动不可缺少的要素之一,其组织架构和人员配置可根据演练性质、内容、规模等实际情况灵活调整,一般包括以下分工设置:

1. 策划组:负责演练的整体策划、文书资料的编制、统筹协调和过程控制、演练总结等工作。

2. 执行组:负责演练设备设施、辅助系统等的准备、安装、调度及应急实施过程的全面调度等。

3. 宣传报道组:负责演练不同阶段的宣传报道工作并在演练结束后制作视频纪录片等。

4. 技术组:配合策划组、执行组对演练过程中的技术问题进行策划、审核或提出解决方案等。

5. 评估组:负责演练过程的记录并在演练结束后编制评估报告等。

(二) 制定演练工作方案

在建立演练组织团队后,一般需要发出演练工作通知并编制演练工作方案,根据已经确定的演练计划,对演练的背景、目的、参演范围、时间安排、演练形式、目标、任务分工、进度安排和其他工作要求等进行阐述,以便相关参演单位根据演练工作方案提出意见建议并进行准备。对于规模较大或准备工作较为复杂的演练,还可以通过召开演练协调会的方式加强对各参演单位的协调。

（三）编制演练脚本

演练脚本也称为演练剧本,作为指引演练活动进行的主要依据,是应急预案和应急处置要求在演练模拟的灾害事故场景下的具象化和定制化,优秀的脚本应该是要素齐全、详略得当、连贯有序、指导性强的半开放式指导文本。

演练脚本一般包含以下要素:

1. 演练环节:标明演练所处阶段,如开场致辞、事件场景构建、预警响应、应急处置、善后处置、评估总结等。

2. 执行单位(人):阐明该环节需执行特定动作的参演人员。

3. 演练动作:描述该环节执行单位(人)所需采取的演练行动,既包括在桌面演练中进行提问、回答及探讨式推演,也包括在实战演练中对阶段性演练目标和动作的要求。

4. 辅助工作:演练组织团队需要采取的协助演练进行或增强呈现效果的动作,如播放音视频、切换 PPT、调整拍摄镜头等。

演练脚本的内容要素和编制逻辑根据演练的类型和规模不同存在较大差异。一般来说,桌面演练和示范性演练因为演练呈现方式和目的的要求,对演练脚本的依赖程度较高,前者着重于以文字描述为基础的情景构建和问题预设,后者为确保演练呈现效果需要尽量规范化的应急处置流程设置。

演练脚本的编制,一般需要经过编制初稿来明确演练目标、总体流程和呈现形式,通过构建演练基础逻辑和呈现效果确保演练成果符合演练组织单位要求,而后通过不断完善演练流程、动作细节和实现方式,形成完整版脚本。在脚本编制过程中,演练组织团队一般需要通过多次交流讨论会议来进行充分地内外部沟通,征求各参演单位意见,确保演练脚本逻辑通顺、流程合理、可行性强。

（四）演练筹备实施

在基本确定演练脚本后,即可根据演练脚本开展演练筹备协调工作,确保演练所需人员、队伍、设备、设施、软硬件系统处于可用状态,必要时需要进行培训以保证达成演练目标。对于规模较大、情景和参演人员较多或实施程序复杂的演练,可以通过模块化分解演练任务的方式,先确保单独每个模块单元内演练动作可行,再串联各个模块确保整体流程顺畅合理。

　　具体演练筹备工作根据类型不同有较大差异,一般包括场景设置(场地布设)、人员培训、必要的预演彩排等,在筹备实施过程中可根据演练目的和实际条件灵活调整。对于示范性演练,一般需要进行多次参演人员培训和预演彩排,以确保相关处置流程合理、动作准确规范;对于检验性演练,则需适当隐藏演练具体场景和内容信息,力求场景设置的拟真性,提升参演人员临场感,从而达到检验能力、查找问题的目的。

三、演练评估和总结

(一)演练评估

　　由于模拟场景与实际突发事件现场之间存在客观差异,应急演练在应急能力的成果性检验方面与实际情况也不可避免地存在一定差距,再加上演练脚本的指导和彩排预演的存在,演练评估工作不能仅关注最终演练现场的呈现效果。为科学评估演练主要目标达成情况,演练评估应该对演练方案的确定、脚本编制、场景设置、彩排预演、正式组织实施全过程进行评估,特别应重视对应急处置过程的评估,在检验应急处置能力的同时,及时查找演练组织过程中存在的问题和不足,以求在今后的演练活动中加以改进,从而实现演练组织能力和应急处置能力的相互促进和螺旋上升。

　　演练评估方式分为定性评估和半定量评估:

　　1. 定性评估。一般由相关领域应急专家对演练组织逻辑和达成效果进行评估,此类评估依据主要建立在专家个人经验和专业知识水平之上,不同评估专家因业务领域和侧重点不同,对同一演练活动的主观评估结果可能存在较大差异,但其发现问题、指导解决问题的作用更为突出,更偏向对整体应急体系和应急处置流程的评估。

　　2. 半定量评估。一般指通过事先编制的评估赋分表,由演练组织团队和参演人员对演练进行评估的方式。此类评估通过对整体流程进行细化分解,并针对每一评分单元制定评分细则,除对传统定性评估标准进行半定量转化赋分外,对于信息报送时限、队伍出动时间、险情解除时间等有时限或数量要求的要素进行定量评分。赋分评估法有效降低了参与演练评估工作的门槛,且可将参演人员纳入评估团队,扩展了评估视角和维度。但是,其评估重点更侧重于既定应急处置动作的完成度,对演练脚本之外存在问题的发现和解决能力较为有限。

（二）演练总结

演练总结是对演练筹备实施工作的概括性总结,应该建立在演练评估的基础之上,在记录演练整体流程的同时,对评估发现的问题进行探讨并提出改进建议或解决方案。演练总结报告作为演练活动报送备案的组成材料之一,可以附件形式附上演练工作方案、脚本、视频图片记录等内容。

第三节 应急演练相关技术方案示例

一、应急演练工作方案示例

以某市交通运输行业三防应急演练工作方案为例,主要内容包括演练背景与意义、演练目标、演练依据、演练组织机构、演练形式、演练情景设计、演练工作计划等。

（一）演练背景与意义

为提高交通运输行业突发事件的处置能力及处置效率,有效应对极端恶劣天气,进一步健全和完善我市交通运输行业台风暴雨等突发事件的防范和应急处置体系,指导各单位开展各专业领域的应急工作,提升交通运输保障能力和水平,维护交通运输行业平稳运行,促进经济社会和行业协调健康发展。拟定于＊＊年＊＊月举办三防应急演练。为保障演练工作的顺利开展,制定本工作方案。

（二）演练目标

应急演练目标是指检查演练效果,评价应急组织、人员应急准备状态和应急响应能力的指标。在突发事件应急响应过程中,应急指挥机构和人员展示出的各种能力会受到演练规模、演练真实程度等条件的限制。

本次应急演练的主要目标包括:

1. 增强应急指挥部综合调动、运用现有资源进行指挥决策和解决突发复杂问题的能力,提高协调配合能力,完善应急工作机制。

2. 进一步明确应急指挥部各成员单位和人员的工作职责,促使各部门、参与单位和相关人员熟悉应急预案,掌握应急工程流程,提升业务素质和能力。

3. 发现相关应急预案中存在的问题,为修订完善应急预案提供依据,提高应急预案的实用性和可操作性。

4. 完善应急准备工作,指导应急救援队伍提升处置能力,更新补充应急装备、物资,提高其适用性和可靠性。

（三）演练依据

1.《中华人民共和国突发事件应对法》

2.《中华人民共和国安全生产法》

3.《生产安全事故应急条例》

4.《突发事件应急演练指南》

5. 某市防汛预案、防台风预案、气象灾害应急预案等

（四）演练组织机构

主办单位：＊＊＊

承办单位：＊＊＊

参演单位：＊＊＊

成立应急演练领导小组,由＊＊＊同志任组长(兼任总指挥),由＊＊＊同志任副组长(兼任副总指挥),市交通运输局相关负责同志任组员。领导小组负责审核演练方案和计划,综合协调演练资源,督促落实演练准备工作,全面监管演练实施过程等。

领导小组下设演练工作组,分设策划组、执行组、宣传报道组、技术组、评估组等,由主办单位和承办单位相关工作人员组成。

策划组职责:负责演练的整体策划、文书资料的编制、统筹协调和过程控制、演练总结等工作。

执行组职责:负责演练设备设施、辅助系统等的准备、安装、调度及应急实施过程的全面调度等。

宣传报道组职责:负责演练不同阶段的宣传报道工作,并在演练结束后制作视频纪录片等。

技术组职责:配合策划组、执行组对演练过程中的技术问题进行策划、审核或提出解决方案等。

评估组职责:负责演练过程的记录并在演练结束后编制评估报告等。

（五）演练形式

本次演练综合采用桌面推演和实战演练相结合的形式,在某区假想灾害事故情景并进行演练现场预设,在局总值班室设立指挥中心进行桌面推演和指挥实战。实际演练中,下达各项指令时应当提前说明为应急演练信息。

（六）演练情景设置

本次实战演练共设置5个模拟情景。

情景1:某年某月某日,"拉莎"台风预计将在我市登陆,市气象台发布台风蓝色预警,启动防台风Ⅳ级应急响应。某道路工程施工现场开展台风暴雨的防御及救灾工作,加固有危险的建设施工设施,疏散、撤离危险区域人员,在危险区域设置警示标志,预防事故的发生。

情景2:某时,某区发生道路坍塌事故,事故导致1辆公交车受困,现场有人员受伤受困,周边群众及时报警,道路管养企业的巡查人员发现后,及时汇报情况。最近消防救援站及120急救到场实施救援,事故中1名人员受伤严重,需要马上手术,需调度直升机转运伤者到市外某专科医院进行医治。

情景3:某时,受台风"拉莎"影响,机场延误2小时以上的航班达百余班次,航站楼内滞留旅客达1000人。预计天气将继续恶化,滞留旅客人数将进一步增加,急需做好人员紧急转移安置工作。

情景4:某时,受台风"拉莎"影响,我市出现强降雨,市气象台发布台风橙色预警、暴雨红色预警,我市启动防台风、防汛Ⅱ级应急响应。由于强降雨带来雨水倒灌,地铁某号线某段地铁轨道积水中断,导致周边几个地铁站约1万多人滞留。

情景5:某时,台风影响逐渐减弱,但暴雨对我市影响仍在持续。某区出现道路边坡滑坡事故。道路一侧被中断,车辆无法通行,道路养护单位应急队伍前往处置。

（七）演练工作计划

演练工作分为计划、准备与训练、现场综合演练实施、评估总结等四个阶段推进(详见表6-1)。

表6-1 应急演练工作计划安排表

序号	完成时间	工作内容	具体要求	负责机构
（一）演练计划阶段（＊＊月＊＊日前）				
1	＊＊月＊＊日	成立策划组	制定演练初步方案,确定演练形式、演练候选地点、演练内容、演练科目、参演单位等。	主办单位策划组
（二）演练准备与训练阶段（＊＊月＊＊日前）				
2	＊＊月＊＊日	成立演练组织机构	正式成立应急演练领导小组及其下设各功能组,确定相关人员配备并召开专题会议进行任务分工。	各工作组
3	＊＊月＊＊日	现场调研	搜集应急演练相关资料进行情况摸底,组织开展演练地点调研活动。	策划组执行组
4	＊＊月＊＊日	编制演练资料	编制演练工作方案、导调方案等文件资料。	策划组
5	＊＊月＊＊日	确定其他方案	各小组根据本组职能分别确定现场设置方案、技术支持与保障方案、宣传报道方案及评估总结方案等。	各工作组
6	＊＊月＊＊日	征求意见	就演练方案及脚本征求各参演单位意见并修改完善。	主办单位策划组
（三）现场综合演练实施阶段（＊＊月＊＊日前）				
7	＊＊月＊＊日	全面训练	根据计划开展针对应急预案的全面训练工作并完善设备、物资准备工作等。	执行组参演单位
8	＊＊月＊＊日	监督检查	检查确认应急演练设备、物资、技术等保障到位。	主办单位
9	＊＊月＊＊日	演练实施	根据演练方案及脚本实施现场综合演练,执行小组负责现场调度,其他小组各司其职,确保演练顺利完成。	执行组参演单位
10	＊＊月＊＊日	评估记录	采用文字、照片、视频等方式记录演练过程并收集评估所需要的各种信息和资料。	评估组
（四）评估总结阶段（＊＊月）				
11	＊＊月＊＊日	评估总结	撰写评估总结报告,整理照片、视频资料等。	评估组宣传组

二、应急演练脚本示例

以某市交通运输行业三防应急演练脚本为例，详见表 6-2。

表 6-2 某市交通运输行业三防应急演练脚本（示例）

序号	演练环节	执行人员	演练动作/解说词或主持词（大括号标注）	备注
1	准备	导调组/参演人员	完成会场布置及设备调试，各项工作准备就绪。参演、观摩人员签到并在指定区域就座。	
2	开场视频		【受全球气候变化影响，近年来我国极端暴雨多发频发。河南郑州"7.20"特大暴雨灾害：2021年7月17日至23日，河南省遭遇历史罕见特大暴雨，发生严重洪涝灾害，其中更是造成了郑州地铁5号线伤亡事件、郑州京广快速路北隧道伤亡事件、水库漫顶事件、山洪灾害等数起重大人员伤亡和社会关注的事件。湖北随州"8.12"特大暴雨：同年8月12日，在湖北随州发生极端强降雨天气，期间造成8000余人受灾，21人遇难，4人失联，受淹、受损房屋2700余间，冲毁道路11.3公里，桥梁63座，造成镇区电力、通讯中断。今年进入汛期以来，全国平均降水量为2017年以来历史同期最多，暴雨过程多，局地灾害严重，雨情、汛情、灾情呈现有"多三重一降"的特点。据气象部门预测，今年在西北太平洋和南海生成的台风个数为22-25个，接近常年；登陆我国的台风个数为7—9个，较常年偏多；台风路径以西行和西北行为主；主要影响我国华南东部和华东沿海地区，其中台风北上登陆的可能性大、影响偏重，防风防汛形势更趋复杂。未雨绸缪做好防汛防风工作，对于维护经济社会稳定、保障人民群众生命和财产安全是极其重要的大事。为做好台风暴雨等恶劣天气的防御和抢险救灾工作，最大限度减少人员伤亡或财产损失，进一步健全应急响应处置机制，提高灾害防御和应急处置能力。××市决定开展××三防综合应急演练。】	用预制开场视频介绍演练背景，提升临场感。
3	开场介绍	解说员	【各位领导、各位来宾，下午好！本次演练由××同志担任总指挥，邀请×××老师作为本次演练的点评专家。（介绍名单需现场最终确认）今天在主会场演练的单位包括：×××等单位，让我们掌声欢迎大家的到来。下面请总指挥宣布演练开始。】	介绍参演领导和单位

（续表）

序号	演练环节	执行人员	演练动作、解说词或主持词（大括号标注）	备注
4	开始	总指挥	宣布【我宣布：XXXXXX应急演练正式开始！】	宣布演练开始
5	引导词		【演练场景一：台风蓝色预警（防风IV级响应）。】	
6	预警信息	情景视频	【某年某月某日，原位于南海中部的热带低压已于某时某分加强为台风，预计将以10到15公里的时速向西偏北方移，趋向珠江口至海南岛东部海面，强度缓慢加强。将严重影响我市。我市气象台于某时某分发布台风蓝色预警信号，全市进入台风戒备状态。需落实各项防风措施，及时组织户外、高空、海上作业人员做好防御防风工作。我市三防指挥部决定同步启动并向全市发布防风IV级应急响应。】	介绍该阶段演练具体背景
7	提问	解说员	提问【请＊＊＊结合所辖业务领域和实际，依据三防应急操作指令回答：1. 如何统筹、协调做好防御工作？2. 如何快速掌握工程防御措施及其准备情况、防御措施重点有哪些？】	PPT辅助，以问答方式检验各单位应急准备工作
	回答	＊＊＊（参演单位）	回答（时间2～3分钟）【……汇报完毕。】（结合实际情况，参考相关预案回答）（参考要点）问题1：简述统筹和内容要点。问题2：简述防御措施和内容要点。	
8	应急处置	处置视频	【市气象台发布台风蓝色预警信息，应当暂停工地高空、露天作业，做好台风防御工作。通知和组织现场施工人员做好转移准备，提前与应急管理部门联系，落实应急避险场所或临时安置点，准备好有关生活物资。同时要对工地排水管道进行清理，确保排水畅通，减少台风期间工地积水。对深基坑（高边坡）工程加强监测，防止发生坍塌事故。工地用电气设施加固，相关电气设备及时覆盖或安装防雨设施。建筑工地宿舍、材料仓库、围墙等临时建筑设施扎纲加固，做好排查、重点加强修缮加固。加强对脚手架、架体结构、拉结点、剪刀撑的检查。排查所有塔吊、龙门吊等大型机械设备、重点检查设备设施，对松散线路进行纲扎加固，重点检查塔吊、脚手架等临时设施稳固、结构的基础、附墙、拉结点、缆风绳等涉及结构稳定的关键设施，根据相关要求对塔吊、脚手架等兜牢危险区域必须马上整改，并在危险区域设置警示标志。所有检查中发现的安全隐患必须马上进行处理。】	通过预拍、剪辑展示台风防御工作开展情况

（续表）

序号	演练环节	执行人员	演练动作/解说词或主持词（大括号标注）	备注
9	引导词		【演练场景二：道路坍塌，公交车受困。】	以背景视频介绍，推进演练进程，引出突发事件
10	预警信息	情景视频	【据气象部门通报，台风中心位于某市东南方约490公里的海面上，中心附近最大风力11级（30米/秒）。预计台风将以每小时15到20公里的速度西北方向移动，强度继续加强，我市气象台于9月23日10时00分发布了台风黄色预警信息，同时发布暴雨红色预警。根据台风的发展趋势，市三防指挥部启动防汛III级应急响应。当前我市部分区域风力和降雨已达到气象监测预警联动机制启动阈值，市气象局每6小时提供最新实时观测数据，台风定位和路径预报信息，提示可能有造成车辆侧翻、行道树、广告牌等损毁灾害风险；每1小时发送暴雨预报信息，提示最新的分区降雨实况和未来降雨预报，在降水前送新一轮的提示和发送暴雨预警信息。提示可能有造成道路积水、道路塌陷等次生灾害风险，采取针对性的防御措施。根据具体气象预警信息，采取对性的防御措施。某时，某街道某路段发生路面坍塌，坑洞直径约10米，深度约3米，一辆行驶中的公交车陷入其中，多人受伤，群众拨打110报警。各业务主管部门及辖区管理局应】	
11	提问	解说员	提问【请＊＊回答：1.发生此类险情时，应当通知、协调哪些单位开展应急处置？2.现场应采取哪些临时处置措施？3.道路坍塌应急处置中应注意哪些问题？】	PPT辅助
	回答	＊＊＊（参演单位）	回答（时间2～3分钟）【……汇报完毕。】（结合实际情况，参考相关预案回答）问题1：简述处置流程以及处置过程中可能涉及的单位（例：人员被困、受伤涉及的单位）。问题2：简述应急处置措施（例：警戒雨挡工作等）。问题3：简述道路坍塌路段应急处置有参考水平情况……）。	

（续表）

序号	演练环节	执行人员	演练动作/解说词或主持词（大括号标注）	备注
12	应急处置	现场直播	【在现场指挥部的指挥下，事故现场正在开展紧张的救援行动。首先由消防员将塌陷坑洞中的被困乘客救出，并由救护车送往就近医院救治；然后使用吊车将陷入坑洞中的公交车吊起；最后使用挖掘机和渣土车扩大坑洞，挖出泥土和砂石，寻找失踪人员。在现场各方应急力量全力救援下，9名受伤人员已全部救出并送医。现场确认没有失踪人员，公交车已吊出并拖离现场。现场坑洞直径约12米，深度约2.5米，道路损毁严重，经事故调查组调查确认可以开展修复工作。】	现场开展应急处置并设置并通过视频实时直播
			（可结合实际进一步增加其他突发灾险情场景。通过问答或现场直播推进演练进程。）	
13	结束响应	解说员	【某月某日台风对我市风雨影响持续减弱，未来台风将继续远离我市。我市气象台某时某分解除全市台风预警。市三防指挥部发布公告，结束防汛应急响应，转入善后工作阶段。】	PPT辅助
14	引导词	解说员	【下面请＊＊同志对本次演练进行点评。】	
15	专家点评	专家点评	专家点评……	专家点评
16	引导词	解说员	【下面有请＊＊同志作指示讲话，大家掌声欢迎！】	
17	领导讲话	领导讲话	领导讲话……	领导讲话
18	演练结束	解说员	【感谢＊＊同志的讲话，让我们以本次演练为契机，进一步加强对防灾减灾工作的重视程度，共同提升交通运输行业防汛工作水平。各位领导、各位来宾，某市交通运输行业三防应急演练活动到此结束，感谢大家的参与！】	结束语

三、应急演练评估表示例

针对应急演练活动的共性而设立的一套通用评估指标体系(见表6-3),旨在为各类突发事件应急演练的评估开展提供基础参考。各级地方政府部门、应急演练承办单位等可以结合本行业、本领域、本地区、本单位实际,对通用指标体系的内容进行适当增减,从而建立更具针对性和适用性的应急演练评估指标体系。

表6-3 应急演练评估表(示例)

一级指标	二级指标	三级指标	评分说明	得分
一、演练准备(20分)	(一)演练组织(6分)	1. 组织机构(2分)	(1) 是否设立演练组织领导机构,职责分工是否明确; (2) 参与演练的各单位责任分工是否明确; (3) 是否明确落实演练策划承办机构。	
		2. 指挥机构(2分)	(1) 是否设置演练总指挥部,是否设置总指挥、副总指挥等指挥控制岗位; (2) 是否设置现场指挥部,落实现场指挥人员; (3) 各级指挥人员、控制人员是否佩戴袖标或演练职务标识证牌。	
		3. 处置队伍(2分)	(1) 是否组织应急处置队伍参与演练,演练角色任务是否清晰明确; (2) 应急处置队伍的任务设置是否符合应急预案的规定; (3) 是否设置专家组,专业对口并参与提供应急演练处置技术方案。	
	(二)演练方案(8分)	4. 演练计划(2分)	(1) 演练目标定位是否合理,是否有针对性,是否贴近实际,符合本行业、本领域、本地区、本单位的实际特点; (2) 是否符合应急预案的规定,按照"先单项后综合、循序渐进、时空有序"的原则组织制定。	
		5. 情景构建(4分)	(1) 是否按照演练计划,构建突发事件类别、级别及相应情景; (2) 情景构建是否具有仿真性,危害后果形式、影响范围等是否符合实际。	
		6. 演练脚本(2分)	(1) 演练脚本是否贴近应急预案规定,是否符合应急处置工作实际; (2) 是否以情景构建为基础编制演练脚本,流程、内容与台词设计是否富有针对性。	

（续表）

一级指标	二级指标	三级指标	评分说明	得分
一、演练准备（20分）	（三）演练保障（6分）	7.场地保障（2分）	（1）是否设置集中的演练总指挥部场所，是否满足指挥部成员工作需要； （2）是否设置现场指挥所，是否满足现场应急指挥处置的需要。	
		8.装备保障（3分）	（1）现场应急处置队伍是否配置与应急处置任务相适宜的专业应急装备、物资、器材，是否满足现场处置工作需要； （2）是否按照规范要求为现场应急处置队伍和人员配备防护装备。	
		9.经费保障（1分）	是否安排演练经费，是否与演练形式、内容和规模相适应。	
二、演练实施（70分）	（一）信息沟通（15分）	10.演练解说（2分）	（1）演练背景、进程等解说是否清晰准确； （2）演练解说与演练脚本、情景推进是否同步、匹配。	
		11.信息报告（10分）	（1）是否及时、清晰，要素是否齐全； （2）是否按信息报告要求逐级上报； （3）上级的应急指令是否及时传达。	
		12.信息披露（3分）	是否按照信息发布的要求及时披露事件信息。	
	（二）应急响应（45分）	13.先期处置（3分）	（1）事发单位、辖区是否明确和落实先期处置职责； （2）先期处置措施是否得当。	
		14.分级响应（4分）	根据具体情景和事态，是否按照应急预案启动相应级别的应急响应。	
		15.指挥部设置（3分）	是否按照应急预案，设置总指挥部或现场指挥部。	
		16.现场管控（4分）	（1）是否按照应急预案，组织落实现场管控措施； （2）现场管控范围是否合理，贴近实际，满足应急处置需要。	
		17.医疗处置（4分）	（1）是否按照应急预案，组织落实现场医疗救护工作； （2）现场医疗救护措施是否合理，贴近实际，满足应急处置需要。	

（续表）

一级指标	二级指标	三级指标	评分说明	得分
二、演练实施（70分）	（二）应急响应（45分）	18.疏散安置（4分）	是否按照应急预案,组织落实现场周边公众告知和疏散措施。	
		19.现场监测（4分）	是否按照应急预案,组织落实现场监测措施,包括危险源监测、气象监测、地质监测、建(构)筑物安全监测等。	
		20.技术处置（10分）	(1) 是否按照应急预案,模拟发生真实事件,采取针对性的专业技术处置措施; (2) 采用的技术处置措施是否科学、合理; (3) 应急处置队伍现场处置作业是否有序; (4) 现场应急处置人员操作装备、设备是否规范、熟练; (5) 现场人员的个人防护措施是否得当。	
		21.联动机制（4分）	(1) 现场指挥协调是否有序; (2) 应急处置队伍现场协调联动、协同处置是否有序、高效。	
		22.指挥控制能力(5分)	(1) 指挥员全程指挥处置是否果断、有序,是否具备较强的指挥控制能力; (2) 指挥程序与应急预案、演练脚本是否一致。	
	（三）舆情应对（10分）	23.舆论引导（10分）	(1) 是否组织信息发布(新闻发布会等形式)并安排媒体参与; (2) 信息发布是否及时,频次是否合理,是否按照事态进展有序安排; (3) 信息发布要素是否全面。	
三、总结阶段（10分）	（一）演练分析（8分）	24.点评分析（4分）	(1) 是否组织演练分析总结,讲评是否全面、客观、到位; (2) 结合应急预案,是否对照查找存在的问题与不足。	
		25.总结提炼（4分）	(1) 是否对演练活动进行总体总结; (2) 针对不足,是否提出针对性改进措施、改进计划,包括修订预案、完善响应措施等方面内容。	
	（二）资料整理（2分）	26.演练记录（2分）	演练活动全过程安排有文字、音像记录,并作整理归档。	
总分(以上指标得分总和,满分100分)				

第七章　综合减灾社区创建

综合防灾减灾面向多种灾害和灾害链,是一项全方位、全过程、系统性和整体性工程。作为当下灾害管理界的研究热点问题之一,采取多种工程与非工程性的减灾措施和途径,发挥社会减灾能力的综合效益和联合作用,可以最大程度地减轻灾害损失和影响。基于世界先进综合防灾减灾理论与实践,结合我国防灾减灾工作现状和国情需求,开展社区综合防灾减灾研究显得十分必要且迫切。

第一节　综合减灾社区发展概述

社区是城市最重要、最基本的组成单位,其韧性直接关系到城市的抗灾能力。从人类开始有综合减灾意识至今,各国的学者在这方面已经有了许多研究成果。虽然导致不同地区不同灾害的具体因素不同,但多是各种因素综合作用的结果,因此引发了人类对灾害进行综合研究的热潮并提出了许多综合灾害风险管理模式。

一、社区风险管理

社区风险管理最早始于英国,具有社区自发性质。随着社区的发展,其地位在社会问题和社会挑战中日益提升,政府便开始主导社区,使其在应急管理系统中发挥作用。英国构建应急管理体系的特色是重视防灾减灾能力的发展和提升,由政府统一规划指导社区的建设和发展,其理念是推动"社区自救"的应急能力,完善社区服务中心的功能加强社区与社会组织的合作,并且建立

"社区防灾数据库"以推广好的经验和做法。

二、安全社区

20 世纪末,瑞典的一个社区发现只有社区各部门以及志愿团队合作起来才能减轻各种意外伤害的发生。因此有针对性地制定了伤害预防计划,其内容包括了实施宣传教育、提供资讯、监管以及环境改善等。该社区被世界卫生组织(WHO)评为第一个安全社区,并向全球推广。

世界卫生组织对安全社区提出了六大标准:一是必须成立一个专门的组织负责跨部门、跨领域的事故与伤害预防,以友好的合作方式履行社区安全推广事宜;二是以持续不断地推广各项安全社区项目为长期目标,这些项目应当根据不同的社区环境、成员年龄与性别等条件来设计、推行;三是对于高风险人士、高风险环境以及弱势群体有特定针对性的安全与健康问题应对方案;四是必须建立事故与伤害发生频率和成因的调查制度及信息制度;五是必须设立评价办法来评估项目推广的过程和成效;六是要积极参与本地和国际安全社区网络的经验交流。

1991 年,世界卫生组织在瑞典召开第一届国际安全社区大会,并确定以后每年召开世界安全社区大会,大力推动安全社区建设。2004 年,北京朝阳区、上海浦东新区、河北唐山等地区的 10 个社区启动安全社区创建工作,北京东城区和西城区、深圳福田区等也开始筹备安全社区创建。2005 年,安全社区建设被纳入《国家安全生产"十一五"规划》和《"十一五"安全文化建设纲要》。2007 年,我国命名了首批 21 个全国安全社区。2009 年,国家安监总局下发《关于深入开展安全社区建设工作的指导意见》和《安全社区评定管理办法(试行)》,标志着我国安全社区建设进入更加规范的发展阶段。2010 年,全国安全建设工作会议提出要大力推进安全社区建设。2011 年,国务院安全生产委员会先后下发《关于认真贯彻落实国务院第 165 次常务会议精神进一步加强安全生产工作的通知》和《关于进一步深入推进安全社区建设的通知》,明确由国务院安委会主导推进安全社区建设,整合资源、调动政府职能部门和各方积极性。2011 年,我国进一步加大了企业主导型安全社区建设,晋煤集团、平朔煤矿等单位突出企业优势和特色,围绕安全生产和居民安全健康,开展安全社区建设。2012 年,我国安全社区建设已由北京、大连、山东、广东等大城市和东部发达地区延伸至中西部地区。

三、地震安全社区

"地震安全社区"的概念最初仅作为"安全社区"理念的分支和延伸,但自2008年汶川地震后,中国地震局高度重视"地震安全示范社区"等基层防灾减灾工作。2008年,国务院防震减灾联席工作会议提出"要大力推进城市地震安全示范社区工作",中国地震局党组提出有重点的全面防御理念,随后,中国地震局研究下发《关于推进城市地震安全示范社区试点工作的通知》,将开展示范试点工作列为重点工作之一。2012年,中国地震局下发《地震安全示范社区管理暂行办法》,进一步加强推进示范社区建设。2013年,中国地震局下发《关于加强基层防震减灾示范工作的通知》,对示范社区创建、申报、审核和抽查整改等方面提出要求。2015年,中国地震局下发《关于加强地震安全社区建设工作的指导意见》,对组织机构、工作制度等11个方面提出了具体指导。此外,中国地震局还提出"地震安全农村民宅示范工程"、"防震减灾示范社区和示范县"等工作部署。

四、综合减灾示范社区

2007年8月,国务院办公厅印发《国家综合减灾"十一五"规划》,提出加强城乡社区减灾能力建设,推进基层减灾工作,开展综合减灾示范社区创建活动。全国各级民政系统按照国家减灾委员会和民政部的统一部署,围绕社区减灾能力建设,不断健全社区灾害应急管理工作体系,完善社区灾害应急预案,积极开展应急演练,广泛开展防灾减灾知识和技能宣传普及工作,完善社区减灾基础设施,有效提升了我国城乡社区的综合减灾能力。2008年3月,民政部授予北京市朝阳区望京社区等100个社区首批"全国综合减灾示范社区"称号。

2010年5月,国家减灾委员会办公室在总结各地开展社区综合减灾的做法和经验基础上,制定印发了《全国综合减灾示范社区标准》。2011年6月,《国家减灾委员会关于加强城乡社区综合减灾工作的指导意见》(国减发〔2011〕3号)明确要求以最大程度保障社区居民生命财产安全为出发点和落脚点,坚持政府领导、部门指导,充分调动和发挥社区居民、单位在减灾工作中的积极性,形成合力;坚持因地制宜、政策引导,重点加大对经济欠发达地区、灾害易发多发地区社区减灾工作支持力度;坚持科学规划、统筹兼顾,全面推进社区综合减灾组织体系、工作机制、队伍建设、预案制度、物资装备、宣传教育等各项能力建设,切实提高城乡社区综合减灾整体水平。

2012年6月,为进一步做好城乡社区综合减灾工作,规范全国综合减灾示范社区创建管理,民政部制定印发了《全国综合减灾示范社区创建管理暂行办法》(民函〔2012〕191号)。2013年9月,国家减灾委员会办公室对《全国综合减灾示范社区标准》进行修订。

2018年1月,为贯彻落实《中共中央 国务院关于推进防灾减灾救灾体制机制改革的意见》要求,民政部、中国地震局、中国气象局联合修订印发了《全国综合减灾示范社区创建管理办法》,旨在加强减灾资源和力量统筹,深入创建综合减灾示范社区。

2019年机构改革后,国家成立应急管理部,划入民政部减灾救灾部分职责,管理中国地震局,指导各地区各部门综合防灾减灾救灾工作。2020年6月,为统筹推进全国综合减灾示范社区创建,扎实做好城乡社区综合减灾工作,筑牢防灾减灾救灾的人民防线,国家减灾委员会、应急管理部、中国气象局、中国地震局再次对《全国综合减灾示范社区创建管理办法》进行修订并下发,进一步细化明确了全国综合减灾示范社区的创建标准。

自2008年以来,国家减灾委员会、民政部、应急管理部逐年开展"全国综合减灾示范社区"创建工作,截至2021年底,已开展十五批次评选,累计有15154个社区入选"全国综合减灾示范社区"。

第二节 国内外减灾社区建设的典型模式

一、国外典型案例

(一) 美国

1. "Project Impact"计划

1996年,美国联邦应急管理署改变了过去以工程为主的灾害防治策略,提出了一个以社区为基础的计划,称为"Project Impact:构建抗灾社区"("Project Impact:Building Disaster-Resistant Communities"),鼓励由社区主动采取行动来预防和减少灾害发生,减低民众的生命财产损失。

"Project Impact"推动个人、企业、社区领导通过以下四步构建更安全的社区：

（1）建立社区伙伴关系。识别及招募合作伙伴，寻求包括当地政府官员、志愿团体、企业和公民个人的积极参与，组成抗灾社区规划委员会，并最终确定抗灾社区的领导人。通过召开第一次规划委员会会议，成立任务小组来处理各项议题。

（2）进行社区灾害风险评估。确认社区中可能受到灾害影响的区域、受灾可能性及其影响程度大小，列出威胁社区的灾害因子，进行风险评估，并将收集到的灾害威胁和可能带来的损害信息资料等转换成地理信息系统或其他方便实用的形式。

（3）排定减灾优先顺序。基于前期的评估判断，建立目标资源清单，确定减灾需求的优先顺序及所要采用的方法，配备适当的资金以及人力资源，开发一套策略性的长期减灾计划，以降低未来灾害对社区的影响。

（4）成果分享。向社区其他人员说明推动"Project Impact"的意义、工作进度、阶段性成果，吸引社区居民的支持与参与，促进抗灾社区的可持续发展。

2."社区应急响应队"（CERT）

美国在学习日本公民志愿者的基础上，提出了"社区应急响应队"（Community Emergency Response Team, CERT）的概念，通过培训让民众掌握一些应对灾害的基本技能，在专业响应人员到达前开展自救和互救。近年来CERT应对灾害的经验表明，建立社区应急响应队、提升基层应急响应能力是在遇到突发事件和灾害时，社区有效开展自救、互救的重要措施和手段。

（二）日本

1.防灾福利社区事业计划

1995年以前，日本一直由"自主防灾推进协议会"来负责在社区推动防灾教育与训练等活动，但是在发动民众灾害紧急应变和救助方面收效甚微。阪神大地震后，日本开始推行"防灾福利社区事业计划"，希望可以通过市民、计划推动者与市政府的合作推动，发挥社区既有的社会福利组织以及人际网络，开展灾害防救的宣传、教育与训练，进行防救灾计划的拟定等工作，并结合地区的福利活动与防灾活动，以提升组织运作效率，提升社区的自主防灾能力。

"防灾福利社区事业计划"的实施包括以下内容：（1）召集全部的居民，即动员社区的人员，针对防灾福利社区进行提案，在会议中相互讨论及说明，让民众了解防灾福祉社区的内容及意义;(2)成立防灾福利社区组织,讨论地震等灾害的相关事项,讨论社区灾害危险度;(3)从赏花等活动开始建立伙伴关系,与社区内邻居建立朋友关系,进行社区踏勘,通过观察制作防灾地图;(4)由自治会或妇女会结合社区团队开展倡导工作,制作倡导海报,宣传普及防灾知识,使社区全体居民知晓。

2.“自救、共救、公救”体系

1995 年日本阪神大地震和东京地铁沙林事件后,日本的应急管理从“综合防灾减灾管理”转向“国家应急管理体系”,改变以行政为中心的救灾体系,提出以行政、居民、民间企业、非政府组织、非营利团体、志愿者相互合作的“公救”“共救”“自救”体系。

相对于其他国家而言,日本的应急管理文化较为成熟,表现为公民普遍具备应对危机的心理素质和自救互救技能。通过将防灾减灾工作贯穿于民众们日常的生活中,提高政府和国民的安全意识与应急技能,形成以国民及企业自觉开展为基础的“自助”、地方多样主体的“共助”以及国家及地方公共团体的“公助”共同构成的协作体系。

其中,居民自主防灾组织的日常活动对提高居民的自救能力具有不可忽视的作用,特别强调邻里和社区的“共救”,当灾害发生后居民自主防灾组织便成为开展“共救”活动的重要主体。

(三) 新加坡

为教育和支持公众掌握必要的紧急民事防护知识与技能,新加坡民防部队(Singapore Civil Defence Force,SCDF)推出了大量的社区项目,包括大规模群众参与的演练、家庭访问、分发教材及培训工具、组织社区活动等。

1.“社区应急准备计划”(CEPP)

2016 年 11 月,SCDF 推动将原本五模块的“社区应急准备计划”(Community Emergency Preparedness Programme,CEPP),简化成一个三层结构的项目。“社区应急准备计划”的内容专注于核心救生技能和必要的应急程序,强调基层人员的实操性动手参与,主要包括以下内容:

(1)“我很安全(I AM SAFE)”计划:关注两个主题,火灾发生时怎么做,以及简易的急救技能。

(2)“准备响应(RESPONSE READY)”计划:掌握基本的应急准备知识,重点在实际动手训练应急准备技能“生命的三角”(急救、CPR-AED、消防）。

（3）"救援者（LIFESAVER）"计划：全面的救生技能以及先进的应急准备知识。

2."社区安全与安保计划"（CSSP）

"社区安全与安保计划"（Community Safety & Security Programme，CSSP），是由基层应急响应队伍、基层领导者、居民共同制定的行动计划，旨在解决影响当地社区的安全问题。"社区安全与安保计划"通过鼓励公民积极参与，让社区通过自助和互助确保自身的安全。社区居民有机会积极领导、规划和实施活动来改善他们社区的安全，而同样重要的是凝聚社区的共同目标和积极关系，充分联合"社区安全与安保计划"参与者建立起一支核心社区团队，通过共同的努力来解决社区的问题。

制定"社区安全与安保计划"有三个基本阶段：（1）描述社区。描述社区的主要特征，识别社区的问题和需求，设置优先级以集中社区的努力。（2）谁能提供帮助。包括基层组织、居民、家庭小组和其他相关机构，如国家消防和民用应急委员会、工商联合会和红十字会等。（3）行动计划。共同创造一系列的行动来应对社区的优先问题，形成一个行动计划文档。

二、国内典型案例

我国的防灾减灾研究发展道路与世界的防灾减灾发展道路相似。在解放以前，人们对自然灾害只能"听天由命"且在防灾减灾过程中存在不少迷信思想。新中国成立以后，科学防灾研究才得以重视，出现了大批从事灾害科学的科学家、专业研究所等。近十年我国的安全社区建设各地各具特色，运行不同的安全社区建设方法有明显成效。目前，全国仍在探索"综合减灾"之路，包括学者对综合减灾的理论研究以及各级政府对综合减灾的实践研究。

（一）河北：强化农村减灾社区创建

河北省坚持防灾减灾救灾并重的原则，坚持防灾减灾工作与救灾工作同时部署、同时督导检查。按照相关规定要求，河北省细化年度综合减灾示范社区创建目标，制定下发《河北省省级综合减灾示范社区标准》，要求各地按照"分类指导、分层次创建"的原则，大力开展综合减灾示范社区创建活动。市县将积极性高、工作基础好的社区纳入辖区创建范围，重点培养。在综合减灾示范社区创建中,河北省强化"六有",保障创建质量。"六有"即:每个社区要有防灾减灾领导组织,有防灾救灾志愿者队伍,有针对本社区灾害风险的应急预案,有规模适中、设施齐全、管理规范的避难场所,有活动方案并坚持定期开展防灾减灾知识宣传和预案演练,社区每个家庭备有逃生设备和防灾减灾知识手册。河北省还特别注重农村减灾示范社区的创建工作,结合新农村、文明村、美丽乡村建设,积极动员条件好的农村社区开展创建活动,并加强指导,扩大综合减灾示范社区在广大农村地区的辐射效应。

（二）山东:建立"网格化"减灾动态管理机制

山东省委、省政府把综合减灾示范社区创建作为健全防灾减灾救灾体制、推进社会治理创新、构建社会公共安全体系的重要举措。烟台、威海、日照、滨州等地将"网格化管理、楼栋长负责、居民全员参与"的城市社区管理模式移植到防灾减灾工作当中,科学划分网格范围。各网格长负责所辖区域的防灾减灾工作,动员网格内志愿者、社会组织及专业力量等深入到街巷小区、居民家庭,开展防灾减灾宣传教育及演练等活动,形成"社区—网格—家庭"纵向管理网络,实现"科学减灾、精准救灾",提升社区综合减灾的科学化水平。山东省各级减灾委在综合减灾示范社区验收时,坚持严格考核标准,实行各地区交叉检查考评机制,加强地区间互相学习交流,提高创建质量。山东省还建立了综合减灾示范社区动态管理机制,注重加强对已命名社区的日常管理,要求已命名社区要经常性开展各类防灾减灾活动,做到思想不松、标准不降、力度不减,并且每年开展抽查评估,对抽查不合格的社区,下发限期整改通知,经限期整改仍未达到创建标准的社区,按照相关程序撤销其称号,并对其再次申报做出时间上的限制。

（三）云南:实施风险隐患排查和"三小工程"

云南省十分注重社区风险隐患排查和灾害风险评估工作,从建立《灾害危险隐患清单》入手,云南省通过逐户排查、险段监测等措施将灾害危机化解在预防之中。根据风险隐患排查和灾害风险评估,云南省建立了社区《灾害脆弱人群清单》,细化低保户、孤寡老人、残疾人员等特殊对象,确定社区灾害脆弱人群,建立档案,明确帮扶责任人;建立了社区《灾害脆弱住房清单》,通过采取加固、搬迁等手段保障社区居民安全,落实重建帮扶计划。同时,实施防灾减灾应急"三小工程",为全省1300余万户家庭发放防灾应急小册子,为640余万户家庭发放小应急包,组织开展防灾应急小演习,有力地促进了基层减灾能力的提升。

（四）成都:"自救互救为主,公救为辅,全民参与"

成都市主动顺应治理主体和治理模式多元化的趋势,为加强社区应急能力建设查漏补缺、改革创新,建构"自救互救为主,公救为辅,全民参与"的应急管理新格局。首先,天府新区的部分社区在完成应急示范社区创建活动之后,原先存在的诸多问题得到了改善,比如添设了专门的应急管理机构、建立了风险评估与管理机制、重新撰写了针对社区具体情况的规范预案、完善了应急基础设施、增添了应急物资储备和加强应急培训宣传演练等等,社区的应急能力有了显著提升。同时,成都以开展中欧应急管理合作试点项目为契机,会同四川大学-香港理工大学灾后重建与管理学院修订完善《成都市基层社区综合应急能力建设评价标准》,并在全市完成430个社区的应急能力提升建设任务。成都着力扭转在灾害和突发事件处置中政府大包大揽的局面,逐步构建和实现以社区和居民"自救互救为主,公救为辅,全民参与"的应急管理新格局,力争突破应急管理从街道（乡镇）到社区、市民家庭这"最后一公里",全面提升基层综合应急减灾能力,从而整体提升成都市应急管理水平。

（五）温州:"五个一"的基层应急管理

温州市基层通过村居（社区）应急管理"五个一"建设,即:一套简明应急预案,一支应急救援队伍,一本应急花名册,一名应急信息联络员,一批应急救援资源,提高基层防灾应急能力。温州基层应急的特点鲜明,概括为两点:一是社区应急建设结合实际。温州市经过调研认为,抓基层村居（社区）应急建设,没必要花重金搞大建设,也没必要下大力搞复杂项目,更没必要用长时间搞新花样,基层应急应该做些力所能及、切实有效的建设工作。因此基层村居（社区）应急建设制定了"五个一"的标准。同时在落实基层应急管理建设标准时,也要求根据基层村居（社区）的实际做到清晰、简明、实用,注重示范榜样。二是应急建设扶持山区。温州市经济发展不平衡,部分山区经济条件落后,应急建设相对滞后,但这些地区的突发事件频发,抓好山区的应急管理工作更有必要性。因此,温州市对山区进行大力支持,解决山区的建设资金和人员短缺问题,为山区应急管理工作提供基础支撑。

（六）青岛：打造志愿者队伍

青岛市倡导全民自护的教育观，通过广泛的宣传教育来营造一种社区减灾的文化，让防灾减灾融入群众的日常生活之中。利用全国"防灾减灾日"、"国际减灾日"等节点，向社会各界发放由市减灾委员会组织专家编制的《家庭安全防灾必读》；充分利用文化宣传机构和场所，开展防灾减灾教育活动，将减灾知识融入广场文化活动中，通过有奖知识竞赛答题、纳凉晚会等多种形式进行宣传，使减灾知识更加贴近群众、贴近生活；大部分社区建立了减灾教室，有的社区还建设了综合减灾体验馆，以推动减灾文化的养成。同时，青岛市组建了各类救灾志愿者队伍，例如由区市牵头，公开招募具有医疗救护等专业技术特长的人员组成救灾志愿者队伍；由区市、街道牵头，机关、企事业单位、社会组织面向本单位招募若干名救灾志愿者，组建单位内部的救灾应急志愿者队伍；由街道、社区牵头，依托灾害信息员、数字化城管员、民兵应急救援队、社区信息网格员等群众队伍，组建社区应急救灾志愿者队伍。这些志愿者队伍被统一纳入政府的应急处置和灾情警报系统，协助社区开展防灾减灾工作。

第三节　实践范例：深圳综合减灾社区创建

按照国家减灾委的统一部署，深圳市自 2007 年启动"全国综合减灾示范社区"创建，是全国最早开展综合减灾社区建设的城市之一。多年的"全国综合减灾示范社区"创建工作经验，为推进深圳综合减灾社区建设奠定了良好基础。2019 年机构改革以来，深圳市认真贯彻广东省行政村（社区）防灾减灾救灾能力"十个有"建设要求，把"十个有"建设融入综合减灾社区建设中，落实到每一个社区（村）。

一、主要工作举措

（一）完善顶层设计，强化全面统筹力度

2019 年，深圳市组织开展全市减灾示范社区普查工作，普查结果显示现有减灾社建设标准针对性不强、基层防灾减灾救灾人员力量薄弱、居民群众学习主动性不高、社区防灾减灾教育培训工作不够规范等现象较为普遍。

2020 年，为认真贯彻落实《全国综合减灾示范社区创建管理办法》（国减发〔2020〕2 号）、《关于全面开展行政村（社区）防灾减灾救灾能力"十个有"建设的通知》（粤减灾办〔2020〕6 号）要求，深圳市提出"深圳综合减灾社区"标准。

2021 年 3 月 29 日，经过近半年时间的调研、论证、多次征求意见等，深圳市减灾委员会办公室印发了《深圳综合减灾社区创建实施方案（2021—2023 年）》（深减灾办〔2021〕11 号），从组织管理、队伍建设、风险评估、隐患治理、预案编制与演练、应急保障、宣传教育、亮点建设等方面构建 8 大类、45 小类的指标体系，并细化为 97 项评分内容，提出"2021 年，各区 35％（232 个社区）的社区完成深圳综合减灾社区创建；2022 年，各区 70％（464 个社区）的社区完成深圳综合减灾社区创建；2023 年，全市所有社区（662 个社区）完成深圳综合减灾社区创建"的工作目标。同时，将深圳综合减灾社区创建纳入深圳市"我为群众办实事"活动之一，作为 2021 年市人大代表重点建议之一。

2021 年 7 月 21 日，《国家发展改革委关于推广借鉴深圳经济特区创新举措和经验做法的通知》（发改地区〔2021〕1072 号）也将深圳综合减灾社区创建列入 47 项改革创新举措之一，在全国范围内进行宣传推广。2022 年 8 月，深圳综合减灾社区创建被国家标准化管理委员会列入第八批社会管理和公共服务综合标准化试点项目，并被国家应急管理部在全国范围内推广。

（二）加强宣传教育，营造共创共建氛围

2021 年 5 月中上旬，在第十三个全国防灾减灾宣传周活动期间，深圳市减灾委员会办公室在莲花山风筝广场举办主题活动，现场颁发 2020 年"全国综合减灾示范社区"牌匾和深圳综合减灾社区创建示范点证书，以此为契机，在深圳主流媒体、"学习强安"平台开设宣传专栏，并结合"城市安全哨"栏目制作深圳综合减灾社区创建专题宣传片。自深圳综合减灾社区创建工作推动以来，市减灾委办公室通过多形式、多渠道，先后在深圳特区报、深圳晚报等本地主流媒体发布相关新闻稿件 20 余篇，通过深圳卫视、广东卫视等传统媒体多次宣传报道深圳综合减灾社区创建情况，同步联动新媒体平台开展综合减灾社区宣传，分不同时段、不同形式地在户外公交、地铁、社区及楼宇等人员密集场所投放宣传标语、宣传海报、宣传折页、宣传视频等，全方位打造线上线下立体宣传态势，营造社会共同参与创建的良好氛围。

(三) 加大业务培训,打造防灾专业队伍

深圳市始终把灾害信息员等基层防灾减灾救灾的队伍培训作为提升基层防灾减灾救灾能力的重中之重。一方面,通过"学习强安"等在线学习平台,面向全市防灾减灾救灾工作干部,组织开展防灾减灾救灾业务的线上培训。另一方面,注重打通防灾减灾救灾"最后一公里",抓好基层队伍业务能力的提升;2020 年至 2021 年,深圳市组织举办了 10 余期灾害信息员培训班,对全市各区、78 个街(镇)、662 个社区和深汕特别合作区的 39 个村(社区)共 800 余名灾害信息员进行防灾减灾救灾业务培训。2021 年 3 月 29 日《深圳综合减灾社区创建实施方案(2021—2023 年)》(深减灾办〔2021〕11 号)印发后,市减灾委办公室随即召开视频动员会,部署创建任务、明确目标要求。2021 年 4 月 22 日至 23 日,举办 2021 年防灾减灾救灾工作培训班,重点解读"深圳综合减灾社区创建"业务,统一认识、统一规范、统一标准,推动创建。同时,组织专家团队深入各区,面向街道、社区具体工作人员开展政策宣讲,累计完成 28 批次区级培训,覆盖基层工作人员逾 1000 人次。2022 年全市组织启动"应急第一响应人"培训工作,社区灾害信息员等基层工作人员被列为 2022 年度首批次培训对象,实现全员覆盖。

(四) 开展基层调研,有效解决创建难点

市减灾委办公室先后 40 余次组织相关单位和技术支撑团队,深入基层开展社区综合减灾工作情况调研,及时了解社区困难和短板问题,并研究制定合理有效的建议措施。2021 年 7 月 15 日,市人大常委会社工委副主任蒋勇带队,调研龙华区防灾减灾救灾工作,为创建工作提出了大量富有建设性的指导意见。调研显示,各区能够充分发挥主观能动性,结合本区实际情况,积极投入开展深圳综合减灾社区创建。

坚持党建引领,推动深圳综合减灾社区高质量创建。比如福田区依托社区党群服务中心平台协同推进创建工作,创新打造"先锋手拉手"、"五彩学堂"等多元特色的党建平台,建立多方位、多专业联动机制,形成"党建＋业务"双轮驱动,为创建工作提质增效。光明区坚持党建引领基层治理,全面开展社区网格党支部建设,依托网格党支部建立"红小二"服务队,随时随地为群众解决困难和问题;建立居民线上"点菜"、社区党委组织"上菜"的"聚光联盟"机制,联合辖区企事业单位、社会组织等全力打造治理服务联盟,为辖区居民提供更

为精细的综合减灾服务。

开展多形式宣教工作,提升居民群众综合减灾意识。比如福田区通过建立多功能体验馆、打造消防宣传长廊、借助 4G 网络与 LED 电子屏等多形式宣传媒介,积极营造浓厚社会氛围。罗湖区利用公园、广场等人流量大的场所,组织开展"罗湖区防灾减灾嘉年华"、"窗户安全日"等活动;并通过"强安号"罗湖平台打造《学"习"语》《湖哥说安全》《党史小课堂》专栏。盐田区结合区域特性,设计并制作具有盐田山海特色的灾害风险宣传系列地图——"盐田区减灾风险地图",以漫画的形式,活泼生动地向群众展示避难场所、医疗救助点及灾害风险点、临灾避险转移路线等信息。宝安区依托现有优势,成立"安全生产互助室"、设立"道路交通安全工作站"、创办消防教育培训学校、搭建"1+8'小巷管家'"治理机制、建立志愿服务"幸福超市"、建设综合减灾安全体验馆等,广泛开展宣教培训工作。龙华区着力打造"1+8"减灾宣传教育阵地(1 个区级安全教育基地、8 个社区级气象防灾减灾科普站),全面覆盖推动居民宣传教育工作。

推进高新技术运用,强化社区防灾减灾救灾工作体系。比如福田区以深目·视综平台与高空鹰眼系统等各类监测预警系统,以及智能烟感报警器、电瓶车"电子围栏"智能感应、智能大喇叭等高新设备为支撑,利用物联感知识别安全隐患,建立社区智慧化防控体系。罗湖区建设电动自行车智能监管、智慧消防、智能红外烟感预警等系统,实现自动化监测预警管控;构建智能大喇叭监测预警平台,提高预警及时性、有效性、针对性、覆盖面。南山区结合智慧社区建设,推动基层综合减灾工作,大力提升社区物防、技防水平。宝安区装配防高空抛物可追溯系统、引入电动车出入人脸识别系统与电动车头盔识别系统、无人机航拍技术、普及智能红外体感无线感烟探测报警器、安装远程电气安全监测装置、配备智慧应急大喇叭系统等,强化社区风险识别能力。龙岗区利用大数据、监控、大喇叭等高科技设备,打造开发因地制宜的电子管理平台,在预警信息发布、消防、小散零星工程、在建工地、边坡等多个方面发挥重要作用和功能。龙华区应用"自下而上"数字治理建设模式,试点推动"三小"场所智能消防系统、消防通道堵塞监测系统、打造电动自行车安全智能管理社区、高空抛物溯源监测系统、机动车违停检测等智能监测平台建设,显著提升辖区管理秩序与安全基础。坪山区建立"1+N+6+23+M"五级应急管理监测预警指挥中心体系、建设"小安检+红外烟感预警"系统、安装智能大喇叭系统和在线监控系统等,利用科技手段降低辖区安全风险。光明区建设智能大喇叭预警系统,实现社区防灾减灾"智慧"管理;推动实现全区应急避难场所信息化管理"三个100%"(百分百覆盖监控视频、百分百接入区应急指挥平台,百分百实现"场所码"智慧化管理)。大鹏新区创新自然灾害预警预报系统,建设台风信号杆、森林防火警示杆、安装智慧应急大喇叭系统;在应急避难场所和物资仓库安装远程视频监控系统,连接区应急指挥中心,确保及时了解场所内避难人员情况及应急物资调配情况。

二、创建情况分析

根据《深圳综合减灾社区创建实施方案(2021—2023年)》要求,深圳分步推进综合减灾社区创建全覆盖。2021年和2022年,全市分别完成347个和232个社区达标创建,两年累计创建579个社区,创建率达82.36%。从总体上看,深圳综合减灾社区创建稳步推进,但实际创建成效与标准要求相比尚有一定差距,在组织管理、队伍建设、风险评估、隐患治理、预案编制与演练、应急保障、宣传教育、亮点建设等八个方面均有待完善的问题(见图7-1、图7-2)。

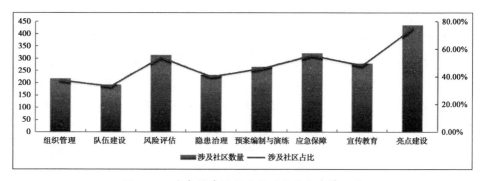

图7-1 存在创建问题的社区数量分布情况图

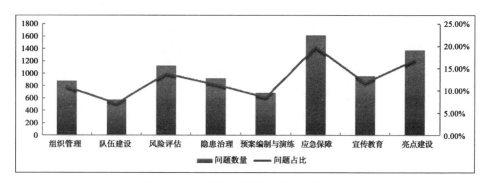

图7-2 存在创建问题数量分布情况图

（一）组织管理方面

组织管理包含组织领导、规章制度、网格化管理、经费投入、灾害保险、工作档案等 6 项主要任务，在创建过程存在的问题总数中占比 10.81%，主要问题、数量及占比情况如表 7-1 所示。组织管理方面的问题主要集中①在与街道应急管理、社会事务办、派出所、医疗卫生等单位的协调联动机制未正式印发实施（16.42%），涉及社区占比 25.04%；与有关社会组织、邻近社区、物业管理单位的协调联动机制未正式印发实施（14.84%），涉及社区占比 22.63%；社区防灾减灾救灾经费投入不足（11.89%），涉及社区占比 18.13%；社区灾害事故风险隐患网格化管理机制未正式印发实施（11.78%），涉及社区占比 17.96%；综合减灾工作制度、灾害监测预警制度、脆弱人群帮扶制度、防灾减灾救灾宣传培训制度、防灾减灾救灾物资管理制度等综合减灾规章制度未正式印发实施（10.65%），涉及社区占比 16.23%。

表 7-1 组织管理类主要问题、数量及占比情况表

序号	组织管理类问题	问题数量占比	涉及社区占比
1	与街道应急管理、社会事务办、派出所、医疗卫生等单位的协调联动机制未正式印发实施	16.42%	25.04%
2	与有关社会组织、邻近社区、物业管理单位的协调联动机制未正式印发实施	14.84%	22.63%
3	在防灾减灾救灾、安全生产等方面经费投入不足	11.89%	18.13%
4	社区灾害事故风险隐患网格化管理机制未正式印发实施	11.78%	17.96%
5	综合减灾工作制度、灾害监测预警制度、脆弱人群帮扶制度、防灾减灾救灾宣传培训制度、防灾减灾救灾物资管理制度等综合减灾规章制度未正式印发实施	10.65%	16.23%

（二）队伍建设方面

队伍建设包含应急队伍、联动机制、灾害信息员、志愿者队伍、企事业单位等 5 项主要任务，在创建过程存在的问题总数中占比 7.05%，涉及社区占比

---

① 本节中"主要集中"表示问题数量占该类问题总数 10%以上。

47.55%，主要问题、数量及占比情况如表7-2所示。队伍建设方面的问题主要集中在与社区邻近综合消防救援队伍的联动机制未正式印发实施（23.26%），涉及社区占比23.14%；与辖区内生产、经营、储存危险物品的单位和城市轨道交通运营、建筑施工、物业管理等单位应急救援组织的联动机制未正式印发实施（19.10%），涉及社区占比19.00%；辖区内的企事业单位或社会组织未主动参与社区综合减灾活动（17.01%），涉及社区占比16.93%；社区未充分引导辖区内学校、医院、工贸企业、商场等企事业单位自主开展综合减灾活动（13.89%），涉及社区占比13.82%；社区灾害信息员每年参加防灾减灾救灾、安全生产、消防等方面的培训少于2次（11.11%），涉及社区占比11.05%。

表7-2　队伍建设类主要问题、数量及占比情况表

序号	队伍建设类问题	问题数量占比	涉及社区占比
1	与社区邻近综合消防救援队伍的联动机制未正式印发实施	23.26%	23.14%
2	与辖区内生产、经营、储存危险物品的单位和城市轨道交通运营、建筑施工、物业管理等单位应急救援组织的联动机制未正式印发实施	19.10%	19.00%
3	企事业单位或社会组织未主动参与社区综合减灾活动	17.01%	16.93%
4	社区未充分引导辖区内学校、医院、工贸企业、商场等企事业单位自主开展综合减灾活动	13.89%	13.82%
5	社区灾害信息员每年参加防灾减灾救灾、安全生产、消防等方面的培训少于2次	11.11%	11.05%

（三）风险评估方面

风险评估包含风险评估、脆弱人群管理、市政管线检查、重点场所和设施检查、易燃易爆危险物品检查等5项主要任务，在创建过程存在的问题总数中占比13.85%，主要问题、数量及占比情况如表7-3所示。风险评估方面的问题主要集中在未按照一年2次的要求开展社区风险普查工作（13.35%），涉及社区占比26.08%；社区干部与居民的责任联系卡未制作或信息不完善（12.38%），涉及社区占比24.18%；包括老年人、儿童、孕妇、病患者和残障人员等在内的脆弱人群清单建立不完整（10.79%），涉及社区占比21.07%。

表 7-3 风险评估类主要问题、数量及占比情况表

序号	风险评估类问题	问题数量占比	涉及社区占比
1	未按照一年 2 次的要求开展社区风险普查工作	13.35%	26.08%
2	社区干部与居民的责任联系卡未制作或信息不完善	12.38%	24.18%
3	包括老年人、儿童、孕妇、病患者和残障人员等在内的脆弱人群清单建立不完整	10.79%	21.07%

（四）隐患治理方面

隐患治理包含隐患清单、自然灾害隐患排查、电气火灾隐患治理、电动自行车管理、违规住人隐患整治、餐饮场所管理、事故与伤害记录机制等 7 项主要任务，在创建过程存在的问题总数中占比 11.37%，主要问题、数量及占比情况如表 7-4 所示。隐患治理方面的问题主要集中在符合用电安全要求的电动自行车充电设施设置不健全（14.10%），涉及社区占比 22.63%；未按照一年 2 次的要求在社区公开隐患治理情况（13.24%），涉及社区占比 21.24%；未按照季度节点要求进行生产安全、消防安全、交通安全、社会治安、燃气安全等各类事故与伤害数据的收集、整理与分析（12.59%），涉及社区占比 20.21%；辖区内使用瓶装燃气的餐饮场所未按相关规定 100%安装可燃气体浓度报警装置（11.30%），涉及社区占比 18.13%。

表 7-4 隐患治理类主要问题、数量及占比情况表

序号	隐患治理类问题	问题数量占比	涉及社区占比
1	符合用电安全要求的电动自行车充电设施设置不健全	14.10%	22.63%
2	未按照一年 2 次的要求在社区公开隐患治理情况	13.24%	21.24%
3	未按照季度节点要求进行生产安全、消防安全、交通安全、社会治安、燃气安全等各类事故与伤害数据的收集、整理与分析	12.59%	20.21%
4	辖区内使用瓶装燃气的餐饮场所未按相关规定 100%安装可燃气体浓度报警装置	11.30%	18.13%

（五）预案编制与演练方面

预案编制与演练包含社区应急预案、生产经营单位应急预案、应急演练、公众参与、预案修订等 5 项主要任务，在创建过程存在的问题总数中占比 8.41%，主要问题、数量及占比情况如表 7-5 所示。预案编制与演练方面的

问题主要集中在未针对辖区实际存在的灾害类型编制适用性较强的社区灾害应急预案(23.00%),涉及社区占比27.29%;未及时开展辖区生产经营单位应急预案编制情况检查工作(21.83%),涉及社区占比25.91%;未按照一年2次的要求开展应急演练(15.87%),涉及社区占比18.83%;未广泛鼓励、引导辖区居民、企事业单位、物业管理单位、社会组织和志愿者参与社区应急演练活动(13.25%),涉及社区占比15.72%;社区灾害应急预案未正式印发实施(13.25%),涉及社区占比15.72%。

表7-5 预案编制与演练类主要问题、数量及占比情况表

序号	预案编制与演练类问题	问题数量占比	涉及社区占比
1	未针对辖区实际存在的灾害类型编制适用性较强的社区灾害应急预案	23.00%	27.29%
2	未及时开展辖区生产经营单位应急预案编制情况检查工作	21.83%	25.91%
3	未按照一年2次的要求开展应急演练	15.87%	18.83%
4	未广泛鼓励、引导辖区居民、企事业单位、物业管理单位、社会组织和志愿者参与社区应急演练活动	13.25%	15.72%
5	社区灾害应急预案未正式印发实施	13.25%	15.72%

(六) 应急保障方面

应急保障包含应急值守、事故预警系统、应急避难场所、应急物资储备、社区医疗救护站、消防设施设备、抗震设防等7项主要任务,在创建过程存在的问题总数中占比19.83%,主要问题、数量及占比情况如表7-6所示。应急保障方面的问题主要集中在未及时对辖区内学校、医院、生命线系统等重点设防类设施的抗震措施进行摸底(12.84%),涉及社区占比35.92%;应急避难场所功能分区图制作不完善或制作后未张贴宣传(10.19%),涉及社区占比28.50%。

表7-6 应急保障类主要问题、数量及占比情况表

序号	应急保障类问题	问题数量占比	涉及社区占比
1	未及时对辖区内学校、医院、生命线系统等重点设防类设施的抗震措施进行摸底	12.84%	35.92%
2	应急避难场所功能分区图制作不完善或制作后未张贴宣传	10.19%	28.50%

（七）宣传教育方面

宣传教育包含宣传教育场地、宣传教育专区、经常性宣传教育、公众培训和宣传教育、社区工作人员培训、公众开放日等6项主要任务,在创建过程存在的问题总数中占比11.78%,主要问题、数量及占比情况如表7-7所示。宣传教育方面的问题主要集中在未按照一年4次、每次1个月的要求开展防灾减灾救灾宣传(17.98%),涉及社区占比29.88%;未充分指导、引导辖区内居民、企事业单位开展"公众开放日活动"(16.94%),涉及社区占比28.15%;未针对高层建筑和人员密集场所制作简明应急逃生宣传卡并进行广泛宣传(14.14%),涉及社区占比23.49%。

表7-7 宣传教育类主要问题、数量及占比情况表

序号	宣传教育类问题	问题数量占比	涉及社区占比
1	未按照一年4次、每次1个月的要求开展防灾减灾救灾宣传	17.98%	29.88%
2	未充分指导、引导辖区内居民、企事业单位开展"公众开放日活动"	16.94%	28.15%
3	未针对高层建筑和人员密集场所制作简明应急逃生宣传卡并进行广泛宣传	14.14%	23.49%

（八）亮点建设方面

亮点建设包含特色宣传教育、高新技术应用、科研院所合作、其他亮点建设等4项主要任务,在创建过程存在的问题总数中占比16.90%,主要问题、数量及占比情况如表7-8所示。亮点建设的问题主要集中在未结合社区实际建设综合减灾科普宣传教育基地或应急体验馆(19.49%),涉及社区占比46.46%;未结合社区实际鼓励、引导文艺团体、业余文艺演出队开展群众性综合减灾文化创演活动(18.33%),涉及社区占比43.70%;在辖区灾害事故风险防范和隐患排查治理方面成功的案例做法较少(17.10%),涉及社区占比40.76%;具有一定示范意义的优秀防灾减灾救灾工作经验较少(17.03%),涉及社区占比40.59%;未有效整合辖区高校、科研院所、科技企业等资源开展防灾减灾救灾领域的合作(15.87%),涉及社区占比37.82%。

表 7－8　亮点建设类主要问题、数量及占比情况表

序号	亮点建设类问题	问题数量占比	涉及社区占比
1	未结合社区实际建设综合减灾科普宣传教育基地或应急体验馆	19.49%	46.46%
2	未结合社区实际鼓励、引导文艺团体、业余文艺演出队开展群众性综合减灾文化创演活动	18.33%	43.70%
3	在辖区灾害事故风险防范和隐患排查治理方面成功的案例做法较少	17.10%	40.76%
4	具有一定示范意义的优秀防灾减灾救灾工作经验较少	17.03%	40.59%
5	未有效整合辖区高校、科研院所、科技企业等资源开展防灾减灾救灾领域的合作	15.87%	37.82%

三、地方标准的实施

2022 年 9 月 1 日,在两年创建的基础上,深圳市立足于服务基层,聚焦于"社区应急一体化"工作模式,借鉴吸纳深圳在疫情防控工作中形成的经验做法,提高科技信息化手段在综合减灾社区中的运用,正式发布实施深圳地方标准《综合减灾社区创建指南》(DB4403/T 253—2022,以下简称《指南》)。该《指南》融合了原创建工作方案中风险评估和隐患治理要求,明确了深圳综合减灾社区创建工作中组织管理、队伍建设、风险治理、预案编制与演练、应急保障、宣传教育、亮点建设等 7 大类 33 小类的创建内容,以及 13 条综合减灾社区创建工作要求,并配套制定了创建评分表,细化评估指标 80 条、设置满分分值 100 分。

《指南》在全国综合减灾示范社区创建标准和广东省"十个有"建设要求的基础上,结合深圳实际工作提出,统一了国家、省的考核标准和要求,真正做到为基层社区开展综合减灾工作减压、减负。同时,涵盖了防灾设施设备和应急能力建设,引导社区搭建较为完善的综合减灾工作管理机制,可以有效解决机构改革以来,基层职能划转、人员调整幅度较大,工作人员不熟悉、不了解防灾减灾救灾工作,综合减灾工作上下衔接不畅、工作进度较慢等问题。另外,《指南》强调企事业单位、社会组织、志愿者的公共参与,强化社会共治的理念;鼓励社区充分运用科技手段,提升社区治理科学化、精细化、智能化水平。《指南》将作为完成深圳综合减灾社区达标创建后,社区自行开展常态长效维护管

理的纲领性文件。

（一）适用范围

《指南》坚持科学性、地方性、规范性、可操作性的原则进行编制,规定了综合减灾社区创建的基本条件、组织管理、队伍建设、风险治理、预案编制与演练、应急保障、宣传教育等,适用于指导深圳市区域范围内所有社区开展综合减灾社区创建工作,也为全国各地市推动综合减灾社区创建提供参考。

（二）基本定义

《指南》对防灾、减灾、救灾、综合减灾、灾害信息员等做了明确定义。防灾即灾害发生前,采取一系列措施来防止灾害发生或预防灾害造成的人员伤亡、财产损失以及社会和环境的影响。减灾即在灾害管理的各个阶段,采取一系列措施减轻灾害造成的人员伤亡、财产损失以及对社会和环境的影响。救灾即灾害发生后,开展的灾情调查与评估、物资调配、转移安置、生活和医疗救助、心理抚慰、救灾捐赠等一系列灾害救助工作。综合减灾即对灾害及其全过程进行整体研究、综合策划和减灾措施的制定与实施。灾害信息员即承担灾情统计报送、台账管理、核查评估、会商核定等工作,同时兼顾灾害隐患排查、灾害监测预警、险情信息报送等任务,协助做好受灾群众紧急转移安置和紧急生活救助等工作的人员。

（三）基本条件

《指南》提出了13条深圳综合减灾社区创建的基本条件:有组织领导机构、有规章制度,明确机构组成与职责;有应急队伍,至少有1名经过培训的灾害信息员;有灾害风险定期排查制度,有灾害风险地图、隐患清单;定期开展社区走访,有防灾减灾明白卡、防灾减灾责任联系卡、脆弱人群清单;有防灾减灾救灾应急预案,每半年至少组织1次应急演练;有应急指挥场所,有应急值班值守终端、应急通信设备;有预警信息发布渠道,有大喇叭、警报器等;有满足社区需求的应急避难场所;有应急物资储备点,有防护类用品、通讯类设备、救援类装备、生活类物资、抢险类装备;有可提供医疗救护服务的社区医疗救护站;有符合建设要求的社区微型消防站;学校、医院、生命线系统等重点设防类目标按要求加强抗震措施;有宣传教育阵地,每季度至少开展1次综合减灾科普宣传教育活动。

（四）组织管理要求

《指南》提出了深圳综合减灾社区创建工作中的组织领导、规章制度、网格化管理、经费投入、灾害保险等组织管理方面的要求。组织领导明确要求将社区综合减灾能力建设与社区治理、网格化管理和公共服务等相结合，组建本社区综合减灾工作领导小组。规章制度包括但不限于综合减灾工作制度、灾害监测预警制度、脆弱人群帮扶制度、防灾减灾救灾宣传培训制度、防灾减灾救灾物资管理制度、应急值守制度；与街道应急管理部门、社会事务管理部门、公安部门派出机构、医疗卫生部门等相关职能部门以及有关社会组织、邻近社区、物业管理单位建立协调联动机制。社区要实行网格化管理，要有防灾减灾救灾、安全生产等经费保障，要鼓励社区居民、企事业单位参加燃气险、火灾险、意外险、车辆险等各类保险。

（五）队伍建设要求

《指南》提出了深圳综合减灾社区创建工作中的应急队伍、灾害信息员、志愿者队伍、企事业单位等队伍建设方面的要求。社区要组建专职人员和兼职人员相结合的应急队伍，配有适合当地灾害救援特点的救援装备，承担日常应急任务；有效整合辖区物业管理单位应急力量，组建常态化应急值守队伍；与综合消防救援队伍，辖区生产、经营、储存危险物品的单位，城市轨道交通运营、建筑施工、物业管理、防洪排涝等单位的应急救援组织建立联动机制。社区至少配有 1 名灾害信息员，至少组建 10 人的社区志愿者队伍，协助社区开展隐患排查治理、先期应急处置、防灾减灾救灾科普宣传教育、治安巡逻、弱势群体帮扶等工作。社区要引导辖区内学校、医院（医疗机构）、工贸企业、商场等相关单位以及慈善组织、义工组织、志愿者等主动开展综合减灾工作。

（六）风险治理要求

《指南》提出了深圳综合减灾社区创建工作中的风险评估、形势分析、隐患排查、居民群众管理等风险治理方面的要求。社区要每半年组织 1 次针对社区易发频发灾害类型和特点的灾害风险调查，开展灾害风险评估，制作灾害风险地图；并依据风险评估结果，建立社区隐患清单，强化对重点场所、重点部位的风险治理，明确事故危险源、危险设施、设施损坏、设备缺失等相关信息。社区要建立本辖区事故与伤害记录机制,开展自然灾害隐患排查、市政管线检查、高风险场所和人员密集场所设施检查、易燃易爆危险物品检查、电气火灾隐患整治、电动自行车管理、违规住人隐患整治、餐饮场所管理,并指定专人每季度进行一次生产安全、消防安全、交通安全、社会治安、燃气安全等各类事故与伤害数据的收集、整理与分析。制作防灾减灾明白卡、防灾减灾责任联系卡、脆弱人群清单,强化社区公众管理。

（七）预案编制与演练要求

《指南》提出了深圳综合减灾社区创建工作中的防灾减灾救灾应急预案、生产经营单位应急预案、应急演练、公众参与、预案修订等预案编制与演练方面的要求。社区针对辖区存在的灾害事故类型,编制精简、可操作的社区防灾减灾救灾应急预案,明确应急组织机构、灾害应急处置流程、灾害风险和隐患点清单、应急联动信息、应急物资清单或应急设施分布图、应急救援队伍、应急疏散路径图、脆弱人群人员清单及转移方案。同时,每半年至少开展1次以防汛、防台风、防地质灾害、防震、防火等突发事件或极端天气情况下通信保障、装备使用、人员疏散、重点人群联系机制、前期处置、信息报告、警戒等为主要内容的单灾种或综合应急演练,充分检验社区的组织指挥、隐患排查、监测预警、灾情上报、人员疏散、转移安置、自救互救以及善后处理能力。

（八）应急保障要求

《指南》提出了深圳综合减灾社区创建工作中的应急值守、灾害事故预警信息发布、应急避难场所、应急物资储备、社区医疗救护站、消防设施设备、抗震设防等应急保障方面的要求。社区要设应急指挥中心,配置应急值班值守终端,实行24小时值班,承担信息报送、应急队伍召集、应急物资调度等工作。要根据风险评估结果,采用物联网、云计算、人工智能、5G、大数据等新技术,以及智能大喇叭、自动气象站、智能杆、智能烟感报警器、智能开关、AI摄像头、LiDAR、InSAR等在线监测系统,在重点风险区域配置监测预警设备设施,与气象预警信息系统、预警信息发布中心等各类灾害事故监测预警和应急指挥系统互联互通,实时监控辖区内自然灾害、生产安全、火灾、高空坠物等风险,迅速发布当地气象、洪涝、地质、火灾等灾害事故预警信息。平时发布日常通知、宣传防灾减灾救灾知识等;灾害发生时,向上级单位报告灾情信息;向群众转发预警信息、灾情信息、救灾措施等;灾后发布救助和重建信息等。

（九）宣传教育要求

《指南》提出了深圳综合减灾社区创建工作中的宣传教育场地、宣传教育专区、经常性宣传教育、公众培训和宣传教育、社区工作人员培训、公众开放日等宣传教育方面的要求。社区要有相对固定的科普宣传教育基地或应急体验馆,定期向社会开放,为中小学生、老年人、残疾人等不同社会群体提供体验式、参与式科普宣传教育服务,尤其是避险技能的培训宣传。利用街道、社区综合服务设施和多功能活动室、会议室、图书室等,设置防灾减灾救灾科普宣传教育专区,张贴防灾减灾救灾法律法规和有关常识、综合减灾工作领导组织机构、综合减灾规章制度、灾害风险地图、隐患清单、应急处置流程图等宣传挂图。充分发挥广播、电视、网络、手机、电子显示屏等载体作用,做好经常性综合减灾科普宣传教育。针对社区居民和物业管理人员等,结合国际减轻自然灾害日、世界气象日、世界地球日、全国防灾减灾日、全国科普日、全国消防安全宣传教育日、安全生产月、森林防火宣传月等时机以及各类节假日,制作发放社区和家庭防灾减灾救灾手册,开展符合当地特点的综合减灾培训或科普宣传教育活动。

（十）亮点建设要求

《指南》提出了在深圳综合减灾社区创建工作中的亮点建设要求,社区要加强与高校、科研院所、科技企业等开展防灾减灾救灾领域的沟通交流,主动承接科研课题项目试点任务,以推动提升社区防灾减灾救灾工作的整体专业化水平。

（十一）评价要求

《指南》提出了深圳综合减灾社区创建评价程序及自查自评、申请、审核、审查等评价标准。要求社区自查自评达80分以上可申请深圳综合减灾社区,街道进行现场核查,区级部门审查验收,市级部门组织专家组开展复核、评审并进行结果公示。

此外,《指南》根据上述内容,对创建内容和要求指标化,提出深圳综合减灾社区创建指标体系表(表7-9),并给出了每项指标的分值。

表7-9　深圳综合减灾社区创建指标体系表

一级指标	二级指标	满分分值
组织管理（12分）	组织领导	2
	规章制度	5
	网格化管理	1
	经费投入	1
	灾害保险	2
	工作档案	1
队伍建设（12分）	应急队伍	6
	灾害信息员	2
	志愿者队伍	2
	企事业单位	2
风险治理（25分）	风险评估	4
	形势分析	2
	隐患检查	16
	居民群众管理	3
预案编制与演练（7分）	防灾减灾救灾应急预案	2
	生产经营单位应急预案	1
	应急演练	2
	公众参与	1
	预案修订	1
应急保障（25分）	应急值守	3
	灾害事故预警信息发布	1
	应急避难场所	4
	应急物资储备	5
	社区医疗救护站	3
	消防设施设备	7
	抗震设防	2
	宣传教育场地	2
	宣传教育专区	4
	经常性宣传教育	4
	公众培训和宣传教育	3
	社区工作人员培训	2
	公众开放日	2
亮点建设（2分）	与高校、科研院所、科技企业等沟通交流	2

第八章 室内应急避难场所管理实务

　　室内应急避难场所是指经政府规划、建设或改造,具有应急避难生活服务设施,可供避难避险人员紧急避险和临时安置的室内安全场所。在应对各类灾害中发挥着人员安置的主场所、应急救助的主阵地作用,是城市防灾减灾救灾体系的重要组成部分,也是全国文明城市创建的重要考察点位之一。本章从室内应急避难场所的角色定位出发,讨论其常见适用情景范围、人员安置规模以及因灾安置群体的类别;从规划建设角度,分享室内应急避难场所前期建设应考量的选址布局、建筑条件、配套基础设施与保障功能;从平时的维护管理和灾时的启用运营两种典型状态,分享室内应急避难场所全生命周期的管理工作实务。

第一节 室内应急避难场所的角色定位

一、适用情景

　　室内应急避难场所主要适用于台风、暴雨、寒冷、高温等气象灾害,山体崩塌、滑坡、泥石流、地面塌陷等地质灾害,以及火灾、危险化学品泄漏、核设施事故、交通滞留等其他突发事件情景下的人员临时安置。达到当地抗震设防要求的室内应急避难场所,也可作为地震发生后的避难安置场所。

　　针对不同灾种建设的室内应急避难场所,可有效抵御灾害冲击,避免或减少灾害对人员生命安全的直接威胁。为适应和满足避险、安置、救助需求,室内应急避难场所内经建设(或改造)具备相关基础设施,配备基本生活保障物资和应急物资,以保障场所内安置人员在避难(险)期间的基本生活。

二、安置规模与安置时间

目前国内的室内应急避难场所主要依托于各类公共场所设施,在既有建筑基础上进行必要改造。即使部分规划用地和建设项目在正式启动建设前就已纳入应急避难场所专项规划(国土空间规划),通常也需要优先满足建设项目的既定功能用途(例如学校的教育教学功能),再完善应急避难(险)相关功能。因此,作为一项附生功能,室内应急避难场所的安置规模一方面受限于场所绝对可用面积,需要排除因原有功能固定占用的场地,以及不宜让避难(险)人员进入或接近的区域;另一方面,需要满足避难(险)基本要求,排除不具备安全性或应急避难(险)保障功能的区域。场所安置时间同样在很大程度上受到原有功能用途的优先性影响,并与所在地政府、社区基层组织可提供的资源力量支持密切相关。

依托学校建设或改造的室内应急避难场所,安置规模通常在数百人至千余人之间,可开放安置时间通常需错开学生在校时间。若在学生在校期间启用避难场所,为避免影响正常教育教学活动,实际安置规模将小于预设规模。对于使用室内体育场馆作为安置区域,可较为简便、快速地完成应急转换;对于使用教室作为主要安置区域时,需要优先照顾在校学生,待学生转移后还需调整教室内学生用品和桌椅布局,难免会延误避难避险人员接纳安置工作。

依托社区工作站、社区文体中心、党群服务中心、居委会等社区(街道)中心类场所建设或改造的室内应急避难场所,安置规模通常在数十人至数百人之间。此类场所主要使用会议室、多功能活动室、礼堂等作为安置区域,较少被长期占用,可在短时间内完成启用准备并向避难避险人员开放。

三、安置对象

室内应急避难场所的安置对象,主要是受台风、暴雨等灾害严重威胁或其他突发事件影响,因身处危险区域必须转移,或无法及时返回安全居所,或因灾缺乏基本生活保障,在当地政府的统一安排下进行集中安置救助的避难避险人员。需要强调的是,政府指定启用应急避难场所集中安置避险人员是一项托底保障措施。灾害影响期间,受灾人员通过自行投靠亲友、购买商业住宿服务是更加优先的选择;涉及在建工程项目等规模较大的避险转移行动,项目管理单位也需要承担转移安置责任,优先组织相关人员进行集中转移避险。

第一类安置对象:受突发事件影响可能或已经处于危险区域内,且没有合适的安全场所能够为其提供人身安全和基本生活保障的人员。台风灾害影响期间,此类安置对象主要包括流浪乞讨人员、在建项目工地人员、海上作业人员、近海岸边人员、菜地棚户区生活人员、危险房屋附近生活人员、危险边坡附近人员以及其他危险区域内活动人员。

第二类安置对象:虽然有安全居所,但是受突发事件威胁或交通中断等影响,无法确保及时安全返回居所的人员。此类安置对象一般为受突发事件影响或威胁区域范围内人员,无特定类型,涉及安置规模依突发事件波及范围及后果而定。

第三类安置对象:因身体条件或行动能力受限的特殊群体,受突发事件影响可能无法自行转移避险或无法维持正常生活。特殊群体主要包括独居老人、儿童、孕妇、病患者、伤残人士以及语言沟通不畅的非汉语人群等。

第二节　室内应急避难场所的规划与建设

一、场所规划布局

室内应急避难场所的专项规划布局,通常需要以本地区突发事件风险评估结果作为基础,辨识区域范围内易发频发突发事件类型以及潜在危害后果(突发事件等级),结合本地区人口统计学数据,预估在各类突发事件典型情景下的集中安置需求量,合理规划与安置需求相适宜的应急避难场所体系。2018年党和国家机构改革后,明确由应急管理部承担推动应急避难设施建设的职责,统筹研究应急避难场所建设管理工作。由于避难场所建设遵循"平灾结合"原则,主要依托学校、社区中心、文体设施、福利设施、公园、广场、绿地等公共场所(设施),因此规划的制定和实施通常还需要规划和自然资源、住房建设、教育、文体旅游、民政、城管等多部门协同配合。

（一）规划基本原则

1.以人为本，保障安全。坚持以人民为中心的发展思想，始终把保护人民群众生命财产安全和身体健康放在第一位，充分考虑突发事件情景下各类人员的避难避险需求。

2.统一规划，资源整合。有效整合不同情景下的避难避险空间需求，避免以单灾种为主的建设模式；整合利用各类公共场所（设施）资源，充分挖掘空间潜力，推进用地和建筑功能复合，实现空间资源的集约节约利用。

3.平灾结合，多灾兼顾。考虑具体灾害特点与避难避险需求，在既有场所设施中增设应急避难设施，使之满足避难场所条件，具有多灾兼顾的特点，以节约用地和投资；强化平时功能与灾时功能的衔接和转换，提高应急状态下场所应急转换启用效率。

4.近远结合，区域协调。顾及地区经济发展与地方政府财政状况，区分轻重缓急，坚持区域"一盘棋"并兼顾避难困难地区分布，结合公共设施的建设计划，分期、分批推进完善应急避难场所布局。

（二）场所分类分级

室内应急避难场所，是依据场所空间类型进行划分的一种分类方式，与之相对的是室外应急避难场所。在按空间类型分类的基础上，还可以基于行政管理级别、适用突发事件类型、总体功能定位、可避难时长等维度进行应急避难场所的分类分级规划。

1.基于行政管理级别。可分为省级、市级、区（县）级、乡镇（街道）级、村（社区）级。

2.基于适用突发事件类型。可分为自然灾害类、事故灾难类、公共卫生事件类、社会安全事件类，并可进一步细分事件类型或指向特定事件。

3.基于总体功能定位。可分为综合型和单一型，其中综合型场所既可以作为单一灾种的避难场所，也可以作为多种自然灾害和其他突发事件的避难场所； 单一型场所主要作为某一突发事件的专项避难场所使用。

4.基于可避难时长。可分为紧急、短期、长期等，其中紧急避难场所避险时间一般不超过1天，短期避难场所可避难时间一般为2至14天，长期避难场所可避难时间一般为15天以上。

通过综合运用多维度的分类方式,可以从不同维度上分别赋予每个应急避难场所(规划对象)至少一个属性标签,更有利于准确匹配和满足本地区应急避难避险需求。

（三）选址布局原则

室内应急避难场所的选址布局遵循安全性、均衡性、可达性和可操作性原则,并应当优先遵循安全性原则。

1. 安全性原则。要求综合考虑地形、地貌、气象、水文、地质等条件,根据地区自然灾害风险普查与评估结果,避开地震断裂带以及可能遭到地质灾害、洪水内涝、风暴潮等灾害侵袭的危险区域。同时,室内应急避难场所依托的建筑主体本身应当达到相应的抗震、防火、防雷、防风、防洪等建筑设防标准,能够抵御一定的灾害冲击,例如建筑风荷载设计等级应当能够抵御本地区典型的风灾冲击。

2. 均衡性原则。结合本地区需转移安置的人口分布情况,比照城市可利用建筑的分布情况,均衡布局室内避难场所。场所服务半径一般不宜超过2000米。

3. 可达性原则。要求室内避难场所在其服务范围内保证基本的交通便利,步行、车行可达,以便避难避险人员能够快速转移、应急物资能够快速运输。

4. 可操作性原则。室内避难场所应优先考虑依托学校、社区中心、体育场馆、社会福利设施、村办公楼、老年人活动中心等公共设施资源[1]。此外,为减少避难避险功能与学校日常教育教学活动发生冲突,宜布局部分非学校类的场所设施作为备用。

二、建筑条件认定

规划的室内应急避难场所一般分为两种情况,一种是直接指定既有场所设施,另一种是规划新(改、扩)建的场所设施。

1. 直接指定既有场所设施。此类场所建筑在专项规划出台前就已经存在,在依据规划正式认定其为室内应急避难场所前,需要政府相关部门组织

---

[1] 《自然灾害避灾点管理规范》(MZ/T 052—2014)。

进行建筑安全性和适用性复核,必要时应进行相应的改造,从而保证其符合《建筑结构荷载规范》《房屋建筑工程抗震设防管理规定》《建筑给排水设计标准》《建筑设计防火规范》《无障碍设计规范》等国家标准对建筑抗风、抗震、防洪、防火、无障碍服务等基本规定,以及《防灾避难场所设计规范》《城市社区应急避难场所建设标准》《城镇应急避难场所通用技术要求》等对应急避难场所的专门规定,同时应评估明确其可适用于本地易发、频发突发事件类型或灾害情景。

2. 规划新(改、扩)建的场所设施。此类场所需要规划和自然资源、应急管理、住房建设、场所行政主管部门等有关部门从规划早期就共同参与推动建设,确保应急避难设施设备与主体建筑同时规划、同时设计、同时施工、同时验收,满足各项标准规范要求。

三、基础功能分区与配套设施

室内应急避难场所应当规划设置接待与服务区、安置住宿(休息)区、医疗救护区、物资储备区、公共卫生间(洗漱区)、垃圾收集区等基础功能分区,并配备相应设施。

(一)接待与服务区

可设置在安置区入口附近,安置区较大的也可设置在安置区中央区域附近。接待与服务区主要功能是进行避难人员信息登记、避难人员问询接待、工作人员值班值守、避险相关信息发布、物资发放领用和场所其他相关管理工作。应当配置基本的办公用品、广播设备或手持扩音器、各类登记台账等物资和设备。

(二)安置住宿(休息)区

作为占用空间最大的核心功能区域,设置位置因场所条件不同而有所区别,宜优先采用可以布置床铺的平地或利用既有床铺设施。学校类场所通常设置在室内体育馆、多功能报告厅、舞台、教室等区域,社区中心类场所则通常采用会议室、多功能活动室。安置住宿区距离与避难人员生活直接相关的功能区域(如接待区、医疗救护区、物资发放区、公共卫生间、洗漱区等)不宜过远,当采用面积较大的室内体育馆或多功能厅时,可将其他相关功能区设计在安置住宿区内。

安置住宿区是为避难避险人员能提供安全休息的场所,应当满足防风、防雨、防潮要求,通常人均面积不应小于 2 平方米,以保证避难避险人员躺卧休息条件。安置住宿区可采用凉席、防潮垫、瑜伽垫、移动折叠床等作为睡卧用具,有条件的场所可分设区域或设置物理隔断,在减少相互干扰的同时可保护避难避险人员隐私。

（三）医疗救护区

医疗救护区可设置在安置住宿区附近,并宜设置相对封闭的物理隔断以保护患者隐私。医疗救护区主要功能是提供现场急救(止血包扎等)、常见疾病初步救治、常见慢性病药品保障、灾后心理咨询等服务,为避难避险人员提供应急药品,指导现场人员开展自救、互救。医疗救护区应配置急救物资设备和应急药品,有条件的场所可配置用于转移伤者的担架、担架床、轮椅、制氧机等设施设备。超出现场医疗救护能力时,应当及时拨打 120,请求救护车转移伤者至医疗机构救治。

（四）物资储备区

室内应急避难场所中的物资储备区(物资仓库)通常设置在安置住宿区同一栋建筑内,或与安置区之间处于室内连接状态,方便物资搬运,具备基本的防火、防水、防潮条件。场所根据应急物资储备保障制度,主要储备避难避险相关用品,包括但不限于床上用品、食品、饮用水、防寒保暖用品、个人卫生用品、常用药品、扩音器、应急照明、发电设备等。

（五）公共卫生间(洗漱区)

室内应急避难场所采用的公共卫生间应当与安置住宿区室内相连通,厕位数量应当与场所安置人数相匹配,可将同一建筑内的多个卫生间设为场所安置期间可使用的卫生间,也可通过外部引入移动式厕所作为补充。

（六）垃圾收集区

室内应急避难场所的垃圾收集区应当设在安置住宿区之外或相对独立的区域,以防垃圾堆积或转运产生的异味、有害物质、病原体等影响避难避险人员正常生活和身体健康。

除上述基础功能分区外,设计安置人数较多或有条件的室内应急避难场所,可以结合场所实际条件增设母婴专用区、警务值班室、淋浴区、停车场、宠物安置区、公共活动区等扩展功能分区。

四、其他保障功能与配套设施

除了应急功能分区要求落实的保障功能外,场所环境(包括通风、照明、空调、防风防雨、防晒隔热、防寒供暖等)、供水设施、供电设施、消防设施、标志标牌等也都是室内应急避难场所必要的保障功能或设施。

(一) 通风和空调

室内应急避难场所的安置住宿区需要保证通风条件。根据《防灾避难场所设计规范》(GB51143),室内新风量不小于 10 立方米每人每小时。采用自然通风的,通风口人均面积不少于 0.0052 平方米(适用于设计人数不超过 50 人的场所)或不少于 0.0077 平方米(适用于设计人数超过 50 人的场所),且平面布置需要保证气流通畅,避免死角。因实践中以依托既有场地为主,若无法满足基础新风量要求,则需要加装机械通风设备进行辅助通风,且采用的机械通风设备应当配置紧急备用供电系统,防止突发停电导致的室内通风条件下降。

根据避难场所适用的不同灾害类型,场所内的通风、空调设施配置会有所不同。例如,适用于台风、暴雨的室内应急避难场所,因灾时需要紧闭门窗抵御风雨侵袭,自然通风条件可能受限,场所内应当配置有足够的机械通风设施和空调,保证室内空气流通;适用于寒潮、高温灾害的应急避难场所必须配置具有热交换功能的新风设施或空调,以维持适宜的室内温度。

(二) 基础照明

场所既有的照明设施通常是设计用于满足场所日常社会功能(教学、办公、体育运动等),应当考虑既有照明设施设备是否可以满足应急转换后各应急功能区的照明需求。若无法满足应急功能需求,通常可以通过以下 3 种方案组合解决:第一种方案是对场所内既有的照明设施进行改造,包括加装新的照明设施或调整既有设施功能,在不影响场所日常照明需要的情况下,兼具应急照明功能;第二种方案是采购、配置可移动的照明设施,在应急转换后替代既有照明设施或作为既有照明设施的补充;第三种方案是重新调整场所内功能分区设置,优先满足医疗救护等特殊功能区的应急照明需求。

（三）防风防雨、防晒隔热、防寒供暖

室内应急避难场所的功能区一般都要求采用完全的室内空间,在建筑结构满足当地百年一遇风压且通过验算的情况下,室内空间的防风、防雨性能通常取决于室内空间的密闭性,其中包括门窗的稳固程度和可密闭程度、空调内外机管线连接孔的密闭情况、外墙墙面的防水性都将影响场所功能区整体的防风防雨性能或场所在风雨侵袭下的耐久程度。各功能区之间的连接通道,例如安置区与厕所之间的通道,则可能采用连廊(有顶棚但无围护结构),其防风防雨性能相对一般,台风、暴雨等恶劣天气会增加人员风险暴露。

场所的防晒性能对于适用于高温酷热灾害的避难场所和应急物资仓库来说十分重要,其防护重点在于抵御从窗户射入的太阳光,可在玻璃上安装防晒贴膜和在窗户内侧安装遮光窗帘。

室内场所的隔热(防寒)是为了防止炎热天气下室外高温对室内的冲击和寒冷天气下室内热量快速散失,其性能基础取决于场所整体对于外界的热交换效率,其设计需要考虑的因素较多。上述的防晒性能是其中的一个重要部分,降低的是能量通过辐射形式进行的交换;防风防雨措施在提高场所密闭性的同时,能够以减少空气对流的形式减少室内外热量交换。其他的做法还有安装中空玻璃,利用玻璃之间的固定空气夹层降低能量传导时的交换效率;若避难场所功能区在顶楼,在屋顶铺设隔热层也可降低能量交换效率。除了降低室内外能量交换效率外,在室内配置空气调节设备(空调)及供暖设备也是必要的手段。

（四）饮用水供应

饮用水供应是室内应急避难场所开放后优先保障的生存条件,场所的应急物资中通常储备有一定量的瓶装饮用水,用于保障场所启用初期或紧急情况下(例如市政供水管网因灾损毁)场所内所有人员(包括避难避险人员和工作人员)的基本饮水需要,并根据场所运行期间消耗情况持续补充。除供应瓶装饮用水外,场所中常见的饮用水供应基础设施有桶装水饮水机、管线机、直饮水机(学校类场所中常见)。这类基础设施需要保障的是场所运行过程中较为稳定的饮用水(含热水)供应方式,除桶装水需要主动补给,其他设施基本都与市政供水管网相连接。

(五)供电保障

根据《城市社区应急避难场所建设规范》(建标 180—2017)供电电源优先利用既有建筑供电电源,也可设置专用的屋外预装式变电站。紧急情况下,由专业电工接入属地政府配置的应急发电设备或调配的应急供电车辆,根据发电功率,优先保障场所内关键用电设施设备运转。在设计场所功能分区时,可根据既有的电路分布配置功能分区,也可后期根据功能区或设施设备用电需要,将符合规格的配电线路敷设至各功能区用电设备附近。根据完成应急转换后场所内相关用电回路的最大用电负荷进行验算,最大用电负荷需要包括转换后可能临时加设的用电设备。部分室内应急避难场所转换后原社会功能和相关用电设备并不会完全停止,因此还需要将场所内原用电负荷考虑在内。另外,室内应急避难场所的既有供电设施还应根据场所适用灾害类型采取防风、防雨、防冻等防护措施。配电线路末端应采用符合国家标准关于防触电保护的相关要求的插座和排插。

(六)消防设施

室内应急避难场所依托的既有建筑均应通过消防验收,符合《建筑设计防火规范》(GB 50016)的相关规定。在进行室内应急避难场所功能分区设计时,设置的功能分区、屏障和围挡措施等不应遮挡、占用原消防疏散通道、安全出口和其他消防设施(例如消防栓和灭火器)的操作空间。在独立的室内大空间(例如室内体育馆、室内操场、多功能室等)中设计功能分区时,需要在功能分区之间留有疏散通道并与此空间的安全出口相连接。通过绘制应急转换后室内应急避难场所的消防通道图或在功能分区示意图中融合绘制各功能区的疏散路线,并在醒目位置张贴,引导人员紧急疏散。按照《防灾避难场所设计规范》要求,有条件的室内应急避难场所宜在避难建筑设置火灾自动报警装置。

除上述保障功能外,室内应急避难场所还宜配置有电子设备集中充电、应急通信、应急广播、视频监控等配套功能设施,以保证场所开放期间能够安全有效运行。

第三节 室内应急避难场所的日常维护管理

一、参与日常管理的主体与基本分工

室内应急避难场所的日常维护管理工作,通常需要依托场所日常管理单位、属地社区基层组织、属地街道办事处等政府派出机关完成,由县(区)级政府应急管理部门和场所相关行业主管部门提供经费、物资支持和技术指导。

(一)场所日常管理单位

场所日常管理单位是指平时通过管理、经营、维护、使用场所,发挥场所日常社会功能的主体。通常需要负责定期对场所建筑、消防、电气等方面开展安全检查,定期检查维护场所内应急避难设施设备、标志标牌和上墙制度,更新轮换场所内储备的应急物资,确保场地整体可用,能够及时进行平急转换。每个场所通常会设置至少 1 名场所联系人,负责平时和灾时运行管理期间的沟通联络,在场所基本情况(特别是影响场所安全性、功能性、适用性等情况)发生变化时及时报告属地社区基层组织和行业主管部门。

(二)属地社区基层组织

社区基层组织平时与辖区内各室内应急避难场所日常管理单位建立联系,定期掌握场所情况,并报街道办事处等政府派出机关备案。为保障场所灾时运行有序高效,社区基层组织如社区党委、村(居)民委员会应与社区警务室、社区健康服务中心、社区小(微)型消防站和场所日常管理单位加强沟通联络,做好职责分工,共同制定室内应急避难场所运行管理相关制度,构建联动体系。根据辖区安置需求和各场所安置能力制定应急物资储备和调拨制度,按需进行必要的实物储备,也可与辖区内商户签订物资商业代储协议,以多种储备形式保障室内应急避难场所应急物资供应。根据辖区风险点危险源分布情况,提前规划避难避险人员向各场所疏散的安全路径,设置场所外部行人、车辆指引标志牌,并定期维护。

（三）属地街道办事处等政府派出机关

属地街道办事处等政府派出机关，负责落实上级政府关于室内应急避难场所管理的工作要求；督促、指导社区基层组织、场所日常管理单位制定相关制度；掌握辖区避难避险需求和能力匹配情况，及时研判需求变化趋势；制定与辖区救灾物资储备体系相衔接的室内应急避难场所救灾物资储备计划和跨社区物资调拨保障制度，并组织实施。

二、室内应急避难场所的制度建设

室内应急避难场所相关工作制度通常是由场所日常管理单位和所在地社区基层组织共同协商制定，遵循"平灾结合"的原则，相关工作制度涉及设施设备维护管理、救灾物资储备管理、应急值班值守、工作人员管理、应急转换与启用程序、安置运行保障措施、与相关政府部门（单位）的协作联动机制、紧急情况应对措施、宣传教育培训与演练等多个方面。以上每项制度的内容应当与具体场所条件和社区配套保障措施相适宜，确保符合实际、切实可行。

（一）设施设备的维护管理制度

应列明本场所中与避难场所运行管理相配套的设施设备，明确定期检查维护的责任主体、检查要点、检查频次等要求，并做好记录。按照设施设备的产权归属和功能用途，落实相关维护管理工作经费。对于既有设施设备兼具应急保障功能的，日常维护管理工作由场所日常管理单位承担，相关维护工作经费由日常管理单位或实际产权所有人承担；对于新增引入的专用应急避难设施设备，日常维护管理工作可以由属地社区基层组织或街道办事处等政府派出机关直接组织落实，或委托场所日常管理单位具体承担，相关维护工作经费由属地政府予以保障。

（二）救灾物资储备管理制度

室内应急避难场所救灾物资储备由属地政府统筹组织实施，应当明确场所日常管理单位与所在街道、社区的职责分工。可以表格形式列明本场所的救灾物资储备种类、数量、地点和责任人；根据不同种类救灾物资实际，明确物资储备(轮换)期限,确保有效可用;拓展场所外部物资保障渠道,健全和完善相应的物资申请调拨保障机制。

（三）应急值班值守制度

侧重于灾害预警期间(和其他突发事件安置指令启动期间)室内应急避难场所启用准备和开放运行阶段的值班值守工作安排,明确值班组织方式、值班人员配置、轮班周期、通信保障方式等内容,严格落实场所 24 小时值班值守制度,确保通信畅通。

（四）工作人员管理制度

建立避难场所平时、灾时管理组织架构,设置工作人员岗位并明确岗位职责,列明工作要求和注意事项。工作人员通常来源多样,包括日常管理单位、属地社区基层组织、避难人员(团体)、社区志愿者组织等,岗位和职责安排应尽可能发挥多方人员特点和优势,增强制度可行性。工作人员数量方面,灾时管理人员应结合场所规模和安置人员数量确定,以每 20 名避难避险人员配置 1 名工作人员作为最低要求。为更好地提供服务保障,可根据场所安置区分设情况和避难避险人员需求,在制度中提前约定配置具有医疗急救、心理咨询、社会工作等不同专业能力的志愿者。

（五）应急转换与启用程序

应急避难场所启用程序需要列明场所启用的若干条件或情况(通常与灾害预警等级、突发事件响应等级、政府应急指令等衔接),可采用流程图形式展示场所启用准备至开放运行阶段的关键任务步骤,并以此为基础进一步完善组织保障措施,制定可行的应急转换工作方案。应急转换应首先根据具体场所平时的社会功能与灾时室内避难安置功能做优先级对比,以场所实际情况为根据,对可能发生应急转换的情况进行列举。例如,学校类场所若是正常教学期间遭遇灾害影响,那么应优先考虑在校学生的避难避险,在不影响师生正常教学活动的情况下,仍有条件的场所将部分区域应急转换作为室内应急避难场所供校外其他避难避险人员使用。推荐以表格形式分类列明需要进行应急转换的具体情形和措施,明确应急转换具体任务事项、涉及的具体场地和设施设备、应具备或满足的应急功能、责任人等信息。

（六）安置运行保障措施

重点描述场所启用运行阶段的各项保障措施如何实现，基础保障功能包括但不限于：住宿休息、物资储备（食品、饮用水、药品、衣物、生活物资等）、医疗救治、如厕、垃圾处理、手机充电、基础照明等；有条件的场所可进一步完善空气调节、应急广播、公网通信、洗漱淋浴、宠物安置、母婴专区等保障措施。

（七）与相关政府部门（单位）的协作联动

明确场所日常管理和启用运行阶段场所管理单位与政府部门以及其他单位的职责范围和任务分工。每个场所的基础条件不同，日常管理、应急转换和开放运行所需的外部资源也因此各异。通常需要属地社区与场所管理单位，以场所条件为基础，结合避难场所各阶段需要，明确一套联动机制，并确定需要属地街道、相关政府部门或其他单位协助的内容。

（八）紧急情况应对措施

灾时场所启用运行期间，场所可能出现的紧急情况包括供电中断、通信中断、人员受伤或患病、应急物资短缺、现场秩序失控等。应当预先设想每类紧急情况发生后的最坏后果情形，明确需要及时上报的紧急情况和每类情况下的处置原则和应对措施。

（九）宣传教育培训与演练

经常性的宣教培训和演练有助于检验避难场所相关基础设施的可用性、适用性，组织实施程序的合理性，以及训练工作人员熟悉启用运行管理相关工作。此部分制度应当规定宣教培训与演练的最低频率，并且列明需要具体培训和演练的科目，例如场所安全性检查、场地与设施设备转换启用、人员入场引导、物资分发、信息报告、紧急情况处置等。

三、室内应急避难场所的标志标牌

室内应急避难场所相关的标志标牌是避难场所设计、建设的重要内容，相关标志设置情况已纳入全国文明城市、国家安全发展示范城市、全国综合减灾示范社区等创建工作的重点考核任务。其建设目的是在灾时环境下向目标对象（避难避险人员和避难场所工作人员）快速、准确传递信息。室内应急避难场所使用的标志标牌从功能上可区分为方向引导类、区域位置类、警示警告类、信息公示类等。以下将从不同的功能分类介绍最为常见、常用的标志标牌设计和设置方式。

（一）外部方向引导类标志牌

场所外部（通常不超过 500 米范围）使用的方向引导类标志牌，设计风格较为统一，通常由"奔跑小人"图案、方向符号和文字信息（通常为室内应急避难场所名称及类型）组成。应当考虑场外标志牌在夜间或基础设施停电等光照不足的条件下被观察的情况，标志牌制作材料方面宜选用反光材料或配置应急照明，增加照明不足时引导标志被识别的可能性。作为一种交通标志，其字体、大小等样式可参考《道路交通标志和标线 第 2 部分：道路交通标志》（GB 5768.2）。

场所外部引导标志还可以通过不同的设计和内容组合去更好地实现方向引导功能。例如：标明标志牌与场所入口之间的距离；设置二维码，支持扫码查阅更加丰富的场所信息，包括跳转至地图导航软件进行路线引导等；将引导标志牌与疏散路线示意图、LED 显示屏等进行组合应用，其中 LED 显示屏可滚动显示场所开放情况、灾情信息和其他提示信息。

场所外部引导标志设置方式上，需要充分考虑被引导对象（包括避难避险人员和参与转移安置的工作人员）前往避难场所的交通方式和行进路线。首先，应当符合各类交通参与者（被引导者）行进过程中的观察习惯，考虑步行人员和车辆驾驶员的行进路线，宜将标志牌设置在场所附近关键岔路口、公交地铁站点出入口以及引导路线途中，并确保引导标志的连续性。其次，要根据交通参与者（被引导者）的观察距离和观察角度，尽可能调整标志牌正对观察者的一般观察方向，确保引导标志尺寸合适，能在目视观察距离内被清晰辨识。另外，设置标志牌也应当尽可能排除歧义和误导，特别当附近区域有多个避难场所的情况下，引导标志牌应注明具体场所的名称和类型，有条件的应当将多个场所的引导标志集中设置并明确区分。

（二）内部功能分区引导与位置标志

室内应急避难场所内部使用的方向引导标志，主要用于引导避难避险人员和相关工作人员快速熟悉场所应急功能分区和相应设施设备。

室内使用的引导标志内容相对简单,通常仅需要标示引导方向和相关功能区名称即可。由于场所内功能分区较多,且每个场所功能分区设计有很大差异,因此一般需要根据人员安置流程以及场所内功能分区使用频率和相对位置判断设置引导的必要性。例如,场所出入口距离接待区、安置区域较远或路线较复杂的(超出一般肉眼可视距离或可视范围的),可设置必要引导;安置住宿区距离厕所、洗漱、饮用水较远或路线较复杂的,可设置必要引导;采用相对独立体育场馆作为避难场所的,场馆内设置功能分区相对集中,通常不需要增设引导标志。

功能分区(设施)位置标志的内容更为简明,通常仅需要文字写明功能区名称,同时附上相关功能(设施)符号(见图 8-1)。标志设计风格可以与场所其他同类标志风格保持一致,也可采用由所在地政府部门统一规定的标志风格。若是场所内本身存在功能相近的功能区域或设施,则不需要重复设置标志,例如洗手间(厕所)、直饮水、茶水间、值班室、垃圾桶、医务室(校医室)等。

图 8-1 避难场所功能分区(设施)位置标志示例

通常场所内主要功能区域出入口附近还会张贴或设置功能分区示意图(见图 8-2所示),示意图会将场所一定范围内的其他功能分区以及"当前所在位置"在图上标示出来,能够起到定位、引导的作用;同时也可以与消防疏散图融合绘制,承担紧急情况下人员紧急疏散作用。

图 8-2　避难场所功能分区示意图示例

　　场所内功能分区引导与位置标志的设置方式,可采用上墙固定设置或移动式设置。鉴于应急避难场所启用频次较低,推荐制作移动式的立牌、展架,平时在物资仓库中集中存放,日常状态下不占用场地空间,应急转换时及时摆放设置到位。

　　(三) 警示警告类标识与告示

　　对于室内应急避难场所内不具备应急避难(险)功能的建筑(构筑)物、工程设施设备,以及不宜避难避险人员进入或接近的区域,包括但不限于易燃、易爆、腐蚀、粉尘、高温、毒物、辐射、电力设施,可能发生跌倒、坠落、触电、挤压、灼烫以及其他各类有较大危险因素的部位和设施设备,应设置有明显的警示标志,明确告知危险因素和安全要求。禁止非专业人员使用、靠近的设施设备,通常需要根据相关行业标准规范规定设置必要的警示警告。对于其他需要防止避难避险人员误入的区域,需在出入口处张贴类似"仅限工作人员进入"或"非专业人员禁止进入"以及进入后相关风险及后果警告。若是无明显出入口的开放区域,则需要采取必要的围挡、封闭措施,并在显眼处张贴警示警告和风险告知。

（四）信息公示类标志牌与公示牌

常见的场所信息公示类标志标牌有场所身份标志牌、场所信息公示牌以及场所管理制度公示。场所身份信息牌，顾名思义是显示室内应急避难场所身份的标志（带有"室内应急避难场所"字样），通常设置在场所主要出入口外侧（例如学校的大门外侧），常见的制作形式如不锈钢标志牌、有机玻璃标志牌、灯箱、户外 LED 显示屏等，其中灯箱和 LED 显示屏在夜间更容易被识别。场所信息公示牌，通常会和身份标志牌设置在同一处，显示内容可包括场所名称、适用灾种、联系人、联系方式、可安置人数等。设置在户外的身份标志牌和信息公示牌材料和安装工艺需要考虑其抗风、防水性。场所管理制度公示形式一般采用"制度上墙"的方式在安置住宿区的墙面进行公示，也可采用移动式立牌、展架方式设置，减少对墙面空间的占用。

四、室内应急避难场所的日常维护要点

场所的日常维护工作是为了长期保证室内应急避难场所的灾时功能性和适用性，通常需要场所管理单位和属地政府部门（单位）的共同参与。日常维护工作相对繁杂，在此仅从建筑结构安全、基础设施维护、应急物资储备、场所信息维护四个方面对日常维护工作进行说明。

（一）建筑结构安全维护

主体建筑的安全性，通常由建筑产权所有人或场所日常管理单位负责组织检测。确认作为室内应急避难场所各功能区的建筑楼龄，对于楼龄超过 20 年的老旧房屋，重点关注房屋主体结构安全。定期委托专业检测机构开展检测，对检测结果报告妥善保存，并根据属地政府有关规定，将检测结果报有关部门（通常是上级行业主管部门、住建部门和应急管理部门）备案。建筑安全性鉴定相关工作，需要建立信息共享，例如，教育部门通常会定期聘请专业的建筑安全检测机构对辖区内的学校开展建筑安全检测，但由于此项工作属地街道和应急管理部门并未参与，检测结果通常仅由校方和属地教育部门掌握。当发现建筑结构存在安全隐患或其他可能无法满足灾害期间安全性的情况时，应当及时将检测结果报属地应急管理部门或政府相关部门研判，调整避难

场所可用状态或适用灾种。

（二）基础设施维护

场所日常管理单位对室内应急避难场所依托建筑内既有的相关基础设施定期开展检查维护，主要包括场所中已配置的照明设施、新风系统、空调系统、消防设施设备、视频监控系统（场内部分）、供电配电设施、供水排水设施、广播系统等设施设备，以及场所设计功能区所在空间环境的基本适用性。其中专业设施设备宜聘请专业机构进行检测维护并做好记录。其他由属地政府或其他外部单位提供的设施设备，由设备所有单位负责检查维护，这类设施设备包括：属地政府提供的应急发电设备、应急照明设备、视频监控系统（场外）、场内外标志标牌、应急通信设备、移动式厕所和淋浴设施等。

（三）应急物资储备维护

室内应急避难场所内的应急物资储备维护工作可分为储备环境维护和物资更新两个方面。设有相对独立物资储备库的室内应急避难场所，储备环境的维护通常由提供场所的日常管理单位负责，物资更新则是由场所日常管理单位根据物资情况或实际需求向物资供应方（通常是属地政府部门）提出更新申请。场所日常管理单位负责应急物资的出入库登记，设置物资更新提醒和设备维护提醒，监测、检查物资储备环境，开展除虫消杀、防鼠、防潮、防污染等措施。发现临近过期的物资，根据与物资提供方（通常是属地政府部门）的预先约定自行处理或由物资提供方进行处理，同时申请配送足量的新物资作为补充。仓储中的设备维护，一般根据设备的所有权或使用权约定日常维护责任方，定期开展自行维护或聘请专业机构进行维护。例如，属地街道办事处配置的汽油发电机，通常由属地街道办事处组织日常维护，灾时使用也是由属地街道办事处临时配置燃料使用，避难场所日常管理单位提供的仅是此设备的存储场地，符合"谁使用、谁管理、谁负责"的原则。

（四）场所信息维护

室内应急避难场所相关信息（联系人、联系方式、场所名称、安置住宿区面积、适用灾种、地址、可用状态等）发生变化后，应及时向属地政府应急管理部门更新备案。应急管理部门定期向社会公布（更新）辖区室内应急避难场所信息，并组织同步对"全国应急避难场所综合信息管理服务系统"登记信息进行更新。每年灾害易发频发时段(例如汛期、台风季、寒潮)来临前,各级应急管理部门会要求属地核实避难场所可用状态,更新场所相关信息,用于统计辖区相关适用室内应急避难场所的安置能力储备情况。

第四节　室内应急避难场所的灾时运营管理

一、灾前值班值守与场所启用准备

部分突发事件,例如暴雨、台风、地质灾害,致灾因子较为明确,负责场所应急转换的工作人员(包括避难场所日常管理单位和属地政府)灾前接收灾害预警信息,根据相关应急预案规定的响应级别或值班值守工作制度开展值班值守,值守期间灾害预警等级提升(或突发事件等级提升),应急响应级别随之提升,达到室内应急避难场所开放启用条件。部分属地政府为确保场所能够在响应级别提升后及时启用,可能会要求并协助避难场所日常管理单位提前做好应急启用准备工作,预置相关物资和设备,缩短场所应急转换的准备时间。

此外,需要考虑两种非预见性的场所启用情形:

1. 相关突发事件应急指挥机构或属地政府紧急发出避难场所启用或人员转移安置指令。场所日常管理单位、属地社区、街道办事处临时组织开展场所应急转换,并紧急调集相关物资资源。常见于各类无法预警的突发事件发生后或大型活动保障任务中。

2. 避难避险人员或团体主动联系室内应急避难场所或上门请求进场避险。此种情况常发生于大范围灾害预警(例如暴雨)信号生效时,预警级别(或突发事件响应级别)尚未达到避难场所启用条件,但局部地区已经受到严重灾害威胁。按照"紧急避险优先"的原则,室内应急避难场所日常管理人员或值班人员需要立即组织避难避险人员进场,同时向属地社区、街道报告情况、请求支援,并逐步完善场所启用准备工作。

二、应急转换与避难人员接收

根据灾情发展、预警等级、响应等级、避难避险人数和场所当前评估情况,按照预先制定的应急转换方案和功能分区示意图设置室内应急避难场所功能分区,将必要的设施设备启用并安置到位,将移动式的标志标牌、公示牌安置到位。社区、街道根据与场所达成的协作机制向场所配置必要的设备和物资。社区、街道通常还需要提供场所管理工作人员、志愿者支援场所管理工作。

场所开放指令生效后,研判决定不对外开放的场所(例如部分学校、福利设施)应当由社区、街道在场所入口处设置告示,并安排工作人员引导避难人员前往其他备用场所。避难人员积压较多的,应当报告属地政府,申请运力支援。属地政府应当掌握辖区内避难场所开放情况,进行跨区域资源协调,合理配置辖区内场所、人力、运力和物资资源。

避难人员到达场所入口处时,应当有工作人员引导避难人员进场登记。引导时可利用电子显示器、广播系统、手持扩音器等设备作方向引导或安全提示;人员较多的情况下,可采取限流、划定区域、单向通行等管控措施,引导避难避险人员有序登记,避免过度拥挤发生意外事故。避难避险人员中存在老年人、残疾人、孕妇、婴幼儿、伤病员等需要帮扶的人群时,工作人员应主动协助帮扶。

三、应急物资分发和管理

首次物资分发可与避难避险人员入场登记相结合,信息登记后即分发部分物资,从而降低避难场所开放初期人手短缺可能形成的工作压力。入场分发的物资主要是基本生活保障类物资,包括瓶装饮用水、应急食品和防寒保暖物品(根据灾情或环境需要配置)等。首次分发的应急食品,宜选择八宝粥、饼干、面包等开袋即食的食品;方便面、自热饭等需要热水冲泡或等待的食品,宜在入场人员基本得到妥善安置后视情况补充分发。床上用品可在场所应急转换工作中,与安置住宿区的床铺设施布置同步进行,直接分配到位。

入场登记时,应为有特别需求的避难避险人员做好信息登记,待完成大部分人员入场安置工作后,可根据登记信息载明的健康状况、特殊饮食医疗需求,以及避难避险人员提出的其他需求,进行特殊食品(例如婴儿奶粉)、应急药品和其他物资的分发。预期场所启用运行时间较短(3 天以内)且库存充足的,可将特殊物资预计需求量一次性配发给需求人员;不确定启用运行时长或库存较少的物资,宜分时、分批按需配发。

工作人员根据物资领用情况,统计各类物资配发数量和周期,进一步预估物资消耗速率。综合场所物资消耗速率、物资补充难度和补充效率,与负责应急物资供给保障的商业代储单位、属地社区或街道商讨确定物资补充计划。

四、人员撤离与场所关闭

当灾害预警降级或结束、应急响应降级或结束,或者其他需要启用避难场所的情形消失后,室内应急避难场所根据应急管理部门指令适时结束运行,向场内避难避险人员发布关闭公告,有序组织人员撤离。可为返回距离较远的避难避险人员提供必要的交通运输保障,团体撤离时宜协调团体所属单位统一组织并保障撤离安全。需要注意的是,通常应避免在深夜、凌晨组织人员撤离,避难避险人员的休息权和生命健康权应当优先得到保障。

紧急情况下,因室内应急避难场所受到严重安全威胁,例如场所内发生火灾且火势无法控制,无法继续安置避难避险人员,避难场所工作人员应当立即组织所有人员向其他安全区域转移,在人员暂时脱离危险后将有关情况及时报告当地政府或应急指挥机构,并根据指令开展后续转移安置工作。

室内应急避难场所结束运行后,因原住所受灾害严重破坏无法返回居住的,需组织相关避难避险人员进行过渡期继续安置。这种情况下,一般由属地社区、街道统计汇总辖区内需要继续安置的人员信息,向当地政府部门或应急指挥机构申请,组织有需要的人员向指定的社会救助管理机构或其他集中安置点转移。

待避难避险人员完全撤离后,场所避难避险功能结束,属地社区、街道协助场所日常管理单位恢复原功能。场所日常管理单位清点、回收场所内剩余可用的应急物资,恢复应急转换的场地和设施设备并做好相应检查,撤除功能区域围挡,回收场所内可移动标志标牌、公示牌。属地社区、街道协助政府部门回收临时支援的设施设备(例如应急发电机、可移动厕所等)。对室内应急避难场所使用的区域进行全面环境卫生清洁消杀。建筑和附属设施设备在作为室内应急避难场所使用期间发生损坏、损毁的,场所日常管理单位或所有权人将损失评估结果以及场所目前可用状态报属地政府备案。

五、启用运行期间的其他注意事项

1. 场所启用运行期间,定时、及时向场所内避难避险人员发布突发事件最新信息,包括预警预报、演变进程及其影响、应急响应行动等。

2. 因管理工作需要,工作人员不可避免地会接触到避难避险人员的个人信息,应当注意信息保密,保护个人隐私。

3. 场所内可通过设立意见收集箱、公布意见反馈渠道等方式,直接与避难避险人员沟通,收集有关自身服务质量的信息,以便后续改进场所服务。

4. 根据老年人、残疾人、慢性病患者、孕妇、婴幼儿、非汉语人群等群体的特殊需求,提供针对性服务保障。

5. 场所内可提供公共娱乐服务项目,包括体育活动、书籍、棋牌、影视播放、音乐欣赏等,但要综合考量场所内消防、隔音、安全保护等条件,不应影响其他人员的正常休息和生活。

6. 属地政府可向安置人数较多或有需要的场所提供专业的咨询服务,主要包括因灾损失保险理赔、心理咨询、法律援助、征用补偿、社会救助等。

7. 有条件的场所可提供相对独立的宠物集中安置区域。但导盲犬、扶助犬等工作犬不按照宠物进行管理,应允许与犬只所有人共同活动。

8. 灾害预警期间或紧急情况解除前,部分避难避险人员可能认为灾害影响不显著、场所条件不佳,或因急于寻找家人朋友、检查个人财物等原因,执意离开室内应急避难场所,甚至返回危险区域。此时工作人员应对其进行劝阻,充分告知当前灾害发展态势和场所外部风险,安抚人员情绪,并根据其诉求提供能力范围内的帮助。

第九章 应急救援队伍体系和能力建设

第一节 应急救援队伍体系构成

应急救援队伍体系和能力现代化是应急管理体系和能力现代化的重要组成部分。2019年11月29日,习近平总书记主持中央政治局第十九次集体学习时发表重要讲话,就推进我国应急管理体系和能力现代化作出了全面论述,强调要加强应急救援队伍建设,建设一支专常兼备、反应灵敏、作风过硬、本领高强的应急救援队伍;要采取多种措施加强国家综合性救援力量建设,采取与地方专业队伍、志愿者队伍相结合和建立共训共练、救援合作机制等方式,发挥好各方面力量作用;要强化应急救援队伍战斗力建设,抓紧补短板、强弱项,提高各类灾害事故救援能力;要坚持少而精的原则,打造尖刀和拳头力量。

目前,我国已经初步构建起以国家综合性消防救援队伍为主力、以专业救援队伍为协同、以军队应急力量为突击、以社会力量为辅助、以基层应急救援队伍为基石的中国特色应急救援力量体系,在应急救援行动中发挥了重要作用。

一、国家综合性消防救援队伍

2018年中共中央办公厅、国务院办公厅印发《组建国家综合性消防救援队伍框架方案》,推进公安消防部队和武警森林部队转制,组建了国家综合性消防救援队伍。国家综合性消防救援队伍是我国应急救援的主力军和国家队,承担着防范化解重大安全风险、应对处置各类灾害事故的重要职责。

《组建国家综合性消防救援队伍框架方案》要求,坚持党对国家综合性消防救援队伍的绝对领导,坚持队伍建设正规化、专业化、职业化方向,按照构建统一领导、权责一致、权威高效的国家应急能力体系要求,着力建设一支政治过硬、本领高强、作风优良、纪律严明的中国特色综合性消防救援队伍,充分发挥应急救援主力军和国家队的作用,全面提高防灾减灾救灾和保障安全生产等方面能力。

2023年1月6日,由应急管理部消防救援局和森林消防局整合而成的国家消防救援局挂牌成立,作为推进国家综合性消防救援队伍整合改革、完善国家应急管理体系、提高灾害事故应急处置能力的重大举措,旨在全面落实改革方案部署,深化队伍整合和业务融合,聚焦全灾种大应急任务需要,融入大安全大应急框架建设,着力打造一支对党忠诚、纪律严明、赴汤蹈火、竭诚为民铁的队伍,更好保民平安、为民造福,以高水平安全支撑高质量发展。

国家综合性消防救援队伍依照国家有关规划进行建设。作为应急救援的主力军和国家队,主动对标,适应变革,从理念、职能、能力、机制等方面加快转型。按照"预防为主、防消结合、综合治理"的方针,确保城市火灾形势持续稳定;同时,重点强化高层、超高层、地下空间(轨道交通)、大跨度空间、危险化学品等灭火攻坚训练;进一步扩展防灾职能,通过技术专业培训强化水域、山岳、高空、地震、危化品等事故救援技能,打造全方位、全领域、全效能的综合性消防救援队伍。截至2022年10月,全国布点组建8个机动专业支队,建成中国救援队和高层建筑、地下建筑、大型综合体、石化企业,以及地震、水域、空勤和雨雪冰冻等专业救援队3500余支,建设南方、北方空中救援基地,森林航空消防力量覆盖至21个省份,新增各类特种消防车和消防船艇9800余辆(艘)、个人防护装备和抢险救援器材460万件(套),综合救援能力和专业处置水平不断提升[①]。

二、专业应急救援队伍

专业应急救援队伍,是由各级政府有关部门或派出机构,通过自行组建或依托有条件的企事业单位、社会组织等组建的,承担本行业、本领域突发事件

---

① 数据来源:2022年10月31日应急管理部专题新闻发布会,介绍国家综合性消防救援队伍改革转制以来建设发展成效。

以及跨行业领域突发事件应急处置与救援任务的应急救援队伍。各类专业应急救援队伍是国家综合性消防救援队伍的重要协同力量。

应急管理部门根据本级地方政府授权,统筹本级专业应急救援队伍建设与管理,指导、推动专业应急救援队伍信息共享、共建共用、联训联演、跨领域调度、综合保障等方面工作。各重点行业领域主管部门按照应急管理职责,具体负责本行业、本领域专业应急救援队伍建设与管理,结合所在行业、领域的风险特征及应急救援任务特点,明确队伍建设目标、工作任务和能力要求,并监督、指导队伍组建单位落实建设任务。

目前国家层面,已组建了应急管理部自然灾害工程应急救援中心和救援基地,完善国家级危险化学品、隧道施工应急救援队伍布局,建成地震、矿山、危险化学品、隧道施工、工程抢险、航空救援等国家级应急救援队伍 90 余支计 2 万余人;各地建成抗洪抢险、森林(草原)灭火、地震和地质灾害救援和生产安全事故救援等专业应急救援队伍约 3.4 万支计 130 余万人,形成了灾害事故抢险救援重要力量[1]。

三、军队

军队是抢险救灾的突击力量,执行国家赋予的抢险救灾任务是军队的重要使命。根据《军队参加抢险救灾条例》(中华人民共和国国务院、中华人民共和国中央军事委员会令第 436 号),军队参加抢险救灾担负的主要任务包括:解救、转移或者疏散受困人员;保护重要目标安全;抢救、运送重要物资;参加道路(桥梁、隧道)抢修、海上搜救、核生化救援、疫情控制、医疗救护等专业抢险;排除或者控制其他危重险情、灾情;必要时可以协助地方人民政府开展灾后重建等工作。

地方各级应急管理部门牵头与驻地部队建立军地应急联动工作机制。通过定期召开军地应急联动联席会议,建立军地应急联动协调官和联络员制度,加强军地双方日常协调和联络;建立军地联训联演、突发事件信息共享、指挥互动等机制,在地方突发事件应急预案和应急演练方案中纳入驻地部队工作任务和职责,确保军地应急预案无缝衔接。

需要驻地部队参与应对突发事件的,由地方各级政府或其专项应急指挥

---

[1]　数据来源:《应急管理部关于印发〈"十四五"应急救援力量建设规划〉的通知》(应急〔2022〕61 号)。

机构、应急管理部门按照有关程序和规定协调办理。解放军、武警部队参与现场应急处置与救援行动时,按照规定的指挥管理和指挥权限进行指挥。

四、社会应急力量

社会应急力量,参照《社会应急力量建设基础规范 第1部分:总体要求》(YJ/T 1.1—2022),在广义上包括从事防灾减灾救灾工作的社会组织、城乡社区应急志愿者,以及相关人民团体、群众团体和企业、事业单位指导管理的从事防灾减灾救灾等活动的组织。

应急管理部门将社会应急力量纳入应急救援队伍体系统筹建设,业务主管部门、民政部门根据职责分工,对社会应急力量进行行业指导和监督管理。按照专业化、属地化的发展方向,培育、扶持具备一定应急救援能力、从事应急管理志愿服务活动的社会组织,引导社会应急力量在相关政府部门的统一组织、协调和指挥下有序参与应急工作。

目前在民政等部门注册登记的社会应急力量约1700余支计4万余人,发挥其志愿公益、贴近群众、响应迅速、各有专长的优势,参与山地、水上、航空、潜水、医疗辅助等抢险救援和应急处置工作,在生命救援、灾民救助等方面发挥了重要作用。据不完全统计,2018至2020年,全国社会应急力量累计参与救灾救援约30万人次,参与应急志愿服务约180万人次,已逐步成为应急救援力量体系的重要组成部分[①]。

五、基层应急救援队伍

基层应急救援队伍,是指乡镇街道、村居社区等组建的,从事本区域灾害事故防范和应急处置的应急救援队伍。全国乡镇街道已建有基层综合应急救援队伍3.6万余支、105.1万余人[②]。通过整合综合执法、专职消防、志愿消防、民兵、治安巡防、森林巡防、网格员、楼栋长等力量,以及辖区相关志愿团体及民间积极人士,逐步构建起基层应急救援网格体系,较好发挥了响应快速、救早救小作用,成为日常风险防范和第一时间先期处置的重要力量。

---

① 数据来源:《应急管理部关于印发〈"十四五"应急救援力量建设规划〉的通知》(应急〔2022〕61号)。
② 数据来源:《应急管理部关于印发〈"十四五"应急救援力量建设规划〉的通知》(应急〔2022〕61号)。

第二节　专业应急救援队伍建设规划

依据《中华人民共和国突发事件应对法》《中华人民共和国安全生产法》《生产安全事故应急条例》等突发事件应急处置与救援相关的法律法规,结合实际风险应对需求,编制指导专业应急救援队伍体系建设的综合性专项规划,可为各级政府有关部门和单位建设专业应急救援队伍提供依据与指引。

一、基础现状调查

开展专业应急救援队伍基础现状调查是进行队伍建设规划的基础性工作,旨在掌握不同区域、不同行业领域专业应急救援队伍体系建设现状、存在问题与发展需求。队伍现状调查可采用资料收集、问卷调查、走访座谈等多种方式,专业应急救援队伍信息采集可参考表 9-1,采集内容包括但不限于队伍类型、层级、数量、分布,专业技术技能人才,关键救援装备与物资,典型救援情景与能力范围等。

进一步,可结合所属辖区、行业领域的风险形势分析、近年典型灾害事故应急处置案例等资料,开展专业队伍能力与城市风险需求匹配分析,梳理队伍体系与专业能力打造方面存在的短板、弱项等,明确队伍建设方向,提升规划编制的针对性和指导性。其中,风险形势分析应重点关注风险类型、底数、规模体量、空间分布、危害形式、后果情景等;典型突发事件处置案例,可充分利用相应的突发事件应急处置评估报告、应急救援行动后评估报告等复盘总结材料。

表 9-1　专业应急救援队伍信息采集表(参考)

队伍名称			
队伍驻地			
队伍层级	◎ 国家级　◎ 省级　◎ 市级　◎ 区(县)级　◎ 其他:＿＿		
建队模式	◎ 政府自建　◎ 依托企业/社会组织　◎ 合作共建　◎ 其他:＿＿		
组建单位		联络人及电话	
主管部门		联络人及电话	

队伍所属行业 （领域）	◎ 危险化学品 ◎ 矿山 ◎ 城市消防 ◎ 森林消防 ◎ 水旱灾害抢险 ◎ 建筑工程 ◎ 轨道交通运营 ◎ 道路（桥梁、隧道）养护 ◎ 交通工程 ◎ ……	◎ 危险货物运输 ◎ 生态环境 ◎ 特种设备 ◎ 海上搜救 ◎ 公用事业保障（供水） ◎ 公用事业保障（排水） ◎ 公用事业保障（电力） ◎ 公用事业保障（燃气） ◎ 公用事业保障（通信） ◎ 其他：____

队伍基本信息		
队伍负责人		联系电话	
应急联系人		联系电话	
队伍总人数			
专职人数		一线队员人数	
参保险种		参保人数	
累计参与 救援次数		重要救援行动 总结报告例数	

核心救援能力抽样信息	

队员年平均培训 时长（小时）		可72小时连续出勤 最大人数（人）	

队伍能力特长 （救援范围）[1]	序号	承担主要救援处置任务的突发事件	主要承担的救援任务
	1		
	2		
	3		
	……		
	序号	可参与协助救助处置的其他突发事件	协助承担的救援任务
	1		
	2		
	3		
	……		

可适应的危险复杂救援环境（可多选）：
建（构）筑物坍塌　　　　高空
危险（有毒有害等）物质暴露　　山地
有限空间（含隧道、地下空间）　水域
其他：_____

（续表）

专业技术技能型岗位资质[2]	序号	相关专业/职业资格 （含等级）证书	资质人数	
	1			
	2			
	3			
	4			
	5			
	……			
关键核心救援装备器材[3]	序号	名称	主要用途（功能特点）	数量/单位
	1			
	2			
	3			
	4			
	5			
	……			

请列举本队伍曾参与救援处置的突发事件或有代表性的应急救援行动 （若有，请另附相应的行动总结报告）						
序号	时间	地点	突发事件	承担任务	出动人数	参与救援时间（h）
1						
2						
3						
4						
5						
…						

填表说明：

1. "队伍特长（救援范围）"，请结合本队伍能力实际，尽可能详尽描述：可胜任的所属行业领域应急救援任务；可拓展参与的其他行业领域（相似或相近）应急救援任务；可适应的危险复杂环境（岩土体或建构筑物坍塌、危险物质暴露、有限空间、山地、水域、高空等）。

2. "专业技术技能型岗位资质"，指为遂行应急救援任务提供专业技术技能支撑的关键岗位人员资质情况。其中，相关专业/职业资格（含等级）证书，根据应急救援实际需要包括：专业技术资格（职称）证书、职业（技能）资格证书、特种作业操作证、特种设备作业人员证、相应准驾车型机动车驾驶证等。

3. "关键核心救援装备器材"，指为遂行应急抢险救援任务所必需的重要装备器材，填写相关装备器材的名称、数量、核心性能参数等。

二、基本原则与目标

专业应急救援队伍建设规划，应以习近平总书记关于应急管理工作的重要论述为行动指南和根本遵循，以构建统一指挥、专常兼备、反应灵敏、上下联动的应急管理体制，推进应急管理体系和能力现代化的总体要求为指引，从满足地方灾害事故应急处置与救援工作的实际需求出发，坚持队伍建设正规化、专业化、标准化方向，补短板、强弱项、建机制、提能力，打造规模适度、本领高强、运作高效、作风过硬的专业应急救援队伍体系。

（一）基本原则

1. 政府主导，分类管理。按照政府主导、分类负责、分级管理、社会参与的总体要求，本着"谁主管、谁负责，谁使用、谁负责"的原则，由各重点行业领域主管部门自行组建或依托有关企事业单位等各类应急资源，分类型、分层级建设专业应急救援队伍。主管部门和组建单位按照有关规定履行队伍管理职责。

2. 整合资源，统筹规划。充分依托各行业领域现有专业应急救援队伍进行有效整合、补充、完善，打造本地区专业应急救援队伍体系，全面覆盖本地区重点行业（领域）、重点区域（部位），队伍建制规模、能力结构和空间布局与城市主要灾害事故风险等级、风险体量和空间分布相适宜，满足地方突发事件应急救援能力建设的总体要求。

3. 平急结合，多灾兼顾。面向城市发展和各类突发事件风险趋势变化，专业应急救援队伍在平时常态业务工作中重点锤炼应急技术技能专长，及时快速响应、高效遂行相关专业应急处置与救援工作，积极拓展适应多灾种、复合型应急救援任务。

4. 面向实战，提升能力。立足实际，突出实用，注重实效，坚持从高、从严标准历练尖兵，瞄准灾害事故救援中的难点、关键点，持续提升专业应急救援队伍战斗力，着力增强特殊危险复杂环境下处理急难险重任务的能力，确保召之即来，来之能战，战之能胜。

（二）总体目标

围绕"统一指挥、训练有素、反应灵敏、保障有力"的总体目标，不断健全完善应急救援队伍"联建、联勤、联训、联调、联战"机制，打造专业应急救援尖刀和拳头力量,与国家综合性消防救援队伍、军队、社会应急力量、基层应急救援队伍等各司其职、互为补充、协同联动,切实形成应急救援合成作战能力,适应地方安全发展需要、满足突发事件应对工作要求。

1. 统一指挥。坚决服从主管部门和本级政府应急指挥机构的调度指令,服从应急救援现场统一指挥,确保政令畅通、闻令而动、令行禁止。

2. 训练有素。在日常生产经营等业务活动中练就过硬本领,严格落实"三个100%",即队伍定期培训演练率100%、全员培训覆盖率和考核合格率100%、专业技术技能岗位相应专业资格证书持证上岗率100%。

3. 反应灵敏。严格落实24小时值班备勤制度,确保快速响应,尽锐出战。队伍整装集结出动时间不超过30分钟,规定时间内抵达本地区指定现场。

4. 保障有力。优化队伍驻地空间布局,落实办公场所、训练场地及配套设施,加强先进适用装备配备,提升技术装备现代化水平和专业应急救援能力。

（三）分项目标

为切实发挥规划引领作用,可进一步确立一批可量化的分项目标(指标),作为规划期末衡量建设目标完成情况的重要依据。相关量化目标由通用指标和专项指标两部分构成。

1. 通用指标

通用目标适用于评估地方专业应急救援队伍体系建设整体情况,反映不同行业领域专业应急救援队伍全体的基本素质。具体可结合地方实际,参考表9-2进行通用指标设置。

表9-2　专业应急救援队伍建设规划通用指标表（参考）

序号	通用指标	说　明
1	重点行业领域队伍建设覆盖率	充分结合本地主要灾害事故风险明确重点行业领域,确保专业应急救援队伍建设覆盖城市易发多发灾害事故类型,满足应急处置与救援需要。
2	重点专业技术类型队伍建设覆盖率	综合《国家职业技能标准　应急救援员》专业方向和《消防应急救援　通则》(GB/T 29176—2012)技术类型,明确本地区所需的应急救援重点专业技术类型,例如建筑物坍塌搜索与救援、机械设备事故应急救援、危险化学品应急救援、绳索救援、隧道(地下空间)救援、水域搜索营救等。

（续表）

序号	通用指标	说　明
3	可适应危险复杂环境的队伍建设覆盖率	反映不良工况下开展急难险重救援任务的能力。依据《国家职业技能标准　应急救援员》关于职业环境条件分类，结合本地实际明确潜在的危险复杂救援环境，例如建（构）筑物坍塌、危险物质暴露、有限空间（含隧道、地下空间）、山地、水域、高空等。
4	队伍开展专业应急培训（含演练）频次	专业应急培训、演练，是指区别于日常生产经营等业务工作，为胜任所属行业、领域专业应急救援任务，有针对性开展的培训、训练、演练等活动。建议明确最低频次要求，例如原则上每月不少于 1 天。
5	专业应急救援岗位相应专业资格证书持证率	强化专业技术技能型岗位的资格准入。根据具体岗位要求不同，相关的资质证书包括：专业技术资格（职称）证书、职业（技能）资格证书、特种作业操作证、特种设备作业人员证、相应准驾车型机动车驾驶证等。
6	专业应急救援队员人身意外伤害保险投保率	落实相关保险保障，确保专业应急救援队员依法享受相应的保险待遇。
7	队伍紧急集结出动时间	明确专业应急救援队伍紧急出动的时限要求，强调纪律性和快速响应能力。
8	队伍现场救援持续时间	明确对队伍专业化应急救援战斗力持续性和基本自我保障能力的要求。

　　2.专项指标

　　专项指标可以进一步分为一般性指标和关键性指标两类，体现不同行业、不同领域专业应急救援的任务特点和队伍建设的差异化要求。其中，一般性指标，主要包括队伍数量、队伍人数、空间布局、领域覆盖、专业资质、训练时长、演练频次等；关键性指标，主要是一些重要应急装备器材数量、核心性能参数，以及能反映队伍响应出动效率、专业救援胜任力、专业处置效能的重点指标。

三、主要建设任务

　　专业应急救援队伍建设规划，主要围绕队伍的体系化建设、精细化管理、实战化能力提升、协同化指挥调度、精准化支撑保障等五个方面，注重结合本地实际与队伍基础现状,提出主要建设任务。

（一）持续推进队伍体系建设

1. 健全队伍建设管理规范制度。研究制定地方专业应急救援队伍管理办法、建设指引等,夯实制度基础,压实相关政府部门和单位的工作职责,强化责任约束。规范专业应急救援队伍组建、遴选与认定程序,为本地专业应急救援队伍体系建设提供根本遵循。

2. 科学制定队伍建设方案。各行业领域主管部门在深入调查所辖行业、领域的风险体量与应急资源分布,评估灾害事故发生、发展及应急救援任务特点的基础上,根据本地区安全生产、应急管理和防灾减灾救灾规划要求,结合相关行业领域应急救援队伍建设规范,科学制订所辖队伍建设方案,明确建设任务,落实组建单位,合理确定建队规模。

3. 灵活推进落实队伍建设任务。主管部门除采取政府自建方式外,可通过政府购买服务、合作共建等方式,引入第三方专业技术服务机构、本地龙头企业等多方力量共同参与专业应急救援队伍建设。按照"谁组建、谁管理、谁保障"的原则,扎实推进队伍建设工作,并优先强化本地区灾害事故易发多发的重点行业、领域专业应急救援队伍。

4. 逐步优化队伍结构与空间布局。按照"专业化、差异化、协同化"原则,细化相同或相近行业领域的专业应急救援队伍的定位与分工,避免低水平重复建设,着力发展、填补现有专业应急救援队伍的能力弱项、缺项,探索试行队伍能力分级测评,完善队伍梯队建设。坚持"一盘棋",优化队伍空间布局,形成适应城市风险空间分布特征的专业应急救援保障网。

（二）不断完善建设管理机制

1. 落实基础设施与装备建设。依托队伍组建单位落实与建队规模和建设目标相匹配的驻地、办公场所、训练场地和物资装备库,配备必要的基础办公、值班值守和日常训练设施。着眼遂行应急救援任务的需要,落实基础救援装备器材和物资配备,保障装备物资的及时补充更新。

2. 完善组织架构与管理制度建设。根据专业应急救援队伍工作职责和承担救援任务,健全组织架构,建立统一鲜明的队伍形象（标识、服装、队旗等）,建立健全岗位责任制、值守备勤、业务培训、科目训练、应急演练、物资装备管理、紧急出动、总结评估、奖优罚劣等制度,规范日常管理,保证专业应急救援队伍的纪律性。探索开展队伍标准化创建和评价考核,以标准化创建为抓手,不断提高队伍建设管理水平。

3. 建立规范的人员管理机制。根据各专业应急救援队伍职业特点,按照建队规模要求,足额配齐、配强专业应急救援队员,避免出现结构性缺编。在保持人员正常顺畅流动的同时,着力稳固专业技术技能型人才骨干力量。坚持在技术研发、技能竞赛和应急救援实战中培养和选拔指挥员,确保队伍的专业性和实战性。

4. 加强专业应急处置的培训策划与实施。坚持"从练中学、以练代学",鼓励充分结合所属行业、领域突发事件特点、典型应急救援环境条件,以及专业应急救援队伍工作职责和建设目标,组织编制应急救援技术训练和考核大纲,实行"按纲施训,标准考核,战训合一"模式。培训和演练尽量依据现实条件、现实场景进行实操化的策划与实施,提升专业应急救援队员的应急实战能力和指挥员的临场应变能力。

（三）大力提升应急实战能力

1. 夯实基础知识与基本技能。各类专业应急救援队伍坚持常态化开展体能训练,确保有力地体能支撑。将预防与应急准备、监测与预警、自我防护、常用救援器材使用、基础性医疗救护、救援善后等通用知识与技能,全面纳入专业应急救援队员的能力素质模型,要求所有队员均须扎实掌握。组织专业应急救援队伍的队长及指定现场指挥员针对性开展领导指挥业务技能培训,以救援组织协调和现场技术指挥为重点,确保指挥员掌握制定应急处置行动方案、组织实施救援作业等技能。鼓励各专业应急救援队伍组织人员,分批次、分级别、分专业方向参加"国家应急救援员"职业技能鉴定。

2. 完善应急救援行动方案和操作规程。根据应急救援工作的现实需要,编制科学完整、简单实用、可操作性强的应急救援行动方案,明确队伍编成、处置工作程序、应急装备保障和自我保障等内容。鼓励编制针对不同灾害事故场景、不同救援环境的专项处置方案,提高行动方案针对性。定期组织方案评估,特别是在每次应急救援行动结束后,及时总结评估、修订行动方案,不断完善专业应急救援处置规程、安全防护技术规程、应急装备安全操作规程等,使得各项方案和规程更科学合理、符合实际、具有可操作性。

3. 推动装备科技化升级与战力提升。大力推进"机械化换人、自动化减人、智能化无人",推动落实专业应急救援队伍配备先进适用的应急救援装备器材。依托装备科技化升级,填补专业应急救援能力缺项和短板,重点升级引进智能化搜索、机械化营救和信息化通信等装备,为应急救援现场提供机动、高效、可视的通信指挥条件,有效提升生命信息源探索搜寻与营救工作效能,主动适应各类日趋复杂的高危救援环境。对于部分新型"高精尖"应急救援装备,可将装备生产厂家、研发机构以及相关技术人员一同纳入应急救援装备技术保障体系,承担装备维修、拆解和装配等保障任务,提高装备保障效率。

(四) 巩固增强指挥协同机制

1. 建立统一协调调度机制。专业应急救援队伍按照归口管理原则,原则上由所属行业、领域主管部门调度指挥,特殊情况下,可由本级政府或应急管理部门直接调用。健全跨部门、跨领域、跨灾种应急协调联动机制,服从现场指挥部的统一指挥,衔接国家综合性消防救援队伍、军队及其他应急力量参与灾害事故应急救援。

2. 建立健全值班备勤与快速响应机制。根据专业应急救援队伍承担任务的特点,完善值班工作制度,严格执行 24 小时值班备勤制度,确保联络畅通。建立"平战转换"快速响应机制,明确人员和装备物资的紧急集结措施,接到出动指令后,按响应时间要求集结出动,并按最优路线奔赴指定位置。

3. 完善应急救援信息沟通机制。建立应急救援信息直报制度,将专业应急救援队伍作为应急救援信息报告的重要渠道,明确信息报告责任、内容和时限,强化各专业应急救援队伍责任意识和担当意识,提高应急救援信息敏感性,充分利用应急指挥平台,畅通信息报告渠道。

4. 深入开展应急救援力量联训联演。鼓励各专业应急救援队伍与相同或相近行业领域、专业技术类型以及驻地辖区的应急救援力量开展结对共建、联勤联训,定期组织开展技术交流、行动经验分享、救援案例研讨等活动,与国家综合性消防救援队伍、社会应急力量、基层应急救援队伍等加强互动。通过组织多种应急救援力量共同参与紧急拉动和跨部门、跨领域、跨灾种联合实战演练,不断磨合相关队伍联动机制,提高协同作战能力。

(五) 切实强化支撑保障体系

1. 加大队伍政策扶持力度。将专业应急救援相关服务内容纳入政府购买服务目录,鼓励相关政府部门、企事业单位与专业应急救援队伍签订服务协议,开展风险隐患排查、应急值班值守、应急知识科普宣传、重大活动保障,指导或协助相关行业、领域企事业单位开展应急救援相关工作。推动加大对专业应急救援队伍组建单位的财税金融政策支持,增强相关企事业单位参与应急救援工作的积极性。建立专业应急救援队伍社会化服务补偿机制。

2.完善职业健康、安全、医疗保障机制。为专业应急救援队员配备必要的个人防护装备和器材,减少人身风险,确保队员依法享受工伤社会保险和人身意外伤害保险。积极预防和控制化学毒物、粉尘、高温、热辐射、噪声、振动等职业危害因素。逐步建立健全医疗、康复训练、心理干预等制度。为因公(工)负伤的专业应急救援队员开通紧急救治"绿色通道",参照国家综合性消防救援人员,优先安排初诊和抢救治疗,优先安排专家参加会诊和救治,优先安排住院床位,优先保障紧急抢救临床用血和药品。

3.提高人员待遇保障水平。落实专业应急救援队员的工资、福利、补助、抚恤等相关待遇,合理安排高危作业岗位津贴,保证队员工资和福利水平不低于企业一线员工。强化技能价值激励导向,不断完善符合应急救援职业特点的工资待遇制度,稳定人员队伍,提升职业荣誉感和吸引力。对于专业应急救援关键岗位和紧缺急需的技术技能型人才,可实行协议工资、项目工资、年薪制等分配形式,提高核心骨干队员工资待遇。

4.推动试行职业保障机制。结合不同行业、领域特点和队伍组建单位实际,健全和完善专业应急救援队员转岗退出保障机制,解决职业发展后顾之忧。对于因公(工)患病、伤残,或因年龄、身体、心理状况不再适合从事一线应急救援任务的,专业应急救援队伍组建单位应充分结合个人意愿安排内部转岗或提前退休;对于具备较强专业技术水平、应急救援工作经验丰富的,鼓励基层政府部门和相关企事业单位优先聘用至防灾减灾救灾、安全生产、应急值班等相关岗位,发挥其专业与经验优势,继续服务应急管理事业。

四、规划实施保障

(一)加强统筹指导

应急管理部门突出专业应急救援队伍规划的指导性,统筹协调本级专业应急救援队伍和救援能力建设,指导、督促相关部门制定相应的队伍建设规划实施方案,细化分解任务目标和进度计划,确保规划任务有序推进;建立规划实施的动态评估机制,加强过程监督检查,及时总结问题、制定对策,确保规划建设目标的全面完成。

（二）强化组织保障

各行业领域主管部门将专业应急救援队伍建设作为提高本行业、领域应急救援能力的重要抓手,增强本部门应急管理机构的履职能力建设,强化对规划实施的组织、指导;深入研究相关政策,对于本行业、领域队伍建设面临的困难,及时、主动分析并协调处理;与同级应急管理部门密切沟通,为所辖行业、领域专业应急救援队伍建设与发展提供坚实的组织保障。

（三）做好规划衔接

各行业领域主管部门依据专业应急救援队伍建设规划,制订本行业、领域专业应急救援队伍建设规划实施方案,细化分解任务目标与进度计划,压实相关责任主体,并按照"条块结合、以条为主"的原则组织实施。相关单位积极承接规划及其实施方案的任务要求,纳入本单位年度工作计划,有序推进落实。

（四）落实经费保障

各行业领域主管部门根据专业应急救援队伍的不同组建方式,将自建队伍或购买社会化服务所需的经费,纳入同级财政预算给予保障。各专业应急救援队伍组建单位合理安排使用资金,切实保障队伍办公场地、培训训练和演练、购买人身意外伤害保险、应急救援装备器材建设及维护、训练设施建设及维护等工作经费。

（五）营造积极氛围

营造有利于专业应急救援人才成长和发挥作用的制度环境和社会环境,提高应急救援专业技术技能人才地位和待遇,拓宽人才发展空间,营造拴心留人的工作环境。大力宣扬先进模范事迹,鼓舞士气,激励斗志,形成积极舆论导向,增强职业荣誉感和社会认同感,吸引更多工程技术人才与高技能人才投身应急救援事业。

第三节　支持引导社会应急力量发展

2016 年 7 月 28 日,习近平总书记在纪念唐山大地震 40 周年座谈会上指出,要"引导社会力量有序参与"防灾减灾救灾工作。应急管理部成立后,积极推动社会应急力量建设,提出具体指导意见。2020 年 9 月 29 日,应急管理部在浙江绍兴召开社会应急力量建设工作座谈会,会议指出,加强社会应急力量能力建设是贯彻落实习近平总书记关于应急管理重要指示精神的具体举措,是构建大国应急救援力量体系的现实需要,是提升全社会防范化解安全风险水平的有效途径,要求各级应急管理部门结合本地实际,培育发展一批政治上可靠、技术上过硬、行动上规范的救援队伍,社会应急力量的凝聚力、组织力和动员力明显提升,政府主导、行业指导、密切协同、保障有力的社会应急力量工作体系框架基本形成。

一、监督管理体制

(一) 基本属性与监管依据

社会应急力量,一般是指具备一定应急救援能力,在各级民政部门登记注册的,以及相关人民团体和群众团体指导管理的,从事应急管理志愿服务活动的社会组织。社会应急力量的单位性质属于社会组织,以社会团体、基金会、社会服务机构(含民办非企业)等为主体。

现行针对社会组织登记管理的法律法规,主要包括《社会团体登记管理条例(2016 修订)》(国务院令第 666 号)、《基金会管理条例》(国务院令第 400 号)、《民办非企业单位登记管理暂行条例》(国务院令第 251 号)等三部行政法规。2016 年 8 月,中共中央办公厅、国务院办公厅印发了《关于改革社会组织管理制度促进社会组织健康有序发展的意见》,针对以社会团体、基金会和社会服务机构为主体组成的社会组织,明确了改革社会组织管理制度、促进社会组织健康有序发展的要求。

(二) 监管机构与职责分工

根据社会组织管理相关法规的规定,涉及社会组织的监管机构主要是登记管理机关、业务主管单位、行业管理部门等。

1. 登记管理机关

社会应急力量的登记管理机关为各级民政部门,负责会同业务主管单位依法依规做好社会应急力量的登记管理,主要职责包括:负责社会应急力量的设立、变更、注销登记以及章程核准;对社会应急力量执行社会组织登记管理相关法律法规的情况进行监督检查;对涉嫌违反社会组织登记管理相关法律法规的行为进行查处。

2. 业务主管单位

社会应急力量的业务主管单位是政府有关行业、业务领域管理部门或政府授权的组织(不限定为应急管理部门),主要职责包括:负责社会应急力量设立、变更、注销登记以及章程核准前的审查;监督、指导社会应急力量遵守宪法、法律、法规和规章,依据其章程开展活动;承担社会应急力量的思想政治工作、党的建设、财务和人事管理、研讨活动、对外交往、接收境外捐赠资助、按章程开展活动等事项的管理责任;协助登记管理机关和其他有关部门查处违法行为。

3. 行业管理部门

社会应急力量参与各项应急管理活动时,应急管理部门承担相应的行业管理职责,主要包括:将社会应急力量纳入应急救援队伍体系筹建;掌握社会应急力量制度建设、人才建设、装备建设、能力建设等基本情况;组织协调社会应急力量有序参与应急救援;推动建立社会应急力量业务能力和诚信评价体系;推动社会应急力量与国家综合性消防救援队伍、专业应急救援队伍等联训联演等。

其他行业管理部门,按照法定职责对社会应急力量参与相应领域活动进行政策和业务指导,履行相关监管责任。

4. 监管职责衔接

社会应急力量实行登记管理机关和业务主管单位双重负责的管理体制,由发起人向民政部门申请登记,登记前由业务主管单位负责前置审核。民政部门和业务主管单位共同做好社会应急力量登记审查工作,重点加强对拟成立社会组织合法性、必要性、可行性以及发起人、拟任负责人的资格审查。其中,业务主管单位健全工作程序,完善审查标准,加强对社会组织名称、宗旨、业务范围、发起人和拟任负责人的把关;民政部门严格登记审查,会同行业管理部门及相关党建工作机构,加强对社会组织发起人、拟任负责人资格审查,加强社会组织名称审核、业务范围审定。

(三) 存在的主要问题

1. 建设管理有待进一步规范

我国现行的社会组织管理体制仍存在法律法规滞后、外部监管机制不健全等问题,加上志愿服务的自愿性、无偿性等特点,部分社会应急力量组织化程度不高,建设管理仍处于初级阶段。部分社会应急力量尚未明确业务主管单位,"双重管理"体制未落实,特别是对其开展的具体业务活动,缺乏有效外部监管;部分社会应急力量救援队伍缺乏规范建队意识,内部管理不规范,在日常管理、制度建设、预案管理、安全管理、指挥体系、行动管理、信息报送等方面仍存在一些问题;随着国家大力培育发展社区社会组织,降低准入门槛,部分新登记设立的街道、社区层级的社会应急力量尚处于粗放型管理阶段;因社会应急力量信息披露不足、不及时,社会公众普遍对其名称、组织和活动性质等不甚了解,难以形成社会监督。

2. 支持保障有待进一步加强

(1)经费保障不足。因社会应急力量的自愿、无偿、公益属性,当前虽然可以通过"自主造血"方式维持组织的日常运行,但是对于参加专业技术技能培训、训练、竞赛,购置救援装备器材,补给救援消耗品等,主要仍依靠自筹经费和接受捐赠等方式,难以满足社会应急力量能力建设和长期可持续发展的需要。

(2)场地设施不足。缺乏集中存放装备器材的固定场地,特别是冲锋舟、马达、推进器等一些相对大型的装备没有具备存放条件的场地设施;缺乏训练场地设施,特别是水域水下救援、山地野外救援、高空绳索救援等专业性较强的领域,没有可供常态化训练的固定场地设施,不利于队伍技能素质提升。

(3)保险保障不足。由于社会应急力量参与应急救援行动属于主动涉险行为,通过传统商业保险险种难以获得保障,贴合实际、满足需求的保险产品有待丰富和完善。

3. 协同作战有待进一步融合

尽管社会应急力量救援队伍与相关政府部门已逐步建立起联动机制,纳入了相关政府及其部门应急预案,但尚未充分融入政府应急救援队伍和指挥体系。一方面,与应急管理、公安、消防救援等部门的信息渠道未完全打通,信息共享不足,在突发事件发生后,与应急救援需求相匹配、具备相应能力的社会应急力量不能及时获取相关信息,不利于社会应急力量的快速动员响应;另一方面,与国家综合性消防救援队伍、专业应急救援队伍等力量的平时沟通交流、联训联演尚有不足,在赶赴突发事件现场后,因调度部门(单位)不同、队伍性质不同等,难以快速融合发挥作战合力。

二、规范管理指引

2022年11月,应急管理部会同中央文明办、民政部、共青团中央联合发布了《关于进一步推进社会应急力量健康发展的意见》(应急〔2022〕110号),要求应急管理部门履行业务主管单位或者行业管理部门职责,按照符合登记标准条件、符合本地区防灾减灾救灾需要的原则,规范工作程序,完善审查标准,支持相关社会组织依法成立,强化规范管理,全面提升建设质量和发展水平。

(一)设立审查管理

各级应急管理部门在受理审查社会应急力量的设立申请时,在审查社会组织登记管理部门既有规定条件的基础上,可结合当地应急管理工作实际、对社会应急力量的定位和发展要求,参照《社会应急力量建设基础规范第1部分:总体要求》(YJ/T 1.1—2022)等行业标准,进一步将社会应急力量的综合素质和救援实战能力作为设立审查的重要条件,主要包括人员组织、场地设施、物资装备、制度建设、能力建设、培训演练、行动管理、党的建设等八个方面(参考表9-3)。

表9-3　社会应急力量设立审查要点(参考)

序号	设立条件	审查要点
1	人员组织	发起人、拟任法定代表人和主要负责人应当熟悉本地实际情况,并具有一定的本地应急工作或活动经验;具备与开展应急救援活动相适宜的人员队伍。
2	场地设施	具备开展应急救援活动所需的办公场所、训练场地及相应的设施设备。
3	物资装备	配备与应急救援专长和能力相匹配的物资装备。
4	制度建设	制定适合队伍建设目标和工作实际的规范管理制度。
5	能力建设	具备开展应急救援活动所需的专业能力,以及必要的交通、通讯等自我保障能力。
6	培训演练	有计划地组织应急救援人员开展培训、训练和演练。
7	行动管理	具备遂行应急救援任务所需的行动方案(预案)和技术规程,参与应急救援行动服从现场统一指挥。
8	党的建设	设有中国共产党的基层组织,并为党组织的活动提供必要条件。

提出设立申请的社会应急力量应当对照审查条件提供相关证明材料,并对其所提供信息、资料的真实性、合法性、准确性、完整性和时效性负责。应急管理部门负责审查社会应急力量的设立申请,查验相关条件满足情况;对经审查符合设立条件的,按照社会组织登记管理有关规定办理设立登记,担任其业务主管单位。

（二） 设立登记后的日常管理

应急管理部门对业务主管的社会应急力量可采取不定期检查督导、业务能力评估、行动表现评价等方式,开展日常监督指导,并视情对社会应急力量采取不同的管理措施,引导其健康发展。对于在监督管理过程中或通过受理投诉、举报等途径发现存在不良情形的社会应急力量,予以批评教育并责令限期整改,对涉及的相关审查事项(变更登记、注销登记、章程核准等)和当年度工作报告不予审查通过;对于在应急工作中发挥积极作用的社会应急力量,按照各级政府有关规定给予表彰、奖励,利用多种方式广泛宣传其典型事迹和工作成效。

综合社会组织登记管理和应急救援行业管理的有关要求,社会应急力量需引起关注的不良情形主要包括:(1)自身条件发生重大变化,不再符合审查条件的;(2)不服从业务指导和监督的;(3)在应急工作中存在虚假宣传,假冒应急管理部门名义或超越委托范围开展活动的;(4)违反国家有关规定收取费用、筹集资金或接受、使用捐赠、资助,或只收费不服务、只收费不管理的;(5)资金来源、使用与管理中存在违规违法行为的;(6)在应急救援现场存在"摆拍"、"争功"、"抢镜"等不良行为的;(7)在应急救援行动中违反安全操作规程,造成人员伤亡的;(8)因违规违法被登记管理部门处理的,或被列入活动异常名录的;(9)其他造成不良社会影响的情形。

（三） 严重违法违规行为查处

社会应急力量经应急管理部门认定、相关部门通报或查处、司法机关判定或仲裁机构裁定,具有严重违法违规情形的,应急管理部门可以将相关社会应急力量及其法定代表人、主要负责人和负有直接责任的人员等信息通报登记管理部门按有关规定处理(依法撤销登记或吊销法人登记证书)。

综合社会组织登记管理和应急救援行业管理的有关要求,社会应急力量构成严重违法违规的情形主要包括:(1)经责令限期整改后,仍不符合审查条件的;(2)在申请登记中弄虚作假、骗取登记的;(3)提供虚假材料办理变更登记、注销登记、章程核准手续,情节严重的;(4)拒不接受或者不按照规定接受监督检查,情节严重的;(5)连续 2 年或者 5 年内累计 3 次未按照规定履行年度工作报告义务的;(6)连续 12 个月未开展应急相关活动的;(7)在应急救援现场不服从统一指挥、未经许可擅自发布灾情和救援信息、盲目冒险开展救援作业等,造成较大后果或社会影响的;(8)在参与应急工作中存在其他严重违规违法行为,造成恶劣后果或社会影响的;(9)社会组织登记管理规定的其他情形。

三、支持发展的措施建议

(一)加强政策支撑

将社会应急力量纳入当地突发事件应急力量体系统筹谋划、一体建设,明确社会应急力量作为应急处置与救援的辅助力量。综合当地突发事件特征与应对需求,并结合社会应急力量建设现状和专业特长,制定完善社会应急力量参与应急工作的有关政策法规、支持措施、监督办法等,培育、扶持社会应急力量健康发展。特别是针对救灾救援需求评估、资源对接、指挥协同、补偿奖励等,明确有关的组织实施细则,支持社会应急力量依法依规有序参与应急工作。

(二)规范组织管理

民政部门、业务主管单位、应急管理部门等监管机构,依法依规履行对社会应急力量的监管职责,督促社会应急力量依照法律法规和组织章程开展活动。健全完善针对社会应急力量的多部门、多主体联动评价机制,实现评价情况互通、诚信等级互认,及时相互通报日常监管中发现的异常情况。按照分级、属地管理原则,应急管理部门定期汇总整理社会应急力量基本情况,重点掌握社会应急力量的专业技能、队伍状况、设备配置、拥有资源、分布位置等信息,分类建立社会应急力量信息数据库,并与其他政府部门进行信息共享,为科学调度、有序协调社会应急力量提供信息支持,提高服务针对性和任务对接适宜性。

按照《社会组织评估管理办法》有关规定,引导社会应急力量积极对标参加社会组织等级评估评定,主动按照有关规定充分做好信息披露,特别是接受物资款项捐赠,或接受资助开展应急救援公益项目等信息,接受社会公众监督。探索创新社会应急力量管理方式,推动建立枢纽型社会组织,搭建统一的社会应急力量沟通服务平台,促进信息互通、资源共享、相互促进、协调发展。建立健全团体(行业)标准和行为准则,完善社会应急力量诚信评价体系和约束机制,推动社会应急力量强化自律,增强自我约束、自我管理、自我监督能力。

(三)引导下沉基层

坚持属地化发展方向,引导社会应急力量深入参与属地基层应急管理和防灾减灾救灾工作。鼓励社会应急力量积极参与综合减灾社区创建与日常管理,支持其参与社区综合减灾基础设施与装备建设维护、社区灾害信息员和应急救援队伍建设、防灾减灾救灾宣传教育等,从注重灾后救助向注重灾前预防转变,提高社区防灾减灾救灾工作水平,提升公众自救互救能力和防灾避险意识。鼓励社会应急力量与属地基层(乡镇街道、村居社区)应急救援队伍签订协议,不断完善联学联建、联勤联训、联调联战机制,常态化参与基层风险隐患巡查防控、防灾减灾知识普及、应急避难场所维护与运行服务等活动,在特殊敏感时期和进入灾害预警期后参与联合应急值守,突发事件发生后快速响应协助基层开展先期处置工作。

(四)聚焦能力提升

支持有条件的社会应急力量和骨干人员,分类分级考取国家应急救援员职业资格等专业资质。支持建设较为规范、能力突出的社会应急力量救援队伍,参加应急管理部举办的社会应急力量分类分级能力测评,以及国际、国内相关专业技术技能竞赛。对表现优异、成绩突出的组织和个人进行重点培养,适时纳入政府应急力量和指挥体系。从社会应急力量中吸纳专业技能突出人才加入各级政府应急管理专家组(库),以点促面,辐射带动社会应急力量专业化发展。

引导社会应急力量与国家综合性消防救援队伍、专业领域相近的专业应急救援队伍、属地基层应急救援队伍等开展结对共建、联勤联训,定期组织开展技术技能交流、行动经验分享、救援案例研讨等活动。通过组织多种力量共同参与的紧急拉动和跨部门、跨领域、跨灾种联合实战演练,不断磨合各类应急救援队伍联动机制,形成国家综合性消防救援队伍、专业应急救援队伍等与社会应急力量良性互动、共同发展的格局,提升协同作战能力。

(五) 完善综合保障

探索建立政府应急培训、训练和救援资源与优秀社会应急力量共用共享机制,鼓励国家综合性消防救援队伍、专业应急救援队伍等与社会应急力量开展共训共练,缓解社会应急力量普遍存在的培训师资、训练场地、救援装备、应急物资短缺等矛盾。健全应急救援补偿补贴机制,按照"谁使用、谁负责"的原则,由各级政府及相关部门对社会应急力量参与突发事件应急救援工作发生的人工费、食宿交通费、装备和耗材损耗费等相关费用给予必要补贴。协调保险机构根据社会应急力量及其活动特点,开发保额适度、保障层次多样、服务便捷的专属保险产品,鼓励社会应急力量积极投保,增强自身抵御风险的能力。坚持正向激励,注重在应急准备、防灾减灾、应急救援工作中发现优秀社会应急力量,广泛宣传典型事迹,营造有利于促进社会应急力量发展、稳定专业人才队伍的社会环境。

第十章 人员密集场所突发事件预防与应急处置实务

第一节 人员密集场所及应急疏散风险

一、人员密集场所的范围界定与分类

（一）人员密集场所基本定义

关于人员密集场所，《中华人民共和国消防法》（2021年修正）和《人员密集场所消防安全管理》（GB/T 40248—2021）给出了一致的定义，即指公众聚集场所，医院的门诊楼、病房楼，学校的教学楼、图书馆、食堂和集体宿舍，养老院，福利院，托儿所，幼儿园，公共图书馆的阅览室，公共展览馆、博物馆的展示厅，劳动密集型企业的生产加工车间和员工集体宿舍，旅游、宗教活动场所等。但是，上述定义是采用枚举法对人员密集场所进行逐类列明，很难完全包罗和穷尽相关场所，因此并不适用于指导应急管理工作实践。

2014年"12·31"外滩拥挤踩踏事件发生后，上海市制定出台了《上海市公共场所人群集聚安全管理办法》（上海市人民政府令第29号），将安全管理的重点由"人群聚集公共场所"进一步拓展涵盖了"人群聚集活动"，包括法人或者其他组织面向社会公众举办的大型、小型群众性活动，以及人群自发聚集达到一定密度的其他群众性活动。

突出人员密集（人群聚集）活动的特征，参考《深圳市人员密集场所突发事件应急预案》，可以不失一般性地将"人员密集场所"定义为存在人群聚集活动达到一定密度和数量的各类场所。

（二）人员密集场所管理分类

按照人群聚集活动性质的不同，可将人员密集场所分为以下三类。

1. 日常生产经营、学习、生活（出行、餐饮、娱乐、购物、旅游、住宿等）活动易形成人群聚集的场所

具体涉及的场所，涵盖《中华人民共和国消防法》（2021年修正）和《人员密集场所消防安全管理》（GB/T 40248—2021）给出的传统人员密集场所的范围。此类场所相对固定，并且有明确的经营管理单位；按照"管行业必须管安全、管业务必须管安全、管生产经营必须管安全"（简称"三管三必须"）的原则，可以明确负有安全监督管理职责的政府部门。具体包括但不限于以下场所：

（1）宾馆、饭店、酒店等旅馆；

（2）商场、商店、商圈，集贸市场、专业市场等；

（3）客运车站候车室、客运码头候船厅、民用机场航站楼、火车站、地铁站、公共交通工具、口岸；

（4）体育场馆、会堂；

（5）金融交易场所、行政服务场所；

（6）公共娱乐场所，包括影剧院、录像厅、礼堂等演出、放映场所，舞厅、卡拉OK等歌舞娱乐场所，具有娱乐功能的夜总会、音乐茶座、酒吧和餐饮场所，游艺、游乐场所，保龄球馆、旱冰场、桑拿等娱乐、健身、休闲场所和互联网上网服务经营场所；

（7）餐饮场所（不具有娱乐功能的）；

（8）医院的门诊楼、病房楼；

（9）学校的教学楼、图书馆、食堂和集体宿舍，托儿所，幼儿园；

（10）养老院、福利院；

（11）公共图书馆的阅览室；

（12）公共展览馆、博物馆的展示厅；

（13）劳动密集型企业的生产加工车间和员工集体宿舍；

（14）传统的旅游景区景点、公园；

（15）宗教活动场所；

（16）公安、司法监管场所；

（17）其他日常活动易形成人群聚集的场所。

2. 有明确组织机构的大型群众性活动举办场所

大型群众性活动,依据《大型群众性活动安全管理条例》(国务院令 505号),是指由法人或其他组织面向社会公众举办的每场次预计参加人数达到1000 人以上的下列活动(不包括影剧院、音乐厅、公园、娱乐场所等在其日常业务范围内举办的活动):

(1) 体育比赛活动;

(2) 演唱会、音乐会、歌舞表演等文艺演出活动;

(3) 展览、展销等活动;

(4) 游园、灯会、庙会、花会、焰火晚会等活动;

(5) 人才招聘会、现场开奖的彩票销售等活动。

大型群众性活动有明确的组织承办部门(单位)对其承办活动的安全负责,并由各级公安部门依法纳管开展安全监督管理工作。

3. 其他无组织的群众自发性聚集活动的场所

此类场所经营管理单位可能不明确,或者经营管理单位难以预见和管控超常态的人群聚集,或者场所内相关活动没有明确的组织及承办单位。例如:

(1) 中西方传统节日、新兴节日等节日民俗活动,包括新春祈福、重阳登高、清明祭拜等,以及各类重大节日的庆祝、庆典活动等;

(2) 在社区公园、广场、道路自发形成的"广场舞"等群众健身活动;

(3) 热门景区景点观光旅游、"网红"目的地"打卡"等;

(4) 通过互联网、移动互联网发起的"快闪行动"等。

在上海市《"12·31"外滩陈毅广场拥挤踩踏事件调查报告》中明确指出此类活动或场所在城市公共安全管理中仍存在盲点,"特别是对无主办单位的大型群众性活动安全风险评估不足、准备不充分,存在管理空白"。

二、人员密集场所的风险特征

结合相关突发事件典型案例,人员密集场所具有场所点多面广、业态复杂,人群聚集行为多且管控难度大,突发事件及其诱因多,危害后果严重等风险特征。

(一) 场所点多面广、业态复杂

人员密集场所种类繁多,分布在工业制造、商贸、交通、教育、医疗、娱乐、购物、餐饮、文化、体育、旅游、民政、宗教等行业领域,场所业务功能、人群特征及其活动性质均存在一定差异。在空间类型上,既有室内的固定场所,也有室外的非特定(移动)场所;既有开阔的露天空间,也有局限的地下空间等。各类场所的产权、条块管理关系复杂,部分场所管理主体缺位,人群聚集活动组织松散。

(二) 人群聚集行为多且管控难度大

对于大型群众性活动和群众自发性聚集活动,场所聚集人群规模、流动线路、聚集部位、高峰时段等,虽然可以通过事前分析和常态历史数据进行初步预判,但由于人群行为受到多种因素影响,实际情况往往会与预判存在偏差。特别是群众自发性聚集活动,由于没有明确的活动组织和承办者,场所经营管理单位往往因应急准备不足,难以管控超常态、超预期的人群聚集;有些场所甚至没有明确的经营管理单位,现场缺乏有效的人流控制和疏导措施,为突发事件的发生埋下隐患。

(三) 突发事件及其诱因多

人员密集场所以火灾爆炸事故、拥挤踩踏事故、治安事件、恐怖事件等风险最为突出。例如:

1. 医药、电子、食品类等劳动密集型企业洁净厂房,特别是包装车间、装配车间等,大多车间小、人员多,生产工艺涉及易燃易爆危险品的使用,火灾危险性大且蔓延速度快,人员疏散困难,扑救难度大;

2. 部分地下空间、歌舞娱乐场所、大型商场等人员密集场所安全设施陈旧、通道不畅、照明不足、安全标识不清,火灾等安全隐患突出;

3. 城市在用超高压、高压、次高压燃气管道周边存在的人员密集场所,若管道发生燃气泄漏引发火灾爆炸事故将波及周边人员密集区;

4. 在人群高度聚集的状态下,个体难以获取准确的信息,一些意外因素的轻微扰动(例如出现爆破声、人员大声疾呼、跑动、跌倒等),都极易引发群体恐慌,进而可能诱发拥挤踩踏事故;

5. 部分地区人员流动性较大,社会治安形势较为复杂多变,特别在治安管理比较薄弱的区域,公共娱乐场所等人员密集场所发生治安、刑事案件可能性较大;

6. 机场、火车站、码头、城市轨道交通站、公路长途客运站、口岸等空间有限、人群又相对集中的人员密集场所，一直是目前国（境）内外恐怖分子实施恐怖袭击活动的首选和重要目标，是世界各国反恐防范工作中的重中之重。

此外，随着经济社会发展和物质生活水平的提高，市民群众的精神文化需求迅速增长，呈现出多层次、多形式、多样化的特点。借助网络社交等平台的信息快速传播，对于群众关注度高、吸引力强、有真实需求的活动，在特定场所、特定时间的人群聚集效应显著增强，例如城市灯光秀表演、网红打卡地、重点学校的校园体验活动等①。

（四）危害后果严重

人员密集场所最突出的特点是人群密集性，人群的过度密集本身就是一种潜在的风险，加上社会公众对场所环境不熟、安全意识不足，缺乏自我保护和安全逃生技能，一旦发生各类突发事件（火灾、爆炸、恐怖事件等），如事中对人群引导和控制不足，应急处置不当，极易导致事态扩大蔓延，造成群死群伤的严重后果。

三、聚集人群应急疏散的风险特征

（一）应急疏散的过程特征

应急疏散是一个非常复杂的问题，涉及的影响因素很多。在人员密集场所突发事件情境下，人群应急疏散具有以下几个方面的特征。

1. 疏散时间的紧迫性。突发事件的突发性和危害性，要求在第一时间将聚集人群疏散撤离至安全区域。这要求做好科学合理的应急疏散方案，对疏散的区域、距离、路线、采用的运输工具、安全集合点、疏散引导和警戒管理人员等作出详细的规定和准备，确保应急疏散效果。

2. 疏散人群结构的多样性。被疏散人群中不仅有成年健康人群，还可能

---

① 2018年6月30日，因当天相关政府部门信息发布不够及时、到位，深圳市一场10多分钟的福田中心区灯光秀调试吸引海量市民，周边地区高峰期人员达到8万人，导致莲花山人流爆满，多条道路严重拥堵，地铁一度瘫痪，垃圾遍地等。

2020年8月23日，宝安滨海文化公园正式开园，深圳首座巨型摩天轮——湾区之光、深圳最多功能剧场的演艺中心——湾区之声吸引市民群众前往"打卡"，通过微信朋友圈、抖音、微博、小红书等网络平台的快速传播，使得宝安滨海文化公园在半个月时间迅速窜红网络，微博全网阅读量超5000万，持续登上微博同城热搜榜。

2019年5月11日至12日，深圳市龙岗区百合外国语学校在校园体验活动时公开"招生考试"，活动当天学校人满为患，媒体报道该校"12000人争夺600个名额"。

有老、少、孕、病、残等行动受限或视听觉不便的弱势人群,应当在疏散过程中给予重点关注和帮扶。

3. 疏散场面的复杂性。在某些大型、超大型的人员密集场所中,建筑物内部和外部都存在危险区域,被疏散人群需要在复杂多变的室内环境、多方向进出口、室外环境之间进行辗转撤离。其中,室内环境包括房间、过道、楼梯、电梯、斜梯、固定设备和设施,特别是商业综合体内部设置的装饰物、休息座椅、促销点位和地铁车站内部站台的复杂结构等等;室外环境包括建筑物之间的连廊、人行通道、人行天桥、隧道以及不同交通运输工具之间等。

4. 疏散方式的可变性。如果是大范围、长距离的疏散,疏散方式就可能有步行(跑步,甚至慌不择路)、车辆运输等,甚至会有少数人员趴车代步等。

5. 疏散状态的多变性。应急疏散过程是动态多变的,尤其是在人群密集、空间狭小、时间仓促以及交通拥挤的情况下更是如此。当人群聚集在出口处难以通行时,往往出现"成拱"现象,严重影响疏散撤离效率。

6. 疏散信息传递的滞后性。由于意外事件突发,导致人群极度的骚乱、恐慌,求生的欲望使被疏散人群的行为意向选择变得复杂、盲目和混乱,信息交流传递的有效性显著下降。

(二) 疏散人群的行为特征

突发事件类型,人员密集场所现场环境,聚集人群规模和密度,人群年龄、性别、身体状况、文化程度、对环境的熟悉程度、疏散经验(疏散演练)以及对应急疏散相关知识的了解等因素,直接影响到聚集人群的疏散行为。

1. 健康成年人群的疏散行为特征

(1) 恐慌行为。因害怕而产生不合常理的逃生行为。恐慌是人群在紧急状况下普遍存在的典型心理,特别是在人员密集场所,个体恐慌会发展为集体恐慌。受恐慌情绪的影响,受灾人群经过逃生通道"瓶颈"时,明里或暗里的无序竞争,常在通道口处产生人群拥挤,导致出口被恶性堵塞,而在附近的其他出口却往往无人问津。过度的恐慌会降低人群的疏散速度,减少逃生的可能性;但适度的恐慌则可以提高人群的反应速度和行动能力,提高疏散效率。

(2) 折返行为。与正常疏散方向相反的行走。因突发事件现场留有自己的贵重物品、亲人掉队或其他原因,导致少数人员出现折返行为,形成与疏散方向相反的行动路径。逆行人员与正常的疏散人流存在相向运动的交互过程,使疏散时间延长,疏散效率降低,危险性增加。

(3)从众行为。与大多数人保持一致的疏散行为。当遇到紧急情况时,受灾人员会因为生命受到威胁而紧张,导致判断能力下降,从而选择与大多数人相一致的行为模式,出现盲目跟随的现象。适当的从众心理有利于帮助人群及时找到最佳疏散路径,但从众心理过于严重则容易因盲从造成疏散出口利用率降低,导致拥堵而影响疏散效果。

(4)竞争行为。非理性地争抢疏散通道的行为。为了争抢有限的逃生资源,受灾人群在涌向楼梯、过道、安全门以及逃生出口等疏散通道时可能出现拥挤、推搡等现象,并引发争吵、辱骂,甚至大打出手的非理性行为,导致高密度的人群滞留,甚至发生踩踏乃至人员伤亡等重大事故。

(5)协同行为。疏散人群相互帮扶协作,共同逃离危险区域的行为。通常,人群间的协同行为往往有利于被疏散人员尽快撤离,具有血缘关系的家庭成员(亲缘偏向)、同年龄段或拥有某些社会关系等特征的群体往往更易聚集在一起相互协同合作,有利于应急疏散;但也不排除在疏散过程中,各小团体之间或小团体与非小团体成员间存在明显的排斥行为,对人群疏散可能产生阻碍作用。

(6)自组织行为。被疏散人群自发地呈现出一定规律的行为。比如,混乱的人群会自发地聚集在一起,逐渐形成一个短暂性的群体,向同一个方向甚至同一个疏散路径行走。这种自组织行为能减少相向运动人群间的交互,提升人群的疏散速度,但也不排除在通道出口造成拥堵现象。

2.弱势人群的疏散行为特征

弱势人群是指老、少、孕、病、残(包括有视觉、听觉、肢体、言语、脑力等障碍的人群)等人群。在面对突发事件时,弱势人群与成年健康人群相比,其自我疏散能力明显不足,如反应时间长、行动速度慢、占用空间大,甚至有些疏散行为没有他人帮助几乎难以完成。弱势人群的疏散行为特征主要体现在如下几个方面:

(1)在心理上,弱势人群的应急疏散行为更易表现为恐慌盲从,判断识别能力弱、逃生信心不足,更易产生极端心理活动。

(2)在生理上,弱势人群受身体条件的限制,自我疏散能力很弱,难以快步疾行,难以承受人群的冲撞、挤压等。

(3)视觉障碍人群。视力不便的人群在疏散时的困难在于没有方向感,只能借助听觉感知危险情况,作出模糊的判断,难以借助疏散指示标志辨识疏散方向、正确找到疏散路线。

(4) 听觉障碍人群。具有听觉障碍的人群在疏散时的困难在于听不见应急广播播报、应急指挥和警戒人员呼喊指令等,但能借助视觉感知危险情况,领会疏散指挥人员的意图。

(5) 言语障碍人群。言语障碍人群在疏散时的主要困难是获得紧急救助的能力较弱。但言语障碍人群能正常接收警报信号和疏散指令,能自我识别危险状况、能基本独立地进行疏散。

(6) 肢体障碍人群。肢体障碍人群在疏散时最大的困难在于行动能力弱,无论是支撑拐杖还是扶坐轮椅,没有他人帮扶,几乎难以逃离危险区域。但这类人群可以和正常人一样感知危险,判断疏散路线,接收疏散指令。

(7) 脑力障碍人群。具有脑力障碍的人群在他人的帮扶下能做出正常的疏散行为,但难以独立地对危险作出正确判断。因此,在大规模应急疏散中,应急疏散管理者以及被疏散的健康人群应有意识地关注弱势人群的疏散行为和需求,给弱势人群提供更多的疏散信息和行动帮扶,这对提升人群整体疏散效率是非常必要的。

(三) 应急疏散潜在的主要事故类型

1. 拥挤踩踏事故。由于聚集人群的脆弱性和复杂性、现场情况不明、疏散指令传递不畅等,常引发人群骚乱,恐慌情绪蔓延,引发部分被疏散人员不听疏导指挥故意拥挤推搡其他人员、无视需要帮扶协同的人员等非理性行为,导致疏散通道拥堵、出口扎堆,疏散失效,造成人群拥挤踩踏群死群伤等恶性后果。

2. 中毒和窒息事故。在室内(如影剧院、地铁站等场所)突发火灾事故,因人群密度大,可移动空间小,空气流通差,火灾烟气(含有毒有害气体)聚集,极易造成人员窒息、中毒,甚至死亡等恶性事件。

3. 打架斗殴伤人事故。人群聚集现场信息不完整,易引发人群骚乱现象。在人员疏散过程中,部分被疏散人员严重的排他行为(如故意挤压推搡等)常引发人群间的激烈争吵,甚至大打出手,造成人员伤害事故。

4. 高处坠落事故。突发事件发生后,少数被疏散人员惊慌失措,为抢道先行,盲目攀爬栏杆或其他隔离设施,登高跨越,寻找逃生捷径。一不小心,就会造成高处坠落等事故。

第二节　人员密集场所突发事件应对指引

一、预防、监测与预警

遵循"分类管理、强化责任"和"预防为主,加强监测"的工作原则,加强对人员密集场所的安全管理与风险防范。

(一) 预防

1. 日常活动易形成人群聚集的场所安全管理

对于日常生产经营、学习、生活等活动易形成人群聚集的人员密集场所,各级政府有关部门按照部门和属地归口管理原则,将本行业、本系统、本辖区相关人员密集场所纳入城市公共安全风险评估范围,建立相应的风险管控清单,核定场所人员安全容量(最大承载量),指导、检查、督促场所经营管理单位落实安全管理责任。

人员密集场所经营管理单位采取以下措施,加强场所日常安全管理:

(1) 指定相关机构或落实责任人员,明确岗位职责,完善场所内部日常安全管理;

(2) 定期开展风险评估,制定防范和应对处置突发事件的预案、措施,定期进行培训和演练;

(3) 合理规划场所空间布局,尽量分散人流,避免过度集中;

(4) 完善场所的消防、疏散、照明、通风等基础设施,设置必要的应急广播、应急照明等应急救援设施和安全提示设施,并定期维护保养,确保其正常运行;

(5) 在场所内主要通道、重点部位,设置、维护、更新必要的安全监控设施,对场所内人员流动、聚集情况进行监测;

(6) 对场所进行经常性治安防范巡查、安全和消防检查等,建立巡查、检查和隐患整改记录。

属于治安保卫重点单位、防范恐怖袭击重点目标等重点人员密集场所,场所经营管理单位还应当依照有关规定,配备与安全保卫任务相适应的安保人员和相应设备、设施,加强安全保卫工作,并对进入场所的人员、物品、交通工具进行安全检查。

2. 大型群众性活动举办场所安全管理

大型群众性活动安全管理遵循"承办者负责、政府监管"的原则。大型群众性活动的承办单位对活动的安全承担主体负责;各级政府部门对本级政府委托承办或以本部门名义组织活动的安全承担主体责任,对其直属单位组织活动的安全承担领导责任。

大型群众性活动的承办部门(单位)按照有关规定,采取以下措施落实安全主体责任:

(1) 制定并落实活动安全工作方案(含应急预案)和安全责任制度,明确安全措施、安全工作人员岗位职责;

(2) 保障临时搭建的设施、建筑物的安全,组织落实活动现场安全检查,及时整改和消除各类公共安全隐患;

(3) 根据活动存在的风险因素和需要,开展安全风险评估,制定应急预案及相应的应急工作手册和具体行动方案,落实医疗救护、食品安全、消防灭火、紧急疏散等相应的安全和应急救援措施,并提前组织演练;

(4) 配备必要的安全检查设备、专业保安人员以及其他安全工作人员,对参加活动的人员、物品和车辆进行安全检查;

(5) 按公安部门核准的场所人员安全容量发放或出售活动票证;

(6) 维护活动现场秩序,对妨碍活动安全的行为及时予以制止,发现违法犯罪行为及时向公安部门报告;

(7) 取消或变更活动的,须经公安部门同意,并向社会公告,告知活动参加人员,妥善处理善后事宜。

大型群众性活动举办场所的管理单位按照有关规定,采取以下措施落实安全责任:

(1) 保障活动场所,以及疏散通道、安全出口、消防车通道、消防设施、安全监控、应急广播、应急照明、疏散指示标志等设施、设备符合国家标准和安全规定,配置齐全、完好有效;

(2) 向活动承办单位提供场所人员安全容量、场地平面图、疏散通道、供水、供电、通风系统等涉及场所安全的资料、证明,协助制定活动安全工作方案;

(3) 根据活动安全需要设置必要的安全缓冲通道、区域和安全检查设备、设施,配合公安部门和活动承办单位开展安全检查;

(4) 提供必要的停车场地,做好相关安全管理和秩序引导工作。

公安部门对大型群众性活动实行安全许可制度,组织对活动举办场所进行现场安全条件查验,核准场所人员安全容量;制定大型群众性活动安全监督方案和处置突发事件应急预案;在活动举办前对活动安全工作方案落实情况进行实地检查;在活动举办时,根据安全需要组织相应警力,监督活动承办单位和场所管理单位等落实安全工作措施,维护活动现场周边的治安、交通秩序。

3. 群众自发性聚集活动的场所安全管理

群众自发性聚集活动的人员密集场所,按照属地为主的原则,由属地区(县)、乡镇政府、街道办事处组织全面纳入基层网格化巡查范围,并与公安部门和相关场所主管部门加强信息沟通和共享,监测、预防、控制和消除相关公共安全风险。

公安部门参照大型群众性活动安全管理有关要求,将群众自发性聚集活动纳入研判评估范围,提前制定安全保障措施,确保绝对安全。

群众自发性聚集活动场所有明确经营管理单位的,场所主管部门应加强对场所经营管理单位的指导、监督。场所经营管理单位除落实场所日常安全管理措施外,要将群众自发性聚集活动纳入本单位应急预案,明确场所最大人流承载量、限流措施和疏散路线等具体内容;当场所聚集人数超出日常人员数量规模,接近或可能超过安全容量时,应及时向所在地乡镇政府、街道办事处、场所主管部门反映,并积极做好现场秩序维护等工作,防止发生突发事件;当场所聚集人数超过场所安全容量,可能或已经危害公共安全的,应及时向公安部门报告。

(二) 监测

人员密集场所主管部门、大型群众性活动主管(或承办)部门、公安部门和各级属地政府,应当根据职责分工,组织对人员密集场所、人群聚集活动和潜在的公共安全风险因素进行筛查、研判、核查、监控。

区(县)、乡镇政府、街道办事处落实属地管理责任,将群众经常自发性聚集的社区广场、公园、道路等人员密集场所纳入常态化监测网络,确定监测点,明确监测项目,组织公安、交通运输、城市管理等部门设置必要的监控设施。

人员密集场所经营管理单位实行常态化动态风险评估和隐患排查治理,

实时监测场所人流量、人员布局和潜在公共安全威胁。

大型群众性活动承办部门(单位)按照公安部门核准的场所人员安全容量,严格监测、控制活动参加人数。

重要节假日、重大活动前,相关部门和单位通过多种途径收集信息,对人员密集场所和人群聚集活动进行预防性风险评估;重要节假日、重大活动举办期间,应当根据风险程度和工作需要,扩大监测区域、增加监测人员,通过多种技术手段加强现场监测,及时发现苗头性、趋势性问题。

各部门(单位)收集、监测掌握到可能在特定场所、特定时间形成人群聚集的内幕性、预警性、行动性信息,特别是群众关注度高、吸引力强、有真实需求的活动信息,应及时通报相关人员密集场所主管部门、大型群众性活动主管(或承办)部门、公安部门和属地政府,加强信息共享和协同会商。

(三) 预警

1. 预警发布

人员密集场所主管部门、大型群众性活动主管(或承办)部门、公安部门、属地政府,接到信息报告或在监督检查、巡查、监测中发现人员密集场所、人群聚集活动可能发生突发事件的,应当立即组织进行风险分析研判,同时通报其他相关部门和单位;根据实际情况,及时组织发布预警信息,并密切关注互联网社交媒体平台,加强网络舆情信息的监测与研判。依托突发事件预警信息发布系统,通过手机、电视、互联网、微信、户外显示屏等媒介,向政府部门、基层信息员、社会公众、传播媒体等及时发布预警信息。

2. 预警响应

有关部门和单位应当根据通报和预警信息,采取相关预警响应措施,做好安全防范、应对处置工作:

(1) 利用现场电子显示屏、高音喇叭、应急广播等安全提示设施,及时传播预警信息和其他提示信息;

(2) 在人员密集场所外围区域和出入口处,增加设置安全缓冲通道、区域,采取限流、划定区域、单向通行等管控措施做好人员疏导、分流,避免人群过度集中;

(3) 增加调配工作人员、安保人员等力量,做好现场人流引导和秩序维护,重点加强台阶、扶梯、连接通道等特定区域的人流管理;

(4) 及时制止发生在场所内的违法行为和其他破坏场所秩序、容易诱发公共安全危险的苗头性事件；

（5）对人员密集场所、人群聚集活动进行持续跟踪监测，及时向有关部门和单位更新报告信息；

（6）视情况及时调整或中止人群聚集活动，暂时限制使用或关闭人员密集场所。

二、应急处置与救援

（一）先期处置

1. 事发单位先期处置

人员密集场所经营管理单位、大型群众性活动承办单位发现人群聚集可能发生或者已经发生突发事件的，应当立即启动应急预案，采取以下措施开展先期处置：

（1）组织现场人员紧急疏散和秩序维护工作；

（2）在确保安全的前提下控制危险源，组织抢救遇险人员；

（3）采取必要措施，防止危害扩大和次生、衍生事件发生；

（4）按照规定向场所主管部门、活动主管（或承办）部门、公安部门和事发地政府报告突发事件信息；

（5）及时通报可能受到突发事件危害或影响的其他单位和群众；

（6）准备提供突发事件应急处置所需的人员密集场所、人群集聚活动相关资料和证明文件。

2. 公安、消防救援力量先期处置

公安部门对大型群众性活动举办时发生或可能发生突发事件，或者接报人员密集场所发生治安案件、涉嫌刑事犯罪案件、恐怖活动等警情后，立即组织现场警力或先期到场警力，开展警戒和秩序维持工作，疏散现场聚集人群，抢救遇险人员；对事发现场及周边区域道路采取交通管制，开辟救援绿色通道；调集现场警用、公交及其他社会车辆，将轻伤员就近送至医院救治；根据需要，立即调派巡警、交警等就近警力前往现场支援处置。

消防救援机构接报人员密集场所发生火灾等灾害事故救援警情后，立即组织综合性消防救援力量开展灾害事故现场应急救援，营救受伤人员，搜寻、疏散、撤离、安置受到威胁的人员；控制危险源，标明危险区域，封锁危险场所；采取其他防止危害扩大的必要措施，最大限度减少人员伤亡。

3. 社区（村）、街道（乡镇）先期处置

人员密集场所突发事件发生后，事发地的社区（村）立即派人前往现场收集、核实突发事件相关信息，并按照规定上报；根据突发事件发展趋势及可能造成的危害，通知可能受到事件影响的社区（村）单位和人员；动员组织群众及相关企事业单位开展自救和互救，协助维护社会秩序。

事发地街道（乡镇）接到相关突发事件信息报告后，立即派人前往现场收集、核实突发事件相关信息，并按照规定上报；组织基层应急救援队伍赶赴现场，协助开展遇险人员抢救、受伤人员救治；指定空旷场地作为紧急疏散集结点，组织引导受到威胁人员进行疏散撤离；协助公安部门组织场所周边交通管控，做好现场隔离、秩序维护；采取其他必要措施，防止事件危害扩大和次生、衍生事件发生；为上级应急指挥机构到场处置做好基础保障。

4. 政府有关部门先期处置

政府有关部门加强人员密集场所和人群集聚活动的信息沟通，接到相关突发事件信息报告后，立即组织力量开展现场信息核查，初步研判突发事件性质与等级，并及时通报相关部门和单位。

（二）应急响应

对于先期处置未能有效控制事态的突发事件，根据突发事件的性质、特点、危害程度，事发地政府或其应急指挥机构、有关部门按照分级响应的原则，启动相应级别的应急响应。根据不同的应急响应等级，进一步按照"统一指挥、分级负责、属地为主、专业处置"的要求，明确相应的指挥协调机制。

因人员密集场所突发事件次生或衍生出其他突发事件，已经采取的应急处置措施不足以控制事态发展，需由其他部门（单位）增援参与应急处置的，应急指挥机构应及时报请本级政府采取升级响应措施。

当突发事件造成的危害程度超出本级政府自身控制能力，需要上级相关应急力量提供援助和支持的，由本级政府报请上级政府协调相关资源和力量参与事件处置。

（三）基本处置措施

针对人员密集场所突发事件发生后的应急处置工作，依据《中华人民共和国消防法》《中华人民共和国反恐怖主义法》《大型群众性活动安全管理条例》

等法律法规,并结合典型人员密集场所突发事件相关调查报告,不失一般性地提出了五项基本处置措施。

1. 人员疏散

根据人员密集场所的空间结构特点和人群聚集分布,明确疏散撤离范围、方式以及具体的人流引导措施,就近启用应急避难场所或开设临时应急避险场地,引导聚集人群有序疏散、撤离避险。事发地政府负责组织人员疏散、分流和避险安置工作,交通运输部门调集应急运力协助做好人员疏散,公安、卫生健康、应急管理等部门按照各自职责,配合事发地政府做好人员疏散以及应急避难场所、临时避险场地治安管理、医疗卫生、救助物资保障等工作。

2. 专业处置

根据突发事件性质和特点,充分考虑专家等各方意见,研判事件后果和事态发展状况;相关专业处置部门迅速制定人员搜索营救、险情排除、危险源控制、基础设施抢修等应急处置方案并组织实施;合理调配综合性、专业性应急救援力量、抢险装备和应急物资,并根据需求及时调整和补充;根据实际需要采取其他紧急处置措施,营救和救治受害人员,控制并消除各类公共安全威胁。

3. 现场管制

公安部门在人员密集场所外围设置警戒线,对场所和周边区域实施治安管控;采取交通管控措施,开辟应急通道;关闭或限制使用有关场所,中止群众聚集性活动或可能导致危害扩大的生产经营活动。

4. 医疗救治

卫生健康部门负责组织紧急医疗救护和现场卫生处置工作,组织伤员转运分流,协调医院开辟急诊"绿色通道",并根据需要,协调有关专家和医疗卫生专业队伍全力救治伤员。

5. 社会稳控

及时、客观、透明发布突发事件权威信息,最大程度消除突发事件所带来的社会负面影响;相关部门通过多种途径尽快确认伤亡人员身份信息,并及时向社会公布遇难者名单;安排专人做好伤亡人员家属接待、安抚工作,稳定人员情绪;做好受突发事件影响群众的过渡期生活安置;做好社会舆论引导与社会心理干预,稳定受影响地区的社会秩序和公众情绪。

三、善后处置

(一) 抚恤抚慰

遇难和失踪人员名单确定后,负责善后处置工作的事发地政府应当及时与相关人员家属取得联系,做好接待安置、心理疏导、情绪抚慰、司法援助及意见诉求征集等工作,必要时协调遇难者、失踪人员户籍所在地政府和相关地方政府驻本地办事处安排工作人员直接参与善后服务工作。

在遇难者遗体辨认和认领、抚恤协议法律文书准备等环节,尽可能做到细之又细、人性化服务。对于后期发现的高度腐烂、遗体不全、家属不宜认领的遗体,由公安部门当面出示 DNA 比对证书及相关遗物等证明,做好详尽的解释说明,争取家属理解。

(二) 企业帮扶

事发地政府及人力资源保障、工信等部门积极沟通了解受突发事件影响的企业情况和诉求,及时采取针对性帮扶措施。对于受损无法恢复生产企业,重点做好员工转移安置,向员工发放慰问金、垫付工资或解除劳动关系后的补偿金;对于受外围影响停产的企业,以恢复生产为工作重点,通过发放安置补助金稳定员工队伍,帮助企业异地复工、重要物资转运等,并在员工安置基本结束后启动企业复产的经济扶持政策研究。

(三) 环境清理

应急处置工作结束后,事发地政府立即组织城市管理、生态环境、卫生健康等部门,采取有效措施做好现场污染物清理、环境污染消除、疫病防治等工作,消除事件影响,尽快解除现场封锁。

(四) 社会救助

对于经应急期救助和过渡期救助后,受突发事件影响群众的基本生活仍存在较大困难的,民政部门做好社会救助衔接工作,发挥社会救助兜底保障作用,帮助其尽快渡过难关。应急管理部门及时向民政部门通报本地区突发事件应急救助工作以及人员遇难失踪等统计信息。

（五）保险理赔

应急指挥机构、各有关部门和事发地政府应当督促有关保险机构及时做好有关单位及个人损失的保险理赔工作。属于工伤事故的,及时组织赔付工伤保险。适用巨灾保险等政府统一投保险种的,积极协助群众进行理赔报案,并配合做好确认证明等工作。

（六）征用补偿

对于应急处置与救援过程中紧急征集、调用有关单位和个人的场地、物资、设备、设施、工具等,由征集、调用部门按照规定给予补助和补偿。

（七）调查评估

根据人员密集场所突发事件性质,由相关主管部门及时组织开展事件调查评估工作,查明事件发生的原因、经过和后果,依法追究相关单位和人员的责任。

第三节　聚集人群疏散与大客流应对指引

一、重点场所聚集人群应急疏散处置指引

应急疏散是突发事件发生后采取应急响应的重要措施之一,尤其对于人员密集场所的聚集人群,更显其重要性。人员密集场所一旦发生突发事件,减轻危害、减少损失最快捷、最有效、最直接的处置措施,就是在第一时间组织人群紧急疏散,撤离危险区域。

典型案例:2021 年 5 月 18 日 12 时 31 分,深圳市赛格广场大厦出现有感振动现象,福田区政府和赛格集团迅速开展先期处置,第一时间启动应急预案、第一时间疏导人群、第一时间封闭楼宇。不到一个半小时,大厦内 15000余人全部安全疏散,没有发生任何拥挤、踩踏和伤亡事件,为人员密集场所紧急疏散工作提供了示范。

（一）人员应急疏散处置要点

1. 尽快发布应急疏散指令。突发事件发生后,应及时确认突发事件性

质、发生的区域、影响范围以及涉及人员数量等信息,评估应急疏散避险需求,明确疏散撤离范围、方式以及具体的人群疏散引导措施。要尽快利用高音喇叭、现场电子显示屏、应急广播、应急照明及应急疏散导向标识牌等设施,发布应急疏散指令。第一时间稳定被疏散人群的情绪,避免因疏散信息不明、疏散方向和路线不清等产生的恐慌心理和盲目行为。

2. 保持良好的应急疏散秩序。应急指挥和疏散引导人员(手持扩音器)说话要清晰,语速要适当,每句话应重复三遍。要求被疏散人员听从指挥,保持冷静,按照引导的线路有组织、有秩序地撤离危险区域,防止疏散过程中发生拥挤、跌倒、踩踏等次生事故。

3. 及时制止不良的应急疏散行为。疏散过程中出现逆行、抢行,或其他破坏疏散秩序,容易诱发公共安全危险的行为(如攀爬疏散出口等),必须严厉予以制止,以维持和提高人群疏散效率。

4. 科学分配疏散出口的人流量。要提前向被疏散人群告知应急疏散出口的数量、方位、路径,并配备精干的疏散引导人员,防止被疏散人群一窝蜂地奔向最近的疏散出口而导致人流在疏散通道出口形成"成拱"现象,造成疏散瓶颈,延长应急疏散时间。

5. 特别关注弱势人群的疏散行为。弱势人群更应得到疏散引导人员以及其他被疏散人群的特别关照和帮助,这既是突发事件应对中人文关怀的充分体现,也是提升整个应急疏散系统工作效率和安全性的必然要求。

(二) 典型场所应急疏散处置指引

为进一步规范重点场所经营管理单位和相关基层组织在突发事件发生后的人员疏散工作,明确处置流程,细化处置要求,提升处置效率,最大限度降低因突发事件产生的危害和损失,针对高层建筑、地铁车站、中小学校、旅游景区、养老机构等典型场所制定人员应急疏散处置指引。

1. 高层建筑人员疏散处置指引

高层建筑聚集了众多的企业、机构、商户,各类活动,如会议、展览、聚会、接待以及购物等活动频繁,人群密度大,人员行为受多种因素影响,难以预测和管控。针对性处置指引如下:

(1) 突发事件发生后,应及时确认突发事件性质、发生的区域、影响范围以及牵涉的人员数量等信息。评估应急疏散避险需求,明确疏散撤离范围、方式以及具体的人群引导措施,尽快发布疏散指令。

（2）利用现场电子显示屏、高音喇叭、应急广播、应急照明（夜间或断电）等安全警示设施，及时传播应急疏散避险指令和其他警示信息，引导建筑物内的企业、机构人员、建筑物内一般工作人员以及访客等相关人员应急疏散避险。

（3）在建筑物入口处设置警戒人员，阻止外部人员随意进入，开启建筑物内相关出入口用于临时疏散撤离。

（4）做好应急疏散秩序维护工作，合理利用建筑物的疏散通道分流人群，避免过度集中。

（5）保持良好的安全疏导秩序，要求被疏散人员听从指挥，保持冷静，按规定的线路有组织、有秩序地撤离危险区域，防止疏散过程中发生拥挤、踩踏、跌倒等事故。

（6）在疏散通道关键点位（如台阶、扶梯、连接通道等特定区域）加强警戒力量配置，做好现场人群流动管理。

（7）及时制止应急疏散过程中发生的逆行、抢行或其他破坏疏散秩序、容易诱发公共安全危险的行为。

（8）对人员疏散撤离过程进行持续跟踪监测，并及时向有关部门和单位更新报告疏散撤离情况。

（9）视情况，必要时应及时调整疏散方式及线路，或暂时中止疏散。

2. 地铁车站人员疏散处置指引

地铁车站具有结构复杂、空间狭窄、通达地面出口少、人流密集、疏散至地面安全地带的路线复杂且距离远等特点。针对性处置指引如下：

（1）突发事件发生后，应及时确认突发事件性质、发生的区域（如站厅、站台等）、影响范围以及涉及的人员数量等信息。评估应急疏散避险需求，按照双向疏散和就近疏散原则明确疏散线路、方式以及具体的人群引导措施，尽快发布疏散指令。

（2）利用现场电子显示屏、高音喇叭、应急广播、应急照明（断电）等安全警示设施，及时传播应急疏散避险指令和其他警示信息，第一时间稳住站内乘客的情绪，引导乘客（尤其是站台层的乘客）按指令进行应急疏散避险。

（3）在应急广播系统中可将站厅层和站台层分开，根据各站层具体情况和疏散线路播放不同的内容。广播人员说话要清晰，语速要适当，每句话重复三遍。

（4）在地铁车站入口处设置警戒人员，阻止外部人员随意进入。站内的闸机口要全部打开或临时撤除,用作人员疏散撤离出口。

(5) 做好应急疏散秩序维护工作,合理利用地铁站内的疏散通道,尤其要充分发挥自动扶梯的优势,尽可能地将人流从扶梯上进行疏散,以避免疏散过程中发生人流的交织与摩擦。

(6) 保持良好的安全疏导秩序,要求被疏散人员听从指挥,保持冷静,按规定的线路有组织、有秩序地撤离危险区域,防止疏散过程中发生拥挤、踩踏、跌倒等事故。

(7) 在疏散通道关键点位,如各站台层通往站厅层的楼梯或扶梯的上下连接处、台阶、拐弯等特定区域,加强警戒力量配置,做好现场人工动态引导疏散,防止形成人员疏散的"瓶颈"。

(8) 及时制止应急疏散过程中发生的逆行、抢行或其他破坏疏散秩序、容易诱发公共安全危险的行为。

(9) 对人员疏散撤离过程进行持续跟踪监测,并及时向有关部门和单位更新报告疏散撤离情况。

(10) 视情况,必要时应及时调整疏散方式及线路,或暂时中止疏散。

3. 中小学校人员疏散处置指引

校园安全牵动亿万家庭。中小学校是组织严密的人员密集场所,中小学生具有接受能力强,但不具备完全行为能力的特点,其年龄和心理特征决定在校园安全管理方面的特殊性。针对性处置指引如下:

(1) 突发事件发生后,应及时确认突发事件性质、发生的区域、影响范围以及涉及的学生数量等信息。评估应急疏散避险需求,明确疏散撤离范围、方式以及具体的人群引导措施,尽快发布疏散指令。

(2) 利用校园的电子显示屏、高音喇叭、应急广播等安全警示设施,及时传播应急疏散避险指令和其他警示信息,第一时间稳住在校学生的情绪,引导学生应急疏散避险。

(3) 在教学楼的每层楼梯、拐弯处、楼门口等位置安排值守引导,负责对通道情况进行监控,指挥、引导学生按就近路线撤离。

(4) 错开时间,分片、分楼层疏散,分年级、分班级逐次下楼;学生撤离教室时可以前后门同时出,不整队,但一定保持顺次有序;在楼梯上要快速行走,尽量靠右,保持左侧空出,避免拥挤。

(5) 在校园出入口处增加警戒人员,阻止外部人员随意进入,开启校园内相关的出入通道用于临时疏散撤离。

（6）保持良好的安全疏导秩序，要求学生听从指挥，保持冷静，按规定的线路有组织、有秩序地撤离危险区域，防止疏散过程中发生拥挤、踩踏、跌倒等事故。

（7）在疏散线路的拐角、岔道处要有警戒人员引导，避免学生误入危险区域；及时制止疏散过程中学生逆向跑、窜、推撞或其他破坏疏散秩序、容易诱发公共安全危险的行为。

（8）对学生疏散撤离过程进行持续跟踪监测，并及时向有关部门和单位更新报告疏散撤离情况。

（9）视情况，必要时应及时调整疏散方式及线路，或暂时中止疏散。

（10）将被疏散学生引导至安全区域，并按划定的区域安置学生；以班级为单位清点人数，查看学生有无受伤，并根据情况做出及时处置。

4. 旅游景区人员疏散处置指引

旅游活动的季节性与时间的集中性，在旅游景区表现得极为突出。尤其在节假日、黄金周、小长假等特殊时期，许多景区旅游人数急剧膨胀，人群密度快速攀升，受景区的道路交通、设施设备、服务能力和管理水平的限制，景区容量常常处于饱和甚至超饱和状态。针对性处置指引如下：

（1）突发事件发生后，应及时确认突发事件性质、发生的区域、影响范围以及涉及的人员数量等信息。评估应急疏散避险需求，明确疏散撤离范围、方式以及具体的人群引导措施，尽快发布疏散指令。

（2）利用现场电子显示屏、高音喇叭、应急广播等安全警示设施，及时传播应急疏散避险指令和其他警示信息，引导景区内的游客有序地疏散避险。在第一时间稳住游客的情绪，防止由于恐慌引起人群惊跑，相互碰撞、挤压甚至踩踏。

（3）在景区入口处增派警戒人员，阻止景区外部人员随意进入。开启景区内的相关出入口，分别引导疏散，均衡疏散时间和疏散压力，避免疏散通道及出口拥挤。

（4）在事发现场的人流流入、流出、汇流点、转弯点、交叉点等处应设置警戒，实施人工引导分流。对不同方向的人流应分隔开来，合理引导分流，避免密集的反向人流引起冲撞、拥挤、滞留。

（5）保持良好的安全疏导秩序，要求游客听从指挥，保持冷静，按规定的线路有组织、有秩序地撤离危险区域，防止疏散过程中发生拥挤、踩踏、跌倒等事故。

（6）及时制止应急疏散过程中发生的逆行、抢行或其他破坏疏散秩序、容易诱发危险的行为。

（7）在紧急疏散过程中，要不断地使用清晰有效的通讯广播系统，把疏散的相关信息及时传递给游客，并开展心理安抚工作。

（8）对人员疏散撤离过程进行持续跟踪监测，并及时向有关部门和单位更新报告疏散撤离情况。

（9）视情况，必要时应及时调整疏散方式及线路，或暂时中止疏散。

（10）将游客疏散至安全区域，清点总人数，查看游客有无遗漏或受伤，根据情况及时作出处置。

5. 养老机构人员疏散处置指引

养老机构是为老年人提供不同程度的生活照顾及护理服务的场所。养老机构生活的老年人由于年龄因素，视力、听力、记忆力及活动能力等各方面身体机能都在衰减。针对性处置指引如下：

（1）突发事件发生后，应及时确认突发事件性质、发生的区域、影响范围以及牵涉的人员数量等信息。评估应急疏散避险需求，明确疏散撤离范围、方式以及具体的人群引导疏散措施，尽快发布疏散指令。

（2）利用现场电子显示屏、高音喇叭、应急广播、应急照明（夜间）等安全警示设施，及时传播应急疏散避险指令和其他警示信息，让居住老人在专门人员的引导下有序地应急疏散避险。在第一时间安抚老人，防止不知所措、行为盲目、恐慌焦虑等状况出现。

（3）在养老机构入口处增加应急警戒人员，阻止外部人员随意进入。开启对外的相关出入口，用于临时疏散撤离。

（4）对居住老人分类别进行疏散，以提高疏散时效。

（5）对能行走的老人可以在疏散人员的全程引导下，按规定的线路有组织、有秩序地撤离危险区域，防止疏散过程中发生拥挤、踩踏、跌倒等事故。

（6）在住宅楼内，尽可能安排疏散电梯、救生缓降器疏散老人，以提高疏散速度，同时可避免能自理的老人因走楼梯可能出现的跌倒、动作慢或体力不支等现象而影响疏散进度及增加疏散人员负担。

（7）做好应急疏散秩序维护工作，合理安排各疏散出口的人流量，均衡疏散时间，避免出口处人员过度集中，产生拥挤现象。

（8）疏散分流的全过程，要求被疏散的老人听从指挥，保持冷静，相信组织。

（9）及时制止应急疏散过程中发生的逆行、抢行或其他破坏疏散秩序、容易诱发危险的行为。

（10）对疏散撤离过程进行持续跟踪监测，并及时向有关部门和单位更新报告疏散撤离情况。

（11）根据疏散情况，必要时应及时调整疏散方式及线路，或暂时中止疏散。

（12）将老人疏散至安全区域，要及时清点人数，查看各类老人的情况及有无其他受伤人员，根据情况及时做出处置。

二、大客流应对与交通运输保障指引

（一）大客流的基本类型与特征

机场、火车站、汽车客运站、客运码头、地铁站、公交站等公共交通场站是典型的人员密集场所。大客流主要是指在上述公共交通场站，以及周边景区景点、热点商圈、网红打卡地、大型活动举办场地等形成人群聚集，接近或达到交通运输场站的设计容量，以及超过原有交通输送能力的情形。

大客流根据其产生的原因分为可预见性大客流和突发性（不可预见性）大客流。其中，可预见性大客流，包括通勤大客流、节假日大客流、已报备大型活动大客流等，相关大客流具有一定的规律性，一般可以根据历史出行统计、客票销售情况、大型活动方案等进行预测；突发性大客流，主要因临时性（未报备）大型活动、群众自发性聚集活动以及各类突发事件等引起，相关大客流的规模、持续时间长短等事前难以预测，易对原有交通客流组织造成冲击。

（二）健全大客流交通运输保障机制

为维持公共交通运输平稳、高效运转，保障公众安全、便捷、有序出行，需结合交通客流组织工作实际，落实机构、职责、程序，完善可预见性大客流应对常态化工作机制，探索有效的突发性大客流应对措施，做到摸排研判、监测预警、信息报告、应急处置、复盘总结"五到位"，确保及时、有序、妥善疏导大客流。

1. 摸排研判机制

（1）主动收集信息。交通运输主管部门和公共交通场站经营管理单位应充分利用多渠道、多途径、多方式主动摸排、收集可能引发各类大客流聚集的线索信息。当接收到气象等专业监测部门发布的灾害预警信息、公安部门通报的大型活动信息、应急管理等部门通报的突发事件信息后,应及时转发、传达至相关公共交通运输末端站点一线的管理责任单位和人员。

(2) 加强属地联动。公共交通场站所在地公安、交警、交通运输、应急管理等相关部门和乡镇(街道),应健全和完善跨部门信息共享机制,及时掌握本辖区大型活动、群众自发性聚集活动、突发事件等可能导致突发性大客流的苗头性、预警性、趋势性信息。

(3) 强化风险会商。法定节假日(特别是黄金周、小长假)按照"一日一研判",加强公共交通场站、景区景点、热门商圈、网红打卡地等重点区域大客流预测分析,前瞻性、综合性研判大客流聚集风险,提前部署、提早行动,落实各类安全防范措施。必要时,参照预警信息管理有关规定,组织发布大客流预警信息。

2. 监测预警机制

民航、铁路、道路客运、水路客运、城市轨道交通、城市公交、出租车等主管部门(单位),按照职责分工建立交通运行监测网络,综合运用现场人工监测、远程系统监测、网络舆情监测等手段,及时掌握客流量及变化趋势信息。基于进出站、上下客、订单量、交通路况等实时监测数据和历史统计数据,构建完善大客流预警模型,提升综合风险监测、大客流早期识别和预警能力。当监测到异常(突发性)客流增量时,立即触发预警,采取发布预警提示、加密监测频次、调整行车安排、加强客流组织等预警响应措施,强化大客流风险管控。

3. 信息报告机制

(1) 定期报告交通场站客流信息。周期性(如以周为单位)报告机场、火车站、汽车客运站、客运码头、地铁站等交通场站客流量等监测数据及变化趋势预测信息,掌握正常客流变化规律;法定节假日实行"每日一报送",以支持"一日一研判"。

(2) 及时核实报告突发性大客流信息。通过综合监测获悉可能或已经导致突发性大客流的信息后,相关公共交通场站经营管理单位及其所在地相关政府部门,应第一时间组织通过多种渠道迅速核查核实突发性大客流信息,并及时反馈共享。经核实后的突发性大客流信息,参照突发事件信息报告要求,及时、规范报告。

4. 应急处置机制

(1) 交通场站通勤、节假日等可预见性大客流应急处置。由民航、铁路、道路客运、水路客运、城市轨道交通、城市公交、出租车等主管部门（单位），按照业务和属地归口管理原则，及时启动应急响应，按照相关交通场站大客流应急预案组织、协调开展应急处置工作。

（2）已报备大型活动大客流应急处置。由活动举办地及周边区域的相关城市轨道交通、城市公交、出租车主管部门（单位）强化调度组织，根据大型活动方案合理调配、优化活动举办场地周边区域的地铁、公交、出租车等运能运力，按照活动主（承）办部门、公安、应急管理部门和事发地政府等通报信息或指令要求，积极配合做好客流应急疏散运力保障。

（3）突发性大客流应急处置。第一时间启动跨部门（单位）协同会商，由客流聚集区域的相关城市轨道交通、城市公交、出租车主管部门（单位）等开展应急会商，综合研判突发性大客流的产生原因、影响范围和可能持续时间，统一指挥、调度地铁、公交、出租车、道路客运等应急运力开展客流接驳疏导。

5.复盘总结机制

民航、铁路、道路客运、水路客运、城市轨道交通、城市公交、出租车等主管部门（单位）及时组织对本行业领域、本辖区大客流应对处置工作开展评估，总结经验教训，制定改进措施。督促公共交通运营管理单位高度重视大客流（特别是突发性大客流）应对工作，深入分析事发过程及原因，研究整改措施，并将具体措施及时修订到相关管理制度、作业标准和应急预案中，有效杜绝同类问题。适时组织相关部门（单位）开展突发性大客流应对的典型案例剖析，通过案例复盘总结，不断积累经验、优化举措，研究完善协调联动事项，加强应急预案衔接，持续提升突发性大客流聚集研判的预见性、监测预警的精确性和响应处置的主动性。

第十一章　应急第一响应人培训体系建设

第一节　应急第一响应人概述

一、"第一响应人"的起源和发展

"第一响应人"培训是联合国城市搜索救援顾问团（INSARAG）向全世界推广的项目，旨在提高基层应急响应人员的防灾减灾意识、灾害处置能力和基本应急救援能力。自2010年在国内推广以来，中国地震应急搜救中心通过与相关各方的共同努力，把"第一响应人"所倡导的理念、经验推广到了更多的城市，对于提升地方的防灾减灾和应急救援综合能力，建立政府和社会共同参与的综合防灾减灾体系意义重大。截至2021年，培训项目已覆盖全国20余个省份，得到了地方政府和社会各界的高度认可。四川省德阳市作为联合国"第一响应人"培训项目在国内首个开展推广的城市，从2010年至2022年，已累计举行培训47期，培训人数近7200人①。

（一）美国"社区应急响应队"计划

1985年，"社区应急响应队"（Community Emergency Response Team，CERT）概念由洛杉矶市消防局提出和实施。1987年，惠蒂尔海峡地震直接促使美国政府意识到普通公民对应急救援知识的迫切需求，从而加大对CERT的重视程度。

---

① 信息来源于德阳市应急管理局网站。

CERT 计划为志愿者或基层应急管理人员提供可能影响其所在地区的灾害应对教育,主要提供基本的救灾技巧,如消防安全、简易搜索和救援、团队组织和医疗行动等。CERT 计划被称为"草根计划",具有具体化、结构化等特点,各州和地方应急管理者可筛选切合实际的方式和内容开展培训。CERT 为志愿者或基层应急管理人员培训和组织提供了一种通用、简易的救援方法,受训人员可充分利用培训技能在灾难中完成复杂的救援任务,进一步增强了区域内应急准备、应急响应和恢复重建能力。系统的接受 CERT 培训的应急管理人员在平时可服务社区群众,急时可有效应对各类突发事件。

1993 年 CERT 成为全国性项目,美国联邦应急管理署(FEMA)通过为消防、医疗和应急管理领域成员培养培训相关领域专家来支持 CERT 计划。目前美国已在 50 个州的社区推广了 CERT 培训,共计 2700 多个地方参与 CERT 计划,每一个计划对其所在社区都是独一无二的,累计已超过 60 万人接受了培训。

CERT 计划目标是通过公众参与提升应急准备能力,旨在教育和赋权美国人民为包括自然灾害和人为灾难在内的紧急情况下做好准备,第一时间作出反应以减轻其影响。

CERT 的培训方式分为线上和线下。全球任何对 CERT 感兴趣的人皆可登录 CERT 官方网站在线学习,其免费提供在线教学视频、教学课件和相关培训教材。但只有完成当地政府相关机构(如应急管理机构、消防部门)提供的线下课堂培训并通过考试获取 CERT 颁布的结业证书,方可成为 CERT 志愿者。

CERT 培训主要内容包括灾备、消防火灾应对、医疗行动、简易搜救、心理救助、团队组织、反恐等。

1. 灾备。旨在有针对性地解决本社区特有的灾难。包括参与者及其家人在事前、事中、事后采取的应对行动等。

2. 消防火灾应对。涵盖消防化学、有害物质、火灾危险和灭火策略,侧重讲解安全使用灭火器、控制公用设施和扑灭小火。

3. 医疗行动。采用简单的分诊和快速治疗技术来诊断和治疗气道阻塞、出血和休克;对患者进行从头到脚的评估;建立医疗区和进行基本的急救。

4. 简易搜救:了解搜索和救援方法、搜索技术、救援技术,确保救援人员安全。

5. 心理救助和团队组织:涵盖灾难受害者和工作人员可能出现的体征和

症状;阐述 CERT 的组织和管理。

6.反恐:在恐怖袭击突发状况下,帮助相关人员逃脱。

（二）德国"第一响应人"

在德国,"第一响应人"志愿者占据总人口的 2.25%,与众多发达国家相比德国人口数量较少,但却形成了庞大的志愿者体系。德国政府充分认识到社会力量的重要性,注重鼓励社会力量参与到应急救援中来。

德国的社区应急管理系统由警方、消防部门、紧急医疗救助中心、民间志愿者组织等部门组成。消防队伍和医疗救助队伍是应急救援的第一响应人,发挥着第一时间开展专业性应急处置的作用,另外大批的志愿者以及志愿组织作为第一响应人参与应急救援体系,是不容忽视的重要力量,该队伍可在第一时间参与到现场救援帮助受灾群众,又可事后对受灾群众开展心理安抚。

在德国,合格的应急救援志愿者必须经过专业的训练并且取得资格认证,培训内容包括理论及实践演练,通过知识和技能的学习使应急救援志愿者拥有能够应对突发事件的知识和经验。除此之外,德国还存在大量志愿者组织,这些组织针对本地区的特点和危机发生的特点建设属于自己的系统和培训课程,这些培训课程包括但不局限于有关机械设备的运用、无线通讯知识、基础医疗救护等。

此外,德国具备完善的法律法规与之相配套,法律明确规定公民担任志愿者达到一定年限享有政府为其购买的法定保险以解决后顾之忧,同时还可免除服兵役的义务。为吸引更多的青年志愿者,德国内政部每年通过张贴海报、发放传单、举办展览会等形式鼓励公民参与应急救援志愿者计划。

（三）青岛市"第一响应人"培训

为了预防和减少突发事件的发生,控制、减轻和消除突发事件导致的社会危害,2017 年 10 月 27 日青岛市第十六届人民代表大会常务委员会第四次会议通过了《青岛市突发事件应对条例》,该条例第二十条规定"下列人员应当参加应对突发事件的初级救护培训和消防安全培训:(一)中小学校(幼儿园)教师、公共交通工具驾乘人员、校车驾乘人员、导游;(二)矿山、建筑施工单位和易燃易爆物品、危险化学品、放射性物品、病原微生物等危险物品的生产、经营、储运、使用、处置单位的负责人及相关从业人员;(三)机场、车站、码头、公园、广场、商场、会展中心等人员密集场所的相关管理人员。"明确了应当接受

"第一响应人"培训的主体,同时为提高"第一响应人"救护员初期响应和处置、组织疏散和逃生、信息报告和通报、配合救援和宣教四项能力,依托市红十字会多次举办全市"第一响应人"应急救护师资培训。

2016年以来,青岛市将"第一响应人"应急救护证书培训列为市办实事项目,重点对教育、交通、旅游等行业,以及生产经营单位人员、社区居民、志愿者开展应急救护员持证培训,培训内容主要包括应急救护新概念、创伤救护、心肺复苏、意外伤害防护技能等。进一步为提升重点行业领域应急救护能力,特别以生产经营单位常见突发事件必备救护技能为主,市红十字会联合原青岛市安监局对单位专(兼)职应急救援人员、安全生产管理人员以及导游、大型客运驾驶员等进行培训。

截至2017年底,全市"第一响应人"应急救护持证培训已达817期,培训持证救护员36861人。全市培训"第一响应人"救护员累计达到21.62万人,占全市人口的2.35%,培训水平位于国内同类城市前列。青岛市"第一响应人"已成为基层应急体系的一支重要力量,在突发事件应急处置中发挥着越发重要的作用。

(四) 成都市"社区应急响应队"

成都市第一批应急响应队始于2016年3月1日,是原成都市人民政府应急管理办公室推行的村(社区)应急能力暨村(社区)应急响应队培训项目,旨在致力于推动成都市应急响应救援事业发展,使社区志愿者成为社区应急响应队的一员,在突发性灾难和灾害发生后至专业救援队伍抵达前,能引导和组织社区公众有效开展互助和前期处置,从而有效减轻灾害损失。

成都市第一批社区应急响应队由新都区各相关部门分管负责人,各村(社区)、物业公司、单位负责人、志愿者及部分居民代表等90余人组成,培训涉及的课程主要包括社区应急响应队概述与架构、备灾、灾害评估与风险识别、消防安全与设施控制、简单搜索与营救、灾害医疗行动(一、二)、灾后心理干预、抗洪工作、技能基础、CPR(心肺复苏)技术基础、SRT技术(单绳技术)运用、应急管理能力、综合模拟演练等。

新都区第一批社区应急响应队建立完成后,成都市其他试点培训工作陆续在各区、县持续有序举办与开展。2017年初,原成都市政府应急办发布了《关于在各区(市)县集中开展"成都市社区应急响应队示范培训"有关事项的通知》(成府应急〔2017〕1号),进一步推进社区应急能力建设。

（五）深圳市"应急第一响应人"

深圳从 2016 年开始了"第一响应人"项目的实施。宝安区应急医疗救援培训中心在宝安区卫健局的指导下,于 2017 年开始"第一响应人"社会急救培训,至 2019 年 2 月 28 日止,已培训完成第一响应人合计 115897 人[①]。2021 年 3 月,深圳市减灾委员会办公室联合深圳市应急管理局、深圳市气象局、深圳市地震局印发《深圳综合减灾社区创建实施方案(2021—2023 年)》,提出在深圳综合减灾社区建设中建立"深圳第一响应人"机制。

2022 年 7 月,深圳市应急管理局全面推进"应急第一响应人"培训项目,致力于将使培训制度化、规范化、常态化,也将有越来越多志愿者、市民群众经过培训考核成为"应急第一响应人",提高民众在面对紧急情况时"既敢救也会救",由点及面,有小到多,最终构筑起应急管理和防灾减灾的人民防线。按计划,深圳市 2022 年培训考核不少于 1 万名"应急第一响应人",覆盖全市住宅小区、学校、大型商场、农贸市场、高层建筑等重点场所。到 2024 年底,全市累计培训考核人数不少于 3 万名,基本建成覆盖全市各重点行业领域、重点场所以及街道、社区的"应急第一响应人"网络体系。同时,深圳市应急管理局还与美团公司签署了战略合作协议,明确双方将在安全科普宣教培训、组建"应急第一响应人"队伍、建设应急便民服务站等方面开展合作,依托美团买菜站点建立首批应急便民服务站共 43 个,作为"应急第一响应人"联络和应急物资、设备等存放场所。

图 11-1　深圳市"应急第一响应人"队伍授旗仪式

---

① 顾亚楠等:《宝安公众急救培训模式的实践——基于第一响应人按需培训的研究》,载《中国急救医学》2022 年第 4 期。

同年 8 月,在深圳市应急委和深圳市应急管理局指导下,"先行示范 第一响应"——2022 深圳"应急第一响应人"公益行动成功举办。该行动定义为"10000+""应急第一响应人",旨在政府计划推动的 1 万名外,再培训一批学员,使项目的影响力更广更大。行动同时为一批积极参与"应急第一响应人"活动的企业颁发"第一响应"单位牌匾,目的是鼓励和动员更多的企业参与项目。

图 11-2　2022 深圳"应急第一响应人"公益行动启动仪式

二、第一响应人培训的意义和作用

(一)推动城市安全应急文化建设

"十四五"时期,我国仍然处于重要战略机遇期。以习近平同志为核心的党中央着眼党和国家事业发展全局,坚持以人民为中心的发展思想,统筹发展和安全两件大事,把安全摆到了前所未有的重要位置,对全面提高公共安全保障能力、提高安全生产水平、完善国家应急管理体系等作出全面部署,为解决长期以来应急管理工作存在的突出问题、推进应急管理体系和能力现代化提出了新的要求。

在公共危机中发挥公民参与的力量十分重要,公民自身是危机发生后最直接的应对者,所以公民的应对危机能力对于整个应急救援活动来说异常关键。基层的第一响应人是对突发事件实际情况最为了解的人,能够迅速掌握事发当时最准确的情况,在应急救援的过程中能够发挥重要作用,并且在危机发生后能够把握住黄金时间,快速采取措施以减轻危机带来的损害①。

第一响应人培训课程中涉及到的信息报告、应急准备、急救培训等内容能够直接提升参训者关于防灾减灾的能力和意识水平,同时,第一响应人在培训人员招募、相关活动推进以及新闻报道中的宣传推广,能够将"第一时间、第一现场、第一响应、第一救援"的理念进行更大范围和更深程度的推广,有助于推动城市安全应急文化建设不断发展。

（二）提高应急管理社会动员力

2021年4月,中共中央、国务院印发了《关于加强基层治理体系和治理能力现代化建设的意见》,强调坚持共建共治共享,强化乡镇（街道）属地责任和相应职权,构建多方参与的社会动员响应体系,建设人人有责、人人尽责、人人享有的基层治理共同体。社会动员是有目的地引导社会成员积极参与重大社会活动的过程②。通过加强社会动员,增强危机治理能力,进而推动国家治理体系和治理能力现代化的整体提升③。积极探索应急第一响应人制度,大力培育发展应急第一响应人,不仅有利于普及防灾避险知识和自救互救技能,也为进一步提高应急管理社会动员能力奠定群众基础。

第二节 应急第一响应人培训体系的主要内容

一、培训对象与能力要求

（一）培训对象

在《深圳市"应急第一响应人"培训考核工作方案》中,明确"应急第一响应人"是基层应急救援队伍的辅助力量,主要包含两大类人员:一是党委政府及其相关部门根据工作职责从事应急管理、安全生产、防灾减灾救灾等相关工作的人员,以志愿者身份参加并履行"应急第一响应人"相应职责;二是自愿参加并履行"应急第一响应人"相应职责的广大市民群众志愿者。

从一般意义上来讲,任何公民都有可能成为灾害发生后的第一响应人,第

---

① 刘刚:《第一响应者制度的必要与可能》,载《中国应急救援》2013年第4期。
② 吴忠民:《渐进模式与有效发展——中国现代化研究》,东方出版社,1999年。
③ 孙晓晖、刘同舫:《公共危机治理中社会动员的功能边界和优化策略》2020年第3期。

一响应人队伍的结构是复杂的,由性别、年龄、职业、文化各不相同的人员组成。"第一响应人"是指首先到达灾害、事故和突发严重疾病等突发事件现场,拥有救护证书且能够提供现场应急救护,并可以开展现场疏导、自救互救、信息收集等先期处置工作的人员,具体可以是基层社区管理人员、窗口单位服务人员、志愿者、居民代表等贴近普通民众生产生活的人员。

推荐优先在重点行业领域、重点场所推广和培育"应急第一响应人",相关培训对象范围可参考表 11-1。

表 11-1　重点行业领域、重点场所及推荐参训人员

序号	重点行业领域、重点场所	推荐参训人员
1	社区党委、村(居)民委员会等社区基层组织	"两委"委员、社区网格员、综合网格安全员、楼(栋)长、三小场所责任人等社区基层工作人员
2	居民住宅小区	小区物业管理单位工作人员
3	城中村	城中村股份公司或物业管理单位工作人员
4	学校	学校安全主任、校医、体育老师等
5	大型商场超市和批发市场	物业管理人员、经营商户
6	农贸市场	市场管理人员、经营商户
7	医院、文化、体育、会展等人员密集场所	医院、地铁站、电影院、足球场、篮球场(馆)、羽毛球馆、博物馆、图书馆、美术馆、艺术展览中心、会展中心等人员密集场所工作人员
8	高层、超高层建筑	物业管理人员
9	自然风景区、旅游区、公园、海滨浴场	管理单位人员
10	生产企业和工业园区	生产企业和工业园区管理单位负责人、安全管理人员、专兼职应急救援人员
11	公共交通场站	机场、火车站、码头、汽车站、地铁站、公交场站运营管理人员,公共交通工具司乘人员等
12	水务工程设施	供水排水设施巡查人员、防风防涝安全巡查人员
13	寄递物流	快递外卖工作人员、骑手等

(二)　能力要求

第一响应人在突发事件发展的三个阶段(事前、事中、事后)都能运用自身掌握的应急知识与技能进行自救,并在救援黄金时间内开展他救,发挥出"第

一时间、第一现场、第一响应、第一救援"的作用。其主要职责与任务包括：

1. 作为本地(单位、社区、街道或者乡镇)常备应急力量,可在基层"最先一公里"快速响应,首先到达灾害、事故和突发严重疾病等突发事件现场；

2. 具备防灾减灾意识、灾害处置能力和基本应急救援能力,可以开展灾害风险识别和处置,在消防救援、公安、卫生等专业应急救援力量抵达前开展现场疏导、自救互救、信息收集等先期处置工作；

3. 在消防救援、公安、卫生等专业应急救援力量抵达后,辅助性开展应急处置与救援工作。

通过研究借鉴美国、德国等国内外基层应急培训理论与实践经验,深圳市某街道从应急体系基础、备灾、信息收集与报告、避险疏散、简单搜索营救、医疗急救基础、自然灾害应对、火灾及其他事故灾难应对等八个能力维度,构建出第一响应人能力体系(见表 11－2),该表具有一定代表性。

表 11－2　深圳市某街道第一响应人能力要素表

序号	能力维度	能力要素
1	应急体系基础	• 理解我国应急体系"一案三制"基本框架 • 应急预案的类型、层次、要素、重点内容 • 街道应急管理组织架构 • 突发事件应对工作全流程,各阶段工作重点内容 • 重点学习《中华人民共和国突发事件应对法》《深圳市突发事件总体应急预案》等法律法规
2	备　灾	• 主要灾害事故类型与潜在的影响 • 家庭、社区、工作场所的备灾要点 • "第一响应人"的作用及职责
3	信息收集与报告	• 值班值守 • 信息收集 • 灾情研判 • 信息报告
4	避险疏散	• 逃生自救与互救 • 应急避难场所 • 人防工程 • 公共场所人员疏散
5	简单搜索营救	• 搜索和营救的评估 • 建筑内部与外部搜索方法 • 开展营救行动的方法

（续表）

序号	能力维度	能力要素
6	医疗急救基础	• 基础生命支持 • 检伤分类 • 休克、外科创伤处置 • 现场救护原则 • 现场救护技术技巧
7	自然灾害应对	• 台风应对 • 暴雨、洪涝应对 • 滑坡、泥石流应对 • 地震逃生
8	火灾及其他事故灾难应对	• 火灾基础知识 • 火灾隐患和设施安全 • 火灾应对 • 危险化学品、地面坍塌、燃气管道等事故应对

二、培训课程内容

培训课程内容主要包括应急体系基础、备灾、信息收集与报告、避险疏散、搜索营救、医疗急救、自然灾害应对、火灾及其他事故灾难应对、综合演练等。

（一）应急体系基础

应急预案，应急管理体制、机制和法制合称"一案三制"，共同构成了我国应急管理体系的基本框架。其中，体制是基础，机制是关键，法制是保障，预案是前提，它们具有各自不同的内涵特征和功能定位，是应急管理体系不可分割的组成部分。在现阶段，我国应急管理体系建设应当遵循体制优先的基本思路，在理顺应急管理体制的基础上，完善相关工作流程和制度规范。"一案三制"是一个密不可分的有机整体，共同构成了应急管理体系的基本框架，理清"一案三制"间关系对应急第一响应人的实践操作具有重要意义。

1. 应急预案

（1）了解我国的应急预案体系包括国家总体应急预案、专项应急预案、部门应急预案、地方应急预案、企事业单位应急预案以及针对大型活动的预案等六个层次。

（2）重点学习应急预案主要包含的内容：突发事件分级、适用范围、突发事件现状、应急资源调查、组织机构和职责、预防、监测、预警、信息报告和共享、先期处置、应急响应、指挥协调、现场指挥部与现场指挥官、处置措施、响应升级、社会动员、信息发布、应急结束、后期处置、应急保障等。

（3）了解应急预案要求在辨识和评估潜在的重大危险、事故类型、发生的可能性、发生过程、事故后果及影响严重程度的基础上，对应急管理机构与职责、人员、技术、设施、装备、物资、救援行动及其指挥与协调等预先做出具体安排，用以明确事前、事发、事中、事后各个进程中，谁来做、怎样做、何时做以及相应的资源和策略等。

2. 应急管理体制

（1）了解应急管理机构的组织形式，即综合性应急管理机构、各专项应急管理机构以及各层级、各部门的应急管理机构各自的法律地位、相互间的权力分配关系及其组织形式等。

（2）了解应急管理体制是一个由纵向机构和横向机构、政府机构与社会组织相结合的复杂系统，包括应急管理的领导指挥机构、专项应急指挥机构以及日常办事机构等不同层次。

3. 应急管理机制

根据国家《中华人民共和国突发事件应对法》的相关规定，结合应急管理工作流程，重点学习应急管理机制的九大部分：

（1）预防与应急准备机制：通过预案编制管理、宣传教育、培训演练、应急能力和脆弱性评估等，做好各项基础性、常态性的管理工作，从更基础的层面改善应急管理。

（2）监测与预警机制：通过危险源监控、风险排查和重大风险隐患治理，尽早发现导致产生突发事件苗头的信息并及时预警，减少事件产生的概率及其可能造成的损失。

（3）信息报告与通报机制：按照信息先行的要求，建立统一的突发事件信息系统，有效整合现有的信息资源，拓宽信息报送渠道，规范信息传递方式，做好信息备份，实现上下左右互联互通和信息的及时交流。

（4）应急指挥协调机制：通过信息搜集、专家咨询来制定与选择方案，实现科学果断、综合协调、经济高效的应急决策和处置。

（5）信息发布与舆论引导机制：在第一时间通过主动、及时、准确地向公众发布警告以及有关突发事件和应急管理方面的信息，宣传避免、减轻危害的常识,提高主动引导和把握舆论的能力,增强信息透明度,把握舆论主动权。

(6) 社会动员机制:在日常和紧急情况下,动员社会力量进行自救、互救或参与政府应急管理行动,在应急处置过程中对民众善意疏导、正确激励、有序组织,提高全社会的安全意识和应急技能。

(7) 善后恢复与重建机制:积极稳妥地开展生产自救,做好善后处置工作,把损失降到最低,让受灾地区和民众尽快恢复正常的生产、生活和工作秩序,实现常态管理与非常态管理的有机转换。

(8) 调查评估和学习机制:遵循公平、公开、公正的原则,引入第三方评估机制,开展应急管理过程、灾后损失和能力建设需求等方面的评估,以查找、发现工作中的问题和薄弱环节,提出防范和改进措施,不断完善应急管理工作。

(9) 应急保障机制:建立人、财、物等资源清单,明确资源的征用、调用、发放、跟踪等程序,规范管理应急资源在常态和非常态下的分类与分布、生产和储备、监控与储备预警、运输与配送等,实现对应急资源供给和需求的综合协调和与优化配置。

4. 应急管理法制

重点学习《中华人民共和国突发事件应对法》及地方应急管理法律法规相关内容。

(二) 备灾

备灾指灾害的应对准备工作,主要包括灾害发生之前所做的抢险救援物资设备、避险场所、资金、医药、食物、饮用水、人员、技术等方面的储备,广义的备灾还包括建立指挥机构、通信保障、应急预案的编制和抢险救援的演习等。城市灾害事故具有突发性,如无必要的储备,灾害事故一旦发生将无法及时调动所需物资、装备和人员,从而延迟抢险和救援行动,导致错失时机,造成巨大灾害损失。救灾具有时效性,在最短时间内将救灾物资向公众发放,才能最大限度地减轻灾害损失。

1. 备灾常识

重点培训学习社区/基层组织应急体系(包括社区/基层组织备灾的职责与分工、应急预案)、突发事件的类型及其影响(包括自然灾害、事故灾难、公共卫生事件、社会安全事件、突发事件的要素、突发事件带来的影响)、险情灾情报送等内容。

2. 制定备灾计划

重点培训学习备灾要素、保护措施、制定家庭备灾计划（包括约定汇合点、明确紧急联系人、制定逃生方案、准备备灾物资）、制定工作场所备灾计划（包括风险评估、制定备灾计划、突发事件应对、灾情险情上报）等内容。

3. 实施减灾措施

减灾的途径：防止紧急事件发生，减少灾害发生的频次，降低不可避免的灾害的破坏强度。

减灾措施：非结构性减灾措施、结构性减灾措施、购买保险等。

4. 作用和职责

重点学习第一响应人的作用和职责。

（三）信息收集与报告

《中华人民共和国突发事件应对法》第三十九条规定"专业机构、监测网点和信息报告员应当及时向所在地人民政府及其有关主管部门报告突发事件信息。有关单位和人员报送、报告突发事件信息，应当做到及时、客观、真实，不得迟报、谎报、瞒报、漏报"。

1. 信息报告和共享

重点培训学习第一响应人信息报送职责，了解各级值班室接报电话及传真。

2. 信息收集与研判

重点学习信息收集方法、收集途径以及先期灾情研判方法等。

3. 信息报告内容和要求

重点培训学习信息报告主要内容，包括事件发生的时间、地点、类别、初步原因判断、人员及财产受损情况、影响范围、事件潜在的危害程度、转化趋向、初期处置控制措施、需要有关部门及单位协助救援和处理的有关事宜，以及突发事件报告单位、联系方式等。信息报告要简明扼要、清晰准确。

4. 信息报告时限和程序

重点学习突发事件分级信息报送时限要求、信息报送程序、信息流转方式等。

（四）避险疏散

培训避险疏散的知识有助于进一步增强第一响应人安全应急意识，提高逃生自救和互救能力,发生紧急情况时,能有序、迅速地安全疏散,确保人员的生命安全。

1. 应急避难场所

应急避难场所是现代化大城市用于民众躲避地震、台风、洪水、滑坡、泥石流、火灾、爆炸、疫情等重大突发事件的安全避难场所。

重点了解本地应急避难场所查询方式、开放启用条件、应急避难场所引导和功能设施标志等。

2. 人防工程

人防工程即人防工事,是指为保障战时人员与物资掩蔽、人民防空指挥、医疗救护而单独修建的地下防护建筑,以及结合地面建筑修建的战时可用于防空的地下室。人防工程按战时功能分为:指挥通信工程、医疗救护工程、防空专业队工程、人员掩蔽工程和其他配套工程等五大类。防空警报是城市防空工程的重要组成部分。

重点培训防空警报分类、信号口诀,学习使用人防工程的注意事项、维护等内容。

3. 公共场所人员疏散

重点培训了解容易发生踩踏事件的场合、如何预防踩踏、踩踏发生后的预防措施、组织疏散的步骤、组织疏散的注意事项、紧急疏散演练等内容。

(五) 简单搜索营救

第一响应人的首要任务是在突发事件发生后的较短时间内(专业救援队抵达灾区前的 0.5 至 2 小时)快速开展自救互救,在自救和保护自己的情况下先救家人、邻居,再共同组织完成各项先期处置任务,实现对社区突发事件的有效应对。对于造成重大人员伤亡的地震灾害,往往第一天为救援的高效期、第二至第三天为中效期,第四天以后为低效期,第一响应人的重要作用是在专业救援队抵达之前实施有效的自救互救和灾情信息评估。

1. 搜索和营救的评估

搜索与营救要求从行动开始一直要持续进行评估,救援行动未停止,评估就不能停止。

重点学习搜索和营救的目标、行动中的安全问题和评估方法步骤,主要包括收集信息、评估受损情况、预判可能性、评估自身处境、确定优先顺序、作出决策、制定行动方案、展开行动、评估进展等内容。

2. 开展内部和外部搜索的方法

重点培训搜索前的评估(包括结构间的空隙、特殊空间)、建筑内部搜索方法(包括搜索标识、搜索方法、系统搜索、交叉搜索)、建筑外部搜索方法(包括网格、线、象限或区域、螺旋搜索法)等内容。

3. 开展营救行动的方法

重点培训学习移除杂物瓦砾、杠杆和叠木原理、安全转移受困者、单人运送方法、双人运送方法、多人毯式运送等内容。

（六）医疗急救基础

灾难发生后的几分钟、十几分钟,甚至几十个小时以内,是抢救生命、减少人员伤亡的重要时期,及时、正确、有效地医疗急救技术,可以最大限度地挽救生命,降低人员伤残率,减轻伤患的痛苦,提高救援的效率。因此,掌握现场医疗急救知识和技术,具有十分重要的意义。

1. 初级救护员课程

重点培训学习心肺复苏术(包括安全评估、伤患识别、对外呼救、现场施救等)、异物卡喉(包括异物卡喉的原因、异物卡喉的表现、异物卡喉的处置方法等)、外伤急救(包括止血、包扎等)、紧急翻转、中暑、低血糖、扭伤等内容。

2. 检伤分类

重点培训学习检伤分类的目的、检伤分类等级标识遵循救治顺序、检伤分类的伤情识别卡制作、检伤分类中遵循搜索步骤、检伤分类中对受灾者的评估、检伤分类登记和统计、伤患安置医疗区建立等内容。

（七）自然灾害应对

自然灾害是指由自然因素造成人类生命、财产、社会功能和生态环境等损害的事件或现象,主要包括气象灾害、洪涝灾害、地质灾害、地震灾害、海洋灾害、生物灾害、森林火灾等七类。结合当地自然灾害风险评估结果,明确易发高发灾害类型,开展相应的应对培训。以深圳市为例,以台风、暴雨为代表的气象灾害,以地面塌陷、滑坡为代表的地质灾害以及洪涝灾害是发生较频繁、影响范围较广的自然灾害类型;当这些灾害发生时也容易引发或诱发其他灾害,进而形成灾害链,甚至并发事故灾难、公共卫生或社会安全事件。

1. 台风应对

重点了解台风危害的表现形式(包括强风、暴雨、风暴潮)、台风的预警信号、台风的应对措施(包括防范措施、应急处置、灾后协助工作)等内容。

2. 暴雨、洪涝应对

重点了解暴雨的危害、暴雨的预警信号、洪涝的种类(包括海岸洪水、漫溢洪水、暴雨洪水、溃坝洪水等)、城市内涝(包括防范措施、应急处置、应急响应等)、抗洪作业时个人安全(包括疲劳、天气、心理准备、抗洪的危险、常见的疾病与伤病等)、充填和搬沙袋的方法等内容。

3. 滑坡、泥石流应对

重点了解滑坡的成因和危害、泥石流的成因和危害,滑坡、泥石流的防范措施(包括调查周边危险源,滑坡、泥石流发生的前兆、及时报告相关部门),滑坡、泥石流的应急处置(包括及时避险逃生、协助转移安置灾民、灾后协助救援人员开展救灾工作)等内容。

4. 森林火灾应对

了解发生森林火灾的三大要素,灾害划分等级,森林可燃物及分类,重点学习引发森林火灾的原因,防范措施。如何扑救森林火灾及森林火灾状态下的逃生方法。

5. 地震逃生应对

重点了解地震产生的机理、地震时应急防护原则、地震逃生正确姿势、地震求生常识误区、地震次生灾害的防范等。

(八) 火灾及其他事故灾难应对

城中村、人员密集场所、地下空间、高层建筑等是城市火灾防范的重点场所,第一响应人在火灾初期发挥重要的作用。

1. 火灾基础知识

重点了解火三角(即燃烧存在三要素:引火源、可燃物和氧气)、火四面体(即燃烧发生所需四要素:引火源、可燃物、氧气和链式反应)、燃烧发生的必要条件和充分条件、防火与灭火途径(包括冷却法、隔离法、窒息法)、火灾的分类(包括固体火灾、气体火灾、液体或可熔化的固体物质火灾、金属火灾、带电火灾、烹饪火灾)等内容。

2. 火灾隐患和设施安全

重点学习电气、燃气、易燃液体安全隐患与措施,危险化学品常见标识包括八大类:① 爆炸品;② 压缩气体和液化气体;③ 易燃液体;④ 易燃固体、自然物品和遇湿易燃物品;⑤ 氧化物有机过氧化物;⑥ 毒害品和感染性物品;

⑦ 放射性物品;⑧ 腐蚀品。掌握减少危险品安全隐患的方法、熟悉危险品的储存和注意事项、消防设施安全(包括隐患排查和应对措施)等内容。

3. 火灾的应对和处理

重点培训学习常见灭火器材分类(包括手提式干粉灭火器、室内消防竖管、窒息灭火器材)、灭火器的类型(5 种类型:清水灭火器、泡沫灭火器、干粉灭火器、二氧化碳灭火器、特殊灭火器)、其他消防设施分类和标识、手提式灭火器的操作步骤、火灾逃生要点等内容。

(九) 综合演练

综合演练是培训的重要组成部分。演练充分发挥学以致用的原则,通过设置一些综合灾害场景(如地震)和现场救援行动科目,让学员对培训所学课程内容进行实践,加深学员对第一响应人职责的理解,增强学员对灾害形势评估、灾害现场管理、搜索营救方法、现场医疗救护、专业队伍协助等技能的掌握,检验组织协调能力,检验搜救行动的执行能力,进而促进真正灾害发生时第一响应人在现场发挥的作用。

三、个人装备

(一) 单兵工具包

2022 年 10 月应急管理部、国家发展改革委、财政部、国家粮食和储备局四部门联合发布《"十四五"应急物资保障规划》,提出制定社区、企事业单位、社会组织、家庭等主体的应急物资储备建议清单,引导各类社会主体储备必要的应急物资。为引导居民积极储备必要的家庭应急物资,时刻准备应对可能发生的自然灾害等突发事件,北京、上海、深圳等全国多地均响应要求,因地制宜建立了符合当地实际需求的家庭应急物资清单。

2022 年 7 月 8 日,应急管理部地震和地质灾害救援司面向社会公开发布的《国家城镇救援队伍能力建设与分级测评指南(征求意见稿)》,其中提出了基层组织应急响应队伍和第一响应人队伍装备配置表。

从第一响应人的工作职责与应急行动实际需要出发,结合灾害事故现场环境特点,参考国家标准《国家城镇救援队伍能力建设与分级测评指南(征求意见稿)》关于基层组织应急响应队伍和第一响应人队伍装备配置要求,以及美国社区应急响应队(CERT)的装备配备,建议为第一响应人配备单兵工具装备,相关装备工具可参照表 11-3。

表 11-3 第一响应人单兵工具包清单

序号	工具及型号	备 注
1	防泼水工具包	收纳物品
2	反光马甲	个人防护
3	防护眼镜	
4	防尘口罩	
5	丁腈橡胶手套	
6	工作(劳保)手套	
7	强光手电	查勘测量
8	记号笔	
9	口哨	示警指挥
10	警戒隔离线(警示带)	
11	充电式 LED 指挥棒	
12	多功能安全锤	应急处置
13	医疗急救包	
14	一次性呼吸面膜	

（二）马甲

第一响应人作为一支队伍,定制马甲作为专用标志标识,可以作为第一响应人志愿者队伍的身份象征,有利于保障灾害事故救援实战需要,规范现场救援秩序,统一管理、指挥调度现场救援力量,提升第一响应人志愿者队伍的正规化和专业化建设水平,能增强队伍使命感、责任感和荣誉感,体现了救援志愿者的专业特征。

四、宣传活动

第一响应人培训项目旨在增强公众防灾减灾救灾等安全意识,动员和组织全市各方力量,培育城市安全和应急文化,提高市民群众应急处置能力和社会动员能力,在突发事件第一时间快速有效响应,减少灾害事故造成的人员伤亡和财产损失,构建防灾减灾救灾人民防线,因此有必要大力宣传、广泛动员,不断扩大第一响应人的影响力和生命力,逐步提升市民群众的应急响应理念和应急处置能力。

第一响应人"走进＊＊＊"宣传活动可以与培训学员招募活动同步推进、持续开展。每场活动走进一个街道或社区,结合街道(社区)实际选择重点场所(区域部位),突出不同场景下第一响应人相应职责、能力与发挥作用。部分推荐场所(场景)如表11－4所示。

表11－4　第一响应人宣传活动重点场所和内容

序号	走进重点场所	重点场景内容
1	大型居民住宅小区、城中村	可以家庭备灾、防汛防台风知识、自救互救、应急救护等内容为主。
2	景区、公园、户外休闲、文体场所	以户外灾害应对、紧急避险、应急救护等内容为主。
3	大型商业综合体等人员密集场所	以消防安全、应急疏散、应急救护等内容为主。

宣传活动主要内容为第一响应人规定的相关课程内容,包括但不限于应急体系基础知识、备灾、信息收集与报告、避险疏散、简单搜索营救、医疗急救基础、自然灾害应对、火灾及其他事故灾难应对等,结合具体的宣传场景,通过多种互动方式,进行相关理念、知识与技能的宣传、普及和推广。

图11－3　第一响应人"走进＊＊＊"宣传活动

第三节　应急第一响应人培训的组织与实施

一、培训授课

(一)授课方式

第一响应人培训课程包含有基础知识部分和实操作业部分,结合课程特征,可以采取线上理论培训和线下实操培训相结合的混合教学模式,并安排线下实操考核。这样可以节约组织授课的教学成本和学员学习的时间成本,同时也极大地满足了不同职业和岗位特征人员的碎片化学习需求。

(二) 教具配比

根据课程实施实际情况安排,心肺复苏 AED 实操练习的教具学员配比不得低于 1:4,耗材类教具至少每位学员 1 份,确保学员在实操练习中有充分的练习,以更好地掌握技能(详见表 11 - 5)。

表 11 - 5　第一响应人培训教具和物料清单

序号	类　型	材　料	数量(教具学员比)
1	应急救援培训物资	静力绳 (直径 10.5mm,长 13m)	5:1
2		静力绳 (直径 10.5mm,长 3m)	1:1
3		脊柱板担架 附带头部固定器	1
4		四折担架 带锁止装置	1
5		简易担架 钢管(1.5m 国标六分管)1.5m×2 根、 竹竿 1.5m×2 根、上衣 4 件、毛毯 或者床单 1 张	5:1
6		头盔	5:1
7		护目镜	5:1
8		全指手套	5:1
9	消防安全培训物资	4KG 干粉灭火器	2:1
10	应急救护培训物资	成人带反馈模拟人	4:1
11		成人呼吸面罩	4:1
12		跪垫	4:1
13		AED 训练机	4:1
14		婴儿模拟人	1
15		弹性绷带	2:1
16		三角巾	2:1
17		气道梗塞马甲	5:1

（续表）

序号	类　型	材　料	数量（教具学员比）
18	应急救护培训耗材	一次性呼吸面膜	1:1
19		单向阀	1:1
20		纱　布	1:1
21		手　套	1:1

（三）导师配比

第一响应人线下培训课程导师学员配比宜不低于 1:10,确保学员在课程中得到充分指导,保证培训质量。

二、学员考核

（一）参加考核条件

第一响应人学员需完成要求的理论培训后,方可参加理论考核;理论考核合格并完成要求的实操培训后,方可参加第一响应人实操考核。

（二）考核内容及要求

培训后考核是通过一定的考察和检测方法,收集相关数据,并将数据分析与整个培训需求与目标联系起来,以确定培训项目和课程的价值和质量的过程,既是检验培训的最终效果,同时也是规范培训导师和项目管理人员行为与能力的重要途径。

针对培训学员的理论知识考核可采用单选题方式进行,内容围绕培训课程设置的八个维度的理论与实践相关知识。有条件的可以建立题库,依托线上化系统随机出题考核。

实操考核宜实行"考培分离"模式,在遵循统一的培训考核标准基础上,由不同团队独立实施培训教学和实操考核。

（三）补考

第一响应人学员理论考核（线上自主考核）设定有次数限制;实操考核每人均有 1 次当场补考机会,1 年之内最多可补考 2 次,经 2 次补考不通过需重新参加培训。

三、培训后评估

培训后的评估主要是针对培训数量、培训质量、培训效益等方面的系统考察与评估。培训数量包括:举办培训班次、参加培训人次、达到培训基本要求的人数比例、获得相应合格证书的人数比例、受训者满意/投诉比例等。培训质量包括:受训者参加培训前后在知识、技能、能力、态度、业绩等方面是否得到提升等,可采用考试、测试、情景模拟、抽样调查等方式开展评估。培训效益包括:培训的成本投入与所产生的效益是否达到或超出预期等。第一响应人培训效果评估表示例见表11-6。

表11-6 第一响应人培训效果评估表(示例)

各位学员:
　　你好!作为本次第一响应人培训效果的第一手资料,拟定意见对于今后开展第一响应人的培训质量有很重要的意义,为了能够持续提供更多优质的培训,请对本次培训进行认真评估,谢谢支持!(请划"√"进行选择)

评估内容		非常满意	满意	一般	不太满意	很不满意
总体满意度	课程内容安排					
	教官授课水平					
	培训活动组织					
课程内容	第一响应人基本知识及技能授课编排					
	培训项目对学员的启发					
	团队精神的建立					
	教官对课程重点的把握度					
	课堂把控及气氛调动能力					
	实操练习中的示范能力					
培训组织	培训场地条件					
	器材装备保障					
	培训时间安排					

你对本次第一响应人培训活动还有哪些意见或建议,请详细说明。

　　　　　　　　　　姓名:　　　　　单位:　　　　　联系方式:

第十二章　突发事件跨区域应急联动机制建设

突发事件往往有跨地域性、灾害性和救援的时效性等特点,这就决定了其应对处置不是单一地区可以独立应对,而是需要地方政府之间、政府和社会力量之间采取联合行动、协同应对。面对跨区域的突发事件,地方之间已经形成一种共生关系,"合则两利,不合则两败"的态势愈加明显。跨区域应急联动机制的构建,有助于节约社会资源,降低灾害损失,激励互助互爱。从未来国家发展大局出发,构建更高水平的经济区、城市群,化解各种自然灾害、事故灾难、公共卫生、社会安全等问题,加快构建地方协同应急管理机制显得尤为必要。

第一节　跨区域应急联动的内涵阐释

一、邻近地市的突发事件风险关系

邻近地市由于地缘相接、人文相近,加之在经济发展中的社会分工不同,导致城市间的突发事件风险存在一定的关联性,危害后果扩散呈现块状分布和带状分布两种形态,块状分布主要是从点到面、由中心向四周扩散,比如地震、重大火灾爆炸事故;带状分布主要是如洪涝、水质污染等沿水流扩散的灾害和事故。

（一）自然灾害风险

一般而言,相邻区域由于地域相接,处于同一灾害带,自然灾害的类型存在相似之处。比如深圳与香港地区、广州、东莞、惠州等周边地市均面临台风、暴雨、洪涝、风暴潮等自然灾害风险。

（二）事故灾难风险

事故灾难与经济发展水平、产业结构形式具有很强的相关性，尤其受到第二产业（工业）的影响。目前，我国城市群安全生产情况大致呈现下列特点：

1. 产业集群发展导致连锁事故危险性大

随着经济的迅速发展，多数企业向着"集约化、园区化"的方向发展，尤其是石化行业，逐渐形成了规模庞大的工业园区，多以化工园区、产业集群等形式出现。这种特点使得化工企业的危险源集中，发生事故及次生、衍生事故的风险大大增加。

2. 产业转移造成安全生产不稳定

近年来，随着城市定位愈发清晰，各城市群的经济产业也有了明显的分工。一般来说，一线的中心城市致力于发展高新科技产业和现代服务业，而周边卫星城市则承担落后产业的转移任务。而产业转移过程涉及建筑、交通运输以及各种产业要素的对接和重新分配，带来了一系列不稳定因素。

3. 整体的生态环境脆弱

现阶段，各城市群由于人口密集、产业密集、交通密集，流域连体、空气连片、土地连根，生活污水排放和生活垃圾堆放给环境承载造成巨大压力；工业发展和机动车尾气排放等产生的废水、废渣、废气急剧增加，使生态环境不堪重负；重金属和塑料薄膜对农业用地的污染使耕地大面积减少。另外，区域性的水系遭到不同程度的破坏，可利用水资源日益短缺、湿地越来越少、赤潮咸潮多发等生态失衡的状况，水乡泽国却出现"水质性缺水"的现象时有发生。

二、开展跨区域应急联动的前提条件

跨区域突发事件，不仅具有公共性、紧迫性、破坏性和不确定性等突发事件的一般特征，也具有跨区域性特征。跨区域突发事件的应对和治理需要对各种社会资源进行调动与整合，必然涉及对政府、非政府组织、公民个人等多个社会主体的资源协调与配合。因此，快速推动各地方主体的协同合作，提升跨区域突发事件的治理效率，是当下急需开展的工作。

（一）跨区域应急联动的必要性和紧迫性

我国位于灾害事故多发区域，又拥有丰富的海域矿产、油气、植被生物及海洋资源，因此自然灾害和事故灾难风险极大。近年来国内的一些重大自然灾害、事故灾难都呈现明显的跨区域特征，使得跨区域应急联动成了必然。

（二）自然灾害类似，风险监测、预警可相互借鉴

一般情况下，城市群由于地理位置接近，自然灾害种类相似或者具有链发特征，因此自然灾害风险监测、预警信息发布可以相互借鉴，推进应急信息互通有利于形成区域自然灾害防、抗、救合力。

（三）城市群经济业态存在一定的互补性

城市群是区域空间上具有网络性特征的发展实体，是开放性的复杂系统，其包含了一定数量的不同性质、类型和等级规模的城市。我国目前比较成熟的有京津冀、长三角城市群、珠三角城市群以及成都重庆双城经济圈等。

近年来，国内各城市群进一步明确产业规划，凭借各自具备的区位和经济优势，形成经济互补发展态势，使综合实力得以加强的同时，也为构建区域应急联动机制提供了重要基础保障。

（四）具备区域联动应急的文化渊源

城市群之间天然的空间布局，以及日益密切的经济合作、文化交流等因素，在客观条件上形成了一个相互密切联系的共同体。长久以来，邻近的各城市共同开发资源、共享共利、分工协作、互补互动，形成了共同的地域文化，在经济发展和灾害事故应对中发挥着重要的作用，为跨区域应急联动提供了共同文化基础。

（五）具备跨区域联合救援的实践经验

目前，我国多地已经有组织实施跨区域联合救援的实践经验，积累了一定的成功案例。以经济相对发达的粤港澳大湾区为例，深圳、惠州、东莞等市均具备跨区域应急救援驰援能力，在实际工作中，深圳市及周边地市曾多次在上级政府的协调下开展联合应急救援行动。

（六）社会应急力量在跨区域联动中崭露头角

跨区域突发事件的联动应对，不仅要求地方政府间通力合作，更要吸纳社会力量积极加入，社会组织具备拥有专业特长、拥有快速反应能力、能够传达社会诉求等优势，企业具备专业技术、组织执行力强、资源整合效率高和品牌号召力强等优势，可以弥补政府行政手段的不足，同心协力共渡难关。

三、国内跨区域应急联动的探索实践

基于日益成熟的地方政府间的深化合作，国内有不少省（区）已经在跨区域应急联动方面开始了实质性行动，并取得了良好的集体绩效。

（一）京津冀跨区域应急联动

京津冀于 2014 年 8 月签署《京津冀应急管理工作合作协议》，建立了联席会议、合作交流和联合应急指挥机制，明确突发事件信息通报、监测预警协作配合、突发事件协同应对、应急平台互联互通、应急预案联合编制、应急力量联训联演、应急资源合作共享等工作内容，应急合作涉及反恐维稳、交通安全、食品安全、森林防火、大气污染治理、公共卫生等领域。

"十三五"时期，京津冀着力推动应急协作，签订了《京津冀应急救援协作框架协议》《京津冀救灾物资协同保障协议》《京津冀应急管理行政执法监察合作意向书》等合作文件。

在 2020 年新冠疫情发生以后，京津冀三地卫生健康部门联合建立了疫情防控"日沟通制度"，始终保持每天至少一次的沟通频次，如遇有协同防控等重要问题可随时商讨防控措施。同时，建立起信息共享、疫情协查管控、诊疗方案共享和危重病人会诊等工作机制，互相分享借鉴救治经验，完善本地医疗救治措施，提升救治能力。

（二）长三角跨区域应急联动

苏浙皖三省地理毗邻、山水相连，上海市北与江苏、西与浙江接壤。形象地说，三省一市呈现出一个"大雁模式"——上海是"雁头"，苏浙是"两翼"，安徽是"雁尾"，更可能共处于同一致灾因子的影响范围之内。例如，三省一市的地质板块、地震断裂带一体相连，一旦遭遇严重地震，灾害影响就会超越行政区域的界限;在长三角地区,防汛抗洪和应对水污染事件非常依赖于高水平的区域合作;江苏、上海、浙江濒临东海,防风防潮和海上搜救的任务是共通和共同的。

长三角地区是我国第一大经济体,经济总量大,发展速度快,人口、产业和技术的集中度高,城市群密集,灾害事故、传染病疫情等风险扩散效应更加突出。在诸如苏锡常这样的城市群中,由于城市之间的地理间距小,加上日益便捷的交通对时空产生明显的压缩效应,一地的突发事件风险可以瞬间传导,给其他城市所预留的预警、响应时间非常短。

近年来,长三角四省市签署了《上海江苏浙江安徽应急管理合作协议》,审议通过了《上海江苏浙江安徽突发事件(预警)信息通报制度》,建立了《长三角地区环境应急救援物资信息库》。具体的应急联动举措包括:第一,应急、卫生、交通、环保等部门签订协议,按照自愿、优势互补等原则,建立联席会议制度和轮值制度;第二,联合修订应急预案,协同开展演练,共同开展培训;第三,推动信息、资源共享,共同会商灾情,谋划资源的共用;第四,推动毗邻区域合作,建立次区域或小片区区域合作机制。这些措施取得了有目共睹的成效,给区域应急管理协同发展奠定了较好的基础。

长三角地区构建的应急联动机制重点在条与块两个维度同时展开。在条的维度上,三省一市的应急、交通、卫生、环保、治安等相关部门在行业内部自上而下地纵向推动应急联动;在块的维度上,原三省一市的应急办代表各自政府,从综合性应急管理的角度横向推动应急联动。相对而言,纵向推动更为顺畅,因为三省一市有关部门可以借助国家部委的主导力量;但是,在横向上,四地都属于同一行政层次,彼此之间的合作更具有自愿性、松散性,缺少强制力。

(三) 华南地区跨区域应急联动

华南地区由于存在香港、澳门特别行政区和深圳、珠海等特区,行政级别相对较多,故存在粤港澳大湾区和泛珠三角区域内的 9 省(区)两个范围的跨区域应急联动工作,具体如下:

1. 粤港澳大湾区跨区域应急联动

粤港澳应急联动最早是 2006 年广东省、香港特别行政区、澳门特别行政区签订《粤港澳三地突发公共卫生事件应急合作协定》,在 2008 年广东省分别和香港、澳门签订了《粤港应急管理合作协议》和《粤澳应急管理合作协议》。

2009 年以广州、澳门特区共同发起了粤澳地区应急联动机制。

2019 年 2 月 18 日,中共中央、国务院印发了《粤港澳大湾区规划纲要》,

将粤港澳大湾区建设上升为国家战略。

2020年，广东省应急管理厅在制定《粤港澳大湾区应急管理规划（2020—2025年）》时，充分征求香港保安局、澳门警察总局意见。规划明确了三地需要加强应急管理信息共享，提升应急处置联动能力，是未来五年内三地联合应对突发事件的专项规划。此外，广东省有关部门均在职能范围内编制涉港澳的专项规划。

2. 泛珠三角区域内9省（区）跨区域应急联动

2009年9月，泛珠三角区域内的9省（区）召开应急管理合作联席会议第一次会议，签署了《泛珠三角区域内地九省区应急管理合作协议》。2011年4月，来自广西、广东、湖南、江西、海南、福建、贵州、云南、四川等9省（区）50多个地市和自治州签订了《应急联动合作协议》。2011年11月15日，泛珠三角区域内9省（区）共同签署建立相邻省区危险化学品沿江跨界运输联动机制的协议，推动实现数据共享、运输信息互通、应急救援联动、专项整治协调配合，应急管理跨区域协同向纵深发展。2012年，9省（区）在合作协议的基础上，制定了《有关突发事件应急联动机制管理办法》。2013年8月，《泛珠三角区域内地9省（区）跨省（区）突发事件预警信息发布联动机制》发布。2013年和2014年，泛珠三角应急管理跨区域协同开始涉及应急管理培训、应急预案编制项目。

多年来，泛珠三角区域内9省（区）应急管理合作各方精诚协作，加强沟通协调，逐步健全每年联席会议、联合编制跨省（区）应急预案、毗邻市（州、地区）应急联动合作协议集中签约等合作机制；在跨省（区）信息沟通渠道、监测预警、联合预案编制、联训联演、学术交流等领域拓宽合作范围；制定了《泛珠三角区域内地9省（区）突发事件应急联动机制管理办法》，积极探索建立跨区域联合应急指挥机制；并成功应对了多起区域内突发事件。

第二节　跨区域应急联动机制建设存在的问题及成因

一、存在的主要问题

（一）法治基础

1. 合法性不足。目前各地市政府之间签订的合作协议、联动协议未获得法律授权，其法律地位未得到清晰界定，实际上是一种面向实际情况的探索行为,没有法律依据。

2. 强制性不足。当前已经建立的应急协调联动机制,基本是以合作论坛、联席会议为主要形式,主要是在双方意见对等协商基础上签订的协议,没有形成法律化、制度化的体系,约束力较差。

3. 规范性不足。行政协议是一种书面化但非制度化的合作文本,没有明确的决策和执行职能,容易导致客观上的组织间行动失序、应急迟缓、彼此冲突、重复作业和主观上的选择性协同等问题发生,尤其是当合作涉及各自实质性利益时,还可能导致合作所需的稳定性和持续性后继乏力,使应急联动流于形式。

(二) 组织机构

1. 主体成分不足。目前多数应急联动协议主要是强调政府之间的互动合作与功能发挥,社会组织、企业、公民等社会力量参与有限。在工作中,企业是突发事件乃至跨区域突发事件的重要源发场所,社会组织、企业组织在参与灾前预防和灾后应对方面起到很大的辅助作用,近年来也越来越得到政府和民众的广泛认同。但是在有关的跨区域应急联动协议中,均未作为联动主体出现,甚至条文中也没有提及。

2. 没有专门的应急指挥机构。常见的跨区域应急联动尚未形成和建立专门的应急指挥、协调部门。一旦发生跨区域的重大突发事件,主要靠组建临时性的应急管理指挥机构。这将导致各地区有关部门很难迅速统一。

3. 合作组织体系不完善。目前多地市的跨区域的应急联动主要是由各地应急管理部门主导,合作的组织形式一般为联席会议,通常以高层行政首长互访、建立合作机制、共建合作项目等方式来共同预防和应对跨区域突发事件。公共卫生和社会安全类的应对主责分别在卫生健康和公安部门,尚未被充分纳入。各地应急管理部门靠自身难以统筹协调更多的部门和资源,加之联席会议的稳定性较差、约束力不强和执行力有限,以至于未能起到应有的统筹协调效果,合作广度和深度都有待进一步拓展。

(三) 制度建设

跨区域的应急联动还没有形成规范性和权威性的运行制度,具体如下:

1. 责任分配未界定。目前多数地市间的联动协议没有对地方政府合作的责任分担进行清晰界定,也没有提及责任体系和长效机制建设,缺乏对主体间的责任界限、追究、补偿等方面的约定。此外,对于森林火灾、环境污染等不明确首发地在哪个地市、哪个地市受影响更大的复杂性突发事件,不仅所签协议缺乏条款规定,就连常态化的属地管理也存在划界不清现象,以至于产生各种争议。

2. 信息共享不完善。近年来,国内大部分地市关于突发事件的信息报告,均明确了信息上报的时间、内容和形式,但是针对跨区域突发事件的信息通报,尚缺乏制度性的规定。紧急情况下,因为对于友邻地市没有制度化的信息通报任务和要求,各地市倾向于将突发事件作为内部事务来处理,导致信息的横向传递效率低下、质量无保障甚至失效。另外,当突发事件同时影响两个以上地市的时候,各地市分头向上级政府和主管部门报告,所报信息往往有偏差。这就增加了上级政府部门甄别、判断事件性质、范围的难度,直接影响到决策的效率。如果部分地方信息披露不及时、不充分,或者存在漏报、谎报、瞒报行为,将对突发事件的共同应对工作产生不少阻力。

3. 沟通协调不畅通。在实际的突发事件应对中,各区域主体所掌握的信息往往是不对称的,加上信息共享机制不完善的原因,信息滞后不可避免,都给突发事件应对工作造成了阻力。

4. 资源整合机制缺乏。常见的应急联动协议均强调资源整合和共享,力求在信息、场所、储备、人员等方面实现合作。但是,各地市之间应急资源管理方面存在资源投入的差异化、供需不匹配、应急资源整合机制建设缺乏等问题,导致资源整合能力不足。

5. 利益整合机制缺乏。目前在跨区域联动合作协议中,普遍缺乏有关利益分配方面的明确表述。众所周知,跨区域突发事件的处置需要消耗大量的资源。实践中,重特大突发事件应急救援,多由上级政府部门采取跨区域调动队伍和物资等方式进行支援,目前利益分享与补偿机制缺乏,后续事宜基本是不了了之。这种情况极容易导致参与联动主体的动力不足、协作不畅等问题,严重影响合作方的积极性。

6. 督查考评、责任追究机制缺乏。多数跨区域应急联动尚未开展绩效考核评估工作,易弱化地方政府间的责任生态,降低相关方的合作利益,更可能破坏区域各政府应急联动的可持续性。

(四) 联动内容

1. 合作内容单一、笼统。

(1) 联动领域有待深化。多数地市之间跨区域的应急联动工作在食品安全、公共卫生、环境保护、社会治安、紧急医疗救援等领域基本没有涉及，还有待进一步拓展。比如应急管理工作相对完善的深圳，曾遭受过多次特大台风、洪涝灾害，然而并没有与周边地市开展防汛应急合作的相关信息。

（2）合作方式有待拓展。常见的跨区域应急联动合作方式主要是突发事件信息通报、课题研讨、工作交流等，而在风险隐患共同排查、安全应急联合执法、区域联合预案统一编制、应急救援队伍协同调度、应急物资集中管理调配、应急平台数据资源共享等方面缺乏深入的探讨和实践。

（3）合作深度有待进一步挖掘。多数联动协议主要强调应急救援过程中的联合行动，然而突发事件尤其是跨区域的重大突发事件需要全流程的管理，突发事件发生前，各地政府如何有效预防与互动；发生后，合作预案如何快速启动和运作，行动如何统一协调、资源如何调度分配；突发事件结束后又该如何开展恢复重建，都缺乏具体的统筹安排。尤其是诸如利益分配、责任划分、监督评估等深层次机制建设缺失，充分说明现阶段各跨区域联动工作的深度有待进一步挖掘。

2. 应急预案难以做到无缝衔接。在一些跨区域突发事件中，之所以产生次生衍生事件，除了突发事件本身的不可预知性，还与应急预案过于简单、笼统有关。具体存在如下问题：

（1）联合预案数量不足。目前京津冀、粤港澳大湾区和泛珠三角区编制有联动应急预案，但不足以覆盖全部突发事件类型，而其他城市圈尚未制定联合应急预案。

（2）各地预案状况参差不齐。现状是各地的应急预案自成一体，地方预案之间、各部门预案、政企预案之间的联系不强，还存在"政热企冷"的现象。个别地市的应急预案存在原则性表述较多，而实际指导性较差的现实问题。

（3）地市之间预案内容不一致。各地市的应急预案由当地部门分头编制，极少明确多个地市及各地市的同类部门间的指挥权划分问题以及如何协调与控制，比如没有统一的现场指挥部组建和运作机制的规定，这可能导致在应对跨区域突发事件过程中，多领域、多机构、多层级不能快速融合或者对接各自的指挥体制。根据有关规定，一个地区出台的应急预案主要是报上级人民政府备案、抄送同级应急管理部门，极少明确在邻近地区之间相互抄送的；加之各地市行政部门设置存在差异、工作人员流动等原因，地区之间不知道、不了解应急预案的现象较为普遍。

（4）演练频次、传达效果不够。目前各城市群的跨区域联合应急演练极少开展,未形成制度化安排,也造成了实战经验不足。

3. 协议操作性不强。目前的协议多是涉及框架性和展望性的规定,缺少操作性内容,可能导致各成员在面对突发事件时依然按照原有做法各行其是,在联合执法等工作过程中出现政策异化。

二、原因分析

(一) 法律法规方面

1. 上层法律缺位

(1) 关于跨地方政府间应急联动。我国现行的《宪法》《人民政府组织法》《消防法》《防洪法》《破坏性地震应急条例》等都没有对跨地方政府间的应急管理协调合作做出相关规定,水污染防治、大气污染防治、危险品运输防范、洪涝灾害防范、森林草原火灾防范等专业领域的法律法规对跨区域应急联动也缺乏明确。对于政府的公共权力来说,法无授权即禁止。因此,跨区域应急联动的法治基础非常薄弱。

(2) 关于社会力量参与跨区域应急联动。目前《突发事件应对法》《安全生产法》《生产安全事故应急条例》《志愿服务条例》等仅有原则性规定,操作性较强的配套措施尚未出台。

2. 实体性规定不足

目前我国法律法规呈现重原则、轻实体的规律。各法律法规主要明确相关主体的职责分工和原则性要求,相关协作主体之间的职权划分、运行规则、程序设定、保障经费、违约责任等则缺乏管理规范和制度,对于社会组织和企业参与跨区域突发事件应对的途径、行为约束、奖惩措施、补偿措施等也没有明确规定。一旦发生了如地震、洪涝这样跨领域、区域性、爆发性的突发事件时,就很难形成多元参与、统一指挥的联动局面。

3. 预案管理不完善

(1) 关于预案编制模式。目前,按照我国"一事一案"的预案编制模式,各地政府和部门往往习惯于与上级"衔接",因此形成了应急预案上行下效、内容一致的弊端。目前行政管理部门在常态突发事件情况下的运行准则是"法无授权不可为"和"不越界和不越权",这与非常态突发事件情况下"应急任务不缺位、无空档"的要求不一致,容易导致出现"应急预案边界切割清晰"但"预案个体之间的衔接力度不够、沟通不畅"等问题。

（2）关于各地市、部门的关注点。不少预案在编制流程中只关注自身职责范围内的工作，也只规定好自身的责任，很少研究和推演其他主体扮演的角色。因此，当突发事件来临时，往往忙于应对自身责任范围内的工作，疏于相互联动。

（二）组织体制方面

1. 现有组织体制不完善

我国属于典型的条块分割、垂直运行的行政体制，历来重视纵向府际关系，对横向府际关系重视程度不够，各地在长期的"条块分割，属地为主""条块结合，以块为主"指导思想下形成的应急管理体制为跨区域联动行动带来了许多障碍，横向的自主性协调要薄弱得多。在面对跨区域突发事件的复杂局面时，必须由共同的上级政府介入，否则极难迅速整合形成统一力量。

2. 应急管理碎片化

（1）应急基础设施以及资源的"碎片化"。当前公共安全应急管理体系的基础设施建设，大部分能够形成一个网络化的运转体系，但部分领域依然还存在着条块分割问题、部门化及地方化问题。

（2）部门应急职责设置及其权责的"碎片化"。跨区域突发事件应对涉及不同的地区和不同的部门，常会出现"多龙治水"现象。如果所属地域及部门职责划分不清的话，极容易导致应急联动领域、地域空白或者交叉。

（3）应急政策、标准的制定与执行的"碎片化"。目前，"立法部门化"是比较常见的做法，个别部门在制定政策的过程中较少与其他部门协调和沟通，也想不到与周边地市的有关部门协调和沟通。因此，安全、应急管理的政策法规、地方标准之间仍存在着相互矛盾、相互冲突之处，政策法规之间的衔接性较差。

（4）技术支持的碎片化。目前，在跨区域突发事件应对中，技术支持主要体现在监测预警、决策辅助、指挥调度等系统。这些技术资源分布于各个区域内的有关部门、单位、组织中，大部分首先要完成部门业务的信息化任务。不同地区、不同部门的信息化建设情况参差不齐，部分技术在某一个领域内是带有"专利"性质或专属性质，与政府的应急信息系统不能做到数据共享，不同地区、部门之间无法兼容、匹配和整合，存在"技术孤岛"现象。

3. 权力下放仍有较大空间

近年来，政府通过职能转移、财政补贴、购买服务等方式，促进了社会组织在应急事务中的参与力度,但是在社会治理向社会组织的开放上、职能转移方面仍有提升空间,以便于加强社会组织和企业在应急联动中的参与程度。

(三) 运行机制方面

1. 成本较大但收益不明确

联动合作前需要进行充分的协商、谈判和博弈,因此存在较大的人力、物力、时间成本。另外在地方政府间的应急合作是建立在资源交换之上,而应急联动所涉及的资源交换一方面是建立在协商机制的基础上,另一方面也要看突发事件的发生情况,其回报也具有延时性和收益的不确定性。

2. 应急目标调和难度大

由于风险情况和经济条件的差别,各地市的应急管理目标和财力、人力、智力资源以及物资储备、救援设备、信息处理能力等方面存在差异。部分地市经济发达,对安全应急更加重视,投入较大,设备设施也很完善;而部分经济相对落后的地市更多地把注意力放在经济上,这会导致条件较好的地市参与联动的意愿不强。

3. 评估和考核难度大

由于地方政府间在应急联动的绩效牵涉许多利害关系,地方政府对跨区域应急联动机制的执行成效不愿进行评估。另外有些合作指标相当复杂,例如合作治理水污染,界定水质的指标虽然相对容易,但由于要真正做到改善污染问题需要通过一定的时间才能检测出最终效果,在这个过程中,"急功近利""追求眼前利益而忽视长远利益的思想"就会侵蚀治理的过程,有些地方政府就会产生中途而废或者"搭便车"的倾向。

第三节　跨区域应急联动机制的建设路径

跨区域应急联动建设不同于简单的确立合作伙伴关系,而是一个多地区、多部门、多领域、多层次、多力量的联合系统,需要科学设计、系统构建、技术支持以及落实保障。联动各方应该站在更高的起点上,针对城市的固有风险,立足实际情况,借鉴相关先进经验,通过增加合作与沟通,共同建设具有地域特色的跨区域应急联动机制。

一、跨区域应急联动机制模型架构

现阶段,跨区域应急联动机制的构建应以应急管理系统化、流程化、规范化为指导思想,坚持持续改进的理念,在地理布局的基础条件上,以跨区域突发事件风险为出发点,以建立组织架构、健全法律及制度平台、加强技术支撑、完善预案体系、优化资源保障为工作措施,以绩效评估为促进手段,具体图示如下。

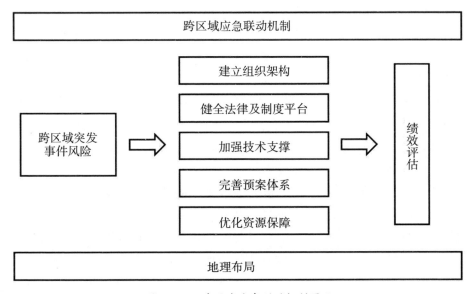

图 12-1 跨区域应急联动机制图示

二、跨区域应急联动机制各要素内容

(一)地理布局

应急联动地理布局主要应考虑地理位置邻近、经济发展情况、自然灾害和事故灾难风险情况等因素,要充分考虑区域资源的互补性,避免重复建设和无效组合。

(二)组织架构

在联合区域内不同地方政府、社会组织和企业组织的基础上,通过权威性

赋予,建立跨区域突发事件联动应对的组织框架。具体如下:

1. 上级部门建立专门的协调机构

由上级政府有关部门视情况设置跨区域应急联动协调机构,专门负责跨区域协调联动事宜。上级机构平时不过多参与各地市之间的具体协调联动事宜,以保持跨区域协调联动事宜的自主性。各地市在跨区域联动工作中出现争议等情况时,可以由上级机构介入指导。

2. 组建跨区域应急联动共同体

该共同体由区域内平行地方政府以及社会、市场等相关非政府主体共同组建,从性质上看,该组织依然由政府主导,但是不属于"一级政府",不占用任何行政层级,也不配备行政编制,仅仅内设于区域内某个地方政府之中,相应地该地方政府就是本次跨区域突发事件的主要应对主体,承担主要应对责任。具体可依据跨区域突发事件首发何处、何处受害程度最大、何处首先启动应急响应程序等,确定主要应对主体。主要应对主体明确后,共同体内其他地方政府、社会组织和市场组织等即为次要应对主体,承担次要应对责任,运用自身资源和优势密切配合主要应对主体高效化解跨区域突发事件。

3. 共同体具备常设性和权威性

跨区域应急联动共同体并非临时性组织,始终常设于区域内主责政府,不因某一跨区域突发事件消失而撤销。共同体由利益各方合意组成,要使主体间相向而行,必须保证共同体权威。因此,设定共同体具有统一指挥权,且该指挥权的主导力量为承担主要应对责任的地方政府,这是因为主责政府是共同体所在地,又身居应急处置最前线,必须形成权威性和约束力中心。这种统一指挥权的方式具有应急性和临时性,仅限于跨区域突发事件发生后,从确定主要应对责任主体环节到跨区域突发事件得以遏制和消亡环节,平时不具备统一指挥权,如若再次发生跨区域突发事件则根据实际情况应有所变。

4. 共同体主体间地位平等

跨区域应急联动共同体的人员构成,由区域内各地方政府和相关社会组织、市场组织根据一定的比例选派组建,承担主要应对责任的地方政府人员必须占据多数。应注重将应急管理、卫生健康、公安等部门和医疗机构及科研所等不同的主体纳入联动,同时政府应积极畅通应急服务途径,通过与民间团体签订应急合作协议、购买服务等方式,并建立相应的管理制度,将新闻媒体、志愿服务、民间社会团体、企业等也纳入组织机构。共同体中的任何成员都是平等主体,都有平等协商、对话、意见表达的权力,在统一指挥权调配下也都拥有各自职权范围内的指挥权,只是形成以主责地方政府为中心的格局,最终共同体做出的决策都是全体组成人员共同意愿的结果。

（三）法律及制度

针对跨区域突发事件联动应对问题进行合作立法,以地方性法规和政府规章等形式为跨区域应急管理提供支撑。具体如下:

1. 完善有关法规体系

围绕各地市应急管理的核心议题,积极开展有关的立法调研,填补跨区域应急管理法制空白。

2. 应急合作协议准法律化

跨区域应急合作协议由签订主体向共同的上级人民代表大会常务委员会进行备案。以备案形式接受共同上级监督,可以摆脱法律稳定性的困扰;同时,共同上级人民代表大会常务委员会作为监督和制约机构,督查应急合作协议的执行情况,可以有效避免应急合作协议流于形式。

3. 应急预案联动强制化

不断补充应急预案涉及联动事项的法律规范,将各地市、部门应担负的责任明确到位。探索出台应对区域性、流域性突发事件联合应急预案的实施性规范,可以通过颁布政府规章及行政规范性文件,规范应急预案的编制、实施和联动问题。

（四）技术支撑

1. 应急信息平台

尽快实现应急区域联动信息互联互通。一旦跨区域突发事件发生后,数据资源中心和灾害信息反馈平台实现信息互通和共享,为指挥机构开展应急管理活动提供跨区域突发事件的第一手信息。

2. 应急救援技术

目前大部分城市在应急救援技术与管理方面均已或多或少制定实施有地方性标准,内容包括应急救援文件的制定、应急设备、应急人员培训、应急救援的可行性程序以及应急救援产品的质量等。参与联动的各有关地市可联合制定地方或行业标准、试行地方标准互认等,以加强应急救援工作的统一性和协调性。

3. 应急管理数据

构建覆盖全部成员地市的应急管理数字化平台,整合现有资源,建立联动响应机制,提升信息共享效率。横向连通地震、消防、水利、森林、卫健等相关应急救援信息渠道,纵向打通市、县(区)各级应急管理机构的信息传递链路,实现信息共享共用,提升指挥决策能力。根据突发事件类型、规模及时自动生成跨区域人员装备调配方案及应急处置方案,实现备勤处置人员、储备物资及各类资源的跨区域及时派发和调配,加快应急反应速度,提升应急救援实战能力。

(五) 预案体系

1. 编制跨区域联合应急预案

积极推进跨区域应急预案编制工作,明确各主体防范应对的组织指挥体系、工作责任、信息互联互通、应急处置流程、应急保障、响应结束等内容,促进有关地市携手联合应对跨区域突发事件,共同维护社会安全稳定,推动应急管理一体化发展。

2. 预案联动

在跨区域突发事件发生时往往需要同时启动多项预案,要求有关预案在邻近区域间能够被协同配置和调度,以形成统筹规划、合理布局、资源整合的跨区域应急预案联动体系。这就要求各地方政府在应急预案编制过程中做到目标统一、衔接一致。

(六) 资源保障

加大对应急资金投入力度,完善财政预备费用的拨付及使用、跨区域应急物资统一结算等制度,建立重大突发事件应急处置专项资金制度及中长期重大突发事件应急准备金,做好专业应急人才队伍建设、跨区域应急物资配备及综合协调、应急资源信息管理、应急基础设施建设等工作,以提升跨区域应急联动的综合保障水平。

(七) 绩效评估和责任追究

引入绩效评估来完善跨区域应急联动体系。具体工作:一是明确各主体的责任分工,做好对合作各方的任务分配及权责划分,避免出现权责不清、权责交叉等情形;二是做好责任落实工作,每个地方政府所分配的责任应该细化可操作,并以时效性为指标纳入对地方政府的绩效考核;三是结合区域应急工作实际,科学制定问责制度,确保绩效评估工作科学、客观、公正。

三、跨区域应急联动优化路径

(一) 权责界定

权责界定机制要明确政府之间、政府和企业、政府和社会组织之间在应急联动各个阶段的权责范围,发挥各主体的优势,形成整体合力。一方面,权责界定要有强制性,将界定原则和方法通过联合立法的高度进行规定,具备强制执行性和执行参照性;另一方面,关于各主体的参与能力以及参与意愿问题,只有在政府、社会组织和企业的多元主体都存在积极的联动意愿和能力时,权责界定才能合理展开。

1. 总体的责任分担机制

应急联动强调责任共担,重大突发事件跨区域协同处置需要各社会主体承担各自的责任。政府及其部门、企业组织、社会组织和志愿性团体、民众均应有明确的安全应急责任,并认真履行。

2. 横向政府间的权责界定

跨区域突发事件的联动应对虽是各主体的合作,但仍需要一个核心主体对全局进行统筹,并担负主要应对责任。这样的主责主体一般按照首发地方政府、受损情况最严重的地方政府、首先启动应急响应的地方政府的顺序来确定。另外,如果突发事件的级别较高,则由共同的上级政府直接担任应对中心。确认应对中心后,其他主体则积极配合应对中心的相关工作。主责的地方政府享有指挥权,发挥统筹和协调各方的作用。其他地方政府在突发事件联动应对过程中服从指挥,同时享有本辖区的应急指挥权,在做好本辖区应急工作的同时,随时听从安排、准备援助受灾严重的其他地市。

3. 政府与企业间的权责界定

政府与企业间的权责界定主要围绕两者优势互补层面展开。在共同参与联动的过程中,政府应该允许企业参与治理决策环节,为决策提供专业知识和技术支撑。在政府行动较为低效的情境中,如应急工程建设、应急物资配备等环节,可授权企业参与并在应急联动行动中享有自由裁量权,政府则发挥监督作用。

4. 政府和社会组织间的权责界定

政府与社会组织之间的关系既是跨区域突发事件应对伙伴关系，又是监督制约关系。界定政府与社会组织间的权责关系，一方面要将社会组织纳入跨区域突发事件应对体系当中，赋予其主体地位，以增强社会组织参与的社会认同；另一方面，政府对社会组织的治理行为进行必要的引导和规范，而社会组织则有对政府的治理行为进行监督的责任。

(二) 联动协调

跨区域突发事件应对需要整合多方资源，而政府和社会之间可能存在不同的利益目标，因此需要协调好利益关系，找到主体间利益的平衡点。现实条件下，政府在突发事件应对中占据主导作用，既要统筹全局，也要足够透明公开，必要时与社会信息共享、资源共享，建立互助互信的友好关系。

1. 政府间的联动协调

(1) 纵向政府联动。包括两个方面：一是各地市调派辖区内直属力量参与应急处置；二是当同级政府间无法协调时，由共同的上级政府及有关部门介入，进行协调调度。一般是下级政府接受上级政府统一指挥，并及时向上反映应对情况。

(2) 横向政府间的协调。横向政府间的协调是指不相互隶属的政府之间的协调合作。在跨区域突发事件联动应对中，横向政府间跨越行政区划的地理限制，将在平等的基础上信任合作，定期开展联席会议、协调会等，通过谈判、协调协商的方式，搭建横向政府间联动协调机制，实现跨区域联动。

2. 政府与企业间的联动协调

完善贯穿应急全过程的政企联动协调。在预防预警阶段，将企业纳入联席会议当中，参与有关工作；在应急响应阶段，政府与企业之间可以借助应急联动平台展开联动协调，一旦一方接收到突发事件信息或者发现突发事件发生，则在启动应急预案的同时，向另一方告知信息，促使双方共同参与应急响应；在资源配备方面，建立应急物资储备库，健全物资协调调配制度等，便于企业协助政府进行物资供应与调配工作；在应急救援方面，强化企业与政府之间的应急救援体系，企业服从政府指挥调度，完善提供应急救援人员及专家、技术人员等程序。

3. 政府与社会组织间的联动协调

在政社会突发事件应对的明晰权责关系基础上，建立起政社间常态化的对话协商机制,多渠道进行沟通交流;积极寻找政社间利益节点,协调利益关系;通过对主体贡献情况和治理能力等方面的评估考量,构建利益补偿机制;畅通利益表达和反馈机制,增加政社间的联动协调,提高应对跨区域突发事件的效能。

4. 主体间利益分配

首先,应建立合理的成本分摊机制,各方支付的合作成本不能均摊,而应根据各方在突发事件应对中的受益情况进行差额摊派。其次,应建立正向激励机制,使正向激励给地方政府带来的收益大于其行为偏差所省下的成本,扭转地方政府因利益问题而产生的不合作行为。第三,完善上级纵向补偿和地方横向补偿相结合的应急援助补偿机制,以"谁受益、谁补偿"为原则,应急协作援助任务完成后,援助方可向受援方提出利益补偿要求,切实保护各方参与应急救援的积极性。

(三) 监督问责

贯彻落实监督问责机制的目的,就是促使跨区域突发事件应对的主体能够强化责任意识,相互配合,通力合作实现跨区域突发事件的联动应对。时刻警醒应对主体牢记公共利益,如何发挥各方主体能动性将损失降到最低才是最重要、最紧急的事情,而任何偏离整体目标的行为都将受到问责。

1. 政府层面的监督问责

建立以跨区域突发事件发生地为主、涉及地区为辅的跨区域政府领导责任制和责任追究制,明确责任追究的范围及程序。对不按规定做好预防和应急准备工作,导致发生跨区域突发事件的;不按规定报送和公布有关信息或者瞒报、谎报、缓报,造成严重后果的;未能及时采取应急处置措施,临阵脱逃领导岗位的;还有在处置中推脱责任或以邻为壑的;跨区域突发事件中存在排斥合作、信息未公开、物资封锁等不利于联动行为的,都要纳入问责范围。

2. 社会层面的监督问责

社会组织和企业在发挥对政府监督作用的同时,自身行为也要受到监督与问责。要强化公众监督和媒体监督力度,畅通公众与媒体监督多元渠道,并赋予媒体监督的合法合理性。在社会问责层面,对在治理过程中存在损人利己、滥用权力行为的社会主体进行问责,将社会主体失职渎职的行为同样纳入问责范围,以制度威严抑制失职行为。

参考文献

［1］胡建华：《国家治理现代化视域下跨区域公共危机协同治理研究》，中南大学出版社，2020 年。

［2］吕志奎：《跨区域应急治理协作共同体的制度构建》，载《高校理论战线》2020 年第 6 期。

［3］张海波：《应急管理中的跨区域协同》，载《南京大学学报》2021 年第 1 期。

［4］周立军、刘彦超、辛文卿：《重大突发事件跨区域协同处置机制研究》，载《中国人民警察大学学报》2022 年第 4 期。

［5］胡建华、华丽珊：《跨区域公共危机协同治理的逻辑：基于理论，实践和制度的解释》，载《江西理工大学学报》2019 年第 6 期。

［6］刘冰、彭宗超：《跨界危机与预案协同——京津冀地区雾霾天气应急预案的比较分析》，载《同济大学学报（社会科学版）》2015 年第 4 期。

［7］胡红梅、王宇、李雪峰：《以"十四五"国家应急体系规划为引领　加快构建京津冀应急协同体系》，载《中国应急管理》2022 年第 7 期。

第十三章　自然灾害信息报送机制及其完善[*]

第一节　自然灾害信息报送概论

一、党和政府高度重视灾情信息报送工作

我国是世界上自然灾害最为严重的国家之一,灾害种类多,分布地域广,发生频率高,造成损失严重,这是一个基本国情。党的十八大以来,以习近平同志为核心的党中央坚持人民至上、生命至上,坚持总体国家安全观,将防灾减灾救灾摆在更加突出的位置。灾情报送管理作为一项基础性工作,对于精准防灾减灾、科学救灾至关重要。习近平等多位党和国家领导人多次就防灾减灾救灾工作作出重要指示,对及时掌握报告灾情提出了明确要求。《中华人民共和国突发事件应对法》第三十九条也明确规定,"地方各级人民政府应当按照国家有关规定向上级人民政府报送突发事件信息。"

2020年2月,应急管理部印发新版《自然灾害灾情统计调查制度》和《特别重大自然灾害损失统计调查制度》。2021年1月,上线运行新版"国家自然灾害灾情信息管理系统"。2021年1月下旬,应急管理部出台了《应急管理部办公厅关于推进灾害风险隐患信息报送工作的通知》,明确了灾害风险隐患类型、报送主体、报送流程、系统建设、激励保障等内容,推动在全国应急管理系统特别是县级应急管理部门和乡镇(街道)层面,建立起以灾害信息员队伍为

---

*　本章为国家社科规划基金项目:"拓宽并规范民众诉求表达、利益协调与纠纷化解的网络渠道研究"(编号:20BZZ019)阶段性成果。

基础、以信息报送系统为技术支撑、以奖励和培训等激励措施为保障的灾害风险隐患信息报送和管理体系。

2022 年 1 月,应急管理部办公厅下发《关于进一步规范灾情管理杜绝信息迟报瞒报问题的通知》,国家层面对灾情报送管理的重视程度进一步提高,工作要求也更加细化。

2022 年 2 月,全国灾情管理专题视频会议在北京召开,会议强调要严格落实灾情统计报送责任,严格执行相关法律法规和制度规定,把报灾责任落实落细落到人;进一步明确信息报送渠道和时限要求,严格按照《自然灾害情况统计调查制度》报送灾情;建立信息比对和共享机制,确保灾情信息全面准确;建立信息迟报瞒报警示通报机制。这些都为自然灾害信息报送和管理提出了明确要求,为应急管理的科学化提供了清晰的思路和实用的工具。

2022 年 6 月,应急管理部组织开展全国灾害风险隐患信息报送工作培训。培训由风险监测和综合减灾司主办,中国灾害防御协会协办,分两期进行。第一期为师资视频培训会,针对灾害风险隐患特征识别和系统使用管理进行培训,湖北、陕西、新疆等省份应急管理厅介绍了试点示范经验。各省、市级和多灾易灾县应急管理部门,以及部分乡镇(街道)管理人员共约 1 万人参加了师资培训;第二期为业务培训,聚焦"早发现""早报告"和"早处置",设置 8 门课程,安排相关领域专家学者和系统开发技术人员,重点针对暴雨洪涝、台风、地震、地质灾害、森林草原火灾、风雹、低温雨雪冰冻等灾害,剖析灾害风险隐患特征,讲授报送系统操作使用等;截至 2022 年 6 月 30 日,全国村级风险隐患信息报送员,乡、县级管理人员共约 42 万人参加了业务培训。全国累计有 300 万人次观看了业务培训视频。培训开展两周后,全国成功上报风险隐患信息 7222 条,超过此前上报信息的总量。

二、郑州"7·20"特大暴雨突显信息报送中的严重问题

2021 年 7 月,河南郑州特大暴雨事件显示出,与党中央的要求和相关制度规定的要求相比,地方的灾害信息报送工作还存在着严重的疏漏和巨大的改善空间。国务院灾害调查组 2022 年 1 月发布的《河南郑州"7·20"特大暴雨灾害调查报告》对存在的问题进行了全面总结。其中,尤其强调了信息问题,"市委市政府主要负责人因灾导致通信不畅、信息不灵,不了解全市整体受灾情况,对地铁 5 号线、京广快速路隧道、山丘区山洪灾害等重大险情均未及

时掌握,失去了领导应对这场全域性灾害的主动权。"而与信息报送密切相关的"迟报瞒报因灾死亡失踪人数"被列为灾害应对处置中的六大问题之一;"对下级党委政府和有关部门迟报瞒报问题失察失责"成为追究责任的重要内容。由此可见,督促下级政府及时准确报送信息既是一级政府的职责,也是确保灾害应急管理科学有效的前提,失去信息掌握的制高点,就失去了应急管理工作的主动权。事后,河南省纪检监察依规依纪依法对郑州市、县、镇等 89 名公职人员严肃问责,其中涉及灾情报送管理被问责尤为突出,教训极为深刻。

郑州的案例给我们以深刻的启发,使我们不得不追问,如果北京、上海、广州、深圳等特大城市发生和郑州大水类似的重大灾害场景,我们的公共管理队伍和灾情报送机制是否能够禁得住如此严峻的考验? 笔者及团队成员通过对多地灾情报送工作人员的走访调查,大家普遍认为非常缺乏极端状态下的工作经验和技能训练,一旦发生极端的灾害情境,以目前的知识和技能水平,很难经受得住严峻的考验。

三、学术界对自然灾害信息报送的研究较为薄弱

学术界鲜有对自然灾害信息报送的直接研究,2022 年 10 月 14 日,在中国知网上以"自然灾害信息报送"为主题词进行查询,共得到相关文献 6 篇,其中有 2 篇是针对自然灾害状态下"供电"的研究,1 篇为连云港市人民政府关于加强自然灾害类突发事件信息报送和处置工作的通知,1 篇为自然灾害应急救援信息统计,1 篇为"对提高自然灾害期间安全信息工作质量的探析",这些研究都比较间接,缺乏对自然灾害信息报送中存在问题及优化建议的系统探索。

除上述外,有一篇文献与自然灾害信息报送的关系较为直接,即应急管理部风险监测和综合减灾司王成磊同志撰写的《始终坚持人民至上、生命至上全力推进自然灾害风险隐患信息报送工作》,该文发表于《中国减灾》2021 年 8 月上。该文介绍了党和国家"多举措推进灾害风险隐患信息报送工作",及各地的一些典型做法,介绍了自然灾害信息报送的一些总体情况,据其介绍,"全国所有省份均已绑定管理员账户,湖北、陕西、重庆、北京、黑龙江、安徽、四川、浙江、河南、福建、上海、江苏、山东、河北 14 个省(区、市)报送了 2067 条灾害风险隐患信息。"此外,该文还重点剖析了信息报送工作存在的困难与问题,包括:"主观认识上,作为全新业务,全面推广应用需要一个过程""工作能力上,

基层风险隐患信息报送能力存在短板""工作机制上,灾害风险隐患的报送和处置衔接尚未完全理顺""业务保障上,经费安排和激励措施还需进一步强化"等。该文对于我们了解全国的整体情况具有重要意义。

四、自然灾害灾情信息报送的关联性制度及要求

自然灾害信息报送的相关规范性要求包括国家层面和地方层面,本章对国家层面的制度进行较为宏观的介绍,对地方层面的规范以深圳为例进行介绍。

（一）国家层面的相关制度和规范要求

1. 国家关于自然灾害情况统计的两项制度。国家对于自然灾害情况统计制定了专门的两项制度,即《自然灾害情况统计调查制度》和《特别重大自然灾害损失统计调查制度》,这两个文件是自然灾害灾情信息报送最核心的依据,也是国家级的直接、全面的要求。

2. 自然灾害灾情信息报送系统。这是将信息逐级报送和管理的最主要的渠道,在系统里有各种信息报送的指标和要求,这是在实践中进行灾害灾情信息报送的主渠道。

3. 国家制定的其他相关法律法规。主要包括:《中华人民共和国统计法》《中华人民共和国突发事件应对法》《自然灾害救助条例》《气象灾害防御条例》等。

4. 灾害信息员手册。包括《灾害信息员基础知识（县级及以上）》《灾害信息员基础知识（县级以下）》《灾害信息员工作手册（县级以下）》《灾害信息员工作手册（县级及以上）》。

（二）地方层面的制度和规范要求:以深圳市为例

为深入探究自然灾害信息报送的相关制度,笔者对深圳市的相关制度进行了细化搜寻。从当前深圳市各类与自然灾害相关的制度来看,存在着诸多与自然灾害信息报送关联的制度,这些制度构成了国家关于自然灾害信息报送工作在深圳落地的制度环境,由于各级应急管理部门的工作人员需要同时满足相关预案规定的要求和关于自然灾害信息报送工作的要求,所以,对相关制度进行精细的分析是必要的。

表 13 - 1　深圳市各类与自然灾害信息报送相关的制度

序号	制　　　度	颁布或更新时间
1	《深圳市自然灾害救助应急预案》	2021 年
2	《深圳市气象灾害应急预案》	2021 年
3	《深圳市气象灾害预警信号发布规定》	2021 年
4	《深圳市地震应急预案》	2019 年
5	《2019 年深圳市防台风预案》	2019 年
6	《2019 年深圳市防汛预案》	2019 年
7	《深圳市突发事件预警信息发布管理暂行办法》	2012 年

这些制度中,多数都有一些关于自然灾害信息报送的要求,如表 13 - 2 所示。

表 13 - 2　相关预案中对信息报送与传递的部分要求

《深圳市自然灾害救助应急预案》对信息报送的要求
规划和自然资源、交通运输、水务、通信等有关部门按照职责收集和提供灾害发生、发展、损失以及防御等信息,及时向本级政府和应急管理局报告。市、区应急管理局按照《自然灾害情况统计调查制度》规定,做好灾情信息收集、汇总、分析、上报及部门间共享工作。 　　发生自然灾害,区应急管理局要在灾害发生后 2 小时内将本行政区域灾情和救灾工作情况向区委区政府和市应急管理局报告,其中,灾情情况包括灾害种类、发生时间、受灾范围、受灾人口、因灾死亡失踪人口、紧急转移安置人口、需紧急生活救助人口、灾害造成的财产损失等反映灾害基本情况的主要指标,救灾工作情况应反映灾区人民政府及应急管理等相关部门、社会组织已采取的救援救灾措施,包括投入的应急力量、资金、物资和装备等,以及灾区需求、面临困难、下一步工作安排等内容。市应急管理局在接报灾情信息 2 小时内审核、汇总,并向市委值班室、市政府值班室和省应急管理厅报告。 　　对造成区级行政区域内 3 人及以上死亡(含失踪)或社会关注度较高、群众反映强烈、房屋大量倒塌、农田大面积受灾等严重损失的自然灾害,区应急管理局要在灾害发生后 2 小时内上报区委区政府,并通过灾情直报系统逐级上报。市应急管理局接报后立即报告市委值班室、市政府值班室和省应急管理厅。市人民政府按照有关规定及时报告省人民政府。 　　灾情稳定前,全市各级应急管理部门执行灾情 24 小时零报告制度。灾情稳定后,市应急管理局在接到区级报表后,要在 3 个工作日内审核、汇总灾情数据并向省应急管理厅报告。 　　发生干旱灾害,市、区应急管理局在旱情初显、群众生产和生活受到一定影响时初报灾情;在旱情发展过程中,至少每 10 日续报一次灾情,灾情解除后及时核报。 　　市、区两级政府要建立健全灾情会商制度,本级应急管理部门组织发展与改革、自然资源、交通运输、水务、市场监管、气象等相关部门和单位参加灾情会商会,及时评估、核定灾情数据及相关情况。 　　市减灾委成员单位要加强对本行业本系统遭受自然灾害情况的统计上报工作,及时将数据共享至市减灾办(市应急管理局)。 　　市减灾办根据救灾工作需要,可要求市减灾委成员单位、各区随时报告灾情和救灾工作情况。

（续表）

《2019年深圳市防台风预案》对信息报送的要求
风情、雨情、水情、工情、险情、灾情等信息实行归口处理，分级上报。信息报送应快速、准确，重要信息立即上报，若一时难以准确把握，先报告基本情况，后抓紧补报详情。 　　市三防各成员单位应定时向市三防指挥部报告组织防御和抢险救灾及三防指挥部指令通知落实的汇总情况。关注级应急响应启动后每6小时报送一次，Ⅳ级、Ⅲ级应急响应启动后每3小时报送一次，Ⅱ级、Ⅰ级应急响应启动后每小时报送一次。 　　重大风情、雨情、水情、工情、险情、灾情由市三防指挥部即时报告市委市政府。
《2019年深圳市防汛预案》对信息报送的要求
风情、雨情、水情、工情、险情、灾情等信息实行归口处理，分级上报。信息的报送应快速、准确，重要信息立即上报，若一时难以准确把握，先报告基本情况，后抓紧补报详情。 　　市三防各成员单位应定时向市三防指挥部报告险情灾情、处置情况及三防指挥部指令通知落实的总体情况。关注级应急响应启动后每6小时报送一次，Ⅳ级、Ⅲ级应急响应启动后每3小时报送一次，Ⅱ级、Ⅰ级应急响应启动后每小时报送一次。 　　重大风情、雨情、水情、工情、险情、灾情由市三防指挥部即时上报市委市政府。
《深圳市地震应急预案》对信息报送的要求
启动应急响应后，各区（新区、深汕合作区）要及时将灾情报告市抗震救灾指挥部。 　　教育、公安、司法、人力资源社会保障、住房和建设、交通运输、水务、卫生健康、工业和信息化、文化广电旅游体育、市场监管、通信、电力等负有安全监管职能的有关单位要将相关灾情及时报告市抗震救灾指挥部。 　　市民政局会同市应急管理局（地震局）等有关部门迅速开展灾情收集、分析研判工作，并及时报告市抗震救灾指挥部。 　　公安、民政等相关部门负责收集人员伤亡、失踪或被困等情况，向市抗震救灾指挥部报告。 　　地震灾情速报内容主要包括：地震影响范围、人员伤亡、建（构）筑物损毁、经济损失及社会影响等。
《深圳市气象灾害应急预案》对信息报送的要求
气象灾害及其次生、衍生灾害发生后，市有关部门、各区、各街道和社区要按照国家突发事件信息报送的有关规定逐级上报相关信息，并及时续报灾害处置等有关情况。报告的内容主要包括时间、地点、信息来源、灾害性质、影响范围、灾害发展趋势和已经采取的措施等，报告要简明扼要、迅速准确。 　　发生较大以上气象灾害及其次生、衍生灾害，有关区政府、市有关部门（单位）必须在灾害发生后30分钟内通过电话向市委、市政府报告灾害简要情况，并通报灾害可能涉及的区政府及市应急管理局、市气象灾害指挥部办公室等市有关部门（单位）；在灾害发生后45分钟内将灾害信息书面报告市委、市政府，通报灾害可能涉及的区政府、市有关部门（单位）。 　　对发生的时间、地点和影响比较敏感的气象灾害及其次生、衍生灾害，可特事特办，不受报送分级限制。

（续表）

《深圳市突发事件预警信息发布管理暂行办法》
深圳市三级预警信息具体发布工作实行政府授权制。 　　台风、暴雨、高温、雷电、大雾、大风、寒冷等预警信息由市气象部门按照《深圳市气象灾害预警信号发布规定》(深圳市人民政府令第151号)规定,及时启动气象灾害预警机制,发布相关预警信号,并同时通报深圳市人民政府应急管理办公室(以下简称市应急办)。 　　事故灾害、公共卫生事件、自然灾害预警信息经市相关职能部门主要领导审签后予以发布,并同时通报市应急办。特殊情况需报市政府审定的,市相关职能部门应及时报送市应急办。市应急办核定意见后报由市政府相关领导签发。 　　国务院及其有关部门,省政府及其有关部门(单位)发布的可能影响我市的预警信息,市相对应职能部门应及时转发并注明信息来源。 　　市相关职能部门发布和转发的预警信息均应及时报市应急办备案存档。

第二节　自然灾害信息报送中的常见问题

通过对深圳市、天津市、贵阳市等地相关工作人员的访谈调研,以及参考部分文献资料,可以将目前在自然灾害信息报送方面存在的问题归纳为如下五类。

一、指标类问题:相关灾情指标的混淆误用

在现实实践中,各级自然灾害信息报送者存在着一些对灾害信息指标理解和运用类的问题,可以归纳为表13－3。

表13－3　对灾害信息指标理解和运用类的问题

序号	问　　题	表　　现
1	统计口径不一致	对受灾人口、紧急避险转移人口、需生活救助人口等相关相邻概念把握不准,导致在报送中出现差错。
2	灾种认定错误	一级灾种和亚灾种之间混淆;不清楚自己所在层级应该填一级灾种,还是亚灾种;不清楚亚灾种与一级灾种之间的归属关系;不清楚到底有哪些灾种。
3	对指标的具体含义不了解	对于多数指标未曾使用过,对指标的具体含义不够了解。
4	对指标如何统计不了解	有些指标涉及到比较专业的技术,基层灾害信息员很难满足这种专业统计要求。

二、填报类问题：在灾情报送中的常见错误

在系统报送过程中，也存在着比较多的问题，有些是主观性的问题，有些是客观性的问题，大体而言，可以归纳为表 13－4。

表 13－4　灾害灾情信息报送中与系统有关的问题

序号	问　题	表　现
1	内容性问题	数字或单位不准确
		报送数字与文字报送材料不符合
		文字报送材料要素不完整
		超过报送时限
2	逻辑性问题	对相关指标的逻辑关系不去验证
		对相关指标的逻辑关系不会验证
3	程序性问题	不能按时提交
		续报对灾害过程切分不合理
		对勘误与灾情删除的具体要求不够了解

三、机制类问题：机制的空白点、衔接点与矛盾点

各项机制之间存在着空白点、衔接点和矛盾点，这些问题不解决，制度体系就无法做到自我协调，也就潜在给信息报送工作人员带来实践操作中的困惑。这些重点点位如表 13－5 所示。

表 13－5　灾害信息报送机制的空白点、衔接点和矛盾点

类　别	具体问题举例
空白点	权责空白：重大情境下会商主体不明确； 表述笼统：如何判定特殊信息？具体标准是什么？
衔接点	情境之间：一级响应如何衔接重大灾害？是否可以提升应急要求？
	主体之间：会商主体之间的关系和主导主体如何确定？
	预案之间：如何与其他预案衔接？是否考虑了所有的情境需求？
矛盾点	制度之间：自然灾害救助应急预案的延伸处可能与信息报送要求出现矛盾；
	体系之间：为何国家要颁布两本信息报送制度？其内在逻辑有何不同？

四、人员类问题：高流动性、低专职性及激励不足

通过调查，发现各地的自然灾害灾情报送人员普遍存在着如下四种情况。

第一，流动性较大。由于基层灾害信息员不稳定，很多是临时工作人员，他们的流动性较大。这种流动性导致难以形成稳定的灾害信息员队伍，也影响了他们技能积累和知识经验传承。

第二，专职性不强。所有的灾害信息员同时会兼有其他工作任务，一般而言，会与灾害相关，且以其他工作职责为主，这是由灾情报送的偶然性和非日常常规性决定的。

第三，激励不足现象普遍。当灾害来临时，会存在着加班加点的情况，有些时候会整夜值守，但总体而言，缺乏激励机制，没有针对这种情况提供特别的奖励或补助。

第四，普遍缺乏应对大灾大难的经验。比如，深圳市近年来并没有发生大灾大难，涉及到灾害信息填报的，均为台风暴雨之前的紧急避险人员转移等简单指标，对于经济损失、房屋倒塌、人员死亡失踪等相对比较复杂的信息，均没有遇到过，也就没有填报的经验。这种情况在其他特大城市也较为普遍。

五、体系类问题：各项预案与国家要求间缺乏对接

由于制度要求的不够细致，导致很多问题理解起来比较模糊，这些问题包括：(1)国家两种制度之间的关系如何理解？为什么在《自然灾害情况统计调查制度》中将灾害报送区分为初报、续报、核报三个阶段，而在《特别重大自然灾害损失统计调查制度》中是初报和核报两个阶段？这两项制度具有梯度上升关系吗？(2)各地各个预案中也都有一些关系信息报送的要求，这些要求如何互恰？

第三节　完善自然灾害灾情信息报送工作的举措

一、灾害信息报送机制的进一步完善

灾害信息报送工作是一项事关众多政府职能部门和几乎所有层级的牵一

发动全身的工作,要建立完善灾害信息报送的系统化的机制,必须完善如下四项子机制的建设。

第一,灾害信息报送的启动机制。任何一项行为必须具有明确的启动点,这些启动点的模糊不清会导致整体机能的迟滞或者错误运行,造成巨大的管理失误和严重的后果。建议各地颁布具体的《自然灾害信息报送指南》,将灾害信息快报的起始点进行明确化,并严格衔接当地的自然灾害救助应急预案等制度要求,保证了起始点的明确性。

第二,灾害信息的精细化收集机制。收集到准确而全面的信息是信息报送准确的基础,对于最基层的行政单元而言,会涉及方方面面的灾害信息统计工作,这是自然灾害信息报送的最后一公里,也是最基础、最难的一公里。对于较为简单相对单一的指标而言,统计报送的难度不大,但如果遇到大灾大难的时候,基层信息的统计将会成为最艰巨的挑战,这种任务的艰巨性会与灾害信息员的兼职性、临时性、低经验性以及灾害情况下各种工作任务的高度重叠性形成比较严重的紧张关系,在日常公共管理工作中,应当有意加强辖区内对各类自然灾害信息进行智能化收集的设备和软件建设,将自然灾害信息报送与智慧城市建设、韧性城市建设等结合起来,在进行智能化改造的时候,统筹考虑到自然灾害信息收集的要求,从而促进灾害信息管理"细致末梢"和"神经元"的完善。

第三,灾害信息的快速准确传递机制。国家搭建了自然灾害信息管理系统,这为信息的快速、规范传递提供了坚实的基础,同时,我们也看到,由于在国家启动Ⅳ级响应后,信息的报送就需要协商不同的部门,在国家启动Ⅰ级响应则会有更多的信息来协商报送,如果将这些协商的工作放了在区县一级,则主要是考虑到区县一级,相关政府建制、专业性、规范性才能够满足信息协商的需要,如果放到街道一级来协商这些信息,则会面对街道政府部门不够细化,不够专业等问题,所以,区县这一级是信息规范化的枢纽点。但这种考虑也带来了其他的问题,比如,对于深圳市而言,已经基本完成了城市化的工作,可以说是经济高度发达,人口极度密集,深圳一个区的人口往往远远大于有些地区一个县的人口,GDP总量更是可能会达到有些地级市的水平,在这种情况下,如果将协商的工作放在区应急局,实际上这个落点有些偏高,街道、社区的信息收集和统计量会很大,这种现状在深层本质上是由于深圳市的行政层级设置与高度发达的经济水平之间的矛盾决定的,也就是在有限的行政区域内集中了大量的经济人口要素,这导致了每一层级的政府工作内容都与其按规范设置的工作人员规模存在不匹配的现象。如何结合属地特征,完善信息收集和传递机制,是各地必须结合本地特点,加以综合权衡考虑的问题。

第四,灾害信息的核查核实机制。自然灾害信息报送工作中存在着很多相邻指标,这些指标的差异是微妙的,如果缺乏足够的培训和学习,很难掌握其中的细微之处。由于基层灾害信息员工作的兼职性质以及高流动性,他们有可能会由于主观或客观的原因而将各种指标搞混,也可能会导致指标之间的逻辑关系不符合数理规则,这就要求上级政府应急管理部门要对下级申报的数据进行审核,避免出现统计口径不统一,指标归类错乱等现象。同样的问题也可能出现在区(县)应急管理局层面,可以说在区(县)层面一定要做到数据的准确性和规范性,否则就会带来更大的修改成本和核查成本,这实际上对区(县)应急管理局的工作人员提出较高的要求。如果在街道、社区层面缺乏专门负责自然灾害信息报送的人员还有情可原,那么到区层面就必须保证专职人员和专业素养,其内在逻辑显而易见,所有数据要在此汇聚和规范化录入系统,如果在此关键环节还缺乏专业性和规范性把关,数据将成为无法信赖的一堆数字。

二、灾害灾情信息报送人员能力与素养的提升策略

灾害信息报送人员是整个灾情信息管理工作的依靠力量,在建立起信息报送机制之后,灾害信息报送工作质量就高度依赖于灾害信息报送工作人员的素质。为了更加规范灾害信息报送工作,并最终能够满足大灾大难情境下信息准确、及时报送的需要,就必须将提升灾害灾情信息报送人员的能力和素养作为日常的一项重要工作来抓。课题组在通过对相关工作人员的深度访谈的基础上,认为要在如下四个方面加强培训、演练或分享。

第一,加强渗入式定期培训。为了在突发事件发生时第一时间有效响应,减少灾害、事故等造成的人员伤亡和财产损失,深圳市等地创新建立"应急第一响应人"机制。2022年8月,深圳市应急管理局举行"应急第一响应人"队伍成立和授旗仪式,为首批"应急第一响应人"颁发证书并授旗。深圳成为全国率先普及"第一响应人"应急救护证书培训的先行先试城市之一。同时,不少城市每年都会组织大量的"第一响应人""灾害信息员"培训,这些培训对于提升各地的应急管理能力和改善城市应急管理基因具有重要的意义。建议各省市应急管理部门在组织相关班次时,将"自然灾害信息报送"作为灾害信息

员培训的重要内容。这样就逐渐在应急管理系统中逐渐渗透规范快速报送灾害信息的意识,逐渐提升大家规范报送的能力,一旦遇到大灾大难的紧急场景,就不至于手忙脚乱不知所措。

第二,组织专题化定期演练。建议在每年常见灾害季节来临之前,有针对性地组织信息报送的专项演练,在演练中提升大家对信息报送要求的熟悉度和使用能力,同时,在演练中发现可能存在的疏漏点,并不断提升大家的能力和技巧。

第三,开展案例式集中研讨。对于每年全国范围内发生的比较典型的自然灾害案例进行剖析和研讨,同时,对照属地的自然灾害隐患分布情况来有针对性地开展案例研究,起到"他山之石可以攻玉"的作用。比如,针对郑州大水中的案例就可以展开多方面的研讨,属地的地铁是否具有灾害应对的机制,会不会遭遇类似郑州大水情况下的难题,属地的桥梁隧洞的情况如何,是否建立了完备的灾情危机信息预警系统,能否避免类似郑州大水情况中难题,等等。对于全国其他城市,甚至全球其他城市的情况,都可以加强关注,要善于从其他城市的案例中挖掘经验教训,反思自己可能的情况,展开案例研究和案例分析。

三、对损失数据进行跨渠道验证

信息报送是一项行政性工作,但对于数据的统计却是一项专业性的工作,如果只是统计人口转移情况,还比较简单,但如果在大灾大难情况下,涉及经济损失等多种复杂情况,就对基层工作的损失统计技能提出严峻的挑战。为了保证灾情信息的准确性,建议充分利用市场力量来提供专业服务。

第一,利用专业第三方进行专业核损。目前对灾害信息的核查比较依赖于上一级政府应急管理部门,但受制于专业性、时间等因素,上一级对下一级的灾害信息核查存在着一定的专业壁垒。建议考虑引入专业第三方进行灾情核验,第三方要有比较丰富的查验损失的经验和技术,要能够准确地来核实经济损失、房产损失等内容。考虑到成本问题,在初期不一定所有的损失都邀请第三方参与,但对于重点点位,可能存在疑惑的问题等,可以挖掘和使用第三方的力量。同时,为了避免到大灾大难时,临时寻找第三方,可以提前签订战略合作协议,从而明确双方的权利和义务,以便于在应急状态下紧急启动第三方机制。

　　第二,与保险机构的信息进行交叉验证。保险具有风险管理的功能,在现实中,不少公民和机构也会通过购买商业保险来防范风险,尤其是在车辆、建筑等领域,各类保险产品较为丰富。为了能够确保灾情信息的准确性,可以尝试与保险公司签订战略合作协议,探索保险公司赔付数据与灾情损失数据的相互印证。二者之间应该如何印证,存在什么样的关系,可以委托专门机构进行专项研究。

参考文献

[1] 中华人民共和国应急管理部:《自然灾害情况统计调查制度》,2020 年 2 月。

[2] 中华人民共和国应急管理部:《特别重大自然灾害损失统计调查制度》,2020 年 2 月。

[3] 应急管理部救灾和物资保障司编:《灾害信息员基础知识(县级及以上)》,应急管理出版社,2021 年。

[4] 应急管理部救灾和物资保障司编:《灾害信息员基础知识(县级以下)》,应急管理出版社,2021 年。

[5] 应急管理部救灾和物资保障司编:《灾害信息员工作手册(县级以下)》,2021 年。

[6] 应急管理部救灾和物资保障司编:《灾害信息员工作手册(县级及以上)》,2021 年。

[7] 国务院灾害调查组:《河南郑州"7·20"特大暴雨灾害调查报告》,2022 年 1 月。

[8] 《应急管理部办公厅关于推进灾害风险隐患信息报送工作的通知》,2021 年 1 月。

[9] 《关于进一步规范灾情管理杜绝信息迟报瞒报问题的通知》,2022 年 1 月。

[10] 史培军:《灾害风险科学》,北京师范大学出版社,2016 年。

[11] 王子平:《灾害社会学》,湖南人民出版社,1998 年。

[12] 孙绍骋:《中国救灾制度研究》,商务印书馆,2005 年。

[13] 王成磊:《始终坚持人民至上、生命至上全力推进自然灾害风险隐患信息报送工作》,载《中国减灾》2021 年 8 月上。

第十四章　自然灾害损失评估的规范与方法 *

公众经常从媒体报道或官方统计数据中了解到自然灾害造成的直接经济损失和人员伤亡的数字,但这些冰冷的数字背后,灾害影响的全貌往往不为人们所知。自然灾害通常会造成严重的损失,既包括经济方面的损失,也包括价值、声誉、社会心理、政治利益等方面,其影响是综合而多元交叉的。对自然灾害损失进行准确的评估是进行灾害管理的重要内容,在现代国家应急管理和经济社会建设中发挥着重要作用。

第一节　自然灾害损失评估概论

一、自然灾害损失评估的含义

自然灾害是"由自然事件或力量为主因造成的生命伤亡和人类社会财产损失的事件"[①],自然灾害损失,是指各种自然灾害造成的生命与健康的损失、物质财产的损毁以及对环境的破坏、时间的损失等方面的总称。自然灾害损失评估,是指在掌握丰富的历史与现实灾害数据资料基础上,运用统计计量分析方法对灾害(包括单一灾害事故或并发、联发的多种灾害事故)可能造成的、正在造成的或已经造成的人员伤害与财产或利益损失进行定量的评价与估算的活动。[②]

---

*　本章为国家社科规划基金项目:"拓宽并规范民众诉求表达、利益协调与纠纷化解的网络渠道研究"(编号:20BZZ019)的阶段性成果。

①　黄崇福:《自然灾害基本定义的探讨》,载《自然灾害学报》2009 年第 5 期。

②　本定义参考了许飞琼:《灾害统计学》,湖南人民出版社,1998 年。在该书中,将灾害损失评估界定为一种方法,笔者认为灾害损失评估本身应当是一种行为。

从上述定义可以看出,如果按照时间和灾害发生的时序来衡量,自然灾害损失评估包括预评估、跟踪评估、实评估三类:预评估是在灾害发生前的评估,具有预测性,目的在于在灾害事故发生前尽可能采用经济、有效的方法来减少损失后果;跟踪评估是随着灾害事故的发生发展,对其损失进行跟踪性的实时的评估,从而动态掌握灾害的发展,为灾害中的危机决策和救援提供依据;实评估是对灾害事故发生后已经造成的损失进行计量,目的在于客观、真实、全面地掌握损失的规模和程度,为灾后救援和重建提供依据。

二、自然灾害损失的分类

将自然灾害损失进行科学的分类是开展损失评估的基础,对于自然灾害损失的分类,来自不同国家的不同组织进行了多种角度的探索。本研究介绍较有代表性的下述五种。

(一) 联合国国际减灾战略的分类

联合国国际减灾战略(United Nations International Strategy for Disaster Reduction)在 2013 年发布的《全球减少灾害风险评估报告》基于灾害对社会经济的影响过程将灾害损失区分为四类:(1)直接损失,主要是不动产和存货的全部或部分损坏,包括对厂房、设备、最终产品、半成品、生产原材料的破坏;(2)间接经济损失,是直接经济损失或企业供应链破坏造成的商业中断,对其他客户、合作伙伴和供应商造成的影响,最终使产出和收入下滑,盈利能力下降;(3)更广泛的影响,指市场份额丧失、竞争力下降、劳动力不足、声誉和形象受损;(4)宏观经济影响,由于灾害的上述三项损失或影响对一个国家或地区经济稳定和可持续发展产生的负面影响。上述四类中,直接经济损失属于存量损失;间接经济损失和更广泛的影响属于流量损失;灾害的宏观经济影响是其他三种影响的综合,不能与前三者累加。

(二) 欧盟第七框架组的分类

欧盟第七框架组以风险管理成本核算为视角,从损失致因和损失是否有形两个维度对灾害损失类型进行了区分,见表 14 - 1。其中,(1)直接经济损失是指由于灾害对人类、经济资产等的直接物理破坏而造成的损害成本;(2)商业中断损失主要发生在灾害直接影响的地区;(3)间接经济损失在时间上具有滞后性;(4)无形损失是指不易在市场上交易,从而不能以货币衡量的对人、物和服务的损害,比如健康损害、环境损坏、文化遗产损害等;(5)与其他分类方法有显著区分的是,该分类将风险减缓成本单列,他们认为用于风险减缓的投资不是以促进经济增长为目的的,而是为了保障国民财富安全而不得不增加的成本支出,因而被列为损失的一个重要类型。[①]

表 14-1 欧盟第七框架组对自然灾害损失的分类及举例

损失大类	损失小类	有形损失举例	无形损失举例
灾害破坏损失	直接经济损失	资产的物理破坏:建筑物、财产、基础设施	人员伤亡、健康影响、环境损失
	商业中断损失	设备损毁导致的生产中断	生态服务中断
	间接经济损失	产业关联引起的产出损失	灾后恢复困难 幸存者脆弱性增加
风险减缓成本	直接成本	减灾措施的设计和建设 运转和维护成本	环境破坏(由于减灾基础措施建设引起)
	间接成本	减灾措施诱发的其他部门成本	

(三)《灾害需求评估手册》中的分类

2013 年,欧盟、联合国和世界银行联合发布了《灾后需求评估手册》,将灾害损失区分了灾害后果和灾害影响,其各自的包含内容如表 14-2 所示。

表 14-2 灾害后果和灾害影响的主要包含内容

损失类别	具体内容
灾害后果	基础设施和有形资产受损:毁坏资产的数量和货币价值
	经济损失:生产部门产出下降,以及商品和服务运转的成本增加
	商品和服务的中断:包括服务质量和可获得数量,以及生活和生计需求
	管理的社会过程的中断:评估灾害对社会和管理过程的影响
	风险和脆弱性增加:由于灾害而增加的风险,及如何增加了人口脆弱性
灾害影响	灾害的宏观和微观经济影响
	人类发展的影响:灾害对短、中、长期人类生活质量的影响

(四) 中国民政部、地震局、国家统计局的分类

中国地震局组织编写的《地震现场工作 第 4 部分:灾害直接经济损失评

① 吴吉东、解伟、李宁:《自然灾害经济影响评估理论与实践》,科学出版社,2018 年,第 36—37 页。

估》国家标准中将"地震灾害直接损失"界定为"地震灾害造成的人员伤亡,地震造成物质破坏的经济损失及救灾投入费用。""地震直接经济损失"是指:"地震动能及地震地质灾害、地震次生灾害造成的房屋和其他工程结构、设施、设备、物品等物质破坏造成的经济损失。""地震灾害间接经济损失"指"由于地震灾害间接导致正常的社会经济活动受到影响而产生的经济损失,包括企业停减产损失、产业关联损失、地价损失等。"

民政部自然灾害统计规范中给出的直接经济损失定义:指受灾体遭受自然灾害袭击后,自身价值降低或丧失所造成的损失。

(五) 自然灾害的存量损失和流量损失

从经济学角度来看,灾害损失可以区分为存量损失和流量损失。存量是指一个时点上某一变量的量值,是一个静态概念,比如劳动力、资产、存货、土地等在一个具体的时间点上是一个固定值;流量是指在一段时间内所累积变动的量,比如国内生产总值、收入、产出、消费等指标,其值与时间维度相关。存量反映的是一种没有时间量纲的状态,流量反映的是一种过程,流量大小与时间长短有关。

从存量和流量这种区分维度,灾害损失可以区分为表 14-3 中的三大类。其中,流量损失和其他损失属于间接损失,存量损失属于直接损失。

表 14-3　自然灾害损失分类的存量和流量维度

损失类型	具体指标举例
存量损失	人力资本损失;建筑物损失;基础设施损失;自然资源损失;生产性资本损失;存货损失;其他动产损失;
流量损失	企业停产减产损失;企业产业关联损失;服务中断损失;宏观经济影响;应急救灾支出;生态系统服务;其他额外成本;
其他损失	社会影响(教育文化卫生、安全形势恶化、公众身心健康、社会稳定等);政府服务能力;环境宜居性;地区影响力;福利损失。

吴吉东等归纳了灾害损失分类的常见方法,包括 10 种:损失发生过程、损失因果关系、损失空间特征、损失时间特征、损失是否可以定价、损失是否有形、影响维度、损失属性、是否包括减灾投入、可恢复性。[1] 这 10 种方法的灾害损失类型见表 14-4[2],总体来说,分类方法存在多样性,要看实际的需求是

---

[1] 吴吉东、解伟、李宁:《自然灾害经济影响评估理论与实践》,科学出版社,2018 年,第 40 页。
[2] 参见:吴吉东、何鑫、王菜林、叶梦琪:《自然灾害损失分类及评估研究评述》,载《灾害学》2018 年第 4 期。笔者对其表述有所加工修改和补充。

什么,可以采用一种或综合多种方法进行确定。

表 14 - 4　10 种分类方法的灾害损失类型对比

损失分类方法	损失类型	示　例
损失发生过程	物理破坏型	建筑物损毁
	过程中断型	灾区内外部关联地区的商业中断
因果关系	主要或直接由灾害导致的损失	建筑物损毁,洪涝导致电力中断
	灾害链损失(或两个以上因果关系导致的损失)	电力中断引起生产中断的产出损失
空　间	灾区内	建筑物损毁、商业中断
	灾区外	产业链中断、电力中断
时　间	灾害发生期间	灾害导致的建筑损毁、商业中断
	灾害发生以后	灾害发生至重建完成过程中造成的产出损失或福利损失
市场或非市场	市场可交易的商品和服务损失	房屋、财产、存货、经济产出
	市场无法交易的商品或服务	环境、健康、文化遗产
有形或无形	有形损失	建筑物、道路、桥梁
	无形损失	心理健康、社会声誉、合法性
影响维度	经济、环境、社会	经济损失、环境破坏、社会心理创伤
损失属性	破坏程度定性描述、物量损失、价值损失	建筑地震破坏等级可定性描述为严重、中等、轻微破坏和基本完好等 4 个等级
损害与减灾成本	灾害造成的损失	资产损坏、生产中断
	降低风险的成本	降低风险的工程或非工程举措
可恢复性	永久性损失	文化遗迹、地区影响力
	可恢复性损失	一般建筑、基础设施

三、自然灾害损失评估的功能

自然灾害损失评估至少具有下述五种功能。

(一) 为应急决策提供依据

灾害损失评估能够让公共管理决策者及时获得灾害损失的信息,从而为资源动员与分配、应急预案启动与升级、临场处置与应对等提供信息基础,从而有助于提高决策质量,提升公共危机应急能力,减少灾害损失的扩大。以美国国家多灾种评估系统(The Hazards United StateS - Multi-Hazard,HA-ZUS - MH)为例,该系统主要针对地震、洪水和飓风灾害开展灾害风险评估和损失评估,可用于灾害发生后的即时评估,能够快速评估灾害对建筑、基础设施等造成的破坏,产生直接的经济社会影响,从而确定需要应急的地区,分配应急资源,并同时对次生灾害进行预判。[①]

(二) 为灾害救助提供支撑

灾害往往会导致部分社会群体处于艰难的处境,甚至基本生活都会受到影响,比如缺乏饮用水、食物,没有足够安全的住房,由于失去亲人而无人照顾等。灾害损失评估有助于锚定受灾较为严重且需要救助的群体,从而为社会救助提供支撑。比如,世界银行全球减灾与恢复部起草的 DaLA 体系(The Damage Loss and Needs Assessment)的潜在用途之一就在于,确定政府对灾害直接后果的干预,减少人们所受的痛苦并启动经济恢复。[②]

(三) 为灾后重建提供基础

灾后恢复重建规划的针对性和长期灾害风险管理都需要客观评估灾害造成的损失,同时,灾后重建需要的资金和服务等与灾害损失具有千丝万缕的联系,自然灾害损失的评估能够为灾后重建提供详细的数据支持。比如,2013年欧盟、联合国和世界银行发布《灾后需求评估手册》,包括了众多损失评估的内容,其宗旨在于为恢复重建策略提供依据,特别是针对社会部门、基础设施、产业部门、宏观经济、金融、环境等方面如何降低灾害风险进行系统设计;联合国开发计划署牵头建立的灾后需求评估体系(Post Disaster Needs Assessment,PDNA)主要包括四个主要部分,即灾情基线信息、灾害破坏与损失、灾害影响和恢复重建需求与策略,将灾害损失评估与灾后重建进行统筹考虑。

(四) 为优化灾害管理机制提供素材

自然灾害是困扰人类社会发展的顽疾,从未来看,人类还将长期处于自然灾害的种种折磨当中,而且随着气候变暖等全球问题的恶化,自然灾害风险将

---

① FEMA(Federal Emergency Management Agency). HAZUS,FE-MA's Software for Estimating Potential Losses from Disasters. http://www. fema. gov/plan/prevent/hazus/2008.

② World Bank. The International Bank for Reconstruction and Development. Damage,Loss and Needs Assessment 2010. http://www. Worldbank. org.

有增无减。这就对人类社会如何建构相关的风险管理市场机制和公共机制提出了严峻的挑战。自然灾害损失评估能够为灾后保险理赔、公共资源分配、公共机制优化、保险机制优化等提供宝贵的现实素材,从而促进人类对自然风险应对能力的整体性提升。

（五）为国家宏观经济社会发展决策提供依据

灾后重建并不是简单的复制,而是要在新的历史时期和定位上,融入到国家与社会的发展规划中。从这个角度讲,自然灾害损失评估是公共权力机构进行宏观经济社会决策和规划的重要基础,能够帮助政府明确具体的社会基准状态。联合国拉丁美洲和加勒比经济委员会提出的"灾害的社会经济与环境影响评估",就突出强调将自然灾害损失评估与国家（区域）长期的社会经济发展规划相结合,将灾害风险管理与国家的宏观经济决策有机结合。

四、自然灾害损失评估的原则

（一）服务需求原则

灾害损失评估不应当是为评估而评估,而是要服务于特定的目的,这就要求灾害损失评估要明确具体的需求是什么,或者说评估的目的是什么。灾害损失评估的服务需求原则具体要考虑:(1)灾害损失的指标设计、样本选择、评估方法要能够为当地政府部门接受,自然灾害损失往往具有较强的普遍性,也在这个意义上具有公共性,所以,自然灾害的损失及灾害后重建难以回避和政府的关系,而政府认可的数据有其本身的内在逻辑;(2)灾害损失评估要考虑到时间节点及其要求,比如灾前预评估、灾中评估和灾后评估均服务于不同的决策需求,灾前重预防,灾中重决策和应急响应,灾后重建和补偿,也是出于不同的需求,灾中的动态评估强调及时性,强调"快报",灾后则强调全面和准确,时效性会降低到相对次要的位置;(3)聚焦于特定灾害的内在特点,比如对于地震而言,人员和财产损失是重点关注指标,对于干旱而言,农作物的减产是关键指标。

（二）科学规范原则

灾害损失要遵循科学规范原则,要遵从国家制定的相关标准,要能够便于国内外和不同时段的对比,统计指标和方法应遵从国家规范。科学规范原则要求在自然灾害损失评估中要做到:(1)系统性,能够从总体上反映灾害影响的全貌,灾害损失统计指标体系合理分类分级,指标设计能够覆盖损失类型,同时避免重复、交叉和遗漏;(2)明确性,对各项指标的含义应该有明确界定,其边界和判断标准应简明易行,损失统计应使用量化的指标,如果不得已采取质性的评价,则评价的标准应当是明确而可操作的;(3)逻辑性,各项指标相互区别,又存在内在有机联系,统计数据间的内在逻辑一致性应当经得起严格检验;(4)一致性与标准化,确保评估结果可以对比。

第二节　自然灾害损失评估的规范依据

应急管理部颁布了《自然灾害情况统计调查制度》和《特别重大自然灾害损失统计调查制度》两项制度,是当前在自然灾害损失评估方面最直接的制度安排。现分别予以介绍。

一、自然灾害情况统计调查制度

2020 年应急管理部制定、国家统计局批准了《自然灾害情况统计调查制度》,该制度分为四个部分,分别为:总说明、报表目录、调查表式、附录。在该文件中,主要明确了如下六个方面的问题。

第一,调查目的。调查目的在于及时、准确、客观、全面地反映自然灾害情况和救援救灾工作情况,为灾害防范救援救灾等应急管理工作和其他有关工作提供决策依据。

第二,统计范围。以乡(镇、街道)为统计单位,县级以上(含县级)地方应急管理部门为上报单位。统计的自然灾害类型包括水旱灾害、气象灾害、地质灾害、海洋灾害、森林草原火灾和重大生物灾害等。

第三,调查内容。包括灾害发生时间、灾害种类、受灾范围、灾害造成的损失以及救灾工作开展情况和受灾人员冬春救助情况,常住人口和非常住人口均在统计范围之内。

第四,调查方法。在灾害发生初期,使用非全面调查法,在灾害基本稳定后或重特大自然灾害应急救援期结束后,采用全面调查方法。

第五,组织实施。各级应急管理部门为组织的责任主体,相关涉灾部门提供灾情数据,同级统计机构为业务指导部门;自然灾害统计不得虚报、瞒报、漏报、迟报，不得伪造或篡改，必须按照规范的报表表式、统计指标、报送要求等报送；地方各级应急管理部门须建立灾情核查制度；地方各级应急管理部门及其他涉灾部门要使用国家自然灾害灾情管理系统报送灾情。

第六，报送要求。自然灾害快报包括初报、续报、核报三个阶段，在灾情稳定前，执行 24 小时零报告制度，对于敏感信息，县级应急管理部门在按要求正常逐级上报的同时，还要报省级应急管理部门和应急管理部。除自然灾害快报外，还包括干旱灾害情况报告、自然灾害情况年报、受灾人员冬春生活救助情况报告。

二、特别重大自然灾害损失统计调查制度

2020 年 2 月，应急管理部制定、国家统计局批准了《特别重大自然灾害损失统计调查制度》，该制度包括总说明、报表目录、调查表式、附录四个部分，该制度的总体情况如下。

第一，统计的目的和意义。主要在于为建立并规范特别重大自然灾害损失统计内容与指标，全面、及时掌握特别重大自然灾害损失，为国家和地方编制灾区恢复重建规划提供决策依据。

第二，统计的范围。(1)灾害种类：特别重大自然灾害主要包括洪涝灾害、台风灾害、低温冷冻与雪灾、地震灾害、地质灾害、海啸灾害等。(2)常见损失：特别重大自然灾害损失主要包括灾区人员受灾、农村与城镇居民住宅用房损失、非住宅用房损失、居民家庭财产损失、农业损失、工业损失、服务业损失、基础设施损失、公共服务系统损失和资源与环境损失。(3)该制度中特别重大自然灾害损失，包括中央(省、市)直属农场、林场、工业、服务业等损失，均按照"在地统计"的原则填报；解放军、武警部队、军区所属单位等损失不在统计范围内。(4)该制度中经济损失均为直接经济损失，因灾造成的抢险救援费用、停工停产等间接经济损失、生态系统受灾造成的损失和恢复重建费用等不计入直接经济损失。直接经济损失均按照统计对象的重置价格核算，其中，重置价格为采用与受损对象相同的材料、建筑或制造标准、设计、规格及技术等，以现时价格水平重新购建与受损统计对象相同的全新实物所需花费的材料和人工等成本价格，不考虑地价因素。

第三，主要内容。统计内容包括毁损实物量和经济损失。其中，人员、文化遗产、资源与环境等受灾情况只统计数量，不计经济损失。该制度提供的标准表格共计 11 类 28 张表，分别为：经济损失统计汇总表(Z01 表)、人员受灾情况统计表

（A01表）、房屋受损情况统计表（B01-B03表）、居民家庭财产损失统计表（C01表）、农林牧渔业损失统计表（D01表）、工业损失统计表（E01表）、服务业损失统计表（F01表）、基础设施类损失统计表（G01-G07表）、公共服务系统损失统计表（H01-H10表）、资源与环境损失统计表（I01表）、基础指标统计表（J01表）。

第四，调查方法。根据特别重大自然灾害损失填报时限要求和各项损失统计内容的具体特征，采用全面调查、重点调查、抽样调查、多部门会商、综合评估等方法开展损失统计工作。

第五，灾害损失的统计报送。发生特别重大自然灾害，启动国家I级救灾应急响应或党中央、国务院作出特殊要求的，启动该制度。统计报送区分为初报、核报2个阶段，在这一点上明显区分于《自然灾害情况统计调查制度》，具体差异见表14-5。

第六，组织方式和数据采集。（1）灾区省级政府负责组织该制度中各报表的填报工作，应急管理部负责报表的汇总工作，并向党中央、国务院报送灾害损失情况；（2）原则上以县级行政区为统计单位和基本上报单位，地市级、省级政府为审核与上报单位；（3）地方各级政府按照规定的要求进行统计调查，组织会商，不得迟报、谎报、瞒报、漏报，不得伪造和篡改；（4）使用国家自然灾害灾情管理系统填报数据，提高损失统计的信息化水平。

第七，统计资料公布及数据共享。应急管理部根据党中央、国务院关于特别重大自然灾害损失评估工作的统一部署安排，视情向有关部门发布和共享核定后的灾害损失情况。

第八，质量控制。按照《统计法》的要求，为保障源头数据质量，做到数出有据，调查单位应该设置原始记录、统计台账，建立健全统计资料的审核、签署、交接和归档等管理制度。

三、一般灾害与特别重大灾害统计调查制度的差异

《自然灾害情况统计调查制度》与《特别重大自然灾害损失统计调查制度》是国家用于自然灾害情况调查的两个最直接的制度安排，单从制度的名称就可以看出两者之间的两种差异：其一，针对对象不同，前者针对自然灾害，后者针对特别重大自然灾害，显然自然灾害所针对的对象更广泛一些；其二，《自然灾害情况统计调查制度》未强调"灾害损失"，调查的不仅仅包括灾害损失，还包括救援救助、动态发展情况等，而《特别重大自然灾害损失统计调查制度》则

将"损失"很突出地放在了制度名称中,显然,其指向明明确确地表明重在"损失"。

　　除上述两项不同之外,通过对两项制度内容的仔细研判,还能够发现其他的差异,请参见表 14-5。

表 14-5　《自然灾害情况统计调查制度》与《特别重大自然
灾害损失统计调查制度》主要差异

主要差异	《自然灾害情况统计调查制度》	《特别重大自然灾害损失统计调查制度》
启动条件	发生自然灾害的。	发生特别重大自然灾害,启动国家Ⅰ级救灾应急响应或党中央、国务院作出特殊要求的。
目的意义	及时、准确、客观、全面地反映自然灾害情况和救援救灾工作情况,为灾害防范救援救灾等应急管理工作和其他有关工作提供决策依据。	建立并规范特别重大自然灾害损失统计内容与指标,全面、及时掌握特别重大自然灾害损失,为国家和地方编制灾区恢复重建规划提供决策依据。
主要灾种	全部灾种。	洪涝灾害、台风灾害、低温冷冻与雪灾、地震灾害、地质灾害、海啸灾害等。
统计范围	本级行政区域内的常住人口和非常住人口,以及农垦国有农场、国有林场、华侨农场中的人员。	中央(省、市)直属农场、林场、工业、服务业等损失,均按照"在地统计"的原则填报;解放军、武警部队、军区所属单位等损失不在统计范围内。
报送单位	区以上应急管理部门。	区政府为基本上报单位
报送期别	快报(初报、续报、核报)、年报、冬春救助。	即时报(初报、核报)。
报送时限	初报:区应急管理部门在灾害发生后2小时内完成本级统计并报市级应急管理部门(造成10人及以上死亡失踪严重自然灾害以及敏感灾害信息、可能引发重大以上突发事件的信息、社会舆论广泛关注的热点和焦点灾害事件等,可同时报省应急管理部门和国家应急管理部),市级应急管理部门接到后2小时内审核、汇总并报省级政府。 续报:灾害稳定前,执行24小时零报告制度 核报:灾害稳定后,区应急管理部门5日内核定并报市级应急管理部门,市级应急管理部门接到后3日内审核、汇总并报省应急管理部门	初报:区政府在特别重大自然灾害损失调查统计启动后3个工作日内完成本级统计并报市级政府,市级政府接到后2个工作日内审核、汇总并报省级政府核报:区政府在核报开始后3个工作日内完成本级核定并报市级政府,市级政府接到后1个工作日内审核、汇总并报省级政府
报表内容	《特别重大自然灾害损失统计调查制度》主要对《自然灾害情况统计调查制度》自然灾害损失情况统计附表1-5中的工矿商贸、基础设施、公共服务等系统损失进行了扩充细化量化(包括指标、数量和经济损失等)。	

通过对上述差异的对比,我们能够发现,《自然灾害情况统计调查制度》重在"条",强调"应急管理部门"的职责与作用,重在"快",要迅速掌握情况,动态进行决策和调整;《特别重大自然灾害损失统计调查制度》重在"块",强调属地政府的整体性作用,重在"全"和"准",为灾后重建和社会救助等提供决策依据。

第三节 自然灾害损失评估的常见方法

自然灾害损失涉及很多行业和形态,很难用单一的方法来对各种自然灾害损失进行客观准确全面的衡量。吴吉东等总结了灾害损失计量的三种主要方法,从宏观上介绍了灾害损失评估的主干路径,即:(1)物量法,即针对不同的承灾体类型及量纲,采用数量的多少对损失进行计算,在此基础上分门别类统计灾情;(2)价值法,对于灾害经济损失,根据重置价格或市场价格等对灾害损失进行计量,从而将灾害损失以货币化、数字化的方式加以呈现,弥补物量法中不同量纲损失无法加和的问题;(3)属性表征法,以损坏的严重程度来衡量承灾体的损失,比如对于房屋的破坏程度,用一般损失、中等损坏和严重破坏加以表征。[1] 具体而言,在自然灾害损失评估实践中,常常会使用如下方法。

一、基于既有模型和案例的模拟评估

在实际入场评估前,要针对灾害的总体情况,借鉴参考类似的案例,进行模拟评估,从总体上对灾害的损失有个大概的估计,从而更科学地动员和调配相关资源,再入场实施实地综合评估。

云南鲁甸地震的评估就运用了模拟评估。根据时任国家减灾委专家委员会委员、民政部国家减灾中心副主任范一文的论文介绍,在云南鲁甸地震的灾害损失评估过程中,主要可以分为三个阶段,即应急评估、模拟评估和综合评估。[2] 第一,应急评估主要根据地震部门提供的震情数据,采用经验模型对地震可能造成的损失进行快速评估,以宏观把握灾情及其损失特点,为国家启动自然灾害救助应急预案和紧急开展救灾工作提供决策支持。第二,模拟评估,

---

① 吴吉东、解伟、李宁:《自然灾害经济影响评估理论与实践》,科学出版社,2018 年,第 52—53 页。
② 范一大:《云南鲁甸地震灾害损失评估过程与方法》,载《中国减灾》2014 年 9 月上。

主要采用宏观经济模型,对地震直接经济损失进行模拟评估,分析给出地震可能造成的直接经济损失范围,并根据灾情发展进行动态修正。第三,综合评估,包括灾害范围评估、灾害损失实物量评估和直接经济损失评估三个步骤,主要利用地震烈度、地质灾害分布、因灾死亡、失踪人口和转移安置人口以及房屋倒损等数据构建综合灾情指数,开展灾害范围评估,以县乡为评估单元划分受灾等级;利用多种数据和多种计算分析方法,开展各类灾害损失实务数量的评估,在此基础上,依据国家和地方相关标准,确定各项损失单价或重置价格,计算灾害直接经济损失。

模拟评估要充分利用已有的信息及类似案例。比如,依据地震灾害的等级、地震区域的自然条件、人口状态、建筑物结构等就能够从宏观上对灾害的损失进行大体判断。同时,中国作为灾害频仍的国家,无论哪种自然灾害,总能找到类似的案例,从相关案例中,也能够为损失评估的方法和路线图确认提供借鉴和参考,比如在云南鲁甸地震中,专家组就充分参考了汶川地震、玉树地震、舟曲山洪泥石流、芦山地震4次特别重大自然灾害综合评估经验。

二、人员伤亡及健康影响的评估方法

人员伤亡在自然灾害损失中是最引人关注的指标,在自然灾害损失评估中"死亡"和"失踪"也是最核心的指标。但对于人命或健康值多少钱这种命题,很难有客观的答案。从国际上来看,可以用三种方法来测算人员伤亡及健康影响损失[1]:(1)支付意愿法,是指人们为改善自己和他人的健康而愿意支付的货币金额,比如对于人员死亡,美国不同机构采用支付意愿法统计的生命价值在100万美元(美国联邦航空管理局)至630万美元(美国国家环境保护局)之间;(2)人力资本法,基于人力资源的经济价值创造力,依据劳动力的平均工资收入或社会劳动生产力进行计算;(3)疾病成本法,测算生病的医疗费用成本和误工的收入损失等。

三、自然资源及生态系统损失的评估方法

资源和生态系统损失是自然灾害损失评估中的难点问题。对于自然资

---

① 参见:吴吉东、解伟、李宁:《自然灾害经济影响评估理论与实践》,科学出版社,2018年,第54页。

源,比如森林等,可以采用成本法、市场法和收益法进行评估,保险业已经对自然资源的价值衡量做出了较多探索。对于空气、环境等无法直接定价的损失,可以探索使用替代性市场法进行评估,比如,对于旅游景点造成的损失,可以采取一定时期内旅游者支付的门票价格、旅游者前往目的地的时间成本等容易衡量的指标来进行测算。对于灾害导致的环境污染及环境质量恶化等损失,可以采取恢复费用法来测算,即测量受损环境恢复到灾前状态所需的成本。

四、利用遥感技术进行直接经济损失评估

遥感技术在灾害损失评估中具有广泛的运用。中国地震局 2018 年 12 月 26 日发布了《地震灾害遥感评估 地震直接经济损失》(中华人民共和国地震行业标准 DB/T 79—2018),对遥感技术如何运用于地震灾害的直接经济损失评估做了规范和介绍。

现以地震直接经济损失遥感评估为例,进行简单介绍。地震直接经济损失遥感评估主要包括如下五个步骤:[①]第一,确定遥感评估区和划分评估单元。一般情况下,县级行政区的城区单独划分为一个评估单元;设区市(或地级市)及以上行政区的城区按照次级行政区或街区划分为若干评估单元;乡镇级行政区划分为一个评估单元;当行政区或街区被遥感评估区或烈度区边界线切割时,被切割的内部区域作为独立的评估单元。第二,收集基础资料。主要包括收集遥感评估区内满足建筑物破坏信息提取要求的遥感数据,乡镇级及以上行政区边界矢量数据,以及最新年度统计资料或地震应急基础数据库中的相关数据。第三,统计评估单元内建筑物面积。可以按照年度统计资料或地震应急基础数据库确定,当无评估单元内建筑物总面积数据或不同类型建筑物面积数据时,可以通过遥感解译和抽样估计获得单位土地面积内建筑物面积,通过遥感抽样确定时,抽样面积不应低于该评估单元土地面积的10%。第四,估算建筑物损失。根据评估单元的各类建筑物面积、重置单价和地震损失率,计算评估单元内所有建筑物的损失;地震灾区建筑物结构破坏与遥感评估区建筑物结构破坏损失的比值可通过历史地震现场灾害调查、烈度评定和损失评估资料统计估算。第五,估算地震直接经济损失。地震直接经

---

① 详见:《地震灾害遥感评估 地震直接经济损失》,中华人民共和国地震行业标准 DB/T 79—2018。

济算是按照"地震灾区建筑物结构破坏造成的经济损失×地震直接经济损失与地震灾区建筑物破坏造成的经济损失的比值"来加以计算,该比值则通过历史地震现场灾害调查、烈度评定和损失评估资料进行统计估算。

　　自然灾害损失评估是一个复杂的系统工程,需要从多个维度、多个环节综合运用可能运用的一切信息和科技手段,正如范一大在总结云南鲁甸地震灾后损失评估的文章中写到的,"在充分利用灾情统计上报、遥感监测、现场调查以及灾区自然资源、社会资源分布和经济社会发展等多种数据的基础上,综合运用统计分析、模型计算、校核检验、研判会商等方法,结合遥感、地理信息系统、导航定位、时空数据(信息)分析等'天-地-现场'一体化技术,即'地方报、天上看、现场核、相互校、综合评',使得评估结果更加科学、合理、可信。"①

参考文献

[1]《自然灾害情况统计调查制度》,中华人民共和国应急管理部制定,2020年。

[2]《特别重大自然灾害损失统计调查制度》,中华人民共和国应急管理部制定,2020年。

[3]《自然灾害灾情统计第1部分:基本指标》,中华人民共和国国家标准,GB/T 24438.1—2009。

[4]《自然灾害灾情统计第2部分:扩展指标》,中华人民共和国国家标准,GB/T 24438.2—2012。

[5]《自然灾害灾情统计第3部分:分层随机抽样统计方法》,中华人民共和国国家标准,GB/T 24438.3—2012。

[6]《地震现场工作　第4部分:灾害直接损失评估》,中华人民共和国国家标准,GB/T18208.4—2005。

[7]许飞琼:《灾害统计学》,湖南人民出版社,1998年。

[8]郑功成:《灾害经济学》,商务印书馆,2010年。

[9]吴吉东、解伟、李宁:《自然灾害经济影响评估理论与实践》,科学出版社,2018年。

[10]曾庆田、赵华、段华、林泽东:《大数据支持的灾害社会影响评估》,科学出版社,2022年。

[11]郑山锁、孙龙飞、龙立:《城市地震灾害损失评估:理论方法、系统开发与应用》,科学出版社,2019年。

[12]李树刚:《灾害学》,煤炭工业出版社,2015年。

[13]王曦、周洪建:《重特大自然灾害损失统计与评估进展与展望》,载《地球科学进展》,2018年第9期。

[14]周洪建:《全球十大灾害损失评估系统(上)》,载《中国减灾》2015年第1期。

---

① 范一大:《云南鲁甸地震灾害损失评估过程与方法》,载《中国减灾》2014年9月上。

[15] 周洪建:《全球十大灾害损失评估系统(下)》,载《中国减灾》2015 年第 2 期。

[16]《地震灾害遥感评估　地震直接经济损失》,中华人民共和国地震行业标准,DB/T 79—2018。

第十五章　社会稳定风险评估实务 *

第一节　社会稳定风险评估的起源与发展

一、社会稳定风险与社会稳定风险评估

（一）社会稳定风险

社会稳定风险最初源于公共管理实践，后续逐步发展成为学术概念。关于社会稳定风险的概念，有广义和狭义之分。广义的社会稳定风险是指一种导致社会冲突、危及社会稳定和社会秩序的可能性，是一类基础性的、深层次的、结构性的潜在危害因素，会对社会的安全运行和健康发展构成严重的威胁，涵盖生态环境、社会经济、政治文化等多领域的风险。狭义的社会稳定风险是指由于分配不均、发生天灾人祸、结社群斗、失业人口增加等造成社会不安、宗教纠纷、社会阶级或阶层间对立、社会发生内争等社会因素引起的风险，仅指社会领域的风险。

（二）社会稳定风险评估

社会稳定风险评估是社会治理领域的重大制度创新。伴随社会治理深度和广度的不断延伸，社会稳定风险评估的概念也在不断深化和发展。目前，我国社会治理还处于深化和转型期，现阶段的社会稳定风险评估主要是指与人

＊　本章为国家社科规划基金项目：“拓宽并规范民众诉求表达、利益协调与纠纷化解的网络渠道研究”（编号：20BZZ019）阶段性成果。

民群众利益密切相关的重大决策、重要政策、重大改革措施、重大工程建设项目、与社会公共秩序相关的重大活动等重大事项在政策出台、组织实施或审批审核前,对可能影响社会稳定的隐患和风险,从合法性、合理性、可行性、可控性等方面开展调查、预测、分析、评估并提出建议的活动。社会稳定风险评估同时要求要制定风险防范和化解措施及应急处置预案,为推进重大事项顺利实施提供保障,确保社会和谐稳定。

二、社会稳定风险评估机制的建设历程

社会稳定风险评估制度的建立是党中央立足党和国家事业全局采取的重要战略举措,对于推进国家治理能力现代化、维护社会和谐稳定具有重要意义。从建设历程上看,我国社会稳定风险评估机制大致经历了四个阶段,即前身阶段、地方探索阶段、国家创制阶段以及深化转型阶段。

(一) 前身阶段(1989 年至 2005 年)

从国家治理角度来看,社会稳定风险评估的理念可以追溯至改革开放初期,这一阶段称之为稳评的"前身阶段"。1989 年 2 月 26 日,邓小平在和布什会谈时指出:"中国的问题,压倒一切的是需要稳定。"1990 年 12 月 24 日,他强调:"我不止一次讲过,稳定压倒一切。"邓小平用"稳定压倒一切"强调了社会稳定在当时社会经济发展中的重要地位。1997 年 9 月 19 日中共十五届一中全会上,江泽民强调指出,要正确处理改革、发展、稳定三者的关系,保持社会的长期稳定,为改革开放和现代化建设创造良好环境。之后,在"七一讲话"和十六大报告中,江泽民也针对改革、发展、稳定的关系进行了专门论述。1999 年 1 月 1 日全国政协新年茶话会上,江泽民提出"把人民群众的利益实现好、维护好、发展好,这是正确处理改革发展稳定关系的结合点,是保证经济持续增长的动力所必须的,也是维护社会稳定、巩固党的执政基础所必须的。"在以胡锦涛同志为核心的党的第四代领导集体时期,以人为本不仅成为科学发展观的本质和核心,也成为了维护社会稳定工作的重要理念,并形成了把社会矛盾冲突纳入制度化的处理轨道之中的依法执政思路。上述改革发展稳定的重要思想和论述,为社会稳定风险评估机制的建立奠定了政治基础。

（二）地方探索阶段（2005 年至 2009 年）

社会稳定风险评估机制发轫于地方实践，最早始于 2005 年遂宁试点，而后在国内其他地方逐渐展开，也基于此，国内学术界普遍将 2005 年作为我国社会稳定风险评估机制建设的起点。当时，随着改革开放的不断深入，全国各地都在进行重大投资项目建设，在推动当地经济社会发展的同时也暴露出很多矛盾问题，群体性事件作为其中严重影响社会稳定的一类社会性事件备受关注。2005 年初，针对当时最易引发群体性事件的一些重大建设工程，遂宁市在四川省率先出台了《重大工程建设项目稳定风险预测评估制度》。2005 年 9 月，遂宁市在总结前期工作经验的基础上，将风险评估机制逐渐应用到关系群众切身利益的各项决策。2006 年 2 月，遂宁市建立了《重大事项社会稳定风险评估化解制度》，取得明显成效。2007 年，中央维稳办赴遂宁市调研，对遂宁经验进行系统总结，随后开始在全国推广遂宁市重大投资项目社会稳定风险评估工作的经验做法。在各地社会稳定风险评估纷纷试点的过程中，一些结合地方实际的特色稳评模式也开始不断涌现，如"海南模式""上海模式""淮安模式"等。中央对于各地试点工作和取得成就的肯定与重视，为社会稳定风险评估的进一步制度化奠定了基础。

（三）国家创制阶段（2009 年至 2016 年）

国家层面创立社会稳定风险评估专门制度和体制机制，与地方的试点探索是互动的，两个阶段有所重叠。2009 年党的十七届四中全会明确提出要建立重大投资项目社会稳定风险评估机制。随后几年间，中央不断对地方政府提出建立和完善重大决策社会稳定风险评估机制以及重大决策必须实现经济和社会评估并重的新要求。2012 年 1 月 20 日，中共中央办公厅、国务院办公厅联合印发《关于建立健全重大决策社会稳定风险评估机制的指导意见（试行）》（中办发〔2012〕2 号）的通知，首次从中央文件层面对地方党政机关建立健全重大决策社会稳定风险评估机制提出详细指导意见，成为我国社会稳定风险评估迈入制度化轨道的标志性文件。2012 年 8 月 16 日，国家发改委印发《重大固定资产投资项目社会稳定风险评估暂行办法》（发改投资〔2012〕2492 号），要求重大的投资项目立项都需要进行社会稳定风险评估，作为立项的前置性条件。自此，作为一项制度性安排的社会稳定风险评估开始上升到国家层面，并开始在全国范围内迅速推广和应用。

2014年,党的十八届四中全会提出,健全依法决策机制,把"公众参与、专家论证、风险评估、合法性审查、集体讨论决定"确定为重大行政决策法定程序。2015年,党的十八届五中全会提出落实重大决策社会稳定风险评估制度,完善社会矛盾排查预警和调处化解综合机制。2015年7月1日,全国人大常委会通过了《中华人民共和国国家安全法》,将国家安全的内涵扩展到了政治、经济、文化和社会等领域。伴随一系列法律法规的出台,社会稳定风险评估工作逐步迈入法制化轨道。

（四）深化转型阶段（2016年至今）

2016年之后,社会稳定风险逐步提升到国家安全体系的高度,社会稳定风险评估相关领域研究与实践也进入深化和转型的新阶段,"防范和化解重大风险"、"防范和抵御安全风险"、"社会治理"等一系列相关概念陆续涌现。2016年1月,习近平在中央政法工作会议上作出重要指示强调,全国政法机关要增强忧患意识、责任意识,防控风险、服务发展,破解难题、补齐短板,提高维护国家安全和社会稳定的能力水平,履行好维护社会大局稳定、促进社会公平正义、保障人民安居乐业的职责使命。2017年,十九大报告提出要坚决打好防范化解重大风险、精准脱贫、污染防治的三大攻坚战,同时提出打造共建共治共享的社会治理格局。2019年,习近平总书记在省部级主要领导干部坚持底线思维着力防范化解重大风险专题研讨班中提出对防范化解政治、意识形态、经济、科技、社会、外部环境、党的建设等领域重大风险的明确要求。2020年,习近平总书记在主持中央政治局第二十六次集体学习时发表重要讲话指出,坚持中国特色国家安全道路,贯彻总体国家安全观,坚持政治安全、人民安全、国家利益至上有机统一,以人民安全为宗旨,以政治安全为根本,以经济安全为基础,捍卫国家主权和领土完整,防范化解重大安全风险,为实现中华民族伟大复兴提供坚强安全保障。

当前,我国正处于实现中华民族伟大复兴的关键时期,改革发展稳定任务艰巨繁重。作为防范化解重大风险的核心方法,社会稳定风险评估工作也面临更加复杂严峻的形势和前所未有的风险挑战。在这样的背景下,社会稳定风险评估工作要坚持以总体国家安全观为统领,强化研判预警能力,提高主动性和实效性,不断健全风险评估机制,统筹传统安全和非传统安全,将社会稳定风险评估工作统一到国家安全治理上来。

三、施行社会稳定风险评估的意义

开展重大事项社会稳定风险评估工作,是党中央作出的重大决策部署,也是党和国家加强创新社会治理的一项重要举措,对促进科学决策、民主决策、依法决策,预防和化解社会矛盾具有重要意义。习近平总书记在党的二十大报告中指出:"国家安全是民族复兴的根基,社会稳定是国家强盛的前提。"社会稳定对国家命运和人民利益至关重要,为全面建成社会主义现代化强国而团结奋斗尤其需要安全稳定的社会环境。当前,中国社会整体发展平稳有序,但社会矛盾依然突出,城乡协调发展、民生保障、社会治理、生态环境治理等领域依然存在很多影响社会和谐稳定的不安定因素,这些问题中潜藏着巨大的社会风险。因此,在重大工程、重大决策、重大活动、土地征收等实施前开展社会稳定风险评估,有利于防范重大工程建设项目潜在社会风险,提升行政决策工作的公信力,提高重大活动组织实施的安全性,确保土地征收决策的科学性和公平性,从而为改革发展和谐稳定提供坚强保障。

第二节　社会稳定风险评估的内容与程序

一、社会稳定风险评估的范围

《关于加强新形势下重大决策社会稳定风险评估机制建设的意见》(中办发〔2021〕11号)文件中明确指出:"凡是直接关系人民群众切身利益且对社会稳定、公共安全等方面可能造成较大影响的重大决策事项,党政机关、企事业单位和社会团体作出决策前均应进行社会稳定风险评估"。一般来说,重大工程、重大决策、重大活动、土地征收等均应在实施前进行社会稳定风险评估工作。在实际操作中,评估对象由各地区有关部门根据规定和实际情况确定。

二、社会稳定风险评估的依据

2011年,中央开始全面推进社会稳定风险评估工作,对涉及群众切身利益的重大工程项目和重大政策,在决策前进行经济效益和社会稳定风险"双评估",防止因决策不当引发社会矛盾。随后,中央和地方陆续出台社会稳定风险评估相关文件,其中 2012 年出台的 2 号文及 2492 号文(含配套 428 号文)是目前开展稳评工作的主要依据。

2012 年 1 月,中共中央办公厅、国务院办公厅下发了《关于建立健全重大决策社会稳定风险评估机制的指导意见(试行)》(中办发〔2012〕2 号)①,提出"开展重大决策社会稳定风险评估,对于促进科学决策、民主决策、依法决策,预防和化解社会矛盾,构建社会主义和谐社会,具有重要意义"。

2012 年 8 月,国家发展改革委印发《重大固定资产投资项目社会稳定风险评估暂行办法》(发改投资〔2012〕2492 号),对固定资产投资项目社会稳定风险评估工作提出了相关要求。2013 年 2 月,国家发展改革委出台《重大固定资产投资项目社会稳定风险分析篇章和评估报告编制大纲(试行)》(发改办投资〔2013〕428 号),对稳评分析与评估报告的编制进行了规范与要求。

三、社会稳定风险评估的主要内容

在进行社会稳定风险评估时,应根据评估项目的实际情况,重点围绕合法性、合理性、可行性、可控性这四方面进行评估分析。

(一) 合法性评估

合法性评估主要包括评估是否符合现行相关法律、法规、规范以及国家有关政策;是否符合国家与地区国民经济和社会发展规划、产业政策等;相关审批部门是否具有相应的审批权并在权限范围内进行审批;程序是否符合国家法律、法规、规章等有关规定。

(二) 合理性评估

合理性评估主要包括是否符合科学发展观要求,是否符合经济社会发展规律,是否符合社会公共利益、人民群众的现实利益和长远利益,是否兼顾了不同利益群体的诉求,是否可能引发地区、行业、群体之间的相互盲目攀比;依法应给予相关群众的补偿和其他救济是否充分、合理、公平、公正;拟采取的措

---

① 2021 年 2 月,中办、国办下发《关于加强新形势下重大决策社会稳定风险评估机制建设的意见》(中办发〔2021〕11 号),替代 2012 年下发的中办发〔2012〕2 号文。

施和手段是否必要、适当、是否维护了相关群众的合法权益等。

（三）可行性评估

可行性评估主要包括评估对象实施的时机和条件是否成熟，是否有具体、详实的方案；是否与本地区经济社会发展水平相适应，是否超越本地区财力，是否超越大多数群众的承受能力，是否能得到大多数群众的支持和认可等。

（四）可控性评估

可控性评估主要包括是否存在公共安全隐患，是否会引发群体性事件、集体上访，是否会引发社会负面舆论、恶意炒作以及其他影响社会稳定的问题；评估对象可能引发的社会稳定风险是否可控；对可能出现的社会稳定风险是否有相应的防范、化解措施，措施是否可行、有效；宣传解释和舆论引导措施是否充分等。

四、社会稳定风险评估的主要程序

社会稳定风险评估程序是机制建设的重要组成部分，目前社会稳定风险评估程序的操作流程，基本上是对于四川"遂宁模式"的"五步工作法"的借鉴和发展，具体包括以下七个方面：

（一）启动评估工作

在进行社会稳定风险评估前，首先应确定评估对象，凡是直接关系人民群众切身利益且涉及面广、容易引发社会稳定问题的重大决策事项，包括涉及征地拆迁、农民负担、国有企业改制、环境影响、社会保障、公益事业等方面的重大工程项目建设、重大政策制定以及其他对社会稳定有较大影响的重大决策事项等，均应确定为评估对象。

（二）制定工作方案

在确定好评估对象后，应明确评估责任主体并成立相应的评估工作小组。评估工作小组针对评估对象具体情况，了解相关项目背景、政策法规等，制定工作方案，确定评估工作目标、评估重点和范围、编制评估大纲、评估计划及进度安排等。

（三）开展风险调查

对于利益相关群体的风险调查是评估过程中的核心环节,因为其全面性与真实性直接关系到后续风险点的识别与风险等级的确定。风险调查方式包括召开座谈会、问卷调查、公示公告、舆情调查等多种形式。

召开座谈会:依据评估对象的不同,评估小组可视情况召开不同主题的座谈会,如有关部门及单位负责人座谈会、项目单位负责人座谈会、基层组织负责人座谈会、利益相关群体代表座谈会等,了解参会代表对于评估对象的看法及更多相关信息。

问卷调查:开展问卷调查的目的是为了通过与利益相关群体的面对面交流,获取第一手真实资料,掌握利益相关群体对于评估对象的态度。在确定问卷调查对象时,应把握广泛性和针对性两个原则。广泛性是指调查对象的广泛性,应尽可能多地征询与评估对象有关的利益群体意见。针对性是指问卷设计时应根据评估对象的不同科学设计、突出重点。

公示公告:对于依法可以公开的重大决策事项,应当通过政府网站、政务新媒体以及报刊、广播、电视等便于社会公众知晓的途径,公布决策草案及其说明等材料。对于重大工程或土地征收等项目,还需在项目所在场所进行现场公示。公示内容包括项目单位名称及性质、项目建设背景、项目建设必要性、项目规模及内容、项目占地情况、项目联系人及电话等。公示期原则上不少于 10 天,部分重大决策公示期一般不少于 30 天,因情况紧急等原因需要缩短期限的,公开征求意见时应予以说明。

舆情调查:通过网络舆情调查,调查大众媒体以及网络论坛等对评估对象的意见、诉求和舆论导向等,同时调查同类评估事项曾引发的社会稳定风险以及风险的原因、后果和处置措施等。

（四）全面分析论证

风险调查后,评估小组应根据掌握资料,认真归纳梳理发现的矛盾纠纷和风险因素,从评估对象的合法性、合理性、可行性、可控性等方面进行分析论证。

（五）确定风险等级

评估小组应根据识别出的风险因素,采用定性与定量分析相结合的方式,确定评估对象的风险等级。单因素风险等级确定后,还需综合评定项目整体风险等级。项目整体风险程度评价值,应该不小于其中任何一个单因素风险程度评价值。

（六）编制评估报告

在确定评估对象的社会稳定风险等级,形成风险评估结论基础上,评估小组应编制完整的社会稳定风险评估报告。评估报告一般应包括评估对象的基本概况、"四性"分析、风险因素识别、风险等级、风险评估结论、风险防范化解措施及应急处置预案等内容。

（七）组织报告评审

评估小组应协同有关部门和单位,组织召开社会稳定风险评估专家论证会,对编制的社会稳定风险评估报告进行论证分析,包括风险因素识别是否准确、风险等级评估是否合理等。评估小组应结合专家论证会上的评估意见对评估报告进行修改完善,评估报告修订后报上级有关部门审批,从而对评估对象作出实施、暂缓实施、暂不实施的决定。

第三节　社会稳定风险评估典型案例分析

一、重大决策稳评：以 A 市低速电动车管理决策为例

（一）项目概况

违规低速三四轮电动车因其经济实惠、使用方便,成为一部分群众的出行交通工具。近年来,A 市部分地区出现低速电动车大规模生产使用情况,其无序增长加剧了城市拥堵,由其引发的道路交通事故呈快速上升态势,严重影响城市绿色交通、慢行交通发展和人民群众生命财产安全。为净化 A 市道路交通环境,维护道路交通安全秩序,根据道路交通安全、产品质量等相关法律法规、国家标准、国家政策等文件要求,A 市公安局、市工业和信息化局、市市场监管委、市交通运输委四个部门拟联合发布《关于加强违规低速电动车管理的通告》(以下简称《通告》)。根据《通告》,禁止生产、销售违规低速电动车;禁

止利用违规低速电动车从事客运、货运经营；设置一年过渡期，过渡期后违规低速电动车严禁上道路行驶，严禁在公众通行的场所停放。

（二）风险调查

1. 调查对象

结合项目实际情况，对相关部门、相关单位、生产销售企业、相关使用群体、社会公众进行了调查。

表 15-1　调查范围和对象表

序号		调查对象
1	相关部门	A市市场监管委、市交通运输委、市城市管理委员会、市邮政管理局、市工业和信息化局、市高级人民法院、各区交警支队及大队等
2	相关单位	邮政、快递、环卫、生活垃圾运输等用于生产工作的相关单位
3	生产销售企业	电动车生产厂商、销售门店、维修点等相关企业
4	相关使用群体	使用此类车型用于载人、载物等生活工具的相关群体
5	社会公众	驾驶人群体、客运群体以及其他社会公众

2. 调查方法

项目组通过资料收集、公示公告、访谈座谈、实地走访、问卷调查、专家咨询等多种调查方式，广泛征求利益相关方建议，充分识别事项风险情况。

（1）资料搜集：全面收集并认真审阅评估相关资料，主要包括：《通告》及相关资料；国家和地方相关法律、法规和政策；同类或类似事项决策风险评估资料等。

（2）公示公告：在A市人民政府网站、评估单位官网、微信公众号发布公示公告，广泛征求各相关单位、部门、组织及社会公众各方意见。

（3）访谈座谈：对A市交管局、市城市管理委、市邮政管理局等有关部门负责同志及快递协会代表进行座谈，了解各单位或组织对《通告》制定与实施的态度、意见或建议。

（4）实地走访：对A市电动车生产销售企业门店进行实地走访和政策宣贯，了解相关企业对《通告》制定与实施的态度、意见或建议。

（5）问卷调查。对A市电动车生产销售企业门店、各区各街镇社会公众（包括：邮政快递等行业从业人员、三四轮电动车使用群体及关注该事项的市民公众）进行问卷调查。

（6）专家咨询：召开A市低速电动车管理重大行政决策社会稳定风险评

估论证会,征求车辆生产销售、车辆安全、法律、经济社会评价与预测、公共管理等方面专家的意见建议。

(7) 舆情调查:通过网络搜索及文献查阅,了解 A 市低速电动车使用管理现状及同类决策事项的媒体舆论情况。

3. 调查结果分析

从调查结果看,《通告》的制定将为保障人民群众道路交通安全、净化道路通行环境、规范交通通行秩序、提升城市文明形象发挥重要作用。参考外省市相关经验,北京、上海、重庆、河北、江苏、山东、湖南等地已经出台相关规定并取得良好的社会效应,得到社会公众的普遍支持。因此,《通告》的制定出台合法合规,对于维护道路交通安全、保障人民生命财产安全意义重大。风险调查中,A 市各级政府相关部门高度重视《通告》的制定并提出若干完善建议;低速电动车相关企业均对该决策事项表示支持;社会公众调查中,绝大多数受访者对该决策事项表示支持,并针对强化市场监管、保障人民出行安全、倡导低碳绿色出行等提出了意见建议。针对决策可能引发的社会稳定风险预判与评估,依法合理防范化解矛盾纠纷风险,能够为《通告》制定出台奠定良好的社会基础。

(三) 风险分析

1. 合法性分析

《通告》制定符合《关于加强低速电动车管理的通知》(工信部联装〔2018〕227 号)、《A 市道路交通安全若干规定》等国家及 A 市相关规定,经过了 A 市公安局等相关部门的充分沟通与研究,充分征求了各有关单位的意见,决策事项经过了严密的论证程序。因此,决策事项、决策主体和决策程序具有合法性。

2. 合理性分析

贯彻落实国家及 A 市相关法律法规,借鉴外省市同类政策实施情况,结合本市实际,制定和实施《通告》有助于优化 A 市道路交通环境,维护道路交通安全秩序,保障人民群众生命财产安全,提升城市文明形象。风险调查中,多数受访者表示低速电动车存在闯红灯、随意掉头、占用机动车道、堵塞交通、超载等交通安全隐患,八成以上受访者表示支持《通告》。决策事项预期能够符合大多数相关利益群体诉求,具有合理性。

3. 可行性分析

参考外省市相关经验,北京市、上海市、重庆市、河北省、江苏省、山东省、安徽省、甘肃省、湖南省、广西壮族自治区均已出台关于加强违规低速电动车管理相关规定并成效显著,此次 A 市《通告》的制定实施与经济社会发展水平相适应,引发集体上访或群体性事件的可能性较小,决策事项具有可行性。交管部门在执法过程中可能存在部分群众不理解、不支持的情况,建议提前做好社会公众告知工作与柔性执法。

4. 可控性分析

该决策事项的实施存在可能引发风险的因素,但对可能出现的社会稳定风险因素采取相应的防范、化解措施可有效地降低风险。通过加强 A 市公安局、市工业和信息化局、市市场监管委、市交通运输委等各单位的紧密配合,并制定风险应急处置预案,对突发事件的发生采取相应的化解措施。该决策事项的风险具有可控性。

(四) 风险识别和防范化解

1. 主要风险点及其风险等级判断

在风险调查的基础上,针对该决策事项可能导致发生风险或不确定事件的情形,全面查找并分析可能引发决策风险的各类风险因素,初步判断风险因素主要包括:公众参与、过渡期管控、使用者生产生活影响、媒体舆情等。

(1) 公众参与。《通告》(征求意见稿)已在 A 市政务网、市公安局网站发布,央广网、搜狐网、腾讯网、凤凰网、澎湃新闻等网络媒体进行了转载报道。考虑到全市低速三四轮电动车保有量较多,风险调查中 40.05% 的被调查者表示不清楚《通告》范围内的低速三四轮电动车是违规的。随着决策事项的实施推动,知晓《通告》内容的群众将大幅增加,可能出现部分群众不认可的情况。若在过渡期间,群众的知晓度没有明显提升或者对《通告》内容不认可,过渡期结束后,交管部门在违规电动车执法上存在较大难度。

(2) 过渡期管控。《通告》目前设定了过渡期,明确了过渡期后违规低速电动车严禁上道路行驶,严禁在公众通行场所停放,但未对过渡期管理有明确细化办法,如过渡期间的管辖部门、电动车违法行为与处罚办法、合法电动车挂牌等。在过渡期间,如果没有做好广泛的群众告知以及低速电动车管理工作,过渡期后相关工作可能会被群众质疑"行政命令一刀切"。

(3) 使用者生产生活影响。低速三四轮电动车因轻巧灵活、购买价格低廉、能源消耗低、满足出行要求等特点,广泛用于邮政、快递、环卫、生活垃圾运输等领域,同时也被广大老年人群体接受。风险调查中,81.37% 受访者表示支持,13.65％受访者表示无所谓,4.97％受访者表示反对。《通告》制定可能对邮政、快递、环卫、运输等相关企事业单位生产运营造成一定影响,也可能影响部分公民的生产生活。

（4）媒体舆情。风险调查中,部分三四轮电动车持有者认为三四轮电动车不会影响交通,可能对此次决策事项表示不满。随着微博、微信、公众号等新兴媒体的崛起,信息传播速度和影响范围都呈几何级数增长,尤其敏感话题和负面言论更容易在传播中被歪曲、失真,导致部分群众、媒体质疑,形成舆论压力,引发社会稳定风险,造成不良社会影响。

2. 风险防范和化解措施

针对各项风险因素,评估小组提出相应的风险防范和化解措施:

（1）公众参与。应加强政策宣贯和《通告》解读,提高 A 市群众对政策知晓度。及时回应社会关切,特别是对电动三四轮车持有者普遍关注的问题进行解答,使其及时了解《通告》实施的必要性和意义。《通告》正式发布后,应加强政策宣贯和文明劝导,可通过悬挂条幅、发放明白纸、设置警示牌等形式大力宣传,保障宣传发动工作最大程度的普及。

（2）过渡期管控。联合 A 市工业和信息化局、市交通运输委、市市场监管委等相关部门做好 A 市低速电动车清理整顿工作,严禁新增低速电动车产能,加强低速电动车生产、流通、销售等环节的规范管理。同时,进一步完善实施细则,明确过渡期间低速电动车的具体管辖部门、各类违法行为及处罚办法等内容。

（3）使用者生产生活影响。加强重点行业监管,督促邮政快递、园林绿化、环卫主管部门,加强对本行业违规低速电动车的日常管理,完成过渡期内合法车辆的更换工作,妥善处置报废车辆,避免造成环境污染。同时,做好相关企事业单位、社会公众等的政策宣传,督促相关单位和个人将违规电动三四轮车替换为合法车辆。交管部门在执法过程中应做好柔性执法,充分考虑被执法者实际情况,避免引发警民矛盾。

（4）媒体舆情。关注媒体舆论,通过网站、微博、微信等新媒体渠道搭建公共交流平台,实现与群众的实时沟通、互动,对出现的问题及时反馈处理。对于有可能激化矛盾,引发社会稳定风险的事件,要早发现、早上报、早处置,确保稳控措施有效到位。

3. 措施落实后的风险等级

按照风险度量标准,综合定性与定量分析,评估该项目采取措施后的风险等级为低风险。

（五）结论及启示

1. 评估结论

（1）定性分析。经过风险调查、梳理专家意见及评估论证，此次决策事项能够得到多数群众理解支持。因此，定性判断此决策事项风险级别为低风险。

（2）定量分析。在风险识别的基础上，结合决策事项实际情况，对各风险因素发生概率、影响程度进行了定量估计，得出各单因素风险程度如表15-2所示，风险概率-影响矩阵如图15-1所示。

表15-2　经分析论证各因素风险程度汇总表

序号	风险因素	风险概率		影响程度		风险程度	
		数值	等级	数值	等级	数值	等级
1	公众参与	0.32	较低	0.36	较小	0.12	较小
2	过渡期管控	0.28	较低	0.40	较小	0.11	较小
3	使用者生产生活影响	0.36	较低	0.52	中等	0.19	一般
4	媒体舆情	0.28	较低	0.28	较小	0.08	较小

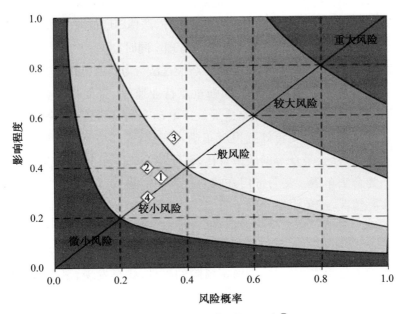

图15-1　风险概率-影响矩阵①

————————————

① 图15-1中序号分别对应表15-2中风险因素。

2. 启示和讨论

低速三四轮电动车治理关系到公众的生存生计、生活环境和社会秩序等各个方面,以公众需求为导向的制度建设是社会稳定的根本保证。为切实摸清 A 市低速电动车治理中的堵点痛点和风险因素,加大群众参与政府决策的力度,项目组面向全市制定了"大调研方案",针对不同利益群体分门别类制定调研内容,调研范围覆盖全市各区重点行业、重点街镇和重点人群,调研数量超过千人,最大限度提升稳评工作公众参与度、认知度,拓宽群众知情权、话语权。

治国安邦,重在基层,民生是最大的政治,公众是治理的服务主体。重大决策类社会稳定风险评估触及民生领域,决策制定与实施要切实以人民需求为导向,坚定执行人民民主专政的基本路线,充分听取公众需求,加强政策教育宣传,最大程度地降低社会矛盾,努力营造共建共享共治的治理氛围,确保重大决策的制定与出台根基强、落地稳。

二、重大工程类稳评:以某医院扩建为例

(一) 项目概况

某医院改扩建三期工程拟新建科教综合楼和门诊住院综合楼,购置 CT、PET/MR、DR 等医疗设备,同步实施室外配套工程,项目建成后将新增 800 张床位。项目施工期 51 个月,计划于 2022 年 10 月开工建设,2026 年 12 月底竣工交付使用。项目估算总投资为 25 亿元。项目建设将改善医院硬件条件,满足患者医疗需求,提高医院科研水平,提升医疗服务能力,也是健全重大疫情防控体制机制和公共卫生应急管理体系的需要。同时,项目建成后能够较好满足患者家属的停车需求,进而有效解决医院停车难和周边交通拥堵的问题。

(二) 风险调查

1. 调查对象

结合项目实际情况,对相关部门、基层政府和组织、相关单位、周边居民进行了调查:

表 15－3　调查范围和对象表

序号		调查对象
1	相关部门	卫生健康委、市教委、区委政法委、区信访办、区生态环境局、交管局某支队某大队
2	基层政府、基层组织	项目周边所涉及街道办及社区居委会
3	相关单位	某医科大学、A市某医院、A市某建筑设计公司(设计单位)
4	利益相关单位	某小学、某人民检察院
5	利益相关居民	项目周边所涉及小区居民

2.调查方法

项目组主要采用资料收集、现场踏勘、座谈访谈、公示公告、问卷调查、专家咨询、文献调查等调查方法,以达到广泛调查、充分全面获取信息的目的。

(1)资料收集。通过多种渠道,广泛搜集、分析研究相关的文献资料,重点包括:国家和地方的政策性文件、规划等;调查项目周边的自然和社会环境情况;了解大众媒体、网络媒体对项目实施所持态度和意见、建议;类似项目的社会稳定风险事件等。

(2)现场踏勘。项目组在项目单位配合下,对项目现场进行了实地踏勘,现场重点调查内容包括:项目选址现状、周边居民区及周边自然环境等。

(3)座谈访谈。在项目单位的协调下,项目组对涉及的相关部门、基层政府、基层组织、利益相关单位等进行了走访调研,并在座谈访谈前有针对性的制定了访谈提纲。重点了解该项目实施可能存在的风险及应对措施、相关利益群体对该项目的态度和意见建议等。

(4)公示公告。项目组在该医院及周边小区宣传栏张贴了公众参与公告,同时在公司网站进行了网上公示,广泛征求社会意见,公示期间未收到居民反馈信息。

(5)问卷调查。项目组对相关部门、基层政府和组织、相关单位、周边居民进行了问卷调查,问卷调研内容主要包括:医院现状就医环境存在问题、对项目了解程度、项目建设可能存在的问题、对项目建设的态度、意见建议等。

(6)专家咨询。项目组邀请城市规划、工程管理、环境评价、公共危机管理、法律等方面的专家,对调查结果进行分析探讨。通过讨论,筛选出主要风险因素,针对各项风险因素提出具体防范化解措施。此外,通过对风险因素的分析论证,估计项目各风险因素风险程度。

(7) 文献调查。通过对历史文献进行搜集、整理及分析,对同类项目风险进行调查,参考同类项目的主要风险,借鉴相关防范和化解措施。

(8) 舆情分析。将"某医院、改扩建、三期工程"等作为关键词,在百度搜索、新浪微博、腾讯微信、北方网政民零距离等网站进行搜索,查阅所在城市主流纸媒,查找与项目有关的正面及负面信息。

3. 调查结果分析

从调查结果看,本项目建设将改善医院硬件条件,满足患者医疗需求,提高医院科研水平,提升医疗服务能力,有利于健全重大疫情防控体制机制,推进公共卫生应急管理体系建设。同时,项目建成后能够较好满足患者家属的停车需求,有效解决医院停车难和周边交通拥堵的问题。项目实施意义重大。各相关部门对于该医院改扩建三期工程建设十分重视,在组织、资金、政策等方面都给予了较大支持。相关街道办和居委会普遍对项目实施表示支持,围绕环境影响、交通影响、施工安全等方面提出了意见建议。各级政府和基层组织均给予项目较大关注,为后续项目顺利实施奠定了良好基础。从问卷调查结果看,86.06%受访居民对项目实施表示支持,11.72%受访居民表示无所谓,2.22%受访居民表示不支持,大部分居民对项目建设持支持态度。

(三) 风险分析

1. 合法性分析

项目建设符合《"健康中国 2030"规划纲要》《"十四五"优质高效医疗卫生服务体系建设实施方案》《××市医疗卫生机构布局规划(2015—2035 年)》等国家及该市现行相关法律、法规、规范,符合全民健康保障工程建设规划、该市国民经济和社会发展规划。项目已取得项目建议书批复等相关文件,相关审批部门均具有相应的项目审批权并在权限范围内进行审批。在完善各类前置手续前提下,项目建设具有合法性。

2. 合理性分析

医疗卫生事业关系到人民群众的身体健康,与人民群众切身利益密切相关,是社会关注的热点,也是构建社会主义和谐社会的重要内容之一。项目建设符合经济社会发展规律,符合社会公共利益及人民群众利益,兼顾了不同利益群体的诉求。项目依托该医院现有医疗技术优势,发挥疑难病症诊疗特色,项目可促进泌尿肾病疑难病症诊治能力的提升,满足心血管学科建设需要,提升优质医疗资源可及性,符合民生工程要求。项目建设具有合理性。

3. 可行性分析

项目的建设时机和条件成熟,目前有具体、详实的技术方案;项目实施与该地区经济社会发展水平相适应;项目单位具有丰富的同类项目建设管理经验;项目得到基层政府、基层组织、周边企事业单位和大部分周边居民的支持。总体来说,项目建设具有可行性。

4. 可控性分析

项目实施虽存在一定风险,但对可能出现的社会稳定风险采取有效的防范和化解措施后,项目实施可能引发的社会稳定风险是可控的。

(四) 风险识别和防范化解

1. 主要风险点及其风险等级判断

项目实施在程序合规性、资金筹措和保障、环境影响、项目管理、对周边交通的影响、社会稳定风险管理体系等方面存在一定风险。

(1) 程序合规性。项目科教综合楼已取得建设项目用地预审与选址意见书,门诊住院综合楼和能源中心已取得规划条件通知书。可研、环评、稳评等前期工作正在开展中,尚未取得相关部门的批复,审批手续有待完善,如在此前开始施工,存在审批程序不合规的风险。程序合规性风险发生在准备期、实施期,发生概率较低,其影响程度中等。

(2) 资金筹措和保障。由于项目总投资金额较大,后续建设资金如果无法及时落实,如前期工作进度影响专项债券发行,可能导致后续的建设工作停滞,造成不利影响。在施工阶段,工程款若不能及时到位,将会影响项目顺利实施,产生质量、进度、管理等方面的工程风险;施工单位若不能按时、足额支付工人工资,可能引发上访讨薪情况,造成不稳定因素。资金筹措和保障风险发生在准备期、实施期,发生概率中等,其影响程度中等。

(3) 环境影响。工程施工产生扬尘,遇到大风天气或车辆过往致使尘土飞扬,影响周围环境。施工噪声主要来自挖掘、装卸、运输等工序产生的噪声以及车辆马达的轰鸣及喇叭声。废水主要为生活污水、施工含油废水、地表径流水、抑尘用水等。施工期间废弃物处置地不明确或无规划乱丢乱放,将影响周边环境。除此之外,施工人员的生活废弃物若不能妥善处理,则会影响施工区的卫生环境。项目运营期将产生医疗废水、医疗垃圾等。环境影响风险发生在实施期、运营期,发生概率中等,其影响程度中等。

（4）项目管理。项目工程内容较多,各类工程机械和技术使用频繁,在用电、机械故障、易爆品处置、工程施工等方面,易出现安全事故。项目施工周期较长,施工人员多,如果管理措施不到位、文明施工相关规定执行不力,可能会对周边的居民、就医患者及家属正常生活造成影响。工程实施期间,将有一定数量的外来人口进入,并且有人员聚集,在疫情防控常态化的形势下,如果疏于管理,一旦出现疫情反弹,局面将难以控制。项目管理风险发生在实施期,发生概率中等,其影响程度中等。

（5）对周边交通的影响。项目选址位于中心城区,周边道路较窄且交通流量较大,如解决不好施工期间的交通组织疏导,对附近群众的出行产生影响,会引发群众对项目施工的抵触心理。项目实施后,如果不能解决运营后停车难问题,可能会导致周边群众抵制项目建设,影响项目顺利实施。对周边交通的影响风险发生在实施期、运营期,发生概率中等,其影响程度中等。

（6）社会稳定风险管理体系。项目实施涉及多个部门,如果相关部门、项目单位、施工单位等沟通协调对接不充分,群众意见诉求表达渠道不畅通,有可能导致发现和化解矛盾不及时,容易产生社会稳定风险。从目前调查结果来看,相关部门和大多数群众均对项目实施表示支持,但是随着项目的开展,问题会逐渐显现,其产生的负面影响经媒体、网络、社会舆论等传播,可能被歪曲、失真,引起部分群众对项目的质疑甚至反对,因此存在一定社会稳定风险。社会稳定风险管理体系风险发生在全过程,发生概率中等,其影响程度中等。

2. 风险防范和化解措施

为从源头上防范和化解项目实施可能引发的各种社会稳定风险,根据项目特点,制定出各项风险防范、化解措施,同时落实项目实施中的责任主体。

（1）程序合规性。项目单位应严格按照国家、所在城市相关法律法规及申报流程抓紧办理前期审批手续,按照相关部门要求尽快完成可研、环评等前期工作,尽早取得项目施工许可,保证项目建设的合法合规性,为项目的顺利实施打下良好基础。项目建设单位应在各项手续齐备后再开工建设,同时应加强项目合法性的自查,做好与审批部门的沟通对接,并严格落实各审批部门对项目的批复意见。

（2）资金筹措和保障。确保项目单位自筹资本金随项目工程进度逐步落实，以保障项目按计划实施，同时按照地方政府专项债券发行申报要求落实相应申报材料，具备发行地方政府专项债券的前置条件，及时获得相应资金。落实施工单位员工工资支付与管理工作责任，建立施工企业负责、项目单位督办、主管部门监管的保障机制。相关主管部门应按照要求，定期检查施工单位员工工资发放情况，加强专项审计，确保专款专用。

（3）环境影响。严格落实环评报告及环评批复中提出的各项措施，合理制定施工方案、布置施工场地。施工现场设置围墙或围挡，设专人清洗车辆、车帮及清扫出入口卫生，确保车辆不带泥上路。对渣土、沙石等堆场采取苫布覆盖的措施，运输散体物料必须采用密闭车辆。施工期开挖土方、筑路及运输等工序扬尘产生量较大，应尽量在无大风的天气条件下进行。通过控制施工机械与敏感点的距离、选用低噪音设备等措施降低噪声对周边居民的影响。施工人员生活污水进行隔油、沉淀等处理后，就近排入市政污水管网。施工单位应提前制定废弃物处置和运输计划，工程土等废物采用密闭车辆进行运输，防止运输沿途洒落。运营期项目单位应认真落实环评报告及环评批复中的各项环保措施，建立环境保护管理机制，实现各污染物稳定达标排放。优化设计方案，保证设计方案满足相关规范对日照的要求，最大限度降低对周边建筑日照的影响。

（4）项目管理。应充分论证工程方案，并选择有相应资质和施工经验的施工单位承担施工任务，保障工程质量。施工单位应制定完善的安全制度，施工现场落实安全生产责任制，设置专职安全员，建立安全生产保障体系。施工前要做好各项准备工作，制定疫情防控工作方案，同时储备足量防控相关物资和设备。

（5）对周边交通的影响。施工期间，项目单位和施工单位应提前与交管部门配合，事先分析预测当地交通状况，制定好施工区域的交通导行方案。在项目规划设计阶段，应充分考虑运营后就诊人员车辆可能给周边带来的交通拥堵问题，合理设置院区出入口位置，优化院内和院外车流导行。合理设计医院停车位数量，宣传、鼓励医院职工和就医人员采用公交、地铁等交通工具，绿色出行。

（6）社会稳定风险管理体系。加强各相关部门间的沟通协调，提高对信访维稳工作重要性的认识，建立社会稳定风险管理责任制和联动机制。加强项目单位、施工单位、基层政府和组织的沟通联系，保持群众反映问题的渠道畅通,及时消除矛盾隐患,防止矛盾激化。密切关注媒体舆论,通过微博、微信等新媒体渠道搭建公共交流平台,实现与群众的实时沟通、互动,对出现的问题及时反馈处理;树立公关意识,及时发布权威信息,通过主流媒体引导舆论导向,接受媒体监督并宣传项目实施的积极意义。

3. 措施落实后的风险等级

按照风险度量标准,综合定性与定量分析,评估该项目采取措施后的风险等级为低风险。

（五）结论及启示

1. 评估结论

（1）定性分析:经过分析评估风险因素及防范化解措施得知,多数群众理解支持但少部分人有意见,因此,定性判断该项目风险等级为低风险。

（2）定量分析:项目组在风险识别的基础上,对各风险因素发生概率、影响程度进行了定量估计,得出各单因素风险程度如表 15 - 4 所示,风险概率-影响矩阵如图 15 - 2 所示:

表 15 - 4　经分析论证各因素风险程度汇总表

序号	风险因素	风险概率		影响程度		风险程度	
		数值	等级	数值	等级	数值	等级
1	程序合规性	0.28	较低	0.56	中等	0.16	较小
2	资金筹措和保障	0.40	较低	0.52	中等	0.21	一般
3	环境影响	0.48	中等	0.56	中等	0.27	一般
4	项目管理	0.52	中等	0.40	较小	0.21	一般
5	对周边交通的影响	0.56	中等	0.52	中等	0.29	一般
6	社会稳定风险管理体系	0.40	较低	0.52	中等	0.21	一般

2. 启示和讨论

该医院改扩建三期工程位于中心城区,周边学校、企事业单位及居民区密集,因此本项目具有"邻避效应",涉及利益群体众多,社会关注度高。在进行本项目评估工作时,项目组针对不同调查对象设计了不同调查问卷,针对同类利益相关群体也采用了网络公示、居民小区张贴公告、现场走访、问卷调查、间接调查等多种调查方式,一方面保障了信息渠道的畅通性,另一方面也确保调

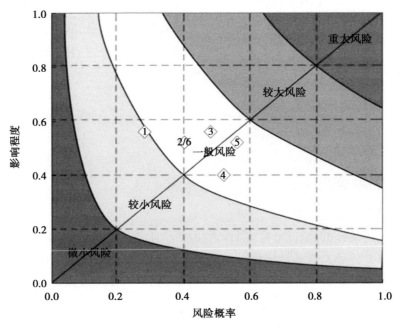

图 15-2   风险概率-影响矩阵①

查结果更为真实、全面、深入。

此外,由于工程项目种类繁多,涉及多行业、多领域,稳评流程环节多、链条长,因此不同类别工程项目社会稳定风险因素存在较大差异。在具体操作时,可参照国家发改委 2012 年发布的《固定资产投资项目社会稳定风险分析篇章和评估报告编制大纲(征求意见稿)》(发改办投资〔2012〕2873 号)中的"风险因素对照表",从"政策规划和审批程序、征地拆迁及补偿、技术经济、生态环境影响、项目管理、经济社会影响、安全卫生、媒体舆情"等方面进行风险识别和分析。

---

① 图 15-2 中序号分别对应表 15-4 中风险因素。

第十六章　社会冲突化解的网络渠道建设[*]

自 20 世纪 90 年代以来,有两种社会趋势值得高度关注。一方面,随着利益结构的全面调整,社会稳定风险逐渐积累,社会冲突频繁发生,"维稳"成为各级党委政府的一项重要任务和治理难题;另一方面,"互联网＋"以席卷一切业态的趋势在金融、物流、图书、零售、出行、教育等诸多领域产生了颠覆性影响。

作为这两种趋势相结合的产物,人们日益熟练、频繁地通过网络来表达诉求和不满,形成了强大的网络舆论场。与此相对应,党和政府也将网络视为推进改革和创新的重要载体。2013 年党的十八届三中全会《关于全面深化改革若干重大问题的决定》明确提出,要"改革信访工作制度,实行网上受理信访制度。"2015 年《国务院关于积极推进"互联网＋"行动的指导意见》要求"建立健全运用互联网、大数据、人工智能等技术手段进行行政管理的制度规则",推进国家治理能力和治理体系的现代化。

在此背景下,如何深入挖掘网络在促进社会冲突治理方面的作用,充分利用新技术带来的便利,有效缓解现场渠道的冲突压力,就成为一个极具现实性和紧迫性的重大社会治理问题。本章内容将系统回顾西方社会通过网络渠道化解冲突的主要历程,分析网络渠道相对于现场渠道的比较优势及对行为者能够产生的具体影响,最后探讨当代中国在建设冲突化解网络渠道方面必须要抓住和解决的六个结构性问题。

---

* 本章为国家社科规划基金项目:"拓宽并规范民众诉求表达、利益协调与纠纷化解的网络渠道研究"(编号:20BZZ019)阶段性成果。

第一节　西方社会通过网络渠道化解
冲突的发展历程

尽管在 1969 年就发明了互联网,但在长达 20 多年的时间里,互联网主要在学术研究和军事领域运用,同质化而小规模的用户并没有产生多少互联网纠纷。直到 1992 年,互联网的商业用途才被允许,其后亚马逊、eBay 等企业逐步建立,一些搜索引擎公司登场,互联网开始进入普通人的生活。与此相随,化解冲突的网络渠道的建设也是从 1992 年之后才启动。整体而言,西方社会建设冲突化解的网络渠道的发展历程大体可以区分为四个阶段。[①]

一、"网上纠纷化解"的初创与摸索(1992—2000)

随着互联网进入人们的日常生活,发生在网络上的冲突迅速出现并快速增长,表现为版权争议、域名冲突、电子商务纠纷、身份信息盗用纠纷、垃圾邮件、虚假广告、网络病毒等。互联网在为人们带来便利的同时,也成为产生新冲突的载体,更重要的是人们在网络上产生的相关冲突,由于受到地理空间、法律制度、语言文化等因素限制,在冲突化解过程中存在着难以克服的困难,使用传统途径来化解这些冲突的成本甚至远高于冲突标的的价值。在此情况下,人们只能将冲突压制下去或将相关损失作为必要成本来核算。

在互联网相关冲突井喷式涌现的情况下,1990 年代中期,网上纠纷化解(ODR)应运而生。ODR 被认为是替代性纠纷解决(简称 ADR)在互联网环境中的变体,具有传统线下渠道不具备的一些优势,比如,花费更少、速度更快、更灵活、更少对抗性、化解导向而不是责备导向、更私密等。该时期出现了一些代表性项目,比如主要推动"网上仲裁"的"虚拟法官项目",马萨诸塞州大学的"网上监察员办公室项目",聚焦于家庭纠纷调解的"马里兰家庭调解项目",世界知识产权组织仲裁与调解中心针对互联网域名注册纠纷的项目,蒙特利尔大学的"网络法庭项目"等,这些具有先锋色彩的探索成为后续发展的重要基石。

[①]　参见:许尧:《通过网络化解冲突:近 30 年域外的探索及其借鉴意义》,载《电子政务》2021 年第 12 期。

此阶段比较突出的特点包括：(1)社会对于通过网络渠道来化解冲突的需求开始出现，这种需求随着人们使用网络的增多而日益迫切，尤其是如何化解电子商务领域的冲突成为互联网公司不得不面对的棘手问题；(2)发生在网络环境中的冲突依然通过网络来化解成为一种自然而然的选择，网络渠道的价值随着一些项目的落地得到一定关注，但相关试点项目不乏失败者；(3)受到技术、用户规模等条件的限制，网络渠道建设的实践还比较初步，线上渠道尽管显示出了线下渠道所不具有的一些比较优势，但人们的行为选择存在惯性，对新事物存在着认知隔阂，网络渠道更多地被视为是未来的事务，甚至被贴上"非人性化"的标签，相关项目的参与者规模较小，社会认同度不高；(4)学术界和公益机构是最先感知到网络渠道价值的主体，随后市场力量的进入为网络渠道发展提供了强有力的推力。

二、"网上纠纷化解"的规范化及在公共领域的扩展
(2000—2010)

到2000年左右，网络渠道的发展逐步进入第二阶段，并大约持续了10来年时间。在此阶段，出现了两个突出的发展趋势。首先，ODR日益成熟和规范化。致力于纠纷解决的公司或项目经历了市场化竞争与淘汰，一些公司或项目日趋成熟，能够顺畅地成规模地化解相关纠纷，比如SquareTrade每年可以处理数百万件纠纷，eBay则达到了每年数千万件；也有一些公司被无情淘汰，尤其是2000年前后经历了第一轮互联网泡沫，大量公司被迫退出市场。从客观上讲，网络渠道的发展迫切需要进行规范化，从而确保良性竞争和可持续发展。

其次，政府主管部门开始推动该领域的规范化。2000年6月，美国联邦贸易委员会和商业部就ODR的全球方案、采用新技术、保证它的公平与效率以及对消费者和企业的教育等方面，提出了大量方案和建议。2000年12月，欧盟和美国共同发表"美国、欧盟关于建立电子商务环境下消费者的信心和ADR地位的声明"的文件，充分肯定了促进和发展在线ADR的重要性，并主张企业、政府、消费者组织以及学术机构共同合作推动ODR的发展。2008年欧盟发布《欧盟调解指令》，要求"在调解过程中不应以任何方式阻止新交流技术的使用"。

随着网络渠道的规范化和逐渐发展，其社会认可度逐步提高，非诉讼纠纷

化解团体和组织开始关注 ODR,尤其是这种新方式对于律师、仲裁者和调解者具有显著价值,他们开始在巩固自身优势的基础上,尝试采取一些 ODR 技术来辅助其业务的开展,或者在业务流程的某些环节增加一些网络渠道的元素或替代选择。

公共领域网络渠道建设的初创和发展。20 世纪 90 年代到 20 世纪初叶是西方主要国家强调重塑政府的时期,美国引领的这场改革强调"用企业家精神改革政府",强调政府的"顾客导向",要"采用技术为政府注入活力",从而达到"花钱更少,效果更好"的目标。2001 年,联合国启动电子政务调查评估,全球电子政务建设步入快车道。

在此背景下,网络渠道的价值及其在市场领域的成功引起政府的关注,一些国家的公共部门开始探索将技术运用到公共领域的诉求收集和冲突化解中来,从而增长与民众互动的便捷性,提高政府公共管理行为的针对性和回应性。典型事件如:2000 年,新西兰设立"投诉热线网",印度通过《信息技术法案》,日本制定《信息技术基本战略》;2001 年澳大利亚联邦法院设立网络法庭;2002 年美国密歇根州网络法院正式运转,建立了电子存档、案例管理、证据展示、视频会议、数字记录等系统;2007 年韩国开通在线公民参与门户网站"e-People",将所有行政机关的请愿、建议和讨论渠道链接聚合在一起,包括56 个中央国家机关、248 个地方行政机关和 14 个公共机构。

总体而言,在此阶段,人们很少再质疑网络渠道存在的必要性,网络渠道的价值得到证明,而且其影响力随着互联网对社会各领域的渗透而展现出巨大的运用潜力。网络渠道成为一种代表未来和先进技术的纠纷化解途径,逐渐被公共部门和市场部门所青睐,也逐渐被人们所熟悉和使用。但在此阶段,传统的纠纷化解方式依然占据主导地位,相对于线下仲裁、线下调解等,线上的纠纷化解还处于相对弱势的境地。

三、线上线下渠道的融合与系统化推进(2011—2019)

本阶段可以归纳为网络渠道的融合与系统化建设的推进。具体而言,在以下六个方面特点突出。

第一,线上线下的融合。在前述阶段中,总体趋势是"线上""线下"的分离与竞争,尤其是"线上"渠道努力通过运用技术和开发新产品来证明自身价值,并展现出了在处理小额纠纷方面的显著优势。到了 2010 年代,互联网已经渗透到人们生活的方方面面,甚至已经很难找到与网络无关的纠纷,通过网络化解纠纷慢慢成为人们自然而然的选择,同时随着算法和大数据技术的成熟,在线纠纷解决平台获得了更强大的技术支撑,尤其一些模块化的做法取得了不俗的成绩,大幅度降低了纠纷化解的成本。同时,在线下渠道中的某些环节开始借鉴和使用网络渠道中的某些成熟的做法,尤其是在诉求采集、案例比照、优选方案、结果告知、备案存档、日常办公等方面尽可能借助信息化工具,数字世界与物理世界出现了大融合的趋势。

第二,群体诉求与个体诉求的融合。在前述阶段,进入网络渠道的纠纷主要是以个体化的诉求为主。随着网络渠道的发展,一些公共诉求也能够通过网络渠道进入到政府视野中。比如,2011 年 9 月美国的"白宫请愿网"上线,民众可以通过网站向政府表达意见或建议,如果在规定时间内请愿人数达到相关规定,就会被送至政策专家,白宫会向请愿民众发出正式回执,及对部分议题进行回复。

第三,网络渠道对传统渠道部分业务的承接。一些传统的纠纷解决渠道,开始探索性地将部分业务转移到网络渠道来进行解决,或者在其自身系统中增加网络渠道分支,从而减少纠纷化解成本。进展最明显的就是全球各地的网络法院(智慧法院/在线法院)建设,比如,2014 至 2019 年,美国法院附设 ODR 数量逐年递增,到 2019 年底,美国 12 个州有 66 个较为活跃的法院附设 ODR 网站;2015 年,英国最高法院发布研究报告,建议英国法院和审裁处服务中心设立"英国在线法院",通过在线方式办理数额在 5 万英镑以下的案件。

第四,发展中国家开始重视网络渠道建设。网络渠道建设不再局限于北美、欧洲、日韩等区域,广大发展中国家随着网络基础设施建设的推进,也开始重视网络渠道建设。比如,2018 年,牙买加国家商业银行针对信用卡欺诈问题启用了 ODR 平台;2019 年,印度 Edgecraft Solution Private 公司推出了适用于解决物业、租赁、商业、合同、银行和保险等各类纠纷的在线解决法律纠纷的平台等。

第五,国际组织大力推动在线纠纷解决机制的建设。国际社会看到了网络渠道对于解决跨境电子商务纠纷的巨大优势,2016 年欧盟上线了 ODR 区域性平台,2018 年亚太经合组织在日本召开了亚太经合组织在线解纷合作框架研讨会,2019 年亚太经合组织经济委员会通过了《APEC 跨境电商(B2B)在线争端解决合作框架》,由联合国国际贸易法委员会拟定并经联合国大会会议审议通过的《新加坡调解公约》开放签署,鼓励采用信息技术助推国际商事调解达成的和解协议的跨境执行。

第六，多国制定实施"数字政府"建设战略。随着数字经济和数字技术的快速发展，西方主要国家纷纷制定数字政府转型战略，比如，美国 2012 年制定了《数字政府战略》，英国制定了《政府转型战略（2017—2020）》，澳大利亚制定了《数字化转型战略 2018—2025》，加拿大 2014 年、2015 年先后颁布了两版《数字加拿大 150 计划》，2020 年颁布了《服务与数字政策》等。这些政策的制定和实施为网络渠道的建设提供了更坚实的政策支撑，优化了基础设施和环境，提升了公务人员的数字技能，普及了互联网思维，为网络渠道建设的纵深发展提供了更有利的环境。

四、疫情带来的机遇及对技术功能边界的反思（2019—至今）

2019 年到 2022 年，新冠肺炎疫情在全球的蔓延为人们重新认识和适应风险社会提出了紧迫的要求，化解冲突的网络渠道建设面临着前所未有的历史机遇。同时，随着人工智能的快速发展，导致了更多新难题，也引起了人们对网络渠道的反思。

第一，新冠肺炎的全球大流行对网络渠道建设提供了历史机遇。由于疫情防控对社会距离的严格限制，传统线下的渠道冲突化解能力大打折扣，网络渠道化解冲突的比较优势得到了更广泛的认可。人们通过网络来化解冲突的需求出现大幅度增长，这种危机情境为公共冲突化解渠道迅速转向线上提供了历史契机，也对以保守、臃肿、效率低下著称的线下冲突化解机构提出了严峻挑战，网络渠道建设进入了快速发展的历史机遇期，比如在 2020 年，印度举办了 ODR 周以大力推动其主流化，拉丁美洲超过 3000 名冲突化解专家接受了在线技能培训，澳大利亚的法院也进行了积极的改革调试，但相关实践也证明在时间紧迫的条件下实现快速提升网络渠道的效能还面对着重重困难，无法一蹴而就。

第二，对信息技术"功能边界"的反思。当一项技术进入社会环境时，它会不停地渗透该环境，直到饱和为止。作为信息技术对纠纷解决的"渗透"，ODR 在对技术和人工智能的深度运用上越走越远，大规模的网络渠道开始配备专家系统、算法解决方案、机器学习等。但这种技术高歌猛进的同时，一些质疑或反对的声音开始出现，主要包括：如何克服"算法"本身的价值偏离？如何看到算法背后的"黑匣子",增强"第四方"的道德性？如何解决对社会弱势群体的"数字排斥"？机器人可以申请冲突解决软件的专利吗？机器人行为造成的冲突责任主体如何界定？等等。尽管对网络渠道建设的怀疑和批评伴随着整个历史进程,但新近的反思显然明确指向技术运用可能存在的"过度"倾向。

毋庸置疑的是,信息技术和人工智能在未来还会有快速的发展,而这些技术对网络渠道建设的渗透还会在全方位、全过程展开,而如何"驯服"技术这头"巨兽",并充分地利用其强大的"神力"来促进纠纷化解的完善,将是未来若干年都需要不断研究和调试的课题。

第二节　网络渠道化解冲突的比较优势及对行为者的影响

信息交互在社会冲突治理中扮演着非常关键的角色,通过信息交互能够促使双方了解对方意图和核心关注点,消除误会,达成共同接受的方案。信息交互的方式、途径、规则、效率决定着冲突治理的模式和效力。在这种情况下,信息技术逐渐被认为是冲突治理的"第四方",能够协助"中立第三方"或独立发挥冲突化解作用。网络环境下,快速的信息交互过程和强大的信息处理能力为创新冲突化解渠道打开了新天地。这种信息交互方式的革命性变革,是网络渠道区别于现场渠道的根本所在。

互联网环境下的信息交互具有开放性、实时性、无中介性、费用低廉等特点,网络渠道作为新技术条件下,将互联网运用于社会冲突治理的新形式,被寄予厚望,比如:纠正传统渠道的异化,推动传统信访制度发生根本性变革,甚至撬动更大范围内的改革,等等。那么,网络渠道的功能和边界在什么地方,应当重点加强哪些方面的建设,这都取决于这种渠道究竟有哪些比较优势。①

一、通过网络渠道化解冲突的比较优势

（一）经济优势:同时减少表达成本和管理成本

互联网最为突出的特点是降低了时间和空间对人们行为的限制。传统模

---

① 参见:许尧:《社会冲突治理的网络渠道:比较优势及其发挥》,载《南开学报》2020 年第 3 期。

式下,人们必须花费一定时间来克服空间限制,才能够实现面对面交流,而网络使即时通讯变得无比简单,这种"时空压缩"效应是网络渠道的突出优势。在网络条件下,当事人能够远距离快速表达诉求,极大地减少了时间成本和出行成本。对于政府部门而言,互联网的使用压缩了信息传递的时间,增加了部门间信息交流的便捷性,结构性地减少了填表格、办手续、走程序、请示领导过程中的时间损耗,促进了全过程信息的即时存储和相关管理主体对信息的快速查阅,能够大幅度地提高工作效率。比如,2015 年信访信息系统投入使用后,国家信访局向地方转送、交办投诉事项办结率提高了 20%,达到了68.5%。便捷而低成本的冲突化解是信息时代人们日益形成的预期,或者说,当人们已经养成通过网络沟通、消费、办公的时候,就会对传统模式下舟车劳顿耗时耗力的现场办理模式失去耐心。事实上,有不少人相对于结果上的得失差异,更在乎是否节约了时间,因为时间投入成本远大于纠纷所得收益。

(二) 保真优势:压缩信息变异的可能空间

传统渠道下,表达诉求的民众和公共管理者之间的博弈由来已久,对于当事人来说,希望尽可能让自己的诉求能够让位高权重的人知晓,借助领导权威促进诉求实现;对于不少地方政府的冲突管理者而言,要尽可能不让这些信息直接传递给自己上级,以免影响自身形象或地区维稳排名。在传统模式下,政府内部相关部门不同层级间有时会传输着一些"拍脑门"出来的数据,这些数据经常会被基层管理者打造成最有利于自身获取资源、显示政绩和推脱责任的形态,上级尽管有可能怀疑数据有水分,但苦于缺乏必要的监控工具,或监控成本过于高昂,只能在模糊不实的数据支撑下进行粗放式的管理。网络渠道由于对信息载体实现了根本性变革而确保了诉求信息能够快速地被不同层级的领导人知晓,信息变异的可能性变得微乎其微。比如,石家庄市栾城区司法局使用了"民调通"管理软件,开发了矛盾纠纷排查上报、调解上报、"零报告"、查询服务等功能,实现了县乡村人民调解的"三级联网",管理平台可以实时掌握全区矛盾纠纷的详细数据情况,保证了数据的"真实性",使各项管理工作建立在真实、及时、全面的信息基础上,被人们称为调解工作的"110"。

(三) 安全优势:减少人身伤害和冲突升级的风险

信息技术所具有的快速传播的特性使传统渠道中的一些变异行为、集群行为失去了必要的环境基础,避免了当事人可能受到的伤害。具体表现为:首先,对诉求表达者而言,可以降低在传统渠道中不得不远距离奔波而衍生的被拦截、打击、报复、盯梢、强制培训等"被摆平"的风险,同时,在自己熟悉的空间里通过网络表达诉求会感到安全和放松,能够更加温和、充分地表达自己的诉求。其次,对社会冲突管理者而言,减少了传统渠道中现场面对面处理问题而衍生的被恐吓、伤害、围堵、辱骂的风险。笔者在对多名社会冲突管理者的访谈中了解到,他们多数都曾面对不同程度的人身威胁,被吐唾沫、被"污名化"为"腐败分子"、被要挟达不到诉求就"同归于尽"等各类伤害或潜在伤害司空见惯。司法部统计数据表明,2016 年由于从事矛盾处置工作而致伤的人民调解员 46 人,因公牺牲 10 人。这表明从事矛盾纠纷处置的工作人员还面对一定的人身伤害风险,与此相反,网络渠道由于通过非面对面接触的方式来沟通和协商,能够减少类似伤害的可能性。最后,对社会冲突的过程控制而言,减少了民众规模性聚集、诉求极端化、情绪传染及行为失控的风险。传统渠道中的人群聚集会根本性改变双方力量对比的均势,使整体态势变得不可控制。网络渠道由于回避了现场聚集,从而将诉求主体限制在比较小的规模内,从而降低了冲突升级的可能性。

（四）　规范优势:促进诉求及其表达行为的理性化

传统渠道是诉求表达者与冲突管理者现场互动,诉求表达者的即兴表演、互动方式、情绪状态等情境性因素对表达效果具有十分重要的影响,也容易受到周边环境、旁观者等场外不可控因素的影响。网络渠道则必须由诉求表达者将诉求内容和理由用文字、图片、语音等方式来进行传递,缺乏围观者,没有多人聚集的氛围,表达者缺乏现场发挥的可能性,而且在多数网络渠道中,往往具有固定的格式和程序要求,这种诉求文字化过程本身具有将诉求条理化、合理化的作用,能够促进诉求的理性化,避免情绪的过多卷入,从而使表达者的行为更加规范和理性化。以浙江温州的"e 调通"为例,系统将用户分为管理员、受理员、调解员、审核员、评定员五大角色,实现纠纷案件受理、审核、调处、查询、督办、评定、归档的全程网上办理,平台会智能推送已经办结的典型案例,供当事人和调解员参考。这种全过程规范化的方式能够最大程度地压缩因人而异的弹性空间,促进诉求表达的理性化,提升整个过程的规范化程度。

（五）　标准优势:促进冲突管理过程的公开透明

传统渠道中对冲突的管理往往是多个标准并行,因人而异,因时而异,因地而异,不少地方信访局、法院等相关部门以"考虑社会后果"为名习惯于"闭门决策""暗箱行政",这种情况促使心怀不满的民众寄希望于找到掌握实权的领导者进行批示,以促进问题解决,随意性较大,也容易刺激当事人之间产生更高的期待,催生出更多缠访、闹访、无理访、越级访等现象。网络渠道很容易开发出自动判重、在线流转、自动督办、综合分析等功能,能够对相关事项进行分类识别、实时监测、动态跟踪、事后评价,这些流程上的创新优化使整个过程能够留下痕迹,有利于明确责任。就如同网上购物能够看到卖家是否发货,物流到了什么地方一样,网络渠道处置的全部节点都能够展现在用户的客户端口。过程的透明能够增进人们的公平感,增强对网络渠道的信任。

(六) 显微优势:促进"微诉求"表达和管理关口前移

在传统渠道中进行诉求表达需要当事人下较大决心,付出较多成本。能够进入传统渠道的往往是当事人认为比较重大的事件或比较重要的诉求,相对而言,日常生活中的小事,一般很难进入到传统渠道中。网络渠道由于其便捷性和低成本性,使得一些微诉求也能够表达出来,提高了民众表达的欲望与可能性,这些"微诉求"的表达能够将冲突能量化解的阵线前移,从而避免发展成为严重的事件,实际上提高了对社会情绪"毛细血管"的维护。比如,重庆市司法局引用"互联网+"思维,2016 年 8 月上线运行了"巴渝和事佬"手机 APP,系统具有移动定位功能,群众用户可以查看"附近的调解员",这就改变了以往必须要到现场登记等才能获得调解服务的不便。截止到 2018 年 11 月,用户总量近16 万人,共受理 1.63 万起纠纷,调解成功率近 92%,日常生活中的交通事故纠纷、婚姻家庭纠纷、劳动争议和消费纠纷等得到了更快更便捷的处理。

(七) 智能优势:发挥技术的"工具性"与"主体性"价值

信息技术的使用不仅可以提高冲突化解的效率,减少冲突化解的成本,具有"工具性"价值,更具有破冰意义的还在于,人工智能的使用可以独立进行案情分析、法律要素分析、大样本案例分析和提供参考方案,从这个方面讲,技术越来越具有"主体性",而不再局限于"工具性"定位。典型的案例比如,浙江省的 ODR平台能够根据诉求表达者描述的案件情况,自动识别其中的法律要素,基于对上万份裁判文书进行智能分析,进而给出评估报告;SmartSettle 网站基于纳什均衡的博弈理论,使用优化算法,由信息技术和计算机程序将各方的争议分解成变量,再由专门的程序辅助纠纷主体对各个变量进行处理,不需要传统的纠纷解决第三方(如法官、仲裁员、调解员)的介入。可靠的技术对网络纠纷化解的成功不可或缺,人工智能的发展将成为网络渠道比较优势的重要增长点。

除上述外,网络渠道还可以通过在网站上建立案例库,发挥教育和冲突预防作用,一些当事人通过对案例的解读就可能找到解决问题的办法;由于避免了当事人之间面对面的情境,网络渠道对曾经有过暴力伤害行为或情感伤害行为而不愿见面的当事人具有特别的优势;对于一些不宜聚集的特定社会情境,网络渠道则具有更显著的优势;等等。这些优势还会随着技术的不断革新,而出现新的变化。当然,网络渠道也具有自身的局限性,比如信息容易被复制和泄露、虚拟环境中的用户信任度不高、强调低成本快速化解的同时可能失去探索性、可能强化双方的博弈心理而导致效率缺失、权威性缺乏及结果执行力度不足等。

二、网络渠道的比较优势对不同主体行为选择的影响

网络渠道具有的上述比较优势影响着不同行为主体的行为选择,也有利于去除或弱化传统模式下的一些固有的弊端。

(一) 对诉求表达者的影响

诉求表达者在采取行动时,主要考虑的是该行动能够达到自身目标的可能性,以及自己需要付出的成本和可能承担的风险。网络渠道能够满足诉求的可能性有所增加,"保真优势"能够让自身诉求减少层层阻隔和发生变异的可能性,"标准优势"使得自己被不公正对待的可能性降低。同时,"经济优势"使表达诉求的直接成本和间接成本都大幅度降低,"安全优势"使诉求者自由受限制和人身受伤害的可能性也大为降低。在现实中,通过现场渠道表达抗议或不满的民众往往承受着巨大的被污名化、被报复的心理压力,为了让诉求能够传递给掌握决定权的领导者,常常会费尽周折,各种成本的不断叠加又会提升其诉求水平,导致冲突双方的鸿沟更加难以弥合。网络渠道传递信息的直接性、跨层级性、低成本性能够结构化地改变诉求表达者采取现场行为的局限。

(二) 对冲突管理者的影响

对于政府相关部门及管理者而言,公共冲突管理活动主要考虑三种因素:首先是确保整体社会秩序,尤其要防止恶性群体性事件,这类冲突事件对社会秩序的冲击力大,破坏性强,严重影响政府形象,有时还会影响地方官员的政

治前途,是地方政府在公共管理实践中要坚决维护的底线。其次是民众行为的可控性,尽可能让民众在合法的渠道内采取和平理性的行为表达诉求,尤其要避免大规模人群聚集导致的群体不可控现象。对政府而言,大规模民众聚集是对秩序的严峻挑战,因为规模性民众的诉求会倾向于"极端化",立场更可能会被"强硬派"主导,还可能被加入其他各方面的不合理诉求,这都对政府控制能力造成严重威胁。最后是政府相关行为的成本,在保证社会整体秩序和民众诉求行为可控性的前提下,尽可能减少行为成本。地方政府都面对着经济发展、环境治理、公共服务等多重压力,在维护稳定方面付出的成本越少,越有利于其他目标的实现。

网络渠道能够在上述方面都能够产生比较明显的影响。"显微优势"会降低社会怨气积累的可能性和冲突升级的可能性,减少恶性事故的发生;"规范优势"能够促进民众行为的理性化,避免大规模人群在现场聚集和人群失控的风险;"经济优势"和"智能优势"使政府行为成本大幅度降低。这些方面能够满足政府进行社会冲突治理时的实际关切和现实需求,也是很多地方和部门积极将网络渠道建设作为重点工作来进行突破的内在原因。

(三) 对去除和弱化传统模式弊端的影响

这些比较优势的综合作用还能够去除或弱化传统冲突管理模式下的多种弊端:从经济成本看,大幅度降低政府维稳成本和公民维权成本;从政治和法律后果看,使博弈黑箱公开化,减少行为者的主观猜测和制度外行为倾向,改变政治信任流失态势;从官民关系看,减少由于官民现场互动失败而导致的冲突升级;从冲突环境看,改变当事人聚集在一起相互效仿壮胆的空间基础,避免抗争经验的传播和冲突能量的螺旋式放大,也使"闹大"失去必要环境条件;从冲突容量看,网络渠道能够同时容纳多人的诉求表达,是传统渠道受制于人员、空间等要素而无法比拟的;从冲突转化看,网络渠道具有挖掘大数据的天然优势,能够更有针对性地增强冲突治理的前瞻化和精细化。

第三节　中国建设冲突化解网络渠道的结构性框架

从中国情况来看,通过网络渠道来化解冲突的尝试比西方发达国家要晚十几年,但近年来中国的网络设施快速完善,互联网用户规模迅速扩大,各种运用场景和典型案例不断涌现,政府制定了一系列推进互联网和人工智能运用的政策措施,各地在推进互联网融入社会治理方面采取了多种探索,取得了突出成效。

比如,在国家信访系统,2013 年国家信访局全面放开网上投诉受理内容,2014 年制定发布《关于推进信访工作信息化建设的意见》,2015 年出台《信访事项网上办理工作规程(试行)》,全国网上信息系统正式上线运行,2016 年开通手机信访 APP 和微信公众号,近几年的网上信访占比超过 50％,逐渐形成了"信访网上投、事项网上办、结果网上评、问题网上督、形势网上判"的新模式;在法院系统,最高人民法院开发的人民法院调解平台于 2018 年 2 月正式上线,具有在线调解、在线繁简分流、在线司法确认、在线速裁等功能;浙江省开发了集咨询、评估、调解、仲裁、诉讼五大服务功能集于一体的"在线矛盾纠纷多元化解平台",受理案例超过 76 万件,调解成功率达到了 88％。

在这种大背景下,化解冲突的网络渠道建设取得了不俗的成绩,在某些领域,中国的网络渠道已经能够与世界最前沿的提供者相媲美,在庞大的用户规模和不断推陈出新的案例督促下,中国甚至担负着在一些前沿领域创新规则和模式的使命。同时,中国在网络渠道建设方面也存在着不少困惑,我们反观域外网络渠道建设的历程,中国建设化解冲突的网络渠道需要重点解决好如下六个相互关联的结构性问题。

一、主体分析:政府、市场与社会组织的协同

任何事业的推进都需要明确主体及其相互关系,对主体是谁的回答要基于旨在解决什么问题,处于何种阶段,以及基于何种社会治理的环境和体系。回顾域外网络渠道建设的历史,尽管每一个国家都会涉及多元主体之间的协同配合,但网络渠道最主要的功能还是比较清晰的,比如,日本重视网络渠道建设在扩大国际商务贸易中的作用,印度重视网络渠道对于线下司法渠道的补充和替代作用,美国重视国内电子商务纠纷的解决和民众诉求的整合,非洲则主要还处在基础设施和制度建设的初期。

对于政府的作用,在西方 ODR 的发展过程中,一些 ODR 的推动主体强调其民间性而对政府带有某种抵制的心理,但对于冲突解决而言,政府发挥着其他主体难以替代的作用,主要表现为:(1)政府是确保冲突化解框架能够得以实现的力量,也是获得用户信任的重要因素,如果完全由社会主体来进行,

则存在权威性不足、执行困难、缺乏效力等问题;(2)政府是相关规则的重要创制者,也是基础设施的重要提供者,网络渠道的发展无法在真空中进行,比如电子签名的效力、隐私保护等一系列相关配套设施都需要政府充分发挥作用;(3)政府本身就是网络渠道的重要建设力量,在电子商务纠纷领域政府的作用是外围和基础性的,但在公共冲突化解领域,政府本身就是网络渠道建设的主体;(4)缺乏政府的介入和推广,网络渠道建设就容易被碎片化,从而形成对网络渠道整体性和系统性的制约。

对于市场和社会组织的作用,在西方 ODR 的发展过程中,比较强调作为替代性纠纷解决的作用,在其发展过程中,涌现出了很多用以化解电子商务纠纷的企业内部的 ODR,和大量专门承担纠纷化解业务的市场组织,以及旨在进行学术研究及行业规范的社会组织,这些组织是网络渠道建设的重要力量,它们尤其在感知市场需求、推进技术创新、开发特定纠纷解决模块、促进行业发展等方面具有政府所不具备的比较优势。

中国的网络渠道建设已经具备全球最庞大的用户群体、良好的基础设施、快速发展的信息技术和互联网企业、雄心勃勃的政府、良好的公私伙伴关系等关键性要素。考虑到中国社会对网络渠道的需求状况,以及中国政府主导型的社会发展模式,中国在推进网络渠道建设时,应当充分发挥政府作为全局谋划者的角色,将用以化解公共冲突的网络渠道建设与城市大脑、智慧城市、智慧司法、信访改革、社会稳定风险评估等相关内容进行整合协调,从全局高度制定隐私保护与大数据挖掘的相关制度安排,整体考虑机构改革与职能转变等议题,总结提炼先行先试地区的建设经验,适时推进规范化建设。同时,鼓励相关互联网企业根据自身特点,大力推进自身的 ODR,开发相关技术模块,促进政府与企业的深度融合。在疫情防治过程中,政府和互联网企业已经展现出了巨大的合作潜力,在网络渠道建设方面同样具有广阔的合作空间。

二、需求定位:三类需求及其整合

域外发展的历程充分表明了社会需求对于网络渠道发展和创新的最原始的驱动作用。中国当前通过网络渠道来化解冲突的需求比较旺盛,尤其体现在三个方面。其一,从国内社会冲突治理来看,中国在快速转型过程中,利益结构调整范围广、程度深,社会积累了大量的冲突潜能,而传统的线下渠道成本居高不下,信访局、法院、政法委等传统化解冲突的部门长期处于高负荷压力之下,依靠既有的线下管理机制,很难实质性破解维稳的高成本困局。在此背景下,各地承担冲突化解的公共部门有很强的动力来推进网络渠道建设,希望能够以此缓解线下渠道化解冲突的压力。

其二,从国家对外战略需求来看,随着"一带一路"的迅速推进,大量的企业扩展海外市场,由于涉及国家众多,文化法律环境各异,必然会带来各个领域的多种多样的冲突,这些冲突迫切需要一种不依赖于"面对面"的解决渠道,比如义乌的一些批发商由于缺乏远程纠纷化解机制,只能放弃对很多争议的申诉,不少商户为此付出的成本每年都高达数百万元。从这个角度讲,中国对外贸易的扩大必然要求建立起能够克服地域限制的网络渠道,或者至少能够借助于其他国家已经存在的得到市场认可的网络渠道。

其三,从互联网规模和人们的行为习惯来看,第 51 次《中国互联网络发展状况统计报告》显示,截至 2022 年 12 月,我国网民规模已经达到 10.67 亿,互联网普及率达到 75.6%。互联网的普及不仅导致了大量的网上纠纷出现,而且习惯了互联网便利的人们将无法容忍现场办理的高成本和不便捷。海量的日常电子商务纠纷也迫切需要低成本的纠纷化解渠道。

回应于上述需求,中国在市场化的网络渠道建设、公共部门主导的网络渠道建设、针对国际商务纠纷的网络渠道建设等方面,都有所推进,但发展不平衡。总体而言,市场化的网络渠道主要是相关互联网企业的内部运行,相关建设的智能化、机制化、专业化还存在着很大的发展空间。公共部门的网络渠道建设呈现出"热火朝天"的积极态势,但在很多地区也存在着分散化重复建设严重、解决问题能力有限、形式创新大于实质创新、制度规则不配套、技术和程序要求门槛较高、民众对网络渠道缺乏必要信任等问题。用来化解国际商务纠纷的渠道则处于较被动的地位,相关影响因素多,对国际法律法规协调的难度大,欧美国家已经在此领域进行了先期的规制创建,后期建设依赖于先期的主要框架和已有基础,很难依据中国战略需求来从头开始创建相关机制,从现实来看,相关争议不得不依赖于成本高昂的司法体系,或者少数由发达国家主导的网络仲裁机制。这些问题的存在迫切需要政府从宏观高度来整合相关需求和系统推进网络渠道建设,增强对需求的分析和"精准"供给,既要积极有为,也要防止简单模仿和盲目建设。

三、功能分析:化解冲突与预防冲突并重

网络渠道的主干功能在于"化解冲突",这是网络渠道存在的根本使命,但

不是唯一使命。在众多关于网络渠道建设的研究中,学者和公共管理者下意识地以化解冲突案件的数量来作为网络渠道有效性的证明,这种思想在具有合理性的同时,也具有局限性。对于网络渠道建设的绩效评估,不应当局限于化解冲突的规模,也要关注在化解了这些冲突之后,是否有效地根除了导致这些冲突存在的结构性成因,促进对同类冲突的有效预防,从而最为充分地挖掘冲突的正面功能。

当前,很多组织仍习惯于将冲突事件当作个案处理,很少去审视其背后的结构性原因,或者,尽管有宏观的数据和分类,但由于部门之间的职能分立,很少愿意将相关数据分享给其他部门。这导致了大量案件数据的浪费,也导致相关冲突无法在根源上得到解决。大数据时代是"预防"时代,而不是"救火"时代,域外发展经历表明,"在线纠纷的预防功能是纠纷解决的核心而非外围功能",也被形象地比喻为,"我们要在悬崖顶上设置栏杆,而不是在悬崖底下停放救护车。"数据的汇聚会产生多种治理价值,也能够使冲突预防更精准、更及时、更有效,通过预防来促进社会治理的智能化,是数字化治理的天然优势。

"化解冲突"和"预防冲突"二者的矛盾点在于:如果通过冲突案例来梳理和归纳了冲突发生的内在原因,促进了冲突预防,那么就会导致该类冲突事项的减少,这也就意味着部门业务量和可视绩效的降低,从而降低部门在整个管理体系中的重要性,"社会问题的大量存在是部门存在的基础,也是其经费保障的基础",如果陷入这种逻辑,就必然会导致冲突管理部门会在理性上控制冲突转化的规模和程度,从而确保自身部门仍然具有足够的业务量,这将会打破"化解冲突"与"预防冲突"之间的良性互动链条。所以,网络渠道建设主体在进行建设时,要兼顾"化解"与"预防"两种功能,甚至将预防作为更主要的功能,从而避免冲突化解主体陷入"冲突化解——冲突减少——业务减少——部门重要性降低"这种自我否定的逻辑困境。

四、战略两翼:动态平衡"技术"和"规则"

如果说社会需求是网络渠道发展的最重要的驱动力,那么"技术系统"和"规则系统"就是网络渠道发展的"两翼",在西方学术界,信息科学和法学是最关注该领域发展的学科,信息科学的功能在于为长期积累的冲突管理理论提供全方面的新方法和支持工具,降低纠纷化解成本和提升纠纷化解便捷性,而法学的功能则在于对新出现的社会事务提供必要规则,划定行为边界。

　　中国网络渠道的发展必须注重将"技术"和"规则"并重,"双轴"推动,并注意动态平衡。一方面,从技术系统的角度来讲,要动员和利用好现代互联网企业或科研机构的技术优势,鼓励它们参考西方的产品和经验,尤其是对于涉及公共领域和核心商业领域的冲突化解渠道,要考虑到技术和数据的安全问题,动员和鼓励本国的技术力量开发实操性强、用户门槛低的产品,同时防止技术本身可能存在的不公正、不透明等问题,防止对技术的过于迷信。另外一方面,要加强对本领域的基本标准、基本规则、基本模块的创新摸索,增强公共部门与私有部门的沟通协作,减少由于重复建构而产生的隐形成本,既要考虑到当前需要,又要考虑到未来一定时段的需要,既要参考国际上的规则和惯例,也要充分考虑本国的法律制度,避免脱离社会实际需求而形成"技术利维坦"。

　　技术与规则两个系统的关系表现为:第一,早期会经历一段"具体规则"缺失时期,作为一项新事物,无法预料到会出现什么样的问题,就如同刚修一条从来没有过的高速公路,并不知道在里边车跑多快就会达到安全保护的底线,允许什么样的车上来会导致最优结果,所以,一切具体规则都是在相关主体进行多重碰撞试错的基础上产生的,这时候会出现试错状态下"技术"先行的局面。第二,当网络渠道运转到一定程度,尤其是相关问题达到了较为充分的涌现,具体运转规则的制定就会成为紧迫的任务,而此时的规则制定,既可能会淘汰掉一些原有的产品,也会为未来竞争进行方向性限制。第三,作为一项基于技术创新的治理模式,会受到技术更新的深刻影响,而规则也必须依据技术的更新换代进行动态补充和调整。第四,由于网络渠道已经在全球具有一定市场,中国的网络渠道建设必须要考虑到既有的技术专利以及国际通行的游戏规则,同时,近年来中国的发展呈现出后来者居上的势头,在冲突化解的运用场景和用户规模等方面有领跑全球的趋势,这就要求中国不仅要尊重和利用好既有规则,还要勇于当全球"弄潮儿",增强面对新问题新挑战创制新规则的能力。

五、现实路径:巧妙推进"线上"和"线下"

　　"线上渠道"与"线下渠道"经历了分立和融合的过程。网络渠道尤其适用的冲突类型包括:对抗不尖锐的小型冲突、当事方地理距离遥远的冲突、事实比较清楚的单事项冲突、由于前期的伤害性互动而回避见面沟通的冲突、时间压力较大希望快速解决的冲突、人群不宜聚集的情境下的冲突、有较多先例可循的常规性冲突、主要诉求为经济补偿的冲突、具有特殊隐私保护需求的冲突等。而网络渠道由于对语境性内容的把控存在天然弱势，在冲突主体之间的互动立体性、信任度建立、情绪及压力感知、信息安全性、工具门槛等方面存在着相对不足，对于一些高度复杂的政治冲突、选举冲突、涉及人群规模较大的冲突、不掌握相关技术手段的群体的冲突等则缺乏适用性。相对而言，线下渠道作为一种"面对面"的冲突化解形式，能够传递更加立体的信息，互动直接，信任感更容易建立，压力和情绪能够较为直观的反应。因此，线下渠道对于那些高度复杂的、大规模的、政治因素较多的冲突具有更强的适应性。

中国社会在长期的管理实践中，已经建立了比较成熟的线下渠道，信访、司法、综治、应急、维稳、公安等多个部门承担着与冲突化解相关的职责，网络渠道建设并不是要重立炉灶，而是还要借助于承担冲突管理职能的原有组织，采取新的方式来促进冲突的化解，这些新的方式既可能是建立全新的系统，也可能是将原有系统进行数字化改造，还可能涉及原有职能、权力、岗位、程序、规则、工具、人员的重新整合。

在建设网络渠道的过程中，需要特别关注三个问题：其一，如何建设真正畅通无阻的网络渠道，克服既有的基于行政区划、职能分立等将冲突割裂化的格局，使网络渠道的便捷性能够切实落地，展示给用户的界面要尽可能简单易懂，把更多的事务留给后台来识别和处理，同时要打通整个流程，避免用户产生"一会儿上高速，一会儿下高速"的不良体验，避免名义上"技术赋能"却实际上异化为"技术负能"的现象。其二，如何柔性地改造既有的线下渠道，尤其是如何将一些工具性的、辅助性的功能较好地与线下渠道嫁接，从而提升线下渠道的工作效能。其三，如何处理好网络渠道建设与线下渠道建设过程中的矛盾关系，网络渠道的互联互通性客观上要求对原有的线下渠道进行结构性整合，这会触及原有的职能分工、权力分配、运转流程、机制设计、经费分配等多个方面，所以，网络渠道建设不是简单地将原有职能进行"互联网＋"或"大数据×"，而是势必会触及更为深层的官僚制结构和整体治理方式，如何在原有模式和新模式并存的情况下，采取渐进式的鼓励探索和尝试的改革进路，对于实践者是一个很大的挑战。

六、核心矛盾：协调好"隐私保护"与"大数据挖掘"的关系

网络渠道在带来便利的同时，也带来了很多质疑，最显著的反对声音来

自如何保障民众的"隐私权"。隐私保护与大数据挖掘的内在矛盾在于：
（1）如果过于强调隐私保护，会使大数据的收集和挖掘受到太多限制，这就
会产生两种负面影响，一是冲突化解系统的智能化缺乏必要基础，网络渠道
就如同一台机器，它必须不断地被"喂养"案例，这些案例会转变成数据，这
台机器才能够得到成长，变得更为"智能"和"高效"；二是大数据的缺乏会使
"冲突预防"功能难以实现，显然冲突之所以能够被预防，在于系统能够从总
体上分析各种存在的冲突结构，通过优化结构来避免冲突。（2）如果过于强
调大数据挖掘，也会导致两种负面影响，一是会降低用户对网络渠道的信任
感，增加他们对隐私泄露的担忧；二是大量的数据存储实际上会成为相关运
营商的巨大负担，因为一旦出现数据泄露，就会从根本上摧毁一个公司，笔
者在访谈中了解到，大量的数据实际上是"烫手的山芋"，既是互联网企业发
展的基础，又是发展的"隐患"。

对于网络渠道所要追求的根本性价值，Ethan Katsh 和 Janet Rifkin 将之
归结为三类，分别为"信任"、"便捷"和"专业"，并认为三者组成三角关系，到底
要侧重于哪一边取决于冲突化解提供者的定位和具体情境。如果强调隐私，
会增加信任，但会降低专业和便捷，专业降低又会降低信任，便捷性降低则会
丧失客户的忠诚度；如果强调大数据挖掘，会增加专业和便捷，但会降低信任，
所以，在信息技术水平相对固定的状态下，如何才能把控好这三类价值的动态
平衡，使之符合特定冲突场景的要求，并总体发挥出最大的功能，是对网络渠
道建设者的严峻挑战。

参考文献

［1］许尧：《化解冲突的网络渠道：研究回顾与未来展望》，载《电子政务》2019 年第 5 期。

［2］许尧：《社会冲突治理的网络渠道：比较优势及其发挥》，载《南开学报》2020 年第 3 期。

［3］许尧：《通过网络化解冲突：近 30 年域外的探索及其借鉴意义》，载《电子政务》2021 年
第 12 期。

［4］陶乾：《国内外"网络信访"机制研究》，中国政法大学出版社，2015 年。

［5］Katsh E，Rifkin J. Online dispute resolution：resolving conflicts in cyberspace
［M］. SanFrancisco：John Wiley & Sons，2001.

［6］Faye Fangfei Wang. Online Dispute Resolution：Technology，Management and Legal
Practice from An International Perspective［M］. Chandos Publishing（Oxford），
2009.

［7］Arno R. Lodder & John Zeleznikow. Enhanced Dispute Resolution Through the Use of Information Technology[M]. Cambridge University Press，2010.

[8] Katsh E，Rabinovich-Einy O：《数字正义：当纠纷解决遇见互联网科技》，赵蕾、赵精武、曹建峰译，法律出版社，2019 年。

第十七章　保险与社会冲突风险管理

第一节　保险机制对于管理社会冲突风险的重要作用

一、社会冲突风险形势仍然严峻

按照《中国大百科全书·社会学卷》的定义,冲突指人与人、群体与群体之间激烈对立的社会互动方式和过程,是人们之间的一种直接的反对关系。冲突的常见表现形式包括国内或国家间战争等群体冲突、恐怖主义等蓄意破坏行为以及抗议游行等引发的骚乱乃至政变的事件。相比于竞争,冲突在形式上要激烈得多,它往往突破了规则、规章甚至法律的限制,带有明显的破坏性。美国社会学家科塞进一步指出,社会冲突产生于社会报酬的分配不均以及人们对这种分配不均表现出的失望,除宗教和意识形态冲突外,只要不直接涉及共同价值观,社会冲突对社会与群体具有内部整合、稳定、促进、平衡作用,也对新规范和制度的建立具有激发作用,是社会自我调节的机制。

党予彤、初苗苗的研究表明,全球社会冲突事件在2018—2019年的频率达平均每季度10494起,从2020年新冠肺炎疫情暴发至2022年初,社会冲突事件的季均发生频率达到11933起,相较新冠肺炎疫情暴发前上升14%。Control Risks集团研究发现,民粹主义政治、贸易战和新冠疫情给全球化市场和供应链带来了严峻考验,地区冲突风险及其相关时间线和触发因素等都应在企业的风险分析与评估中占据重要地位。从图17-1的1946—2021年的全球活跃冲突数量变化可以看出,随着国际政治格局的变化,殖民冲突长期为 0,国家间的冲突也处于较低水平,但是国内冲突和国际化的国内冲突愈发严峻。ControlRisks 集团根据已知的影响因素及预期走向,对 2023 年企业在各个国家和地区投资和运营时所面临的政治、安全、运营、监管、网络、诚信及 ESG 相关风险进行整体评估,通过综合评级指数(1—10)呈现各地的风险程度和发展趋势,随着指数序号增加、颜色从绿色过渡到红色,风险逐渐加大,具体各个分类情况见表 17 - 1。持续恶化的社会冲突,正在对经济社会发展带来冲击。面对纷繁复杂的社会冲突,保险是防范化解社会冲突风险,并在此基础上优化社会治理的重要手段。

表 17 - 1 2023 年全球商业风险地图分类说明

综合评级指数	风险状态	说　　明
1	风险极低-趋势稳定	商业风险极低且趋势稳定。营商环境可预测、稳定、有利于企业发展。
2	风险极低-趋势上升/风险低-趋势下降	商业风险介于极低和低之间。营商环境总体上呈良性、可预测、稳定。
3	风险低-趋势稳定	商业风险低且趋势稳定。营商环境大部分情况下呈良性。
4	风险低-趋势上升	商业风险低,但呈上升趋势。营商环境大部分情况下呈良性,但企业面临一些挑战。
5	风险中等-趋势下降	商业风险中等,但呈下降趋势。企业在某些领域内存在挑战,但营商环境趋向改善。
6	风险中等-趋势稳定	商业风险中等且趋势稳定。企业可能在某些领域遭遇挑战,但依然可控。
7	风险中等-趋势上升/风险高-趋势下降	商业风险介于中等和高之间且不断变化。企业面临较大运营威胁,需加强风险管控措施。
8	风险高-趋势稳定	商业风险高且趋势稳定。企业面临重大挑战,需加强风险管控措施以维持正常运营。
9	风险高-趋势上升/风险极高-趋势下降	商业风险介于高和极高之间且不断变化。企业面临严峻挑战。
10	风险极高-趋势稳定	商业风险极高且趋势稳定。企业难以正常运营,需建立特殊防范机制。

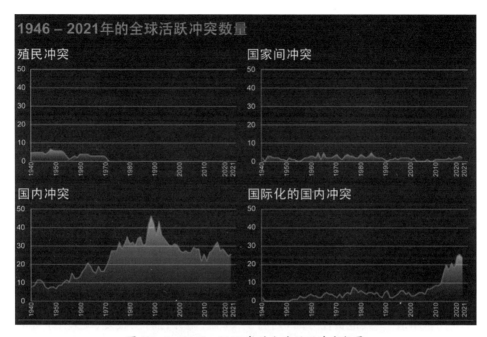

图 17-1　1946—2021 年的全球活跃冲突数量

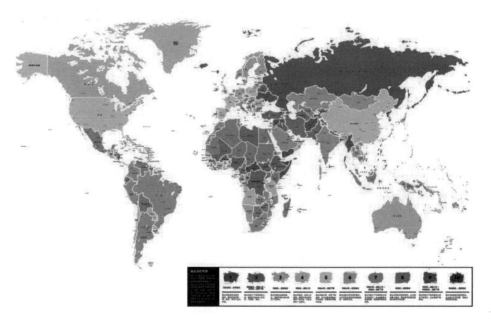

图 17-2　2023 年全球商业风险地图

二、保险是经济助推器和社会稳定器

保险起源于海上保险,海上保险源于航海中的海损分摊原则(共同海损)和海上借贷(船舶抵押贷款)。共同海损是指在同一海上航程中,当船舶、货物和其他财产遭遇共同危险时,为了共同安全、有意地、合理地采取措施而直接造成的特殊牺牲或支付的特殊费用,由各受益方按比例分摊的法律制度。海上危险必须是共同的、真实的,共同海损的措施必须是有意的、合理的、有效的,共同海损的损失必须是特殊的、异常的,并由共损措施直接造成。船舶抵押贷款是由船主以船舶或货物为抵押向放款人借钱,并约定若船舶安全航行归来,由船主向付款人偿还本利,若船舶中途出险,则借款人可以免除债务,这具有一定的保险特征。基于此,世界上第一张保单诞生于 14 世纪的意大利,保单承保一批货物从法国南部阿尔兹安全运抵意大利的比萨。在这张保单中有明确的保险标的,明确的保险责任,如"海难事故,包括船舶破损、搁浅、火灾或沉没造成的损失或伤害事故"。其他责任方面,列明了"海盗、抛弃、捕捉、报复、突袭"等所带来的船舶及货物的损失。自此以后,逐渐向各个领域的自然灾害、意外事故风险管理过渡,直至形成当前覆盖社会生活各个领域的局面。长期以来,保险业在促进经济与社会协调发展方面发挥着重要作用,被称为经济助推器和社会稳定器,更是防范化解社会冲突风险、优化社会治理的重要手段。

在服务大众健康方面,1347—1353 年,臭名昭著的"黑死病"席卷欧洲,致使 2500 万人丧命,欧洲人口减少 1/3。黑死病的巨大危害直接推动哈雷编制了世界上第一张完整的生命表,为寿险保单的诞生奠定了基础。欧洲中世纪,"行会""兄弟会"进一步为成员提供疾病、伤残等多种保障。1762 年,世界上第一家人寿保险公司英国公平人寿保险公司成立,运用生命表确立的死亡率、生存率、年金现价等指标,奠定了保险经营的科学基础。此后,现代保险逐步发展完善,目前已经覆盖了生、老、病、死、伤、残等方方面面的保障。

保险业在应对新冠肺炎疫情等国际公共卫生紧急事件中,发挥了重要作用。自 2007 年 6 月 15 日《国际卫生条例(2005)》生效以来,世界卫生组织先后将甲型 H1N1 流感病毒事件、野生型脊髓灰质炎病毒(WPV)疫情、西非埃博拉病毒(EBoV)疫情、寨卡病毒(Zika)疫情、刚果(金)埃博拉病毒(EBoV)疫情、2019 新型冠状病毒(Covid19)疫情等六次疫情列为国际公共卫生紧急事件(PHEIC),全球保险业在应对上述疫情时充分发挥出了保险保障和资金补充功能,为经济社会复苏和社会稳定做出了重要贡献。

例如,2014 年非洲埃博拉疫情爆发后,为提升发展中国家应对流行病疫情的能力,世界银行与世界卫生组织等机构合作,着手建立流行病应急融资基金(Pandemic Emergency Financing Facility,以下简称"PEFF"),为发展中国家的传染病和流行病提供应急资金。PEFF 包括保险和现金两个"窗口",保险窗口由慕尼黑再、瑞士再提供方案设计和再保险支持,美国巨灾模型公司AIR Worldwide 提供建模。2017 年,世界银行发行了专门债券向 PEFF 提供金融支持,这标志着世界银行债券首次被用于资助抗击传染病。

新冠疫情爆发后,世界银行决定通过 PEFF 在未来五年为受新冠疫情影响国家提供 50 亿美元的资金保障,其中保险窗口通过巨灾债券和衍生工具提供 42.5 亿元美元的风险保障。面对新冠疫情,美国政府提出建立流行病相关利润损失保险再保池,宾夕法尼亚州最高法院也已提出要将新冠肺炎列入类同飓风、地震的巨灾事件。欧洲也有政府提出以巨灾保险模式为基础,在商业健康险保费中提取一定比例的资金组建风险保障基金,将部分健康保险保费储备起来,当重大传染病发生时集中用于购买防护设备、医疗资源,以及医疗人员的培训。

在应对巨灾事件方面,按照 Swiss Re 界定的巨灾标准,造成经济损失超过 9900 万美元的自然灾害和人为灾难可以被认为是巨灾。在这一口径下,Swiss Re 统计发现,过去 50 年,自然灾难和人为灾害爆发次数明显呈增加趋势。其中,1970 年全球共发生 100 次巨灾事件,而 2021 年巨灾的发生次数已经增长至 306 次,导致 11881 人遇难,经济损失总额为 2800 亿美元,超出2019 年近一倍。2022 年,巨灾的发生次数略下降至 285 次,但是遇难人数大幅增长并超过 35000 人,经济损失总额达 2840 亿美元。相应地,全球保险业为经济社会提供的风险保障在 2019 年约为 600 亿美元,2020 年提升至约 820亿美元保障,2021 年进一步提升至约 1190 亿美元保障,当时是 Swiss Re 有记录以来的第 6 位。到 2022 年,全球保险业为经济社会提供的风险保障约为1320 亿美元,成为 Swiss Re 有记录以来的第 4 位。这些数据反映出保险业为全球经济稳定发展作出了重要贡献。

由于温室气体排放规模大、全球持续变暖、城市化快速发展、土地利用变化等因素,2021 年全球极端降雨天气频发,中国以及德国等多个欧洲国家遭遇百年一遇的降雨,多个国家和地区爆发洪灾,人民生活受到巨大损失。当年洪灾造成我国河南地区 1481.4 万人受灾,直接经济损失 1337.15 亿元,更造成 302

人遇难,50 人失踪,是 2008 年汶川地震以来最严重的自然灾害事件。欧洲中西部洪灾肆虐,德国、比利时、荷兰等国多地受灾,造成数百人死亡或失踪,其中德国至少 188 人死亡,上万间房屋被毁,这更是二战结束以来西欧最严重的自然灾害事件。2008 年,我国南方地区遭遇罕见雨雪冰冻灾害,直接经济损失达 1516.5 亿元,保险业赔付约 50 亿元;同年,四川汶川发生 8.0 级特大地震灾害,6.9 万人遇难,受灾人口达 4625.6 万人,直接经济损失 8451.4 亿元,保险业赔付超过 16 亿元;2012 年,北京遭遇罕见特大暴雨,受灾人口达 190 万人,直接经济损失 116.4 亿元,保险业赔付超过 11 亿元;2016 年,长江流域多地出现超强降雨,导致了 1999 年以来最严重的汛情,5608 万人受灾,直接经济损失达 1661 亿元,保险业赔付约 28 亿元。2019 年,超强台风"利奇马"造成 1402.4 万人受灾,直接经济损失 515.3 亿元,保险业赔付约 40 亿元。今年,面对河南地区的暴雨洪灾,保险业积极应对,第一时间启动重大事故理赔应急预案。截至 8 月 10 日,河南保险业共接到理赔报案 50.14 万件,初步估损 114.49 亿元,已决赔款超过 40 亿元。细数下来,2008 年,汶川地震灾害的保险赔付率最低,仅 0.2%,时至今日的河南暴雨洪灾,保险赔付率已明显跃升到 9%,也反映出我国巨灾保险应对极端天气、保险业服务经济发展的能力大幅提升。

在稳定经济民生方面,中国保险业历经 40 余年的发展,市场主体不断丰富,市场规模显著扩容,发展水平持续提升,对于我国经济发展提供了重要支撑。截至 2022 年 6 月末,保险业共有法人机构 237 家;截至 2022 年末,保险业总资产共计 27.15 万亿元,为全社会提供保险金额 13678.65 万亿元,行业原保费收入 4.70 万亿元,按可比口径计算,原保险保费收入同比增长 4.58%,已经连续五年保持全球第二大保险市场地位。从表 17 - 2 的业务数据和图 17 - 3、图 17 - 4 的业务发展情况显示出了我国保险业的高速增长过程。数据显示,我国保险业为全社会提供的风险保障已经从 2000 年的 527.36 万亿元增长了近 25 倍,2022 年同比增速为 12.6%,5 年 CAGR 为 26.9%,彰显了保险业对经济社会发展产生的积极成效。此外,自 1992 年保险代理人制度被引入我国以后,便掀开了国内保险业个人营销大发展的时代。个险渠道迅速成长为第一大保费贡献渠道,驱动保险业快速发展,30 年间保费收入呈现指数级增长。

保险业的发展也为解决就业作出了重要贡献。事实上,2011 年以来,在全球成熟保险市场中,寿险代理人数量变化呈分化趋势,美国、中国的代理人数量总体呈增长趋势,日本则为下滑趋势。其中,2022 年上半年末,中国有 570.7 万代理人,2021 年美国寿险业有 123.5 万人,日本有 129.5 万人。此外,数据显示,近年来英国、德国和韩国代理人也为下降趋势,其中,2019年英国保险雇员为11万人、德国保险代理人有近12万人、韩国有近11万人,法国保险雇员较为稳定,2011年以来均为接近15万人的水平。

表17－2　2011年以来全球成熟保险市场寿险代理人数量(万人)①

	2011	2012	2013	2014	2015	2016	2017	2018	2019	2020	2021	202206
中国	279.6	275.6	290.1	325.3	471.3	657.3	806.9	871.0	973.0	842.8	641.9	570.7
美国	89.0	93.2	94.3	101.7	106.9	110.5	113.6	116.9	119.2	120.2	123.5	——
日本	134.1	134.1	133.6	131.5	132.2	132.7	133.4	132.9	132.0	131.6	129.5	——
英国	11.0	10.6	10.5	11.4	11.2	10.5	10.5	9.4	11.4	——	——	——
德国	17.6	17.2	16.6	15.9	15.3	14.8	14.0	12.1	11.9	——	——	——
法国	14.8	14.8	14.7	14.7	14.7	14.6	14.7	14.7	14.8	——	——	——
韩国	15.6	15.6	14.5	13.2	12.9	12.6	12.2	11.3	10.9	——	——	——

表17－3　2022年保险业各类业务规模及增长情况

	全行业	寿险业务	财险业务	意外险业务	健康险业务
原保费收入	46957.00	24519.00	12712.00	1073.00	8653.00
同比增速	4.6%	4.0%	8.9%	−11.3%	2.4%
5年CAGR	5.1%	2.7%	5.3%	3.5%	14.5%
10年CAGR	11.7%	10.7%	9.1%	10.8%	25.9%
20年CAGR	14.6%	13.1%	15.0%	14.0%	23.7%

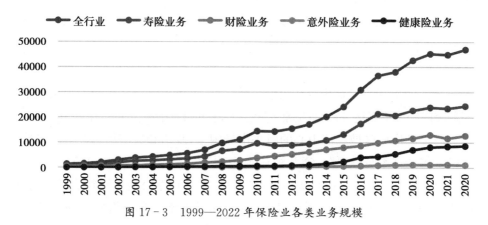

图17－3　1999—2022年保险业各类业务规模

---

① 数据来源:美国人寿保险协会(American Council of Insurers)、欧洲保险协会(Insurance Europe)、德国保险协会(German Insurance Association)、日本寿险协会(Life Insurance Association of Japan)、韩国寿险协会(Korea Life Insurance Association)、中国银保监会。

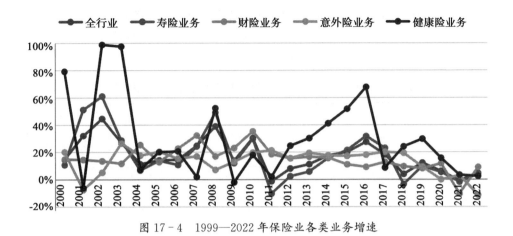

图 17-4　1999—2022 年保险业各类业务增速

第二节　通过保险管理社会冲突风险的国际经验

一、社会冲突风险的主要类型

当前世界正处于百年未有之大变局中,各国政治、经济、军事形势存在较大差异,社会冲突风险的类型也有明显区别。对于发达的成熟市场国家,普遍被认为是政治风险低风险地区,面临的主要社会冲突风险是骚乱风险、政治运动风险、恐怖主义风险等。其中,在四种情况下,恐怖主义容易产生或难以根除,一是广大的农村地区、巨大的山地面积使恐怖组织获得藏身之所,大大增加了政府执法的难度;二是恐怖组织大量参与毒品贸易,获得了其存续与发展必需的经济收入;三是一些政治派别被排斥在政治生活之外,其诉求难以在体制内得到满足;四是国内经济不发达,特别是贫富差距过大,有助于恐怖组织的产生和发展。

对于已形成区域经济中心的新兴市场国家,政治和经济结构存在脆弱性,难以抵御全球系统性风险,通常被认定为政治风险中低至中高风险区域。例如,2019 年 10—11 月,智利圣地亚哥爆发一系列针对公交系统票价提价的抗议活动,发生上千次不同规模的游行、916 起纵火事故和频繁的抢劫事件,保险损失 25—40 亿美元。2021 年 7 月,南非约翰内斯堡发生大规模骚乱。骚乱蔓延至南非七省(共九省),造成 212 人死亡,144 所学校被损毁,多数商店和企业遭抢劫和破坏,南非农民遭受洗劫,已威胁到了当地的食品供应。南非财政部预计骚乱将导致南非 GDP 下降 0.7—0.9 个百分点,设施重建和经济恢复需要近两年时间。

对于发展中的新兴市场国家,社会稳定性不强,通常被认定为政治风险中高风险地区。例如,2021 年 4 月,哥伦比亚爆发全国性的抗议活动,叠加联合工会的全面罢工,冲突事件造成的保险损失约 1500—2500 万美元。

表 17 – 4 主要国际组织及机构对世界经济的预测(单位:%)

指标	地 区	2022	2023	2024	指标	地 区	2022	2023	2024
经济增长率	国际货币基金组织				通货膨胀率	国际货币基金组织			
	世界	3.4	2.9	3.1		发达国家	7.3	4.6	2.6
	发达国家	2.7	1.2	1.4		发展中国家	9.9	8.1	5.5
	美国	2.0	1.4	1.0		联合国(物价水平)			
	欧元区	3.5	0.7	1.6		发达国家	7.5	5.2	2.7
	日本	1.4	1.8	0.9		美国	8.1	4.8	2.5
	发展中国家	3.9	4.0	4.2		欧元区	8.1	6.2	3.3
	世界银行					日本	2.0	1.2	0.7
	世界	2.9	1.7	2.7		发展中国家	10.8	8.5	5.5
	发达国家	2.5	0.5	1.6		中国	2.2	2.5	2.4
	美国	1.9	0.5	1.6	贸易	国际货币基金组织(商品和服务贸易规模增速)			
	发展中国家	3.4	3.4	4.1		世界	5.4	2.4	3.4
	中国	2.7	4.3	5.0		发达国家	6.6	2.3	2.7
	OECD					发展中国家	3.4	2.6	4.6
	世界	3.0	2.6	2.9		联合国(美元计价出口规模)			
	美国	1.5	1.5	0.9		世界	8.1	−0.1	7.1
	欧元区	3.1	0.8	1.5		发达国家	7.3	−0.9	7.1
	日本	1.6	1.4	1.1		北美	10.9	1.7	5.8
	联合国					欧洲	6.2	−2.0	7.3
	世界	3.0	1.9	2.7		发展中国家	8.8	1.3	7.3
	美国	1.8	0.4	1.7					
	欧元区	3.2	0.1	1.6					
	日本	1.6	1.5	1.3					

对于存在战乱风险的国家,通常被认定为政治风险高风险地区,面临的社会冲突风险更加严峻。一是战乱风险。以阿富汗为例,尽管塔利班已经取得了巨大的军事胜利,但从秩序的批判和破坏者到秩序的建设和维护者,还有很长的一段路要走。同时,在长期战乱的背景下,社会管理松弛,大量武器弹药散落民间,这也对阿富汗新政权的治理造成很大挑战。二是恐怖主义风险。

当前,阿富汗形势面临政治、经济、反恐、人道"四重挑战",恐怖主义的治理难度很大。但尽管如此,解决问题的关键仍然在于塔利班是否具有打击国内恐怖主义力量的强烈意愿。三是难民风险。联合国难民署警告称,不断升级的冲突让平民流离失所。据估计,2021 年 1 月以来,不安全和暴力导致 27 万阿富汗人在境内流离失所,令该国背井离乡的人口总数超过 350 万人。

2008 年国际金融危机爆发后,经济全球化进入调整期,全球化速度放缓。当前,世界百年未有之大变局加速演进,新一轮科技革命和产业变革深入发展,国际力量对比深刻调整,逆全球化思潮抬头,单边主义、保护主义明显上升,世界经济复苏乏力,局部冲突和动荡频发,全球性问题加剧,世界进入新的动荡变革期,社会冲突风险进一步加大。

二、保险应对社会冲突风险的实践意义

(一) 保险助力风险分散

保险业的一般模式是基于大数定律在大量的投保人之间分散风险,保险公司的经营高度依赖于风险管理。本质上,保险公司是专业的风险管理服务机构,具有应对社会冲突风险的专业能力。

从国际上看,保险业在社会冲突风险管理中发挥着重要作用。近年来,全球冲突事件频发,对国际社会造成了较大损失。对此,发达国家普遍将社会冲突相关责任包括在财产险"一切险"中。例如,在美国,黑人乔治·弗洛伊德(George Floyd)的死亡事件在各地引发了严重骚乱,而抗议活动造成的直接物质损失由财产险"一切险"承担,美国保险信息研究院预计保险损失为 10—20 亿美元。此外,政治暴力保险主要保障恐怖主义风险。据美国财产险理赔信息服务机构统计,近年来主要的政治暴力保险出险事件是,1965 年洛杉矶骚乱造成 3.57 亿美元保险损失、1968 年巴尔的摩、芝加哥和纽约市骚乱造成 2.31 亿美元保险损失,以及 1992 年洛杉矶骚乱造成 14.2 亿美元保险损失。从上述案例可以看出,国际保险市场对于社会冲突提供了较为有力的保障。

从国际经验来看,应对社会冲突风险的保险主要包括三类:(1)财产险和车险中的罢工、暴力活动、骚乱责任,以及恶意损害责任,其中罢工、暴力活动、骚乱责任涵盖其导致的直接物质损失,恶意损害责任主要涵盖个人或组织以政治、宗教或意识形态为目的使用武力或暴力造成的直接物质损失。除直接财产损失外,部分保单中将责任范围扩展到由此带来的延迟完工、营业中断和

声誉损失。（2）政治暴力保险，责任范围主要包括八类：恐怖主义，蓄意的负面社会活动，暴乱、罢工和/或民众骚乱，恶意破坏，起义、革命和/或叛乱，兵变和/或政变，战争和/或内战，反叛乱。政治暴力保险属于列明可保风险，除"起义、革命和/或叛乱"外，其他责任范围与财产险和车险中的罢工、暴力活动、骚乱责任，以及恶意损害责任有较多重合，并根据破坏的意图和组织形式进行更细致的划分。国际上，客户可以根据其实际需求投保其中部分或全部的保险。（3）政治风险保险，侧重东道国政策变化导致的被保险人资产和利润的损失，责任范围主要包括五个方面：债务人无法按时还款造成合同违约，债务人所在国家发生战争、革命、暴动造成的损失，恐怖主义行动和与之相关的破坏活动，债务人所在地政府或还款必经的第三国政府颁布延期付款令、汇兑限制，保险人认定的其他政治事件。政治风险保险属于信用险，社会冲突导致的财产损失是政治风险保险责任之一。

（二）保险助力社会公平

社会冲突是社会矛盾在特定时间和场域内集中释放的过程，隐藏在激烈冲突背后的，是长期积累的社会不公平导致的民怨民愤。通过保险机制，在应对社会冲突的过程中，能够发挥经济补偿功能，为被保险人提供保险赔付，从而在一定程度上更好地助力社会公平。例如，对于1992年洛杉矶骚乱造成的损失，保险业提供了14.2亿美元的赔付，对于骚乱后的恢复等工作提供了支持。在服务大众健康方面，保险也功不可没。世界银行与世界卫生组织等机构通过PEFF，向世界最贫困国家提供保险，向有关国家和国际应对机构拨付资金，用于加快应对速度，以挽救生命，减轻民众痛苦。

此外，通过保险机制，全球保险机构持续优化保险产品供给，在可及性和公平性等方面均作出了较大贡献。在可及性方面，美国保险机构建立了医疗费用的预付制安排，帮助客户直接、便捷地获取医疗服务。1929年，美国蓝十字和蓝盾保险是生产者合作保险组织，通过对管理式医疗的早期尝试，将保险和健康服务紧密联系在一起，为更广泛的群体提供健康管理服务。凯撒医疗是美国最大的综合非营利性医疗机构，这对患者、医生、医疗机构、保险机构资源进行整合基础上，通过控制费用、提高医疗质量、持续改善会员健康等方式，将医疗服务成本降到最低，为客户提供了一站式、全方位医疗健康保险服务。2022年，凯撒医疗拥有39家医院、734个医学中心、2.3万名医生和5.9万名护士，服务着1260万名会员。在公平性方面，多数保险产品具有普惠性,例如,我国保险业持续推动小微企业贷款保证保险、城乡居民大病保险、惠民保、"百万医疗保险"等普惠性保险业务,在帮助中低收入群体、中小企业以较小的支出抵御风险,促进社会公平,提高社会保障水平等具有重要作用。

(三)保险助力社会创新

马斯洛提出了需求的五个层次,生理需求、安全需求、爱与归属的需求、尊重的需求、自我实现的需求。本质上,社会冲突也是五个层次的需求与现实不匹配的结果。具体看,人类的需求包括宗教信仰、财产安全、健康保障、财富管理、多元服务等方方面面。长期以来,随着社会需求、社会冲突的演变,保险业也需不断创新发展,并推动社会创新。在一定意义上,人类文明史也是一部为了健康同疾病和灾难的斗争史。人类攻克了一个又一个疾病难题,但新的课题不断涌现,例如基因治疗给一些重大疾病的治疗带来希望,但也带来巨大的不确定性。

此外,保险业正在深度介入健康管理领域,提供包括定制的健康计划、在线问诊、健康咨询、体检、基因筛查、重疾通道、境外救援、海外就诊等在内的多元化服务,为社会创新提供助力。健康管理本身不是产业,只是维持健康的一种思想理念和生活方式。健康管理与高质量的科技、服务手段相结合,并与消费者健康相联系的现实需求和潜在需求有机对接,健康管理便释放出巨大的经济能量。美国健康管理平台 Welltok 成立于 2009 年,主要关注个人健康管理和生活习惯提升,核心产品即 Café Well 人口健康管理平台,协助医疗保险商和人口健康管理者引导并激励用户改善健康,提高健康水平。Welltok 拥有覆盖 2.5 亿美国人的专有数据库,其中包含 1600 多个变量,可以创建针对特定消费者的预测模型。从而实现基于机器学习的个性化健康管理计划。2018 年 11 月,拥有长达 156 年历史的美国传统寿险巨头恒康保险(John Hancock)宣布停止传统保险售卖,转而以可穿戴设备辅助的互动式保单为主,老牌巨头的这一尝试震撼了全球保险业,是真正意义上对保险业的颠覆模式。

二、保险应对社会冲突风险面临的困难挑战

统计数据显示,自 2008 年金融危机以来,全球大规模抗议和示威活动

的数量,从 2000—2009 年每年 355 起,上升至每年 482 起。自 2020 年以来,大型传染病、气候变化、经济衰退、全球经济复苏等不平衡问题凸显,预计在后续相当长时期,社会冲突发生的概率和影响均将呈明显上升趋势。相应地环境责任险、网络风险保险、政治暴力险、政治风险保险等险种需求量必然上升。

但是,在复杂利益相关方组成的社会中,公平与效率总是难以兼顾,追求防范化解社会冲突风险的道路并不平坦。

一是国际环境面对错综复杂之难。社会冲突往往伴随着经济增长滞缓、国际格局稳定性遭到破坏、突发性公共事件等因素。世界之变、时代之变、历史之变正以前所未有的方式展开。世界百年未有之大变局,从一定意义上说也是一个大乱局。新冠病毒仍在蔓延,乌克兰危机延宕发酵,全球粮食、能源安全问题突出,巴黎"延迟退休法令"骚乱黑烟四起,产业链供应链遭遇严重冲击,世界处在新的动荡变革期。一些发展中国家面临资本外流、货币贬值的压力,有的陷入债务困境。一些国家民粹主义、极端主义大行其道,逆全球化思潮泛滥,政治极化现象严重,社会矛盾日益激化。为了转嫁矛盾,一些西方国家将国内矛盾国际化,导致地缘热点增多、冲突加剧,甚至存在失控风险。外部环境不稳定、不确定、难预料成为常态。今年世界经济可能面临滞胀局面。国际货币基金组织预测,今年世界经济增长 2.7%,通胀率 6.5%。世界贸易组织预测,今年全球货物贸易增长 1%,明显低于正常年份。美联储激进加息,强势美元开启在全球新一轮"薅羊毛",全球资产价格大幅调整,大宗商品价格高位波动。各国宏观政策在控通胀、稳增长、防风险方面艰难权衡。总体来看,世界经济、政治、社会等领域矛盾相互叠加、相互影响,地缘军事冲突风险上升,传统多边治理机制失能失效,国际社会难以有效协同,世界再次站在了历史演变的十字路口。世界经济近三分之二的受访首席经济学家预测,2023 年世界经济可能出现衰退;高盛认为,2023 年美国经济衰退的可能性为 35%;Capital Economics 认为,欧元区将在今年上半年陷入衰退;我国国内经济恢复的基础尚不牢固。需求收缩、供给冲击、预期转弱三重压力仍然较大,疫情持续反复冲击,产业链供应链运行不畅,企业生产经营活动受阻,新动能接续不够。外部动荡环境给我国经济带来的影响不容忽视。

二是宏观政策层面面临道路选择之难。各国差异较大,效果没有达成市场共识,缺乏普遍认可的防范化解社会冲突风险制度。例如美国等发达国家,保险深度高,社会冲突造成的财产损失额度高,并且属于低政治风险的地区;智利、南非等已形成区域经济中心的新兴市场国家,虽然宏观经济表现大幅优于同类国家,但政治和经济结构存在脆弱性,难以抵御全球系统性风险;哥伦比亚等发展中的新兴市场国家,保险深度不高,社会稳定性不强,是政治风险评价体系下的中高风险地区;阿富汗等国家存在战乱风险,社会冲突风险管理难度极大。

三是保险行业存在缺乏专业技术之难,国际市场中,无论是财产险和车险中的罢工、暴力活动、骚乱责任,以及恶意损害责任,还是包含社会冲突风险保障的政治暴力保险、政治风险保险,均为十分特殊的风险领域,专业能力要求很高。例如,如何处理财产险和车险中的罢工、暴力活动、骚乱责任,以及恶意损害责任与自然巨灾共同承保导致的风险问题,出现大型损失事件的市场中均已出现了在财产险和车险中除外罢工、暴力活动、骚乱责任,以及恶意损害责任,或者对有关责任进行限制的趋势。当前,我国保险业仍然缺少此类社会冲突风险相关保险产品,在发挥保险应对社会冲突风险作用时,仍然存在着一些薄弱环节。例如,我国保险产品普遍将战争和恐怖主义作为除外责任,条款的常用表述是:本保险对直接或间接由于下列原因造成的损失、毁坏、任何性质的成本或费用不予赔偿,不管是否同时或在任何次序下由其他原因或事件造成损失:战争、入侵、外敌行为、敌意或类似战争行为(无论是否宣战),内战、叛乱、革命、起义、内部骚乱,承担部分或等同于军队或篡权行为;任何恐怖主义的行动;任何破坏行为。当年钓鱼岛风波引发的日系车辆损毁事件、2019 年香港风波等,政府均定性不清晰。为社会和谐,由此造成的部分直接财物损失,保险业以通融方式酌情赔付了事。此外,社会冲突事件难以通过统计学模型拟合,尤其是对于带有恐怖袭击性质的网络攻击事件缺乏模型分析,风险判断能力和精算定价能力是未来需要长期发展的核心竞争力,多数公司借助经纪公司研究成果、数据库信息获取信息,部分大型机构自主开发政治风险识别工具。我国属于世界上最安全的区域之一,自然缺乏相应的历史经验数据。需要注意的是,从损失额度来看有逐渐增高的趋势,近年的冲突事件中损失额度大幅超过历史均值,且社会冲突具有较高的地域关联风险,一旦事故发生,同地区关联财产可能同时遭受巨额损失,对保险公司形成大范围累积,对偿付能力和承保能力提出更高要求,因此,排分渠道、共保机制和再保方案对承保社会冲突风险的保险公司而言尤为重要。

第三节 通过保险优化社会冲突
风险管理的发展建议

一、优化保险业供给结构

入世 20 年来中国保险业虽然几经波折,但总体上处于繁荣景气的长周期,保费年均增速高达 16.8％,绝大多数年份都明显快于 GDP 增速,走过了一个保险需求端、供给端、政策端"强共振"的黄金时代。随着我国社会主要矛盾已经转化为人民日益增长的美好生活需要和不平衡不充分的发展之间的矛盾,保险业的主要矛盾也逐步体现为供给结构不能适应需求结构变化的矛盾。

一是加强顶层设计,建立保险应对社会冲突风险的制度安排。党的二十大报告提出,要推进国家安全体系和能力现代化,坚决维护国家安全和社会稳定。国家安全是民族复兴的根基,社会稳定是国家强盛的前提。必须坚定不移贯彻总体国家安全观,把维护国家安全贯穿党和国家工作各方面全过程,确保国家安全和社会稳定。要坚持以人民安全为宗旨、以政治安全为根本、以经济安全为基础、以军事科技文化社会安全为保障、以促进国际安全为依托,统筹外部安全和内部安全、国土安全和国民安全、传统安全和非传统安全、自身安全和共同安全,统筹维护和塑造国家安全,夯实国家安全和社会稳定基层基础,完善参与全球安全治理机制,建设更高水平的平安中国,以新安全格局保障新发展格局。借鉴国际经验,保险是应对社会冲突风险的重要手段,也是助推国家安全体系和能力现代化的重要抓手。建议国家出台专项支持政策,将保险纳入社会冲突风险管理体系,更好发挥保险的事前风险预防、事中风险控制、事后经济补偿等多重职能,更好助力国家安全体系和能力现代化。2023年 3 月份,黑龙江省住建厅主办召开"全省建筑施工领域安全生产责任保险启动会"要求在建项目必须 100％投保安责险,表明政府越来越注重保险的"稳压器"作用。

二是优化产品供给,创新开发带有社会冲突风险责任的专门产品。国际保险业对于保险应对社会冲突风险已有成熟的运营经验,但是这一领域在我国尚属空白,特别是缺少涵盖社会冲突风险责任的保险产品。于国内而言,我国社会经济政治局面稳定,缺乏社会冲突风险的保险需求。但是,于国际而言,当前全球地缘政治局势复杂严峻,社会冲突风险存在愈演愈烈的可能。党的二十大报告指出,局部冲突和动荡频发,全球性问题加剧,世界进入新的动荡变革期;来自外部的打压遏制随时可能升级;各种"黑天鹅"、"灰犀牛"事件随时可能发生;必须增强忧患意识,坚持底线思维,做到居安思危、未雨绸缪,准备经受风高浪急甚至惊涛骇浪的重大考验。与此同时,随着国家深入推进高水平对外开放,加快构建以国内大循环为主体、国内国际双循环相互促进的新发展格局,推动共建"一带一路"高质量发展,中资企业"走出去"将面临更加复杂严峻的营商环境,社会冲突风险进一步增大。在这一过程中,为更好地服务中资企业"走出去"以及外资企业"引进来",助力更好构建新发展格局、高质量共建"一带一路",建议借鉴国际经验,开发适合当前国际国内形势,符合中外企业需求的特色化社会冲突风险保险产品。例如,探索开发专门的政治暴力保险、政治风险保险,在财产险和车险中扩展罢工、暴力活动、骚乱等社会冲突风险责任,也可以开发包括社会冲突风险责任的财产险"一切险"。

三是打通服务体系,加强配套机制建设。保险应对社会冲突风险是高度专业化的业务,但是此类保险业务链条较长,涉及国际国内众多市场,涉及政治、经济、文化、环境等方方面面,涉及政府、企业、个人以及保险机构等非常广泛的主体。建议国家金融保险监管部门出台政策,指导保险行业加强资源整合集聚,建立与之相配套的保险服务体系,共同推动社会冲突风险相关保险业务发展。

深圳是国内跨境电商聚集地,众多小微企业通过线上平台走向世界。在跨境电商全链条风险解决方案方面,太平洋财险公司跟进7年,于2023年2月发布"跨境电商风险综合解决方案",联动相关合作伙伴,解决电商交易链、资金链、数据链上的物流风险、产品风险、信用风险、售后风险等,获得中国国际贸易促进委员会深圳市委员会、深圳市中小企业服务局的高度好评。然而,整个方案中,涉及社会冲突风险保险产品,也不过是仅仅在货运险项下列明承保了罢工、暴乱、骚乱而已。保险应对社会冲突的诸多风险,仍然无法给予相应的匹配,属于一种缺憾。

二、构建保险业高质量对外开放体系

近年来,我国保险业对外开放力度加大,出台了一系列保险业对外开放措施,稳步取消外资股比限制,大幅减少外资准入数量型门槛。2012年到2021

年,外资保险公司市场份额从 3.5% 增长到 7.8%。在北京、上海等地区,外资保险公司市场份额已达到 20%。截至 2021 年底,来自 16 个国家和地区的境外保险机构在华设立 66 家外资保险机构、84 家代表处和 17 家保险专业中介机构,在华外资保险公司总资产达 2 万亿元。在"引进来"的同时,保险业也在积极"走出去"。2022 年上半年,中国"一带一路"再保险共同体成员公司累计为 164 个国家和地区的 6600 项次中国海外利益项目提供风险保障,合计保障境外资产总规模逾 2.1 万亿元。

党的二十大报告提出,要加快构建新发展格局,着力推动高质量发展。推进高水平对外开放。要构建高水平社会主义市场经济体制,深化金融体制改革,建设现代中央银行制度,加强和完善现代金融监管,强化金融稳定保障体系,依法将各类金融活动全部纳入监管,守住不发生系统性风险底线。要依托我国超大规模市场优势,以国内大循环吸引全球资源要素,增强国内国际两个市场两种资源联动效应,提升贸易投资合作质量和水平。稳步扩大规则、规制、管理、标准等制度型开放。推动货物贸易优化升级,创新服务贸易发展机制,发展数字贸易,加快建设贸易强国。合理缩减外资准入负面清单,依法保护外商投资权益,营造市场化、法制化、国际化一流营商环境。随着国家构建以国内大循环为主体、国内国际双循环相互促进的新发展格局,以及高质量共建"一带一路"战略的深入实施,面对日益复杂的社会冲突风险,保险业的"引进来"和"走出去"均意义重大。

一是国际保险市场具有更为成熟的社会冲突风险管理及相关保险经验,建议积极引进国际成熟保险模式和承保技术。如前所述,财产险和车险中的罢工、暴力活动、骚乱责任以及恶意损害责任,政治暴力保险,政治风险保险等均为国际上比较成熟的产品形态,建议国内保险和再保险公司积极参考借鉴,推出适合我国国情的保险产品。特别是,在中资企业"走出去"、服务高质量共建"一带一路"过程中,提供创新的社会冲突风险保障。对外经济贸易大学保险学院早在"一带一路"伊始,就开始建立"'一带一路'国别风险数据库",累计至今,夯实了"一带一路"风险管理方面广泛、可用、有效的数据基础,值得政府、外贸企业及保险业的关注。

二是引导"走出去"的中资企业强化保险意识。我国长期稳定的社会政治经济局面,虽然 ControlRisks 集团对我国的评估为"风险中等"等级,但总体看我国风险状况良好。正因如此,中资企业往往对国际社会冲突风险认识不足,缺乏应对措施,及时采取措施,也往往实施不够有力,由此造成的重大损失事件较多,阻碍了"走出去"步伐。国际上,通过保险防范化解社会冲突风险是海外投资企业和银行普遍采取的措施。建议"走出去"的中资企业进一步强化风险管理理念和措施,积极通过保险方式化解各种社会冲突风险事件。

三是在创新保险服务模式、强化全球保险协同一体化理念的基础上,建议保险业积极整合境内外保险渠道,借助劳合社等特险优势市场的平台,积极发挥"一带一路"政治风险联合体作用,整合国内外保险公司的承保能力和专业技术,切实强化社会冲突风险管理能力,更好地为中国海外利益保驾护航。"一带一路"政治风险联合体由中再集团旗下桥社集团于 2021 年 6 月在劳合社市场设立,旨在汇聚劳合社辛迪加的专业力量,为"一带一路"倡议的施工、运营和投资项目提供政治暴力保险和政治信用险保障,全面提升服务"一带一路"的风险保障规模及能力。联合体为符合要求的中国"一带一路"相关项目提供最高 4 亿美元的政治暴力保险承保能力和最高 3 亿美元的政治信用险承保能力。联合体将提供市场领先的风险解决方案,为中国企业和其他共同投资者的海外资产提供应对政治暴力风险的保障服务。通过与劳合社辛迪加的协同与合作,提供国际一流的社会冲突风险解决方案。

三、健全巨灾保险服务体系、构建"保险型"社会

国际经验表明,巨灾保险制度是应对洪水等巨灾的重要手段,但是目前我国巨灾保险保障明显不足。

一是建议将巨灾保险纳入社会冲突风险管理体系。在开启全面建设社会主义现代化国家新征程中,保险业深度参与国家应急管理体系还有很大发展空间。国家"十四五"规划纲要中明确提出,要完善应急管理体系,发展巨灾保险,提高防灾、减灾、抗灾、救灾能力。这是对保险服务经济社会作用的肯定,也是发挥巨灾保险的防灾减损风险预警功能,增强社会冲突风险管理能力的重要机遇。

二是构建国家主导的巨灾保险制度体系。巨灾保险具有较强的公共产品属性,政府是巨灾保险制度的重要参与者。美国、日本等国的实践也表明,国家和政府主导是构建科学有效的巨灾保险制度的重要保障。建议结合巨灾保险法和巨灾保险试点推进工作,统筹各地区巨灾风险状况,尽快构建国家主导的巨灾保险制度体系。

三是建议有针对性补足城乡巨灾保障短板。从城乡结构角度看,城市基

础设施建设更完善,社会冲突风险管理体系更完备,但是土地开发程度高、人口聚集密度大等现实也使城市的巨灾风险暴露更大。乡村地区由于基础设施落后,保险渗透率更低,农民安全和农业资源的防护程度远低于城市,巨灾发生时的脆弱性较大。总的看来,城乡地区应对巨灾风险应采取差异化策略,农村地区更应聚焦于增强基础保障能力,城市地区更应注重提升系统性预警防控机制。

新中国成立以来,历经的重大灾害事故,包括唐山地震、汶川地震,以及还未根除的新冠疫情,均表明中国应对巨灾的实际国情,既有别于西方成熟的保险专业性处置,亦不同于亚洲民族性国家依托宗教、家族力量作为应对风险的主要手段,主要通过国家力量。从长远看,不可能一切风险全部由政府兜底。而构建"保险型社会",是最为合适的模式之一。

四、建立网格化社会冲突风险管理体系

新冠疫情暴发以来,社会冲突风险管理进一步提上日程,而保险业是社会冲突风险管理及其网格化体系建设中的重要组成部分。

一是建议出台专项政策,支持保险业服务社会冲突风险管理。党的二十大报告提出,要健全国家安全体系,强化国家安全工作协调机制,完善国家安全法治体系、战略体系、政策体系、风险监测预警体系、国家应急管理体系,完善重点领域安全保障体系和重要专项协调指挥体系,强化经济、重大基础设施、金融、网络、数据、生物、资源、核、太空、海洋等安全保障体系建设。要增强维护国家安全能力,提高防范化解重大风险能力,严密防范系统性安全风险,严厉打击敌对势力渗透、破坏、颠覆、分裂活动。从风险管理的专业能力方面看,保险业具备明显的社会冲突风险管理优势。为将保险业的风险管理能力融入社会冲突风险管理领域,一方面防范风险于未然,另一方面高效地处置风险,建议政府和监管部门出台相应的支持政策。例如,世界银行与世界卫生组织等机构通过 PEFF 为受流行病影响的国家和地区提供保险和现金支持,世界银行成熟地运用流行病巨灾债券机制帮助世界抵御重大传染病的威胁。

二是探索建立网格化的社会冲突风险管理体系。自新冠疫情爆发以来,全国上下高度关注,习近平总书记在中央政治局会议、中央政治局会议等多个场合强调要加强疫情防控工作力度,并指出疫情防控要坚持全国一盘棋,做出"强化社区防控网格化管理"等重要指示。我国在新冠疫情防控中取得重大决

定性胜利,其中网格化防控是一个重要因素。2023 年 2 月 27 日,中共中央、国务院印发《数字中国建设整体布局规划》,《规划》强调全面提升数字中国建设的整体性、系统性、协同性,促进数字经济和实体经济深度融合,以数字化驱动生产生活和治理方式变革。建议政府和监管部门藉此契机进一步建立网格化治理制度体系,重点根据社会冲突风险分布特征进行网格化风险分解,建立网格化风险地图,推动属地化管理,持续提升社会冲突管理的总体效率,更好地进行社会冲突风险管理。

三是充分发挥保险公司资源优势。事实上,除了专业的风险管理能力外,保险公司在社会冲突风险管理领域也具有数据优势和技术优势。从客户数据、风险事故数据,到大数据等技术的应用,保险公司均走在行业前列。例如,中国平安通过智慧交通、智慧口岸、智慧教育、智慧财政、智慧安防等智慧城市解决方案为地方政府提供风险管理方案,帮助地方政府提升管理能力和水平。建议地方政府加强与保险公司的合作,充分利用保险公司的资源优势,建立社会冲突风险管理的快速响应及应对机制。

五、加强金融科技创新

在实践中,保险公司可以借助大数据和前端业务优势,更好地了解社会冲突风险动态情况。与此同时,无论是从优化保险业供给结构,还是支持构建保险业高质量对外开放体系,亦或是推进建立巨灾保险服务体系和网格化社会冲突风险管理体系,都离不开科技的支撑。充分发挥保险公司的风险管理优势和金融科技企业数据分析优势,健全巨灾风险模型和预测预警机制,构建巨灾发生前更强的预警能力,将各类巨灾造成的损失降至最低。四是在社会冲突风险管理过程中,每天都会产生海量的数据。如何从海量的数据中发现潜在的社会冲突风险点,以及如何在社会冲突风险事件发生后制定最高效、快捷的应对方案等问题是网格化社会冲突风险管理建设的核心。立足于大数据、人工智能等金融科技,建设网格化社会冲突风险管理大数据管理平台,有助于更好地管理社会冲突风险。

参考文献

[1] Swiss Re. Natural Catastrophes and Man-made Disasters in 2016:A Year of Wide-spread Damages[R]. Zurich:Swiss Re,2017.

［2］Swiss Re. Natural Catastrophes in Times of Economic Accumulation and Climate Change［R］. Zurich：Swiss Re，2020.

［3］Swiss Re. Natural Catastrophes in 2021：the Floodgates Are Open［R］. Zurich：Swiss Re，2021.

［4］Swiss Re. Natural Catastrophes and Inflation in 2022：A Perfect Storm［R］. Zurich：Swiss Re，2022.

［5］［美］科塞：《社会冲突的功能》，孙立平等译，华夏出版社，1989 年。

［6］党予彤、初苗苗：《社会冲突风险与国际财产险市场重大损失案例研究》，载《保险理论与实践》2022 年第 1 期。

［7］葛天任、焦永利：《美国城市社会冲突的结构性根源》，载《同济大学学报（社会科学版）》2022 年第 6 期。

［8］李红梅：《筑牢疫情防控的"社区防线"》，载《人民日报》2020—02—21。

［9］田艳芳：《改革历程中的社会冲突演变分析》，载《行政论坛》2015 年第 3 期。

［10］万鹏：《将新冠疫情类重大传染病纳入巨灾保险范畴的探索——基于发行传染病巨灾保险债券的思考》，载《上海保险》2021 年第 2 期。

［11］万鹏：《时代呼唤构建"保险型"社会》，载《中国银行保险报》，2021—09—27。

［12］徐广路、沈惠璋：《基本医疗保险对基本医疗服务满意度及社会冲突感的影响》，载《保险研究》2015 年第 2 期。

［13］徐广路：《养老保障满意度对农民工社会冲突意识的影响》，载《西南大学学报（社会科学版）》2018 年第 2 期。

［14］张文宏、刘琳：《当代中国社会冲突的实证分析》，载《济南大学学报（社会科学版）》2017 年第 4 期。

第十八章 风险分级管控与隐患排查治理

近年来,安全生产的话题不断引起了全社会的广泛关注,提升安全管理水平显得尤为重要。隐患是事故发生的直接原因,要改变企业以往只注重安全隐患排查的模式,以风险管理为核心,提前识别与防控风险,以风险管控为手段,把风险控制在事故隐患形成之前。危险源辨识、风险评估是风险管控的前提和基础,实施风险管控可以从源头上降低或控制安全风险。隐患排查治理工作的主要目的是最大限度地消灭事故隐患,预防和减少安全生产事故的发生。风险分级管控与隐患排查治理的双重结合,有利于增强生产安全事故的预防能力、提高安全生产管理水平,也体现了"安全第一、预防为主、综合治理"安全生产方针的落实。

第一节 建设双重预防机制的重要性

2016 年 1 月 6 日,习近平总书记在中共中央政治局常委会会议上发表重要讲话,关于加强安全生产工作方面强调"必须坚决遏制重特大事故频发势头,对易发重特大事故的行业领域采取风险分级管控、隐患排查治理双重预防性工作机制,推动安全生产关口前移,加强应急救援工作,最大限度减少人员伤亡和财产损失"。

2016 年 4 月 28 日,国务院安委会办公室印发了《标本兼治遏制重特大事故工作指南》,在全国各地部署开展风险分级管控与隐患排查治理两个体系的建设工作。

2016 年 10 月 9 日国务院安委会办公室印发了《关于实施遏制重特大事故工作指南构建双重预防机制的意见》(安委办〔2016〕11 号),全国各地区积极行动,结合实际扎实推进,构建安全风险分级管控和隐患排查治理双重预防机制。

2021年6月修订的《中华人民共和国安全生产法》第四条明确规定"构建安全风险分级管控和隐患排查治理双重预防机制,健全风险防范化解机制,提高安全生产水平,确保安全生产。"确立了双重预防机制其法律效力。其中第二十五条要求生产经营单位安全生产管理机构以及安全生产管理人员"组织开展危险源辨识和评估"。

以上的法规与文件表明,风险分级管控与隐患排查治理双重预防机制将作为企业管控风险、消除隐患、保证安全生产的重要手段,未来也将长期开展下去。改变企业以往只注重安全隐患排查的模式,以风险管理为核心,提前识别与防控风险,以风险管控为手段,把风险控制在隐患形成之前;准确把握安全生产风险,定期开展隐患排查,及时消除隐患,确保风险识别与风险管控措施到位。因此,要做好风险分级管控和隐患排查治理,双重预防机制建设势在必行!

第二节　双重预防机制的基本含义

一、双重预防机制的含义

风险分级管控,是指通过识别生产经营活动中存在的危险、有害因素,并运用定性或定量的统计分析方法确定其风险严重程度,进而确定风险控制的优先顺序和风险控制措施,以达到改善安全生产环境、减少和杜绝安全生产事故的目标。

隐患排查治理,是指依据国家安全生产法律、法规、安全生产知识,对生产经营单位的从业人员、机械设备、工作环境和生产管理进行逐项排查,发现生产安全事故隐患。发现隐患后,根据各种治理手段,消除隐患或治理改善,从而把生产安全事故消灭在萌芽状态,达到安全生产的目标。

双重预防机制,即风险分级管控与隐患排查治理双重预防机制。第一重是管风险,以安全风险辨识和管控为基础,从源头上系统地辨识安全风险,进行分级管控,努力把生产经营单位各类风险控制在可接受范围内,杜绝和减少事故隐患;第二重是治隐患,以隐患排查和治理为手段,认真排查风险管控过程中出现的缺失、漏洞和风险控制失效环节,坚决把隐患消灭在事故发生之前。在理想状态下,安全风险识别与管控到位就不会形成事故隐患,隐患一经发现并及时治理就难以酿成事故。因此,通过双重预防的工作机制,可把安全风险都控制在可接受范围内,把事故隐患消灭在萌芽状态。

二、双重预防机制的核心要素及内在关联

(一) 危险源与隐患关系

在开展双重预防机制建设的过程中,充分认识危险源和隐患,将使企业在安全生产管理的实践中少走弯路。深入解析、厘清危险源与隐患之间的关系,对于正确引导双重预防机制建设具有重要的意义。

1. 危险源。危险源的观点来源于能量意外释放理论。该理论认为能量或危险物质的意外释放是伤亡事故发生的根源。危险源分为两类,可能发生意外释放的能量(能源或能量载体)或危险物质称作第一类危险源,如使设备设施运转的电能、处理工业废水的酸碱性化学品;导致能量或危险物质约束或限制措施破坏或失效的各种因素称作第二类危险源,如压力容器的泄压装置故障,容器内部压力上升无法泄压,最终可能导致爆炸事故的发生。安全生产事故的发生是两类危险源共同作用的结果,第一类危险源是事故发生的前提,第二类危险源是第一类危险源导致事故的必要条件。《职业健康安全管理体系　要求及使用指南》(GBT45001—2020)中危险源的定义是可能导致伤害和健康损害、财产损失或其他损失的来源。危险源包括可能导致伤害或危险状态的来源,或可能因暴露而导致伤害和健康损害的环境。

2. 隐患。隐患的观点,总体上也是遵循事故致因理论,如海因里希在其多米诺骨牌理论中将事故原因分为直接原因、间接原因和根本原因 3 种。2008 年 2 月 1 日起施行的《安全生产事故隐患排查治理暂行规定》第三条给出了安全生产事故隐患的定义:生产经营单位违反安全生产法律、法规、规章、标准、规程和安全生产管理制度的规定,或者因其他因素在生产经营活动中存在可能导致事故发生的物的危险状态、人的不安全行为和管理上的缺陷。《企业职工伤亡事故调查分析规则》(GB6442—1986)明确指出人的不安全行为、机械、物质或环境的不安全状态属于直接原因,技术和设计上有缺陷、教育培训不够等其他管理因素属于间接原因。在隐患排查治理实践过程中,隐患通常指违反国家安全生产法律、法规及标准等相关的文件的

发生事故的直接因素或间接因素。《企业职工伤亡事故分类》(GB6441—1986)附录中列举了不安全状态、不安全行为的种类,可作为隐患排查治理的依据。

3. 两者的关联与区别。通常来说,人的不安全行为与物的不安全状态极易导致能量或危险物质约束或限制措施遭受破坏或失效,这是第二类危险源与隐患有相关联的部分,也是业内大多数人认为可将第二类危险源等同于隐患。不同之处在于隐患排查更多参照于安全生产法律、法规与标准,而安全生产法律、法规与标准通常有两方面的内容:一是预防事故发生,二是防止事故扩大。危险源按产生伤害的来源或可预料的伤害性质来划分。因此,虽然隐患与危险源来源于不同安全理论,但隐患与危险源是有交集的,在风险管控与隐患排查治理中有借鉴作用。

(二) 对安全风险的认识

许多企业制定风险管控措施时,常对安全风险的认识不足,也未充分考虑风险管控措施的作用,以及如何进行风险管控。《企业安全生产标准化基本规范》(GB/T 33000—2016)关于安全风险(简称风险)的定义是:发生危险事件或有害暴露的可能性,与随之引发的人身伤害、健康损害、财产损失或环境危害的严重性的组合。风险评估相当于给安全风险"赋值",定量风险分析方法中,通常表现为事故发生可能性与危害严重性的乘积,属于逻辑上的乘法运算。那么企业要减少事故风险,风险管控措施的制定就要从降低危险源演变成事故的可能性与减少事故产生的危害程度两方面出发。

企业在双重预防机制实践过程中将风险分为原始风险和剩余风险(现有风险),有利于进一步厘清风险管理的要点,有利于企业开展风险分级管控,少走弯路,防止风险分级管控工作流于形式。原始风险可以理解为危险源因其固有危险性而潜在的风险,或者理解为在不考虑现有管控措施的情况下,危险源可能潜在的风险,只考虑固有危险性。固有危险性是指危险源涉及的危险物质所固有的易爆、有毒、腐蚀等性质及危险物质的数量,还有可能意外释放的能量。固有危险性通常表明了事故后果的"严重程度"。剩余风险,也叫现有风险,是指考虑实施管控措施的情况下仍存在的潜在风险。剩余风险一般情况下都是可接受的一般风险或低风险。至于如何界定可接受风险,笔者认为也应与生产经营单位的安全生产目标相挂钩,其事故后果在企业经济能力和心理承受能力的限度之内。当对剩余风险中的仍存在重大、较大风险,一般称为"不可接受风险",应采取更换生产工艺方式、机械自动化代替人工、对设备设施进行封闭处理、高危设备或工艺设置在偏僻角落等措施。

原始风险一般是不变的,而剩余风险是动态变化的。开展双重预防机制建设后剩余风险的大小是管控措施是否失控而动态变化的。如果管控措施出现失控或缺陷,等同于存在安全隐患;而对管控措施失控或有缺陷的危险源采取相应的纠正措施,等同于消除了安全隐患。因此,在日常工作中,要保证危险源的各种管控措施随时处于良好的运行状态。

(三) 风险分级管控与隐患排查治理的关系

风险分级管控与隐患排查治理如何有机地结合,也是困扰很多双重预防机制建设工作人员的一道难题。前文提到风险管控措施要从降低危险源演变成事故的可能性与减少事故产生的危害程度两方面出发,一旦风险管控措施失效,就增大了发生事故的可能性以及后果严重性,这也是隐患排查治理的目的所在。危险源是发生事故的根源,因此,风险分级管控体系是隐患排查治理体系的基础。危险源与风险管控措施也是隐患排查的对象,通过排查可能发现新的危险源或风险管控措施失效,进而对风险管控体系进行补充和完善。风险分级管控体系与隐患排查治理体系的关系,总的来说,风险分级管控体系是双重预防机制的前提和基础,隐患排查治理体系是双重预防机制的完善和巩固。

(四) 双重预防与安全生产标准化的关系

部分企业对双重预防机制的实施和生产标准化体系的运行存在认识上的误区,不知道两者之间的区别和联系,在安全生产标准化的基础上重新建设双重预防机制。实际上,双重预防机制属于安全生产标准化的一部分,其中国标《企业安全生产标准化基本规范》(GB/T33000—2016)第5.5条即"安全风险管控及隐患排查治理"的具体实施要求。国务院安委办发布的《关于实施遏制重特大事故工作指南构建双重预防机制的意见》也明确提出"要引导企业将安全生产标准化创建工作与安全风险辨识、评估、管控,以及隐患排查治理工作有机结合起来,在安全生产标准化体系的创建、运行过程中开展安全风险辨识、评估、管控和隐患排查治理。要督促企业强化安全生产标准化创建和年度自评,根据人员、设备、环境和管理等因素变化,持续进行风险辨识、评估、管控与更新完善,持续开展隐患排查治理,实现双重预防机制的持续改进。"企业进行安全生产标准化建设的目的是预防安全生产事故的发生,而双重预防机制是安全生产标准化的核心。

第三节 双重预防机制建设的步骤与难点

一、双重预防机制建设工作步骤

(一) 双重预防机制建设的工作机构

企业第一步要确立好开展双重预防机制建设的人员与机构,并明确机构和相关成员的工作职责。若企业已经成立类似安全生产委员会的安全生产管理组织机构(以下简称机构),可在现有基础上明确机构和相关成员的双重预防机制建设工作职责,也可聘请安全技术服务机构或安全专家协助开展双重预防机制建设。机构的成员主要集中在企业安全主要负责人、安全管理部门成员、生产部门的安全负责人(车间主管)、工程师、班组长以及其他职能部门的安全负责人或员工代表等。企业可根据的实际情况,进行人员调整。特别强调的是要让工程师这类专业技术人员参与,增强风险识别的专业性与完整性。不同的部门与人员其职责如下:

1.企业主要负责人全面负责双重预防机制建设工作,应组织成立开展双重预防机制建设的机构、组织制定并实施相关安全管理制度。

2.生产部门与其他职能部门负责本部门的风险识别与风险评估工作,制作本部门的风险台账及风险管控措施清单,协助安全管理部门开展本部门的隐患排查治理工作。

3.安全管理部门成员与专业技术人员负责双重预防机制建设的审核与相关培训工作,并定期组织开展隐患排查治理。当企业发生生产工艺或原材料变更时,要及时组织有关部门更新风险台账及风险管控措施清单。

4.岗位操作人员负责本岗位的风险识别与安全隐患排查,并及时上报给部门(车间)主管或班组长。

(二) 建立健全相关安全管理制度

1.建立风险分级管控制度,明确风险分级管控工作的程序、内容和方法,明确评估单元划分、危险源辨识、风险分析、风险评价、风险管控措施制定、风险管控层级确定、风险清单编制、风险公告等工作的要求。

2. 建立隐患排查治理制度,明确隐患排查治理工作的程序、内容和方法,明确隐患排查范围、排查内容、排查频次、隐患治理、隐患验收、隐患台账建立、隐患信息通报等工作的要求。

3. 建立双重预防机制管理制度,明确双重预防机制建设与运行的机构与人员的工作职责、运行与评审要求、奖惩措施。

4. 将双重预防机制建设纳入安全生产责任制,明确各级管理人员和岗位人员的责任范围和责任内容,并定期对其履职情况进行评估考核。

5. 建立安全绩效评价机制。安全绩效应当从安全责任划分与落实激励政策两方面开展,激发员工的工作积极性和工艺、管理创新性,形成良性循环。激励政策的人员包括从事作业活动的职工与进行监管督查的管理员工,手段包括安全责任追责制、公示表彰等。

6. 必要时建立手册与指导书,供企业从业人员学习参考。

（三）培训教育

广泛开展双重预防机制培训,是双重预防机制能否能落地实施的关键。而选择培训教师也成了重中之重。合格的培训讲师应熟练掌握了双重预防机制建设的要求,并有安全管理工作实践经验。针对专业性较强的内容,企业也可聘请安全技术服务机构或安全专家协助开展相关培训。根据企业在双重预防机制建设与运行的工作职责的不同,培训内容也应有所不同:

1. 开展危险源辨识的人员主要培训内容为危险源的定义、辨识依据、辨识区域、危险源与风险描述;

2. 开展风险评估的人员主要培训内容为风险评估方法介绍与应用;

3. 开展隐患排查治理的人员主要培训内容为隐患排查依据、排查区域及隐患描述、整改验收要求;

4. 岗位从业人员通过专题培训、三级教育、日常班组会、安全活动等方式开展从业人员安全教育培训,保证从业人员熟悉本岗位的危险源及管控措施、常见的隐患、应急处置的知识和技能,及时上报本岗位的安全隐患;

5. 新技术、新工艺、新设备和新材料投入生产使用前,对相关从业人员进行有针对性教育培训,确保其具备相应的风险管控、隐患排查治理及紧急情况下的应急处置能力;

6. 企业要重视培训考核工作,培训之后要进行考核,考核合格后方可开展危险源辨识、风险识别与风险评估工作。

（四）收集资料

开展危险源辨识、风险识别与评估前应收集以下相关资料，包括但不限于：

1. 安全生产、职业卫生、消防等方面相关法律、法规、标准和规范；
2. 工艺物料的物化性质或危险化学品的安全技术说明书；
3. 工艺、装置、设备的说明书和工艺流程图；
4. 设备操作规程、维修措施、应急处置措施；
5. 本企业工伤事故资料及相关行业事故资料。

（五）危险源辨识

危险源辨识就是识别危险源并确定其特性的过程。对生产经营全过程进行危险源辨识，辨识内容包括自然环境、地质条件、建构筑物、作业场所、工艺流程、设备设施、原辅材料、危险物质、作业活动、管理机构、社会因素等各个方面，并充分考虑过去、现在、将来三种时态和正常、异常、紧急三种状态。生产经营全过程包括常规和非常规作业。对生产经营单位的生产活动区域、设备和装置划分评估单元，形成的危险源辨识台账应详尽，包括不限于所在位置、所属部门、危险源名称、存在事故风险类型。对危险源对应的事故风险描述应明确因果关系，以便于后续制定针对性的风险管控措施。依据《企业职工伤亡事故分类》（GB 6441— 86）对危险源可能导致的事故类型进行分类，划分为物体打击、车辆伤害、机械伤害、起重伤害、触电、火灾、高处坠落、容器爆炸、中毒和窒息等。

生产作业活动相关的危险源可采用作业危害分析法（JHA）实施辨识，其内涵是把一项作业活动分解成几个步骤，识别整个作业活动及每一步骤中的危险源，进行控制和预防；设备设施、原辅材料、危险物质及其他相关的危险源可采用安全检查表法实施辨识，根据法规标准与工作经验列出危险源清单，然后检查或评审确定危险源；复杂的工艺或设备相关的危险源可采用预先危险性分析、危险与可操作性分析、失效模式和效应分析、事故树分析、事件树分析等方法实施辨识。

（六）重大危险源

涉及生产、使用与储存危险化学品的企业应按照《危险化学品重大危险源辨识》(GB 18218—2018)的要求进行危险化学品重大危险源辨识,构成危险化学品重大危险源的应登记和建档,定期检测、评估,完善管控措施。

(七) 风险评估

风险评估有定性、定量等方法。定性方法是直接用文字描述风险大小,如"极低"、"低""中等"、"高"、"极高",定量方法是用具有实际意义的数量描述,如对风险发生可能性的高低用概率来表示,对后果严重程度用损失金额、伤亡人数等来表示,部分风险分析方法还需考虑其他相关的因素或系数,得出的数字乘积不是数学意义上的乘积,而是逻辑关系为"乘"的运算。根据被评估对象的现场条件进行风险分析。评估人员应充分考虑被评估的设备本身的形状、安装位置、工艺参数、自有防护措施、可以阻止泄漏的时间、物料泄漏后流散的现场地形、临近设备设施状况等,在概率值选取等操作中予以赋值。根据受灾对象(脆弱目标)分析风险,要做好现场勘查,对评估对象的周边环境进行详细地勘察,明确各场所的类型,特别是脆弱目标,如老年人疗养场所、幼儿托管场所等,结合受灾对象本身在灾难情况下的反应及应对能力、逃生能力可能导致的事故后果等进行分析和赋值。选择合适的风险评估技术和方法,有助于企业高效地获取准确的评估结果。在具体实践中,风险评估的复杂及详细程度千差万别。风险评估的形式及结果应与企业的自身情况适合。一般说,选择风险评估方法应考虑以下因素:

1. 适应企业的相关情况;

2. 信息和数据等资源的可获得性;

3. 应能按可追溯、可重复及可验证的方式使用;

4. 法律法规及合同要求等;

5. 修改/更新风险评估的必要性:一些评估结果可能在将来需要修改或更新。在这方面,某些方法比其他方法更易于调整;

6. 只要满足评估的目标和范围,简单方法的采用应优先于复杂方法。

在风险分析的基础上,根据本行业领域风险管控的相关标准或要求对风险进行评价分级,从高到低依次划分为重大风险、较大风险、一般风险和低风险,分别采用红、橙、黄、蓝四种颜色标示。[①]

---

① 深圳市地方标准:《企业安全风险分级管控和隐患排查治理　双重预防机制建设通则》(DB4403T5—2019)。

（八）风险管控措施

风险管控措施从改变降低事故发生的可能性大小与减少事故发生可能的后果两方面出发,考虑企业生产经营特点,包括企业与监管部门的风险接受度,以及法律、法规和其他方面的要求等。对于风险管控措施,应评估其剩余风险是否可以接受。如果剩余风险不可接受,应调整或制定新的风险应对措施,并评估新的风险应对措施的效果,直到剩余风险可以被接受。风险管控措施主要包括工程技术措施、管理制度措施、教育培训措施、个体防护措施、应急处置措施这五大类,工程技术措施应优先考虑。

风险自身经常具有复杂性的特征。例如,在复杂的系统中进行风险评估时,应对其系统总体进行评估,而不是孤立地对待系统中的每个部分,并忽视各部分之间的相互关系。在某些情况下,对某一风险采取应对措施可能会对其他活动产生影响。需要认识后果之间的相互影响和风险之间的相互依赖关系,以确保在管理一个风险时,不会导致在其他地方产生另一个不可容忍的风险。理解企业中单个或多个风险组合的复杂性,对于选择适当的风险管控措施至关重要。

执行风险管控措施会引起企业风险的改变,需要跟踪、监督风险管控措施的效果。风险管控措施可能引起次生风险,对次生风险也需要评估、监督和检查。在原有的风险应对措施中要加入预防次生风险的内容,而不应将其作为新风险而独立对待。为此需要识别并检查原有风险与次生风险之间的联系。当风险应对措施影响到企业内其他领域的风险时,要评估这些影响,必要时调整风险管控措施。

企业制定风险控制措施时,应遵循安全生产相关的法律法规与标准。当然,安全生产相关的法律法规与标准等文件在制定时,也考虑到了国内整体的经济水平、实际操作性。有时会出现文法规条款滞后、出现无法可依、标准要求低不符合实际等现象,企业可根据实际情况调整风险控制措施。

（九）制定风险管控方案

在选择了风险管控措施之后,需要制定相应的风险管控方案。风险管控方案要与企业的管理过程整合,应当包括以下信息:

1. 绩效指标及其考核方法;

2. 风险管理责任人及实施风险管控措施的人员安排;

3. 风险管控措施涉及的具体业务和管理活动；

4. 选择多种可能的风险管控措施时,实施风险应对措施的优先次序；

5. 资源需求,包括应急机制的资源需求；

6. 执行时间表等。

（十）风险公告与定置管理

1. 四色分布图与作业风险比较图。企业将各评估单元的风险等级标示在总平面布置图中,形成风险四色分布图在企业醒目位置张贴。将作业活动按照风险等级从高到低的顺序进行标示,形成作业风险比较图,在作业场所醒目位置张贴,对员工进行公告。

2. 岗位风险告知卡。企业在员工作业场所各个岗位设置岗位风险告知卡,岗位风险告知卡包含岗位名称、岗位风险、风险等级、可能导致后果、风险管控措施、应急措施、应急电话、安全标识等信息。

3. 较大风险公告栏。企业在公告栏处将较大以上风险场所公示出来,风险公告栏应包含场所名称、场所主要风险、风险等级、可能导致后果、风险管控措施、应急措施、应急电话、安全标识等信息。

4. 安全标识及定置管理。企业在厂区存在风险的场所、设备、设施上设置明显的安全标识,作业场所设备、设施和器具合理布局、分类摆放、划线定置管理。

（十一）隐患排查

1. 依据有关法律、法规、规章和标准的要求以及风险管控清单,制定隐患排查治理标准或安全检查表。隐患排查的有如下几种方法：

（1）直观经验法。依靠人员的观察分析能力,借助于经验和判断能力直观的评价对象的危险性和判断出可能发生的事故或职业病。

（2）基本分析法。对于某项作业活动,对照《生产过程危险和有害因素分类与代码》中物的不安全状态、人的不安全行为和管理上的缺陷,确定本项作业活动中的具体安全隐患。

（3）工作安全分析法。把一项作业分成几个作业步骤,排查整个作业活动每一步骤中的安全隐患。

（4）安全检查表法。运用已编制好的安全检查表,进行系统的安全检查,排查出存在的安全隐患。

（5）询问与交流法。与企业管理人员、作业人员进行询问与交流,也可采用问卷的方式进行。

（6）查阅有关记录。查阅企业安全管理制度、安全工作记录等。

2. 人的不安全行为与物的不安全状态极易导致能量或危险物质约束或限制措施破坏或失效,因此风险管控措施也是隐患排查的对象。通过隐患排查,分析隐患出现的原因,可能发现新的危险源或风险管控措施失效,进而对风险管控体系进行补充和完善。

3. 根据隐患排查的结果,制定并实施隐患治理方案,对隐患进行及时治理。隐患治理要遵循"五落实"的原则,即落实整改责任人、整改资金完成时限、整改措施预案,并实施监控管理和复查验收全过程。

4. 隐患治理完成后,企业应对隐患治理情况进行验收。重大隐患治理完成后,企业应组织本企业安全管理人员和有关技术人员进行验收或委托专业技术机构进行评估。

5. 隐患台账建立。企业应如实记录隐患排查、治理、验收和评估情况,形成隐患管理台账,实现隐患排查、登记、治理、验收和评估的闭环管理。

（十二）持续改进

1. 至少每年对双重预防机制运行情况进行一次系统性评审,验证工作机制的可行性、适宜性、完善性和有效性,检查工作目标完成情况,形成评审报告,并将评审结果向管理人员和从业人员通报。

2. 企业若发生安全生产责任事故,应通过评审全面查找双重预防机制建设、运行中存在的缺陷或不足。

3. 根据双重预防机制评审结果所反映的问题,客观评估企业双重预防机制的运行质量,及时修正发现的问题和偏差,持续改进双重预防机制建设水平,不断提高安全生产管理水平和安全绩效。

4. 对企业风险管控措施的有效性进行评审,包括工程技术、管理制度、教育培训、个体防护、应急处置等措施。

（十三）文档记录

建立完整的双重预防机制文档记录,便于自身管理,文档记录内容包括但不限于:

1. 危险源辨识台帐;

2. 风险分析、评价记录；

3. 风险清单；

4. 隐患排查治理台帐；

5. 重大隐患治理方案；

6. 岗位风险告知卡；

7. 较大以上风险公告栏；

8. 风险四色分布图；

9. 作业风险比较图；

10. 较大以上风险的辨识、分析、评价及实施管控的记录；

11. 重大隐患的排查、报告、治理、验收记录。

二、双重预防机制建设的难点：如何进行风险评估

(一) 风险评估方法的适用性

由于企业的类别与风险评估的复杂程度千差万别，选择合适的风险评估技术和方法显得尤为重要。合适的风险评估技术和方法有助于企业科学、高效地得出评估结论。《风险管理　风险评估技术》(GB/T 27921—2011)附录A中对风险评估技术在风险评估各阶段的适用性进行了比较，给企业开展风险评估工作提供了参考与指导，各种风险评估方法的具体适用性见表18-1。

表 18-1　风险评估技术在风险评估各阶段的适用性

风险评估技术	风险评估过程				
	风险识别	风险分析			风险评价
		后果	可能性	风险等级	
德尔菲法	SA	A	A	A	A
情景分析	SA	SA	A	A	A
检查表	SA	SA	NA	NA	NA
预先危险分析	SA	NA	NA	NA	NA
失效模式和效应分析	SA	NA	SA	SA	SA
危险与可操作性分析	SA	SA	A	A	A
危害分析与关键控制点	SA	SA	NA	NA	SA
结构化假设分析	SA	SA	SA	SA	SA
风险矩阵	SA	SA	SA	SA	A

（续表）

风险评估技术	风险评估过程				
	风险识别	风险分析			风险评价
		后果	可能性	风险等级	
保护层分析法	A	SA	A	A	NA
风险指数	A	SA	SA	A	A
故障树分析	A	NA	SA	A	A
事件树分析	A	SA	A	A	NA
因果分析	A	SA	SA	A	A

注:1. SA 表示非常适用;
　2. A 表示适用;
　3. NA 表示不适用。

（二）常见的风险评估方法介绍

1. 作业条件危险性分析法

作业条件危险性分析评价法（简称 LEC）由美国安全专家 K. J. 格雷厄姆和 K. F. 金尼提出[①]，是对作业环境中具有潜在危险性的危险源进行半定量的安全评价方法。L（Likelihood，事故发生的可能性）、E（Exposure，人员暴露于危险环境中的频繁程度）和 C（Consequence，一旦发生事故可能造成的后果）。给三种因素的不同等级分别确定不同的分值，再以三个分值的乘积 D（Danger，危险性）来评价作业条件危险性的大小，即：$D=L×E×C$。D 值越大，说明该作业活动危险性大、风险大。值得注意的是，LEC 风险评价法对相关系数的取值，一定程度上凭评估人员主观经验判断，应用时需要考虑其局限性，必要时可根据实际情况予以修正。

2. 检查表法

安全检查表法（Safety Check List，缩写 SCL）是依据相关的规范、标准以及工作经验，对生产系统中已知的危险类别、设计缺陷以及与一般工艺设备、操作、管理有关的潜在危险性和有害性进行判别检查。适用于生产系统中的各个阶段，是系统安全工程的一种最基础、最简便、广泛应用的系统危险性评价方法。

[①] Graham KJ, Kinney GF. A practical safety analysis system for hazards control:Journal of safety research，1980.

安全检查表的编制主要是依据以下四个方面的内容：

（1）国家、地方的相关安全法规和行业标准，企业的规章制度与安全生产操作规程。

（2）国内外相关行业、企业事故案例。

（3）行业及企业安全生产的经验，特别是本企业安全生产的实践经验。

（4）系统安全分析的结果，如采用其他风险分析方法找出的不安全因素。

安全检查表运用安全系统工程的方法，发现生产系统中设备、机械装置和岗位操作、工艺、安全管理措施中的各种不安全因素，列成表格进行分析。安全检查表法是进行安全检查、发现潜在危险、督促落实各项安全法规、制度、标准的较为有效的工具。缺点在于该方法只能做定性的评价，不能做定量的评价，适用于危险源辨识阶段。

3.风险矩阵分析法

风险矩阵（Risk matrix）是用于识别安全风险和对其进行排序的分析方法。依据企业被识别的安全风险，以对企业安全生产目标的影响程度和发生事故的可能性等维度来绘制安全风险矩阵。如对事故发生可能性的高低、后果严重程度的评估描述如"极低"、"低"、"中等"、"高"、"极高"五个等级，或者数字1至5来评分。因此得到的安全风险也分为五个等级，Ⅰ级最高，Ⅴ级最低，风险矩阵示例见表18－2①。一般Ⅳ、Ⅴ级为可接受风险，Ⅰ、Ⅱ、Ⅲ级为不可接受风险。根据国内相关法规规定，风险等级一般设定为四个等级。

表 18－2　风险矩阵示例

可能性等级	E	Ⅳ	Ⅲ	Ⅱ	Ⅰ	Ⅰ	Ⅰ
	D	Ⅳ	Ⅲ	Ⅲ	Ⅱ	Ⅰ	Ⅰ
	C	Ⅴ	Ⅳ	Ⅲ	Ⅱ	Ⅱ	Ⅰ
	B	Ⅴ	Ⅳ	Ⅲ	Ⅲ	Ⅱ	Ⅰ
	A	Ⅴ	Ⅴ	Ⅳ	Ⅲ	Ⅱ	Ⅱ
		1	2	3	4	5	6

结果等级
→

风险矩阵可以直观地显示企业风险的分布情况，有助于确定风险管理的关键控制点和风险控制应对方案。风险矩阵的优点在于方法简单明了，可将

---

① 中华人民共和国国家标准：《风险管理　风险评估技术》（GB/T 27921—2011）。

安全风险很快划分为不同的等级；局限在于该方法的主观色彩较强，不同决策者之间的评估取值会有明显的差别，应用时需要综合考虑。

4. 预先危险分析法

预先危险分析（Primary hazard analysis，简称 PHA）是一种简单易行的分析法，其目标是识别危险以及可能给特定活动、设备或系统带来损害的危险情况及事项。这是一种在项目设计和预备开发期用的方法，特别是处于可用的信息很少的阶段。通过考虑使用或生产的材料及其反应性、使用的设备、运行环境、布局、系统组成要素之间的分界面等来编制风险清单，对不良事项结果及其可能性可进行定性分析，可对需要进一步评估的危险源开展深入分析。

5. 火灾、爆炸危险指数评价法

道化学公司火灾及爆炸指数评价法（Dow Chemical Company，Fire and Explosion）是以物质系数为基础，再根据指数的大小分为几个等级，按等级的要求及火灾爆炸危险的分组采取相应的措施。火灾、爆炸危险指数评价法（第七版）是对工艺装置及所含物料的潜在火灾、爆炸和反应性危险逐步推算的评价方法。评价过程中定量的依据是以往事故的统计资料、物质的潜在能量和现行安全防灾措施的状况。该法通过计算火灾、爆炸危险指数，提出操作过程的危险度，根据应采取的措施，然后通过补偿火灾、爆炸危险指数计算确定危险程度，进而得出火灾、爆炸事故暴露区域与损失。火灾、爆炸危险指数评价一般经过以下几个步骤：

（1）确定评价单元；

（2）求取单元内的物质系数（MF）；

（3）按照单元的工艺条件，选用适当的危险系数，分别记入火灾、爆炸危险指数表的"一般工艺危险系数（F1）"和"特殊工艺危险系数（F2）"栏目内；

（4）用一般工艺危险系数（F1），和特殊工艺危险系数（F2）相乘，求取工艺单元危险系数（F3）；

（5）将工艺单元危险系数（F3）与物质系数（MF）相乘，求出火灾、爆炸危险指数（F&EI），根据火灾、爆炸危险指数及危险等级表确定单元的危险程度，完成单元危险度的初期评价；

（6）根据单元内配备的安全设施，选取各项系数，求出工艺补偿系数（C）；

（7）利用工艺补偿系数（C），求取补偿后火灾、爆炸危险指数（F&EI）；

按照补偿后火灾、爆炸危险指数（F&EI），确定补偿后的单元危险程度。

道化学公司火灾及爆炸指数评价法可计算得出潜在的火灾、爆炸危险性、客观地量化潜在火灾、爆炸和反应性事故的预期损失。该方法主要应用于化学工业及石油化学工业等企业存在火灾爆炸危险性的工艺与设备。其绝大部分数据属于经验数据,评价人员应选定对工艺理解以及安全设施有效性认知精通的专业人员。各企业安全措施的实用性与可靠性之间存在差异,导致工艺补偿系数(C)取值与实际运行存在一定误差,因此要考虑安全措施补偿前后的危险程度。

6. 危险与可操作性分析法

危险性与可操作性研究(HAZOP),是英国帝国化学工业公司(ICI)在1974年针对生产装置而开发的一种危险性评价方法。危险性与可操作性研究是以系统工程为基础的一种可用于定性分析或定量评价的危险性评价方法,用于探明生产装置和工艺过程中的危险及其原因,寻求必要的对策。

危险性与可操作性研究的基本过程是以关键词为引导,找出系统中工艺过程的状态参数(如温度、压力、流量等)的变化(偏差),然后分析造成偏差的原因、后果及采取的对策。通过危险性与可操作性研究的分析,能够了解装置及工艺过程存在的危险,根据危险带来的后果,明确系统中的主要危险。

HAZOP 是全面考察对象分析,对每一个细节提出问题,如在工艺过程的生产运行中,要了解工艺参数(温度、压力、流量、浓度等)与设计要求不一致的地方(即发生偏差),继而进一步分析偏差出现的原因及其产生的结果,并提出相应的对策。分析步骤:

(1) 提出问题。为了对分析的问题能清晰明了,所以在提问时,只用否(No)、多(More)、少(Less)、以及(As well as)、部分(Part of)、相反(Reverse)、其他(Other than)来涵盖所有出现的偏差。

(2) 划分单元,明确功能。将分析对象划分为若干单元,在连续过程中单元以管道为主,在间歇过程中单元以设备为主。明确各单元的功能,说明其运行状态和过程。

(3) 定义关键词表。按关键词逐一分析每个单元可能产生的偏差,一般从工艺过程的起点、管线、设备等一步步分析可能产生的偏差,直至工艺过程结束。

(4) 分析原因及后果。以化工生产装置为例,应分析工艺条件(温度、压力、流量、浓度、杂质、催化剂、泄漏、爆炸、静电等);开停车条件(实验、开车、检修、设备和管线如标志、反应情况、混合情况、定位情况、工序情况等);紧急处理(气、汽、水、电、物料、照明、报警、联系等非计划停车情况);以及自然条件(风、雷、雨、霜、雪、雾、地质以及建筑安装等)。分析发生偏差的原因及后果。

(5)制定对策。

(6)填写汇总表。为了按危险性与可操作性研究分析表进行汇总填写,保证分析详尽而不发生遗漏,分析时应按照关键词表逐一进行。关键词表可以根据研究的对象和环境确定。

7.故障树分析法(FTA)

故障树分析法(Fault tree analysis,简称FTA)一般是指用来识别与分析造成设备故障(顶事件)的可能因素的分析技术,造成故障的原因因素可通过设备的工作原理来进行识别。将各种原因之间用逻辑门符号连接起来,并用树形图进行表示,树形图描述了导致设备故障各种原因及因素的逻辑关系。

故障树可以用来对设备故障(顶事件)的潜在原因及途径进行定性分析,也可以在获得故障原因发生概率的相关数据之后,定量计算设备故障的发生概率。故障树分析法可以在系统的设计阶段使用,以识别设备故障的潜在原因,便于在不同的设计方案中进行选择;故障树分析法也可以在运行阶段使用,以识别设备故障发生的方式和各类路径,通过图形来显示不同因素如何共同作用造成故障。故障树分析的基本程序如下:

(1)熟悉系统。要详细了解系统的状态、各种参数、工艺流程图或布置图。

(2)调查事故。收集事故案例,进行事故统计,设想该系统可能要发生的事故。

(3)确定顶上事件。对所调查的事故进行全面分析,可从中找出后果严重且较易发生的事故作为顶上事件。

(4)确定目标值。根据经验和事故案例,经统计分析后,求解事故发生的概率(频率),作为要控制的事故目标值。

(5)调查原因事件。调查与事故有关的所有原因事件和各种因素。

(6)画出故障树。从顶上事件起,一级一级找出直接原因事件,到所要分析的深度,按其逻辑关系,画出故障树。

(7)定性分析。按故障树结构进行简化,确定各基本事件的结构重要度。

(8)事故发生概率。确定所有事件发生概率,标在故障树上,进而求出顶上事件的发生概率。

（9）比较。比较分可维修系统和不可维修系统进行讨论,前者要进行对比,后者求出顶上事件发生概率即可。

（10）分析。故障树分析不仅能分析出事故的直接原因,而且能深入提示事故的潜在原因,因此在工程或设备的设计阶段、在事故查询或编制新的操作方法时,都可以使用故障树分析对它们的安全性做出评价。

8. 保护层分析（LOPA）

保护层分析（LOPA）起初被称为基于风险的安全仪表系统（SIS）完好性等级评估方法,用来决定安全功能仪表（SIF）的完好性等级。LOPA 的基本特点是基于事故场景进行风险研究。运用保护层分析方法进行风险评价时,首先要辨识工艺过程中所有可能的事故场景及其发生的后果和可能性,包括起始事件、一系列中间事件和后果事件。事故场景的辨识常运用危险与可操作性研究（HAZOP）、障模式及影响分析（FMEA）等定性危害分析方法,因此 LOPA 分析往往作为 HAZOP 等定性危害分析方法的后续分析方法,可以作为制定风险管控措施的依据,检验风险管控措施的有效性。

LOPA 分析步骤一般分为 6 步:

（1）熟悉所分析的工艺过程并收集资料,包括设计资料、运行记录、泄压阀设计和检测报告等。

（2）利用危险与可操作性研究（HAZP）等分析方法的分析结果,将可能发生的严重事故作事故场景（如高压引起的管线破裂等）。

（3）确定事故场景的后果。确定当前事故场景的后果等级。后果分析不仅包括短期或现场影响,而且还包括事故对人员、环境和设备的长期影响。

（4）辨识事故场景的起始事件、中间事件和后果事件,根据后果的严重程度以及发生频率,确定潜在事故的风险等级。

（5）列举所有的独立保护层措施,确定其失效概率。根据独立保护层失效概率,确定剩余风险等级。需要特别指出的是,如果将某个独立保护层失效作为起始事件,那么该独立保护层不应作为安全保护措施。例如,工艺控制回路失效为事故的起始事件,那么由工艺控制产生的报警不应作为降低风险的独立保护层措施。

（6）根据剩余风险等级,提出切实可行的安全对策措施,直至达到可承受的风险评价小组应尽可能地提出多种安全对策措施,为找出最佳方案提供帮助。

参考文献

［1］中华人民共和国国家标准:《风险管理 风险评估技术》(GB/T 27921—2011)。

［2］中华人民共和国国家标准:《职业健康安全管理体系要求及使用指南》(GB/T 45001—2020)。

［3］深圳市地方标准:《企业安全风险分级管控和隐患排查治理 双重预防机制建设通则》(DB4403T5—2019)。

［4］傅贵、章仕杰:《事故的直接原因及危险源与隐患关系解析》,载《中国安全科学学报》2018年第5期。

［5］Graham KJ,Kinney GF. A practical safety analysis system for hazards control:Journal of safety research,1980.

第十九章　生产经营单位安全生产标准化建设

安全生产标准化作为生产经营单位安全生产管理的重要工具,是落实国家安全生产方针"安全第一、预防为主、综合治理"的重要体现,在规范生产经营单位安全生产管理,减少和预防事故方面起到了不可或缺的作用。

本章主要基于《企业安全生产标准化基本规范》(GB/T 33000—2016)的要求,阐述了安全生产标准化的基本概念、建设内容、建设流程、创建过程中的技术难点及解决措施,并附以相关案例加以说明。

第一节　安全生产标准化基本概念

一、安全生产标准化的定义与内涵

《企业安全生产标准化基本规范》(GB/T 33000—2016)第3.1条对安全生产标准化定义如下:"生产经营单位通过落实安全生产主体责任,全员全过程参与,建立并保持安全生产管理体系,全面管控生产经营活动各环节的安全生产与职业卫生工作,实现安全健康管理系统化,岗位操作行为规范化、设备设施本质安全化、作业环境器具定置化,并持续改进。"

该定义明确了生产经营单位安全生产标准化是通过全员参与、履行职责,从而实现岗位规范操作、设备本质安全,作业环境整洁,并在后期的运行中持续改进。其中,"落实安全生产主体责任,全员全过程参与"即安全生产标准化要求生产经营单位要建立起从主要负责人到生产一线员工自上而下的分层级的全员岗位安全生产职责。通过安全生产职责的约束,形成所有安全生产工作均有人负责的良好氛围。"持续改进"即生产经营单位安全生产标准化是一个"动态循环"的管理模式,遵循"计划、实施、检查、改进"管理原则,要求生存经营单位在安全生产标准化运行过程中,不断地自我检查、自我修正,针对生产经营单位安全管理运行过程中出现的各类问题及时跟进、及时解决,不断提高自身安全生产水平。

二、安全生产标准化的发展历程

生产经营单位安全生产标准化发展之初被称为"生产经营单位安全质量标准化"。最早出现于煤炭行业。1986年,煤炭行业为了加强行业安全生产管理,在全国范围内开展"质量标准化、安全创水平"活动。由于效果显著,有色、建材、电力、黄金等多个行业也效仿开展安全质量标准化创建活动,提高了生产经营单位安全生产水平,为生产经营单位安全生产管理、标准化运行积累了一定经验,打下了坚实的基础。

随着安全质量标准化的不断运行,2004年国务院印发了《关于进一步加强安全生产工作的决定》,明确要求在全国所有工矿、商贸、交通运输、建筑施工等生产经营单位开展安全质量标准化活动。随着安全质量标准化的不断发展,除煤炭行业强调煤矿安全生产状况与质量管理相结合外,其他多数行业逐步弱化了质量的内容,更加注重"安全"方面的内容,"安全生产标准化"由此诞生。

2010年,原国家安全监管总局发布《企业安全生产标准化基本规范》(AQ/T 9006—2010),对安全生产标准化进行了定义,并对目标、组织机构和职责、安全生产投入、法律法规与安全管理制度、教育培训、生产设备设施、作业安全、隐患排查和治理、重大危险源监控、职业健康、应急救援、事故报告调查和处理、绩效评定和持续改进等13个方面的核心要求作了具体规定,从而使安全生产标准化有规可依。

2011年,国务院安委会为全面推进生产经营单位安全生产标准化建设,印发《国务院安委会关于深入开展生产经营单位安全生产标准化建设的指导意见》(安委(2011)号),明确要求在煤矿、非煤矿山、交通运输、建筑施工、危险化学品、烟花爆竹、民用爆炸物品、冶金等行业(领域)深入开展安全生产标准化建设,并对各行业安全生产标准化创建提出目标任务。

2012年,国务院办公厅印发《国务院办公厅关于继续深入扎实开展"安全生产年"活动的通知》(国办发(2012)14号),再次对安全生产标准化工作提出要求。2014年,新修订的《安全生产法》中,明确要求"生产经营单位必须遵守本法和其他有关安全生产的法律、法规,加强安全生产管理,建立、健全安全生产责任制和安全生产规章制度,改善安全生产条件,推进安全生产标准化建设,提高安全生产水平,确保安全生产。"自此,安全生产标准化建设工作以法律要求形式,成为一项我国各行各业进行安全生产必须开展的工作。

2017 年,国家标准《企业安全生产标准化基本规范》(GB/T 33000—2016)(以下简称《基本规范》)正式实施,代替安全生产行业标准《企业安全生产标准化基本规范》(AQ/T 9006—2010)。《基本规范》在总结生产经营单位安全生产标准化建设工作实践经验的基础上,调整了生产经营单位安全生产标准化管理体系的核心要素,将原 13 个一级要素梳理为 8 个,即:目标职责、制度化管理、教育培训、现场管理、安全风险管控及隐患排查治理、应急管理、事故管理和持续改进。强调了落实生产经营单位领导层责任、全员参与、构建双重预防机制等安全管理核心要素。《基本规范》更加注重安全管理系统的建立、有效运行并持续改进,引导生产经营单位自主进行安全管理。

随着安全生产标准化的不断实施与完善及国家的高度重视,生产经营单位安全生产标准化工作在生产经营单位安全管理中发挥了很大作用,并取得了显著成效。2021 年新修订的《安全生产法》将安全生产标准化建设写入生产经营单位主要负责人的安全生产职责中,成为衡量生产经营单位负责人是否履行安全生产主体责任的重要依据。

2021 年 10 月 27 日由应急管理部印发的《生产经营单位安全生产标准化建设定级办法》,进一步规范了生产经营单位开展安全生产标准化的程序,对生产经营单位建立并保持安全生产管理体系、全面管控生产经营活动各环节的安全生产工作起到进一步的指导作用。

随着全国安全生产标准化建设工作全面、深入推进,安全生产标准化建设作为有效防范事故、建立安全生产长效机制的重要手段,推动生产经营单位落实安全生产主体责任的重要抓手,在创新社会管理、创新安全生产监管体制机制、促进生产经营单位转型升级和加快转变经济发展方式等诸多方面发挥了重要作用。

三、安全生产标准化的重要意义

(一)促进安全管理规范化

生产经营单位在安全生产过程当中,规范生产经营单位安全管理,落实生产经营单位安全生产主体责任是国家法律法规明确要求的。而安全生产标准化的创建恰恰是通过评审标准对生产经营单位安全生产责任制、安全生产规章制度、操作规程、作业安全等一系列达标条件做出规定。生产经营单位通过对安全生产标准化评审标准的对标,并不断改进,可达到生产经营单位规范安全管理的目的。

(二) 防止安全生产事故发生

生产安全事故发生的原因有人的不安全行为、物的不安全状态、管理的缺失缺陷。生产经营单位深入开展安全生产标准化建设,能够通过规范现场管理减少物的不安全状态,通过规范作业流程,减少人的不安全行为,进而弥补管理上的缺失缺陷,有效防范生产安全事故的发生。

(三) 为安全监管提供依据

生产经营单位是否取得标准化证书可作为衡量生产经营单位安全管理水平与能力的重要依据,安全监管部门在依法实施安全监管中,可依据各生产经营单位是否通过安全生产标准化的认证及具体的定级情况,对生产经营单位安全管理水平与能力作出评判,在实施检查过程中,能很好地做到有的放矢。

第二节　安全生产标准化建设内容

根据《企业安全生产标准化基本规范》(GB/T 33000—2016),生产经营单位安全生产标准化建设共有一级要素有 8 个,二级要素有 28 个(见表 19 - 1)

表 19 - 1　《生产经营单位安全生产标准化基本规范》要素一览表

一级要素	二级要素	一级要素	二级要素
1. 目标职责	1.1 目标	4 现场管理	4.3 职业健康
	1.2 机构和职责		4.4 警示标志
	1.3 全员参与	5. 安全风险管控及隐患排查治理	5.1 安全风险管理
	1.4 安全生产投入		5.2 重大危险源辨识与管理
	1.5 安全文化建设		5.3 隐患排查治理
	1.6 安全生产信息化建设		5.4 预测预警

（续表）

一级要素	二级要素	一级要素	二级要素
2.制度化管理	2.1法规标准识别	6.应急管理	6.1应急准备
	2.2规章制度		6.2应急处置
	2.3操作规程		6.3应急评估
	2.4文档管理	7.事故管理	7.1报告
3.教育培训	3.1教育培训管理		7.2调查和处理
	3.2人员教育培训		7.3管理
4现场管理	4.1设备设施管理	8.持续改进	8.1绩效评定
	4.2作业安全		8.2绩效改进

一、目标职责

（一）目标

1. 生产经营单位达标标准

生产经营单位应制定切合实际的安全生产与职业卫生目标,安全生产目标需纳入生产经营单位总体生产经营目标,且设置合理。目标可分解实施、实现,可量化的应当予以量化。同时,生产经营单位应制定一定的考核办法,对安全目标实施效果评估,对不符合要求的安全生产目标应当及时调整。

该要素下应建立资料文件清单如下:

• 安全生产目标管理制度及其印发通知

• 安全生产总体目标和年度目标及其印发通知

• 年度安全生产目标分解表

• 公司年度安全生产目标实施计划表

• 安全生产目标考核办法

• 安全生产目标实施情况检查表

• 安全生产目标定期实施效果评估表

• 安全生产目标实施计划调整表

2. 案例

案例1:中泰集团安全生产目标:一切工业事故和职业疾病经过努力都是可以避免的,我们的最终目标是实现"零事故、零伤害、零污染"。

案例2:中国石油化工集团公司安全目标:零缺陷,零违章,零事故。

（二）机构和职责

1．生产经营单位达标标准

《安全生产法（2021 年修订）》第二十四条中对生产经营单位安全生产管理机构的设置和专职安全生产管理人员的配备作出了具体规定："矿山、金属冶炼、建筑施工、运输单位和危险物品的生产、经营、储存、装卸单位，应当设置安全生产管理机构或者配备专职安全生产管理人员。"

"前款规定以外的其他生产经营单位，从业人员超过一百人的，应当设置安全生产管理机构或者配备专职安全生产管理人员；从业人员在一百人以下的，应当配备专职或者兼职的安全生产管理人员。"

除对安全管理机构或者安全管理人员的配备之外，生产经营单位还应根据规模大小，建立安全生产委员会（以下简称"安委会"）或领导小组，安委会或领导小组应该由生产经营单位的主要负责人领导，由安全生产相关人员、工会人员参加。

依据《注册安全工程师管理规定（2013 年修订）》，生产经营单位应按照国家关于注册安全工程师的有关规定，配备、使用注册安全工程师。"从业人员300 人以上的煤矿、非煤矿矿山、建筑施工单位和危险物品生产、经营单位，应当按照不少于安全生产管理人员 15％的比例配备注册安全工程师；安全生产管理人员在 7 人以下的，至少配备 1 名。除上述单位外的其他生产经营单位，应当配备注册安全工程师或者委托安全生产中介机构选派注册安全工程师提供安全生产服务。"

生产经营单位应健全基层单位和基层班组的安全管理组织，建立从安委会、管理部门、基层单位、基层班组的安全生产管理网络。该要素下应建立资料文件清单如下：

- 关于设置安全管理机构或者配备安全管理人员的通知
- 安全管理人员、职业卫生管理人员任命文件
- 关于成立安全管理领导小组的通知
- 安委会或安全生产领导小组安全生产会议纪要

《安全生产法（2021 年修订）》中第二十一条、第二十五条分别对生产经营单位的主要负责人、安全管理人员的法定安全生产职责作出了明确规定。生产经营单位应依据《安全生产法（2021 年修订）》中所列举的法定安全职责结合相关人员的工作职务，进一步细化其岗位安全职责及职业卫生职责，并依据

该职责有效管理其管辖范围内的安全生产工作。该要素应建立资料文件清单如下：

- 安全生产责任制和职业病防治责任制的制定、沟通、培训、评审、修订与考核管理制度及其发布文件
- 各部门、各级人员安全生产责任制和职业病防治责任制汇编及其发布文件

2. 案例

案例3：生产经营单位安全生产组织架构图（安全生产管理网络图）

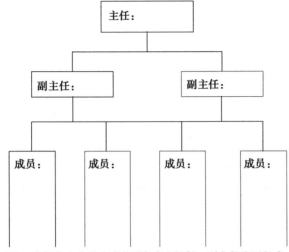

（注：主任由企业法人或主要负责人担任，副主任由厂长或经理担任，成员由各部门主要负责安全管理人员、企业注册安全主任、保安员等负责人组成）

案例4：某生产经营单位关于设置安全管理机构的通知

关于设置安全管理机构的通知
XXX安字〔2023〕4号

各部门、班组：
　　为加强对安全生产管理,经研究决定成立安保部为安全管理机构,负责公司安全生产管理。
　　特此通知。

XXX有限公司
二〇二三年二月一日

案例5：某生产经营单位董事长（主要负责人）安全生产责任制

- 董事长是公司安全生产的第一责任人，是公司安全生产环境保护委员会的主要负责人，对公司的安全生产工作及员工职业健康安全全面负责。
- 认真贯彻执行国家和上级主管部门有关劳动保护和安全生产的方针、政策、法律、法规，批阅、传达上级有关安全生产的文件，接受安全培训考核。
- 负责健全公司安全管理机构，充实专职安全技术管理人员，定期召开公司安全环保委员会会议，听取安全工作汇报，及时研究、解决、审批有关安全生产的重大问题、重要奖惩。
- 审批安全生产规划和计划，确定公司安全生产方针、目标，签发重要安全文件，批准重大安全技术措施，切实保证对安全生产的资金投入，不断改善劳动条件。
- 加强安全生产管理与员工安全培训，负责建立、健全并落实全员安全生产责任制，加强安全生产标准化建设。
- 督促、检查公司的安全生产工作，检查、考核同级副职和公司所属各部门正职安全生产责任制的落实、执行情况，及时消除安全生产事故隐患。
- 发生安全生产事故后，应及时、如实向上级部门报告，并组织人员抢救，按照事故处理"四不放过"的原则，组织对公司级事故的调查处理。
- 审批公司级事故应急救援预案，并定期组织公司级事故应急演练，努力提高公司安全生产应急处置水平。
- 发挥各级党委在公司安全生产中的监督保证作用，教育党员起到模范带头作用，在评选先进支部和优秀党员时，要把安全生产工作作为重要依据。

（三）全员参与

生产经营单位达标标准：生产经营单位应建立全员安全生产责任制，并对职责的适宜性进行评审。同时应该对安全生产责任制和职业病防治责任制进行培训，使岗位人员明确安全生产职责及职业卫生防治职责。生产经营单位应定期对各级人员进行安全生产责任制、职业病防治责任制落实情况进行评估和考核。该要素应建立的资料清单如下：

- 安全生产责任制和职业病防治责任制适宜性评审表
- 安全生产责任制和职业病防治责任制培训记录表
- 安全生产责任制和职业病防治责任制落实情况考核办法（可与目标考核用同一张表）

（四）安全生产投入

1. 生产经营单位达标标准

《安全生产法（2021年修订）》第二十三条要求："生产经营单位应当具

备的安全生产条件所必需的资金投入,由生产经营单位的决策机构、主要
负责人或者个人经营的投资人予以保证,并对由于安全生产所必需的资金
投入不足导致的后果承担责任。"因此,生产经营单位应结合《生产经营单
位安全生产费用提取和使用管理办法》(财企〔2022〕16号)足额提取安全
生产费用并用于该文件所规定的使用范围,并建立安全生产费用提取及使
用应建立相应台账。生产经营单位应依据《安全生产法(2021年修订)》第
五十一条规定,依法参加工伤保险,为从业人员缴纳保险费。并鼓励生产
经营单位投保安全生产责任保险;属于国家规定的高危行业、领域的生产
经营单位,应当投保安全生产责任保险。该要素应建立资料文件清单
如下:

- 安全生产费用提取、使用管理制度及其发布通知
- 安全生产费用台账(附财务票据复印件)
- 安全生产费用年度使用计划
- 工伤保险与安全生产责任保险管理制度及其发布文件
- 工伤保险缴纳记录表(附回执)
- 安全生产责任保险缴纳记录表(附回执)
- 公司发生事故后有关保险赔付的资料

2. 案例

案例6:某生产经营单位安全生产费用投入登记台账

表 19－2　某生产经营单位安全生产费用投入登记台账

序号	项目名称	投入经费(万元)	使用部门	计划完成时间	实际完成时间	未完成原因	备注
1							
2							

案例7:某生产经营单位工伤保险缴纳记录表

表 19－3　某生产经营单位工伤保险缴纳记录表

序号	缴纳金额	缴纳人数	办理人	缴纳日期	备注
1					
2					

案例 8：某生产经营单位购买安全生产责任险人员名单记录表

表 19－4　某生产经营单位购买安全生产责任险人员名单记录表

序号	姓　名	性别	族别	年龄	身份证号码	备　注
1						
2						

（五）安全文化建设

生产经营单位应结合《企业安全文化建设导则》（AQ/T9004—2022）开展安全文化建设。在事故发生原因中，人的不安全行为因素占比最大。解决人的因素最终要回归到文化。在生产过程中，人的安全价值观和安全理念没有形成、安全态度消极、安全能力不足等，都隐藏着巨大的风险隐患，而这些问题靠制度和法律解决不了，只能通过安全文化建设，使企业形成普遍一致的价值观和共同遵循的行为规范，最终实现以安全文化为基石的本质安全。

（六）安全生产信息化建设

《安全生产法（2021 年版）》第四条要求："生产经营单位必须遵守本法和其他有关安全生产的法律、法规，加强安全生产管理，建立健全全员安全生产责任制和安全生产规章制度，加大对安全生产资金、物资、技术、人员的投入保障力度，改善安全生产条件，加强安全生产标准化、信息化建设，构建安全风险分级管控和隐患排查治理双重预防机制，健全风险防范化解机制，提高安全生产水平，确保安全生产。"

随着科技的进步，人工智能、大数据等新技术在各领域的应用是大势所趋。应急管理工作、安全生产工作也必须从传统治理向现代"智"理转型，重点构建"智慧安全应急大脑"，全面汇聚信息资源和生产安全事故风险信息，深化大数据分析和智能化成果应用，加速提升安全生产监测预警和综合态势分析能力，以科技信息化推动安全生产工作再上新台阶，以科技赋能安全生产，提升企业本质安全水平。生产经营单位应根据自身实际情况，利用信息化手段加强安全生产管理工作，开展安全生产电子台账管理、重大危险源监控、职业病危害防治、应急管理、安全风险管控和隐患自查自报、安全生产预测预警等信息系统的建设。

二、制度化管理

(一) 法规标准识别

1. 生产经营单位达标标准

该要素要求生产经营单位建立有效的法律法规识别途径。可通过与主管部门保持联系或者通过网络获取的方式,获取最新法律法规、规范标准后,根据公司生产经营过程中的危险、有害因素,结合法律法规的最新内容,识别适用于生产经营单位自身的法律、法规、标准和其他要求。形成《公司适用的安全生产法律、法规、标准和其他要求清单和文本数据库》,经生产经营单位领导审核批准后发布。同时,当现行法律、法规、标准和其他要求更新时,生产经营单位应重新及时识别并进行符合性评价,并建立法律、法规、标准及其他要求符合性评价记录表。该要素应建立资料文件清单如下:

- 安全生产法律法规标准规范管理制度及其相关发布文件通知
- 公司适用的安全生产法律、法规、标准和其他要求清单和文本数据库
- 法律法规标准发放登记表
- 法律法规培训记录表

2. 案例

案例 9:公司适用的安全生产法律法规、标准和其他要求清单和文本数据库

表 19 - 5　公司适用的安全生产法律法规、标准和其他要求清单和文本数据库

序号	法律法规	颁布部门	法规编号	适用部门	适用条款	生效日 最新修订日
1						
2						

(二) 规章制度

1. 生产经营单位达标标准

该要素要求生产经营单位应在征求工会及从业人员意见和建议基础上建立健全安全生产和职业卫生规章制度,同时要求生产经营单位主要负责人负

责组织制定安全生产规章制度和安全操作规程的制定和评审、修订和审批。安全生产规章制度每年应修订一次。新版安全生产规章制度颁发实施后,生产经营单位应组织各相关部门、车间学习。生产经营单位制定的安全生产规章制度如下表所示。

表19-6 生产经营单位通用规章制度一览表

序号	制度名称	序号	制度名称
1	安全生产责任制管理制度	14	危险化学品安全管理制度
2	安全生产教育培训制度	15	厂内交通安全管理制度
3	安全检查与事故隐患排查治理制度	16	职业健康管理制度
4	伤亡事故管理制度	17	设备设施安全管理制度(含特种设备、职业病防护设施及设备设施的保养和检修等)
5	班组安全管理制度	18	特种作业人员安全管理制度; —劳动防护用品管理制度
6	建设项目"三同时"管理制度	19	女工和未成年人保护制度
7	安全投入保障管理制度	20	危险源和应急管理制度
8	"四新"安全管理制度	21	危险作业安全管理制度
9	变更安全管理制度	22	临时用电安全管理制度
10	易燃易爆危险点安全管理制度	23	安全生产奖惩制度
11	相关方安全管理制度	24	生产现场安全管理制度
12	消防安全管理制度	25	安全生产档案管理制度
13	有限空间管理制度	26	……

创建所需建立资料文件清单如下:
- 《安全生产规章制度》修订记录
- 《安全生产规章制度》评审记录
- 《安全生产规章制度》汇编
- 安全生产规章制度发放登记表
- 安全生产规章制度培训记录表

2.案例

案例10:《安全生产规章制度》评审记录

表 19－7 《安全生产规章制度》评审记录

文件状况:□ 制定　　□ 修订　　□ 定期评审　　□ 废止					
文件名称				文件编号	
版　　次		生效日期		组织部门	
评审时间		评审地点		主持人	
评审要点	文字和结构是否符合相关规定的要求 内容与标准的要求是否一致 规定的职责是否明确,是否能得到落实 制定的措施和方法是否可行适用 确定的工作环节口关系是否明确和协调				
评审意见	按标准化管理相关要求,针对公司先前编制《安全环保管理制度汇编》进行年度适用性评审。各项制度符合国家有关法律、法规的要求,也符合公司管理现状,能满足公司目前安全管理的现状。 　　　　　　　　　　　　　　　　记录人/日期:　　年 月 日				
参加评审的部门和人员					
部　门	签　字		部　门		签　字
评审结论	 主持人/日期				
领导审批意见	 主持人/日期				

案例 11:《安全生产规章制度》修订记录

表 19-8 《安全生产规章制度》修订记录

文件名称:		编号:	
编写/更改的条款号(增加/删减/改版):无删减			
编写/更改原因(后附修订后的书面文件一份):			
是否需要会签(提交人/部门填写): □是(涉及相关部门:)			
提交人:		部门意见/日期:	
相关责任部门意见/日期:			
审核/日期:		批准/日期:	

(三)操作规程

1. 生产经营单位达标标准

该要素要求生产经营单位制定各岗位、各项作业的操作规程。操作规程是每个生产经营单位必须建立的,是生产经营单位依据操作经验和设备工艺要求编制而成的。生产经营单位针对操作规程的编制,应广泛征求经验丰富的老员工及设备、工艺、安全部门的意见,修改完善,经过审批后,作为生产经营单位内部标准严格执行。当生产工艺、设备设施、原辅材料发生变化后,将会导致工艺流程的调整、操作内容、操作方式发生变化,因此,生产经营单位应重新修订操作规程。

生产经营单位操作规程的制定可以采用工作危害分析法(JHA)对作业活动进行风险分析,在此基础上制定相应的操作规程。该要素创建所需建立资料文件清单如下:

- 关于制定岗位安全操作规程的通知
- 《岗位安全操作规程》汇编
- 《岗位安全操作规程》汇编发放登记表、培训记录表
- 安全教育培训考核试卷
- 安全教育培训考核成绩汇总表

2.案例

案例12：杜邦公司利用JHA法制定操作规程

杜邦公司对于一项还没有建立操作规程的新工作，由主管人员观察员工的操作，同员工进行讨论，将工作分解为单个步骤。然后针对每一步骤，结合以往的事故案例，分析潜在的危害或事故。针对每一项可能发生的危害，同有经验的员工进行讨论，制定相应的控制和预防措施，从而完成了一个完整的JHA分析。这个完整的JHA要经过许多人的多次重复验证，确认无误后形成书面的工作程序或操作标准，并通过安全培训传达到相关员工，作为安全操作的依据。工作程序或操作标准实施后，主管人员还要不断地进行追踪，以确保其持续适用，并根据需要不断地补充完善。杜邦公司员工做每一件事情都有章可循，每项工作都经过全面细致地思考，然后建立系统合理的操作方法，而且PDCA的运行模式贯穿于每项工作的始终，不断完善操作标准。

（四）文档管理

1.生产经营单位达标标准

该要素要求生产经营单位应每年至少一次对安全生产规章制度、操作规程等执行情况进行适宜性评审，并出具评审报告。同时，要对文档的收发、归档、借阅及保存、检索做出规范化管理。该要素创建所需建立资料文件清单如下：

- 安全管理规章制度、操作规程评审和修订制度
- 安全生产规章制度、操作规程修订记录
- 相关法律法规、标准及其他要求符合性评审表
- 法律法规、标准、规章制度、操作规程执行情况及适用情况评审报告
- 关于建立文件和档案管理制度的通知
- 文件和档案管理制度

2.案例

案例13：安全生产规章制度、安全操作规程修改记录

表19-9　安全生产规章制度、安全操作规程修改记录

序号	更改日期	更改章节号、原因和说明	更改人	批准人	备　注
1					
2					

三、教育培训

（一）教育培训管理

1. 生产经营单位达标标准

该要素对生产经营单位安全培训提出明确要求。要求生产经营单位首先组织开展培训需求调查，得出培训需求结论后，依据该结论结合生产经营单位自身安全生产实际情况及法律法规所要求的培训内容制定年度安全培训计划并付诸执行。生产经营单位应对生产经营单位从业人员的培训教育情况必须如实记录，建立个人安全教育档案。

生产经营单位培训教育主管部门可通过现场验证、问卷调查等方式对培训效果进行评估，对培训不足进行改进，保证达到培训预期目的。该要素创建所需建立资料文件清单如下：

- 关于建立安全生产教育培训管理制度的通知
- 安全生产教育管理制度
- 各部门、班组报送的培训需求计划（表格）
- 公司安全教育培训计划及安排表
- 按计划实施的教育培训相关记录资料
- 教育培训效果评估表

2. 案例

案例 14：公司安全教育培训计划及安排表

表 19－10　公司安全教育培训计划及安排表

序号	培训时间	培训内容	责任人	参加人员	培训方式	培训教师
1						
2						

案例 15：培训记录及培训效果评估表

表 19－11　培训记录及培训效果评估表

培训时间		应到人数		主讲人	
培训地点		实到人数		主持人	
培训内容					
签　　到					
序　号	部　门	签　名	序　号	部　门	签　名
培训评价					
评价方式	评价人员		评价结果		
试卷 □操作 □提问 □观察 □工作业绩			最终结论:□效果较好　□效果较差 评价负责人签名: 年　　月　　日		
制表:　　　　审核:　　　　日期:					

（二）人员教育培训

1. 生产经营单位达标标准

该要素对生产经营单位各类人员的培训提出了明确要求。对于主要负责人和安全管理人员,要接受专门的安全生产培训教育,并经主管部门考核合格发放安全资格证书后才可任职。生产经营单位主要负责人和安全管理人员依法经主管部门考核合格后还需每年参加继续教育。根据《生产经营单位安全

培训规定》(2006 年 1 月 17 日国家安全监管总局令第 3 号公布,2013 年 8 月
29 日国家安全监管总局令第 63 号第一次修正,2015 年 5 月 29 日国家安全生
产监管总局令第 80 号第二次修正)第九条:"生产经营单位主要负责人和安全
生产管理人员初次安全培训时间不得少于 32 学时。每年再培训时间不得少
于 12 学时。煤矿、非煤矿山、危险化学品、烟花爆竹、金属冶炼等生产经营单
位主要负责人和安全生产管理人员初次安全培训时间不得少于 48 学时,每年
再培训时间不得少于 16 学时。"

生产经营单位应对从业人员定期开展安全生产培训。针对从业人员的培
训,首先要进行厂级、车间级、班组级三级安全教育,经考核合格后,方可上岗
作业。除此之外,生产经营单位还应定期对从业人员开展日常安全生产教育
及四新(新工艺:指企业引入新工艺方法,或改变了原有工艺操作方法;新技
术:指企业首次采取技术;新设备:指企业内部未采取过且同行业内无成熟使
用案例设备设施;新材料:指企业首次引入使用,原料或辅料。)安全教育、转
岗、离岗等安全教育。从业人员三级安全培训教育、再培训教育的内容、学时
应符合国家安全生产监督管理总局令第 3 号的规定。

生产经营单位的特种作业人员和特种设备作业人员应按照有关规定经安
全教育且考核合格后取得相应的资格证书方可上岗作业,并按照规定按时参
加继续教育并按期复审。生产经营单位要规范建立特种作业人员、特种设备
作业人员管理台账,对证书统一管理。

生产经营单位应建立外来人员安全服务告知卡,对来访人员进行入厂前
安全告知。内容至少包括相应的安全提示、安全禁令、应急逃生路线、职业病
防治等。该要素创建所需建立资料文件清单如下:

- 公司主要负责人和安全管理人员登记表
- 公司主要负责人和安全管理人员培训资格证书复印件
- 员工岗前培训(含职业健康)相关记录(职工安全生产培训情况登记卡)
- 员工三级安全教育、四新教育、转岗、离岗教育等资料(可在"职工安全
培训登记卡"中一并体现)
- 特种作业人员(特种设备作业人员)管理台账
- 特种作业人员(特种设备作业人员)资格证书复印件
- 相关方教育培训资料
- 外来参观、学习人员教育及告知的资料
- 安全文化建设相关资料

2.案例

案例 16:员工三级安全教育卡

表 19 - 12　员工三级安全教育卡

<table>
<tr><td rowspan="4">员工基本情况</td><td colspan="2">姓　名</td><td colspan="2">性　别</td><td colspan="2">出生年月</td><td colspan="2"></td></tr>
<tr><td colspan="2">岗　位</td><td colspan="2">入职时间</td><td colspan="4"></td></tr>
<tr><td rowspan="2">素　质</td><td colspan="7">1. 文化素质:□大专或以上　　□高中/中专　　□初中　　□小学</td></tr>
<tr><td colspan="7">2. 工作经验:□有相关工作经验　　□无相关工作经验</td></tr>
<tr><td colspan="2"></td><td colspan="3">培训内容</td><td>成绩</td><td>授课人</td><td>被考核人</td><td>授课学时</td></tr>
<tr><td colspan="2">公司级教育</td><td colspan="3">本单位安全生产情况及安全生产基本知识;
本单位安全生产规章制度和劳动纪律;
从业人员安全生产权利和义务;
有关事故案例等。</td><td></td><td></td><td></td><td></td></tr>
<tr><td colspan="2">车间级安全教育</td><td colspan="3">1. 工作环境及危险因素;
2. 所从事工种可能遭受的职业伤害和伤亡事故;
3. 所从事工种的安全职责、操作技能及强制性标准;
4. 自救互救、急救方法、疏散和现场紧急情况的处理;
5. 安全设备设施、个人防护用品的使用和维护;
6. 本部门、车间安全生产状况及规章制度;
7. 预防事故和职业危害的措施及应注意的安全事项;
8. 有关事故案例;
9. 其他需要培训的内容。</td><td></td><td></td><td></td><td></td></tr>
<tr><td colspan="2">班组教育</td><td colspan="3">1. 岗位安全操作规程;
2. 岗位之间工作衔接配合的安全与职业卫生事项;
3. 有关事故案例;
4. 其他需要培训的内容。</td><td></td><td></td><td></td><td></td></tr>
<tr><td colspan="2" rowspan="2">转正考核</td><td>理论考核</td><td>考核时间</td><td>考核人</td><td colspan="2">考核成绩</td><td colspan="2" rowspan="2">是否通过考核</td></tr>
<tr><td>实际考核</td><td>考核时间</td><td>考核人</td><td colspan="2">考核成绩</td></tr>
<tr><td colspan="2" rowspan="5">考核内容</td><td colspan="3">1.了解国家及公司相关安全生产、规章制度的规定□</td><td colspan="4">附:</td></tr>
<tr><td colspan="3">2.已了解消防器材的使用,防火逃生、报警、自救的办法□</td><td colspan="4">1. 对受训内容已了解的在□打"√"号</td></tr>
<tr><td colspan="3">3.已了解本工种安全操作规程□</td><td colspan="4">2.此卡必须如实填写,经培训后方可上岗</td></tr>
<tr><td colspan="3">4.已了解本岗位安全操作规程□</td><td colspan="4">3.经培训签卡后,第一时间交办公室存档</td></tr>
<tr><td colspan="3">5.已了解安全防护装置及个人防护用品合理使用办法□</td><td></td><td></td><td></td><td></td></tr>
<tr><td colspan="9">安全教育后的认识和感受:</td></tr>
<tr><td colspan="9">受教育人签字:</td></tr>
<tr><td colspan="9">考核平均成绩:</td></tr>
<tr><td colspan="9">主管领导:　　　　　　　部门审核:</td></tr>
</table>

案例 17:员工个人培训记录

表 19 - 13　员工个人培训记录

基本情况	姓　名		性　别		籍　贯		
	身份证号		文化程度		专　业		
	工作岗位		职　务		职　称		
	入厂时间		部　门		班　组		
	联系电话		备　注				

岗前培训	培训性质	培训时间	培训内容	学　时	考核成绩	考核人	本人签名
	公司级						
	部　门						
	班　组						
四新培训	转　岗						
其他培训							

责任事故记录	

制表:　　　　　审核:　　　　　日期:

案例 18:特种作业人员与管理人员取证登记管理台账

表 19 - 14　特种作业人员与管理人员取证登记管理台账

序号	部门	姓名	岗位名称	证书名称	证书编号	取证时间	一次复审	二次复审
1								
2								

四、现场管理

(一)设备设施管理

1. 生产经营单位达标标准

设备设施建设:依据《建设项目安全设施"三同时"监督管理办法》(2010 年

12 月 14 日国家安全监管总局令第 36 号公布,2015 年 4 月 2 日国家安全监管总局令第 77 号修正)、《建设项目职业病防护设施"三同时"监督管理办法》(国家安全生产监督管理总局令第 90 号)等相关规定要求,"建设项目的安全设施和职业病防护设施应与建设项目主体工程同时设计,同时施工、同时投入生产和使用。"即在项目建设前期,要对拟建项目进行安全预评价或安全综合分析并出具相应报告,确定拟建项目的危险有害因素及防护措施,同时对其选址合规性进行评价分析。在设计阶段,编制安全设施设计专篇,对在建项目的安全设施进行设计,要求其符合国家或者行业标准。项目建设完成后,对该项目进行安全设施竣工验收,不符合相关规定或技术规范的,不允许投产使用。待项目验收通过后,安全设施必须同生产设施同时投入使用,不得停用。建设项目、设备设施的平面布置要符合国家关于生产经营单位总平面布置的相关要求。

设备设施验收:生产经营单位新购置的设备设施,必须组织设备生产厂家、使用单位设备管理人员共同验货。验货合格后方可安装。安装完成后,组织验收,并对相关过程及结果进行记录。

设备设施运行:生产经营单位对设备设施在运行过程当中,应加强监督管理。制定合理有效的设备设施运行管理制度,定期巡检,按期保养。针对特种设备,应按照国家相关要求取得使用登记证,按期检验,确保设备无隐患、合规合法使用。

设备设施检维修:生产经营单位对设备设施的检维修应当制定检维修方案。方案应对检维修作业存在的风险进行辨识、评价,制定相应的管控措施及应急处置措施、检维修后的验收标准明确。检维修人员应对设备设施检维修方案必须严格执行,检维修过程中涉及危险作业的,应该按照国家关于危险作业的相关要求执行。

设备设施拆除、报废:生产经营单位设备设施的拆除和报废应经生产经营单位设备主管部门及主要负责人审批后完成。在拆除报废设备前,应编制设备设施拆除方案,方案应明确拆除设备应做好的能量隔离,并至少应包含拆除作业的风险及管控措施、应急处置措施。报废设备未拆除前,应在现场设置明显的报废设备设施标志。拆除过程当中涉及危险作业的,应该按照国家关于危险作业的相关要求执行。

该要素创建所需建立资料文件清单如下:

- 关于建立建设项目安全设施和职业病防护设施"三同时"管理制度的通知
- 建设项目安全设施和职业病防护设施"三同时"管理制度

- 建设项目安全设施和职业病防护设施"三同时"管理资料
- 对建设项目进行规范管理的资料
- 设备设施安全管理制度、施工及检维修安全管理制度
- 设备设施管理台账
- 有关设备、设施、仪器仪表、工具的检测检验检定资料
- 设备设施检维修方案
- 设备的全生命周期管理资料
- 设备设施验收管理制度
- 设备设施变更、拆除和报废管理制度
- 设备验收管理相关资料
- 设备变更、拆除、报废相关资料

2. 案例

案例19：主要设备一览表

表 19-15　主要设备一览表

序号	车间名称	工序名称	设备位号	设备名称	规格型号	技术参数	单位	数量	出厂日期	启用日期	制造厂家名称	备注
1												
2												

案例20：建设项目安全设施和职业病防护设施"三同时"管理台账

表 19-16　建设项目安全设施和职业病防护设施"三同时"管理台账

序号	项目名称及立项时间	总投资	安全投资	设计单位	批准单位及文号	施工单位名称	施工单位资质证号	开工时间	安全评价机构名称	评价结果	评价报告查询途径	竣工验收时间	验收结果
1													
2													

（二）作业安全

1. 生产经营单位达标标准

作业环境和作业条件：生产经营单位应保证作业环境和作业条件的安全，

对"物的不安全状态、环境的不良因素"严格管理,控制其存在的风险。在物的不安全状态方面,要对设备设施进行日常维护保养,采取可靠的能量隔离措施,对设备能量和危险有害物质进行屏蔽或隔离。同时要在环境因素方面,保持现场整洁,应急通道畅通,消防器材、职业卫生防护设施及其他应急物资配备到位。生产经营单位针对"八大危险性作业(动火作业、高处作业、受限空间作业、吊装作业、破土作业、断路作业、盲板抽堵作业、检维修作业)"要实行许可闭环管理。作业期间,相互影响的两支及以上的作业队伍应签订安全管理协议,明确安全生产职责,应设置专人检查协调。

作业行为:在人的不安全行为管控方面,要保证所有从业人员经安全教育考核合格后上岗、特种作业人员持证上岗,对作业人员的行为现场监督管理,控制作业行为安全风险。生产经营单位应该明确"三违"行为标准,杜绝从业人员的"三违"行为。同时要为从业人员配备个人劳动防护用品并指导其正确使用、维护、保养和检查。

岗位达标:生产经营单位应组织从业人员对岗位安全职责、操作规程、自救互救等开展安全培训,使从业人员熟练掌握。同时应明确岗位达标标准,开展岗位达标活动。

相关方:相关方的管理是生产经营单位必须重视的一个环节。生产经营单位对相关方的管理应涉及资质审查、安全培训、现场作业监管、表现评价与续用、安全管理协议、承包商档案名录等方面。生产经营单位应通过供应链关系促进承包商、供应商等相关方达到安全生产标准化要求。

该要素创建所需建立资料文件清单如下:

- 关于印发"三违"行为管理制度的通知
- "三违"行为管理制度
- 关于印发危险作业及施工安全管理制度的通知
- 危险作业安全管理制度(动火作业、进入受限空间作业、带电作业、高处作业、大型吊装作业、交叉作业、破土作业等)及相关票证
- 关于印发相关方及外用工(单位)管理制度的通知
- 相关方及外用工(单位)安全管理制度
- 承包商管理档案、监督检查记录
- 承包(供应)商档案

2. 案例

案例21:临时用电作业票

表 19-17 临时用电作业票

申请单位		申请人		作业证编号	
作业时间	自　年　月　日　时　分始 至　年　月　日　时　分止				
作业地点					
电源接入点		工作电压			
用电设备及功率					
作业人		电工证号			
危害辨识					

序号	安全措施	确认人
1	安装临时线路人员持有电工作业操作证	
2	在防爆场所使用的临时电源、元器件和线路达到相应的防爆等级要求	
3	临时用电的单项和混用线路采用五线制	
4	临时用电线路在装置内不低于 2.5m,道路不低于 5m	
5	临时用电线路架空进线未采用裸线,未在树或脚手架上架设	
6	暗管埋设及地下电缆线路设有"走向标志"和"安全标志",电缆埋深大于 0.7m	
7	现场临时用配电盘、箱有防雨措施	
8	临时用电设施装有漏电保护器,移动工具、手持工具"一机一闸一保护"	
9	有点设备、线路容量、负荷符合要求	
10	其他安全措施: 　编制人:	

实施安全教育人	

作业单位意见
签字:　　　年　月　日　时　分

配送点单位意见
签字:　　　年　月　日　时　分

审批部门意见
签字:　　　年　月　日　时　分

完工验收
签字:　　　年　月　日　时　分

案例 22:有限空间作业票

表 19 - 18 有限空间作业票

申请单位			申请人		作业级别		作业证编号	
受限空间所在单位			受限空间名称			原有介质名称		
作业内容								
作业时间								
作业单位现场负责人			监护人员姓名			工 种		
作业人员姓名								
涉及的其他特殊作业					安全教育人			

分析	分析项目	有毒介质	可燃气体	氧含量	时 间	部 位	分析人
	分析数据						

危害辨识	

序号	安全措施	落实情况	确认人
1	对进入受限空间危险性进行分析		
2	所有与受限空间联系的阀门、管线加盲板隔离,列出盲板清单,落实了盲板抽堵负责人		
3	设备经过置换、吹扫、蒸煮		
4	设备打开通风孔进行自然通风,温度适宜人员作业;必要时采用强制通风或佩戴隔离正压防护面具,不得用通氧气或富氧空气的方法补充氧		
5	相关设备进行处理,带搅拌机的设备已切断电源,电源开关处加锁或挂"禁止合闸"标志牌,设专人监护		
6	检查受限空间内部已具备作业条件,作业时(无需要/已采用)防爆工具		
7	检查受限空间进出口通道,无阻碍人员进出的障碍物		
8	分析盛装过可燃有毒液体、气体的受限空间内可燃、有毒有害气体含量		
9	作业人员、监护人员清楚受限空间内存在的危险有害因素,明确作业风险,如内部附件、集渣坑等		
10	作业监护措施:消防器材( )、救生绳( )、救生三脚架( )、气防装备( )		

（续表）

11	其他安全措施： 编制人：		

<table>
<tr>
<td colspan="3">申请单位意见

签字：
年 月 日 时 分</td>
<td colspan="3">设备(工程)部门意见

签字：
年 月 日 时 分</td>
</tr>
<tr>
<td colspan="3">生产(技术)部门意见

签字：
年 月 日 时 分</td>
<td colspan="3">安全管理部门意见

签字：
年 月 日 时 分</td>
</tr>
<tr>
<td colspan="6">审批人意见

签字：
年 月 日 时 分</td>
</tr>
<tr>
<td colspan="6">作业前,岗位当班班长验票

签字：
年 月 日 时 分</td>
</tr>
<tr>
<td>完工验收</td>
<td>完工时间：</td>
<td>动火所在单位</td>
<td>签字：</td>
<td>动火单位</td>
<td>签字：</td>
</tr>
</table>

（三）职业健康

1. 生产经营单位达标标准

生产经营单位应在从业人员入职时，通过签订劳动合同的方式对从业人员进行职业危害告知。同时，在岗位上应设置职业病危害告知牌，将职业病危害因素检测检验结果告知从业人员。生产经营单位应如实向主管部门申报职业病危害项目，按照法定要求开展职业病危害现状评价与职业病危害因素检测。针对检测超标与职业接触限值的，应结合单位实际情况，予以整改。该要素创建所需建立资料文件清单如下：

- 关于印发职业健康管理制度的通知
- 职业健康管理制度
- 职业危害因素识别记录
- 职业危害强度或浓度检测报告
- 政府职业危害管理部门出具符合职业健康的"三同时"意见书
- 现场设置职业危害因素检测情况告知
- 职业健康保护设施、工具台账
- 职业卫生档案
- 从业人员健康档案
- 职业病患者管理台账
- 个体防护装备管理制度
- 个体防护用品台账
- 个体防护用品检查记录表
- 劳动合同
- 职业危害、预防和应急处理措施教育

2. 案例

案例 23：职业危害因素识别记录

表 19 - 19　职业危害因素识别记录

职业危害场所	职业危害因素名称	职业危害来源	接触职业危害人数	检测日期

案例 24：职业卫生防护设施台账

表 19-20　职业卫生防护设施台账

种　类	名　称	位　置	校　验	维护日期	更新情况	责任人
防尘设施						
防毒设施						
其他设施						

案例 25：个人防护用品台账

表 19-21　个人防护用品台账

名称	发放周期	1 月	2 月	3 月	4 月	5 月	6 月	7 月	8 月	9 月	10 月	11 月	12 月
		数量、签字	数量、签字	数量、签字	数量、签字	数量、签字	数量、签字	数量、签字	数量、签字	数量、签字	数量、签字	数量、签字	数量、签字

（四）警示标志

1. 生产经营单位达标标准

生产经营单位应按照国家标准 GB 2893 和 GB 2894 的规定，在重大危险源、较大危险因素和严重职业病危害因素、重大隐患、检维修现场等工作场所设置安全警示标志或安全色予以风险提示。

该要素需创建所需建立资料文件清单如下：

- 关于印发安全标志和警示标识管理制度的通知
- 安全标志和警示标识管理制度
- 安全标志和警示标识台账

2. 案例

案例 26：安全标志和警示标识台账

表 19-22　安全标志和警示标识台账

安全标志和警示标识名称	位　置	完好情况	责任人

五、安全风险管控及隐患排查治理

(一) 安全风险管理

1. 生产经营单位达标标准

生产经营单位应组织全员开展安全风险辨识,风险辨识过程中要结合现场实际采用适宜、科学的方法和程序。辨识完成后,对风险进行评估,评估要充分考虑风险导致事故发生的可能性大小、风险导致事故发生的频率及该风险下发生的事故所导致的严重后果,以此三者作为维度对风险进行评估。生产经营单位针对风险的评估结果应该予以分级分类管理,对各级风险制定并落实风险管控措施。风险管控措施应全面考虑工程技术、管理控制、个体防护等方面的措施。针对风险辨识、评估及控制措施,生产经营单位应对岗位涉及的从业人员进行培训,保证岗位人员了解风险,熟悉控制措施。生产经营单位应对变更管理履行审批、验收程序,针对变更所产生的风险进行分析、评估、制定管控措施,并通过培训告知岗位作业人员。除生产经营单位自主风险管理之外,还可以委托专业的安全服务机构每三年做一次安全现状评价,落实安全风险管控。

该要素创建所需建立资料文件清单如下:

- 关于印发风险评估和控制管理制度的通知
- 风险评估和控制管理制度
- 危险源辨识汇总表(LEC 法)
- 工作危害分析(JHA)记录表
- 工艺危害分析方法(HAZOP)记录表
- 变更申请表、记录表

2. 案例分析

案例 27:危险源辨识汇总表(LEC 法)

表 19 - 23　危险源辨识汇总表(LEC 法)

序号	工作环节/业务活动	危险源/危害因素潜在事件	主要后果/可能的事故	状　态			时　态			风险度(D=L＊E＊C)				现有安全控制措施	建议改正/控制措施
				正常	异常	紧急	过去	现在	将来	D	L	E	C		
1															
2															

案例 28 某单位工作危害分析(JHA)记录表

表 19-24　某单位工作危害分析(JHA)记录表

部　　门		工作任务简述	地板砖修复		
作业负责人		许可证	动火作业许可证	特种作业人员是否具有资质证明：□是　　□否	
相关操作规程	□有　□无	有无交叉作业	□有　　□无		
使用工具			切割机、电锤		

序号	工作步骤	作业过程存在的风险及后果	控制措施
1	拉运物料(地板砖、砂浆、水泥、工具)	1.拉运过程中发生交通事故造成人身伤害	严格按照厂区机动车辆行驶管理规定行驶
		2.误入防爆区,产生火花有着火爆炸的风险	开具车辆通行证,严格按照通行证上的路线行驶,并安装阻火器。
		3.物品过重、散落造成物体打击的风险	多人相互配合装卸,穿戴好劳动防护用品,物料捆绑紧固
2	拆除旧地板砖	1.工机具不完好(电源线老化、破损及工机具外壳漏电)导致人员触电及机械伤害	作业之前检查工器具的完好性
		2.地板砖碎片及泥渣飞溅造成人身伤害	穿戴好各类防护用品:安全帽、防护眼镜、防尘防化口罩、安全鞋
		3.在打磨冲击过程中产生火花,导致燃烧爆炸风险	保持作业区域通风,作业之前清除周围可燃物,并在现场摆放灭火器,扑灭初期火灾。
3.	清理原地板砖、废渣杂物	1.产生大量灰尘造成职业健康伤害	佩戴好防尘防化口罩
		2.搬运过程中,物体掉落导致人员被砸伤	穿好劳保鞋,并适量搬运,对于较重的物品,可以多人抬着搬运
4.	铺设新地板砖	1.地板砖破裂造成人员划伤	戴好防护手套
		2.用橡皮锤锤击存在砸伤风险	穿好劳保鞋
		3.切割地板砖造成机械伤害及触电风险	切割时,规定手部距离切割机大于5cm、使用之前检查电源线是否老化及破损
		4.水泥喷溅造成人身伤害	佩戴好劳动防护用品
5.	作业完毕,清理作业现场	1.搬运工机具过程存在砸伤的风险	多人相互配合装卸,穿戴好劳动防护用品,物料捆绑紧固
		2.清理现场过程中,脚底有大量泥渣颗粒物,造成人员摔伤	清理过程当中注意脚下

（续表）

应急措施	1. 天气高温,以防人员中暑,当发生人员中暑时,及时将中暑人员移至通风阴凉处。 2. 应急逃生路线:当发生大量物料泄漏时,由监护人带领作业人员由作业点自 XX 至西门撤离集合,清点人数。
补充措施	
交底人	
接底人	

（二）重大危险源管理

1. 生产经营单位达标标准

生产经营单位应当依据《危险化学品重大危险源辨识》(GB18218—2018)的要求全面辨识重大危险源,经辨识为重大危险源的场所登记建档并向所在地主管部门备案。要严格按照重大危险源场所管理,设置监控系统,制定安全管理措施及应急预案。

该要素创建所需建立资料文件清单如下:

• 关于印发重大危险源管理制度的通知

• 重大危险源管理制度

• 如生产经营单位无重大危险源,则应出具关于本公司无重大危险源的说明文件

2. 案例

案例 29:某公司无重大风险源的声明文件

根据《危险化学品重大危险源辨识》(GB18218—2018),结合本公司的生产实际情况,本公司经过分析辨识之后,确定不存在重大风险源。

特此声明!

XX 公司

2023 年 3 月 9 日

（三）隐患排查治理

1. 生产经营单位达标标准

生产经营单位应结合自身实际,对与生产经营相关的场所、人员、设备设施和活动、包括承包商、供应商等相关事项采用日常检查、节假日检查、季节性检查、专业检查、综合检查等不同方式进行隐患排查,并对排查出的隐患进行分级管理。针对重大隐患要上报至主管部门,由主要负责人落实整改,制定重大隐患整改方案及相关应急预案,停产整改,针对一般隐患应按照责任分工限期整改。所有隐患整改完成后均要验收评估,确保整改结果符合要求。生产经营单位应对隐患排查情况如实登记,应对治理情况至少每月进行一次分析,并通报至从业人员,如实上报至主管部门。生产经营单位应将相关方排查出的隐患统一纳入本生产经营单位隐患管理。

该要素创建所需建立资料文件清单如下:

• 关于印发安全检查及隐患排查治理管理制度的通知
• 安全检查及隐患排查治理管理制度
• 职业安全卫生隐患整改通知
• 事故隐患月报表
• 生产经营单位安全生产事故隐患排查治理登记台账
• 事故隐患排查治理情况统计分析季报表
• 安全生产重大事故隐患排查报告表
• 安全生产重大事故隐患整改完成报告书
• 事故预警图

2. 案例

案例30:生产经营单位安全生产事故隐患排查治理登记台账

表 19-25　生产经营单位安全生产事故隐患排查治理登记台账

序号	隐患编号	隐患名称及部位	隐患影响	隐患级别	确认时间	临时防范措施	治理整改措施	治处理费用	隐患提出人	整改负责人	计规划整改时间	完成时间	效果验证	注
1														
2														

案例 31:安全生产重大事故隐患排查报告表

表 19-26　安全生产重大事故隐患排查报告表

上报单位名称：		地址：	
联系电话：		事故发生具体场所：	
发生(发现)时间：			
事件经过(或内容)　必要时请附图示或照片			
原因描述(人的不安全行为、物的不安全状态)			
人的不安全行为：			
物的不安全状态：			
目前已经采取的防范对策：			
预计会造成人员伤亡及财产损失情况：			
整改计划：			
上报单位负责人签字：		单位盖章	

（四）预测预警

生产经营单位应按照《企业安全生产标准化基本规范》(GB/T 33000—2016)第5.5.4条要求："根据生产经营状况、安全风险管理及隐患排查治理、事故等情况,运用定量或定性的安全生产预测预警技术,建立体现生产经营单位安全生产状况及发展趋势的安全生产预测预警体系。"

六、应急管理

（一）应急准备

1. 生产经营单位达标标准

生产经营单位应建立应急救援组织机构及专职应急救援队伍,若依据相关文件,满足不建立专职应急救援队伍条件的单位,可建立兼职应急救援队伍,并与邻近专业应急救援队伍签订应急救援服务协议。生产经营单位应依据《生产经营单位生产安全事故应急预案编制导则》(GB/T29639—2020)编制生产安全事故应急预案并依据《生产安全事故应急演练基本规范》(AQ/T 9007—2019)定期开展演练,演练结束后依据该标准对演练进行总结和评估,根据评估结论修订应急预案并应急物资,应建立管理台账,定期检查、维护、保养,确保其处于应急备用状态。对于危险性较大的矿山、金属冶炼及危险化学品从业单位,应建立生产安全事故应急救援信息系统并与政府主管部门安全管理信息系统互联互通。

该要素创建所需建立资料文件清单如下:
- 关于印发应急救援管理制度的通知
- 应急救援管理制度
- 关于明确应急管理机构的通知
- 关于成立应急救援队伍及人员任命组成的通知
- 应急队伍训练计划
- 应急队伍训练记录
- 关于印发事故应急救援预案的通知
- 事故应急救援预案（含现场处置方案）
- 应急联络电话表
- 应急救援设备清单

- 应急疏散线路图
- 应急预案评审意见
- 应急预案报主管部门备案回执
- 应急预案通报相关协作单位证明材料
- 应急物资、设施、装备检查维护记录
- 应急演练计划
- 应急演练方案
- 应急演练记录
- 应急演练总结报告
- 应急预案演练人员签到表
- 应急预案培训记录单

2. 案例

案例 32：应急预案演练计划

表 19－27　应急预案演练计划

序号	应急预案名称	计划演练时间	演练方式	演练目的	组织部门	计划参与人员	应急物资准备
1							
2							

案例 33：应急预案演练记录

表 19－28　应急预案演练记录

演练名称		演练方式	
演练时间		演练地点	
指挥人		记录人	
组织部门		配合部门	
应急物资			
参与人员			
演练过程			
演练结果			
演练存在的问题及整改措施			
组织部门负责人签字：		单位负责人签字：	

案例34:应急预案演练总结报告

演练名称		演练方式	
演练时间		演练地点	
指挥人		记录人	
组织部门		配合部门	
效果评价及 完善意见			
评价人签字:			

案例35:应急预案培训记录单

类　别		授课人	
地　点		参加人数	
培训内容			
参加学习 人员签到			
培训是否达到 预期的效果			

（二）应急处置

生产经营单位达标标准:发生事故后,生产经营单位应严格按照公司应急预案处置流程予以处置,逐级报送生产安全事故至主要负责人,主要负责人应立即按照预案中针对事故的报送要求报送至上级政府部门。同时,营救受伤人员,对初期事故在不影响人员安全的情况下予以处置,若发现危及人身安全时,应立即停止处置,撤离危险区域。若研判事故扩大,应该按照应急预案扩大响应的应急方式予以处置。

该要素创建所需建立资料文件清单如下:

- 启动预案的佐证
- 启动应急预案的,应急预案评估资料

(三)应急评估

生产经营单位达标标准:生产经营单位在完成事故应急处置工作后应对应急准备、应急处置工作进行评估。矿山、金属冶炼及危险化学品生产经营单位应每年进行一次应急准备评估。

该要素创建所需建立资料文件清单如下:

- 应急预案演练评估报告
- 应急预案评估资料

七、事故管理

(一)报告

1. 生产经营单位达标标准

生产经营单位应该有明确的事故报告程序,对事故报告的责任人、事故报告内容、事故报告时限作出规定,并对从业人员进行培训,规范从业人员报告事故流程及内容要求。针对事故报告后出现新情况的,要及时补报。生产经营单位要对事故现场妥善保护,保留相关证据。

创建所需建立资料文件清单如下:

- 关于印发事故管理制度的通知
- 事故管理制度
- 发生事故应启动应急预案报告佐证
- 发生事故应向上级单位和有关政府部门报告佐证
- 保护事故现场及有关证据
- 事故档案

2. 案例

案例 36：事故报告书

表 19 - 29 事故报告书

总经理审定	安委会审议	安环部审查	所属车间	所属班组	报告者	
事故部门：			事故地点：			
事故时间： 年 月 日 时 分			事故类别：			
伤害人姓名性别年龄	伤害部位及程度		伤者治疗情况		经济损失情况	
事故经过：			（附写真、图示或资料名称）			
事故原因（不安全状态、不安全行为）：						
事故责任分析和对责任者的处理意见：						
防范措施：					担当	完成期限
报告时间：						

（二）调查和处理

1. 生产经营单位达标标准

发生事故后，生产经营单位内部要成立事故调查组，结合事故现场情况及相关资料证据，依据生产经营单位内部的事故调查和处理制度、行业标准、国家标准,查明事故发生的时间、经过及原因、造成的人员伤亡、直接经济损失,并出具调查报告。生产经营单位要结合事故原因,认真学习总结,吸取事故教训,落实防范和整改措施,防止类似事故再次发生。若由于事故等级过高,必须有外部事故调查组介入,生产经营单位应积极予以配合。

创建所需建立资料文件清单如下:

- 事故调查报告
- 同类行业、公司发生事故进行学习记录

2. 案例分析

案例 37:事故调查报告

表 19-30　事故调查报告

所属部门:	发生(发现)地点:	
发生(发现)时间:	事故性质/危害程度:	
事件经过(或内容)　必要时请附图示或照片		
原因描述(人的不安全行为、物的不安全状态、管理的缺失缺陷、环境因素)		
防范对策(纠正预防措施)		
风险评估		
奖惩情况及四不放过		
总经理审批		
表格不够,请附页说明。	安全事务局和事故发生部门存档	

（三）管理

1. 生产经营单位达标标准

生产经营单位要建立事故档案及台账，并对事故进行统计分析。生产经营单位应将相关方的事故纳入本生产经营单位事故管理。

创建所需建立资料文件清单如下：

- 事故统计
- 事故分析
- 领导对事故分析报告的批示
- 本公司事故回顾记录
- 承包商、供应商等相关方在生产经营单位内部发生的事故统计

2. 案例分析

案例38：事故统计表

表 19 - 31　事故统计表

序号	事故发生月	事故发生日	区域	单位	事故／事件	事故事件属性	类型	情况概述	人员受伤情况	企业承担损失	追回损失	是否上报	上报时间	上报方式	上报人	已上报单位	跟进人	事故事件状态	备注
1																			
2																			

八、持续改进

（一）绩效评定

生产经营单位达标标准：生产经营单位主要负责人每年至少要组织开展一次对安全生产标准化运行情况的自评工作并出具自评报告。自评内容应包括安全生产制度的有效性、安全和职业卫生目标、指标的完成情况。生产经营单位自评结果要进行通报并作为年度安全绩效考评的指标。

创建所需建立资料文件清单如下：

- 关于印发安全生产标准化绩效评定管理制度的通知
- 安全生产标准化绩效评定管理制度

- 安全生产标准化绩效评定计划
- 年度安全生产标准化绩效评定结果的通报
- 安全生产标准化绩效评定问题汇总表
- 安全生产标准化绩效评定纠正与预防措施
- 安全生产标准化绩效评定报告
- 评审结果宣传记录
- 安全生产标准化绩效评定纳入年度绩效考核

（二）持续改进

生产经营单位达标标准：生产经营单位要结合自评结果和安全生产预测预警系统所反映的趋势、绩效评定情况，调整安全管理思路，持续改进。

第三节　安全生产标准化建设流程

一、开展培训

安全生产标准化的创建首先需要大家去认识什么是"安全生产标准化"，因此，安全生产标准化建设的首要工作是开展培训宣传。要让生产经营单位领导层面了解创建安全生产标准化的重要意义，引起重视。其次要对标准化落地工作执行人员开展标准条款的培训，让工作人员结合生产经营单位实际列举具体的工作清单，逐一落实。最后，做好全员宣传教育培训，让生产经营单位全体员工参与到标准化建设中来，使得员工从思想上对安全生产标准化更加重视。

二、成立创建小组

安全生产标准化创建之初，应首先成立领导小组及执行小组并召开标准化创建启动会议。领导小组组长应为生产经营单位主要负责人，组员应该为各职能部室主要负责人及一线车间主要负责人，负责协调处理安全生产标准化创建过程中遇到的各项问题。执行小组应为各职能部室及车间专业技术管理人员，负责实际推进安全生产标准化创建工作。生产经营单位应设置安全生产主管部门为安全生产标准化创建的主管部门,全权负责安全生产标准化创建工作。

三、召开启动会议

安全生产标准化创建启动会议要明确安全生产标准化建设目标、推进方案、分阶段目标及细化的工作任务清单、责任部门、责任人等。启动会议召开后,应每阶段召开推进会议,实时通报工作进度,顺利完成工作任务。

四、现状梳理

安全生产标准化创建小组成员确定及启动会议召开后,各执行部门应结合安全生产标准化评审标准,对现场运行情况、表单记录、安全管理情况进行一次排查摸底,针对与标准不符的地方,查漏补缺。并将其列入各阶段的工作任务中,以隐患治理的"五定"方式实施整改。

五、制定管理文件及运行表格

管理文件及运行表格是安全生产标准化创建运行的重要参考依据及落地方式。各部门结合现状梳理阶段发现的问题,要对现阶段执行的安全生产规章制度、安全操作规程等管理文件及运行表格进行调整、改进,使其能形成闭环监管模式。管理文件及运行表格制定完善后,经标准化领导小组审核后方可实施。

六、运行及整改

安全生产标准化模式创建后,生产经营单位要根据所制定的管理文件及运行表格进行实际运行,并依据安全生产标准化评审标准,针对运行过程中出现的问题及时整改,形成闭环。

七、生产经营单位自评

生产经营单位按照安全生产标准化模式运行半年后,生产经营单位标准化创建小组应对标准化进行自评工作。自评工作依据安全生产标准化评分标准逐一打分，并对存在的问题及时整改。自主评定要形成自评报告。自评报告应结合评审标准，阐明扣分、得分原因，说明生产经营单位整体安全管理情况及根据自评结果达到的标准化等级。

八、定级评审申请

生产经营单位在自评工作完成后，根据自评结果确定拟申请的标准化等级，向评审单位提出申请。

九、现场评审

评审单位在收到生产经营单位自评报告后，应对自评报告予以审核并出具意见，并将该意见会同自评报告一并报送至定级部门。定级部门确认无意见后，由现场评审单位完成现场评审工作。生产经营单位应对评审存在的问题在 20 个工作日内落实整改，并配合评审单位报送有关整改材料。

十、证书申领

安全生产标准化评审结果经公示、公告无异议后，由主管部门发放证书及牌匾。

第四节　安全生产标准建设的技术难点及解决措施

一、如何弥补创建经验不足

生产经营单位自行创建安全生产标准化建设的初期，人员经验不足，是制约安全生产标准化创建的一个重要因素。部分生产经营单位安全生产管理组织机构不健全，更有部分生产经营单位规模小，达不到配备安全管理人员或者设置安全管理组织机构的标准，大型生产经营单位或许会有健全的安全管理组织机构，但人员流动性大，频繁的人员更换，使其整体安全管理素质不高。

因此,生产经营单位安全管理人员普遍存在对安全生产标准化建设理解欠缺的问题,对安全生产标准化创建经验不足或者是几乎无经验,那么安全生产标准化创建就无从谈起。

安全生产标准化建设初期,生产经营单位若自身对标准化创建内容、建设流程不清晰,可依托第三方安全服务机构给予指导,同时,生产经营单位应安排创建工作组与之对接,在创建中不断积累经验,为后期标准化创建成后的运行奠定基础。

二、如何使相关要求得以有效执行

生产经营单位所拟定的规章制度、表单记录作为安全生产标准化体系的重要运作文件,全体员工必须严格遵守执行。但在实际运行过程当中,往往会存在规章制度落地不到位,执行不到位,表单记录填写过程中,错误百出,不能为安全管理提供有效依据。

安全生产规章制度、操作规程及表单记录,作为生产经营单位管理的核心文件,生产经营单位在修订后,应当及时对员工进行培训,使员工了解作业管理程序及相关制度规定,了解表单填写说明及填写目的。同时制定相应的奖惩措施,针对执行不到位的予以处罚。通过这种方式,使创建所拟定的制度文件能够得到有效落实。

三、如何解决历史遗留问题

许多生产经营单位在实际运行过程当中,一开始只是注重生产与利润,对安全生产不闻不问。在后期,生产经营单位迫于政府安全监管的要求,开展安全生产标准化创建工作,往往存在安全基础资料欠缺、安全生产投入不足,生产经营单位安全管理流于形式等问题,导致安全生产标准化创建不能顺利推进。

针对上述情况,生产经营单位应从安全生产一点一滴抓起,缕清现场实际情况,先建立安全基础资料,加大安全投入保障,生产经营单位主要负责人对安全真正重视后,寻求第三方安全服务机构给予指导,开展安全生产标准化创建。

第二十章 危险化学品行业的常见安全隐患及治理

危险化学品行业作为事故多发的高危行业,被前国家安全监管总局列为监管工作的重点。从 2002 年开始,国家相继组织开展了危险化学品领域安全专项整治工作,对促使该行业安全生产形势的稳定好转发挥了重要作用。充分了解和认识危险化学品行业常见安全隐患及治理,对杜绝重大安全事故的发生具有重要意义。

第一节 危险化学品的定义及分类

一、危险化学品的定义

依据《危险化学品安全管理条例》(中华人民共和国国务院第 591 号令)第三条规定,危险化学品是指具有毒害、腐蚀、爆炸、燃烧、助燃等性质,对人体、设施、环境具有危害的剧毒化学品和其他化学品。

危险化学品在不同的场合叫法不一。如在生产、经营、使用场所统称化工产品;在运输过程中统称危险货物;在储存环节,一般又称危险物或危险品。当然,作为危险货物、危险物品,除危险化学品外还包括一些其他物品。在国家的法律法规中称呼也不一致,如在《中华人民共和国安全生产法》中称"危险物品",在《危险化学品安全管理条例》中称"危险化学品",在 1994 年 10 月 27 日全国人民代表大会常务委员会关于批准通过的《作业场所安全使用化学品公约》中称"化学品"。

二、危险化学品的分类

我国现行在用的危险化学品国家标准有三个:《危险货物分类和品名编号》(GB6944—2012)、《危险货物品名表》(GB12268—2012)、《化学品分类和危险性公示通则》(GB13690—2009)。危险化学品的分类普遍有两种,一是按照《危险货物分类和品名编号》(GB6944—2012)、《危险货物品名表》(GB12268—2012)规定分类,二是依据《化学品分类和危险性公示通则》(GB13690—2009)规定进行分类。

本章重点介绍《危险货物分类和品名编号》(GB6944—2012)、《危险货物品名表》(GB12268—2012)的分类方法。该分类方法将危险化学品按其具有的危险性或最主要的危险性分为 9 大类,包括:爆炸品;气体;易燃液体;易燃固体、易于自燃的物质、遇水放出易燃气体的物质;氧化性物质和有机过氧化物;毒性物质和感染性物质;放射性物质;腐蚀性物质;杂项危险物质和物品包括危害环境物质。现对上述类别分别加以介绍。

(一) 爆炸品

爆炸品是指在外界作用下(如受热、摩擦、撞击等),能发生剧烈的化学反应,瞬时产生大量的气体和热量,使周围压力急剧上升,发生爆炸,对周围环境、设备、人员造成破坏和伤害的物品;也包括无整体爆炸危险,但具有燃烧、迸射及较小爆炸危险,或仅产生热、光、音响或烟雾等一种或几种作用的烟火物品。

爆炸品包括爆炸性物质、爆炸性物品和为产生爆炸或烟火实际效果而制造的在爆炸性物质、爆炸性物品中未提及的物质或物品。

爆炸性物质是指固体或液体物质(或物质混合物),自身能够通过化学反应产生气体,其温度、压力和速度高到能对周围造成破坏的物品,烟火物质即使不放出气体也包括在内。爆炸性物质不包括那些因危险以致不能运输或其主要危险性符合其他类别的物质。

爆炸性物品是指含有一种或几种爆炸性物质的物品。爆炸性物品不包括所含爆炸性物质的数量或特性,不会使其在运输过程中偶然或意外被点燃或引发后因迸射、发火、冒烟、发热或巨响而在装置外部产生任何影响。

爆炸品根据其具有的爆炸特性可分为以下 6 项:

第1项　爆炸品:有整体爆炸危险的物质和物品。整体爆炸是指瞬间能影响到几乎全部载荷的爆炸。

第2项　爆炸品:有进射危险,但无整体爆炸危险的物质和物品。

第3项　爆炸品:有燃烧危险并有局部爆炸危险或局部进射危险或这两种危险都有,但无整体爆炸危险的物质和物品。本项是指满足下列条件之一的物质和物品,其一是可产生大量热辐射的物质和物品,其二是相继燃烧产生局部爆炸或进射效应或两种效应兼而有之的物质和物品。

第4项　爆炸品:不呈现重大危险的物质和物品。本项包括万一点燃或引发时仅造成较小危险的物质和物品,其影响主要限于物质和物品本身,并预计射出的碎片不大、射程也不远,外部火烧不会引起物质和物品瞬间爆炸。

第5项　爆炸品:有整体爆炸危险的非常不敏感物质。本项包含两个方面,其一有整体爆炸危险性、但非常不敏感,以致在正常条件下引发或由燃烧转为爆炸的可能性极小的物质;其二当装有大量本项物质时,由燃烧转为爆炸的可能性较大。

第6项　爆炸品:无整体爆炸危险的极端不敏感物品。本项是指仅含有极不敏感爆炸物质,并且其意外引发爆炸或传播的概率可忽略不计的物品或本项物品的危险仅限于单个物品的爆炸。

(二) 气体

本类气体是指在50℃时,蒸汽压力大于300KPa的物质或20℃时在101.3KPa标准压力下完全是气态的物质。包括压缩气体、液化气体、溶解气体和冷冻液化气体、一种或多种气体与一种或多种其他类别物质的蒸气混合物、充有气体的物品和气雾剂。

压缩气体是指在−50℃下加压包装时完全是气态的气体.包括临界温度小于或等于−50℃的所有气体。压缩气体仍然是气体,只不过是高压气体,比如氢气钢瓶中的氢气,即使在130个大气压下,仍然是气态的。

液化气体是指在温度大于−50℃下加压包装时部分是液态的气体,具体可分为:高压液化气体(临界温度在−50℃—65℃之间的气体)和低压液化气体(临界温度大于65℃的气体)。液化气体是通过加压压缩后,常压下是气体的物质变成了液体状态,比如液化石油气,在钢瓶中是液态的,打开阀门放出来就变成气体。

溶解气体是指加压包装时溶解于液相溶剂中的气体。

冷冻液化气体是指包装时由于其温度低而部分呈液态的气体。

一种或多种气体与一种或多种其他类别物质的蒸气混合物、充有气体的物品是指具有两个项别以上危险性的气体和气体混合物。

气体根据其具有的危险特性具体可分为3项：

第1项　易燃气体。本项是指在20℃和101.3KPa条件下爆炸下限小于或等于13％的气体（与空气的混合物的体积分数）或不论其爆燃性下限如何，其爆炸极限（燃烧范围）大于或等于12％的气体（与空气的混合物的体积分数）或更少时可点燃的气体。

第2项　非易燃无毒气体。本项包括窒息性气体、氧化性气体以及不属于其他项别的气体，但不包括在温度20℃时压力低于200kpa且未经液化或冷冻液化的气体。

第3项　毒性气体。本项包括其毒性或腐蚀性对人类健康造成危害的气体或急性半数致死浓度 LC_{50} 值小于或等于 $5000ml/m^3$ 的毒性或腐蚀性气体。

（三）易燃液体

易燃液体包括易燃液体和液态退敏爆炸品。

易燃液体是指其闭杯试验闪点不高于60℃或开杯试验闪点不高于65.6℃的易燃液体或液体混合物或是在溶液或悬浮液中有固体的液体。

液态退敏爆炸品是指为抑制爆炸性物质的爆炸性能，将爆炸性物质溶解或悬浮在水中或其他液态物质后而形成的均匀液态混合物。

（四）易燃固体、易于自燃的物质、遇水放出易燃气体的物质

易燃固体、易于自燃的物质和遇水放出易燃气体的物质是指：易燃固体、自反应物质、固态退敏爆炸品；易于自燃的物质；遇水放出易燃气体的物质。具体包括以下6项：

第1项　易燃固体。指易于燃烧的固体和摩擦可能起火的固体。

第2项　自反应物质。指即使没有氧气（空气）存在，也容易发生激烈放热分解的热不稳定物质。

第3项　固态退敏爆炸品。是指为抑制爆炸性物质的爆炸性能，用水或酒精湿润爆炸性物质或用其他物质稀释爆炸性物质后，而形成的均匀固态混合物。

第4项　发火物质。指即使只有少量与空气接触,不到5min时间便燃烧的物质,包括混合物和溶液(液体或固体)。

第5项　自热物质。发火物质以外的与空气接触便能自身发热的物质。

第6项　遇水放出易燃气体的物质。指遇水放出易燃气体,且该气体与空气混合能够形成爆炸性混合物的物质。

(五) 氧化性物质和有机过氧化物

本类包括氧化性物质和有机过氧化物2项。

第1项　氧化性物质。氧化性物质是指本身未必燃烧,但通常因故放出氧可能引起或促使其他物质燃烧的物质。

第2项　有机过氧化物。本项是指含有两价过氧基(-O-O-)结构的有机物质。但通常不包括其有机过氧化物的有效氧质量分数按式 $x = 16 \times \sum \{n_i \times c_i / m_i\}$ 计算不超过1.0%,而且过氧化氢质量分数不超过1.0%的物质或其有机过氧化物的有效氧质量分数不超过0.5%,且过氧化氢质量分数超过1.0%但不超过7.0%的物质。

(六) 毒害性物质和感染性物质

本类包括毒性物质和感染性物质2项。

第1项　毒性物质。指经吞食,吸入或与皮肤接触后可能造成死亡或严重受伤或损害人类健康的物质。包括急性口服毒性:$LD_{50} \leqslant 300mg/kg$ 的毒性物质(固体或液体)、或急性皮肤接触毒性:$LD_{50} \leqslant 1000mg/kg$ 的毒性物质(固体或液体)或急性吸入粉尘和烟雾毒性:$LC_{50} \leqslant 4mg/1$ 的毒性物质(固体或液体)和急性吸入蒸气毒性:$LC_{50} < 5000\ ml/m^3$,且在20℃和标准大气压力下的饱和蒸气浓度大于或等于 $1/5\ LC_{50}$ 的毒性物质(固体或液体)。

第2项　感染性物质。指已知或有理由认为含有病原体的物质,其包括A类和B类,A类是在与之发生接触(发生接触,是在感染性物质泄露到保护性包装之外,造成与人或动物的实际接触)时,可造成健康的人或动物永久性致残、生命危险或致命疾病;B类是除A类以外的感染性物质。

(七) 放射性物质

放射性物质是指任何含有放射性核素并且其活度浓度和放射性总活度都超过GB11806规定限值的物质。

（八）腐蚀性物质

腐蚀性物质是指通过化学作用使生物组织接触时造成严重损伤或在渗漏时会严重损害甚至毁坏其他货物或运载工具的物质。包括使完好皮肤组织在暴露超过 60 min、但不超过 4h 之后开始的最多 14d 观察期内全厚度毁损的物质或被判定不引起完好皮肤组织全厚度毁损,但在 55℃试验温度下,对钢或铝的表面腐蚀率超过 6.25 mm/a 的物质。

（九）杂项危险物质和物品包括危害环境物质

杂项危险物质和物品包括危害环境物质是指存在危险但不能满足其他类别定义的物质和物品,包括以下 9 项:

第 1 项　以微细粉尘吸入可危害健康的物质,如 UN2212、UN2590(注:UN 号是联合国危险货物运输专家委员会对危险物质制定的编号);

第 2 项　会放出易燃气体的物质,如 UN2211、UN3314;

第 3 项　锂电池组,如 UN3090、UN3091、UN3480、UN3481;

第 4 项　救生设备,如 UN2990、UN3072、UN3268;

第 5 项　一旦发生火灾可形成二噁英的物质和物品,如 UN2315、UN3432、UN3151、UN3152;

第 6 项　在高温下运输或提交运输的物质,是指在液态温度达到或超过100℃,或固态温度达到或超过 240℃ 条件下运输的物质,如 UN3257、UN3258;

第 7 项　危害环境物质,包括污染水生环境的液体或固体物质,以及这类物质的混合物(如制剂和废物),如 UN3077、UN3082;

第 8 项　不符合毒性物质或感染性物质定义的经基因修改的微生物和生物体,如 UN3245;

第 9 项　其他,如 UN1841、UN1845、UN 1931、UN1941、UN1990、UN2071。

第二节　危险化学品企业的界定及危险化学品行业涉及范围

要了解危险化学品行业的常见安全隐患及治理,首先要弄清楚什么是危险化学品生产企业？危险化学品企业的界定依据是什么？根据《危险化学品安全管理条例》(中华人民共和国国务院第 591 号令)第四条规定,生产、储存、使用、经营、运输危险化学品的单位统称为危险化学品企业。

一、危险化学品企业的界定

根据《危险化学品生产企业安全生产许可证实施办法》(国家安全生产监督管理总局令第 41 号)第二条对危险化学品生产企业的定义,危险化学品生产企业是指依法设立且取得工商营业执照或者工商核准文件从事生产最终产品或者中间产品列入《危险化学品目录》的企业,并取得危险化学品安全生产许可证。

根据《危险化学品安全使用许可证实施办法》(国家安全生产监督管理总局令 第 57 号)第二条、第三条规定:列入危险化学品安全使用许可适用行业目录、使用危险化学品从事生产并且达到危险化学品使用量的数量标准的化工企业(危险化学品生产企业除外)被定性为危险化学品使用企业,并取得危险化学品安全使用许可证。

根据《危险化学品经营许可证管理办法》(国家安全生产监督管理总局令第 55 号)第五条规定,下列企业为危险品经营企业,并取得危险化学品经营许可证,主要包括以下六类经营企业。

第 1 类是经营剧毒化学品的企业。

第 2 类是经营易制爆危险化学品的企业。

第 3 类是经营汽油加油站的企业。

第 4 类是专门从事危险化学品仓储经营的企业。

第 5 类是从事危险化学品经营活动的中央企业所属省级、设区的市级公司。

第 6 类是带有储存设施经营除剧毒化学品、易制爆危险化学品以外的其他危险化学品的企业。

根据《危险化学品安全管理条例》(国家安全生产监督管理总局令第 41 号)第四十三条规定,从事危险化学品道路运输、水路运输的,应当分别依照有关道路运输、水路运输的法律、行政法规的规定,取得危险货物道路运输许可、危险货物水路运输许可,并向工商行政管理部门办理登记手续。

根据《危险化学品从业单位安全标准化通用规范》(AQ3013—2008)第

3.1条,对危险化学品企业的定义表述是:危险化学品从业单位是指依法设立,生产、经营、使用和储存危险化学品的企业或者其所属生产、经营、使用和储存危险化学品的独立核算成本的单位。

综上所述,到目前为止,危险化学品企业主要是指取得危险化学品安全许可的生产、储存、使用、经营和运输危险化学品的企业。

二、危险化学品行业涉及范围

危险化学品行业是由众多的生产、储存、使用、经营、运输危险化学品企业组成的集合体,习惯上统称为危险化学品行业。危险化学品行业产业链上游主要是化工原材料生产,包括油气开采和运输、炼油和化工产品制造,中游为危险化学品生产,下游为危险化学品运输、存储、分销和使用。

根据国务院安委会印发《涉及危险化学品安全风险的行业品种目录》(安委〔2016〕7号)和《国民经济行业分类》(GB/T 4754—2011)列出的涉及危险化学品安全风险的行业品种目录,目录列出了包括农、林、牧、渔业,采矿业,制造业,电力、热力、燃气及水生产和供应业,建筑业,批发和零售业,交通运输、仓储和邮政业,住宿和餐饮业,房地产业,科学研究和技术服务业,水利、环境和公共设施管理业,居民服务、修理和其他服务业,教育业,卫生和社会工作,文化、体育和娱乐业等十五个门类六十八个大类涉及危险化学品,占国民经济门类的3/4和大类的2/3。

危险化学品行业不仅包括煤矿、非煤矿山、交通运输、建筑施工、危险化学品、烟花爆竹、民用爆炸物品、冶金等八大高危企业,根据《目录》显示,危险化学品行业还包括农业种植使用农药、油墨印刷、餐饮燃气、学校实验室等第一产业、第三产业。

第三节　危险化学品行业安全隐患及分类

根据国家安全监管总局《危险化学品企业事故隐患排查治理实施导则》(安监总管三〔2012〕103号)1.3条规定,事故隐患是指不符合安全生产法律、法规、规章、标准、规程和安全生产管理制度的规定,或者因其他因素在生产经营活动中存在可能导致事故发生或导致事故后果扩大的物的危险状态、人的不安全行为和管理上的缺陷,包括作业场所、设备设施、人的行为及安全管理等方面存在的不符合国家安全生产法律法规、标准规范和相关规章制度规定的情况,还包括法律法规、标准规范及相关制度未作明确规定,但企业危害识别过程中识别出作业场所、设备设施、人的行为及安全管理等方面存在的缺陷。

根据危险化学品行业以往在生产经营活动中发生的造成人身伤亡或者直接经济损失的事故分析和以往安全隐患排查实践,虽然各危险化学品企业排查出来的安全隐患名目繁多,形态各异,但危险化学品行业的安全隐患可分为以下五类,其中,人的不安全行为、物的不安全状态、管理缺陷是最常见和大家认可度很高的三类,环境的不安全因素、工艺的不安全状态则是笔者在长期的公估实践中认为也必须加以重视的两个重要方面。

一、人的不安全行为

人的不安全行为是指人在生产工作过程中的操作、指示或其他具体行为不符合安全规定,发生安全生产事故的最直接原因是人为错误,包括引起事故发生的不安全动作,也包括应按照安全规程去做而没有去做的行为。在我国,通过对近年来生产安全事故统计分析,由人的不安全行为酿成的事故占事故总量90%左右。也就是说,人的不安全行为是构成事故隐患乃至引发安全生产事故的重要因素,这意味着如果管控人的不安全行为可有效减少安全事故的发生,管控人的不安全行为也是消除事故隐患,实现安全生产的重要途径。

人的不安全行为反映了事故发生时人的方面的原因,人的不安全行为大致可分:操作错误、忽视安全、忽视警告;工作时精力分散,闲谈打闹嬉戏,图方便走捷径;对从事的作业安全隐患心里无底,安全措施没有掌握,没有参加安全技术交底;不遵守安全操作规程和工艺规程的工作行为;机器运转时加油、检查修理、调整、焊接、清扫等工;操作造成安全装置失效;使用不安全设备作业;用手代替工具操作;物体(指成品、半成品、材料、工具等)存放不当;对易燃、易爆等危险品处理错误;冒险进入危险场所;不符合安全规定的着装;没有正确使用个人防护用品和用具。

人的不安全行为导致安全事故在实际生产生活中比较常见。在此举例说明:2017年国内某生物科技有限公司间二氯苯装置发生爆炸事故,造成10人死亡、1人轻伤,直接经济损失4875万元。据消防部门调查,事故直接原因之一是操作人员在保温釜压料过程中，擅自改用 $5.8 Kg/cm^2$ 的压缩空气进压料（操作规程规定使用氮气压料，正常操作压力为 $1.5 Kg/cm^2$），使高温物料与空气接触，反应加剧（超量程），紧急卸压放空时，遇静电火花燃烧，釜内压力骤升，物料大量喷出，与釜外空气形成爆炸性混合物，遇燃烧火源发生爆炸。

二、物的不安全状态

人机系统把生产过程中并发挥一定作用的机械、物料、生产对象以及其他生产要素统称为物。物都具有不同形式、性质的能量，有出现能量意外释放，引发事故的可能性。由于物的能量可能释放引起事故的状态，称为物的不安全状态。物的不安全状态是指导致事故发生的物质条件。物的不安全状态是指生产过程或生产区域内的物质条件如材料、工具、设备、设施、成品、半成品处于危险状态。

1. 物的不安全状态可大致分为：

（1）物本身存在的缺陷。

（2）防护保险方面的缺陷。

（3）物的放置方法的缺陷。

（4）作业环境场所的缺陷。

（5）外部的和自然条件缺陷。

（6）作业方法缺陷。

（7）保护器具信号、标志和个体防护用品缺陷。

2. 物的不安全状态实例

（1）设计不当、结构不符合安全要求，通道门遮挡视线、制动装置有缺陷、安全间距不够、栏车网有缺陷、工件有锋利毛刺毛边、设施上有锋利倒棱、零部件磨损和老化等。

（2）设备或设施强度不够，机械强度、电气绝缘强度不够，不符合安全要求。

（3）设备在非正常状态下运行，尤其带"病"运转、超负荷运转等。

（4）设备或设施维修、调整不良，设备失修、保养不当、设备失灵等。

（5）设备或设施无安全防护，无防护罩、无安全保险装置、无报警装置、无安全标志、无护栏或护栏损坏、绝缘不良、（电气）未接地、风扇无消音系统、噪声大、危房内作业、未安装防止"跑车"的挡车器或挡车栏，使用、生产具有燃爆性、毒性、放射性及腐蚀性的材料、物料无防护等。

（6）防护不当，防护罩未在适应位置、防护装置调整不当、防爆装置不当、作业安全距离不够、电气装置带电部分裸露等。

（7）作业场地工具、制品、材料堆放杂乱。

（8）工具、制品、材料堆放和整理不当。

（9）工具、制品、材料贮存方法不安全。

（10）作业场所通道配置不安全。

（11）照明光线不良，照度不足、作业场地烟雾尘弥漫视物不清。

（12）通风不良或无通风或通风系统效率低、风流短路。

（13）作业场所狭窄。

（14）安全通道的宽度不够。

（15）通道门遮挡视线。

（16）车辆的行进路线与易燃易爆物品安全距离不足。

（17）作业场所地面有油或有其他易滑物。

（18）工作环境面积偏小或工作场所有其他缺陷。

（19）作业场所设备布局不合理。

（20）保护器具信号、标志和个体防护用品的缺陷。

（21）作业方法缺陷。

（22）劳动保护用具和服装缺乏或有缺陷。

（23）工艺过程潜在缺陷、工艺系统功能失效。

（24）操作工序设计或配置不安全。

（25）贮存方法欠妥，环境温度、湿度不满足。

3. 典型案例

2011 年 7 月 11 日凌晨 4 时，中国石油炼化有限责任公司惠州炼油分公司芳烃联合装置 400 单元的重整生成油分离塔塔底 B 泵着火，下午 5 点明火被完全扑灭。本次火灾事故未造成人员伤亡，消防污水未造成周边海域污染。经相关部门调查认定，本次火灾事故的直接原因为 P402B 泵非驱动端的止推轴承损坏，造成轴剧烈振动和轴位移，导致该泵非驱动端的两级机械密封的严重损坏造成泄漏，泄漏的介质遇到轴套与密封端盖发生硬摩擦产生的高温着火导致。但主要的间接原因是 P402B 泵的切换过程中已经发现振动大、出口压力低、轴承高温、泵声音异常等异常情况，但未引起维保、外操、设备管理人员的足够重视，没有及时终止切换，使 P402B 泵带病投入运行，致使泵体机械密封失效引起重整油泄漏,泄漏过程中遇点火源导致火灾事故。这是一起设备带病运行(或者在非正常状态下运行)导致安全生产事故的案例,属于物的不安全状态典型案例。

三、管理缺陷

任何企业的管理制度不可能没有缺陷,但缺陷内容不尽相同,有管理制度或组织机构缺失方面的,有管理制度不够精细或实施不力方面的,有不严密闭合方面的,有很难操作方面的等,这些缺陷的存在只能通过不断排查才能发现,再经过不断修改和完善,才能减少缺陷,以避免事故发生。

管理缺陷一般可分为基础管理类缺陷和现场管理类缺陷二项。

(一) 基础管理类缺陷

基础管理类缺陷主要是针对生产经营单位资质证照、安全生产管理机构及人员、安全生产责任制、安全生产管理制度、安全操作规程、教育培训、安全生产管理档案、安全生产投入、应急救援、特种设备基础管理、相关方基础管理及其他基础管理等方面存在的缺陷,现将一些基础管理类缺陷列举如下。

1. 证照缺陷

危险化学品生产经营单位在安全生产许可证、消防验收报告、安全评价报告等方面存在的不符合法律法规的问题和缺陷。如危险化学品经营单位未取得危险化学品经营许可证或危险化学品经营许可证过期等。

2. 组织机构缺陷

危险化学品生产经营单位未根据自身生产经营的特点及依据相关法律法规或标准要求,设置安全生产管理机构或者配备专(兼)职安全生产管理人员,存在安全生产管理机构及人员缺失缺陷。如危险物品的生产、经营、储存单位,未设置安全生产管理机构,且仅配备兼职安全生产管理人员。

3. 生产经营单位安全生产责任制缺陷

危险化学品生产经营单位根据生产经营单位规模,安全生产责任制应涵盖单位主要负责人、安全生产负责人、安全生产管理人员、车间主任、班组长、岗位员工等层级的安全生产职责,其中生产经营单位至少应包括单位主要负责人、安全生产管理人员和岗位员工三级人员的安全生产责任制,未建立安全生产责任制或责任制建立不完善,属此类缺陷。

4. 安全生产管理制度缺陷

危险化学品生产经营单位根据生产经营单位的特点,安全生产管理制度主要包括安全生产教育和培训制度,安全生产检查制度和具有较大危险因素的生产经营场所、设备和设施的安全管理制度,危险作业管理制度,劳动防护用品配备和管理制度,安全生产奖励和惩罚制度,生产安全事故报告和处理制度,隐患排查制度、有限空间作业安全管理制度、其他保障安全生产和职业健康的规章制度,生产经营单位缺少某类安全生产管理制度或是某类制度制定不完善,则称其为安全生产管理制度类缺陷。

5. 安全操作规程缺陷

危险化学品生产经营单位缺少岗位操作规程或是岗位操作规程制定不完善,则称其为安全操作规程类缺陷。

6. 教育培训缺陷

危险化学品生产经营单位教育培训包括对单位主要负责人、安全管理人员、从业人员以及特殊作业人员的教育培训(如有限空间作业),生产经营单位应根据相关法律法规,满足培训时间、培训内容的要求。生产经营单位未开展安全生产教育培训或是在培训时间、培训内容不达标的,称其为教育培训类缺陷。

7. 安全生产管理档案缺陷

危险化学品生产经营单位安全生产记录档案主要包括教育培训记录档案、安全检查记录档案、危险场所/设备设施安全管理记录档案、危险作业管理记录档案(如动火证审批)、劳动防护用品配备和管理记录档案、安全生产奖惩记录档案、安全生产会议记录档案、事故管理记录档案、变配电室值班记录、检查及巡查记录、职业危害申报档案、职业危害因素检测与评价档案、工伤社会保险缴费记录、安全费用台账等,生产经营单位未建立安全生产管理档案或档案建立不完善的,属于安全生产管理档案类缺陷。

8. 安全生产投入缺陷

危险化学品生产经营单位应结合本单位实际情况,建立安全生产资金保障制度,安全生产资金投入(或称安全费用),应当专项用于下列安全生产事项,主要包括安全技术措施工程建设、安全设备、设施的更新和维护、安全生产宣传、教育和培训、劳动防护用品配备、其他保障安全生产的事项,生产经营单位在安全生产投入方面存在的问题和缺陷,称为安全生产投入类缺陷。

9. 应急管理缺陷

危险化学品生产经营单位应急管理包括应急机构和队伍、应急预案和演练、应急设施设备及物资、事故救援等方面的内容,应急机构和队伍方面的内容应包括制定应急管理制度、按要求和标准建立应急救援队伍、未建立专职救援队伍的要与邻近相关专业专职应急救援队伍签订救援协议、建立救援协作关系,规范开展救援队伍训练和演练。应急预案和演练方面的内容应包括按规定编制安全生产应急预案、重点作业岗位有应急处置方案或措施,并按规定报当地主管部门备案、通报相关应急协作单位,定期与不定期相结合组织开展应急演练,演练后进行评估总结,根据评估总结对应急预案等工作进行改进。应急设施装备和物资方面的内容应包括按相关规定和要求建设应急设施、配备应急装备、储备应急物资,并进行经常性检查、维护保养,确保其完好可靠。事故救援方面的内容应包括事故发生后,立即启动相应应急预案,积极开展救援工作;事故救援结束后进行分析总结,编制救援报告,并对应急工作进行改进。生产经营单位在应急救援方面存在的问题和缺陷,称为应急救援类缺陷。

10. 特种设备基础管理缺陷

危险化学品生产经营单位特种设备属于专项管理,在安全生产事故隐患分类中,为了将专项加以区分,将专项分别分为基础管理和现场管理两部分。凡涉及生产经营单位在特种设备相关管理方面不符合法律法规的内容,均归于特种设备基础管理类缺陷。这类缺陷主要包括特种设备管理机构和人员、特种设备管理制度、特种设备事故应急救援、特种设备档案记录、特种设备的检验报告、特种设备保养记录、特种作业人员证件、特种作业人员培训等内容。

11. 相关方基础管理缺陷

危险化学品生产经营单位相关方是指本单位将生产经营项目、场所、设备发包或者出租给的其他生产经营单位。生产经营单位涉及相关各方面的管理问题,属于相关方基础管理类缺陷。

12. 其他基础管理缺陷

不属于上述十一种缺陷分类的安全生产基础管理类的不符合项,属于其他基础管理类缺陷。

(二)现场管理类缺陷

危险化学品生产经营单位现场管理类缺陷主要是针对特种设备现场管理、生产设备设施、场所环境、从业人员操作行为、消防安全、用电安全、有限空间现场安全、辅助动力系统、相关方现场管理、其他现场管理等方面存在的缺陷，现将一些现场管理类缺陷列举如下。

1. 特种设备现场管理缺陷

危险化学品生产经营单位特种设备包括锅炉、压力容器(含气瓶)、压力管道、电梯、起重机械、场(厂)内专用机动车辆，这类设备自身及其现场管理方面存在的缺陷，属于特种设备现场管理类缺陷。

2. 生产设备设施及工艺缺陷

危险化学品生产经营单位生产设备设施及工艺方面存在的缺陷，称为生产设备设施及工艺类缺陷。此处的生产设备设施不包括特种设备、电力设备设施、消防设备设施、应急救援设施装备以及辅助动力系统涉及的设备设施。

3. 场所环境缺陷

危险化学品生产经营单位场所环境类隐患主要包括厂内环境、车间作业、仓库作业、危险化学品作业场所等方面存在的问题和缺陷。

4. 从业人员操作行为缺陷

危险化学品生产经营单位从业人员"三违"主要包括：从业人员违反操作规程进行作业、违反劳动纪律进行作业、负责人违反操作规程指挥从业人员进行作业。从业人员操作行为类缺陷包括"三违"行为和个人防护用品佩戴两方面。

5. 消防安全缺陷

危险化学品生产经营单位消防方面存在的缺陷，称为消防安全类缺陷，主要包括应急照明、消防设施与器材等内容。

6. 用电安全缺陷

危险化学品生产经营单位涉及用电安全方面的问题和缺陷，称为用电安全类缺陷，主要包括配电室，配电箱、柜，电气线路敷设，固定用电设备、插座、临时用电，潮湿作业场所用电，安全电压使用等内容。

7. 有限空间现场安全缺陷

危险化学品生产经营单位有限空间现场安全类缺陷主要包括：有限空间作业审批、危害告知、先检测后作业、危害评估、现场监督管理、通风、防护设备、呼吸防护用品、应急救援装备、临时作业等方面存在的问题和缺陷。

8. 辅助动力系统缺陷

危险化学品生产经营单位辅助系统主要包括压缩空气站、乙炔站、煤气站、天然气配气站、氧气站等为生产经营活动提供动力或其他辅助生产经营活动的系统。其中涉及特种设备的部分归于特种设备现场管理类缺陷。

9. 相关方现场管理缺陷

危险化学品生产经营单位涉及相关方现场管理方面的缺陷和问题,属于相关方现场管理类缺陷。

10. 其他现场管理缺陷

危险化学品生产经营单位不属于上述九种缺陷分类的安全生产现场管理类的不符合项,属于其他现场管理缺陷。

(三) 典型案例

2020 年 8 月 3 日 17 时 39 分 29 秒,湖北仙桃市西流河镇蓝化有机硅有限公司发生一起爆炸事故,造成 6 人死亡、4 人受伤,直接经济损失 1344.18 万元。仙桃市蓝化有机硅有限公司"8.3"爆炸事故发生爆炸的装置未经正规设计,违法私自组织建设开工,在试生产过程中发生事故。经政府事故调查组调查认定,仙桃市蓝化有机硅有限公司违法组织生产,安全生产主体责任不落实,安全生产管理制度不健全;事故车间未制定分层器工序操作规程,岗位安全操作规程职责不明,异常处置流程缺乏可操作性;未认真组织开展安全隐患排查治理,风险管控能力低下,应急演练不到位;对作业人员操作技能培训不到位;异常状况下指挥与处置能力严重不足。仙桃市蓝化有机硅有限公司"8.3"爆炸事故被认定属于一起较大的生产安全责任事故,也是一起典型的管理缺陷隐患案例。

四、环境的不安全因素

危险化学品生产经营单位环境的不安全因素是指危险化学品行业的生产经营作业场所工作区域和周边环境存在环境安全隐患,不能满足安全作业要求,不能达到安全生产的目标。在危险化学品行业的生产经营活动中,工厂作业环境通常或多或少存在问题,作业环境未做好管理和配备。如危险品未按安全规定使用、储存、隔离、摆放,废弃物、危险品未按规定处置,危险品未按规定予以标识。环境的不安全因素导致火灾、爆炸事故时有发生。

环境不安全因素主要包括十种情况:(1)生产经营单位作业场地杂乱,危险品未按安全规定使用、储存、隔离、摆放,材料和工具堆放混乱无序,生产经营单位周边附近存在重大危险源;(2)生产经营单位的废弃物、危险品未按规定处置；(3)生产经营单位的危险品未按规定予以标识，危险指示标志不清晰、不全或错误；(4)生产经营单位作业场所紧急出口堵塞；(5)生产经营单位安全防护设施配置不完善，消防器材未按规定配置或灭火器材丢失、过期、不完备；(6)生产经营单位员工安全生产、消防意识不足、员工使用灭火器不熟练或不会使用；(7)生产经营单位车间通风状况不佳或无通风或通风系统效率低下；(8)生产经营单位工作面安全、卫生不到位，工作环境不整洁，作业场地烟雾尘弥漫视物不清，照明不足视线不良，温度、湿度不良，过度噪音、震动及作业场所狭窄、恶劣天气等不安全素；(9)生产经营单位作业场所易燃易爆危险气体浓度及易燃易爆粉尘超标；(10)生产经营单位周边有显著的危险源，比如某企业隔壁相邻是一个加油站或危险企业，隔壁企业发生事故很容易波及到本企业，则本企业在安全生产、经营和存储等方面要十分注意。

环境的不安全因素在现实中有诸多表现，其中，发生在江苏响水县的爆炸事故令世人震惊。2019 年 3 月 21 日 14 时 48 分许，位于江苏省盐城市响水县生态化工园区的天嘉宜化工有限公司(以下简称天嘉宜公司)发生特别重大爆炸事故，爆炸中心 500 米以内的建筑或设施全部被摧毁。爆炸事故造成 78 人死亡、76 人重伤、640 人住院治疗；爆炸事故造成陈家港化工园区 53 家以生产染料中间体、医药中间体、农药中间体为主的企业房屋建筑、机器设备及存货不同程度损失，园区周边 3 个镇 31 个行政村 24723 户居民房屋及室内财产不同程度损失，直接经济损失 198635.07 万元。国务院江苏盐城"3·21"特别重大爆炸事故调查组调查认定，江苏响水天嘉宜化工有限公司"3·21"特别重大爆炸事故是一起长期违法贮存危险废物导致自燃进而引发爆炸的特别重大生产安全责任事故，是一起危险化学品生产经营单位的废弃物、危险品未按规定处置案例，属于环境的不安全因素典型案例。

五、工艺的不安全状态

所谓工艺的不安全状态是指生产过程中的生产工艺属于国家重点监管危险工艺，某些工艺环节存在先天性的技术缺陷或隐患。工艺系统中的介质全部或部分都属于危险化学品，这些危险化学品自身具有腐蚀、爆炸、易燃等危险特性，会形成"危险源"，埋下事故隐患。另外工艺系统涉及化学反应过程，有些需在高温、高压的条件下进行激烈的化学反应，并释放出大量的热量，生成的气体或液体物质，一旦泄漏容易引起火灾、爆炸及其他安全事故并导致财产损失及人员伤亡。因此,工艺的不安全状态(安全隐患)是客观存在的。

许多事故就是由于工艺系统的"变化"导致的,这种"变化"可能是自发的,也可能是外部作用的结果。如果这些"变化"处于设计预期的范围内,则可能不会发生事故;反之,当这些"变化"使系统的操作工况超出设计的安全范围,就可能导致事故发生。

危险化学品企业生产过程中采用的生产工艺不同,其存在的工艺安全隐患也不尽相同,工艺的不安全状态主要包括以下 4 种。

1. 国家重点监管的危险工艺

依据国家安全监管总局首批重点监管的危险化工工艺目录(安监总管三〔2009〕116 号)和国家安全监管总局第二批重点监管危险化工工艺目录(安监总管三〔2013〕3 号)的规定,十八种重点监管的危险工艺是指光气及光气化工艺、电解工艺、氯化工艺、硝化工艺、合成氨工艺、裂解(裂化)工艺、氟化工艺、加氢工艺、重氮化工艺、氧化工艺、过氧化工艺、胺基化工艺、磺化工艺、聚合工艺、烷基化工艺、新型煤化工工艺、电石生产工艺、偶氮化工艺。企业生产过程中如果存在这些危险工艺,一旦工艺重点监控参数、安全控制基本要求和装备安全仪表系统(紧急停车或安全联锁)控制方案不受控制或控制失灵或失效,极易引发安全事故,存在某些先天性的固有工艺危险。

2. 未经验证的新工艺

危险化学品企业生产过程中如果使用未经验证过的新工艺过程和操作方法,由于新工艺可能存在人们未被认知、未能辨识或未能发现的缺陷,而此类缺陷一旦在生产过程中出现,如果应对不当,极易引发安全事故,存在未被认知和未被防范的工艺危险。

3. 未经论证和评估的工艺变更

在化学品生产中,研究创新层出不穷,企业为使产品的性能和生产效率提高,在技术改造中改用新技术参数或结构完全不同的新设备或新材料,则会导致生产工艺发生局部变更。企业在生产过程中的工艺发生变更,则可能会使原先的危险评估失效,并带来新的危险。如果工艺变更实施前对工艺变更的可行性论证不充分,对工艺变更产生的新危险源辨识不清或风险评价不足,极易引发安全事故,存在未经论证和评估的工艺变更危险。

4. 简易工艺或淘汰落后工艺

有部分危险化学品企业,生产规模较小、使用简易工艺进行生产,还有部分化学品企业仍在使用淘汰落后工艺进行生产。无论是使用简易工艺还是淘汰落后工艺进行生产,都不符合《中华人民共和国安全生产法》第三十八条"国家对严重危及生产安全的工艺、设备实行淘汰制度……生产经营单位不得使用应当淘汰的危及生产安全的工艺、设备"的规定,任何生产经营单位只要使用了严重危及生产安全的工艺、设备,即使安全生产管理得再好、人的作用发挥得再充分,也仍然难以避免生产安全事故的发生。因此企业使用简易工艺或淘汰落后工艺进行生产,事故发生率较高,存在简易工艺或淘汰落后工艺危险。

工艺的不安全状态的案例很多,现举例如下。2021 年 7 月 22 日 10 时 26 分许,茂名高新工业园西南片区广东中准新材料科技有限公司甲类 A 车间 R1202 反应釜发生爆炸火灾事故,未造成人员伤亡,但导致事发反应釜解体,爆车间及车间内反应设备、管道和建筑物框架严重损毁。市政府"7·22"燃爆事故调查组调查认定,中准公司未按照《危险化学品建设项目安全监督管理办法》(原国家安全监管总局令 第 45 号)第十四条"已经通过安全条件审查的建设项目有下列情形之一的,建设单位应当重新进行安全评价,并申请审查:(三)主要技术、工艺路线、产品方案或者装置规模发生重大变化的"有关规定,擅自改变投料顺序,从而改变了工艺。依据中准公司在《广东中准新材料科技有限公司年产 3000 吨引发剂及 8000 吨助剂项目安全设施设计专篇》(以下简称《设计专篇》)(2020 年 11 月 12 日)、《广东中准新材料科技有限公司年产 3000 吨引发剂及 8000 吨助剂项目安全设施竣工验收安全评价报告(送审稿)》(2021.7.9)(以下简称《安评报告》)和《广东中准新材料科技有限公司引发剂操作规程》(2021.5.30)(以下简称《操作规程》)等文件中,均明确生产二叔丁基过氧化氢(DTBP)时投料顺序为:先在反应釜中加入叔丁醇,然后加入硫酸,最后加入过氧化氢生成二叔丁基过氧化氢(DTBP)。但事故发生当天,中准公司 DTBP 实际生产投料顺序(与生产 TBHP 的投料顺序相同)为:先在反应釜中加入过氧化氢,然后加入硫酸,最后加入叔丁醇。由于首次试生产二叔丁基过氧化氢(DTBP)冒险采用未经审查同意的工艺流程,擅自改变投料顺序,降低反应温度,严重超量使用催化剂(硫酸)进行试生产,造成反应失控,物料从反应釜人孔高速喷出,形成的雾状易燃气体在空气中达到爆炸极限,遇到雾状物料相互高速摩擦撞击产生静电放电的电火花,引起燃烧爆炸,随即反应釜爆炸解体、生产车间发生多次燃爆,造成车间建筑物及车间内设备、管道、设施严重损毁。这是一起冒险采用未经审查同意的工艺流程(新工艺存在未认知类缺隐患)的典型案例。

第四节　危险化学品行业安全隐患的排查和治理

　　危险化学品行业是由众多的生产、储存、使用、经营、运输危险化学品企业组成,其生产经营活动中存在较多的易燃、易爆、有毒、有害的物质,属于事故多发的高危行业,一旦发生事故,将会造成巨大经济损失和人员伤亡,且后果严重。比如吉林省长春市宝源丰禽业有限公司"6.3"特别重大火灾爆炸事故、天津港"8.12"瑞海公司危险化学品仓库特别重大火灾爆炸事故、河南省开封市通许县通安烟花爆竹有限公司"1.14"重大爆炸事故、山东临沂金誉石化有限公司"6·5"罐车泄漏重大爆炸着火事故、江苏响水天嘉宜化工有限公司"3·21"特别重大爆炸事故等,这些事故都是由于危险化学品在储存和使用中存在较大的安全隐患,企业没有及时排查隐患或排查不到位而导致事故的发生。为了切实落实企业安全生产主体责任,促进危险化学品企业建立事故隐患排查治理的长效机制,及时排查、消除事故隐患,有效防范和减少事故。

　　我国现行在用的危险化学品行业隐患排查国家规范性文件有国家安全监管总局《危险化学品企业事故隐患排查治理实施导则》(安监总管三〔2012〕103号)、《安全生产事故隐患排查治理体系建设实施指南》(安委办〔2012〕28 号)、《安全生产事故隐患排查治理暂行规定》(安监总局第 16 号令)等。

一、危险化学品行业安全隐患排查

　　安全生产事故隐患排查,企业必须建立健全隐患排查管理责任体系,企业主要负责人必须亲自抓,治理安全隐患需要资金、需要人员,有些隐患治理需要部门之间协调,甚至需要部分停产或全部停产,所有这些都需要负责人决策;安全管理部门负责综合管理,包括修订完善隐患排查制度,监督隐患排查过程、落实隐患整改效果评估。

　　安全生产事故隐患排查,企业必须建立健全隐患排查技术标准体系:企业组织隐患排查,排查人员不知道从哪里排查,"东一榔头西一棒子"想当然的现场走走,发现的是设备没有清扫、照明不亮等浅显隐患,因此企业必须组织专业技术人员有针对性的编制符合实际的隐患排查表,定期对隐患排查人员进行培训,提高安全隐患排查人员能力,增强隐患排查的有效性。

安全生产事故隐患排查,必须处理好与安全生产标准化其他要素的关系:如与安全生产责任制的关系,与危险源辨识评价控制的关系,与事故调查处理及事后整改的关系,与重大危险源管理的关系,与岗位点检的关系,与相关方管理的关系,与有限空间等危险作业的关系,与设备点检定修的关系,与法律法规标准的关系,与安全绩效考核的关系,与企业各专业管理的关系,与岗位达、专业达标的关系,与目标指标的关系,与新建改建扩建工程的关系,与新技术、新设备、新工艺、新材料的关系等。

本节所指的安全隐患是指在正常实践或事态发展中发生的安全隐患。安全隐患的排查是危险化学品行业安全管理工作重要组成部分,是企业遏制事故发生的主要手段。每个危险化学品企业都必须建立自己的安全隐患排查系统,建立健全从业人员排查、班组排查、车间排查、厂部排查、公司排查的综合体系。危险化学品企业只有通过有效隐患排查,发现和消除安全隐患,才能做到预防事故发生。

（一）危险化学品行业安全隐患排查治理的基本要求

1. 隐患排查是企业安全管理的基础工作

安全隐患排查是危险化学品企业安全生产标准化风险管理要素的重点内容,应按照"谁主管、谁负责"和"全员、全过程、全方位、全天候"的原则,明确职责,建立健全企业隐患排查治理制度和保证制度有效执行的管理体系,努力做到及时发现、及时消除各类安全生产隐患,保证企业安全生产。

2. 隐患排查必须建立和完善隐患排查机制

隐患排查机(体)制,主要包括以下七个方面。

（1）厘清职责,各负其责。危险化学品企业主要负责人对本单位事故隐患排查治理工作全面负责,应保证隐患治理的资金投入,及时掌握重大隐患治理情况,治理重大隐患前要督促有关部门制定有效的防范措施,并明确分管责任人。分管负责隐患排查治理的负责人,负责组织检查隐患排查治理制度落实情况,定期召开会议研究解决隐患排查治理工作中出现的问题,及时向主要负责人报告重大情况,对所分管部门和单位的隐患排查治理工作负责。其他负责人对所分管部门和单位的隐患排查治理工作负责。

（2）全面覆盖,不留死角。事故隐患排查要做到全面覆盖、责任到人,定期排查与日常管理相结合,专业排查与综合排查相结合,一般排查与重点排查相结合,确保横向到边、纵向到底、及时发现、不留死角。

(3) 资金到位,整改到位。事故隐患治理要做到方案科学、资金到位、治理及时、责任到人、限期完成。能立即整改的隐患必须立即整改,无法立即整改的隐患,治理前要研究制定防范措施,落实监控责任,防止隐患发展为事故。

(4) 专家指导,方案科学。对技术力量不足或危险化学品安全生产管理经验欠缺的危险化学品企业应聘请有经验的化工专家或注册安全工程师指导企业开展隐患排查治理工作。

(5) 突出重点,强化管理。对涉及重点监管危险化工工艺、重点监管危险化学品及重大危险源(以下简称“两重点一重大”)的危险化学品生产、储存企业,应定期开展危险与可操作性分析(HAZOP),用先进科学的管理方法系统排查事故隐患。

(6) 排查治理,建档登记。危险化学品企业要建立健全隐患排查治理管理制度,包括隐患排查、隐患监控、隐患治理、隐患上报等内容。隐患排查要按专业和部位,明确排查的责任人、排查内容、排查频次和登记上报的工作流程。隐患监控要建立事故隐患信息档案,明确隐患的级别,按照“五定”(定整改方案、定资金来源、定项目负责人、定整改期限、定控制措施)的原则,落实隐患治理的各项措施,对隐患治理情况进行监控,保证隐患治理按期完成。隐患上报要按照安全监管部门的要求,建立与安全生产监督管理部门隐患排查治理信息管理系统联网的“隐患排查治理信息系统”,每个月将开展隐患排查治理情况和存在的重大事故隐患上报当地安全监管部门,发现无法立即整改的重大事故隐患,应当及时上报。

(7) 信息更新,动态管理。危险化学品企业要建立信息化系统,对隐患排查、监控、治理、验收评估、上报情况实行建档登记,重大隐患要单独建档。

(二) 危险化学品行业隐患排查方式、频次

安全隐患排查方式与企业管理模式分不开,各企业推行管理模式、理念不同,隐患排查落实方式也不尽相同,但不论采取哪种方式,零事故、零隐患”的安全管理目标不会变,隐患排查工作可与企业各专业的日常管理、专项检查和监督检查等工作相结合。安全隐患排查的频次应根据隐患排查方式、参与排查机构组织、排查人员组成来确定,如危险化学品生产经营单位主要负责人每季度至少组织并参加一次隐患排查,安全管理部门每旬至少组织一次隐患排查,车间每周至少组织一次隐患排查,班组至少每天组织一次隐患排查。隐患

排查方式、频次通常可采用下述七种。

1. 日常隐患排查

日常隐患排查是指企业内部班组、岗位员工的交接班检查和班中巡回检查，以及基层单位领导和工艺、设备、电气、仪表、安全等专业技术人员的日常性检查。日常隐患排查主要针对关键装置、要害部位、关键环节、重大危险源的检查和巡查。通常，装置操作人员现场巡检间隔时间不得大于 2 小时，涉及"两重点一重大"的生产、储存装置和部位的操作人员现场巡检间隔不得大于1 小时，宜采用不间断巡检方式进行现场巡检排查。

2. 综合性隐患排查

综合性隐患排查是指企业以保障安全生产为目的，以安全责任制、各项专业管理制度和安全生产管理制度落实情况为重点，企业内部各有关专业和部门共同参与的全面检查。综合性隐患排查由基层车间结合岗位责任制检查，至少每周组织一次隐患排查，并和日常交接班检查和班中巡回检查中发现的隐患一起进行汇总，基层单位（车间或厂）应结合岗位责任制检查，至少每月组织一次隐患排查。

3. 专业性隐患排查

专业隐患排查主要是指对区域位置及总图布置、工艺、设备、电气、仪表、储运、消防和公用工程等系统分别进行的专业检查。专业性隐患排查由基层车间（装置，下同）直接管理人员（主任、工艺、设备技术人员）、电气、仪表人员排查，每天至少两次对装置现场进行相关专业检查和隐患排查。

4. 季节性隐患排查

季节性隐患排查是指根据各季节特点开展的专项隐患排查，主要包括：春季以防雷、防静电、防解冻泄漏、防解冻坍塌为重点；夏季以防雷暴、防设备容器高温超压、防台风、防洪、防暑降温为重点；秋季以防雷暴、防火、防静电、防凝保温为重点；冬季以防火、防爆、防雪、防冻防凝、防滑、防静电为重点。季节性隐患排查由企业根据季节性特征及本单位的生产实际，每季度开展一次有针对性的季节性隐患排查。企业至少每半年组织一次，基层单位至少每季度组织一次综合性隐患排查和专业隐患排查，两者可结合进行。

5. 重大活动及节假日前隐患排查

重大活动及节假日前隐患排查主要是指在重大活动和节假日前，对装置生产是否存在异常状况和隐患、备用设备状态、备品备件、生产及应急物资储备、保运力量安排、企业保卫、应急工作等进行的检查，特别是要对节日期间干部带班值班、机电仪保运及紧急抢修力量安排、备件及各类物资储备和应急工作进行重点检查。企业至少每半年组织一次,基层单位至少每季度组织一次综合性隐患排查和专业隐患排查,两者可结合进行。

6. 事故类比隐患排查

事故类比隐患排查是对企业内和同类企业发生事故后的举一反三的安全检查及隐患排查。对于区域位置、工艺技术等不经常发生变化的,可依据实际变化情况确定排查周期,如果发生变化,应及时进行隐患排查。

7. 特殊隐患排查

当危险化学品企业发生以下情形之一时,应及时组织相关专业人员进行特殊隐患排查。

(1) 当出现颁布实施有关新的法律法规、标准规范或原有适用法律法规、标准规范进行重新修订情况时,应及时组织进行相关专业人员进行特殊隐患排查。

(2) 当出现组织机构和人员发生重大调整情况时,应及时组织进行相关专业人员进行特殊隐患排查。

(3) 当装置工艺、设备、电气、仪表、公用工程或操作参数发生重大改变时,应按变更管理要求进行安全隐患排查和风险评估。

(4) 当外部安全生产环境发生重大变化时,应及时组织进行相关专业人员进行特殊隐患排查。

(5) 当发生事故或对事故、事件有新的认识时,应及时组织进行相关专业人员进行特殊隐患排查。

(6) 当气候条件发生重大变化或预报可能发生重大自然灾害时,应及时组织进行相关专业人员进行特殊隐患排查。

(三) 危险化学品行业安全隐患排查的内容

根据危险化学品企业的特点,安全隐患排查包括但不限于以下十项内容。

1. 安全基础管理隐患排查

排查内容主要包括:安全生产管理机构建立健全情况、安全生产责任制和安全管理制度建立健全及落实情况;安全投入保障情况,参加工伤保险、安全生产责任险的情况;安全培训与教育情况,主要包括:企业主要负责人、安全管理人员的培训及持证上岗情况、特种作业人员的培训及持证上岗情况、从业人员安全教育和技能培训情况;企业开展风险评价与隐患排查治理情况,主要包括：法律法规和标准的识别和获取情况、定期和及时对作业活动和生产设施进行风险评价情况、风险评价结果的落实和宣传及培训情况、企业隐患排查治理制度是否满足安全生产需要；事故管理、变更管理及承包商的管理情况；危险作业和检维修的管理情况，主要包括：危险性作业活动作业前的危险有害因素识别与控制情况、动火作业和进入受限空间作业以及临时用电作业、设备检修作业和抽堵盲板作业等危险性作业的作业许可管理与过程监督情况；从业人员劳动防护用品和器具的配置、佩戴与使用情况；危险化学品事故的应急管理情况等内容。

2. 区域位置和总图布置隐患排查

区域位置和总图布置隐患排查内容主要有：危险化学品生产装置和重大危险源储存设施与《危险化学品安全管理条例》中规定的重要场所的安全距离；可能造成水域环境污染的危险化学品危险源的防范情况；企业周边或作业过程中存在的易由自然灾害引发事故灾难的危险点排查、防范和治理情况；企业内部重要设施的平面布置以及安全距离，主要包括：控制室、变配电所、化验室、办公室、机柜间以及人员密集区或场所，消防站及消防泵房，空分装置、空压站，点火源（包括火炬），危险化学品生产与储存设施等和其他重要设施及场所；其他总图布置情况，主要包括：建构筑物的安全通道，厂区道路、消防道路、安全疏散通道和应急通道等重要道路（通道）的设计、建设与维护情况，安全警示标志的设置情况及其他与总图相关的安全隐患。

3. 生产工艺隐患排查

生产工艺隐患排查主要内容有：工艺的安全管理，主要包括：工艺安全信息的管理；工艺风险分析制度的建立和执行；操作规程的编制、审查、使用与控制；工艺安全培训程序、内容、频次及记录的管理；工艺技术及工艺装置的安全控制，主要包括：装置可能引起火灾、爆炸等严重事故的部位是否设置超温、超压等检测仪表、声和/或光报警、泄压设施和安全联锁装置等设施；针对温度、压力、流量、液位等工艺参数设计的安全泄压系统以及安全泄压措施的完好性；危险物料的泄压排放或放空的安全性；按照《首批重点监管的危险化工工艺目录》和《首批重点监管的危险化工工艺安全控制要求、重点监控参数及推荐的控制方案》（安监总管三〔2009〕116 号）的要求进行危险化工工艺的安全控制情况；火炬系统的安全性；其他工艺技术及工艺装置的安全控制方面的隐患；现场工艺安全状况，主要包括：工艺卡片的管理，包括工艺卡片的建立和变更以及工艺指标的现场控制；现场联锁的管理，包括联锁管理制度及现场联锁投用、摘除与恢复情况；工艺操作记录及交接班情况；剧毒品部位的巡检、取样、操作与检维修的现场管理。

4. 设备隐患排查

设备管理隐患排查的主要内容有：设备管理制度与管理体系的建立与执行情况，主要包括：按照国家相关法律法规制定修订本企业的设备管理制度情况，健全的设备管理体系和设备管理人员按要求配备情况，建立健全安全设施管理制度及台账；设备现场的安全运行状况，包括：大型机组、机泵、锅炉、加热炉等关键设备装置的联锁自保护及安全附件的设置、投用与完好状况情况，大型机组关键设备特级维护到位和备用设备处于完好备用状态情况，转动机器的润滑状况和设备润滑的"五定"、"三级过滤"情况，设备状态监测和故障诊断情况，设备的腐蚀防护状况包括重点装置设备腐蚀的状况、设备腐蚀部位、工艺防腐措施以及材料防腐措施等；特种设备（包括压力容器及压力管道）的现场管理，主要包括：特种设备（包括压力容器、压力管道）的管理制度及台账，特种设备注册登记及定期检测检验情况和特种设备安全附件的管理维护情况。

5. 电气系统隐患排查

电气系统隐患排查的主要内容有：电气系统的安全管理，主要包括：电气特种作业人员资格管理，电气安全相关管理制度、规程的制定及执行情况；供配电系统、电气设备及电气安全设施的设置，主要包括：用电设备的电力负荷等级与供电系统的匹配性，消防泵、关键装置、关键机组等特别重要负荷的供电情况，重要场所事故应急照明情况，电缆、变配电相关设施的防火防爆情况，爆炸危险区域内的防爆电气设备选型及安装情况，建构筑、工艺装置、作业场所等的防雷防静电，电气设施、供配电线路及临时用电的现场安全状况情况等。

6. 仪表系统隐患排查

仪表系统隐患排查主要内容有：仪表的综合管理，主要包括：仪表相关管理制度建立和执行情况，仪表系统的档案资料、台账管理情况，仪表调试、维护、检测、变更等记录情况，安全仪表系统的投用、摘除及变更管理等；仪表系统配置，主要包括：基本过程控制系统和安全仪表系统的设置满足安全稳定生产需要情况；现场检测仪表和执行元件的选型、安装情况；仪表供电、供气、接地与防护情况；可燃气体和有毒气体检测报警器的选型、布点及安装情况；安装在爆炸危险环境仪表满足要求情况等；现场各类仪表完好有效，检验维护及现场标识情况，主要包括：仪表及控制系统的运行状况稳定可靠并满足危险化学品生产需求情况;按规定对仪表进行定期检定或校准情况;现场仪表位号标识是否清晰情况等。

7. 危险化学品管理隐患排查

危险化学品管理隐患排查内容主要有:危险化学品分类、登记与档案的管理情况,主要包括按照标准对产品、所有中间产品进行危险性鉴别与分类,分类结果汇入危险化学品档案情况;按相关要求建立健全危险化学品档案情况;按照国家有关规定对危险化学品进行登记情况;化学品安全信息的编制、宣传、培训和应急管理情况,主要包括:危险化学品安全技术说明书、安全标签的管理和危险化学品"一书一签"制度的执行情况;24 小时应急咨询服务或应急代理情况;危险化学品相关安全信息的宣传与培训情况等。

8. 储运系统隐患排查

储运系统隐患排查主要内容有:储运系统的安全管理情况,主要包括:储罐区、可燃液体、液化烃的装卸设施、危险化学品仓库储存管理制度以及操作、使用和维护规程制定及执行情况;储罐的日常和检维修管理情况;储运系统的安全设计情况,主要包括:易燃、可燃液体及可燃气体的罐区,如罐组总容、罐组布置,防火堤及隔堤,消防道路及排水系统等情况;重大危险源罐区现场的安全监控装备是否符合《危险化学品重大危险源监督管理暂行规定》(国家安全监管总局令第 40 号)的要求;天然气凝液、液化石油气球罐或其他危险化学品压力或半冷冻低温储罐的安全控制及应急措施情况;可燃液体、液化烃和危险化学品的装卸设施情况;危险化学品仓库的安全储存情况;储运系统罐区、储罐本体及其安全附件、铁路装卸区、汽车装卸区等设施的完好性情况等。

9. 公用工程隐患排查

公用工程系统隐患排查主要内容有:给排水、循环水系统、污水处理系统的设置与能力能否满足各种状态下的需求情况;供热站及供热管道设备设施、安全设施是否存在隐患情况;空分装置、空压站位置的合理性及设备设施的安全隐患情况等。

10. 消防系统隐患排查

消防系统隐患排查主要内容有:建设项目消防设施验收情况;企业消防安全机构、人员设置与制度的制定情况;消防人员培训、消防应急预案及相关制度的执行情况;消防系统运行检测情况;消防设施与器材的设置情况,主要包括:消防站设置情况,如消防站、消防车、消防人员、移动式消防设备、通讯等情况;消防水系统与泡沫系统,如消防水源、消防泵、泡沫液储罐、消防给水管道、消防管网的分区阀门、消火栓、泡沫栓,消防水炮、泡沫炮、固定式消防水喷淋等情况;油罐区、液化烃罐区、危险化学品罐区、装置区等设置的固定式和半固定式灭火系统情况;甲、乙类装置、罐区、控制室、配电室等重要场所的火灾报警系统情况;生产区、工艺装置区、建构筑物的灭火器材配置及其他消防器材情况;固定式与移动式消防设施、器材和消防道路的现场状况等。

二、危险化学品行业安全隐患的治理

危险化学品企业在隐患排查后,必须立即按照"定整改方案、定资金来源、定项目负责人、定整改期限和定控制措施"的"五定"要求落实隐患治理。

(一) 一般安全隐患治理

一般隐患是指危害和整改难度较小,发现后能够立即整改可排除的隐患。对此类隐患,一般由企业厂(公司)级、分厂级、基层车间级、班组级负责人或者有关人员立即组织整改。

1. 隐患分级

一般隐患是指危害和整改难度较小,发现后能够立即整改可排除的隐患。为更好地有针对性的治理在企业生产和管理工作中存在的一般隐患,要对一般隐患进行进一步的细化分级。

事故隐患的分级是以隐患的整改、治理和排除的难度及其影响范围为标准。根据这个分级标准,在企业中通常将隐患分为班组级、车间级、分厂级直至厂(公司)级,其含义是在相应级别的组织(单位)中能够整改、治理和排除。其中的厂(公司)级隐患中的某些隐患如果属于应当全部或者局部停产停业,并经过一定时间整改治理方能排除的隐患,或者因外部因素影响致使企业自身难以排除的隐患应当列为重大事故隐患。

2. 立即整改

有些隐患如明显的违反操作规程和劳动纪律的行为,这属于人的不安全行为式的一般隐患,排查人员一旦发现,应当要求立即整改,并如实记录,以备对此类行为统计分析,确定是否为习惯性或群体性隐患。有些设备设施方面的简单的不安全状态如安全装置没有启用、现场混乱等物的不安全状态等一般隐患,也可以要求现场立即整改。

3. 限期整改

有些隐患难以做到立即整改的，但也属于一般隐患，则应限期整改。限期整改通常由排查人员或排查主管部门对隐患所属单位发出"隐患整改通知"，内容中需要明确列出如隐患情况的排查发现时间和地点、隐患情况的详细描述、隐患发生原因的分析、隐患整改责任的认定、隐患整改负责人、隐患整改的方法和要求、隐患整改完毕的时间要求等。

限期整改需要全过程监督管理，除对整改结果进行"闭环"确认外，也要在整改工作实施期间进行监督，以发现和解决可能临时出现的问题，防止拖延。

（二）重大安全隐患治理

对于重大安全事故隐患，企业要结合自身的生产经营实际情况，确定风险可接受标准，评估隐患的风险等级。针对重大隐患，就需要"量身定做"，为每个重大隐患制定专门的治理方案。由于重大隐患治理的复杂性和较长的周期性，在没有完成治理前，还要有临时性的措施和应急预案。治理完成后还有书面申请以及接受审查等工作。

1. 制定隐患治理方案

依据《安全生产事故隐患排查治理暂行规定》（第16号）（以下简称规定）第十五条规定：……重大事故隐患，由生产经营单位主要负责人组织制定并实施事故隐患治理方案"。重大事故隐患治理方案应当包括以下内容：

（1）治理的目标和任务。

（2）采取的方法和措施。

（3）经费和物资的落实。

（4）负责治理的机构和人员。

（5）治理的时限和要求。

（6）安全措施和应急预案。

此外，第二十条规定：安全监管监察部门……对检查过程中发现的重大事故隐患，应当下达整改指令书，并建立信息管理台账。必要时，报告同级人民政府并对重大事故隐患实行挂牌督办。第二十条还规定：安全监管监察部门发现属于其他有关部门职责范围内的重大事故隐患的，应该及时将有关资料移送有管辖权的有关部门，并记录备查。

根据这些规定，企业在制定重大事故隐患治理方案时还必须考虑安全监管监察部门或其他有关部门所下达的"整改指令书"和政府挂牌督办的有关内容的指示,也要将这些指示的要求体现在治理方案里。

2. 隐患治理过程中的安全防范措施

《规定》第十六条规定:生产经营单位在事故隐患治理过程中,应当采取相应的安全防范措施,防止事故发生。事故隐患排除前或者排除过程中无法保证安全的,应当从危险区域内撤出作业人员,并疏散可能危及的其他人员,设置警戒标志,暂时停产停业或者停止使用;对暂时难以停产或者停止使用的相关生产储存装置、设施、设备,应当加强维护和保养,防止事故发生。重大事故隐患治理方案中的安全措施和应急预案更是安全防范措施中的重要内容。

3. 隐患治理过程

《规定》第二十一条要求:已经取得安全生产许可证的生产经营单位,在其被挂牌督办的重大事故隐患治理结束前,安全监管监察部门应当加强监督检查。必要时,可以提请原许可证颁发机关依法暂扣其安全生产许可证;第二十二条要求:安全监管监察部门应当会同有关部门把重大事故隐患整改纳入重点行业领域的安全专项整治中加以治理,落实相应责任。

上述规定意味着企业在重大事故隐患治理过程中,还要随时接受和配合安全监管部门的重点监督检查。如果企业的重大事故隐患属于重点行业领域的安全专项整治的范围,就更应落实相应的整改、治理的主体责任。

4. 隐患治理评估

《规定》第十八条规定:地方人民政府或者安全监管监察部门及有关部门挂牌督办并责令全部或者局部停产停业治理的重大事故隐患,治理工作结束后,有条件的生产经营单位应当组织本单位的技术人员和专家对重大事故隐患的治理情况进行评估;其他生产经营单位应当委托具备相应资质的安全评价机构对重大事故隐患的治理情况进行评估。

这种评估主要针对治理结果的效果进行,确认其措施的合理性和有效性,确认对隐患及其可能导致的事故的预防效果。评估需要有一定条件和资质的技术人员和专家或有相应资质的安全评价机构实施,以保证评估本身的权威性和有效性。

5. 隐患治理通过评估后的工作

《规定》第十八条规定:重大事故隐患治理后并经过评估,符合安全生产条件的,生产经营单位应当向安全监管监察部门和有关部门提出恢复生产的书面申请,经安全监管监察部门和有关部门审查同意后,方可恢复生产经营。申请报告应当包括治理方案的内容、项目和安全评价机构出具的评价报告等;第二十三条规定:对挂牌督办并采取全部或者局部停产停业治理的重大事故隐患,安全监管监察部门收到生产经营单位恢复生产的申请报告后,应当在10日内进行现场审查。审查合格的,对事故隐患进行核销,同意恢复生产经营;审查不合格的,依法责令改正或者下达停产整改指令。对整改无望或者生产经营单位拒不执行整改指令的,依法实施行政处罚;不具备安全生产条件的,依法提请县级以上人民政府按照国务院规定的权限予以关闭。

(三) 重大安全隐患治理措施

1. 治理措施的基本要求

(1) 能消除或减弱生产过程中产生的危险、有害因素。

(2) 处置危险和有害物,并降低到国家规定的限值内。

(3) 预防生产装置失灵和操作失误产生的危险、有害因素。

(4) 能有效地预防重大事故和职业危害的发生。

(5) 发生意外事故时,能为遇险人员提供自救和互救条件。

隐患治理的方式方法是多种多样的,因为企业必须考虑成本投入,需要最小代价取得最适当(不一定是最好)的结果。有时候隐患治理很难彻底消除隐患,这就必须在遵守法律法规和标准规范的前提下,将其风险降低到企业可以接受的程度。

例如,员工未正确佩戴安全帽是一个典型的低级别的隐患,其治理方式在企业中主要是排查(检查)人员对其批评,责令其马上纠正,通常是不需要制定治理方案的。但如果经过统计分析,发现这种现象普遍存在,成为一种习惯性和群体性违章,那么要将其隐患级别上升,并制定治理方案,采取多种措施和手段进行治理。

2. 重大安全事故隐患的治理同时还必须满足以下三点

(1) 当风险处于很高风险区域时,应立即采取充分的风险控制措施,防止事故发生,同时编制重大事故隐患治理方案,尽快进行隐患治理,必要时立即停产治理。

(2) 当风险处于一般高风险区域时,企业应采取充分的风险控制措施,防止事故发生,并编制重大事故隐患治理方案,选择合适的时机进行隐患治理。

(3) 对于处于中风险的重大事故隐患,应根据企业实际情况,进行成本—效益分析,编制重大事故隐患治理方案,选择合适的时机进行隐患治理,尽可能将其降低到低风险。

3. 工程技术措施

工程技术措施的实施等级顺序是直接安全技术措施、间接安全技术措施、指示性安全技术措施等;根据等级顺序的要求应遵循的具体原则应按消除、预防、减弱、隔离、连锁、警告的等级顺序选择安全技术措施;工程技术措施应具有针对性、可操作性和经济合理性并符合国家有关法规、标准和设计规范的规定。

根据安全技术措施等级顺序的要求,应遵循以下六项具体原则。

(1) 消除原则,尽可能从根本上消除危险、有害因素;如采用无害化工艺技术,生产中以无害物质代替有害物质、实现自动化作业、遥控技术等。

(2) 预防原则,当消除危险、有害因素有困难时,可采取预防性技术措施,预防危险、危害的发生;如使用安全阀、安全屏护、漏电保护装置、安全电压、熔断器、防爆膜、事故排放装置等。

(3) 减弱原则,在无法消除危险、有害因素和难以预防的情况下,可采取减少危险、危害的措施;如局部通风排毒装置、生产中以低毒性物质代替高毒性物质、降温措施、避雷装置、消除静电装置、减振装置、消声装置等。

(4) 隔离原则,在无法消除、预防、减弱的情况下,应将人员与危险、有害因素隔开和将不能共存物质分开;如遥控作业、安全罩、防护屏、隔离操作室、安全距离、事故发生时的自救装置(如防护服、各类防毒面具)等。

(5) 连锁原则,当操作者失误或设备运行一旦达到危险状态时,应通过连锁装置终止危险、危害发生。

(6) 警告原则,在易发生故障和危险性较大的地方,配置醒目的安全色和安全标志;必要时设置声、光或声光组合报警装置。

4. 安全管理措施

安全管理措施往往在隐患治理工作受到忽视,即使有也是老生常谈式的提高安全意识、加强培训教育和加强安全检查等几种。其实管理措施往往能系统性地解决很多普遍和长期存在的隐患,这就需要在实施隐患治理时,主动地和有意识地研究分析隐患产生原因中的管理因素,发现和掌握其管理规律,通过修订有关规章制度和操作规程并贯彻执行来从根本上解决问题。

(四) 安全隐患闭环管理

安全隐患"闭环管理"是现代安全生产管理中的基本要求,对任何一个过程的管理最终都要通过"闭环"才能最后结束。隐患治理工作的收尾工作也是

"闭环"管理,要求治理措施完成后,企业主管部门和人员对其结果进行验证和效果评估。验证就是检查措施的实现情况,是否按方案和计划的要求一一落实了;效果评估是对完成的措施是否起到了隐患治理和整改的作用,是彻底解决了问题还是部分的、达到某种可接受程度的解决,是否真正能做到"预防为主"。当然不可忽略的还有是否隐患的治理措施会带来或产生新的风险也需要特别关注。

事故隐患治理方案、整改完成情况、验收报告等应及时归入事故隐患档案。隐患档案应包括以下信息:隐患名称、隐患内容、隐患编号、隐患所在单位、专业分类、归属职能部门、评估等级、整改期限、治理方案、整改完成情况、验收报告等。事故隐患排查、治理过程中形成的传真、会议纪要、正式文件等,也应归入事故隐患档案。

以上是危险化学品行业安全隐患和治理方法,实际上,危险化学品行业的安全治理还有很多方面需要注意和加强,需要相关人员不断的提高安全意识,加强安全管理,以确保危化品的安全生产和使用。

参考文献

［1］《危险化学品安全管理条例》(中华人民共和国国务院第 591 号令)

［2］中华人民共和国安全生产法(2021 年 9 月 1 日修正)

［3］全国人民代表大会常务委员会《作业场所安全使用化学品公约》(1994 年 10 月 27 日通过)

［4］《危险货物分类和品名编号》(国家标准 GB6944—2012)

［5］《危险货物品名表》(国家标准 GB12268—2012)

［6］《化学品分类和危险性公示通则》(国家标准 GB13690—2009)

［7］《危险化学品生产企业安全生产许可证实施办法》(国家安全生产监督管理总局令第41 号)

［8］《危险化学品安全使用许可证实施办法》(国家安全生产监督管理总局令第 57 号)

［9］《危险化学品经营许可证管理办法》(国家安全生产监督管理总局令第 55 号)

［10］《危险化学品从业单位安全标准化通用规范》(AQ3013—2008)

［11］《涉及危险化学品安全风险的行业品种目录》(安委〔 2016 〕 7 号)

［12］《国民经济行业分类》(GB/T 4754—2011)

［13］《危险化学品企业事故隐患排查治理实施导则》(安监总管三〔2012〕103 号)

［14］《首批重点监管的危险化工工艺目录》(安监总管三〔2009〕116 号)

［15］《第二批重点监管危险化工工艺目录》(安监总管三〔2013〕3 号)

[16]《安全生产事故隐患排查治理体系建设实施指南》(安委办〔2012〕28号)

[17]《安全生产事故隐患排查治理暂行规定》国家安全监管总局(第16号)

[18]《危险化学品重大危险源监督管理暂行规定》(国家安全监管总局令第40号)

第二十一章　建筑行业常见安全隐患及治理

第一节　建筑行业安全风险概述

一、建筑行业及其分类

（一）建筑行业的含义

建筑行业是指从事建筑安装工程的勘察设计、建筑施工、设备安装、装饰装修和建筑工程维修、更新等建筑生产活动的一个物质生产部门。建筑行业的最终产品包括建筑物（工业、农业、民用建筑）以及构筑物两大类。构筑物包含土木工程以及市政工程，其中，土木工程涵盖道路、桥涵、水利、动力、港口、航空通信、地下、水下、军事等工程，市政工程涵盖给水、排水、供热、煤气、城市交通园林绿化、环境保护等工程。

根据国家统计局颁布的《三次产业划分规定》（国统字［2003］14号），建筑行业属于第二产业。建筑行业在我国国民经济各行业中所占比重仅次于工业和农业，高于商业、运输业、服务业等行业。根据建筑行业历年统计数据，随着国民经济的快速增长，固定资产投资率逐年提高，建筑行业增加值平稳上升，建筑行业的发展带动和促进了国民经济的飞速发展。建筑行业增加值占国内生产总值的比重逐步增加，是国民经济的支柱产业。近年来，我国固定资产的投资总额逐年稳步增加，带动了建筑行业的持续发展，与城镇化相关联的高速铁路、城际铁路、高速公路、城市轨道交通、城市改造等基础设施建设显现出持续增长的趋势。得益于制造业、房地产业、基础设施领域的巨量投资，带动了近年来建筑业的大发展。未来我国保障性住房的建设，城镇基础化设施的建设、道路基础设施的建设，以及水利水电设施的建设，节能环保设施建设等依然保持强劲增长，建筑行业在国民经济中仍然具有非常重要地位。

（二）建筑行业的特点

建筑行业的特点主要包括：建筑行业主要受国内生产投资需求的影响；建筑物体积庞大，生产周期长，资源消耗多；建筑物的固定性和生产的流动性；建筑的多样性和生产的单件性；建筑行业属于劳动密集型行业，人力雇佣多以项目为中心；建筑生产受气候影响较大。

（三）建筑行业的分类

按照国民经济行业分类目录，建筑行业由以下四个大类组成：房屋建筑业，土木工程建筑业，建筑安装业，建筑装饰、装修和其他建筑业。建筑行业可按功能分为房屋建筑、基础建设、工业建筑和专业工程四个行业。其中，房屋建筑主要对应于住宅类和商业类房屋建筑行业。住宅建筑涉及单户住宅、多户住宅、公寓、别墅、社区等各类住宅建筑；商业建筑包括办公楼、购物中心、酒店、餐厅、影院等各类商业建筑设施。基础建设涵盖交通、水利、市政等领域，具体包括道路、桥梁、隧道、水利工程、能源设施（如电站等）、通讯基础设施、铁路、机场、港口等公共建筑设施。工业建筑对应于制造业领域的固定资产投资，包括工厂、仓库等各类工业建筑设施，包括化学工业工程、冶金工业工程、轻工业工程、环保工程等细分方向。建筑行业其他细分方向多归类于专业工程板块，包括钢结构工程、装修装饰、园林工程、工程勘察等方向。

建筑行业是各产业落地的重要载体，其上游产业由建筑材料构成，包括主材：混凝土、钢材、砌筑材料和门窗等，辅材：瓷砖、涂料和电气照明等。建筑行业下游产业包含地产行业、制造业、冶金及其他行业。建筑行业涉及单位（关系方）十分广泛：具体包括业主、使用单位、政府主管部门、勘查设计单位、监理单位、施工单位、供应单位、设备安装单位、工程咨询机构、招标代理机构、工程管理单位、律师事务所、会计事务所、金融机构、科研机构等。

二、建筑行业施工安全风险分析

建筑行业具有土地垄断性和不可移动性，生产往往具有流动性、地域性、周期长以及生产方式多样性、不均衡性,施工工艺复杂、劳动密集等特点。随着建筑工程项目类型和特征的日趋复杂化,工程服务方式的多样化和市场化,使建筑行业具有较大的安全生产风险,主要体现在如下几个方面:

（一）施工周期长,工作条件恶劣

建筑工程项目通常较为复杂,建设工期长,施工难度大,露天高处作业多,尤其在外墙施工过程当中,危险程度极高,而且非常容易受到外界环境的干扰,施工环境较差,非常容易产生安全隐患。

（二）建筑施工活动空间狭小

因为建筑业施工的特殊性,在确定的空间范围内开展各种各样的交叉作业,极易受到场地的约束而加大施工的难度。由于施工空间的限制,施工人员在施工作业过程中容易受到物体的击打,进而引发安全事故。此外,在施工过程中,施工现场往往会大量存放和使用油漆、木材、油毡、塑料制品及装饰、装修材料等可燃易燃的建筑施工原料,产生火灾隐患,一旦接触明火,容易引起火灾。

（三）非标准化施工增加了危险因素

建筑工程包括工程力学、土力学、测量学、房屋建筑学和结构工程学等多学科和专业,工程施工包括地基与基础、主体结构、建筑装饰装修、建筑屋面、建筑给排水、排水及采暖等,理论和实践性都很强,从设计到施工各个环节参与单位众多。由于建筑行业涉及地域差异比较大,地区发展很不平衡,参与施工单位众多,技术设施、技术水平以及资金实力不尽相同,施工人员的素质参差不齐,使得建筑业的管理层次多,管理关系也比较复杂,安全施工管理难度大。部分建筑企业现场的安全施工管理与控制的方法简单,有的只是依靠经验与安全检验等方法,技术规范很难做到统一,也很难形成详尽的、统一的管理规范。

建筑业在为我国经济建设和基础设施建设做出巨大贡献的同时,由于建筑工程项目具有复杂性、高度不确定性、作业环境恶劣等特点,且存在作业人员安全意识薄弱、建筑施工企业应急管理不当等问题,建筑行业伤亡人数逐年递增,使得建筑业成为仅次于煤矿业的高危行业。

三、建筑行业主要事故类型

(一) 高处坠落

操作人员由屋顶坠落、人员由倒塌的脚手架上坠落、人员由洞口坠落、人员由梯子坠落、结构倒塌等。造成事故的原因包括：操作人员未系安全带、突发性疾病，或者存在防护栏杆、扶绳、安全网、孔洞盖板等设置不当，高度、牢度不够或随意改动等现象。另外，由于建筑施工运输吊运过程中，操作人员操作不当或材料运输不当等原因，施工材料坠落、吊车滑移等击中其他作业人员，导致高处坠落、坠物事故发生。

(二) 坍塌事故

坍塌事故作为建筑行业中长期存在的频发事故，其发生比例更是呈现逐年增加的趋势，且坍塌事故突发性强和不可预见性强、人员逃生困难，一旦发生，多将造成严重的事故后果。随着建筑施工不断向深基础、高楼层、复杂工程发展，再加上周期长、赶进度、劳动强度高等特点，各类建筑坍塌事故接连不断发生。

造成坍塌事故的原因包括：工程结构设计不合理或计算失误；施工前没有编制切实可行的施工组织设计和专项施工方案，未做具体技术安全措施交底；建筑物结构支撑连接（焊接）不牢固，超载、外力冲击或严重偏心载荷造成失稳等；起重设备技术安全性能差，结构强度不够，安全防护装置不完善；脚手架及高大模板支架架体结构不符合设计与规范要求，整体安全稳定性差、超载或严重偏心荷载，遇外力冲击或振动，不按程序拆除架体等因素造成失稳等。

(三) 物体打击和挤压伤害

物体打击是各类施工作业活动中都可能存在的，操作人员受到坠落物的打击、运动着的重型设备的打击、吊车、吊臂或其他吊物的打击，操作人员被重型设备挤压，重型设备或机械的倾覆等。建筑施工过程中机械设备操作不当、维护不当等原因，导致设备故障或意外事故，如塔吊倒塌、起重机吊物不当等。造成事故的原因包括：进入施工现场未戴安全帽、高处作业工具、材料、小型设备等无防护坠落措施，脚手架绑扎不牢等。

（四）电击伤害

电击伤害主要发生在电气设备维修、停送电操作、电工、焊接作业等。造成事故的原因包括：带电设备或带电体裸露、误操作电气设备、无漏电保护器，使用不合格的电动工具、作业人员与带电设备安全距离不够等。

（五）机械伤害

施工中塔吊、卷扬机、电锯、钢筋加工机械伤害，尤其是起重机械，一旦出现事故，将会造成重大人员、财产损失。造成事故的原因主要包括：机械转动的危险部位未设防护装置、起重作业信号不当、指挥不当等造成机械事故伤害，钢丝绳磨损、断丝或使用时夹角过大等。

（六）火灾或爆炸

建筑行业往往涉及大量装饰装修工程，使用大量可燃物或易燃物，常见可能导致火灾或爆炸的作业活动和原因有：

第一，电气线路配置与使用不规范。施工人员随意乱拉临时用电线路，电器开关和配电箱电阻过大，电气线路线径与用电负荷不匹配，仓库内电气设施选型或布置不当等，用铜丝、铁丝代替保险丝，电线接头处理不当而引发火灾。

第二，用电管理混乱引发火灾。施工现场尤其是夜间作业用电照明大多是临时性，电线布置较为分散。如电源线敷设不规范，照明灯具的固定方式不满足要求，离易燃可燃物较近，也容易引起火灾事故。

第三，焊割作业不规范，电焊等违章操作引发火灾。在建筑施工现场，许多地方都需要电焊作业，由于有的员工没有专门培训，或者虽然经过培训，但施工中缺乏严格管理，违章作业，各种可燃物品遇到灼热电焊熔渣极易引起火灾。

第四，生活用火不慎引发火灾。施工现场食堂、冬季工棚采暖、混凝土冬季暖棚养护等管理疏忽也容易发生火灾。

第五，防火措施不当。包括氧气、乙炔气瓶防火距离不够，易燃、易爆物品保管不当，堆放安全距离不够，易燃、易爆区域内违反消防规定，如抽烟、擅自动火等。

第六，建筑工地使用、储存可燃物和易燃、可燃材料引发火灾。建筑施工现场工棚、仓库、食堂、宿舍等临时建筑结构简易，一旦接触明火，容易引起火灾。此外,有越来越多的新型技术及新型材料被应用或使用在建筑装饰施工过程中。而这些复合型的新型装饰材料中含有一定的可燃合成纤维,还有一些装饰材料没有经过严格的阻燃处理措施,这些都给火灾事故的发生埋下了安全隐患。

（七）交通事故

造成交通事故的原因主要包括:施工现场内道路转角处视野不开阔,疲劳作业、违章驾驶、车辆机械故障等。

（八）职业病或其他疾病

振捣棒作业、机械噪声、切割噪声等可能引起潜在的噪声聋,并应对噪声引起的其他健康问题;水泥搅拌、焊接和检修作业等可能造成尘肺。

四、建筑行业典型事故案例

面对建筑行业内部日益严峻的竞争形势,一些企业为了获得竞争优势,降低工程建设成本,会选择偷工减料、缩短工期等方式减少施工资金投入,以谋取更大的利益,而成本的降低首先就体现在施工安全防护措施不完善等方面。一些工程单位为了获得施工资格、降低施工成本,在工程招标和施工过程中经常违规操作,给建筑施工安全埋下了很大的隐患。尤其是一些原本就没有施工资质的企业通过非法手段获得了建筑施工的权利,这在很大程度上造成建筑施工的安全隐患问题。

近年来,建筑行业涉及重特大生产安全事故时有发生,造成了人民生命和财产的巨大伤害和损失。下文对一些具有较大社会影响的典型事故案例进行分析。

（一）案例1:上海市静安区11·15教师公寓特别重大火灾事故案

2010年11月15日,上海市静安区发生一起特大火灾事故。一幢28层的教师公寓在建筑物外墙保温工程施工过程中,因施工人员违规电焊,发生火灾事故,事故造成58人死亡,71人受伤。

事故经过:2010年11月15日14时,2名无证焊工在静安区胶州路728号余姚路口的一幢教师公寓10层电梯前室北窗外进行违章电焊作业。由于未采取保护措施,电焊溅落的金属熔融物引燃下方 9 层位置脚手架防护平台上堆积的聚氨酯硬泡保温材料碎块,聚氨酯迅速燃烧形成密集火灾。由于未设现场消防措施,2 名焊工未能将初期火灾扑灭,就逃离现场。燃烧的聚氨酯引燃了楼体 9 层附近表面覆盖的尼龙防护网和脚手架上的毛竹片。由于尼龙防护网是全楼相连的一个整体,火势便由此开始以 9 层为中心蔓延,尼龙防护网的燃烧引燃了脚手架上的毛竹片,同时引燃了各层室内的窗帘、家具、煤气管道的残余气体等易燃物质,造成火势的急速扩大,并于 15 时 45 分火势达到最大。在消防队的紧急救援下,火势于 16 时 40 分开始减弱,火灾重点部位转移到了 5 层以下,火灾于 18 时 30 分被基本扑灭。事故共造成 58 人死亡,71 人受伤。

事故原因分析如下:

1. 物的因素

第一,工程中所采用的聚氨酯硬泡保温材料不合格或部分不合格。硬泡聚氨酯是新一代的建筑节能保温材料,导热系数是目前建筑保温材料中最低的,是实现建筑节能目标的理想保温材料。按照我国建筑外墙保温的相关标准要求,用于建筑节能工程的保温材料的燃烧性能要求是不低于 B2 级。而按照标准,B2 级别的燃烧性能要求应具有的性能之一就是不能被焊渣引燃。很明显,该被引燃的聚氨酯硬泡保温材料硬泡不合格。

第二,违规使用大量尼龙网、毛竹片等易燃材料,导致大火迅速蔓延。火灾能够蔓延并扩大至全楼的原因主要是事故大楼楼体表面上违规使用易燃的尼龙防护网和脚手架上的毛竹片。施工地点必须使用防护网,脚手架上也必须放置踏板,但材料的选用必须符合《建设工程安全生产管理条例》(国务院令第 393 号)的规定,能够保证安全才行。

2. 人的因素

焊接人员无证上岗,且违规操作,同时未采取有效防护措施,导致焊接熔化物溅到楼下不远处的聚氨酯硬泡保温材料上,聚氨酯硬泡迅速燃烧,引燃楼体表面可燃物,大火迅速蔓延至整栋大楼。焊接人员未向业主单位或者施工单位出示特种作业焊接的操作资格证,同时业主单位或者施工单位也未向焊接人员要求特种作业焊接的操作资格证。《特种作业人员安全技术培训考核管理规定》(国家安监总局 30 号令)中第五条、《建设工程安全生产管理条例》(国务院令第 393 号)第二十五条都要求焊接与热切割等特种作业人员需经过专业培训,取得《中华人民共和国特种作业操作证》后,方可上岗作业。

焊接时,操作者未能按照焊工安全操作规程采取防护或隔离措施。焊工安全操作规程明确规定:在工作中,不论是站立还是仰卧都要垫放绝缘体;严禁在易燃品或者易爆品周围焊接,必须焊接时,必须超过 5 米区域外方可操作。

3. 管理的因素

第一,装修工程违法违规,层层多次分包,导致安全责任落实不到位。发生事故的大楼外墙节能保温改造由上海静安建设总公司总承包,总承包方又将全部工程分包给上海佳艺建筑装饰工程公司,上海佳艺建筑装饰工程公司又将工程进一步分包,脚手架搭设作业分包给上海迪姆物业管理有限公司施工,节能工程、保温工程和铝窗作业,通过政府采购程序分别选择正捷节能工程有限公司和中航铝门窗有限公司进行施工。上海迪姆物业管理有限公司将脚手架工程又分包给其他公司、施工队等;正捷节能工程有限公司将保温材料又分包给三家其他单位。

《中华人民共和国建筑法》(2019 年 4 月 23 日第二次修正)第二十八条规定,禁止承包单位将其承包的全部建筑工程转包给他人,禁止承包单位将其承包的全部建筑工程肢解以后以分包的名义分别转包给他人;第二十九条规定,施工总承包的,建筑工程主体结构的施工必须由总承包单位自行完成。而这里的施工总承包单位上海静安建设总公司却将所有工程分包给上海佳艺建筑装饰工程公司。第二十九条同时规定,禁止分包单位将其承包的工程再分包,而分包商上海佳艺建筑装饰工程公司却又将工程层层分包给数家单位施工,使得安全责任层层减弱,给施工带来很大的事故隐患,严重阻碍了安全管理。

第二,施工作业现场管理混乱。根据《建设工程安全生产管理条例》(国务院令第 393 号)第十条:建设单位在申请领取施工许可证时,应当提供建设工程有关安全施工措施的资料依法批准开工报告的建设工程,建设单位应当自开工报告批准之日起 15 日内,将保证安全施工的措施报送建设工程所在地的县级以上地方人民政府建设行政主管部门或者其他有关部门备案。施工场所应设置完善的安全措施,包括消防设施,在建立了完善的施工计划确定工期后按计划进行施工。而本大楼未安设安全措施且是在有 156 名住户的情况下进行施工,没有按制度执行。

第三,监理单位、施工单位、建设单位存在隶属或者利害关系。建设单位上海静安区建交委,直接管辖着工程总承包单位上海静安建设总公司,第一分包单位上海佳艺建筑装饰工程公司及监理单位都是上海静安建设总公司的全资子公司,因此,监理单位、施工单位、建设单位存在明显的隶属及利害关系。《中华人民共和国建筑法》(2019 年 4 月 23 日第二次修订)第三十四条规定,工程监理单位与被监理工程的承包单位以及建筑材料、建筑构配件和设备供应单位不得有隶属关系或者其他利害关系。这次事故中，监理单位、施工单位、建设单位可能存在相互配合共同牟利的可能性。监理公司没有认真履行建设工程安全生产监管职责，未依照法律、法规规定实行工程监理，对无证施工行为未能采取有效手段严加制止，未认真落实《建设工程安全生产管理条例》（国务院令第393号）第十四条规定的安全责任。在施工单位仍不停止违法施工的情况下，并没有及时向有关主管部门报告，对事故发生负有监督不力的责任。

第四，有关部门监管不力。有关部门监管不力是导致"多次分包多家作业、现场管理混乱、事故现场违规选用材料、建设主体单位存在利害关系"等现象出现的重要原因。

（二）案例2：江西丰城发电厂"11·24"塔施工平台塌特别重大事故

2016年11月24日，江西丰城发电厂三期扩建工程发生冷却塔施工平台坍塌特别重大事故，造成73人死亡、2人受伤直接经济损失10197.2万元。

事故经过：2016年11月24日6时许，江西丰城发电厂三期扩建工程混凝土班组、钢筋班组先后完成第52节混凝土浇筑和第53节钢筋绑扎作业，离开作业面。5个木工班组共70人先后上施工平台，分布在筒壁四周施工平台上拆除第50节模板并安装第53节模板。此外，与施工平台连接的平桥上有2名平桥操作人员和1名施工升降机操作人员，在7号冷却塔底部中央竖井、水池底板处有19名工人正在作业。7时33分，7号冷却塔第50—52节筒壁混凝土从后期浇筑完成部位（西偏南15°—16°，距平桥前桥端部偏南弧线距离约28米处）开始坍塌，沿圆周方向向两侧连续倾塌坠落，施工平台及平桥上的作业人员随同筒壁混凝土及模架体系一起坠落，在筒壁坍塌过程中，平桥晃动、倾斜后整体向东倒塌。

1. 事故原因分析

施工单位在7号冷却塔第50节筒壁混凝土强度不足的情况下，违规拆除第50节模板，致使第50节筒壁混凝土失去模板支护，不足以承受上部荷载，从底部最薄弱处开始坍塌，造成第50节及以上筒壁混凝和模架体系连续倾塌坠落。坠落物冲击与筒壁内侧连接的平桥附着拉索，导致平桥也整体倒塌。

2. 管理因素分析

第一，安全生产管理机制不健全。公司未按规定"设置独立安全生产管理机构，安全管理人员数量不符合规定要求"，未建立安全生产"一岗双责"责任体系,未按规定组织召开公司安全生产委员会会议,对安全生产工作部署不足。公司及项目部技术管理、安全管理力量与发展规模不匹配对施工现场的安全、质量管理重点把控不准确。

第二,对项目部管理不力。公司派驻的项目经理长期不在岗,安排无相应资质的人员实际负责项目施工组织。公司未要求项目部将筒壁工程作为危险性较大分部分项工程进行管理,对项目部的施工进度管理缺失。对施工现场检查不深入,缺少技术、质量等方面内容,未发现施工现场拆模等关键工序管理失控和技术管理存有漏洞等问题。

第三,现场施工管理混乱。项目部指定社会自然人组织施工队挂靠劳务公司,施工过程中更换施工队后,未按规定履行相关手续。对施工队以包代管,夜间作业时没有安排人员带班管理。安全教育培训不扎实,安全技术交底不认真,未组织全员交底,交底内容缺乏针对性。

第四,安全技术措施存在严重漏洞。未将筒壁工程作为危险性较大分部分项工程进行管理;筒壁工程施工方案存有重大缺陷,未按要求在施工方案中制定拆模管理控制措施,未辨识出拆模作业中存在的重大风险。在 2016 年 11 月 22 日气温骤降、外部施工条件已发生变化的情况下,在上级公司提出加强冬期施工管理的要求后,项目部未按要求制定冬期施工方案。

第五,拆模等关键工序管理失控。项目部长期任由施工队凭经验盲目施工,对拆模工序的管理失控,在施工过程中不按施工技术标准施工,实际形成了施工队自行决定拆模和浇筑混凝土的状况。未按施工质量验收的规定对拆模工作进行验收,违反拆模前必须报告总承包单位及监理单位的管理要求。对筒壁工程混凝土同条件养护试块强度检测管理缺失,大部分筒节混凝土未经试压即拆模。

第二节　建筑行业安全隐患排查和治理

一、建筑行业安全隐患排查

(一)建筑行业主要安全隐患

通过以上步骤,可以有效进行建筑行业安全隐患的排查与分类,为施工现场安全管理、隐患治理提供有力支持。建筑行业常见的安全隐患主要包括以下方面：

1. 基坑工程。基坑支护不到位，排水不畅，降水过多，周边环境易受到影响等。

2. 模板支撑。模板支撑系统设计不合理、搭设不规范，支撑能力不足，可能导致模板坍塌。

3. 混凝土浇筑。混凝土浇筑速度过快，浇筑高度超标，护栏设置不规范等。

4. 脚手架。脚手架搭设不规范，连接件松动，承重能力不足，缺乏安全防护设施等。

5. 高处作业。未采取防护措施，未佩戴安全带，作业平台不稳定等。

6. 临时设施。临时设施如临时电源、围挡、通道等设置不规范，可能导致人员受伤和安全事故。

7. 机械设备。设备老化、维护不到位，操作人员未经专业培训等。

8. 起重吊装。起重作业未按规定进行，指挥信号不清晰，吊运物超载、超长等。

9. 火灾隐患。电气线路短路、焊割作业不规范，火源管理不严格，消防设施缺失、水源缺乏，消防设施不配套、不完善等。

10. 电气。电线接头裸露、电气设备老化、漏电保护不到位、电缆敷设不规范等。

11. 有毒有害物质暴露。施工现场的有毒有害物质如油漆、溶剂、粉尘等未妥善管理和处置，可能对工人和周边环境造成危害。

（二）建筑行业安全隐患产生的原因分析

建筑行业安全隐患按人、物、环境和管理因素进行分类，隐患产生的原因可归纳如下：

1. 人的因素

建筑行业劳动力流动性大，人员素质不高，一线人员大多数是农民工，文化素质偏低，从业人员技能水平低、经验不足，自我保护意识法律意识薄弱，违章作业严重，容易导致操作失误和事故发生。从伤亡事故的统计情况来看，事故伤亡者也多属于此类。

在建筑行业，人的不安全因素主要包括如下情况：

第一，安全意识不足。施工人员和管理人员的安全意识不强，可能忽视安全生产规定和操作规程,从而增加事故发生的风险。

第二,技能水平不足。部分从业人员的技能水平较低,缺乏专业培训和实际经验,可能导致操作失误和安全事故。安全教育培训不严格,特别是对农民工、临时工的安全教育与管理是安全工作的薄弱环节,安全教育培训不严格是导致"人失误"等各种不安全行为的主要原因。另外,一些建筑单位对进城务工的农民临时工的安全教育与管理几乎是空白,加之他们文化水平低、安全技能差,如不加强安全教育与管理,他们往往是各种伤亡事故的受害者。

第三,疲劳作业。长时间工作、过度疲劳可能导致施工人员的注意力不集中、反应迟钝,从而增加安全事故的风险。为了追求工程进度或降低成本,可能出现超负荷施工、加班加点等现象,导致施工人员疲劳和安全事故。在工程进度紧张的情况下,为了赶工程,可能出现加班加点、滥用劳动力等现象,导致人员疲劳和安全事故。

第四,人为疏忽。施工人员在操作过程中可能出现疏忽大意,不严格遵守安全操作规程,导致安全事故。

第五,非正规操作。施工人员为了节省时间和精力,可能采取非正规的操作方法,增加事故风险。

第六,现场管理不善。现场管理人员对施工队伍的管理不到位,可能导致安全隐患得不到及时发现和整改,从而引发事故。

第七,不遵守安全规定。部分施工人员可能不遵守安全规定,如不佩戴安全帽、不使用安全带等,增加安全事故风险。

第八,通信问题。现场通信不畅或信息传递不准确,可能导致误操作和安全事故。

2. 物的因素

第一,材料问题。使用劣质建筑材料或不合规格的材料、材料选用不当,可能导致结构安全隐患,从而引发事故。

第二,设备故障。使用老旧、损坏或维护不良的设备,可能导致设备故障,增加安全事故风险。

第三,设计缺陷。建筑结构设计不合理或存在缺陷,可能影响建筑物的稳定性和安全性。

第四,施工工艺不规范。施工过程中未严格遵循规范的施工工艺,施工质量不达标,可能导致安全隐患和事故。

第五,临时设施不安全。临时设施如脚手架、支撑物、围挡等未安装牢固或维护不善,可能导致安全事故。

第六,脚手架和模板支撑。脚手架和模板支撑系统设计不合理或搭设不规范,可能导致坍塌事故。

第七,有毒有害物质泄漏。在建筑现场,可能会使用含有有毒有害物质的材料。如:油漆、溶剂、粉尘等。如果泄漏、暴露不当,可能对工人和周边环境造成危害。

第八,火灾隐患。建筑现场的焊接、切割等作业,以及电气设备短路、材料堆放不当等,可能引发火灾事故。

3. 环境的因素

第一,地形地貌:复杂的地形地貌,如山地、滑坡区、沼泽地等,可能导致地基不稳定、基坑塌陷等安全事故。地基处理不当、基坑支护不稳定、降水排水不充分等问题,可能导致地基沉降、基坑坍塌等安全事故。

第二,地质条件:不良的地质条件,如地下水位高、土壤松软、岩石断裂等,可能影响建筑物的稳定性和安全性。

第三,气候条件:恶劣的气候条件,高温或低温极端恶劣气候,可能影响施工作业安全,甚至导致设备损坏、人员伤亡等事故。

第四,自然灾害:如暴雨、台风、大风、雷电等,地震、山体滑坡、泥石流等自然灾害可能导致建筑物损坏、坍塌,从而引发安全事故。

第五,环境污染:施工现场产生的噪音、粉尘、废水、废弃物等污染物可能对周边环境和居民造成危害,引发安全风险。

第六,周边建筑物和设施:周边建筑物和设施可能影响施工现场的安全,如高压线、地铁隧道等,可能导致触电、坍塌等安全事故。施工现场通行不畅:施工现场的狭窄空间、道路堵塞等问题可能影响施工作业安全,增加事故风险。

4. 管理的因素

部分建筑企业安全生产责任制度落实不到位,管理不规范,缺乏有效的安全监管运行机制,企业对安全生产认识不足。重生产、轻安全,安全意识淡薄,只下达生产指标,不提供安全保障,甚至出了事故也不认真查处,或者将安全风险转嫁给分包单位和施工人员,在建筑施工经营承包中,一包了之和层层转包的现象比较普遍。

建筑企业安全生产资金投入不足的现象普遍存在。在安全经济学上,预防性的"投入产出比"要远远高于事故整改的"产出比"。研究显示,安全保障措施的预防性投入效果与事后整改效果的比例是1:5。这一安全经济的基本规律是指导安全经济活动的重要基础。近年来建筑行业发生的群死群伤类重特大安全事故,在很大程度上是由于安全生产资金投入不足,以致安全防护措施严重缩水而引发安全事故。

第一,安全制度不健全。建筑企业缺乏完善的安全管理制度和操作规程,可能导致安全隐患和事故。

第二,现场管理不善。施工现场管理混乱、监管不严,可能导致安全事故。例如,未按规定设立警示标志、未及时清理危险废弃物等。

第三,培训和教育不足。对施工人员和管理人员的安全培训和教育不够充分,可能导致安全意识不强、操作失误等问题。

第四,安全投入不足。建筑企业在安全设施、设备和培训等方面的投入不足,可能导致安全隐患得不到及时发现和整改。有些建筑企业对重大危险源认识不足,没有采取有效措施加强监管,更没有对多发性事故开展专项治理,致使其造成的事故有增无减。

第五,责任划分不明确。在建筑项目中,各参与方的安全责任划分不明确,可能导致安全管理混乱,增加事故风险。事故处理不够及时,不够得力,落实效果差。各项安全检查不少,发现的事故隐患挺多,就是没有真正去整改、去落实。出现事故,首先想到的是处理直接责任人,达不到事故反面教材的作用与目的。

第六,项目承包方和分包方之间的沟通不畅。项目承包方和分包方之间的沟通不畅,可能导致信息传递不准确,增加安全事故风险。

第七,监管缺失。政府部门和行业组织对建筑行业的监管不力,导致可能存在的安全隐患得不到及时发现和整改。

二、建筑行业安全隐患治理

(一) 建筑行业安全隐患排查与分类的步骤

安全隐患排查是建筑行业的隐患治理的前提条件和必要条件,只有全面、客观、准确地排查事故隐患,才能根据存在的隐患种类、特点、危害程度,编制出有效、可操作性的隐患治理方案。建筑施工行业的风险是随施工进度的变化而动态变化的,因此在隐患排查时候,可考虑分施工阶段进行,参照《建筑施工安全检查标准》(JGJ59—2011)进行辨识。

建筑行业隐患排查与分类可以通过以下步骤进行：

第一步，收集信息。收集与施工现场相关的资料，如施工方案、设计图纸、施工组织设计、安全生产手册等，全面了解施工现场的具体情况。

第二步，组建隐患排查团队。组建一个具有专业知识和经验的安全隐患辨识团队，包括施工、安全、设计等方面的专业人员。

第三步，现场勘查。对施工现场进行实地勘查，重点关注建筑施工过程中的各种作业环节，如脚手架搭设、基坑支护、高处作业、起重吊装、电气安全等。

第四步，安全隐患辨识。结合相关资料和现场勘查，对施工现场可能存在的安全隐患进行辨识，分析隐患产生的原因、可能造成的危害等。

第五步，安全隐患分类。将辨识出的安全隐患按照风险程度、事故类型、隐患来源等进行分类。例如：风险程度：重大隐患、一般隐患、轻微隐患；事故类型：坠落事故、机械伤害、触电事故、火灾爆炸等；隐患来源：人的因素、物的因素、环境因素、管理因素等。容易发生重大安全事故且事故损失巨大的关键部位或薄弱环节属于重大危险源。据统计，高处坠落、物体打击、深基坑坍塌、触电、机械伤害所造成的伤亡事故占总数的80%以上。

第六步，制定整改措施。针对不同类别的安全隐患，制定相应的整改措施，明确整改责任人、整改期限等。

第七步，跟踪整改情况。定期跟踪安全隐患整改情况，确保隐患得到及时、有效的整改。

第八步，形成报告。整理安全隐患排查与分类的结果，形成书面报告，用于施工现场安全管理和监督检查。

（二）建筑行业安全隐患治理的机制

建筑行业的安全隐患治理，可运用LEC危险评价法对建筑工程项目生产事故隐患进行辨识分析、评价与定级，并制定安全生产事故隐患评价与定级表和安全生产事故隐患治理措施表。LEC危险评价法对事故隐患予以准确评价，依据LEC危险评价法，将事故危险因素划分为事故发生的可能性概率（L）、人体暴露于危险环境中的频繁程度（E）、事故发生可能引发的后果（C），事故隐患的风险值D=LEC。采用LEC危险评价法对建筑施工安全隐患实施排查工作时，要先根据现场实际环境对事故隐患的LEC分值进行确定，然后参考三个核心因素的分值乘积，对安全生产的事故隐患的大小进行科学评价，并对其危险等级进行合理划分。在不同的项目、不同阶段施工条件、环境中进行相应的评价、判断,强化 LEC 危险评价法的针对性和适应性,确保最终评价结果的可靠性,以此选择完善、有效的隐患治理措施。重大隐患治理坚持"六定"原则(定项目、定措施、定责任人、定资金、定完成时间、定预案),由企业主要负责人组织制定并实施隐患治理方案。重大事故隐患治理方案应当包括以下资料:治理的目标、采取的方法和措施、经费和物资的落实、负责治理的机构和人员,治理的时限和要求、安全措施和应急预案。

建筑行业安全隐患治理,要通过使用严格的安全责任管理制度、改进施工工艺、设备设施等本质安全的手段,从源头做到控制安全隐患。建筑行业安全隐患治理需要加强企业内部的安全管理制度建设,明确责任划分,加大安全投入,完善安全培训和教育;改善现场管理,确保施工队伍按照规定和操作规程进行施工;加强各参与方之间的沟通和协作,及时发现并整改潜在安全隐患;加强政府和行业组织对建筑行业的监管,提高行业整体安全水平。

1. 依据法律法规,加强安全管理

按规定建立并执行安全生产责任制,制定应急救援预案等相关安全管理制度。《中华人民共和国安全生产法》(2021 年第三次修订)明确了建筑施工企业应当依法制定安全生产管理制度和安全生产规章制度,建立安全生产责任制,进行安全生产培训等要求,加强对施工现场的安全管理和监督。建筑行业安全管理涉及的法律法规是建筑行业安全管理的基础和依据,建筑施工企业和相关单位应当依法履行安全管理职责,加强对施工现场的安全管理和监督,减少安全事故的发生。《建设工程安全生产管理条例》(国务院令第 393 号)也规定了建筑施工单位应当依法开展安全生产管理,建立安全生产责任制和安全管理制度,进行安全生产培训和教育,加强对施工现场的安全监督等要求。建筑工程施工单位和建筑工程设计、施工、监理、检测等单位应当按照安全生产法律法规和国家标准的要求,加强对建筑施工过程中的安全管理和监督,制定施工现场的生产安全事故的应急救援预案。《建筑施工企业安全生产许可证管理办法》(2004 年建设部令第 128 号)规定了建筑施工企业应当按照国家安全生产法律法规和标准的要求,申请安全生产许可证,建立安全生产管理体系。

定期检查制度落实,执行日常检查制度。项目经理、总工、副总经理、安全总监等主要人员要参与安全检查活动,检查活动要整改落实,检查过程各环节闭合。安全监督日志填写持续性、完整性。

应急救援管理。制定齐全、可操作的应急预案;按要求配齐应急物资;定期开展应急演练,并进行评估改进。

2. 严格执行标准规范,源头把控风险及隐患

安全标准和规范是建筑行业现场施工安全管理的重要参考和指导,建筑施工企业和相关单位应当依照这些标准和规范,加强对施工现场的安全管理和监督,安全防护措施的规定,减少安全事故的发生。

依照《建筑施工安全检查标准》(JGJ 59—2011)划分现场分部分项工程管理特点及安全生产主要控制要点,可分为脚手架工程、基坑工程、模板支架工程、吊篮作业、高处作业、临时用电、塔吊及起重吊装、施工升降机、物料提升机、消防管理等,相关安全管理要求包括:专项施工方案管理方案编制有效、及时,方案评审、论证等符合要求;安装前、使用前,有针对性、全面安全技术交底、严格履行签字手续;施工材料规格、质量符合要求,应有验收报告;安全装置、防护措施符合要求、交叉作业做好防护;人员持证上岗作业,作业前接受安全技术交底;验收人员、程序、节点、内容符合要求。

3. 强化从业人员安全意识教育和技术能力培训

治理建筑行业的安全施工事故隐患,对于建筑行业安全风险中涉及人的因素,需要加强现场管理,确保施工队伍按照规定和操作规程进行施工;加强工人的安全培训和教育,增强从业人员的安全意识和技能水平;落实安全防护措施,做好现场监和检查,发现问题及时整改;并注重工人的劳动保护和身体健康,避免疲劳作业。目前建筑工程不断地向高、大、精的方向发展,施工难度越来越大,各种新技术、新材料、新工艺、新设备层出不穷,对建筑施工的技术要求、安全生产的要求也越来越高。另外,生产一线的施工人员大多以农民工为主体,而农民工的技能水平、安全生产知识有限。因此,只有加强安全生产教育培训才能减少安全隐患,确保施工安全。教育培训应全面覆盖,定期对施工工人进行安全生产教育,增强施工工人安全生产的意识和安全生产的技术能力。

对于从业人员安全意识教育和技术能力培训,应当做到如下要求:施工人员入场培训覆盖面要达到100%,培训贯穿建筑安全生产的全过程,加强"安全生产,预防为主"的教育;施工人员每月开展定期安全培训教育;项目经理、安全总监、特种作业人员应持证上岗,并定期进行安全培训;培训应有针对性、形式多样,针对具体施工事故案例对员工进行培训;建立、健全安全教育培训及考核机制,实行严格的考核制度,施工人员考核通过后才可进行相应的工作。

4. 关注自然条件，加强设备设施管理

降低建筑行业安全风险中涉及环境的因素，需要在规划和设计阶段充分考虑地形地貌、地质条件、气候条件等因素，合理安排施工计划和方案；并关注天气和自然灾害对施工安全的影响。加强施工现场的环境保护和安全管理，确保污染物得到妥善处理，降低对周边环境的影响；增加现场安全检查，及时发现并整改潜在安全隐患。

针对建筑行业安全风险中涉及物的因素，需要加强对设备的维护和管理，严格控制材料质量、完善建筑设计、规范施工工艺，确保临时设施安全可靠。具体而言，应当做到：施工机具使用应验收、交底，使用时应悬挂验收牌、操作规程等标志牌；严禁使用国家及公司禁止或淘汰的厂家、设备，安拆单位资质符合，设备相关许可、技术资料齐全；基础稳固，防护设施完善、安全装置符合要求；设备设施严禁超载、超长、超负荷使用，应由专人操作；设备设施应定期维保，加强安全检查，对于在日常使用中出现明显故障、存在严重安全隐患的设备，应立即淘汰，以确保安全生产。

（三）典型情景安全隐患排查措施举例

1. 脚手架施工安全

（1）规范搭设：脚手架应按照国家标准和行业规定进行搭设，遵循设计图纸和施工方案。确保脚手架结构稳定，符合承重要求。

（2）选用合格材料：使用符合标准要求的脚手架材料，如钢管、扣件、脚手板等。材料要有合格证明，并定期进行检查。

（3）安全防护设施：在脚手架上设置完善的安全防护设施，如安全网、护栏、扶手等，以保障工人高处作业安全。

（4）严格验收：脚手架搭设完成后，应进行严格的验收检查，确保各项安全指标符合要求。未通过验收的脚手架禁止使用。

（5）定期检查与维护：在脚手架使用期间，应定期进行检查和维护，确保脚手架结构完好、承重能力正常。对于发现的问题，要及时进行整改。

（6）作业人员培训：对参与脚手架搭设、拆除和使用的作业人员进行专业培训，增强他们的安全意识和操作技能。

（7）明确作业要求：脚手架作业时，应限制人员数量、物料堆放，禁止进行非法加固、改动脚手架结构等不安全行为。

（8）现场管理与监督：加强现场安全管理与监督，确保脚手架使用符合规

定。一旦发现安全隐患,要及时采取措施进行整改。

（9）拆除安全:拆除脚手架时,也要遵循操作规程,逐层进行,确保拆除过程安全可控。

2.高处作业安全

（1）风险评估:在高处作业前,进行风险评估,识别潜在的危险因素,制定相应的安全措施和应急预案。

（2）天气条件:高处作业时应注意天气条件,避免在恶劣天气(如大风、暴雨等)下进行高处作业。

（3）严格作业审批:对高处作业实施严格的审批制度,确保作业人员、作业条件、作业计划等符合要求。

（4）安全培训:对高处作业人员进行专业培训,增强他们的安全意识和操作技能,确保他们了解相关的安全规定和操作要求。

（5）个人防护装备:高处作业人员应佩戴合格的个人防护装备,如安全帽、安全带、防护眼镜等,确保在高处作业时的安全。

（6）安全防护设施:在高处作业区域设置完善的安全防护设施,如护栏、安全网等,以降低坠落、物品坠落等安全风险。

（7）规范操作:高处作业人员应遵循作业规程,确保操作正确、安全,避免因操作不当导致的安全事故。

（8）工具与设备检查:高处作业前,检查工具、设备和支撑结构的完好性,确保无损坏、老化、松动等问题。

（9）现场管理与监督:加强现场安全管理与监督,确保高处作业符合规定。一旦发现安全隐患,要及时采取措施进行整改。

（10）定期检查与维护:对高处作业设施和设备进行定期检查与维护,确保其完好可用,及时发现并整改问题。

3.本质安全措施

（1）安全设计:在建筑工程的设计阶段,采用先进的建筑设计软件,利用数字化技术和模拟仿真技术进行建筑结构、构件、材料等方面的安全评估和优化设计,从而降低施工过程中的安全风险。

（2）安全施工技术:采用先进的建筑施工技术和设备,如智能脚手架施工等,降低施工现场的人工操作和危险因素,从而减少安全事故的发生。

（3）安全监测技术:采用先进的传感器、监测设备和无人机等技术,对建筑施工现场进行实时监测和预警,及时发现施工现场的安全隐患和风险,从而降低安全事故的发生可能性。

（4）安全培训和教育：加强对建筑施工现场工人的安全教育和培训，增强工人的安全意识和操作技能，从而降低人为因素导致的安全风险。

（5）安全管理技术：采用先进的信息化技术，如建筑信息模型、大数据分析等，对建筑施工现场进行管理和监督，实现数字化安全管理和控制，从而提高施工现场的安全性和效率。

第三节　建筑行业安全隐患治理前沿技术

近年来，随着信息技术、5G、大数据等技术发展，建筑行业安全隐患治理涉及的技术和手段在不断发展与更新，建筑信息模型技术、人工智能技术等前沿技术逐步应用到建筑领域隐患治理，数字化、信息化、智能化是未来建筑行业安全隐患治理的必然趋势。现对部分前沿技术在建筑行业安全隐患治理中的应用加以说明。

一、建筑信息模型（BIM）

建筑信息模型技术可以实现施工过程的数字化和可视化，协助施工人员预测和识别安全隐患，提供安全决策支持。通过建立三维数字模型和模拟施工过程，可以预测和分析安全隐患和风险，提前发现问题并优化安全设计，减少安全事故的发生可能性。BIM技术可以协调和管理不同专业的工程信息，优化施工流程和资源利用，减少安全事故的发生。利用BIM技术，可以开展安全教育和培训，增强工人的安全意识和操作技能，减少安全事故的发生。BIM技术可以实时监测和预警施工现场的安全隐患和风险，提供安全预警和提示，降低安全事故的发生可能性。通过BIM技术，可以实现施工现场的数字化管理和评估，提高安全管理的精准度和效率，减少安全事故的发生。BIM技术的应用，可以提高建筑行业安全治理的精准度和效率，实现施工现场的实时监测和管理。

大型复杂建筑的结构健康监测，具有测点数量多、监测周期长和运营维护难度高等特点，有必要充分可视化海量的监测数据理解结构行为，创建动态实时安全监测方法跟踪结构安全性态。建筑信息模型（Building Information-

Modeling,BIM)具有信息管理集成化、三维模型可视化、协同工作高效化等优势,可以为结构安全信息的可视化和共享提供平台。通过建筑信息模型(BIM)进行建筑施工规划和设计,优化施工过程和安全措施,降低安全隐患的发生可能性,帮助建筑行业更加全面、科学地识别和管理安全隐患,减少安全事故的发生。

哈尔滨工业大学李文奇等研究基于 BIM 的结构安全监测方法,应用在基于 BIM 的珠海歌剧院结构安全监测项目中,以珠海歌剧院施工和使用阶段结构健康监测系统为基础,建立基于 BIM 的珠海歌剧院安全监测平台。监测平台将结构安全信息与结构模型相关联,在结构安全监测中可以根据需要随时调用和查看,并且综合全面的信息,监测和分析结构安全状态。在结构施工以及使用阶段动态实时安全监测过程中,利用漫游功能,调用第三人来模拟工程监测人员,通过设定漫游路径,借助飞行和环视等方式,可视化查阅结构模型和传感器模型,并跟踪结构关键监测构件。在贯穿结构全生命周期安全监测的全过程中,项目参与方沟通、讨论和决策都在可视化的状态下进行,简化结构安全监测和处理分析过程中因各级之间串行和并行沟通造成的复杂性,帮助工程监测人员更快捷、更准确的掌握结构安全性态。

二、虚拟现实技术

虚拟现实技术可以模拟施工现场的环境和场景,对施工人员进行安全培训和操作演练,帮助他们熟悉现场环境和规范操作,从而提高他们的安全意识和操作技能。虚拟现实技术可以对建筑施工过程进行模拟和分析,识别安全隐患和风险,预测事故发生可能性,为安全治理和决策提供数据支持。此外,可以帮助监督部门对施工现场进行远程监管和检查,对违规行为和安全隐患进行及时发现和处理。虚拟现实技术通过模拟建筑施工现场的应急情况,进行安全演练和应急响应,培养工人的危机意识和应对能力。VR 在实际建筑施工安全教育培训中,首先通过计算机制作出建筑施工现场各种危险性较大的分部分项工程的模拟场景,学员通过穿戴的设备进入到模拟的现实环境,使体验者自身处于坍塌、高处坠落等"真实的"生产安全事故场景中,切身感受到违规作业的危害,切实提高体验者的安全意识,充分认识到事故预防的重要性。该技术第一步是建模,使用 BIM 技术建立施工现场实景 3D 模型,第二步是将 3D 模型引入 VR 引擎,第三步是运用渲染技术制作"真实"的 VR 环境,接下来就可以根据体验教育培训的需要开发场景交互程序。实体安全体验馆也可以通过 VR 技术建成虚拟场景,从而开展 VR 虚拟现实体验。VR 场景环境和施工现场的声效共同作用,使体验人员有一种身临其境的真实感觉。目前,一些大中型安全教育体验馆,如北京城市副中心工程安全体验培训中心等已将传统教育培训和 VR 体验教育相结合。

三、人工智能技术

人工智能技术可以通过对施工现场的数据进行分析和预测,识别安全隐患和风险,并提供相应的预防和应对措施,从而预防事故的发生。利用机器学习算法和大数据分析技术,对建筑施工现场的数据进行分析和预测,识别和预测安全隐患和风险,并提供优化建议和措施。利用智能传感器、视频监控等技术,对建筑施工现场进行实时监控和管理,及时发现安全隐患,提供安全预警和预测,提供安全决策和应急响应支持,降低安全事故的发生可能性。例如,智能安全帽通过内置传感器和摄像头等设备,可以实时监测施工人员的身体状况和行为动态,包括心率、体温、步数、姿态等,及时发现工人的疲劳、不适等情况,及时发现并提醒危险情况,防止事故发生。智能安全帽可以根据监测施工工人状态,发出相应的安全提醒和警报,包括提醒工人休息、喝水等,以及提示工人周围的安全隐患和风险。智能安全帽内置定位装置,可以实时记录工人的位置和轨迹,并在地图上展示施工现场的工人分布和动态,为安全管理提供数据支持。智能安全帽通过记录工人的身体状况和工作状态等数据,并进行分析和统计,为安全治理提供数据支持和参考。智能安全帽可以结合虚拟现实技术,进行安全教育和培训,帮助工人增强安全意识和操作技能。

武汉石化通过与华中科技大学的合作研究开发了符合工程实际特征的现场安全智能管理系统,武汉石化炼油结构调整项目装置整个施工区域都处于可控状态。该系统具体包括人脸机器视觉识别、人机实时位置跟踪、电子围栏准入管理三项功能,且可以通过集成化管理,及时追踪不安全的操作行为与施工状态,显著提升了施工现场的安全管控水平。人工智能技术的应用,可以提高建筑行业安全治理的精准度和效率,全面识别和管理安全隐患和风险,提高建筑施工过程中的安全性和效率。

四、无人机及卫星遥感技术

无人机可以对施工现场进行高空拍摄和巡视,获取施工进展情况和安全隐患等信息,为安全监管和管理提供实时数据支持。无人机可以进行施工现场的安全巡逻和检查,发现违规行为和安全隐患,并及时报警和提醒,降低安全事故的发生可能性。无人机及卫星遥感技术可以在安全事故发生后,进行现场勘查和应急响应,为救援工作提供数据支持和参考。通过卫星遥感技术,可以对建筑施工现场进行实时监测和预警,及时发现施工现场的安全隐患和风险,及时进行预警和提示,降低安全事故的发生可能性。通过卫星遥感技术,可以对建筑施工现场进行全景拍摄和测绘,实现数字化建设和安全规划设计,记录建筑施工现场的安全管理情况和数据,实现安全数据的长期存储和管理,为安全溯源和追溯提供数据支持。通过卫星遥感技术,可以对建筑施工现场进行全面、科学的安全评估和规划,为安全治理和管理提供数据支持和参考。无人机技术和卫星遥感技术的应用,可以提高建筑行业安全治理的精准度和效率,实现施工现场的实时监测和管理,有效提高建筑施工过程中的安全管理效率。

平陆运河在马道枢纽工程建设中,最高边坡达 188 米,传统边坡监测技术无法满足监测需求。平陆运河项目部与中国矿业大学联合建立了基于负泊松比(NPR)锚索的牛顿力监测、全球导航卫星系统(GNSS)地表位移监测、深部测斜、地下水位监测的"空—天—地"一体化监测及预警体系,可以检测滑坡危险,确保边坡长期安全稳定。

五、区块链技术

区块链技术可以实现建筑施工过程中安全数据共享平台,包括安全监测数据、检查记录等,实现数据共享和信息交流实现数据的实时更新和共享,提高数据的透明度和可靠性,提高安全治理效率和水平。实现对建筑施工过程的安全监督和审核,对监督部门、执法机构等提供数据支持和参考,提高安全监管的精准度和效率。对建筑施工过程中的安全风险进行评估和管理,提供全面、科学的安全管理方案和决策支持。区块链技术可以实现建筑施工过程的安全溯源和追溯,记录施工现场的安全管理情况和数据,实现安全数据的长期存储和管理。区块链技术的应用,可以提高建筑行业安全治理的可信度和可靠性,实现安全数据的共享和管理。

苏州科技大学的陈儒玉通过引入改进权威证明共识算法,并为各参与方用户挂载基于智能合约的感知数据保护与共享方法,实现了一种面向建筑安全的区块链物联网系统。系统具适用于建筑物联网场景的高效性与访问控制,任何参与方执行涉及数据修改的操作,都需要提供双重身份认证,且操作将被永久记录在区块链账本中。特别的,警情处理结果也将被存储上链,为建筑物联网提供了有效可信的追责溯源功能。系统还附加了一种低功耗、高精度的设备定位方法,数据管理方将能够及时识别异常设备的身份与其位置信息。系统为建筑物联网与区块链技术的融合发展提供了一种高效可行的研究与设计思路。

参考文献

[1] 苏国锋:《典型火灾事故案例 50 例(2010—2020)》,应急管理出版社,2022 年
[2] 寇超:《建筑工程施工安全生产事故隐患的排查与治理分析》,载《工程技术研究》2023年第 3 期。
[3] 邓军等:《LEC 法在建筑施工企业安全生产事故隐患排查治理中的运用》,载《安全与环境工程》2014 年第 1 期。
[4] 王晓彬:《建筑施工现场安全生产隐患排查与治理策略分析》,载《工程与建设》2022 年第 6 期。
[5] 李东锋:《人工智能技术在建筑施工现场安全管理中的应用探索》,载《住宅与房地产》2020 年第 12 期。
[6] 扈其强:《试论虚拟现实(VR)技术在建筑安全教育培训中的应用》,载《建筑安全》2019年第 6 期。

第二十二章　道路交通行业的常见安全隐患及治理

公路货运在"十三五"期间逐年持续增长，相较"十二五"，货运量和货物周转量分别增长 9% 和 3%①，占社会货运总量的四分之三，是货物运输的最大渠道②。但从经营责任主体的危险源识别和隐患主动防控的应急管理视角看，运输安全的隐患识别和有效治理涉及各方的有效管控却不全在责任主体的可控范围。公安部数据显示，截至 2022 年，全国机动车保有量 4.17 亿辆，机动车驾驶人 5.02 亿人。众多的道路相关方中，除驾驶员和车辆是责任主体的可控要素外，道路基础设施、社会车辆和非机动车以及行人等相关方完全是责任主体外的不可控因素。区别于厂区封闭和人员固定的传统工贸类的安全生产管理工作，道路交通事故的风险管理和改善，属于典型的公共安全问题。参照"十四五"期间道路交通安全主要指标（表 22 - 1），在党政同责、一岗双责、死亡事故党政领导到场制度、层层压实道路交通相关企事业单位和社会团体的主体责任等整体安全观的综合治理体系下，如何在局部可控的有限条件下实现事故风险的整体可控，是道路运输相关单位和从业人员需要务实应对的客观现状。

表 22 - 1　十四五期间道路交通安全主要指标要求①

序号	指标名称	预期值
1	道路交通事故万车死亡率	相较"十三五"末年年均下降 3% 左右
2	较大道路交通事故起数	相较"十三五"末年年均下降 4% 左右
3	重特大道路交通事故起数	年均控制在 4 起左右

---

① 国务院安委会办公室关于印发《"十四五"全国道路交通安全规划》的通知,安委办〔2022〕8 号,2022 年 7 月。
② 中国物流与采购联合会公路货运分会发布《2021 年公路货运行业重点企业经营情况调查报告》,2022 年 9 月。

（续表）

序号	指标名称	预期值
4	国省干线设施技术优良率	2025 年达到 85%
5	电动车和摩托车头盔佩戴率	摩托车头盔佩戴率 90%、电动车 80%
6	汽车安全带佩戴率	2025 年前排达到 95%、后排达到 70%

本章重点讨论从事生产运输、责任主体明确且事故风险突出的大型车辆的交通事故隐患及治理，包括 12 吨以上重型货车、危险品车辆、客运和公交车辆等。

第一节 道路交通安全事故的致灾因素和利益相关方

一、交通工具机动化提速和安全配套不同步的矛盾分析

"十三五"末，2020 年的公路通车里程 520 万公里，其中高速公路 16 万公里、农村公路 438 万公里、城市道路 49 万公里①。与"十二五"相比，全国机动车保有量、机动车驾驶人分别增长 34%、39%，公路通车里程、高速公路里程、农村公路里程、城市道路里程分别增长 14%、30%、10% 和 35%，具备条件的乡镇和建制村 100% 通硬化路和客车。道路越来越平顺，车辆速度和机动性能越来越好，但同步配套的道路安全软硬件标准、法律法规和社会层面的交通文明水平提升，需要一个社会发展过程。

2019 年 1 月公安部举行"道路交通安全整体形式及风险隐患排查情况"发布会的数据显示，2018 年道路交通事故死亡人数 63944 人。尤其是湖北、江西、湖南、甘肃、陕西先后发生 5 起一次死亡十人以上的重大事故，集中暴露出"三大突出问题"：一是 5 起重大事故中 4 起都与道路安全隐患有关；二是客货运输车辆肇事多发且企业安全主体责任不落实问题突出；三是乡村路段面包车超员超速违法多发且监管抓手缺失问题突出。

如此形势，并非国内特有。放眼其他国家和地区的发展情况，"交通工具

---

① 国务院安委会办公室关于印发《"十四五"全国道路交通安全规划》的通知，安委办〔2022〕8 号，2022 年 7 月。

机动化提速和道路安全标准配套不同步"的发展矛盾已经成为全球性安全问题。世卫组织发布的数据显示,尽管全球道路安全有所改善,但每年仍有至少125万人死于道路交通事故[①]。尤其是 2012 年,图 22 - 1 数据,15—29 岁人群的死亡原因中,道路交通事故的致亡人数高居首位。数据预测,道路交通事故在该项排名中到 2030 年才有可能回落到第五位。从事故致灾因素看,图 22 - 2 数据,全球范围的行人、自行车或摩托车类事故占道路交通事故重量的三分

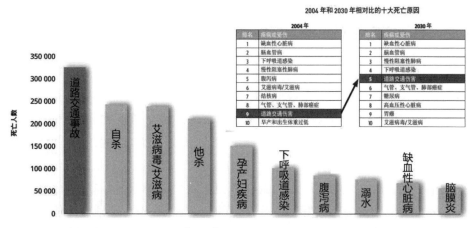

图 22 - 1　15—29 岁人群的十大死亡原因(2004—2030 年)

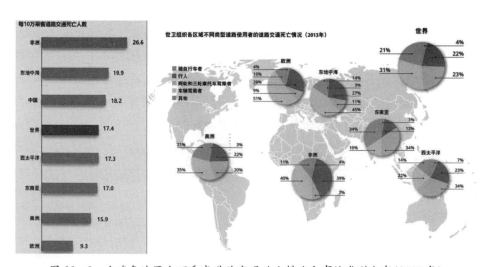

图 22 - 2　全球各地区十万乘客道路交通致亡排名和事故类型分布(2013 年)

---

①　世界卫生组织《全球道路安全现状报告 2015》,ISBN 978—9241565066,2016 年 3 月。

之二,而且越是低收入地区占比越高①。就十万交通乘客致亡人数指标,我国在 2018 年的估算值是 18.2 人,高于全球水平的 17.4 人,如何有效防控道路硬件设施和交通工具机动化提速对非机动车和行人等低速交通参与群体的事故致灾风险,将是应急防控未来相当一段时间的重点议题。

二、道路交通事故风险防控涉及的利益相关方分析

主管单位、行业团体、运输公司、驾驶员、社会车辆和行人非机动车等,都是道路交通的直接参与方。尤其是乘客、非机动车及行人是道路交通事故中安全防护最弱、风险承担能力最差的一方。依据《广东省高级人民法院关于在全省法院民事诉讼中开展人身损害赔偿标准城乡统一试点工作的通知》(粤高法[2019]159 号)的相关规定,涉及人员伤亡的道路交通事故,保险完善的情况下可以提供 120 万元左右的经济补偿,且车辆保险损失补偿的行业数据也显示,乘客、非机动车及行人的生命和财产损失已是道路交通事故经济损失补偿的最大项。但即便有保险机制做经济兜底的损失补偿,全国层面也多地统一人身损害赔偿城乡标准"同命不同价"的司法保障,因为牵扯到具体个体的实际的医疗救治、误工疗养和家庭抚养等一系列问题,往往无法完全恢复伤亡人员及其家庭的生活状态。

机动车驾驶人员和运输公司是道路交通安全的直接当事方和第一责任人。如表 22 - 2 分析,区别于其他各有侧重的相关方,驾驶员和车企主要负责人必须清醒认识各类运输的业务特点和线路风险特征,始终在包括车辆安全技术配置、安全管理投入、安全举措务实执行和风险转移兜底等全局视角考虑问题,务实应对局部可控有限条件下整体事故防控工作。

表 22 - 2　道路交通事故主要相关方分析

相关方	主体特征	风险防控举措
非机动车及行人	法律法规和安全意识薄弱,普遍存在盲目的路权占用行为	安全普法、交通限行和车辆盲区声光报警等强制性安全提醒
机动车驾驶人员	驾驶行为习惯、事故风险预判应急能力和经验意识参差不齐	常态化安全培训、提升车辆装备的辅助安全技术配置标准

---

① 世界卫生组织《全球道路安全现状报告 2018》,ISBN 978—92—4—156568—4,2019 年 6 月,p.139。

（续表）

相关方	主体特征	风险防控举措
运输公司	市场敏感、人员配置、经费投入和举措执行受业务影响大	行业规范、双重预防机制定期抽检、事故倒查和主体责任追究
交警部门	重点关注交通事故的责任划分，包括必要调解和违法检举、处置	车载数据监控设备工况和违章路查、事故查勘和过程影像还原
运管单位	尤其关注公共影响大、人员伤亡多和重大财产损失的群死群伤类事故风险的有效防范	提升车辆信息化水平、搭建综合安全运行平台、数字化动态监控、事故倒查的责任追究和普法教育
保险机构	市场敏感，监管限制允许的政策范围内，追求客户口碑和经营效益最大化	前端核保关注风险逆向选择识别能力、后端注重主动安全增值服务、道德风险、社会责任和及时赔付
统筹机构	市场敏感，监管真空，赌性大，风险偿付能力弱，追求现金流最大化	风险不可控，机构信用和偿付能力远远不及保险机构，尤其是成立不久的新机构，不建议出单

第二节　道路交通运输的典型风险和常见事故特征

一、道路基础设施的安全防护水平、风险隐患和事故特征

交通工具机动化提速伴随而来的事故增加过程中，道路硬件设施的防护水平和不同事故类型存在直接的映射关系。参考国际道路评估标准（iRAP）、国内公路安全评估相关标准和过往交通事故现场查勘的保险公估案例数据统计[①]，公路防护等级辨识特征和典型事故映射关系如表 22-3 所示，可作为线路隐患排查参考。

---

① 《公路交通安全设施设计细则》（JTG D81—2017）和《公路安全设施设计规范》（JTG D81—2017）。

表 22–3　道路防护水平、辨识特征及其典型事故映射矩阵

道路硬件设施 安全评级划分	道路人车分离 直观识辨特征	对应八类典型事故的映射矩阵							
		行人碰撞	非机动车	路口碰撞	会车对撞	变道超车	跟车追尾	驶出道路	操作不当
	最低星级 □人车同道 □无标识路段	●	●	●	○	●	○	—	—
	二星道路 □双向软隔离 □人车同道	●	●	●	●	○	○	—	—
	三星道路 □硬件半隔离 □交叉人行道	●	●	●	—	○	○	—	—
	四星道路 □人车全隔离 □有红绿灯	—	●	●	○	○	○	—	—
	最高星级 □全封闭 □双向硬隔离	—	—	—	—	●	●	—	—
	特控路段 □桥隧/江崖 □盘山/陡坡	—	—	—	—	—	—	●	●

　　具体到实际路段的风险隐患排查作业，对照如上分类标准，首先对应到道路星级；然后依据该路段在人流和非机动车、机动车、是否为特殊路段（最后一行）这4个方面，界定可预见性的典型事故类型和烈度（对应列）；最后在人、车、时间、线路、环境、驾驶员状态和行为习惯等6个维度提供事故预防措施和

道路条件改进建议。如下是对评估结果的进一步简化做法,对应表 22-4 的高风险路段的隐患特征辨识作业参考,实际管理时可以直接对应高中低配套相应安全举措。

（一）高风险线路

主体路段呈开放式道路状态,涉及开放式、无中心线县道、乡道及少部分国道,道路特征为途经场镇多、临江临崖路段多、路面载重汽车流量大、沿途学校、厂矿、桥梁、隧道多、盘山公路、急弯盲区多、交叉路口多、驾驶员年龄结构大、运营路段有重大人员伤亡历史事故。

（二）中风险线路

主体路段呈开放式道路状态,主要涉及开放式国道、城市市政道路,道路特征为临江临崖路段较少、路面参与载重汽车流量适中、途经场镇较少,沿途学校、厂矿少,桥梁少、交叉路口较少、驾驶员年龄结构较大、运营路段有人员伤亡或重大财产损失历史事故。

（三）低风险线路

主体路段呈封闭式专用机动车道或城市快速干道状态,主要涉及封闭式城市快速干道、全封闭式机动车专用高速路,道路特征为全路段无临江、临崖路段,无桥梁,沿途学校、厂矿稀少,交叉路口很少或交叉路口为立体式单向分流交叉路口(立交桥)、驾驶员年龄结构适中、运营路段仅涉及轻微财产损失或轻微人员受伤历史事故。

表 22-4 高风险路段的隐患特征辨识作业参考

高风险路段					
道路类型	开放式道路;无中心线道路	开放式道路;有中心虚线、实线道路	开放式道路;有中心双黄线、隔离带道路		
地理环境	多临江道路	多临崖道路	多盘山道路	多弯道路	多交叉路口道路
人文因素	多通行乡村区域	多通行场镇区域	少通行城市区域		
沿途情况	多载重汽车	多跨江、高架桥梁	多学校	多厂矿企业	多隧道

（续表）

中风险路段					
道路类型	开放式道路;有中心双黄线、隔离带道路				
地理环境	多交叉路口道路少临江道路	多弯道路	少盘山道路	少临崖道路	少临江道路
人文因素	多通行城市区域	少通行乡村区域			
沿途情况	多隧道	少跨江、高架桥梁	少学校	少厂矿企业	少载重汽车
低风险路段					
道路类型	封闭式道路;有中心双黄线、隔离带道路	封闭式道路;有中心双黄线、隔离带;(排除摩托车)专用机动车道路			
地理环境	少弯道路	少交叉路口道路	无盘山道路	无临江道路	无临崖道路
人文因素	多通行城市区域	少通行乡村区域	无通行场镇区域		
沿途情况	少载重汽车	少隧道	少学校	少厂矿企业	无跨江、高架桥梁

二、大型客货运输车辆的常见事故场景和典型隐患特征

全国货运车辆事故呈现出一定的特征和内在规律。尤其是驾驶人因素，是导致货车事故的主导因素，主要包括跟车距离过近、不避让行人、强行变道、抢行、分心驾驶、疲劳驾驶等。另外，还存在一些具有典型场景特征的事故原因，包括货车起步、转弯、倒车以及路口时驾驶员的疏忽大意、未仔细观察盲区、操作不当等非违规行为。常见的货车十大典型事故场景，归纳如下。

（一）典型事故场景1：货车起步

事故场景：人行横道前起步，前方盲区，图22-3。

风险隐患：车头前方盲区电动车、行人等。

事故原因：在货车停止时随时有其他交通参与者窜入货车的前下方盲区，

货车司机往往不能直接看到前下方的人员或非机动车等。

图 22-3 货车起步场景

（二）典型事故场景 2：货车路口或开口抢行

事故场景：货车通过路口或开口，当绿灯开始倒计时，货车抢行，图 22-4。

风险隐患：横穿马路的非机动车、行人。

事故原因：(1)当货车发现绿灯开始倒计时，不想等下一个红灯，于是加速抢行。此时驾驶人的注意力集中在信号灯上，若有电动车进入路口时，由于车速过快，不能及时制动避让，可能直接将电动车骑行人撞到碾压；(2)路口开口是事故高发区域，车辆左转，非机动车、行人横穿道路甚至闯红灯都会与货车行驶轨迹产生冲突，交通参与方式越复杂，产生的冲突点越多，意味着发生事故的概率也就越大；特别是路口红灯转绿灯或绿灯即将变红灯时，前方有其他车辆可能形成视线盲区。

图 22-4 货车路口或开口抢行场景

（三）典型事故场景 3：货车路口右转弯

事故场景：右侧路口空旷，货车在路口右转弯，图 22-5。

风险隐患：右侧盲区的非机动车和行人、内轮差区域的非机动车和行人。

事故原因：(1)货车右转弯时，会与直行的非机动车或行人发生冲突，特别是直行是绿灯时，加上货车右侧盲区比较大不易观察到右侧的人员物体，货车在右转弯过程中，车身会越来越靠近右侧人员物体，加大观察难度，此时如果非机动车与货车同时进入路口，就会发生危险。(2)货车内轮差，即货车转弯时，存在内轮差区域，货车前轮能绕过去，而后轮绕不过去，该区域是货车的视

图 22-5 货车路口右转弯场景

野盲区。

（四）典型事故场景 4：货车路口左转弯

事故场景：路口空旷，货车在路口左转弯，图 22 - 6。

风险隐患：A 柱盲区内的行人。

事故原因：(1)驾驶人左转弯时，左侧 A 柱会遮挡部分形成视线，形成 A 柱盲区；(2)若采用"小转弯""抄近道"的方式左转，就会使得斑马线上同方向行走的行人长时间处于 A 柱盲区内，从而发生事故。

图 22 - 6　货车路口左转弯

（五）典型事故场景 5：货车与其他车辆并行

事故场景：货车与非机动车并行，图 22 - 7。

风险隐患：右前方的非机动车；右后方的非机动车。

事故原因:(1)右前方有非机动车时,如果货车加速超过非机动车,很容易刮擦或碾压非机动车造成事故;(2)在没有机非隔离设施甚至没有非机动车道的道路行驶时,遇前方车道变窄或通行拥堵,就可能会有非机动车驶入机动车道,与货车并排行驶,稍不注意就会发生事故。

图 22-7 货车与其他车辆并行

(六) 典型事故场景 6:货车倒车

事故场景:货车倒车,车尾盲区内有非机动车或行人,图 22-8。

风险隐患:倒车时在车尾盲区内的非机动车或行人。

事故原因:倒车时如果有行人或非机动车出现在车辆后方,车身挡住了驾驶人视线,贸然倒车就会发生事故,后方的行人很难躲避正在倒车的货车。

图 22-8　货车倒车场景

（七）典型事故场景 7：货车夜间雨天行车

事故场景：驾驶货车夜间、雨天等特殊情况下行车,图 22-9。

风险隐患：在夜间、雨天不易观察到的行人或非机动车。

事故原因：(1)驾驶货车夜间、雨天等特殊情况下行车,对向车辆灯光的照射,雨天路面灯光的反射,转弯时自身灯光照射的滞后,加上车内玻璃起雾等情况,都会对行车视线造成很大影响;(2)夜间车流量较小,行人、非机动车闯红灯,随意横过道路等,导致风险增加。

图 22-9　货车夜间雨天行车场景

（八）典型事故场景 8：货车分心、疲劳驾驶

事故场景：分心驾驶、疲劳驾驶,图 22-10。

风险隐患：注意力下降,各种风险均可能造成事故。

事故原因：(1)使用手机接打电话，发信息是分心驾驶的主要干扰来源。此外，驾驶时抽烟，吃东西，调试车辆设备，翻找车内物品，甚至是情绪的波动都会让驾驶人分心驾驶。分心驾驶是极容易引发事故的；(2)由于货车重量大，刹车距离长的特性。即使是短暂的分心驾驶，都会影响驾驶员的正常操作和临危处置效果；(3)长时间行车造成的疲劳驾驶，甚至驾车睡着的情况更为严重。一旦出现疲劳驾驶，不仅对其他交通参与者，还是自身都将带来极大的危险。

图 22-10　货车分心、疲劳驾驶场景

（九）典型事故场景 9：货车夜间停车

事故场景：夜间停在道路上，且未打开尾灯、示廓灯或危险报警闪光灯，图22-11。

风险隐患：电动自行车、电动三轮车等前置灯光较弱的非机动车追尾停放车辆。

事故原因：夜间特别是凌晨，正是人精神萎靡、注意力特别不集中的时候，也是车流、人流最小的时候，电动自行车、电动三轮车驾驶人容易放松警惕，加上夜间视线不好，一旦出现货车挡道，往往就会引发事故，如果是在雨雾等恶劣天气，路段照明不足等影响行车视线的情况下，事故发生的概率还会进一步

图 22-11　货车夜间停车场景

增加。

（十）典型事故场景 10：货车预判与误判

事故场景：货车驾驶人对其他交通参与者行为的误判，图 22-12。

风险隐患：与货车临近的前方车辆、行人等可能发生碰撞等事故。

事故原因：当其他交通参与者的操作，与货车驾驶人预判的动态出现偏差时，货车驾驶人的预判就变成了误判。特别是当两车临近时，对方突然停车、加速、变道，将会发生严重的后果。

图 22-12　货车预判与误判场景

三、驾驶员个体行为习惯及其事故隐患风险排序

参考公安部交通管理局《中华人民共和国道路交通事故统计年报（2018年度）》《中华人民共和国道路交通事故统计年报（2019 年度）》和《中华人民共和国道路交通事故统计年报（2020 年度）》，包括山西、吉林、福建、广东、云南和陕西六个省份在 2015—2019 年的货运车辆事故信息（10876 起事故记录），数据统计出的货运车辆事故原因排序如下，表 22-5 和图 22-13，其中跟车距离过近、不避让行人、超速行驶、车辆技术状况等问题肇事多发，导致的事故起数分别占事故总数的 13.87%、13.45%、9.91% 和 9.15%。

表 22-5 2015—2019 年全国六省货运车辆事故原因统计

事故原因	高速和一级	其他等级	总 数	比 例
跟车距离过近	668	387	1055	13.87%
不避让行人	215	808	1023	13.45%
超 速	223	531	754	9.91%
车辆技术状况问题	253	443	696	9.15%
操作不当	316	180	496	6.52%
不按规定会车	25	469	494	6.50%
逆 行	57	418	475	6.25%
强行超车	63	374	437	5.75%
违反标志标线和信号	89	322	411	5.40%
超 载	86	203	289	3.80%
不按规定让行	58	204	262	3.45%
司机或号牌不符规定	76	165	241	3.17%
疲劳驾驶	150	60	210	2.76%
强行变道	92	109	201	2.64%
违法倒车	29	166	195	2.56%
违章停车	85	63	148	1.95%
酒驾或服用违禁药物	20	75	95	1.25%
强行掉头	16	50	66	0.87%
肇事逃逸	19	38	57	0.75%

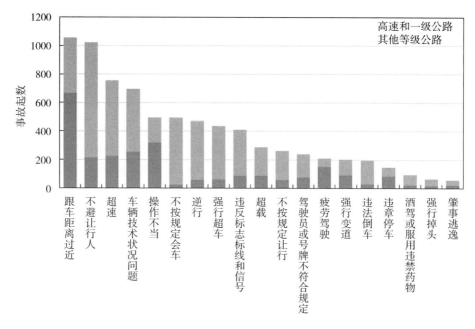

图 22-13　2015—2019 年全国六省货运车辆事故原因

（一）高风险驾驶行为

在诸多事故原因中，驾驶人是事故发生与否的决定性因素，驾驶人因素导致的事故起数占事故总数的 90.85%。全国货运车辆事故致因中，除车辆技术状况问题外，其他事故致因都属于驾驶人的不安全行为。驾驶人的不安全行为主要可以分为危险驾驶、攻击性驾驶、分心驾驶和疲劳驾驶。危险驾驶主要包括无证驾驶、超速驾驶、酒后驾驶、吸食毒品或服用镇静类药物后驾驶、超载驾驶等，即明知存在安全隐患却依然驾驶车辆的行为。危险驾驶是交通事故的重要致因，尤其对伤亡事故的影响巨大，危险驾驶的成因机理较为复杂，宏观上与驾驶人的经济水平、生活习惯等密切相关。

1. 攻击性驾驶

攻击性驾驶是指驾驶人因愤怒情绪故意采取危险手段操作车辆的驾驶行为。攻击性驾驶严重影响交通安全，攻击性驾驶与事故发生的次数显著正相关。通常表现为驾驶动作变大、跟车距离过近、油门和方向操作变换频繁且迅速。此外，超车或不正当换道也是攻击性驾驶的体现形式之一。

2. 分心驾驶

分心驾驶是指体现在驾驶人的多个驾驶能力明显弱化的行为,包括动视觉能力、驾驶操作能力和认知危险能力等。由于大货车重量大,刹车距离长的特性。即使是短暂的分心驾驶,都会影响驾驶人的正常操作和临危处置效果。

3. 疲劳驾驶

疲劳驾驶是指由于驾驶人长时间、超强度地行车且中途没有获得充分的休息或者驾驶环境过于单调,引发驾驶人因精神和体力消耗过大而产生身体机能下降,造成反应水平和操控效率下降的不良驾驶行为现象。驾驶人处于疲劳状态时,其对驾驶环境的感知能力、辨识判断能力和车辆操控能力均有一定程度的降低。

(二)影响应急操作的车辆技术状况

车辆技术状况直接影响行车的安全状态,车辆因素导致的事故起数占事故总数的 9.15%。影响安全性能的车辆因素涉及制动系、转向系、传动系、行驶系以及照明和信号装置等。车辆最常见的技术状况问题如制动失灵、制动力不足、轮胎磨损、爆胎、胎压不足或轮胎脱落等问题,都是引发交通事故的潜在因素。

第三节 道路交通运输的风险控制方法论和安全管理实践

一、道路交通领域的事故风险控制管理框架

道路交通事故预防及应急管理的一个重要现实场景是,在接受当下道路硬件设施现状和条件有限的前提下,实践探索在相关部门和运输企业的内控范围还可以积极实施哪些预防事故的主动管理和运营举措。参考 WHO 世界卫生组织于 2017 年发布的《挽救生命:促进道路安全的一揽子技术措施》[①]安全技术运营框架,图 22-14,Save lives 举措包括速度管理、基础设施设计优化、车辆安全、法律与执法、碰撞后急诊和领导作用共 6 大类、22 单项。

[①] 2017 年 10 月:世界卫生组织《Save lives: a road safety technical package》ISBN 978—92—4—151170—4。

图 22-14 SaveLives 一揽子方案的 6 大类安全应急举措

各项提议,均是来源于包括中国专家组在内的全球知名道路安全专家及其所在机构确认的最有可能有效影响道路交通死亡和伤害的防护措施。部分举措已在上海和深圳的市政工作得到实际应用。为进一步为交通安全提供务实参考,通过公开信息汇总,表 22-6 整理了 22 项举措在深圳的应用情况和其他地区应用的可行程度(●可行措施 ○可考虑措施-暂不考虑项)。

表 22-6 SaveLives 一揽子举措的 6 类 22 项防护应急措施的应用可行情况分析

大类		22 项安全措施	深圳情况	其他地区
速度管理 3 项	S-01	确立并执行全国性、地方性或城市内的限速法规	—	●
	S-02	建设或改造道路,使之能够减缓交通,例如环岛、狭窄路段、路面减速装置、障碍物和震动带	●	○
	S-03	要求车辆制造商采用可以帮助驾驶员限速保持的新技术,例如智能速度调节	—	—
领导统筹 5 项	S-04	建立推动道路安全的牵头机构	●	○
	S-05	指定道路安全策略并为其实施提供资金	●	○
	S-06	道路安全策略的影响评估	●	○
	S-07	加强数据系统,监测道路安全状况	●	●
	S-08	通过社会教育宣传行动提升意识的公众支持	●	○
道路完善 8 项	S-09	为所有道路使用者提供安全的基础设施,包括便道、安全通道、过街天桥和地下通道	●	○
	S-10	设置自行车和摩托车道	●	○
	S-11	使用清楚的分区、可折叠结构或障碍,使道路两边更安全	●	○
	S-12	设计更安全的交叉路口	●	○
	S-13	区分主干道和匝道	●	○
	S-14	设计无机动车区域,以人为本	●	○
	S-15	在住宅区、商业区和学校周边限制交通和车速	●	●
	S-16	为公共交通提供更好、更安全的路线	○	●

（续表）

大类		22项安全措施	深圳情况	其他地区
车辆安全2-项:	S-17	建立并执行机动车安全标准,包括	—	—
		安全带/安全带固定点/ISOFIX儿童约束装置接口、行人保护、正面/侧面碰撞、电子稳定性控制	○	●
	S-18	建立并执行有关摩托车防抱死刹车和日间行车灯光的法规	—	●
交通执法1项	S-19	在国家、地方或城市层面制定并执行有关法律法规,包括酒驾、安全带、摩托车头盔、儿童约束装置	●	○
应急响应3项	S-20	发展有组织的院前和医院综合急诊系统	●	—
	S-21	为事故响应人员提供基本急救培训	●	●
	S-22	促进社区急救员培训	●	●

针对国内地域辽阔,各地区在地质类型、沿线社群和地区经济等方面存在诸多明显差异,表22-6右起一列表组的7项可在企业内控范围内实施的安全措施,按优先级顺序参考排列如下。

(1) S-16:尽可能优化线路,比如"赶场线路"在集市当天尽量不直接进入赶集打地铺的路段;(2)S-07:加强数据系统:复用已投资安装的4G车载终端功能,通过智能预警平台分段限速和智能主动提报;(3)S-01:参照《线路评估建议报告》中罗列的风险隐患、限速区段建议和沿线动态变化,运用车载设备做分段速度提醒和检测,并将检测结果纳入安全考核;(4)S-17:车辆增设乘客安全带设施,更多考虑老年乘客的需要,最大化减小行驶颠簸的市内磕碰风险;(5)S-18:具体到评估范围的公交运营,尤其是特殊路段,公交车辆可以做ABC通过动作要领统一规范,如接近大弯道时,可结合"速度＋灯光＋鸣笛"示警通过;(6)S-21:事故发生时的应急救助,区别于都市地区的场景,项目范围的部分线路远离市区,公共医务机构响应有限,可考虑司乘人员具备必要人伤应急维持能力,尤其是老年人摔跤磕碰,避免无救助或盲目救助的情况;(7)S-22:区别于都市运营,项目范围涉及部分场站和多数乡镇街道普遍存在"行人随意"和"乘客拥挤"的隐患,可要求场站人员、街道邻里(邻家车长)在车辆进出停靠和上下乘客期间辅助驾驶员做秩序疏导;其余可考虑的12项措施,包括S-02配置减速硬件设施、S-04牵头部门、S-05道路优化资金、S-06优化影响评估、S-08社会教育宣传、S09道路区域分割、S-10非机动车道等,可归入相关部门的沟通联动范围。

二、基于道路设施环境改善的固定线路事故预防实践

地区经济发展水平是道路设施改善的财政预算和人力资源投入的现实基础,对许多发展中国家来说,实现资源合理分配也是一项重要挑战,尤其是缺少全面的数据收集和报告系统。在这方面,世卫组织改善亚洲公路道路安全专家组会议讨论了两个模式,即,iRAP 国际公路评估方案和瑞典的"零点规划"。

本节的公交线路安全隐患排查作业,重点介绍"iRAP 国际公路评估"的技术标准和作业应用。由于该道路评估方案分别在欧洲、澳大利亚和美国获得成功,国际道路评估方案(iRAP)可以协助有兴趣的发展中国家和经济转型期国家从类似的标准化以及具有国际可比性的公路评估中受益。正如新车评估方案(NCAP)对机动车辆进行评估一样,公路评估方案的设立是为了对道路进行类似的有系统而独立的安全评估,从而提高道路的总体安全标准。

从资助方的收益视角看,iRAP 道路交通事故风险评估工作至少有 2 方面的收益。一是,项目参与团队和人员主观层面构建了道路风险识别和安全驾驶应对的业务管理知识结构;二是,在传授知识和方法基础上,可以大幅提升安全管理工具的技术接受程度。

表 22 - 7　iRAP 道路交通事故隐患的风险评估收益分析

评估价值	专业收益	技术提升
专业评估方法	传授知识和方法 车企和司机群体从驾驶经验的事故管控模式,具体落地到识别线路风险和明确对应各类隐患路段驾驶要领的可操作水平。	科技化、数据化 专业价值基础上,提供技术工具,进一步提升知识方法的易用性和效率。
实地线路评估作业	1. 培训(iRAP 知识) 2. 线路分类,安排人手做典型线路排查,辅导车企人员实操联系并完成同类线路排查;3. 国内标准衔接	丰富司机群体参与形式 1. 车队现场驻点,接触一线司机群体,通过班组习练等活动形式,发动基层积极性,提炼驾驶要领,整理成册 2. 项目文宣事宜 3. 线路排查智能设备工具和配套软件

（续表）

评估价值	专业收益	技术提升
评估结果 管理应用	1. 培训记录和参训人员的知识考评； 2. 线路排查报告； 3. 各类线路及其隐患对应的驾驶要领手册；	1. 设备工具和配套软件 2. 线路隐患 gps 精准坐标数据库 3. 运营联动，搭建班组安全运行机制 4.《线路运营安全驾驶要点手册》

（一）线路评估实施方法

线路、场站、车辆和驾驶员，是道路运输安全运营的核心要素。可以重点关注"人流量集中区域、车流量集中区域、特殊路段、驾驶员"四个方面，依据"人、车、时间、线路、环境、驾驶员状态及不良驾驶行为"七个维度绘制《风险隐患排查手册》，实地巡游时记录线路沿线存在的客观风险，平复范围应该涵盖线路沿线的场站、周边地质、水文、地形地貌、部分场站和驾驶员等信息；辅之外围安全信息，主要包括：

召开研讨会，确定线路风险等级划分；

按照线路风险等级及区域，组建工作组；

工作组负责辖区内线路工具表制定、跟车查勘风险点；

场站踩点检查、车辆、车况抽查；

询问驾乘人员基本情况、早班会宣导情况抽查；

培训安全人员识别风险、勘查风险；

根据风险提出整改及规避建议；

制作、审核线路风险报告；

提交线路风险报告；

复盘分析往期事故成因，提出整改及规避建议；

制作总报告，全面总结运输线路的风险情况。

实地评估环节。根据经费预算规模大小，酌情选择合适的作业方式，如图22-15所示。可通过事先绘制的排查表做隐患登记和拍照记录，也可借助智能评估设备套装自动化巡游作业。

实地巡游评估收集的风险隐患数据，依照 K. J. 格雷厄姆-LECD 作业条件危险性评价方法，可以逐项评定风险级别，对应也是举措要求，如表22-8，Ⅰ级为必须停业整顿；Ⅱ级为无需停业但需尽快整改；Ⅲ级为需要适时整改；Ⅳ为需要随时注意；Ⅴ级为无需过多关注。

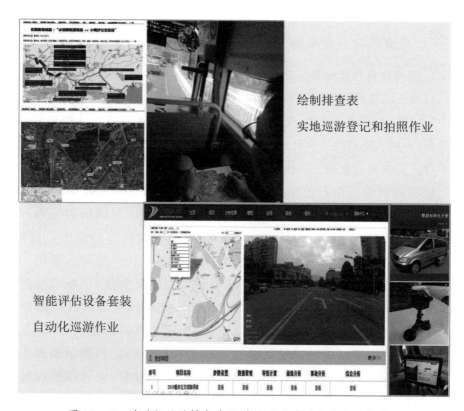

绘制排查表

实地巡游登记和拍照作业

智能评估设备套装

自动化巡游作业

图 22-15　线路评估的排查手册、智能评估套装和实地巡游作业

表 22-8　线路风险评估隐患分类分级结果汇总表（样例）

序号	危险源	事故可能性	危险出现频率	风险等级
1	临崖、临江、隧道路段	可能性小	1次/年	Ⅱ级:立即整改
2	交汇路口及人行横道	相当可能	连续出现	Ⅱ级:立即整改
3	占道路段	相当可能	1次/周	Ⅱ级:立即整改
4	车辆站点	完全可能	连续出现	Ⅱ级:立即整改
5	路面较差	可能	1次/周	Ⅲ级:需要整改
6	落石路段	可能	1次/月	Ⅲ级:需要整改
7	急弯、盲区路段	相当可能	连续出现	Ⅲ级:需要整改
8	场镇路段	完全可能	连续出现	Ⅲ级:需要整改
9	学校路段	相当可能	连续出现	Ⅲ级:需要整改
10	加油站、高速路口	可能性小	1次/周	Ⅳ级:需要注意
11	施工路段	可能性小	1次/月	Ⅳ级:需要注意
12	驾驶员身心过劳程度	可能性小	可能出现	Ⅳ级:需要注意

（二）道路评估结果的日常管理应用

1. 根据评估结果适当提升道路硬件设施的防护水平

对照不同星级道路的事故隐患，iRAP 公路改善项目提供一整套包括双向中间标线、中间隔离护栏、交叉口立体化、交叉口渠化、交叉口无信号转向车道设置、乡村入境道路等共计 42 项具体的道路安全优化技术清单，并逐项提供了对应的改善收益和实施执行关联影响因素。

以双向软隔离路段的会车对撞事故隐患为例，双向中间标线带就是一个参考举措，其可以提高无中央分隔带道路上对向车辆间的间隔。减少正面相撞风险。此外，中间带也可以应用在宽度较窄的路上，并降低车辆行驶速度。中间带既可以在普通公路用也可以在城市道路用。在城市道路上设置中间带可以提高穿越道路行人的安全性，也可以与行人过街设施同时使用，如安全岛。如果中间带足够宽，可以通过压缩中间带宽度来渠化设置转向车道。只有转弯的车辆才可以使用该转向车道。在普通公路上，中间带可以设置振动带或者人行道标记以提示驶离车道的驾驶员。中间带可以设置在较长的路段上连续设置，也可以仅在特殊路段设置，如曲线路段。此项措施对应收益包括减少正面相撞和超车事故，可以把转弯车辆从行车道中分离开，减少追尾事故和转向事故，提高运行效率，充分展现道路线形，在一定程度上可降低车速，确保行人及行车安全。执行此项措施应考虑的因素包括成本评估，如果使用振动带或者其他凸起设施，应当考虑摩托车和行人（如被绊倒）的风险。整套 42

优化前　　　　　　　　　　　　　　优化后

图 22-16　标线渠化中间区化的道路安全改善提升做法

项安全防护优化举措的参考标准,在 iRAP 官方网站有完整版本,本文不再赘述。

2.评估结果作为专业素材为驾驶员提供拿来即用的安全培训

传统师承传代的经验延续在案例数量和信息时效方面有诸多不足。安全驾驶的行为习惯需要常态化的刻意培养,不可能凭空产生,线路评估报告可以在这方面提供有力补充。该方法也是驾培行业流行的驾驶学习培训形式,图 22-17,面对驾驶空白的学员,通过线路手册的驾驶操作支持和上车操作练习,大部分可在两周左右时间内通过驾驶证考核难度最大的科目三。iRAP 道路评估,如附件 A《线路安全隐患排查-实地走线培训记录卡》,尤其是对于运营线路相对固定的危险品运输、道路客运和公交运输领域,同样可以大幅提升驾驶员安全培训的实用性。

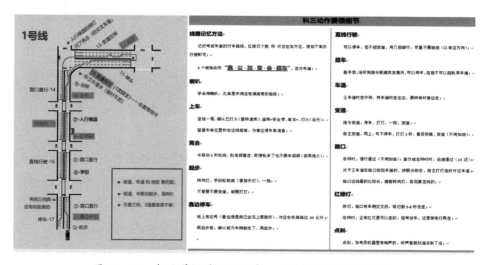

图 22-17 驾培学校科目三零基础规范驾驶学习操作手册

3.强化卫星定位车辆跟踪系统的安全行车实时风险提示能力

车载卫星定位智能视频终端在危运车辆、客运车辆和公交车辆等领域已基本普及,部分地区的 12 吨以上重型货车也实现了全覆盖。iRAP 线路评估识别的事故风险隐患,可以和卫星定位系统联合应用,在车辆途径风险路段前,远程下发风险提供,实时为驾驶员提供安全行车指引。

图 22-18　实时风险提示的安全行车应用系统

三、基于管理规范、隐患识别和动态监控的安全标准化实践

随着安全生产标准化[①]、安全风险分级管控与隐患排查治理双重预防机制[②]、经营主体的法人和主要负责人的第一责任人制度、地方各级党委和政府明确承担本地区的安全生产第一责任等监管政策规定的陆续配套,货运企业的安全合规逐渐形成一套规范体系。以广东省 2023 年的行业监管要求为例,道路运输公司至少要在三个场景切实履行安全管理义务,包括道路运输企业双随机行政检查管理合规(附录 B-36 项)、定期常态安全检查合规(附录 B 内的 16 项)和发生人伤或大额物损的严重事故的主体责任倒查(附录 C-12 项)。此处对该部分的具体实践规范不做过多赘述,具体对齐属地行业规范和本地相关法律法规即可。

四、基于驾驶员行为改善提升的数字化风险管控实践

智能化技术层面。现有国内外研究对交通冲突的定义通常分为两大类,

---

① 交通运输部印发的《交通运输企业安全生产标准化建设评价管理办法》,2016 年 7 月。
② 国务院安委会办公室印发的《关于实施遏制重特大事故工作指南构建双重预防机制的意见》,2016 年 10 月。

一是按"是否出现避险行为"来定义；二是按"时间、空间接近程度"来定义。基于避险行为的交通冲突度量方法采用"是否出现避险行为"来度量交通冲突事件，此方法非常依赖冲突观测者的主观判断；而且一些广义的避险行为，如刹车等，并不一定是车辆避险的结果。因此，在现阶段交通冲突技术研究中多采用第二种定义方式，此方法更能直观地度量交通冲突，即两个或两个以上道路使用者在空间和时间上相互接近，如果他们的移动没有保持不变，就有可能出现碰撞风险的交通状况。交通冲突与事故的关系如图 22-19 所示。

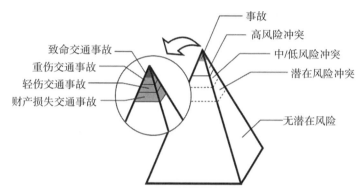

图 22-19　交通冲突的定义

对于可能发生在碰撞前的交通冲突，可以通过车辆的规避行为而避免产生交通事故。所以，这里指的交通冲突识别包含两个重要概念：冲突点与冲突线。当车辆路径交叉或重叠时，交通冲突可能发生在某个特定的地点（冲突点）或在一定的时间和地点（冲突线）内。例如，在交叉路口，冲突点发生在直行和左转的车辆之间；冲突线发生在与直行交通相冲突的右转交通或与直行交通相冲突的左转交通的一定范围内。一旦确定了车辆的行驶路线，就可以观察和测量因为交叉、合流、分流而产生的冲突。碰撞过程是交通冲突的一个重要概念，因为它建立了一个确定的车辆轨迹，然后将计算一个可量化的指标，用于描述交通冲突程度。

（一）智能化技术对"隐患场景 & 风险行为"的参考定义

参考公安部交通安全研究中心统计发布全国六大地区（东南地区、华南地区、东北地区、华北地区、西南地区、西北地区）五年历史公路交通事故的数据，作者统计总结了典型的"场景＋行为"的危险状态类型，涉及 369 种交通违法行为。考虑类别相关性、发生频次及致死强度，最终确定了包含不按规定会车等在内的 24 类高风险营运车辆的危险驾驶状态和典型危险场景,如表 22 - 9 所示。

表 22 - 9　全国范围 24 类危险场景事故的特征统计

序	典型危险驾驶场景描述	死亡人数	事故频数	致死强度
1	驾驶员/号牌不符合规定	3527	3393	1.039493
2	人员异常停留或侵入	2816	2698	1.043736
3	未按规定避让行人	2351	2258	1.041187
4	超　速	2272	2174	1.045078
5	车辆技术状况问题	1760	1688	1.042654
6	违反标志标线和信号	1307	1280	1.021094
7	服用违禁药物	1291	1240	1.041129
8	跟车距离过近	1060	996	1.064257
9	逆　行	963	908	1.060573
10	违章停车	683	672	1.016369
11	不按规定会车	664	657	1.010654
12	操作不当	641	610	1.05082
13	肇事逃逸	578	572	1.01049
14	不按规定让行	606	566	1.070671
15	强行超车	559	542	1.031365
16	强行变道	450	449	1.002227
17	超　载	416	397	1.047859
18	非机动车抢行	403	389	1.03599
19	疲劳驾驶	294	279	1.053763
20	违法倒车	200	197	1.015228
21	非机动车违反信号	198	190	1.042105
22	非机动车不靠右行驶	174	166	1.048193
23	非机动车逆行	151	147	1.027211
24	强行掉头	137	132	1.037879

根据前述对营运车辆事故致因的分析,发现不同类型路段的事故发生频率及其事故原因不同,而不同类型路段的常见事故场景有差异。因此,综合考虑路段类型、车辆行驶状态、驾驶人状态、交通环境等多个因素,确定 15 个典

型"场景＋行为"危险状态,表 22‐10。

表 22‐10 各类道路特征对应的典型危险场景统计

道路场景		序	典型危险场景描述	事故形态	事故频次
1	红绿灯路口	1	红灯时前方有障碍物驾驶人疲劳或分心	追尾碰撞	6
		2	绿灯换红灯时自车车速高	侧面碰撞	19
		3	红灯换绿灯时自车右侧或左侧小车抢道	侧面碰撞	10
		4	红灯换绿灯时自车转弯或变道	同向刮擦	11
		5	绿灯时交通拥堵且左侧或右侧小车变道	侧面碰撞	15
2	匝道出入口	6	交通拥堵且左侧/右侧他车变道	同向刮擦	19
		7	自车车速高且左侧/右侧有他车变道	侧面碰撞	13
3	道路开口	8	道路开口处车辆进入道路时自车未减速	侧面碰撞	11
4	高速公路出入口	9	交通拥堵且相邻车道他车直行自车变道	追尾碰撞	4
5	普通路段	10	自车跟车过近且车速高(自车变道/压线)	同向刮擦	5
		11	交通拥堵时自车向左/向右变道/压线	侧面碰撞	15
		12	前方车辆停车或减速时驾驶人分心/疲劳	追尾碰撞	20
		13	交通拥堵时自车左侧/右侧他车变道	侧面碰撞	36
		14	左侧/右侧他车变道	侧面碰撞	30
6	无信号灯控制路口	15	自车车速高(未减速通过)	追尾碰撞	9
		16	交通拥堵时车辆抢道/换道	同向刮擦	8
		17	车辆未按规定让行	侧面碰撞	6
		18	自车右转弯时未注意观察右侧盲区	侧面碰撞	6
7	厂区/码头/工地	19	夜间道路狭窄/道路拥堵	侧面碰撞	24
		20	夜间车辆倒车	倒车碰撞	8
		21	厂区/工地出入口自车车速快	碰撞固定物	3
8	弯道	22	自车驾驶人在夜间分心/疲劳	追尾碰撞	5
		23	自车换道	侧面碰撞	14
		24	环岛交通拥堵时自车换道	侧面碰撞	5

（二）基于车载传感设备对"场景 & 行为"数据的收集方法参考

车载传感器系统通过多种传感器获取驾驶过程中驾驶行为的数据、道路环境的数据以及车载电脑(Electronic Control Unit，ECU)难以直接采集的车辆状态数据。表 22‐11 是本研究建议车载传感器系统包含的传感器及采集信息类型。

表 22 - 11　车载传感器系统传感器构成与采集信息类型及参考

采集传感器	所采集信息类型
前置摄像头	采集车辆前方道路图像信息
内置摄像头	驾驶员图像信息
方向舵传感器	方向盘转角信息
三轴传感器	车辆 3 个轴向的加速度信息
GPS	车辆速度及位置信息
油门和刹车踏板传感器	油门和刹车踏板开合度信息

表 22 - 12 是车载数据采集终端对散布在 ECU 和不同车载传感器的自然驾驶数据进行同步采集的部分设计做法。ECU 是车内电控单元,提供车辆的各项状态信息。车载视觉传感器由两个摄像头构成,用于采集车内外图像信息,GPS 模块主要采集车辆运动状态和姿态信息,车内传感器用于捕获驾驶者与车辆的交互行为。结合传感器数据特征以及上述典型"场景＋行为"危险状态识别,数据裁定可以有针对性的对这些多源异构驾驶参数进行取舍并量化。

表 22 - 12　基于典型"场景＋行为"危险状态识别的车辆运行事故预判监测设计参考

场　景	行　为		数据参数
红绿灯路口红灯时前方有停车	自车驾驶人分心或疲劳	外部图像	标志-红绿灯、停止线等
			状态-红灯
			前车与自车横纵向相对位置
			前车与自车横纵向相对速度
		驾驶员图像	状态-疲劳/分心
红绿灯路口绿灯变红灯时	自车车速过高	外部图像	红绿灯状态-绿灯变红灯
		传感器数据	车辆位置
			纵向速度
			纵向加速度
			刹车踏板开合度
红绿灯路口红灯变绿灯时	自车变道/转弯	外部图像	红绿灯状态-红灯变绿灯
		传感器数据	车辆位置
			横向加速度
			方向盘转向角($>8°$)

（续表）

场　景	行　为		数据参数
红绿灯路口红灯变绿灯时	自车起步时右侧/左侧他车抢道	外部图像	红绿灯状态-绿灯变红灯
			自车与他车横纵向相对位置
			自车与他车横纵向相对速度
		传感器数据	油门踏板开合度
			纵向速度
			纵向加速度
红绿灯路口绿灯	交通拥堵	外部图像	自车与他车横纵向相对速度
			交通状态：拥堵-平均车速＜20km/h
匝道出入口拥堵时	他车变道	外部图像	标志-导向箭头等
			交通状态：拥堵-平均车速＜20km/h
			自车与他车横纵向相对位置
			自车与他车横纵向相对速度
匝道出入口	自车车速过高时右侧/左侧他车变道	外部图像	标志-导向箭头等
			自车与他车横纵向相对位置
			自车与他车横纵向相对速度
		传感器数据	车辆位置
			纵向速度

（三）风险数据实时监测和运输企业运行风险防控体系

考虑到驾驶人危险个性特征识别均可直接或间接地取自 GPS 数据与 ADAS 数据，因此，通过 GPS 设备以及 ADAS 传感器便可实现部分典型危险驾驶人个性特征或高风险驾驶事件的识别。从 GPS 数据中主要获取速度、急刹车等较易获得的特征，从 ADAS 数据中主要获取自车与前车的车头间距等特征对驾驶人个性特征进行分析。

典型"场景＋行为"危险状态识别：从全国以及深圳市交通事故统计数据分析得到的典型"场景＋行为"危险状态的识别，需要借助驾驶人状态识别系统以及车内多种传感器系统的综合作用。因此，通过多种传感器获取驾驶过程中驾驶行为数据、道路环境数据以及车载电脑（Electronic Control Unit，

ECU)难以直接采集的车辆状态数据以及驾驶人状态信息可对营运车辆行车过程中的典型"场景＋行为"危险状态进行识别。

交通冲突判别：营运车辆行车过程中的交通冲突主要借助 ADAS 系统以及自车传感器系统即可判别。除了自车基本运动信息外，其前方车辆的实时相对位置和相对速度等信息为交通冲突指标的获取提供了数据来源。

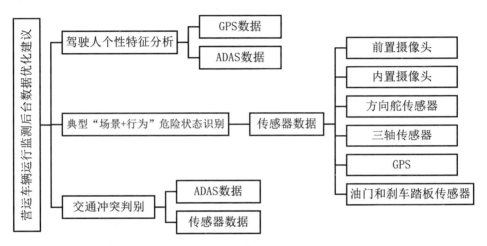

图 22-20　营运车辆运行监测后台数据类型与风险场景识别对应关系参考

风险防控体系的总体框架重点强调闭环管理的运营主张，车载数据采集和风险驾驶行为判别模块是运输公司目前已经具有的模块，而风险驾驶行为统计分析模块、驾驶员评估模块、驾驶员培训及培训效果反馈等模块需要逐步完善增强。

比如对风险驾驶行为变化规律的挖掘，还可从以下几个方面予以加强：

① 单一风险驾驶行为特征画像。对驾驶员周期内的单个驾驶行为进行统计分析，得到驾驶员风险驾驶行为发生频率的特征画像；

② 风险驾驶行为序列特征画像。对驾驶员周期内的风险驾驶行为序列进行统计分析，识别易引发危险的风险驾驶行为组合；

③ 耦合场景的风险驾驶行为特征画像。对周期内驾驶员的风险驾驶行为和发生场景进行耦合，识别在特定场景下危险性高的驾驶员风险驾驶行为；

④ 车辆典型冲突行为特征画像。某类或全部驾驶员易引发车辆典型冲突的行为分布。

再比如驾驶员风险评估方面，可在行为加权计分基础上，借助监测采集到的驾驶员车载数据对驾驶员驾驶的风险程度进行动态评价,及时发现驾驶风险程度的变化,进而发现驾驶员安全问题,为驾驶员培训提供依据。该模块包含基于风险驾驶行为的驾驶员风险程度评估和基于驾驶员驾驶模式的驾驶员风险程度评估。

　　另外,对驾驶员培训和培训效果评估方面,在确定行为分数时,可遵循以下原则:参照往年因此行为引起的交通事故的严重程度;考虑往年造成车辆事故的主要行为和次要行为;考虑企业自身的要求。驾驶员安全系数 G 可以根据驾驶员一个周期内发生不良行为的次数来计算。每一个周期给定总分 100 分,每发生一次不良行为扣除 1 分,然后减去时间超过速度限制的总驾驶时间百分比,最后得分即为该驾驶员的安全分数 G。即,$G = 100 - t$,其中 t 为驾驶员一个周期内发生不良行为的次数。培训效果 C 可将管理者在一个周期指导的行为数量与其驾驶员重复的行为数量进行比较,即,$c = 100\% - \dfrac{\text{重复行为数}}{\text{培训行为数}}$。

附录

线路：__XXX__ 隶属组织：__XXX经营部__ 培训日期：_____ 附教培参训名单

交通危险源：①—道路、②—行人、③—非机动车、④—私家车辆、⑤—重型车辆

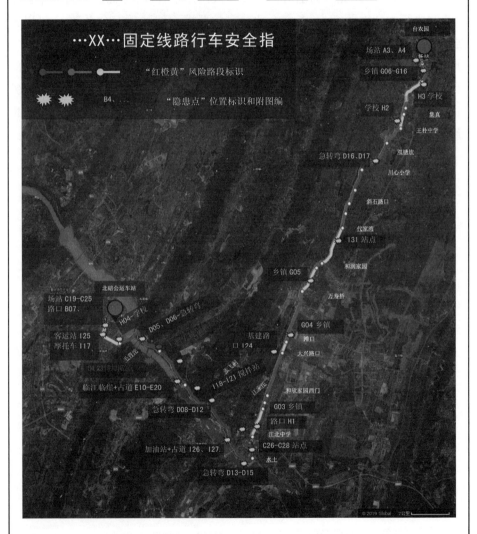

事故隐患类型：①—行人、②—非机动车、③—正面碰撞、④—交叉路口、⑤—车道变更、⑥—追尾事故、⑦—驶出车道、⑧—分神/操作不当

附件 B:道路货运输企业双随机行政检查必备清单(2023 版本)

序号	档案大类	小 类	文件名称	合规要点
1	（一）资质要求	公司资质	《营业执照》×1 《企业道路运输许可证》×1	相关许可证件在有效期内
2		人员资质	企业主要负责人《安全生产知识和管理能力考核合格证》×1 安全管理人员《安全生产知识和管理能力考核合格证》×1	这两类人员上岗 6 个月之内需通过能力考核,持证上岗,换公司的要重考;企业法人必须考取主要负责人合格证,
3		人员培训	安全管理人员的《安全生产培训台账》	4 类人员的安全培训（主要负责人、分管安全负责人、安全总监、安全管理人员） 初次安全培训时间不得少于 48 学时,每年再培训时间不得少于 16 学时;
4		任命公示	主要负责人《关键岗位职责和安全任命书》×1 安全管理员《关键岗位职责和安全任命书》×1 GPS 管理员《关键岗位职责和安全任命书》≥2	如:主要负责人、安全管理人员、GPS 管理人员,需向本单位全员公示
5	（二）组织要求	安全机构	《安全生产管理架构》×1	包括企业主要负责人、运输经营、安全管理等部门负责人及分支机构的主要负责人
6		机构人员	《安全生产管理机构人员名单》×1	安全管理人员,不可由主要负责人兼任;
7		安全总监	《安全总监岗位职责和人员名单》×1	安全总监可由安全生产管理人员兼任,安全总监应该满足以下能力条件之一: (1)取得注册安全工程师资格; (2)具备安全工程、工程经济类专业本科以上学历,并具有 3 年以上安全管理; (3)其他专业本科以上学历或者获得工程师以上职称,并具有 5 年以上安全管理;
8		注安工程师	《注安工程师证书》≥1	注册安全工程师与安全总监可为同一人;
9		动态监控	《动态监控管理办法和专职人员名单》或《三方托管协议》	三方托管必须有正式合同,明确权利义务和责任边界,此不改变车企主体责任

序号	档案大类	小类	文件名称	合规要点
10	（三） 安全责任	层层落实	各部门/岗位《安全生产目标责任书》	安全生产责任目标管理，分解到各部门、各岗位，明确责任人员、责任内容和考核奖惩要求。
11		定期会议	1. 季度《安全工作会议纪要》×4 2. 月度《安全例会纪要》×12 3. 较大及以上事故《安全分析通报会》×N	较大事故，是指造成3人以上10人以下死亡，或者10人以上50人以下重伤，或者1000万元以上5000万元以下直接经济损失的事故 会议记录应建档保存，保存期不少于3年
12		一线三排	生产过程中《安全隐患"排查排序排除"的措施过程记录表》×12	兼顾第14.1要求，每月1份，每份附主要负责人照片 兼顾第34项要求，排查范围涵盖消防能力检查
13				
14		八个一次	企业主要负责人 1. 每月至少带队1次《安全生产工作检查记录》同第13项 2. 每季至少组织1次《安全生产工作专题研究记录》×4 3. 每年至少组织1次《安全生产总结会》×1 4. 每年至少主持1次《安全生产工作分析会》×1 5. 每年组织签订1次《全员岗位安全生产责任书》同第10项 6. 每年至少主持1次《员工安全生产辅导课》×1 7. 每年至少参加1次《安全生产应急救援演练》同第23项 8. 每年至少参加1次《安全生产知识技能培训》×1	
15	（四） 安全体系	生产管理	1《安全生产责任管理制度》×1 2《安全生产教育培训制度》×1 3《安全生产投入制度》×1 4《从业人员管理制度》×1 5《安全生产事故报告和处理制度》×1 6《安全生产隐患排查与整治制度》×1 7《货物管理制度》×1	按行业风险制定 2. 为兼顾第16项，培训制度应该覆盖包括法人、主要负责人、安全员、驾驶员等

序号	档案大类	小　类	文件名称	合规要点
15		生产管理	8《货物运输车辆及设备管理制度》×1 9《劳动防护用品管理制度》×1 a《停车场安全管理制度》×1	
16	（四） 安全体系	人员管理	1《驾驶人聘用制度》×1 《聘用合同》×N 2《驾驶员安全教育、培训及考核制度》同第15.2项 3《驶员安全培训教育记录档案》×12(20学时/跟第11项两回事儿) 4《驾驶员日常管理制度》×1 5《驾驶员档案管理制度》×1 《驾驶员一人一档》×N	1.聘用人员的驾驶证件、从业资格证和驾驶经历应符合条件的,签订聘用合同; 3.安全教育培训,每年至少20学时; 　驾驶员的违法和事故信息,每月查询1次,及时进行针对性的教育和处理; 4.驾驶员日常管理,杜绝疲劳驾驶行为、连续驾驶时间不得超过4小时; 5.驾驶员档案包括基本信息、从业资质、安全行车记录/12123申请截图/每年搞一次、岗前培训、奖惩、违章违纪、事故等
17		车辆管理	1《车辆安全技术状况检测和年度审验、检验制度》×1 2《车辆安全检查制度》×1 《出车三检表》(原则每次出车都要登记)×1 3《车辆技术管理机构和人员名单》×1 4《车辆技术档案》一车一档×N 5《车辆定期维护技术管理制度和报停车辆记录》×1 6《车上证件和安全消防器材配置记录》×1	1.逾期未年审、检测或年审不合格的车辆,禁止上路行驶; 2.做好出车前、行车中及收车后的车辆检查工作,发现故障及隐患,及时排除; 4.一车一档包括:车辆购车发票/车辆登记证书绿本等基本情况、主要部件修理/更换、二级维护和技术等级评定记录(含出厂合格证)、车辆变更记录/行驶里程记录、车辆(法律法规允许的改装/营运性质等)变更记录、交通事故记录等; 5.达到15年或检测站无法过线的报废标准或经检测不符合国家强制性标准要求的货运车辆,应当及时交回注销《车辆道路运输证》,不得继续经营; 6.车上放置运输证、行驶证、警示牌、有效灭火器、反光衣、三角木/防滑链;

序号	档案大类	小类	文件名称	合规要点
18		GPS动态监控	1《广东省两客一危一重智能监管系统的设备安装数据接入记录》×1 2《动态监控工作台账》原则要求每天都要有×1 3《违法驾驶信息及处理记录》×1 4《GPS车辆行驶速度限速和不同路段合理设置的技术标准》×1 5《视频监控卫星装置人为遮挡破坏司机和监控值班人员管理记录》×1	2. 第4项和第9项基础上,台账至少保存6个月,违法驾驶信息及处理至少保存3年; 4. 对故意遮挡、破坏定位装置的驾驶人员,以及不严格监控车辆行驶动态的值守人员给予处罚,严重的应调离相应岗位,直至辞退;
19	（四）安全体系	其他制度	1《企业安全生产费用提取和使用管理制度》×1 《提取使用记录台账》×1 2《企业安全生产监督检查制度》×1 《定期检查记录》同第13项 3《企业安全生产档案制度》可直接张贴在档案柜上面×1 资料夹和档案柜×1 4《安全生产奖惩制度》×1 《定期惩奖记录》×1 5《安全生产事故应急处置制度》×1 《定期违章＆事故统计分析记录》×1 6《安全生产事故责任倒查制度》×1 《四不放过事故处理记录》×1 7《道路运输行业行车事故快报表》×1 《应急救援记录》×1 8《安全宣传、教育活动的设施/资料档案》和公告栏×1	5. 违章＆事故表,兼顾事故处理要求,至少保存2年; 7. 事故发生后,现场有关人员应立即向本单位、事故发生地有关部门报告,事故发生单位应同时填写《道路运输行业行车事故快报表》并于接报后1小时内报送辖区管理局; 8. 安全宣传、教育与培训应予以记录并建档保存,保存期限应至少为3年;
20		生产操作规程	《关键岗位安全生产操作规程》×1	
21			《相关安全运营操作规程》×1	

序号	档案大类	小类	文件名称	合规要点
22	（五）应急管理	预案	《道路运输生产安全应急预案》×1	
23		演练	《道路运输生产安全应急演练》×2	每年至少组织1次；
24		器材	《必要的应急设施或器材配置记录》×1	
25	（六）安全台账	安全培训	《安全生产教育培训计划》×1《培训记录》同上16.3	档案保存3年,包括:培训计划、课件、资料、签到表、影像、考核记录、照片等；
26		安全投入	《安全生产费用提取和使用台账》同第19项	按不低于上一年度营业收入的1%的比例提取安全经费并规范使用。
27		安全检查	《安全隐患排查记录》同第13项	每月至少开展1次安全自查自纠工作；
28		劳保发放	《从业人员劳动保护管理制度》×1《劳保用品档案》×1	劳保制度不是2023清单范围,是修订前的检查点劳保档案包括:购买凭证、入库出库单、发放签领表、发放相片；
29		GPS记录	同第18项资料	
30	（七）车辆档案	一车一档	同第17项资料《车辆技术档案》一车一档	
31			同第17项资料车辆档案中的《车辆综合性能检测和二级维护记录》	
32	（八）GPS管理	GPS人员管理	同第18项资料	
33		GPS管理台账		
34	（九）消防安全	消防安全	《消防装备、标语、隐患、车辆和一线人员消防应急能力检查记录》	

序号	档案大类	小 类	文件名称	合规要点
X1	（X） 事故处理	公司说明	《公司运营说明》	说明公司注册地址和实际办公地址（场地要合法），危运的需要有停车场
X2		通讯录	《车辆和驾驶员清单》	包括车牌号、驾驶员姓名、身份证号、手机号
X3		GPS记录	《车辆GPS行车轨迹记录》	前15天的GPS记录
35	物流安全	违法犯罪预防	《实名收件 & 物品验视 & 证件核验登记表》	100%物流实名制、100%验视后封箱、配合禁毒、扫黄打非、强暴违法防范等
36	装货治超	货运场站	1《货物装载工作制度》×1 2《称重设备定期法定计量鉴定机构申报鉴定记录》×1 3《称重视频监控录像系统维保记录》×1 4《经营车辆和驾驶员登记表》×1 5《货运源头装载登记统计台账》×1 6《场站检测设备安装合格记录表》×1	1.明确货物装载、开票、计重工作人员职责。 4.营运车辆登记道路运输证和驾驶员从业资格证 　非营运的登记车辆行驶证和驾驶证；

附件C:道路货运输企业大事故倒查追责必备清单(2023版本)

序号	档案大类	小类	文件名称	合规要点
1	（一） 资质要求	公司资质	《营业执照》×1 《企业道路运输许可证》×1	相关许可证件在有效期内
2		人员资质	企业主要负责人《安全生产知识和管理能力考核合格证》×1 安全管理人员《安全生产知识和管理能力考核合格证》×1	这两类人员上岗6个月之内需通过能力考核,持证上岗,换公司的要重考; 企业法人必须考取主要负责人合格证,
4		任命公示	主要负责人《关键岗位职责和安全任命书》×1 安全管理员《关键岗位职责和安全任命书》×1 GPS管理员《关键岗位职责和安全任命书》≥2	如:主要负责人、安全管理人员、GPS管理人员,需向本单位全员公示
5	（二） 组织要求	安全机构	《安全生产管理架构》×1	包括企业主要负责人、运输经营、安全管理等部门负责人及分支机构的主要负责人
6		机构人员	《安全生产管理机构人员名单》×1	安全管理人员,不可由主要负责人兼任;
16		人员管理	1《驾驶人聘用制度》×1 《聘用合同》×N 2《驾驶员安全教育、培训及考核制度》同第15.2项 3《驶员安全培训教育记录档案》×12(20学时/跟第11项两回事儿) 4《驾驶员日常管理制度》×1 5《驾驶员档案管理制度》×1 《驾驶员一人一档》×N	1. 聘用人员的驾驶证件、从业资格证和驾驶经历应符合条件的,签订聘用合同; 3. 安全教育培训,每年至少20学时;驾驶员的违法和事故信息,每月查询1次,及时进行针对性的教育和处理; 4. 驾驶员日常管理,杜绝疲劳驾驶行为、连续驾驶时间不得超过4小时; 5. 驾驶员档案包括基本信息、从业资质、安全行车记录/12123申请截图/每年搞一次、岗前培训、奖惩、违章违纪、事故等
17		车辆管理	1《车辆安全技术状况检测和年度审验、检验制度》×1 2《车辆安全检查制度》×1	1. 逾期未年审、检测或年审不合格的车辆,禁止上路行驶; 2. 做好出车前、行车中及收车后的

序号	档案大类	小类	文件名称	合规要点
17		车辆管理	《出车三检表》(原则每次出车都要登记)×1 3《车辆技术管理机构和人员名单》×1 4《车辆技术档案》一车一档×N 5《车辆定期维护技术管理制度和报停车辆记录》×1 6《车上证件和安全消防器材配置记录》×1	车辆检查工作,发现故障及隐患,及时排除; 4. 一车一档包括:车辆购车发票/车辆登记证书绿本等基本情况、主要部件修理/更换、二级维护和技术等级评定记录(含出厂合格证)、车辆变更记录/行驶里程记录、车辆(法律法规允许的改装/营运性质等)变更记录、交通事故记录等; 5. 达到15年或检测站无法过线的报废标准或经检测不符合国家强制性标准要求的货运车辆.应当及时交回注销《车辆道路运输证》,不得继续经营; 6. 车上放置运输证、行驶证、警示牌、有效灭火器、反光衣、三角木/防滑链;
19		其他制度	1《企业安全生产费用提取和使用管理制度》×1 《提取使用记录台账》×1 2《企业安全生产监督检查制度》×1 《定期检查记录》同第13项 3《企业安全生产档案制度》可直接张贴在档案柜上面×1 资料夹和档案柜×1 4《安全生产奖惩制度》×1 《定期惩奖记录》×1 5《安全生产事故应急处置制度》×1 《定期违章 & 事故统计分析记录》×1 6《安全生产事故责任倒查制度》×1 《四不放过事故处理记录》×1 7《道路运输行业行车事故快报表》×1 《应急救援记录》×1 8《安全宣传、教育活动的设施/资料档案》和公告栏×1	5. 违章 & 事故表,兼顾事故处理要求,至少保存2年; 7. 事故发生后,现场有关人员应立即向本单位、事故发生地有关部门报告,事故发生单位应同时填写《道路运输行业行车事故快报表》并于接报后1小时内报送辖区管理局; 8. 安全宣传、教育与培训应予以记录并建档保存,保存期限应至少为3年;

序号	档案大类	小 类	文件名称	合规要点
X1	（X） 事故处理	公司说明	《公司运营说明》	说明公司注册地址和实际办公地址（场地要合法），危运的需要有停车场
X2		通讯录	《车辆和驾驶员清单》	包括车牌号、驾驶员姓名、身份证号、手机号
X3		GPS记录	《车辆GPS行车轨迹记录》	前15天的GPS记录

参考文献

［1］唐尼、陈珑凯、于淑江：《城市室内应急避难场所存在的问题与对策——以深圳市宝安区为例》，载《中国减灾》2020年第9期。

［2］杨文明：《保险公估理论与实务》，海天出版社，2014年。

第二十三章　工贸行业常见安全隐患及治理

第一节　工贸行业概述及行业分类

一、工贸行业概述

工贸行业在我国国民经济中占据重要地位,工贸行业涉及我国 600 多个国民经济行业,工贸行业产品是我国国民经济各部门进行各类经济活动最为重要的物质基础。从行业构成来看,工贸所涉行业既有为国民经济各部门提供能源和原材料的基础性行业,也包含为国民经济各部门提供先进技术装备的高端行业,同时还包含满足人民生活需要提供各种消费品的行业。

二、工贸行业分类

(一) 分类依据

为科学界定工贸行业范围,我国应急管理部根据《国民经济行业分类》(GB/T4754—2017),发布了《冶金有色建材机械轻工纺织烟草商贸行业安全监管分类标准(试行)》(应急管理部应急厅〔2019〕17 号)。根据该分类标准,工贸行业分为冶金行业、有色行业、建材行业、机械行业、轻工行业、纺织行业、烟草行业、商贸行业共八个细分行业类别。

(二) 分类说明

工贸行业细分为八大行业类别,具体说明如下:

1. 冶金行业

冶金行业包括黑色金属冶炼和压延加工业大类所包含的全部企业。主要有炼铁、炼钢、钢压延加工和铁合金冶炼行业等4个行业。

2. 有色行业

有色行业包括有色金属冶炼和压延加工业大类所包含的全部企业。指通过熔炼、精炼、电解或其他方法从有色金属矿、废杂金属料等有色金属原料中提炼常用有色金属的生产。包括金、银及铂族金属的提炼,铜、铅锌、镍钴、锡、锑、铝、镁的冶炼、提炼等生产活动。

3. 建材行业

建材行业主要包括非金属矿物制品业大类企业。

不包括玻璃制品制造类所包含的全部企业,如特种陶瓷制品制造,日用陶瓷制品制造,陈设艺术陶瓷制造,园艺陶瓷制造,其他陶瓷制品制造等5个小类的企业。

4. 机械行业

机械行业主要包括金属制品业,通用设备制造业,专用设备制造业,汽车制造业,铁路、船舶、航空航天和其他运输设备制造业,电气机械和器材制造业,计算机、通信和其他电子设备制造业,仪器仪表制造业,金属制品、机械和设备修理业等9大类企业。

不包括金属制日用品制造,船舶及相关装置制造,航空、航天器及设备制造,自行车和残疾人座车制造,电池制造,家用电力器具制造,照明器具制造,钟表与计时仪器制造,衡器制造等9个中类所包含的全部企业;手工具制造,刀剪及类似日用金属工具制造,建筑、家具用金属配件制造,搪瓷日用品及其他搪瓷制品制造,照相机及器材制造,眼镜制造等6个小类的企业;其他未列明金属制品制造小类中武器弹药制造的企业;特种设备目录中的特种设备制造企业。

5. 轻工行业

轻工行业主要包括农副食品加工业,食品制造业,酒、饮料和精制茶制造业,皮革、毛皮、羽毛及其制品和制鞋业,木材加工和木、竹、藤、棕、草制品业,家具制造业,造纸和纸制品业,印刷和记录媒介复制业,文教、工美、体育和娱乐用品制造业,橡胶和塑料制品业等十大类的企业;玻璃制品制造,陶瓷制品制造(除建筑陶瓷制品制造,卫生陶瓷制品制造),金属制日用品制造,自行车和残疾人座车制造,电池制造,家用电力器具制造,照明器具制造,钟表与计时仪器制造,衡器制造,日用杂品制造等 10 个中类所包含的全部企业;手工具制造,刀剪及类似日用金属工具制造,建筑、家具用金属配件制造,搪瓷日用品及其他搪瓷制品制造,照相机及器材制造,眼镜制造等 6 个小类的企业。

不包括谷物磨制 1 个中类所包含的全部企业;牲畜屠宰,禽类屠宰,酒精制造等 3 个小类的企业;从种植、养殖、捕捞等环节进入批发、零售市场或者生产加工企业前的农、林、牧、渔业产品初加工服务的企业。

6. 纺织行业

纺织行业主要包括纺织业,纺织服装、服饰业等 2 大类所包含的全部企业。

7. 烟草行业

烟草行业主要包括烟草制品业大类所包含的全部企业及烟草制品批发的企业。

8. 商贸行业

商贸行业主要包括批发业,零售业,装卸搬运和仓储业,住宿,餐饮业等 5 大类的企业(不含消防、燃气的监管)。

不包括医药及医疗器械批发,贸易经纪与代理,医药及医疗器械专门零售,货摊、无店铺及其他零售业,装卸搬运,危险品仓储,中药材仓储,餐饮配送及外卖送餐服务等 8 个中类所包含的全部企业;种子批发,烟草制品批发,石油及制品批发,化肥批发,农药批发,农业薄膜批发,其他化工产品批发,再生物资回收与批发,机动车燃油零售,机动车燃气零售,机动车充电销售,谷物仓储等 12 个小类的企业。

第二节　工贸行业安全隐患排查

一、工贸行业安全生产风险概述

工贸行业涉及冶金、有色、建材、机械、轻工、纺织、烟草、商贸八大行业,各大行业又包含诸多小类,仅轻工行业就包含了制鞋业、木材加工、家具制造业、造纸和纸制品业等 10 类。总体来看,工贸企业包含行业范围广、企业数量多,具有劳动密集、生产过程复杂、连续性较强等特点。工贸行业规模、风险水平不一,企业安全管理水平参差不齐。部分工贸企业存在追求利益最大化,忽视安全生产管理的情况,一旦发生事故,灾害损失极易扩大和升级。

有相当多的工贸行业如有色、建材、机械、轻工、纺织生产过程涉及粉尘爆炸、使用液氨制冷和存在中毒风险有限空间作业,往往存在着安全管理基础薄弱、从业人员安全素质低、生产经营管理模式粗放等问题,安全隐患问题突出,重特大事故时有发生。

1. 冶金、有色行业风险概述

冶金、有色行业生产工艺复杂,生产条件多为高温,生产过程使用大量有害气体和易燃易爆物质,作业过程中涉及高温熔融金属吊运,可能发生泄漏、喷溅、爆炸伤人事故。冶金、有色行业大多涉及生产、储存、使用煤气,可能发生煤气泄漏、聚集从而导致发生爆炸火灾事故。作业过程涉及的氧气、氢气等易燃易爆危险化学品的生产、输送、使用、储存的设施,以及油库、电缆隧道(沟)等重点防火部位,如果缺乏有效、可靠的防火、防爆和防泄漏措施,可能导致各类安全生产事故。此外,冶金有色生产过程中还存在二氧化硫、氯气、砷化氢、氟化氢等有毒有害气体。冶金、有色行业安全事故多涉及有限空间、动火、高处作业、能源介质停送等较大危险作业和检修、维修作业风险环节。

2. 建材、机械、轻工、纺织、烟草行业风险概述

建材、机械、轻工、纺织行业生产使用大量的机械生产设备,较易发生人身伤害事故。部分五金加工、木制品加工、纺织、饲料食品加工等生产过程中会产生易燃或可燃的有机粉尘或无机粉尘,在一定条件下,可能会发生粉尘爆炸的事故。部分行业工艺可能涉及表面处理,如喷漆等工艺,使用的有机溶剂等易燃易爆化学品存在发生爆炸火灾事故风险。造纸、木制品、纺织等行业使用的原材料及成品等都是可燃易燃材料,容易发生火灾事故风险。

3. 商贸行业风险概述

商贸企业一般不涉及危险生产工艺,但涵盖的企业众多,规模大小各异,生产作业过程多涉及可燃、易燃物品。商贸行业多为中小型劳动密集企业,批发业,零售业,装卸搬运和仓储业,住宿业,餐饮业等往往集中在城中村、小型工业园区、城乡结合部和一些中小集镇,消防基础设施先天性不足,政府所能提供的公共消防设施有限,企业规模利润较小,无力对消防安全进行必要的投资。一些劳动密集型企业为减少成本支出,往往缺乏有效的消防设施,如缺乏足够的安全出口,人员疏散通道的宽度和距离不符合技术规范的要求,这就造成发生事故时人员疏散困难,极易出现拥挤、踩踏等现象,增加了火灾发生时人员的群死群伤的概率和物质损失。由于安全管理不到位,安全设施不符合

规范,一些仓储企业、住宿业、餐饮业存在消防隐患,例如电气线路老化或乱拉电线隐患,煤气泄漏隐患等,而这些企业一般也是人员密集场所,一旦发生事故,极易导致群死群伤的严重后果。

二、工贸行业安全隐患排查

(一) 工贸行业安全隐患辨识与分类

工贸行业安全隐患排查,首先需要用科学有效的方法,对相应的危险源进行辨识、对安全隐患进行全面分析评估,确定隐患等级。

1. 工贸行业危险源辨识的范围

对危险源进行辨识应从地理位置、自然、工艺流程、设备、作业环境、活动等方面进行,主要包括:(1)气候、地质和环境;(2)工艺、设备;(3)原辅材料、产品的运输、使用和储存;(4)常规和非常规作业;(5)停产、复工;(6)维修、废弃、拆除和处置;(7)事故及潜在的紧急情况等。

2. 工贸行业危险源辨识的内容

(1) 依据《生产过程危险和有害因素分类与代码》(GB/T 13861)的规定,开展危险源辨识,充分考虑人、物、环境和管理因素;(2)从周边环境、生产系统等方面查找和确定危险源存在的部位、存在的方式;(3)涉及危险化学品的企业应进行危险化学品重大危险源辨识。

3. 工贸行业危险源辨识的方法

危险源辨识方法:(1)生产过程中的危险源辨识,采用作业活动风险评估法;(2)设备设施可采用安全检查表法(SCL)进行危险源辨识;(3)复杂的工艺采用危险与可操作性研究(HAZOP)、危险度评价法、事故树分析法等进行危险源辨识;(4)涉及危险化学品的,应按 GB18218《危险化学品重大危险源辨识》的要求进行重大危险源辨识。

(二) 工贸行业安全隐患辨识步骤

1. 资料收集与准备

开展安全风险辨识,需要收集以下相关资料,包括但不限于:

1) 相关法律、法规、规定、标准和规范;

2) 相关设备设施的法定检测报告,检验证书,合格证等;

3) 工艺流程图和详细的工艺、装置、设备说明书;

4）设备试运行方案、操作规程、维修方案、应急处置措施；

5）工艺物料或危化品安全技术说明书；

6）本企业及相关行业事故记录。

2. 风险点的划分

合理、正确划分风险点,既可以顺利开展危险有害因素辨识工作,又可以保证危险有害因素辨识、风险评估的系统性、全面性,是整个危险有害因素辨识、风险评估重要一环。风险点可分为静态风险和动态风险。

1）静态风险点

静态风险点划分应当遵循"大小适中、便于分类、功能独立、易于管理、范围清晰"的原则,企业静态风险点划分可按生产工艺流程、设备设施、场所区域进行划分,如按照原材料、产品储存区域,生产车间或装置、公辅设施等功能分区进行划分。对于规模较大、工艺复杂的系统,可按照所包含的工序、设施、部位进行细分。

2）动态风险点

动态风险点的划分,应当包括生产经营全过程所有常规和非常规状态的作业活动,按生产操作、作业活动划分,风险等级高、可能导致严重后果的作业活动都应划分为动态风险点。

3. 风险辨识范围

风险辨识应覆盖所划分风险点内全部要素,即包括地上、地下以及相关方占用的场所和区域的所有作业环境、设备设施、生产工艺、危险物质、作业人员及作业活动,应考虑过去、现在、将来三种时态和正常、异常、紧急三种状态。

常见的危险有害因素包括:

1）人的行为:辨识中应考虑作业过程所有的常规活动和非常规活动,非常规活动是指异常状态、紧急状态的活动。

2）物的状态:辨识中应考虑正常、异常、紧急三种状态。常见的异常状态有监测参数偏离正常值、试生产调试阶段、异常开停车、设备带病作业、临时性变更工艺、事故排放等。常见的紧急状态有监测参数严重超过限值、危险物质大量泄漏、紧急停车、设备事故、压力管道和容器破裂、停水停电(需要连续供电供水)等。

3）环境因素:辨识中应考虑内部环境和外部环境。

4）管理因素:辨识中应考虑法律法规的符合性,自身管理需要及更新情况。

4. 危害因素识别

1) 采用适用的辨识方法,对风险点内存在的危险有害因素进行辨识,在进行危险有害因素识别时,应依据《企业职工伤亡事故分类》(GB6441)和《生产过程危险和有害因素分类与代码》(GB/T13861)的规定,对潜在的人的因素、物的因素、环境因素、管理因素等危险有害因素进行辨识,综合考虑因物引起事故的诱导性原因、致害物、伤害方式等,确定事故类别。

2) 辨识危险有害因素也可以从能量和物质的角度进行。其中,从能量的角度可以考虑机械能、电能、化学能、热能和辐射能等。例如:机械能可造成物体打击、车辆伤害、机械伤害、起重伤害等;热能可造成灼烫、火灾;电能可造成触电;化学能可导致中毒、火灾、爆炸、腐蚀。从物质的特性可以考虑压缩或液化气体、腐蚀性物质、可燃性物质、氧化性物质、毒性物质、放射性物质、粉尘和爆炸性物质等。

5. 风险辨识方法

1) 物的状态、环境及管理的因素,可以用安全检查表法(SCL)对各个静态风险点的物的状态、环境及管理的因素进行辨识,具体包括编制安全检查表、列出设备设施清单、进行危险源辨识等步骤。根据划分的风险点,从基础管理、选址布局、工艺管理、设备管理、电气系统、仪表系统、危化品管理、储运系统、消防系统、公用工程系统等方面,制定安全检查表。安全检查表法依据相关的标准、规范,对工程、系统中已知的危险类别、设计缺陷以及与一般工艺设备、操作、管理有关的潜在危险有害因素进行判别检查,适用于对设备设施、建构筑物、安全间距、作业环境等存在的风险进行分析。

2) 人的行为风险辨识,即动态风险点,可以工作危害分析法(JHA)编制作业活动表,通过对工作过程的逐步分析,找出人的不安全行为可能导致的事故。从作业活动表中选定一项作业活动,将作业活动分解为若干相连的工作步骤,识别每个工作步骤的潜在危害因素,然后通过风险评价,判定风险等级,制定控制措施。

(三) 工贸行业典型安全隐患案例与分析

近年来,工贸行业涉及粉尘爆炸危险的、使用液氨制冷的和存在硫化氢、一氧化碳等中毒风险有限空间作业的等重特大安全生产事故时有发生,造成了人民生命和财产的巨大伤害和损失。下文对一些具有较大社会影响的典型事故案例进行分析。

1. 粉尘爆炸的安全生产事故

粉尘爆炸是可燃粉尘在有限空间内与空气混合形成粉尘云,在引火源作用下,发生温度、压力急剧跃升的现象。纺织行业的棉、毛加工,轻工行业的食品制造业(面粉等)、木材加工和有色行业的金属制品(铝、镁)加工等,均存在发生粉尘爆炸的安全隐患。

案例:昆山中荣金属"8.2"特大粉尘爆炸事故

2014 年 8 月 2 日 7 时 34 分,位于江苏省苏州市昆山市昆山经济技术开发区的昆山中荣金属制品有限公司抛光二车间发生特别重大铝粉尘爆炸事故,当天造成 75 人死亡、185 人受伤。依照《生产安全事故报告和调查处理条例》(国务院令第 493 号)规定的事故发生后 30 日报告期,共有 97 人死亡、163 人受伤(事故报告期后,经全力抢救医治无效陆续死亡 49 人,尚有 95 名伤员在医院治疗,病情基本稳定),直接经济损失 3.51 亿元。

事故经过:2014 年 8 月 2 日 7 时,事故车间员工上班。7 时 10 分,除尘风机开启,员工开始作业。7 时 34 分,1 号除尘器发生爆炸。爆炸冲击波沿除尘管道向车间传播,扬起的除尘系统内和车间集聚的铝粉尘发生系列爆炸。当场造成 47 人死亡、当天经送医院抢救无效死亡 28 人,185 人受伤,事故车间和车间内的生产设备被损毁。

事故原因:事故车间除尘系统较长时间未按规定清理,铝粉尘集聚。除尘系统风机开启后,打磨过程产生的高温颗粒在集尘桶上方形成粉尘云。1 号除尘器集尘桶锈蚀破损,桶内铝粉受潮,发生氧化放热反应,达到粉尘云的引燃温度,引发除尘系统及车间的系列爆炸。因没有泄爆装置,爆炸产生的高温气体和燃烧物瞬间经除尘管道从各吸尘口喷出,导致全车间所有工位操作人员直接受到爆炸冲击,造成群死群伤。

1) 物的因素

本案例中,由于一系列违法违规行为,整个环境具备了粉尘爆炸的五要素,最终引发了爆炸。粉尘爆炸的五要素包括:可燃粉尘、粉尘云、引火源、助燃物、空间受限。事故车间抛光轮毂产生的抛光铝粉,主要成分为 88.3% 的铝和 10.2% 的硅,抛光铝粉的粒径中位值为 19 微米。经实验测试,该粉尘为爆炸性粉尘,粉尘云引燃温度为 500℃。事故车间、除尘系统未按规定清理,导致铝粉尘沉积。除尘系统风机启动后,每套除尘系统负责的 4 条生产线共 48 个工位抛光粉尘通过一条管道进入除尘器内,由滤袋捕集落入到集尘桶内,在除尘器灰斗和集尘桶上部空间形成爆炸性粉尘云。集尘桶内超细的抛光铝粉,在抛光过程中具有一定的初始温度,比表面积大,吸湿受潮,与水及铁锈发生放热反应。除尘风机开启后,在集尘桶上方形成一定的负压,加速了桶内铝粉的放热反应,温度升高达到粉尘云引燃温度。1 号除尘器集尘桶未及时清理,估算沉积铝粉约 20 千克。事发前两天当地连续降雨;平均气温 31℃,最高气温 34℃,空气湿度最高达到 97%;1 号除尘器集尘桶底部锈蚀破损,桶内铝粉吸湿受潮。桶底锈蚀产生的氧化铁和铝粉在前期放热反应触发下,发生"铝热反应",释放大量热量使体系的温度进一步增加。在除尘器风机作用下,大量新鲜空气进入本体为倒锥体钢壳结构,内部是有限空间,容积约 8 立方米空间受限除尘器内,支持了爆炸发生。此外,事故车间电气设施设备不符合《爆炸和火灾危险环境电力装置设计规范》(GB50058—1992)规定,均不防爆;电缆、电线敷设方式违规,电气设备的金属外壳未作可靠接地。现场作业人员密集,岗位粉尘防护措施不完善,未按规定配备防静电工装等劳动保护用品,进一步加重了人员伤害。

2)环境因素

车间铝粉尘集聚严重。事故现场吸尘罩大小为 500 毫米×200 毫米,轮毂中心距离吸尘罩 500 毫米,每个吸尘罩的风量为 600 立方米/小时,每套除尘系统总风量为 28800 立方米/小时,支管内平均风速为 20.8 米/秒。按照《铝镁粉加工粉尘防爆安全规程》(GB17269—2003)规定的 23 米/秒支管平均风速计算,该总风量应达到 31850 立方米/小时,原始设计差额为 9.6%。因此,现场除尘系统吸风量不足,不能满足工位粉尘捕集要求,不能有效抽出除尘管道内粉尘。同时,企业未按规定及时清理粉尘,造成除尘管道内和作业现场残留铝粉尘多,加大了爆炸威力。

3)管理的因素

中荣公司违法违规组织项目建设和生产,是事故发生的主要原因。厂房设计与生产工艺布局违法违规。事故车间厂房原设计建设为戊类,而实际使用应为乙类,导致一层原设计泄爆面积不足,疏散楼梯未采用封闭楼梯间,贯通上下两层。事故车间生产工艺及布局未按规定规范设计。生产线布置过密,作业工位排列拥挤,在每层 1072.5 平方米车间内设置了 16 条生产线,在 13 米长的生产线上布置有 12 个工位,人员密集,有的生产线之间员工背靠背间距不到 1 米,且通道中放置了轮毂,造成疏散通道不畅通,加重了人员伤害。尘系统设计、制造、安装、改造违规。

事故车间除尘系统改造委托无设计安装资质的公司设计、制造、施工安装。除尘器本体及管道未设置导除静电的接地装置、未按《粉尘爆炸泄压指南》(GB/T15605—2008)要求设置泄爆装置,集尘器未设置防水防潮设施,集尘桶底部破损后未及时修复,外部潮湿空气渗入集尘桶内,造成铝粉受潮,产生氧化放热反应。

中荣公司安全生产规章制度不健全、不规范,盲目组织生产,未建立岗位安全操作规程,现有的规章制度未落实到车间、班组。未建立隐患排查治理制度,无隐患排查治理台账。风险辨识不全面,对铝粉尘爆炸危险未进行辨识,缺乏预防措施。未开展粉尘爆炸专项教育培训和新员工三级安全培训,安全生产教育培训责任不落实。

4) 人的因素

员工对铝粉尘存在爆炸危险没有认知,车间本应每天清扫,但繁忙时连一月一扫都做不到,铝粉积尘长期不清理,导致车间粉尘浓度严重超标。

2. 使用液氨制冷的安全生产事故

液氨作为制冷剂,在工业生产中被广泛应用,在国内制冷领域是三大主流制冷剂之一,市场占有率很大。但是,液氨也有明显的危险特性:与空气混合能形成爆炸性混合物,遇明火、高热能引起燃烧爆炸,与氟、氯等接触会发生强烈的化学反应。使用液氨制冷的导致的安全生产事故也是屡屡发生。

案例:吉林省长春市宝源丰禽业有限公司"6·3"特别重大火灾爆炸事故

2013年6月3日6时10分许,位于吉林省长春市德惠市的吉林宝源丰禽业有限公司(以下简称宝源丰公司)主厂房发生特别重大火灾爆炸事故,共造成121人死亡、76人受伤,17234平方米主厂房及主厂房内生产设备被损毁,直接经济损失1.82亿元。

事故经过:2013年6月3日5时20分至50分左右,吉林省长春市宝源丰禽业有限公司员工陆续进厂工作(受运输和天气温度的影响,该企业通常于早6时上班),当日计划屠宰加工肉鸡3.79万只,当日在车间现场人数395人。6时10分左右,部分员工发现一车间女更衣室及附近区域上部有烟、火,主厂房外面也有人发现主厂房南侧中间部位上层窗户最先冒出黑色浓烟。部分较早发现火情人员进行了初期扑救,但火势未得到有效控制。火势逐渐在吊顶内由南向北蔓延,同时向下蔓延到整个附属区,并由附属区向北面的主车间、速冻车间和冷库方向蔓延。燃烧产生的高温导致主厂房西北部的1号冷库和1号螺旋速冻机的液氨输送和氨气回收管线发生物理爆炸,致使该区域上方屋顶卷开,大量氨气泄漏,介入了燃烧,火势蔓延至主厂房的其余区域。

事故原因:宝源丰公司主厂房一车间女更衣室西面和毗连的二车间配电室的上部电气线路短路,引燃周围可燃物。当火势蔓延到氨设备和氨管道区域,燃烧产生的高温导致氨设备和氨管道发生物理爆炸,大量氨气泄漏,介入了燃烧。造成火势迅速蔓延的主要原因:一是主厂房内大量使用聚氨酯泡沫保温材料和聚苯乙烯夹芯板(聚氨酯泡沫燃点低、燃烧速度极快,聚苯乙烯夹芯板燃烧的滴落物具有引燃性)。二是一车间女更衣室等附属区房间内的衣柜、衣物、办公用具等可燃物较多,且与人员密集的主车间用聚苯乙烯夹芯板分隔。三是吊顶内的空间大部分连通,火灾发生后,火势由南向北迅速蔓延。四是当火势蔓延到氨设备和氨管道区域,燃烧产生的高温导致氨设备和氨管道发生物理爆炸,大量氨气泄漏,介入了燃烧。

1)物的因素:火势从起火部位迅速蔓延,聚氨酯泡沫塑料、聚苯乙烯泡沫塑料等材料大面积燃烧,产生高温有毒烟气,同时伴有泄漏的氨气等毒害物质。

2)环境作业因素:主厂房内逃生通道复杂,且南部主通道西侧安全出口和二车间西侧直通室外的安全出口被锁闭,火灾发生时人员无法及时逃生。主厂房内没有报警装置,部分人员对火灾知情晚,加之最先发现起火的人员没有来得及通知二车间等区域的人员疏散,使一些人丧失了最佳逃生时机。

3)管理因素:宝源丰公司安全生产主体责任不落实。相关建筑未按原设计施工,违规将保温材料更换成易燃的聚氨酯泡沫,也未按规范对电气线路设备进行施工。企业从未组织开展过安全宣传教育,也从未对员工进行安全知识培训;虽然制定了事故应急预案,但是从未组织开展过应急疏散演练。未制定各项规章制度,违规锁闭安全出口,未按照有关规定对重大危险源进行监控。

4)人的因素:企业管理人员、从业人员缺乏消防安全常识和扑救初期火灾的能力,员工缺乏逃生自救互救知识和能力。

3.有限空间作业的安全生产事故

有限空间作业涉及矿山、化工、建筑、电力、造纸、造船、食品加工、餐饮、市政工程、城市燃气、污水处理、特种设备等多个行业领域,是企业易忽视的高风险作业,加之作业环境千差万别、作业人员素质参差不齐,极易发生有限空间作业生产安全事故。

案例:广东东莞市中堂镇双洲纸业有限公司"2·15"较大中毒事故

事故经过:2019年2月15日,广东省东莞市双洲纸业有限公司环保部主任安排 2 名车间主任组织 7 名工人对污水调节池(事故应急池)进行清理作业。当晚 23 时许,3 名作业人员在池内吸入硫化氢后中毒晕倒,池外人员见状立刻呼喊救人,先后有 6 人下池施救,其中 5 人中毒晕倒在池中,1 人感觉不适自行爬出。事故最终造成 7 人死亡、2 人受伤,直接经济损失约 1200 万元。

事故原因:污水处理班人员等 3 人违章进入含有硫化氢气体的污水调节池内进行清淤作业。污水调节池属于有限空间,相关人员违章进行有限空间作业表现在以下几个方面:作业前未采取通风措施,对氧气、有毒有害气体(硫化氢)浓度进行检测;在作业过程中未采取有效通风措施,且未对有限空间作业面气体浓度进行连续监测;作业人员未佩戴绝式正压呼吸器作业和便携式毒物报警仪,没有配备必要的救援器材和器具(气体检测仪,通风装备、吊升装备等)。

1) 环境因素:污水调节池曝气不均匀,存在连片未曝气淤泥区,未经曝气的淤泥中有机物酵解生成沼气,淤泥中的硫生成硫化氢压封于污泥中,清淤时消防高压水的剧烈扰动使硫化氢气体释放到池内空气中,浓度逐渐增高、扩散。

2) 管理因素:公司安全生产主体责任、安全生产管理制度、安全生产隐患排查治理工作不落实,有限空间作业应急救援预案编制不完善、应急演练缺失,专项安全培训不到位。企业未履行有限空间作业审批手续,作业前未检测、未通风,作业人员未佩戴个体防护用品,违规进入有限空间作业。企业应急演练缺失,作业人员未经培训,缺乏有限空间安全作业和应急处置能力。

3) 人的因素:事故发生后,现场人员盲目施救导致事故伤亡的扩大。参与应急救援的人员不具备有限空间事故应急处置知识和能力,在对污水调节池内中毒人员施救时未做好自身防护。

三、工贸企业常见现场安全隐患

工贸行业安全隐患可分为专项类和行业类安全隐患。专项类安全隐患包括涉及粉尘爆炸危险的、使用液氨制冷的、存在硫化氢和一氧化碳等中毒风险有限空间作业的等 3 个风险作业情况的全部工贸企业。行业类事故隐患判定标准适用于冶金、有色、建材、机械、轻工、纺织、烟草等 7 个行业的工贸企业,行业类现场安全隐患包括:特种设备现场管理、生产设备设施、场所环境、作业人员操作行为、消防安全、用电安全、职业卫生现场安全、相关方现场管理等。工贸行业常见的安全隐患如下：

（一）专项类安全隐患

1. 存在粉尘爆炸作业场所

常见的安全隐患：（1）部分企业主要负责人长期脱岗、不履行安全生产管理职责；（2）主要负责人与安全管理人员对本企业粉尘涉爆场所安全风险与防范措施认识不足，未对涉爆场所作业人员开展除尘防爆安全培训；（3）没有对粉尘爆炸危险场所进行安全风险辨识；（4）除尘系统不符合国家标准；干式除尘系统未规范采用泄爆、隔爆、惰化、抑爆等任一种控爆措施；（5）针对镁铝金属粉尘未优先采用湿式除尘；（6）粉尘爆炸危险场所的区域未使用防爆电气设备设施；（7）砂光机连接的风管未安装火花探测报警装置；（8）违规采用正压除尘；（9）除尘系统未设置锁气卸灰装置；（10）粉尘爆炸危险场所与人员密集场所安全距离不足；与非涉爆场所未明显分隔；（11）未制定涉爆粉尘清扫制度；（12）作业场所涉爆粉尘未及时清扫并记录签名；（13）未建立粉尘涉爆场所设备维修、安全用电、动火作业管理制度；（14）未建立并实施安全隐患排查治理制度，日常安全检查流于形式。

2. 涉液氨制冷作业

常见的安全隐患：（1）主要负责人与安全管理人员对液氨制冷安全风险与防范措施不清楚；（2）没有开展液氨制冷作业安全风险辨识；（3）未制定检维修、动火作业、有限空间作业等管理制度；（4）60、70年代建厂的涉氨企业设备落后、陈旧老化；没有由具备冷库工程设计、压力管道设计资质的设计单位按相关标准设计，缺乏设计及设备安装技术资料；（5）冷库距居民区、工厂、商店、重要公共设施等距离不符合国家标准；（6）特种作业人员（制冷工、叉车工）无证上岗，违章作业时有发生；（7）从业人员未经专门安全培训合格上岗；（8）液氨制冷机房值班室未配备便携式浓度检测设备与堵漏器材等必要的应急器材和设备；（9）氨制冷机房未设置水喷淋系统、视频监控、报警系统；（10）快速冻结装置未能设置在单独的作业间或隔离墙体采用非防火材料；（11）电气线路敷设不规范、用电负荷超额、未设短路保护装置、私拉乱接电线、使用"三无"电器产品等；（12）未配备专业电工、未按规定定期检测电气线路安全；（13）未编制生产安全事故应急救援预案或现场处理方案；（14）快速冻结装置未设置在单独的作业间内，且作业间内作业人员数量超过9人。

3. 存在有限空间作业

常见的安全隐患：(1)企业主要负责人对有限空间作业的危害性与防范措施不清楚；(2)没有建立健全有关有限空间作业制度和规程；(3)没有对现场负责人、监护人员、作业人员、应急救援人员进行安全培训，或者培训内容不全，或者内容缺乏针对性，培训记录不健全；(4)没有对有限空间进行辨识，没有确定有限空间数量、位置以及危险有害因素等情况；(5)没有建立有限空间管理台账，并及时更新；(6)有限空间作业前，没有对作业环境进行评估，没有制定作业方案；(7)作业方案或者作业审批表未报企业安全生产管理人员审核，未报企业负责人批准；8)没有严格遵守"先通风、再检测、后作业"的原则；(9)检测仪器未经检验或者校准；(10)检测指标不全，未对所有涉及的易燃易爆物质、有害有毒气体浓度进行检测；(11)未如实记录检测时间、地点、气体种类、浓度等信息，没有检测人员签字，检测记录没有存档；(12)未采取可靠的隔断（隔离）措施（如关闭阀门、加装盲板或者断开一段管道等）将可能涉及作业安全的设施设备、存在有毒有害物质的空间与作业地点分开；(13)未经通风与检测，进入有限空间作业；(14)有限空间作业场所的照明灯具电压不符合《特低电压限值》(GB/T3805)国家标准；易燃易爆场所的照明灯具不符合有关防爆国家标准；(15)作业过程中未采取通风措施，保持空气流通，未定时或者连续检测有害因素；(16)作业人员未佩戴或者正确佩戴劳动防护用品进入有限空间作业；(17)作业现场没有监护人员，或者现场没有配备应急救援装备（正压氧气呼吸器、防护服等）；(18)作业中断超过 30 分钟，作业人员再次进入有限空间作业时，没有重新通风与检测；(19)作业人员与外部监护人员没有可靠的通讯联络；(20)没有制定有限空间作业应急预案，没有配备呼吸器、防毒面罩、通讯设备、安全绳等应急器材，没有进行定期演练；(21)有限空间场所没有规范设置有限空间安全警示标志和警示说明；(22)将有限空间作业发包给不具备资质或者安全条件的承包方，或者未签订专门的安全生产管理协议；(23)呼吸器、检测仪等设备破损；(24)作业人员、监护人员、救援人员不会正确佩戴或者使用劳动防护用品以及应急救援装备；(25)发生事故时，现场人员未能立即报警而是盲目施救，救援人员未佩戴必要的呼吸器等应急装备盲目施救。

（二）行业类现场安全隐患

1. 特种设备及场所

主要包括起重机械、压力容器管道、压力表、安全阀、气瓶。常见的安全隐患包括设备未定期检验、人员未持证上岗、未建立统计台账、无日常检查记录，常见的安全隐患：(1)起重机械：自制提升设备无特种设备使用备案登记证及检验合格证，操作人员无特种设备操作证；行车吊钩无防脱装置；钢丝绳断丝严重，在使用或降低吨位使用；扫轨板牢固且与轨道之间的隙不大于10mm；无滑线通电指示灯和工作指示灯；(2)压力表、安全阀：压力表未定期进行有效检验(半年)，未张贴检验合格标识无限压警示红线；安全阀未定期进行有效检验(半年)，无铅封；安全阀与楼顶板间距只有2cm泄压空间；(3)压力容器管道：管道颜色不正确，无流向标志；天然气管道法兰未跨接；(4)气瓶：氧气瓶存放处要无禁油脂的标志；氧气、乙炔气瓶使用时需间距少于5m，距离动火点间距少于10m；无防倾倒措施；气瓶堆放时，瓶帽和减震圈不齐备，气瓶严重锈蚀现象；漆色不正确，无警示标识；乙炔瓶未安装防回火装置。

2. 危化品及使用场所

常见的安全隐患：(1)危化品露天存放；2)不同特性的危险化学品存储于同一库房内；3)作业现场危险化学品储量过多；4)危险化学品库房以及使用区域(易燃易爆区域)内的电气不防爆。

3. 消防设施

常见的安全隐患：(1)灭火器材管理不规范，消防水带、水枪缺失；(2)灭火器欠压失效、过期；(3)手提式灭火器未入箱或悬挂摆放、悬挂过高；(4)气体灭火器控制线未连接；(5)消防栓箱被物品遮挡，货物堆放凌乱，堵塞消防应急通道；(6)应急照明灯不能正常工作；(7)未按要求设置室内消火栓系统，或水压水量不能满足灭火需求；(8)未按要求设置火灾自动报警、自动喷水灭火、气体灭火、防排烟等设施；(9)消防设施系统损坏瘫痪无法正常使用，消防管道无水，不具备防灭火功能。

4. 配电房、电气线路及移动电气设备

常见的安全隐患：(1)电气线路布置、接线不规范，桥架未跨接；(2)配电房无火灾自动报警装置；(3)配电房无挡鼠板、门窗无防小动物网格，存在未封闭空洞；(4)配电室物品杂乱，放置生活用品，使用电暖器；(5)配电柜被遮挡、柜体无侧盖和后盖；(6)箱门未接PE线，门内侧未张贴接线图；(7)开关板不规范，未入箱线路未穿管，插座未安装漏电保护器；(8)I类手持电动工具为二芯线没有进行保护接零、电源线为塑料线并有接头；(9)焊机二次侧接头未采用快速接头，接头裸露和破损。

5. 普通机械设备

常见的安全隐患:(1)电机联轴器、传动带无护罩、防护网;(2)设备未设置防手误入隔离栅,冲压设备脚踏开关无三面防护罩;(3)砂轮机无托架、无挡屑板、无软垫、无护罩,皮带无防护罩,法兰盘和砂轮间无缓冲垫,无切割下限位装置。

6. 作业环境及人员

常见的安全隐患:(1)厂区临边处,斜梯以及竖梯无安全防护栏杆;(2)循环水池孔洞及周边无安全防护盖板或安全防护栏杆;(3)进入受限空间或高处作业人员未佩戴个体劳动防护用品,现场无人监护;(4)仓库与民居间距不足、库房与周边环境及厂房防火间距不足,宿舍与仓库设在同一建筑物内;

7. 涉煤气生产储存使用

常见的安全隐患:(1)企业主要负责人与安全管理部门未组织制定有关煤气作业安全操作规程,未定期组织开展安全检查;(2)煤气作业人员未经培训考核合格持证上岗;(3)未建立煤气防护站(组),没有配备必要的煤气防护人员、煤气检测报警装置及防护设施;(4)未按要求每年至少组织开展一次煤气事故应急演练;(5)煤气柜建设在居民稠密区,未远离大型建筑、仓库、通信和交通枢纽等重要设施;(6)柜顶未设置防雷装置;(7)煤气区域未按规定的爆炸性危险环境区域划分,未采用符合要求的防爆电气设备;(8)在可能发生煤气泄漏的场所,以及煤气区域的值班室、操作室等人员较集中的地方,未设置固定式煤气检测报警仪和安全警示标志;(9)煤气分配主管上支管引接处,未设置可靠的隔断装置;(10)煤气进入车间前的管道,未按标准要求设置总管切断阀或可靠的隔断装置;(11)煤气水封和排水器的设置、水封高度、给(加)水装置不符合国家标准;(12)带煤气作业或在煤气设备上动火没有作业方案和安全措施,未取得煤气防护站或安全主管部门的书面批准;(13)作业现场未配备必要的应急救援设备设施;(14)动火、用电、有限空间、检修等作业未制定并落实安全防范措施,未落实现场安全管理人员监督制度。

四、工贸行业安全隐患产生的原因

基于作业活动的风险辨识,工贸行业安全隐患的产生可以归纳为四个方面原因:人的不安全行为、物的不安全状态、作业环境因素以及管理上的缺陷。

1. 人的不安全行为

人的不安全行为体现在:(1)员工安全教育、安全操作知识缺乏;(2)违章作业,不遵守安全操作规程;(3)技能水平、身体状况等不符合岗位要求的人员上岗作业;(4)习惯性违章,对隐患的存在抱有侥幸心理;(5)不正确佩戴个人安全防护用品,甚至放弃不用等。

2. 物的不安全状态

物的不安全状态体现在:(1)设备的本质安全设计存在缺陷,不符合人机工程学原理,易引发误操作,造成安全事故;(2)设备安全防护装置缺失、不全或存在缺陷、损坏,无防护作用;(3)消防器材不合格或已过期,特种设备已过检验期或未检验使用等;(4)私拉、乱接电线,电气设备使用不规范。

3. 作业环境的因素

作业环境的隐患表现在:(1)厂房、车间通风不良,内部采光达不到要求,室内温度过高或过低;(2)作业场所不整洁,粉尘不及时清理;(3)设备摆放、材料堆放不符合安全规程和防护要求,生产工具、成品、半成品、边角废料等随意丢放,占用消防通道和工作区域;(4)各类安全警示、指示标志缺少、不明确或指示混乱。

4. 管理上的缺陷

管理上的缺陷表现在:(1)安全生产规章制度不健全、不完善;(2)管理者自身安全素质不高,对事故隐患视而不见、监管不力;(3)员工因缺乏安全教育培训而导致安全意识不强,无良好的安全文化氛围;(4)工作中不按安全生产制度办事,现场违章得不到有效监管和控制。

第三节　工贸行业安全隐患治理

一、工贸行业安全隐患治理

(一)工贸行业安全隐患治理机制

工贸行业的隐患治理需要建立安全风险分级管控与隐患排查治理双重预防机制,隐患治理体系遵循闭环管理原则,要与安全风险管控措施有效性检查结合起来。

安全风险分级管控制度旨在防范化解重大安全风险,工贸企业可以通过定期组织开展全过程、全方位的危害辨识、风险评估,严格落实管控措施;针对高风险工艺、高风险设备、高风险场所、高风险岗位和高风险物品等,建立分级管控制度,有效落实管控措施,防止风险隐患演变引发事故。由于生产技术的快速发展,生产经营活动呈现出日益复杂化、多样化趋势,生产经营单位应当对生产活动中各系统、各环节可能存在的安全风险进行辨识评估,对辨识评估出的安全风险采取分级管控的管理措施。

安全风险辨识是工贸行业的隐患治理的前提条件和必要条件,只有全面、客观、准确地辨识评估安全风险,才能根据存在的风险种类、特点、危害程度,编制出有效、可操作性的隐患治理方案。

(二) 工贸行业安全隐患治理基本原则

工贸行业安全隐患治理,要通过使用、改进生产工艺、设备设施,严格的安全责任管理制度等本质安全的手段,从源头做到控制安全隐患。

本质安全的原则主要有如下几个:

1. 最小化原则(Minimization)。减少危险物质库存量,不使用或使用最少量的危险物质。具有危险的设备(如高温、高压等)设计时尽量减小其尺寸和使用数量。

2. 替代原则(Substitution)。用安全的或危险性小的原料、设备或工艺替代或置换危险的物质或工艺。该措施可以减少附加的安全防护装置,减少设备的复杂性和成本。

3. 缓和原则(Attenuation)。通过改变过程条件降低温度、压力或流动性来减少操作的危险性。主要指采用相对安全的过程操作条件,以降低危险物质的危险性。

4. 简化原则(Simplification)。指消除不必要的复杂性,以减少错误和误操作的概率。简单的单元相对于复杂单元的本质安全性更高,因为前者导致人员发生误操作及设备出错的概率要明显低于后者。所以要求设计更简单和友好型单元以降低出错和误操作的机会。

(三) 工贸行业安全隐患治理

工贸企业在组织完成对危害因素及其风险的辨识以后,要对潜在的风险进行分析评价,并制定和依据相关准则对风险程度进行分析判断,进而确定风险等级,实施分级管控。

1.风险等级的确定

风险评价采用定性法和半定量法（LEC法）相结合的评价方法。计算公式是：

$$D=L×E×C$$

D：风险性分值；L：发生事故的可能性大小；E：人体暴露在这种风险环境中的频繁程度；C：发生事故后果的严重程度。

工贸企业根据确定的评价方法与风险判定准则进行风险评价，判定潜在风险等级。按照风险点中各危险源评价出的最高风险级别作为该风险点的级别，将各评价级别划分为重大风险、较大风险、一般风险和低风险等风险等级，分别用"红、橙、黄、蓝"四种颜色表示。

A级：重大风险/红色风险，评估属极高危险。对应风险级别1级。

B级：较大风险/橙色风险，评估属高度危险。对应风险级别2级。

C级：一般风险/黄色风险，评估属显著危险。对应风险级别3级。

D级：低风险/蓝色风险，评估属轻度危险和稍有危险。分别对应风险级别4、5级。

以下情形可直接确定为重大风险（A级红色）：发生过死亡、重伤事故，或近三年（从双重预防机制企业自我评审之日起往前计算）发生三次及以上轻伤事故，且现在发生事故的条件依然存在的；构成危险化学品一级、二级重大危险源的场所和设施；具有中毒、爆炸、火灾等危险的场所，同一作业单元内现场作业人员在10人及以上的；存在快速冻结装置的涉氨制冷场所；作业人数30人及以上的粉尘涉爆场所（按生产工艺、现场设备工位等条件计算）；《工贸行业较大危险因素辨识与防范指导手册》中各行业"风险分级"等级为"重大"的，直接判定为重大风险。

以下情形可直接确定为较大风险（B级橙色）：构成危险化学品三级、四级重大危险源的场所和设施；涉及剧毒化学品的场所和设施；具有中毒、爆炸、火灾等危险的场所，同一作业单元内现场作业人员3—9人的；涉及易燃易爆和中毒窒息的有限空间作业；作业人数10人（含）以上、30人以下的粉尘涉爆场所；企业生产经营场所中存在经常进行有限空间作业的部位、涉及爆炸品及具有爆炸性的化学品的场所和设施（已经列入重大风险的除外）；《工贸行业较大危险因素辨识与防范指导手册》中各行业"风险分级"等级为"较大"的，直接判定为较大风险。

2.风险管控措施

工贸企业应当对每一项风险的现有控制措施进行评审，确定其是否有效可行。如果存在缺失、失效的状况,要及时整改或提出改进措施,降低风险。对不同级别的风险都要结合实际采取多种措施进行控制,并逐步降低风险,直至可以接受。对较大及以上等级的风险,工贸企业还应当制定专门管控方案。管控方案主要包括管控目标或任务、管控组织及职责、较大及以上风险基本信息、控制措施、资金保障等内容。

具体风险控制措施包括:工程技术措施,采取消除、替代、封闭、隔离、移开或改变方向等,实现本质安全;管理措施,如制定实施作业程序、安全许可、安全操作规程、减少暴露时间、监测监控、警报和警示信号、安全互助、风险转移等;教育措施,如进行入厂三级培训、每年再培训、安全管理人员及特种作业人员继续教育、其他方面的培训等;防护措施,如佩戴安全帽、防护服、耳塞、防护手套、防护眼镜、绝缘鞋、防毒面具、安全带、呼吸器等;应急措施,紧急情况分析、应急方案、现场处置方案的制定、应急物资的准备;通过应急演练、培训等措施,确认和提高相关人员的应急能力,以防止和减少安全不良后果。

在选择风险控制措施时,应考虑可行性和可靠性、先进性和安全性、经济合理性及经营运行情况、可靠的技术保证和服务;优先考虑工程技术措施,然后是管理措施、教育培训、个体防护和应急措施。现有控制措施不足以控制此项风险,应提出建议或改进的措施。在风险控制措施实施前应针对以下内容评审:措施的可行性和有效性;是否使风险降低到可容许水平;是否产生新的危害因素;是否已选定了最佳的解决方案;是否会被应用于实际工作中。

通过一系列隐患排查、治理措施,可以有效治理工贸企业的安全隐患。

(四) 工贸行业安全隐患专项治理措施举例

1. 涉及粉尘爆炸危险的相关行业

(1) 粉尘爆炸危险场所使用防爆电气设备设施;(2)制定粉尘清扫制度,作业现场积尘及时规范清理;(3)干式除尘系统采用泄爆、隔爆、惰化、抑爆等控爆措施。喷涂车间、调漆间规范设置通风装置和防爆电气设备设施;(4)铝镁等金属粉尘及木质粉尘的干式除尘系统规范设置锁气卸灰装置;(5)在粉碎、研磨、造粒等易于产生机械点火源的工艺设备前,按规范设置去除铁、石等异物的装置;(6)木制品加工企业,与砂光机连接的风管设置火花探测报警装置。AQ 4273—2016《粉尘爆炸危险场所用除尘系统安全技术规范》第4.7条规定:"除尘系统的风管及除尘器不应有火花进入,对存在火花经由吸尘罩或吸尘柜吸入风管危险的生产加工系统,应采用阻隔火花进入风管及除尘器的措施"。

2. 存在有限空间作业的相关行业

落实有限空间作业"七不准"：(1)未经风险辨识不准作业；(2)未经通风和检测合格不准作业；(3)不佩戴劳动防护用品不准作业；(4)没有监护不准作业；(5)电气设备不符合规定不准作业；(6)未经审批不准作业；(7)未经培训演练不准作业。

3. 存在高空作业的相关行业

高空作业"五个必须"：(1)进入施工现场必须正确佩戴安全帽；(2)高空作业人员必须进行定期的体格检查；(3)高空作业必须系好安全绳、安全带、穿防滑鞋；(4)特殊工种必须有操作合格证；(5)必须按照规定搭设安全网。

4. 存在动火作业的相关行业

(1) 对动火作业没有进行风险辨识、评估等级，没有落实动火作业审批制度，动火作业前未开具动火作业票证；(2)动火作业未按规定进行可燃气体分析以及检测和记录；未对动火作业设备(管线)采取拆离、盲封等措施；未严格按照工作方案实施，未安排专人监火，安全防护措施未落实到位；(3)未落实动火作业前"三个一律"一律不准进行交叉作业；一律清除现场可燃物质；一律检测可燃气体含量、保持良好通风，严防交叉作业动火引发爆炸、火灾事故。

案例：广东富华工程机械制造有限公司"12·31"重大爆炸事故

2014 年 12 月 31 日 9 时 28 分许，位于佛山市顺德区勒流街道港口路的广东富华工程机械制造有限公司(以下简称富华公司)车间三的车轴装配车间发生重大爆炸事故，造成 18 人死亡、32 人受伤，直接经济损失 3786 万元。

事故发生经过：2014 年 12 月 31 日，在建设试生产期间的车间三车轴装配车间停产。车间主任杜宝全通知部分员工到车间进行盘点和维护检修改造设备，并安排使用稀释剂 053(易燃易爆物品；经检测，密度 0.86g/cm³、闪点 -26℃、爆炸极限 0.9—7.5%，主要成分及含量分别为甲缩醛 33.3%、三甲苯 17.5%、甲醇 12.94%、1-甲氧基-2-丙醇 10.9%、醋酸丁酯 8.3%等，平时作为车间三喷漆工序调漆用)清除车轴装配总线表面油漆。7 时 30 分起，87 名员工陆续上班开始工作。期间，24 人在装配 A、B 线两侧使用稀释剂 053 清洁作业；3 人在装配 A 线附近切割作业；5 人准备在装配 B 线附近烧焊作业；其他人员分别在盘点、划地面标识线、维护检修改造设备等；A 线使用稀释剂 053 约 165 公斤，B 线使用稀释剂 053 约 150 公斤，清洁过程中稀释剂 053 流入到车轴总装线的地沟内，挥发后与空气混合直至到达最低爆炸浓度。9 时

28 分许,梁少坚等人在装配 B 线 17 号钢柱对应的钢构设备支架上安装卷管器,使用电焊机烧焊,电焊熔渣掉落至装配 B 线地沟内引发爆炸,随后装配 A 线地沟区域也发生爆炸。事故车间严重损毁,爆炸部位面积约 1298 平方米,屋顶坍塌面积约 600 平方米。事故当场造成 17 人死亡、33 人受伤(其中 1 人因伤势过重、经抢救无效于 2015 年 1 月 2 日傍晚死亡)。

事故直接原因:事故车间流入车轴装配总线地沟内的稀释剂挥发产生的可燃气体与空气混合形成爆炸性混合物,遇现场电焊作业产生的火花引发爆炸。

1) 管理因素:富华公司安全管理不到位,安全生产主体责任不落实。未依法建立隐患排查治理制度,未依法组织安全检查和开展日常或专业性等隐患排查,未能及时发现并消除事故隐患。未依法设置安全生产管理机构或配备专职安全生产管理人员;落实安全生产及消防安全责任制不到位,未明确各岗位的责任人员、责任范围和考核标准等内容。

未制定动火作业、易燃易爆物品使用等危险作业专门的安全管理制度。组织工人在不经安全验收的车间使用易燃易爆物品清洗生产设备和地面,并且未采取可靠的安全措施。在未办理审批手续、未清除动火现场易燃易爆物品前,在易燃易爆场所违规组织动火作业。在电焊作业场所、易燃易爆危险作业场所设置明显的安全警示和标志、标识,未告知从业人员关于电焊作业、使用易燃易爆物品存在的危险因素、防范措施及事故应急措施。安全生产、消防安全教育培训不到位。未落实从业人员安全生产三级培训、消防安全教育培训。

2) 人的因素:主要负责人和安全生产管理人员不具备与本单位所从事的生产经营活动相应的防火等安全生产知识和管理能力;电焊作业人员未经专门培训考核合格依法持证上岗。

二、工贸行业安全隐患治理管理的前沿技术

由于国家、社会对工贸行业安全的重视,近年来,各类安全隐患治理技术得到了很大进步。通过引进工贸行业国内外先进科学技术,逐步淘汰落后和不安全的生产技术、工艺和装备,推广应用安全生产适用的新技术、新工艺、新标准、新装备,提升工贸行业的本质安全化水平。大数据、人工智能是工贸行业安全隐患治理信息化技术的发展趋势。

（一）大数据技术

工贸行业安全生产管理工作复杂繁琐,事故隐患和危险、有害因素类型多样。《生产过程危险和有害因素分类与代码》(GB/T 13861—2022)将生产过程中的危险、有害因素分为人的因素、物的因素、环境因素及管理因素等 4 大类共 94 小类。《企业职工伤亡事故分类标准》(GB6441—86)将事故类别分为物体打击、车辆伤害、机械伤害等 20 类。这些实时变动又相互影响的因素不管是从数据量上,还是内在关联复杂度上,都已远远超出了靠人力防治的能力范畴。因此,需要一种全新的模式来适应社会各方面对安全生产管理的需求,需要实现六大转变:①从粗放式管理向精细化管理转变;②从单向管制向政民互动转变;③从各自为战向共享协作转变;④从被动响应向主动预见转变;⑤从行政主导管理型向以人为本服务型转变;⑥从经验决策向基于大数据的科学决策转变。其核心在于提升安全生产管理工作的信息化智能化水平,特别是要充分发挥大数据技术在安全生产管理方面的应用价值。

由民太安自主研发的智能风控云平台、安责险系统平台,将安全技术、保险技术、科信技术的完美结合,实现对风险的全过程管理,为政府部门、保险机构、生产经营单位打造一站式安全生产及风险控制管理平台。管理平台覆盖安全生产的政府管理部门(应急管理部门)、保险公司(提供安全生产责任保险)、企业(用户)及技术服务方(第三方事故预防服务提供商)四个角色,实现各方共同参与管控,实现事故预防任务可视化、流程线上闭环管理,嵌入独有的智能风控云行业模型,自动抓取安全隐患数据,并在各端推送管理,落实隐患整改。通过该系统,政府部门、保险公司、企业可以直观、高效的看到相关风险点及隐患整改情况,将保险服务前置,由事后理赔转为事前风险预防,有效防范和化解风险事故的发生,提升社会风险的管理水平和能力。对生产经营单位、园区通过风险辨识评估,针对重点风险实施智能化预警监测和监控,并对采集的风险、隐患数据进行持续跟踪、分析研判,为构建工贸行业安全隐患治理风险一张图提供数字化服务支撑。安全隐患治理信息化管理平台集中了大量的数据信息,采集的风险、隐患数据进行持续跟踪、分析研判。根据众多的历史数据信息,搭建模型,进行分析计算,预判出当前可能存在的风险,并结合实际信息,给出最优的解决方案,为管理者提供有效的数据支撑。该安责险系统平台覆盖安责险事故预防服务四个角色(政府部门、保险公司、技术服务机构、投保企业),实现多方共同管控,预防任务可视化、线上流程闭环管理,抓取隐患数据并推送至各端用户,搭建全流程信息化服务平台和构建"保险＋科技＋服务"新模式。

(二) 物联网技术

物联网分为"感、传、知、用"四层,对应着现场信息次采集、多种通讯方式联合传输信息、智能识别分析和综合应用。物联网本身包含了大量的信息传感设备,包括定位系统、视频识别、传感器等,能够针对联网物体的相关信息进行监测,在这个过程中进行信息数据的收集,最终通过互联网传输到处理器当中。信息数据不断传输、不断更新的过程,物联网能够根据信息针对联网物体进行动态的监督、记录利用互联网信息技术和移动终端设备,优化生产要素,使生产数字化、网络化。物联网应用场景包括在:(1)危险品监测。在危险品存放区域,采用探测技术对危险化学品进行实时监测。(2)消防系统检测。(3)人员和车辆定位。实时掌控工作人员和车辆的位置信息。遇到突发事件,能够第一时间统一调度调配。运用互联网＋物联网相结合,在移动终端设备上就能够看到运行的具体情况,方便管理者和工作人员之间的沟通,能够快速地传达管理者的指令,高效地开展工作。同时,便于工作人员及时汇报问题,使得每个工作人员都能够参与到应急管理当中去。

例如,在大型工业厂房的消防物联网,消防水泵房出水端压力传感器和信号转换器,以可识别的 GSM 信号传输至管理员的手机,当出水管网压力值低于设计数值时,则会触发警报。同时,消防物联网还可实时监测消防水池的水位情况,当消防水泵启动时,即可进行预警,从而有力保障了大型工业厂房消防供水系统正常运行。

(三) 北斗卫星系统技术

北斗网格编码是一套新型全球空间位置框架和编码方法,因被国家北斗系统列为新的空间位置输出标准而得名。其理论基础是北京大学程承旗教授团队承担国家 973 项目"全球空天信息剖分组织机理与应用方法"发展的新型地球空间剖分理论和大数据网格组织参考框架模型。模型将地表以上 52 万公里到近地心的地球全域空间剖分成最大为整个地球、最小 1.5 厘米的 32 级网格体元,每个网格均有唯一的二进制整形编码。

以危险源管理为例,设施设备虽已设定安全管理规则,甚至已在地面上划定标线标识,但三维空间中的安全距离不能很好标示,实际场景下人员超出安全边界不能在现场得到及时自动化的提醒提示。再如人员/车辆管理，对于内外部人员/车辆已根据任务要求、身份信息等划定差别化的路线轨迹，但实际运动中如超过预设线路边界系统不能自动识别并报警提示。北斗网格码开创性的大数据组织优势，建立统一时空框架，基于时空实现多源异构大数据的组织、汇聚、融合，特别是实现动静态数据的联通。在此基础上，建设基于北斗网格数据图的安全生产管理平台系统。具体做法是：将北斗网格作为数据骨架，把原有的场地建筑图纸、建筑模型等空间数据网格化，成为管理对象要素活动的新型时空地图。按照安全生产管理的要求，将不同管理等级的空间区域、设施设备、危险源等对象要素通过网格编码标绘挂接在时空底图上，将具体的人/车活动、业务操作乃至设备工况、电场强度、环境污染等实体全量数据与对应的时空编码相关联，建立全域空间动态孪生的大数据资源平台。通过开发各种覆盖安全生产管理全场景的应用支撑系统，利用融合数据进行智能化分析提供决策支撑。

（四）三维虚拟仿真技术

三维虚拟仿真技术可以模拟重大安全事故发生的情景，使得参训人员沉浸在一种模拟的但却逼真的训练环境中，去体验如何进行安全事故应对。将三维虚拟仿真和大数据技术结合，模拟相同安全事故情况，采取不同应急措施的结果，可为安全管理者提供更具说服力的应急预案措施。

安徽理工大学能源与安全学院、煤矿安全高效开采省部共建教育部重点实验室徐雪战等在进行虚拟现实系统软件合成的过程中，3D 虚拟现实合成软件，为用户提供了"动态加载"和"静态加载"两种场景打包方式，这两种场景打包方式均导出供生成"可执行文件"和"发布到互联网"时所用的数据包。在淮南矿业集团潘三矿综采工作面虚拟仿真系统应用中，较传统安全生产培训而言，基于三维可视化与虚拟仿真技术的综合虚拟仿真系统，因其形象、真实、交互等特点，平均节省培训时间高达 50％－60％，为企业创造了较好的经济效益。另外，由于企业安全培训的普适性特点，虚拟仿真系统可直接应用在其他企业的安全培训之中，市场应用前景广阔。应用三维可视化显示技术的虚拟仿真系统，克服了复杂生产环境的限制，能够将复杂的生产工艺和存在的安全隐患准确形象的投放到实验室教学之上，有利于工作面生产设备的运行、作用范围和相互之间进行更为详细的研究，在课堂教学和工人培训上具有投资少、效果优等特点，同时，为企业安全应急预案与抢险救灾方面提供了参考。

华南理工大学陈国华等以随机游走大气扩散模型为基础,将该气体泄漏扩散模型集成到真三维地理环境信息系统中,完成对危险化学气体泄漏扩散动态模拟仿真系统的设计与研究。该系统真三维场景根据储罐、建筑物等的实际三维地理坐标构建,场景中每个实体的何空间位置与实际完全一致,可以逼真地在真三维场景中呈现危险化学品泄漏扩散的全过程,实时动态预测并显示出气体泄漏扩散三维浓度,能更直观地、有效地帮助应急指挥人员组织应急救援和疏散,为企业、政府在危险化学气体泄漏事故预防、预测和评估以及应急预案的制定提供参考。

参考文献

[1] 苏国锋:《典型火灾事故案例 50 例(2010—2020)》,应急管理出版社,2022 年。

[2] 姚满善:《企业安全风险分级管控与隐患排查治理双重预防体系运行的思路和方法》,载《世界有色金属》2020 年第 8 期。

[3] 聂鑫、宋辉:《安全隐患大数据分析系统在钢铁企业安全管理中的应用与实践》,载《工业安全与环保》2022 年第 6 期。

[4] 袁亮等:《矿山物联网人-机-环状态感知关键技术研究》,载《通信学报》2020 年第 2 期。

[5] 李林:《北斗网格码技术在安全生产管理中的应用思考》,载《安全与健康》2022 年第 6 期。

[6] 徐雪战等:《基于三维可视化与虚拟仿真技术的综采工作面生产仿真研究》,载《中国安全生产科学技术》2014 年第 1 期。

[7] 陈国华等:《基于真三维 GIS 的危险化学气体泄漏扩散动态模拟仿真系统》,载《中国安全生产科学技术》2013 年第 1 期。

第二十四章　生产安全事故损失计算

第一节　生产安全事故损失综述

生产安全事故是指生产经营活动中,突然发生的、造成人身伤害、财物损坏、影响生产经营正常进行的意外事故。生产安全事故经常会导致人员伤亡、品牌声誉受损、产品滞销等一系列后果,甚至会对当地社会或行业产生巨大的负面影响。在现实生活中,从经济损失的角度来衡量事故的后果是最常见的做法。评价生产安全事故对社会经济和企业生产的影响,是分析安全效益、制定安全决策的重要基础性工作。本章将侧重从经济损失计算的角度来加以介绍。

一、生产安全事故的基本特征

(一)事故主体的特定性

生产安全事故仅限于生产经营单位在从事生产经营活动中发生的事故。生产经营单位主要包括从事生产经营活动的企业、事业单位和个体户等。

(二)事故地域的延展性

生产安全事故发生的地域范围是不固定的,但又是限定在有限范围内的,如 2019 年发生的江苏响水"321"爆炸事故,除造成责任方江苏天嘉宜化工有限公司厂区范围内的经济损失外,还波及了周边的 16 家企业。

（三）事故的破坏性

生产安全事故会对人员或生产经营单位造成了一定的直接经济损失，还会导致生产经营活动以及与生产经营活动有关的其他活动暂时中止或永远终止。

（四）事故的突发性

生产安全事故是短时间内突然发生的意外事故，有别于受某种危害因素长期影响而造成的损害事件，如职业病等。

（五）事故的过失性

生产安全事故主要是源于人的过失，同暴雨、洪水等自然灾害有着本质的区别，主要包括人的因素、工作环境因素和管理因素三个方面，如违规操作、作业场所可燃气体占比超标、生产现场安全设施配置不全等。

二、生产安全事故损失的分类

生产安全事故的经济损失是指在生产经营活动中发生事故所引起的一切经济损失，如生命与健康的丧失、物质或财产的损坏、时间的损失、环境的破坏等。评价生产安全事故造成的经济损失一方面要注重对人的生命与健康损失进行准确的评价，另一方面也要注重对事故的严重性和影响力进行合理的评估。

生产安全事故的损失分类有多种方式，比较常见的有以下几种。

（一）按损失与事故的关系

按损失与事故的关系分为直接经济损失与间接经济损失两类。直接经济损失指因生产安全事故造成的人身伤亡和善后处理支出的费用以及毁坏财产的价值；间接经济损失指因生产安全事故导致的产值减少、资源破坏和其他受事故影响所造成的价值损失。

（二）按损失的经济特征

按损失的经济特征分为经济损失和非经济损失，经济损失指可以直接用货币进行计量的损失；非经济损失指不可直接用货币进行计量，只能通过间接转换的方式对其进行测算。

（三）按损失与事故的关系及其属性

按损失与事故的关系及其属性，分为直接经济损失、间接经济损失、直接非经济损失和间接非经济损失四种。直接经济损失指与事故当时的、直接相联系的、能用货币直接计量的损失；间接经济损失指与事故间接相联系的、能用货币直接计量的损失；直接非经济损失指与事故当时的、直接相联系的、不能用货币直接计量的损失，如事故导致的人的生命与健康、环境的毁坏等无直接价值的损失；间接非经济损失指与事故间接相联系的、不能用货币直接计量的损失，如事故导致的工效影响、商誉损失、社会安定影响等。

（四）按损失的承担者

按损失的承担者划分为个人损失、企业（集体）损失和国家损失三类。

（五）按损失的时间特性

按损失的时间特性分为当时损失、事后损失和未来损失三类。当时损失是指事故发生当时造成的损失；事后损失是指事故发生后伴随而来的损失，如事故处理、赔偿、停工和停产等损失；未来损失是指事故发生后一段时间才会显现出来的损失，如污染造成的危害、恢复生产和原有的技术功能所需的设备、设施改造及人员培训费用等。

（六）按损失的状态

按损失的状态划分，分为固定损失和可变损失。不随事故水平变化而变化的损失为固定损失，如保险公司给付的赔偿金；反之则为可变损失。

三、生产安全事故经济损失的统计范围

我国现行国家标准《企业职工伤亡事故经济损失统计标准》（GB/T 6721—1986）规定了生产安全事故经济损失的统计范围、计算方法和评价指标。该标准将生产安全事故的经济损失分为直接经济损失和间接经济损失两部分，规定的经济损失统计指标具体如下。

（一）直接经济损失的统计范围

1. 人身伤亡后所支出的费用

（1）医疗费用（含护理费用）

（2）丧葬及抚恤费用

（3）补助及救济费用

（4）歇工工资

2. 善后处理费用

（1）处理事故的事务性费用

（2）现场抢救费用

（3）清理现场费用

（4）事故罚款和赔偿费用

3. 财产损失价值

（1）固定资产损失价值

（2）流动资产损失价值

（二）间接经济损失的统计范围

1. 停产、减产损失价值

2. 工作损失价值

3. 资源损失价值

4. 处理环境污染的费用

5. 补充新职工的培训费用

6. 其他损失费用

在实践中，应根据 GB/T 6721—1986 规定的统计范围，分别计算各项的损失金额。对于该标准没有规定计算方法和评价指标的统计项目，可参考《生产安全事故经济损失统计标准》(征求意见稿)进行计算。

第二节　生产安全事故的现场调查

一、现场调查的工作方法

及时做好现场的调查工作，收集、固化相关的证据，是计算生产安全事故经济损失的基础，同时还能够避免可能出现的分歧和争议。

实务中应根据各项目的具体情况，有针对性地选择现场调查的工作方法。

人身伤亡的现场调查工作主要采取问询、核查、收集查阅相关资料等方式进行。通过对死亡人员的身份确认、伤者和其他相关人员的情况问询,结合事故调查报告或事故原因证明材料、监控影像等资料,还原事故经过,确认伤亡人员的具体情况,同时收集相关部门出具的证明材料和医院的诊疗记录等,形成相互印证的证据链。

　　财产损失的现场调查工作主要是对事故现场进行查勘,对受损财产进行清点,对相关资料进行收集分析,确定损失项目、损失数量和损失程度等。现场清点工作的方法有许多,参考《火灾损失统计方法》(GB185—2014)结合自身的工作经验,归纳为直观判定、证据推定、检测鉴定、体积估算、类比推算等五种基本方法。

（一）　直观判定

　　直观判定是指现场通过直接的识别、观察、测量和清点等,确定受损财产的名称、数量和类别。

（二）　证据推定

　　证据推定是指根据生产经营单位提供的有效证明材料及其申报的财产损失明细,结合现场调查情况进行还原或复核,确定受损财产的名称、数量及类别。

（三）　检测鉴定

　　必须通过拆解、实验、测试、鉴定等才能确定的损失项目,可依据检测鉴定单位出具的证明材料结合现场情况予以确定。

（四）　体积估算

　　根据现场存储空间、受损财产外形尺寸和存储方式等,结合受损财产申报情况和现场残留痕迹等,估算出受损财产的数量或价值,或先确定最大存储量,再按受损财产占最大存储量的比例估算出受损财产的数量或价值。

（五）　类比推算

　　类比推算是指与相类似的对象(企业、厂房、仓库、商铺、家庭等)做参照对比,或是类比相同或相似的案例,结合现场调查情况,推算出受损财产的数量或价值。

二、现场调查工作的主要内容

（一）询问工作

查勘人员到达现场后，应要求熟悉现场情况的人员进行情况介绍，了解事故发生的经过及采取的应对措施，了解人伤情况和财产受损情况，同时了解与事故损失相关的经营状况、生产管理、财务管理、设备管理、仓库管理、工艺流程、物料流转、人员配置等，要求生产经营单位提供事故调查报告或事故原因证明材料、事故损失申报明细和其他相关材料。

询问时需做好笔录，询问结束后需要求被询问人签字确认。

（二）巡查现场

在获得许可和保证安全的前提下，对事故现场进行巡场，查看现场损失情况，落实财产损失的主要项目和规模，同时确定现场是否具备清点条件。

查勘时需对事故现场和主要受损财产进行拍照或录像，必要时需做好标识，对未脱离危险的物品要采取措施予以保护或及时处理。

（三）绘制事故现场图

根据巡场情况，绘制事故现场图，标注主要受损财产的位置、区域和受害者的位置，对受损面积较大的事故现场，可划分出严重受损区域、一般受损区域和轻微受损区域。

（四）制定现场工作计划

通过调查和沟通情况，制定现场工作的计划，包括确定有关各方的现场工作负责人、查勘组的人员组成、职责分工和工作步骤，确定遇到分歧和突发情况时的沟通方式，参与人员在落实现场工作结束后，须在清点记录上签字确认。

（五）调查和清点的工作要点

针对不同的损失项目，依据制定的现场工作计划，开展现场调查和清点工作，并拍摄现场照片或录制视频影像。

1. 人身伤亡后所支出的费用

指事故造成人的身体、生命、健康受到侵害，因人员的受伤、残疾或死亡需要支付和赔偿的费用。对于受伤人员,费用包括医疗费用和因误工减少的收入(歇工工资);致人残疾的,还包括残疾者的补助及救济费用;致人死亡的,除应当承担医疗等全部费用外,还需承担丧葬及抚恤费用。实务中要依据费用的组成项目开展调查工作。

根据现场情况、伤亡人员的受害位置结合其岗位职责、工作内容、监控录像等,判定其受害原因。

对于死亡人员,要前往就诊医院,调取抢救、治疗记录,走访主治医生,或从公安等相关部门处搜集相关资料,确认其身份。

对于受伤人员,要前往医院会面,核实人员身份、伤情,并向主管医生询问情况,了解诊断、治疗方式、后续治疗时间、合计治疗费用、遗留功能障碍等,预估伤残等级。若受伤人员仅是门诊处置并未住院,则需向医生或护士了解受伤人员的基本情况,查阅门诊、急诊登记本,记录入院时间、诊断情况、各种实验室检查编号等,并尽快与其联系,确定面谈的时间和地点。

收集伤亡人员的相关材料,包括姓名、性别、年龄、户籍、籍贯、住址、工作单位、工作合同、工资收入、家庭成员、联系电话、身份证明、医疗费明细和发票、交通食宿费凭证以及证人证言、影像资料等。

2.善后处理费用

(1)处理事故的事务性费用

处理事故的事务性费用主要包括两部分,一是伤亡职工本身善后处理的各种事务性费用,如交通费、差旅费、亲属的接待安置费等;二是事故在处理过程中的事务性费用,包括调查处理事故工作期间的聘用费、接待费、咨询服务费等。

签订有合同、协议的,要了解合同、协议的具体内容,与现场的实际工作进行比对,并收集相关的材料;无合同、协议的,要记录人员的姓名、事务名称或关联关系、停留时间、来源地等,收集人员的身份证明、交通、住宿、接待等费用票据和支付凭证等。

(2)现场抢救费用

现场抢救费用是指发生事故时,为抢救受损财产或防止灾害蔓延、援救受困人员脱离危险现场而发生的费用(救护伤员的费用列在医疗费用中统计),如火灾事故的现场灭火费用等。

了解现场实际实施的抢救项目及人员、设备的投入情况,收集相关的资料和票证。

（3）清理现场费用

为了恢复正常的生产经营活动,需要对事故现场进行整理、修复和清除残留物。

现场需查看投入清理工作的人员、设备和用品情况,记录相关的信息。

对于生产经营单位自主清理部分,要收集出勤人员的名单、在岗名称、工作时间、工作内容、物料采购和领用记录、工资表、配合作业设备的名称、规格、工时等;委外处理部分要收集委托合同或协议、支付凭证等。

（4）事故罚款和赔偿费用

事故罚款是根据国家和主管部门有关的法令和规定,对事故发生单位的罚款。

赔偿费用指因发生事故,致使合同不能按期完成,导致合同签约方的经济损失,以及损坏公共设施需要赔偿的费用。

要收集相关的文件、合同、证明、支付凭证等。

3. 财产损失

（1）固定资产

固定资产一般包括房屋和建筑物、机器设备、办公设备、运输设备、辅助设备、检测仪器和其他固定资产,实务中可将固定资产项目归结为建筑物和机器设备两大类分别进行计算。

① 建筑物

通过现场观察,对建筑物基础和上部构件的受损程度进行评估,判断是否影响建筑物的安全性。

基础构件:重点检查基础与承重砖墙连接处的水平、竖向和斜向阶梯型裂纹状况,基础与框架柱根部连接处的水平裂缝状况,房屋的倾斜位移状况,地基滑坡、稳定、特殊土质变形和开裂等状况。

砌体结构构件:重点检查各类型构件的构造连接部位状况,纵横墙交接处的斜向或竖向裂缝,承重墙体的变形、裂缝和拆改状况,拱脚的裂缝和位移以及圈梁和构造柱的完损情况。

混凝土结构构件:重点检查墙、柱、梁、板及屋架的受力裂缝和钢筋锈蚀状况,柱根和柱顶的裂缝状况,屋架倾斜以及支撑系统的稳定性情况。

木结构构件:重点检查腐朽、虫蛀、木材缺陷、节点连接、构造缺陷、下挠变形及偏心失稳情况,木屋架端节点受剪面裂缝状况,屋架的平面外变形及屋盖支撑系统稳定性情况。

钢结构构件:重点检查各连接节点的焊缝、螺栓、铆钉状况,钢柱与梁的连接形式以及支撑杆、柱脚与基础连接部位的损坏情况,钢屋架杆弯曲、截面弯曲、节点板弯折状况和屋架挠度、侧向倾斜等偏差情况。

若观察发现建筑物的安全性受到影响,例如房屋整体倾斜、承重墙或柱出现竖向长裂纹、钢结构屋架明显倾斜等,可以委托有资质的房屋安全鉴定公司进行实地检测。若仅仅是梁、柱、墙、板等承重构件及非承重构件的保护层、外观受损或局部稍有剥落,门、窗、装修及室内照明等变形或局部受损,主体结构保持完好,可根据现场查勘情况结合原设计图纸,记录受损项目、受损材料及规格、受损数量、损失情形等。

② 机器设备

根据受损财产申报明细、设备定置管理图、固定资产明细账和现场情况介绍,对照现场遗留的残骸,详细记录受损设备的名称、规格、型号、数量、位置、生产厂家、出厂日期、使用状态、损失情形等。如果受损设备较多且缺少相关材料,可现场绘制设备位置图,标注设备的位置情况。

对于灭失或不可辨识的设备,可根据现场的空间位置、工艺流程、残留零件、监控视频等确定损失情况。

对于无法确定的申报项目,可要求生产经营单位补充提供证据证明,通过分析相关资料,确认损失或对申报受损项目不予认定。

现场如果无法直观地对机器设备的损失进行认定,可委请原生产厂家、专业修理公司或专业鉴定公司进行拆解、检测,查勘人员需见证拆解、检测工作的过程,确认采用评判标准的合理性。

对检测鉴定报告认定的损失项目,要结合现场情况和事故原因等进行分析,与事故原因关联的予以认可,对自然磨损、自然损耗等机器设备运行必然造成的损失项目不予认定,同时对机器设备的性能增加或改进所产生的维修项目不予认定。

固定资产需收集固定资产总账、固定资产明细账,以及相关的固定资产卡片、原始建造或购置合同和发票、验收记录、使用说明书、检测鉴定合同和鉴定报告、维修报价单、维修合同、维修发票等。

(2) 流动资产

生产安全事故造成的流动资产损失主要是指存货项下的各类原材料、半成品和在制品、产成品以及包装材料、低值易耗品、委托加工物资等。

根据现场情况或绘制的事故现场图,结合受损财产的申报明细,分区域对可辨识的受损项目进行逐项的清点、记录,必要时可对同类未受损的项目进行清点。

清点工作需遵循分类别、分品种、分等级、分损失程度的原则,关注受损项目的名称、类别、材质、位置、存储方式、损失情形等。对带有包装的项目除清点记录包装物的损失外,还需开包检验内容物的损失情况,记录其材质、用途、存储条件、损失情形等。清点时要注意辨识残次品、废品、返修品、滞销品等。

对于灭失或不可辨识类的项目,要根据受损财产申报明细、材质、摆放方式、现场空间位置、工艺流程、物料流转情况、生产和库存记录以及监控视频等,合理判定损失品种和损失数量。对于无法确定的申报项目,可要求生产经营单位补充提供证据证明,通过分析相关资料,确认损失或对申报受损项目不予认定。

现场清点时,要对受损存货的处理方式进行调查,一般采取问询的方式,了解受损原材料能否降等使用、受损产成品能否返工或折价销售、日常残次废品的处理方式等;对于受损的半成品和在制品,要了解工艺流程,确认受损时的工序节点,受损状况对下道工序的影响度以及是否可以返工或再加工处理等。

现场记录时,需要记下准确的损失情形,配合材质、使用要求、检测报告等作为损失程度的认定依据,如火灾事故中的烧毁、烧熔、变形、烟熏、水淋等,水灾事故中的水浸、水湿、腐烂、变色等,不能简单地记录为受损。

流动资产需收集与受损项目相关的材料,如资产负债表、利润表、存货总账、存货明细账、盘点表、仓库流水账、出入库单据、生产报表、成本核算表、采购合同和发票、销售合同和发票等。

以下举例说明如何确定流动资产的损失数量。

某园区的一幢建筑物发生火灾事故,造成钢结构屋顶部分坍塌、部分变形。该建筑物为钢筋混凝土框架结构,屋顶为三角形钢屋架铺设彩钢瓦屋面。建筑物共分为两层,每层又被分隔成多个房间,供商户租赁使用。本次事故导致该幢建筑物内的多家租赁商户的商品受损。

某二层租赁商户经营的商品主要为不同品牌、不同类型的贴膜。现场查勘时,看到该商户存储的贴膜全部过火烧损,少量已高温熔融,部分被坍塌的隔墙残骸掩埋,也有一部分虽受损,但仍保持原堆放状态。

根据现场查勘情况,查勘人员认为申报的损失数量 20039 卷与现场情况不符。

首先,根据现场遗留的残骸情况,绘制的受损贴膜存储位置图见 24-1。

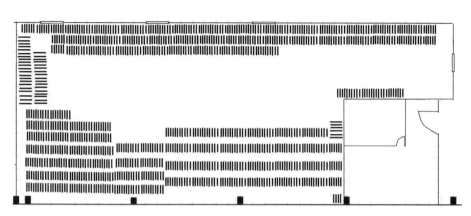

图 24-1　受损贴膜存储位置图

据现场了解,贴膜的计量单位主要为卷,每卷长度多为 45m—50m,平均幅宽 1.25m。通过现场测量,存储区域按单卷摆放方式折算长度为 250m,由此计算贴膜存储区域的面积约为 1.25m×250m＝312m2。

测量单卷贴膜的外形尺寸,计算出每卷的平均体积为 0.078m³,则计算申报受损的 20039 卷贴膜对应的体积约为 1563m³。按照 312m2 的存储面积计算,贴膜的堆高达到了 5m,而二层楼板至屋脊的高度只有 6m,且屋顶钢结构未见明显变形,同时 5m 的堆高与保持原状部分的高度差异较大。

其次,受损商户提供了 2015 年至 2021 年之间的贴膜购买明细表、对账单,以及 2022 年度的购买记录、发票等,但未提供库存盘点表及出库记录等。

通过对其提供的材料进行审阅,发现申报的库存总金额占其提供的 2015 年—2022 年 7 年总采购金额的 50% 以上,这与一般商户的经营情况严重不符。

故对其申报的贴膜损失数量不予认可。

现场通过对残骸高度和保持原状部分的堆放高度进行测量,判定实际平均堆高约为 1m,按照 312m2 的堆放面积计算,贴膜的堆放体积约为 312m³,约占申报损失数量折算体积 1563m³ 的 20%。故受损贴膜的损失数量按照申报数量的 20% 确定。

某商贸公司在该建筑物二层位置租赁了两个房间作为仓库使用。现场实测使用面积分别为 950m² 和 155m²,合计仓库面积 1105m²。现场看到仓库内除了货架位外,明显还有几处大面积的过火商品残骸。由于屋顶坍塌,部分

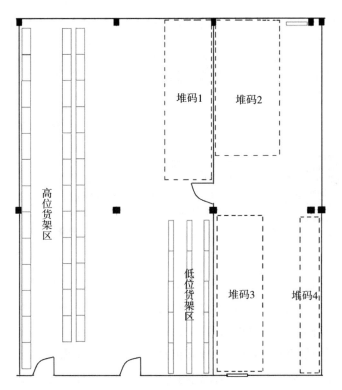

残骸被掩埋。通过现场辨识,受损商品包括培训教材、儿童玩具用品、教学用品等。

图 24 - 2 两个仓库商品存放位置示意图

根据现场调查结合残骸的分布情况,绘制了两个仓库商品存放位置示意图见图 24 - 2。

图中编号为堆码 1 至堆码 5 的区域为残骸体积较大的无货架存放区。

根据现场测量的尺寸和了解情况,计算 37 组高位货架的容积为 260m³,15 组低位货架的容积为 40m³,合计货架的容积为 300m³。货架的容积利用率按照 70% 的比例计算,则可堆放商品的体积应不少于 210m³。

测量计算堆码 1 至堆码 5 的面积合计约为 365m²,残骸的平均高度为 0.6m,则残骸的体积约为 220m³,根据经验推断该部分商品过火前的体积应在 450—500m³ 之间。

估算两个仓库存放商品的体积为 660—710m³,与申报受损商品的估算体积基本相符。故判断申报的损失数量合理，可以采纳。

以上两个案例均是在现场无法采取直观清点的情况下，采用体积估算的方法确定流动资产的损失数量。但体积估算也有明显的局限性，如化工企业具有作业过程连续化的特点，主要设备多为炉、塔、釜、罐等，物料流转一般采取管道输送，原料和产品又具有易燃易爆性，使得无法采取直观判定和体积估算的方法来确定损失，一般会采取证据推定的方法。

某化工厂发生了一起罐车泄漏重大爆炸事故，基本情况为：3月5日凌晨1:00左右，在液化气罐车卸车作业时，因作业人员出现严重的操作失误，致使连接管突然脱离，大量的液化气喷出并急剧气化，遇到点火源后发生爆炸燃烧。罐体残骸飞到邻近的异辛烷储罐区，导致异辛烷储罐发生燃烧爆炸。

异辛烷的中文名称为2,2,4-三甲基戊烷，外观为无色透明液体，不溶于水，混溶于庚烷、丙酮，溶于乙醚、苯、甲苯、二甲苯等，密度为0.691 g/cm³，易燃，易挥发，主要用于有机合成、溶剂等。

经现场查勘，异辛烷储罐区共安装有6个2000m³的内浮顶储罐，沿东西方向设置为三排，每排两个，其中东侧两个储罐（5♯和6♯）完全烧塌，密封顶盖与罐体严重变形，经现场检查，罐内已无残余储物。中间两个储罐（3♯和4♯）因罐体内浮顶被烘烤开裂，施救过程中有消防水和灰尘杂物等进入，造成存储的异辛烷被污染，现场打开3♯罐和4♯罐的阀门，可以看到流出的液体呈黑色状。西侧两个储罐（1♯和2♯）被高温烘烤，除罐体外观部分变色外，未发现明显的破损变形，但因连接1♯罐的进出管道被烧爆管，造成1♯罐的异辛烷部分流失。

事故发生后，受损企业对异辛烷的损失数量进行了统计，申报受损数量为3028.43吨。

因事故现场受损严重，档案资料和电脑已损毁殆尽，造成所需的资料无法收集，仅在生产厂长办公室找到了3日、4日2张日报表。经现场了解，夜班人员会在每天上午8时左右填写日报表，然后交给生产厂长审核，因其尚未签字交还，所以3日、4日的日报表得以留存。

关于2份日报表的真实性，经比对填写人的签字笔迹（填写人已在事故在死亡），认为该报表属实。

将2份日报表数据和现场测量储罐内残留物的数据汇总成表24-1。

表 24 - 1　日报表数据和现场测量储罐内残留物的数据汇总表

抄表时间	项　目	1#罐体完好	2#罐体完好	3#罐储物污染	4#罐储物污染	5#罐体烧塌	6#罐体烧塌	合　计
3月3日 8:00	液位 m	9.392	0.322	6.873	0.733	4.730	1.993	
	库存 T	1069.28	36.66	782.49	83.45	538.51	226.87	2737.26
3月4日 8:00	液位 m	6.785	4.925	6.850	0.725	4.735	1.967	
	库存 T	772.47	560.71	779.87	82.54	539.08	224.00	2958.67
3月5日 1:00	液位 m	1.060	8.160	10.550	0.901	0	0	
	库存 T	120.68	929.02	1201.61	102.54	0	0	

根据现场询问和统计的储罐库存量变化情况,分析认为事故前 1#罐处于出货状态,其中 3 日到 4 日减少了 1069.28 吨－772.47 吨＝296.81 吨,4 日到 5 日减少了 772.47 吨－120.68 吨＝651.79 吨(包括流失量);2#罐处于入库状态,其中 3 日到 4 日增加了 560.71 吨－36.66 吨＝524.05 吨,4 日到 5 日增加了 929.02 吨－560.71 吨＝368.31 吨。

经查阅 2 份日报表,显示 3 日统计的生产车间异辛烷产量为 557.10 吨,4 日统计的异辛烷产量为 524.05 吨。

日报表记录的 4 日异辛烷产量与 2#罐计算的增量数据吻合。以 3 日和 4 日两天异辛烷的平均产量(557.10 吨＋524.05 吨)÷2＝540.575 吨为依据,估算事故前异辛烷的产量应为 540.575 吨÷24 小时×17 小时＝382.907 吨,该数据与计算的 2#罐 4 日到 5 日的增量 368.31 吨相差不大。结合 2#罐的罐体和管道未见破损,分析认为 2#罐的异辛烷在事故中没有数量损失。

1#罐因管线破损造成异辛烷部分流失。现场调查得知出险前每日的出库数量变化不大,且一般发生在白天,故 1#罐 4 日到 5 日的出库量采用前一天的出库数量 296.81 吨进行估算,计算 1#罐异辛烷的流失数量为 772.47 吨－120.68 吨－296.81 吨＝354.98 吨。

3#罐和 4#罐位于储罐区的中间位置,由于施救造成罐内的异辛烷被污染。经分析日报表数据,3#罐和 4#罐 4 日的异辛烷库存量合计为 779.87 吨＋82.54 吨＝862.41 吨,因出险前没有进出库情况,故 3#罐和 4#罐 4 日的库存量即为出险前的实际库存量。

经现场查勘时测量,3#罐和 4#罐被污染后的存量分别为 1201.61 吨和 102.54 吨,合计 1304.15 吨。事故发生后,企业联系了外地的化工厂进行提炼处理。通过跟踪装卸运输过程和分析收集到的证明材料,认定加工后获得

的异辛烷数量为 838.70 吨,则计算 3♯罐和 4♯罐异辛烷的损失数量为
862.41 吨－838.70 吨＝23.71 吨。

东侧的 5♯罐和 6♯罐被完全烧毁,异辛烷没有残留剩余。经分析 2 份日
报表数据结合现场问询情况,事故发生前 5♯罐和 6♯罐没有进出库情况,则
4 日报表记录的库存数据即为事故发生时的实际库存量。故计算 5♯罐损失
异辛烷的数量为 539.08 吨,6♯罐内异辛烷的损失数量为 224.00 吨。

本次事故同时造成管道内的异辛烷全部被烧毁或流失。经现场测量,输
送异辛烷的管道内径为 80mm,从生产车间最后一道工序热交换器出口至异
辛烷储罐的管道长度为 824m,异辛烷密度为 0.691g/cm^3,计算管道内损失的
异辛烷数量为 2.86 吨。

合计本次事故造成异辛烷的损失数量为:

1♯罐＋2♯罐＋3♯罐和 4♯罐＋5♯罐＋6♯罐＋管道

＝354.98 吨＋0 吨＋23.71 吨＋539.08 吨＋224.00 吨＋2.86 吨

＝1144.63 吨

4. 其他项目

根据生产经营单位提交的受损财产申报明细结合经济损失的统计方法,
了解现场实际情况,进行相关的问询调查,并收集相关的证据证明。

第三节 生产安全事故经济损失计算

一、直接经济损失的计算

(一) 人身伤亡后所支出的费用

根据调查情况和收集到的资料,分别计算医疗费用(含护理费用)、丧葬及
抚恤费用、补助及救济费用和歇工工资。若一次事故造成多人受到伤害,应分
别计算每个人的相关费用后再进行累计计算。

1. 医疗费用(含护理费用)

(1) 医疗费用

医疗费用是指为了使因事故造成身体受到伤害的人员恢复健康,在医院
进行医疗救治过程中所花费的必要费用,包括诊疗费用、医药费用和住院费用
等。根据费用的发生和预计发生分为事故结案日前的医疗费用和延续医疗费

用两个部分。

事故结案日前的医疗费用依据住院、治疗凭证和医药费用发票等计算,需要注意治疗内容要与因事故造成的伤情相符合,无不合理的诊疗项目和用药等。

如果受伤害人员经治疗后,身体状态稳定但遗留有功能性障碍,或是伤情未能完全治愈,需要二次进行治疗的,所花费的费用计入延续医疗费用。延续医疗费用依据预估延续医疗天数计算。延续医疗天数由生产经营单位劳资、安全、工会等按医生诊断意见确定。

$$延续医疗费用 = \frac{事故结案日前的医疗费}{事故发生之日至结案之日的天数} \times 延续医疗天数$$

(2) 护理费用

护理费用是指受伤害人员因事故导致行动能力和自理能力丧失或部分丧失,在医院诊疗和休养康复期间,根据医院的意见或司法鉴定,需委派专人对其进行护理所支付的费用。

护理费用以帮助受伤害人员能够进行正常的生活为限。根据受伤害人员的生活自理情况,分为生活完全不能自理、生活大部分不能自理和生活部分不能自理,相应的护理费用分别按上年度月平均工资的 50%、40% 和 30% 计算。

2. 丧葬及抚恤费用

丧葬及抚恤费用包括丧葬补偿金、供养亲属抚恤金和一次性工亡补助金。

(1) 丧葬补偿金

丧葬补偿金是指受伤害人员因事故失去生命,亲属为了办理丧事而发生的合理费用。

丧葬补偿金按 6 个月的统筹地区上年度职工月平均工资计算。

(2) 供养亲属抚恤金

供养亲属抚恤金是指受伤害人员因事故失去生命,需要支付给其生前提供主要生活来源、无劳动能力的直系亲属维持基本生活的费用。

根据与受伤害人员的关系,分别计算供养直系亲属的抚恤金,其中配偶每月 40%,其他直系亲属每人每月 30%,孤寡老人或者孤儿可增加 10%。供养未成年直系亲属的抚恤费累计统计到 16 周岁(普通中学在校生累计到 18 周岁),供养成年直系亲属的抚恤费累计统计到我国人口的平均寿命 68 周岁。

(3) 一次性工亡补助金

一次性工亡补助金是指受伤害人员因事故失去生命,需给予其家属一定的赔偿费用。

一次性工亡补助金按全国上一年度城镇居民人均可支配收入的 20 倍计算。根据国家统计局公布的数据,2022 年城镇居民人均可支配收入为 47412 元,据此计算 2022 年度一次性工亡补助金的标准为 47412×20＝948240 元。

3. 补助及救济费用

补助及救济费用包括一次性伤残补助金、伤残津贴、一次性工伤医疗补助金和伤残就业补助金以及伤者医疗的交通食宿费。

（1）一次性伤残补助金

事故致残等级共分为十级,一次性伤残补助金根据评定的等级,分别以 24—6 个月的本人工资计算。

（2）伤残津贴

根据评定的致残等级,一级至六级分别按本人工资的 90％—60％计算伤残津贴。

（3）一次性工伤医疗补助金和伤残就业补助金

根据各省、自治区、直辖市人民政府规定的具体标准计算。

（4）伤者医疗的交通食宿费

伤者医疗的交通食宿费和住院伙食补助费由所在单位按照本单位因公出差伙食补助标准的 70％计算。伤者到统筹地区以外就医的,其交通、食宿费用按所在单位从业人员因公出差标准计算。

4. 歇工工资

指因事故导致身体受到伤害的人员不能正常工作,对其丧失的工资收入给予赔偿。

歇工工资依据被伤害人员的日工资、事故结案日前的歇工日及延续歇工日进行计算,其中延续歇工日指事故结案后被伤害人员还须继续歇工的时间,由生产经营单位劳资、安全、工会等与有关单位酌情商定。

歇工工资＝被伤害人员日工资×(事故结案日前的歇工日＋延续歇工日)

（二）善后处理费用

1. 处理事故的事务性费用

伤亡职工善后处理的事务性费用根据收集到的交通费、住宿费、接待费等单证,结合人员身份、交通线路和交通工具、票证时间以及市场价格调查情况,依据合理性进行计算。

事故处理的事务性费用依据收集到的聘用合同、咨询服务合同、支付凭证以及交通费、差旅费、接待费等票据,结合工作内容和市场价格调查情况合理地进行计算。

2. 现场抢救费用

根据现场抢救情况结合收集的材料证明计算现场抢救费用,其中:燃料、材料等物质消耗费按采购价格计算;器材、设备等使用费按合同约定并参考市场价格进行计算;应急救援费用按合同约定或当地收费标准进行计算。

3. 清理现场费用

根据现场了解的情况和收集的资料,按自主清理和委外处理两大部分分别进行计算后累计,其中:自主清理部分根据每天投入的人员、材料、设备等结合当地的市场情况计算;委外处理部分根据委托合同、报价单、支付凭证等进行计算。

4. 事故罚款和赔偿费用

依据现场调查情况和收集到的资料,按实际付出金额统计计算。对事故责任者的罚款不予计算。

(三) 财产损失价值

1. 固定资产损失价值

(1) 建筑物

如果建筑物受损严重,房屋安全鉴定公司出具的鉴定报告认定为整栋危险且无修缮价值、需立即拆除的,按账面余额减残值计算,也可以重建价格折旧后减残值进行计算。

如果鉴定报告认定建筑物存在危险构件,但可通过加固或更换危险构件等解除危险的,可参考修复合同、建筑安装工程定额和市场询价情况,按维修费用计算。

如果建筑物无危险构件,房屋结构能满足安全使用要求,可依据现场查勘记录、建筑物原设计图纸等,参考维修报价、修复合同、建筑安装工程定额和市场询价情况,对受损项目按维修方式计算损失。

(2) 机器设备

机器设备可以根据现场查勘确定的损失情形或检测鉴定单位出具的意见,判定是否具有修复价值。

如果大部分零部件、附属件或关键零部件损坏、失去了原有的全部或大部分的使用价值,可判定无修复价值,报废处理,原则上按账面余额减残值计算损失,也可以采用相同规格型号的二手设备价格或重置价值折旧后减残值的方式计算。对于使用年限已等于或超过规定折旧年限而仍有使用价值的,其损失金额建议按原值或重置价值的20%—10%计算。

如果部分零部件、附属件损坏,导致其部分使用功能和精确降低或丧失,则可通过拆解、调整和更换受损零件进行修复的,按市场维修费用计算损失金额。

2. 流动资产损失价值

根据确定的损失品种、损失数量和损失程度,参考生产经营单位提供的价格证明结合市场询价情况计算损失金额。对于报废的原材料、燃料、辅助材料等流动资产,以采购价或账面值减去残值计算;对于报废的成品、半成品、在制品等流动资产,以生产经营单位的实际成本减去残值计算;对于可维修的流动资产,按照合理的维修费用计算损失。

二、间接经济损失的计算

(一) 停产、减产损失价值

停产、减产损失是指因停产整顿,设备、机械不能正常运转而造成的产量损失;设备、机械恢复运转后一段时间内的产量损失等。

按事故发生之日起到恢复正常生产水平时止,计算其损失的价值。

(二) 工作损失价值

工作损失价值是因事故致使被伤害职工的劳动功能部分或全部丧失所造成的价值损失。

$$工作损失价值=事故的总损失工作日数\times\frac{生产经营单位上年度利税}{生产经营单位上年平均人数\times上年法定工作日数}$$

其中:事故的总损失工作日数按死亡一名职工计算6000个工作日,受伤人员视伤害情况按GB/T 6441—1986《企业职工伤亡事故分类》确定。若生产经营单位上年度利税为零或负值,则取最近为正值的年份的利税。

(三) 资源损失价值

生产安全事故造成的资源损失主要是物质资源损失,包括矿藏资源、自然资源(如森林)等。

按相关主管部门或鉴定机构认定的数额统计累加计算。

（四）处理环境污染的费用

生产安全事故如果造成污染物泄漏或有害物质的向外排放,需采取必要的、合理的应急处置措施,防止污染的扩散以及清除污染环境的残留物,如降低环境中污染物的浓度、稳定或固定环境中的污染物质或对污染区域实施隔离等。

处理环境污染的费用可根据委托合同、报价单、支付凭证等如实进行计算。

（五）补充新职工的培训费用

因事故造成工作岗位的人员缺失,需及时进行补充。

补充新职工的培训费用按技术工人每人 2000 元、技术人员每人 1 万元计算,其他人员比照上述人员酌定。

（六）其他损失费用

未被包括的其他费用在此项目下计算。

三、经济损失计算结果汇总

将分项计算的损失金额汇总成表 24 - 2,得出生产安全事故造成的经济损失金额。

表 24 - 2 生产安全事故经济损失计算汇总表

项　　目	损失金额
一、直接经济损失	
（一）人身伤亡后所支出的费用	
1. 医疗费用(含护理费用)	
2. 丧葬及抚恤费用	
3. 补助及救济费用	
4. 歇工工资	

（续表）

项　　目	损失金额
小　计	
（二）善后处理费用	
1. 处理事故的事务性费用	
2. 现场抢救费用	
3. 清理现场费用	
4. 事故罚款和赔偿费用	
小　计	
（三）财产损失价值	
1. 固定资产损失价值	
2. 流动资产损失价值	
小　计	
合　计	
二、间接经济损失	
（一）停产、减产损失价值	
（二）工作损失价值	
（三）资源损失价值	
（四）处理环境污染的费用	
（五）补充新职工的培训费用	
（六）其他损失费用	
合　计	
总　计	

参考文献

［1］罗云：《安全经济学》，化学工业出版社，2019 年。

［2］梅强：《安全经济学》，机械工业出版社，2017 年。

［3］危险房屋鉴定标准（JGJ125—2016）。

第二十五章 应急管理视域下现代保险服务业的发展

第一节 保险机制协同应急管理

一、概述

保险是现代经济的重要产业和风险管理的基本手段,是社会文明水平、经济发达程度、社会治理能力的重要标志。作为现代金融产业的重要组成部门,保险不仅是经济发展的助推器,也是社会发展的稳定器,尤其是在防范系统性风险以及保障民生等方面具有独特的作用与优势。保险具有风险分散与经济补偿、资金融通、社会管理、社会治理和防灾防损等基本功能。随着我国工业化、城镇化、信息化和智能化的快速发展,风险的特征逐步呈现公共化,社会公共安全面临的形势极为严峻。城市的生产安全、食品和药品安全、旅游安全、职业伤害、交通事故、医患纠纷以及环境污染等大规模侵权事件频发,给人类的生产、生活造成了难以估量的重大损失。各类灾害事件的发生频率、强度和复杂程度均显著增加,受灾体风险暴露加重、社会脆弱性增加,人类社会进入高度不确定的风险社会。日趋严峻的灾情形势给国家灾害治理带来巨大挑战,严重影响和制约了国民经济全面、协调和可持续发展。现代风险社会给人们带来更多的不确定性和不安全感,如何应对现代风险社会背景下越来越多的突发性事件,如何治理越来越多的公共风险,这是对当今社会的一个重大挑战。

应急管理是国家治理体系和治理能力的重要组成部分,承担防范化解重大安全风险、及时应对处置各类灾害事故的重要职责,担负着保护人民群众生命财产安全和维护社会稳定的重要使命,其效能决定着国家灾害治理和公共安全水平。现代社会的风险特征,对应急管理提出了新挑战和新要求。一是灾害事故频发要求应急管理常态化,从事后应急处置转变为风险治理和应急管理并重;二是灾害后果的复杂性、严重性以及跨区域性,超出了单一政府主体的处理能力,应急管理体系需协同市场及社会力量等多元主体,打造共建共治共享的新格局。而我国现有的应急管理体系存在着风险治理技术能力不足、管理主体单一、资源整合与协调不强等问题。因此,准确定位各协同方的角色,发挥其互补功能,利用市场机制搭建合作路径,成为完善常态化应急管理体系,提升应急管理能力,进一步推进国家灾害治理体系创新的关键。

二、保险参与应急管理的角色定位

现代保险服务业必须为国家经济建设和社会正常运行提供可靠的机制保障。保险协同应急管理主要体现在三个方面,一是应急管理具有多元参与性。应急管理工作必须将政府、企业、社会组织和公民的力量整合,保险机制的发挥正是协调政府、市场和社会各方利益和各方力量的过程,保险机制的功能特征与应急管理的多元参与性具有相同的逻辑。二是应急管理要求风险防范的关口前移。应急管理绝不仅仅是事后救灾,必须具有风险管理与防范的全链条机制和体制。保险业的风险管理与事故预防功能与应急管理的风险防范与管理的逻辑相契合,保险机制能够协同应急管理由灾后救助向灾前预防转变。三是应急管理能力的提升是个逐渐发展的过程。应急管理的目标是高效应对社会风险的复杂性和不确定性,而保险机制的初衷正是管理不确定性,保险机制将经济社会的不确定性转化为固定的保费支出。因此,保险机制是协同应急管理、实现应急管理能力和体系现代化的重要市场化工具。

(一) 保险机制与应急管理同根同源

保险与应急管理在运作目标、管理对象、生命周期和参与主体上具有共性,为两者的协同提供了可行性和合作基础。

1. 目标一致。防范化解重大风险并及时处置各类灾害事故是应急管理的基本目标。在市场规律的作用下,保险业亦将防范灾害事件发生并减少灾害损失作为核心追求,从而达到保障民生,提升社会抗灾韧性的目的。显然,防止和减轻灾害损失是保险与应急管理的共同追求,也是二者协同合作的基本逻辑。

2. 管理对象相同。应急管理与保险应对的风险均为自然灾害、人为事故、大规模公共安全事件等灾害事件。

3. 参与主体一样。应急管理涉及多个政府部门、市场主体以及各种社会力量的广泛参与,而保险制度的参与者同样由政府、市场和社会公众构成。参与主体在一种制度中由决策或学习形成的行为范式会影响其在另一个制度中的行为决策。如公众在购买灾害保险后,在保险的经济激励机制引导下逐渐培养起风险意识,对其在应急管理中主动采取自救措施有积极影响。

4. 生命周期相对应。应急管理应对突发事件的过程通常分为事前预防与准备、监测与预警、事中应急处置与救援、事后恢复重建等四个主要阶段。与之相对应,保险经营周期同样分为事前核保识别风险,通过保费和免赔等机制调节被保险人风险管理水平,督促并协助投保人采取防灾措施,定期检查监测被保险人安全管理执行情况,出险时及时协助减少灾害损失,事后查勘定损支付保险赔款,并通过下一期保费增减机制提升被保险人防灾防损水平等过程。保险与应急管理形成合力,促进灾害治理的整体效能提升。

(二) 保险在应急管理中的功能体现

1. 损失补偿功能。保险的损失补偿指灾害发生后,对保险保障范围的损失进行经济上的赔偿。损失补偿功能体现在应急管理的事后危机应对阶段,其在应急管理中的作用机制表现为:首先,通过快速损失勘察和及时理赔,第一时间为政府和受灾群众筹措资金,阻断次生灾害风险,加速灾后恢复重建过程,提升社会系统应对突发事件的能力,提高社会整体对灾害的适应能力和抗灾韧性,尽快恢复原有的社会系统运行状态,防止因灾致贫和因灾返贫现象的发生。

2. 资金融通功能。资金融通功能在应急管理中的作用机制主要有:

(1) 保险资金可用于分散风险,成为居民、企业或政府等受灾主体配置风险、配置财富,应对灾害冲击波动的融资方式。

(2) 保险资金一方面可投资于通讯工程、防洪堤坝、边坡防护等防灾减灾公共基础设施建设;另一方面可投入到灾害风险监测、预警、评估以及防灾减灾等应急管理相关产业,通过投资方向和规模等配置资金,协助相关产业发展。

(3) 对于个体,保险可以作为增信工具,为被保险人灾后获得信贷和金融服务提供帮助,减少对外部救助的依赖。

(4) 若是巨灾保险,还可通过证券市场,发行巨灾债券、巨灾期权等保险连接证券的衍生工具,更充分地分散巨灾损失,减少政府财政压力。

3. 风险管理功能。风险管理功能是保险业的核心竞争力,是指保险在应对突发事件上利用专业优势,在风险识别、风险降低、风险转移和风险沟通等风险管理关键环节提供技术支持,为应急管理部门风险管理决策提供依据和支撑。

(1) 风险识别与评估。保险可根据灾害特征,针对风险暴露程度和脆弱性等致灾因素,借助数学模型、精算算法、大数据和仿真模拟等技术,通过专业人员精确评估自然灾害或人为重大事故可能造成的财产及人身损失。

(2) 风险降低。保险一方面从工程角度,对投保标的提出降低风险的措施和建议,如建筑物的防震加固、修建防洪减灾工程等;另一方面,利用价格机制,如风险保费、免赔额和责任限额等,形成激励机制,对采取了降低风险措施的个人、单位或地区进行鼓励;反之,则实施经济上的惩罚。保险利用经济手段促进被保险人改进、吸收、抵御和适应各类灾害风险,减少被保险人应对灾害的脆弱性,提升抗灾韧性,从总量上减少风险发生概率及损失强度。

(3) 风险转移。风险转移促使风险从个体向社会、从局部向全局,甚至可以通过国际再保险向全世界分散风险。比如巨灾保险制度通过事先固定的小额保险费将承灾体的风险转移给保险公司,利用国内外再保险和保险链接证券发行市场,进行保险风险证券化,主要包括巨灾债券、侧挂车等发行方式,在国际市场上实施风险分散,减轻应急管理和国内财政的救助资金压力。

(4) 风险沟通。在风险沟通环节,应急管理中普遍使用的科学语言和政策管理语言与公众能够接受的语言之间有着天然的鸿沟,政府部门往往缺乏风险沟通专业训练,也缺少公众熟知的、界面友好的风险沟通平台。保险机制凭借保险公司积累的与客户风险沟通的经验,大量经过专业风险沟通培训的专业人员,以及多种形式沟通平台,可以在风险沟通环节协同应急管理发挥技术和平台优势。

4. 社会治理功能。保险的社会治理功能是指保险人作为监督者,督促和激励个人、企业乃至政府部门采取防灾减灾措施,从源头上防止灾害事件发生。社会治理功能创新了保险与应急管理合作的理论基础和实践范式。

(一) 保险可从技术工具和价值理念两个维度协同应急管理发挥社会治理的功能作用。技术工具维度注重利用市场化机制,如风险保费、精算技术等解决应急管理中的公平和效率问题;价值理念维度指保险制度构建时可不断拓展可保边界,增加保障范围和对象,服务民生和经济社会发展,保障人们生存和发展的基本权利,提升社会总体福利等。比如,通过强化"保险＋服务"的模式提升保险客户的使用体验,促进保险业的风险管理服务功能的发挥;通过"保险＋管理"模式,助力保险业经济责任和政府部门行政管理责任的融合,切实发挥保险项目事故预防服务功能,提升保险行业的风险管理价值;通过"保险＋科技"模式,促进物联网、智能监控设备的开发和发展,推动保险与应急产业生态圈的发展,促进保险科技的应用与保险业全产业链的可持续发展。

（二）保险可更有效地解决风险治理中激励机制缺失问题。政府应急管理主要通过行政强制措施来管控风险,对于多元化风险诱因激励方式较单一。保险机制利用合同设计,采用经济利益激励的方式化解错综复杂的风险管控关系,降低了风险治理的难度。

（三）保险可降低被保险人防灾减灾道德风险和政府救助的慈善风险问题。灾害风险管理中的道德风险是指被保险人购买保险后,可能因保险公司将承担损失补偿而怠于采取防灾减灾措施,从而增加了灾害风险。保险的经济利益驱动机制,对被保险人有强烈的动力管理作用,并可对被保险人提供技术指引,引导和鼓励其采取防灾减灾救灾等安全行为规范,能有效地降低道德风险。政府救助(主要是指巨灾救助)的慈善风险是指公众对政府救助的过分依赖会在一定程度上影响个人主动的防灾减灾行为。如果通过巨灾保险机制,应急管理将部分灾害救助职能转移给保险,强调个体缴费参保的自救意识,将会有利于规避政府救助的慈善风险。另外,保险的社会服务功能通过临时拓展保险责任、赠送保险和快速理赔绿色通道等专业方式,彰显保险业社会责任。同时,通过在灾区参与救援、灾情沟通、物资赠送等服务形式,展现保险业以人为本的价值理念。

第二节　安责险实施过程中的若干问题

价值取向多元化、利益多元化和社会矛盾日益显性化是当今社会的重要特征。在这样的社会背景下,利用保险机制来处理社会突发事件引发的矛盾与冲突,是国际社会常用的一种有效的社会治理方法。着力发展责任保险是我国保险业在经济新常态下快速发展和结构优化的必然选择。虽然,目前责任保险在我国保险业的发展中处于滞后状态,但责任保险是一个潜力巨大的领域,必须采取政府引导、市场运作、立法保障、创新经营的发展模式来推动责任保险的发展,才能充分发挥责任保险在社会管理中的作用。

责任保险是一种有效的市场机制和手段,充分利用责任保险的社会管理功能,能够协调各种利益关系,有效化解社会矛盾和纠纷,尤其对风险社会突发事件的应急管理,责任保险能发挥其独特的风险转移与控制机制、灾害损失经济补偿机制,对保证社会和谐稳定、转变政府职能、提高政府行政效能,具有重要的促进作用。

目前,责任保险在我国应急管理中作用的发挥不尽如人意。2006年,《国务院关于保险业改革发展的若干意见》就提出,要"大力发展责任保险,健全安全生产保障和突发事件应急机制";要采取"市场运作、政策引导、政府推动、立法强制"的原则,推动各类责任保险创新发展。2014年,《国务院关于加快发展现代保险服务业的若干意见》(以下简称新"国十条")提出,要充分"发挥保险风险管理功能,完善社会治理体系";要"充分发挥责任保险在事前风险预防、事中风险控制、事后理赔服务等方面的功能作用。"在风险社会的今天,推进责任保险在我国安全与应急领域的发展具有十分重要意义。

安全生产责任保险(以下简称"安责险")是指保险机构对投保单位发生生产安全事故造成的人员伤亡和有关经济损失等予以赔偿,并且为投保单位提供生产安全事故预防服务的商业保险。安责险的保障范围不仅包括企业从业人员,还包括第三者的人员伤亡和财产损失,以及相关救援救护、事故鉴定和法律诉讼等费用,具有事故预防和损失赔偿功能,其中事故预防是首要功能。

一、安责险制度的历史沿革与进展

(一) 安责险制度的破冰之旅

我国安责险制度的破冰之旅始于2006年,《国务院关于保险业改革发展的若干意见》(国发〔2006〕23号)明确提出了要大力发展责任保险,健全安全生产保障和突发事件应急机制。自此,安责险制度的试点工作在我国拉开了帷幕。2009年,原国家安监总局为了更好地贯彻国发〔2006〕23号文件精神,发布了《国家安全监管总局关于在高危行业推进安责险的指导意见》(安监总政法〔2009〕137号)。2016年,《中共中央　国务院关于推进安全生产领域改革发展的意见》(中发〔2016〕32号)提出取消安全生产风险抵押金制度,建立健全安责险制度。为切实保障投保企业及有关人员的合法权益,规范安责险工作,强化事故预防,我国《安责险实施办法》(安监总办〔2017〕140号)于2017

年由原国家安全监管总局、原保监会和财政部联合颁布。2018年,中共中央办公厅　国务院办公厅印发《关于推进城市安全发展的意见》,要求大力实施安责险,突出事故预防功能。为确保中央有关决策部署及时落地见效,应急管理部在2019年制定了《安责险事故预防技术服务规范》(AQ 9010—2019,以下简称《服务规范》),以行业强制性标准发布实施。至此,我国安责险制度经历了13个春秋,完成了顶层设计,建立了制度体系,为安责险制度的推行发展打下了坚实的理论和实践基础。

(二) 安责险制度是我国在体制、模式和制度上的创新

安责险制度是我国政府转变职能的体制创新,是社会共治的模式创新,是利用市场机制和社会力量加强企业安全生产综合治理的制度创新。安责险的生命力在于事故预防,在落实《安责险事故预防技术服务规范》的过程中,相关机构、企业、部门应处理好有关方面的关系,使安责险制度真正落到实处,为投保企业安全生产保驾护航。

二、双向约束关系:同担风险,共享效益

(一) 开展安责险事故预防技术服务的基本原则

《服务规范》从强制性、规范性、适用性和时效性等4个方面,规定了保险机构开展安责险事故预防技术服务的基本原则,分别对保险机构和投保企业提出了强制性要求。保险机构必须按保险合同中所载明的事故预防服务项目、服务频次为投保企业开展服务,不能另行收费;投保企业必须主动配合保险机构开展事故预防服务工作。同时,《服务规范》还规定了保险机构开展安责险事故预防技术服务的内容、形式和流程,以及服务保障和服务评估与改进等事项,为安责险制度的推行提供了制度保障,使保险机构在事故预防服务过程中有章可循、有据可依,防止出现不作为、少作为、乱作为的现象,导致事故预防服务效果不佳的后果。

(二) 保险机构和投保企业间的双向约束关系

《服务规范》充分体现了实施事故预防服务过程中对保险机构和投保企业的双向约束关系。保险机构与投保企业签订保险合同后,实际上两者就形成了风险共担的关系主体。双向约束关系,既是对保险机构和投保企业在事故

预防方面各自的强制要求,也是双方风险共担,效益共享,提升企业安全生产综合治理能力的应有之义。

一方面,保险机构必须在拥有足够专业技术能力的基础上,根据投保企业的实际情况,分析风险特征,评估风险危害,寻找企业在安全生产管理中的弱项和短板。明确服务内容,制定技术方案,规范服务流程,建立管理制度,并依据企业的意见和需求,及时改进服务方案,切实做好事故预防服务工作,有效降低企业的安全风险,提高企业安全生产保障能力。另一方面,投保企业必须依据合同内容,全力配合保险机构在安全风险辨识评估、隐患排查治理、应急预案编制和应急演练、安全生产标准化建设以及安全宣传教育培训等方面开展服务工作。通过保险机构和投保企业的密切配合,共创企业安全生产的良好局面,从根本上提高企业安全生产管理能力和水平。

投保企业必须端正认识,缴了保费,买了保险,并不意味着企业的安全生产就可以高枕无忧了,一切都交给保险公司了,淡漠甚至忘掉了企业应承担的安全生产主体责任。必须明确,在安责险实施过程中,保险机构为企业开展事故预防服务,保险机构和投保企业之间是委托关系,企业不能因为保险机构协助开展事故预防,就可以依赖保险机构而不作为,以保险公司的服务责任替代企业自身的安全生产主体责任。根据我国《安全生产法》(2021年版)的规定,投保企业可以委托相关机构为企业的安全生产提供技术、管理服务,只要该机构是依法设立,并依照法律、行政法规和执业准则开展服务,但企业安全生产的主体责任仍由企业承担。

三、保费与安全的选择性关系:夯实服务,赢得市场,创新未来

(一)摆正"争保费"和"保安全"的关系

安责险是一种具有公益性质的强制性商业保险,具有在事故预防服务和事故赔偿基础上的市场化特征。保险机构与投保企业间的经济关系,要通过市场机制来调节,通过履行双方合约来维护相互的权利和义务。实施安责险,其核心就体现在事故预防技术服务。安责险要求保险机构必须从保费中提取一定比例的费用为投保企业开展事故预防服务,从而建立起事故预防工作机制,并通过《服务规范》约束保险机构的事故预防服务行为。

保险机构应正确处理好"争保费"和"保安全"的选择性关系。市场不是靠

吆喝、靠兜售就能获得的,靠的是实力、实效。盲目追求保费,收保费不服务或者多收保费少服务,单纯以保费的增长来确定保险机构的业绩,罔顾事故预防服务,这既违背了国家建立推行安责险制度的初衷,也违背了市场规律,更是损害了保险机构的自身利益。况且,这也是一种南辕北辙的做法,其结果是欲速则不达。保险机构的经济效益以降低赔付率为根本。保险机构只能以高质量的事故预防技术服务,降低投保企业的事故发生率,才能为保险机构自身赢得效益和声誉,自然也就赢得了市场,而减少赔付则是保险机构尽心提高事故预防服务质量的内生动力。同时,投保企业通过配合保险机构在安全生产诸多方面的事故预防服务,全面加强了企业安全生产管理,既减少了事故发生概率和损失,又降低了企业未来的安责险费率,为企业创造了良好的经济效益和社会效益,而降低事故率正是企业投保安责险,主动配合保险机构开展事故预防工作从外在强制转变为内生需求的动力。

（二）优胜劣汰,赢得市场

在完善的以服务效果为导向的市场优胜劣汰机制下,保险机构高水平、高质量的事故预防服务必将获得市场的青睐、政府的支持和企业的认可;而水平不高、质量不好、服务缺失的保险机构势必受到市场的冷落甚至抛弃。因而,安责险的市场竞争就将转变为高水平、高质量的服务竞争和品牌竞争,安责险制度的发展就可进入可持续的良性循环。

四、服务与监督的相互关系:多元监督,摒弃短视,共治社会

（一）没有监督的服务难免离弦走板,脱离轨道

保险机构为投保企业提供事故预防服务工作,尽管有国家规范性文件的强制要求,但服务工作究竟做得如何,由谁来检查、监督和评价;从什么渠道,用什么方式方法来监督,以确保保险机构的服务水平和质量,这是值得人们思考的关键问题。在市场经济激烈竞争的条件下,为追求"利润最大化",不排除保险机构会产生一些不利于事故预防服务的"短视行为"。事实上,有些保险机构在为企业提供事故预防服务过程中也确实存在思想认识不足,着力于兜售保险;调查研究不足,习惯于走马观花;服务深度不足,满足于常规检查等等负面现象。能否处理好服务与监督的关系,事关安责险制度的推行与发展。因此,保险机构为投保企业提供事故预防服务工作必须接受多渠道、全过程的

监督。

（二）多元监督，高效服务

对保险机构为企业提供事故预防服务进行监督，可以在保险机构每年度向属地应急管理部门、金融监管机构和相关部门提交的年度评估报告和通过官方网站或其他公共媒体向社会公布年度评估结果的基础上展开。主要的监督渠道可分为如下几种：一是安责险信息管理平台；二是委托第三方安全生产技术服务机构开展评估；三是对接受事故预防服务的投保企业进行咨询调查和现场考察；四是按照法定职责直接对保险机构进行监管检查。

在上述监督渠道中，安责险信息管理平台是安责险领域最为重要的专业性基础设施、数据基地和信息枢纽，具有基础性、服务性、准公共性的基本特征，是加强安责险监管特别是事故预防服务监管的最有力手段。通过平台，对事故预防技术服务的进展过程、服务内容、服务态度、服务时间、企业配合度和满意度、费用支出情况以及服务效果进行实时动态监督，痕迹化管理，防止监管失控，服务流于形式；通过平台，可为应急管理部门、银行保险监管部门以及第三方专业技术服务机构提供信息进行评估，形成对保险机构提供事故预防服务的多元监督和对企业安全生产多元共治的新格局。一旦发现问题，可及时提醒保险机构予以改正；重大问题或可采取行政及信用管理措施及时整改；若有重大违规违法行为，则应从重从严处理，追究相关责任人的法律责任。

五、结语

把安责险引入企业安全生产管理，是保险行业开展供给侧改革的重大突破。它以风险减量管理理念为核心，在提供保险保障的基础上，把企业对保险的需求由事后赔偿扩增至事前预防。以市场化机制推动安全生产风险的源头治理，为投保企业创新性地引入了以保险机构提供的安全教育培训、安全风险评估、事故隐患排查等多种增值服务，并通过强制性标准予以规范，帮助企业提升安全生产风险防范能力和安全管理水平。

《服务规范》的实施不是一蹴而就的，它是一项长期的系统工程，而且《服务规范》本身以及相关的配套措施和政策还需进一步完善。要加强对保险机构在事故预防技术服务方面的监督、监管和检查；要结合保险公司自评、投保企业评价、第三方机构评估和主管部门考评,探索事故预防技术服务的有效模式;要以事故预防服务动态监管为重点,研究制定安责险信息化管理系统建设的标准规范;要建立以事故预防技术服务效果为导向的安责险业绩评价机制、业绩激励机制、失信惩戒机制和市场进入和退出机制,切实做好事故预防服务,全面提升以安责险为纽带的安全生产社会化服务效果。

第三节 提升保险业在大湾区建设中的社会管理作用

保险作为金融业的重要组成部分和风险管理的专业工具,在应急管理协同中的角色定位经历着从资源提供者到风险管理者的演变。多元角色和多重功能定位决定了保险发挥损失补偿、资金融通、风险管理和社会治理等多项功能。为进一步明晰角色定位,提高保障功能的有效发挥,应完善保险与应急管理合作的制度供给,并探索其实践路径,进而实现保险与国家应急管理体系的协同合作。

一、概述

粤港澳大湾区是由香港、澳门和珠三角 9 个城市组成的城市群,是国家建设世界级城市群和参与全球竞争的重要空间载体,是全国开发程度最高经济最活跃的区域之一。建设粤港澳大湾区,是推动国家重大发展的新战略,是推动形成全面开放新格局的新尝试,也是推动"一国两制"事业发展的新实践。粤港澳大湾区建设的提出顺应了国际国内大势,给保险业带来了巨大的机遇。大湾区建设涉及 9+2 座城市,人口众多、产业集中,在大湾区建设过程中必然要面对众多风险,比如说,自然风险、食品安全风险、责任风险、信用风险、经济风险和法律风险等等。如何依据大湾区建设的基本原则和战略定位把握好这次机遇、如何按照大湾区发展规划纲要,建设好深圳的保险创新发展试验区,加强粤港澳三地保险机构的相互合作、如何发挥好保险业的独特优势,做好防灾减损,提供风险解决方案,护航大湾区发展,这是大湾区保险业必须面对并解决好的一个重要课题。

2014 年 8 月,国务院发布了《国务院关于加快发展现代保险服务业的若干意见》(以下简称"意见"),"意见"指出,要发挥保险的风险管理功能,提高保险的灾害救助参与度,特别是要充分发挥责任保险的功能,并且明确规定,要"强化政府引导、市场运作、立法保障的责任保险发展模式",为保险业加入国家治理体系,融入国家应急管理作出了顶层设计。

2019 年 2 月,党中央、国务院颁布了《粤港澳大湾区发展规划纲要》;2020 年 5 月,人民银行总行等四部门发布了《关于金融支持粤港澳大湾区建设的意见》;2020 年 7 月,广东省地方金融监管局等 6 家机构共同印发了《关于贯彻落实金融支持粤港澳大湾区建设意见的实施方案》,从支持深圳建设保险创新发展试验区、支持保险公司跨境业务、完善跨境收支管理和服务、扩大保险业开放、支持保险资金投资粤港澳大湾区基础建设基金、建立出口信用保险制度等诸多方面释放了大湾区保险业的利好信息。对保险业来说,这是机遇,也是挑战,更是一种使命与责任。

二、 问题

保险作为一种市场化的风险转移、社会互助和社会管理机制,在粤港澳大湾区社会管理体系中具有不可替代的作用。近些年来,保险业在解决经济社会发展遇到的矛盾和问题过程中,充分发挥了保险机制的社会管理功能,避免了各种矛盾激化,化解了各种社会纠纷,维护了社会稳定大局,较好地体现了保险在社会矛盾化解和社会关系管理中的"稳定器"和"减震器"的作用。但因受制于多方面的原因,保险的社会管理机制尚未得到充分发挥。

(一) 对保险的社会管理功能认识不足

1. 各级政府对保险机制的作用认识不深。政府对社会风险管理还是习惯于大包大揽,主动运用保险机制提升社会管理能力的意识较弱,尤其是缺乏符合我国国情的巨灾保险制度。比如,巨灾发生后,救灾的手段通常是政府逐级财政拨款,社会动员捐钱捐物,剩余的损失缺口则由灾民自担,其弊端是风险分散渠道不够、保险机制作用不足、政府财政压力过大等问题。

2. 社会公众对保险的认识存在误区。"以政府为主体,靠财政来支撑",政府"保姆"式的风险管理行为助长了部分企业和社会公众"等、靠、要"的惯性思维方式。

3. 保险机构参与社会建设、创新社会管理的主动性不高。部分保险机构对现代服务业的保险市场缺乏深入分析,错误地认为参与社会管理的险种难以短期见效。目光短浅,看不到经济社会快速发展对保险业的需求。

（二）对保险的社会管理功能刚性支持力度不大

1. 缺乏可操作性的政策支持。参与社会管理的保险业务通常都具有公共产品性质,在税收、财政等方面应享有一定的优惠和补贴。2014 年,国务院出台了新"国十条",各省市、自治区政府又先后出台了实施意见,但仍缺乏可操作的刚性政策支持,或者支持的力度不大,执行的效果不好,影响了保险的社会管理功能发挥。

2. 保险业参与社会管理的地位尚不明确。政府尚未将保险业真正纳入社会风险管理体系,未从制度上明确保险行业参与社会风险管理的定位。

3. 强制保险领域受限。责任保险的发展基础较弱,规范责任保险的民事责任法律法规尚不完善,使人们难以认识到责任风险的存在,体会不到责任保险的作用,导致责任保险的整体规模较小、覆盖面和渗透度较低。

（三）保险业参与社会管理的风险预警机制尚不完善

保险业与公安、消防、气象、抗汛部门的配合不紧密,信息难共享,应对重大自然灾害的快速反应机制和协同工作机制不完善。

三、思考与建议

粤港澳大湾区具有"一个关税区、两个体制、三个关税区、四个核心城市"以及"三套监督体系、多个监管主体"的特征,而且湾区内各城市之间经济及社会发展水平也存在较大差距,由此导致各城市保险行业发展水平的差异。

（一）提升保险业在大湾区社会管理中的社会地位

保险的社会管理功能已凸显了保险在社会管理方面的重要作用。保险业参与社会管理,必须要紧密围绕各级党委和政府的中心工作,这是得到政府推动和政策支持,积极参与社会管理的前提条件。

1. 主动融入大湾区各级政府的全局工作。保险业要始终将保险的社会管理机制放在大湾区政府经济发展的实践中去谋划,放在大湾区政府服务民生的背景中去思考，提升政府对保险机制的全面认识，扩大保险社会管理功能的影响力和作用力。

2. 主动纳入大湾区灾害事故防范救助体系。在大湾区政府的领导下，保险机构要设法成为湾区社会风险管理的成员单位，要让机构的风险管理专业人员进入湾区应急队伍，并参与实训和实战演练。保险机构要主动介入湾区政府有关公共安全风险防范总体规划的研究和制定，积极探索保险机构与政府应急管理机构、监管部门、中介服务机构紧密结合，相互促进的运作模式。政府要充分利用保险机构在应急响应、灾情评估、灾害救助等方面的技术和经验，依托大型保险机构的信息网络优势和人、财、物的调动能力，增强防灾、减灾、救灾的社会力量，提高大湾区社会的风险管理能力。

3. 主动扩大对大湾区城市公共安全的增值服务。保险机构可通过自身的技术力量或整合相关的社会公共安全服务资源，以第一次全国自然灾害综合风险普查技术体系为基础，以区域化、精细化、定量化为导向，充分利用卫星遥感、数值模型与统计分析等技术手段，开展粤港澳大湾区自然灾害综合风险普查与成果的深化运用，为大湾区城市群提供风险评估、隐患排查、风险监测、检验检测分析以及风险管理咨询和教育培训等方面的创新增值服务，并可形成标准化的服务产品。

（二）提高保险业在大湾区的服务质量

粤港澳大湾区经济发达，扩大对大湾区保险业的开放，正符合外资保险机构的诉求。外来保险机构的保险理念、保险产品的形态和品质、保险运行模式和保险人才等等都将对本土保险机构造成重大的冲击，这必将倒逼本土保险机构更进一步地提高保险销售的事前、事中、事后的综合性服务质量，提供更加便利化的承保、查勘、理赔等服务，从而提升保险服务的满意度。

1. 转变经营模式，开发适销对路的保险创新产品。大湾区的新技术、新产业、新业态、新模式将会带来新的风险防范和救助需求，有利于保险业以市场需求为主导，创新、开发保险产品类型，充分挖掘潜在市场。保险公司应坚持微利经营、差异化经营和创新经营的理念。创新不能仅满足于销售方式和销售渠道的变迁，而应聚焦保险产品本身的创新。要逐步探索粤港澳三地保险产品互联互通的创新模式，实现协同发展。大湾区 9＋2 城市群的建设，在连通性和一体化方面得到了强化，促使大湾区内部商品、服务、资金、人员和信息的流动。客户需求的多样性、市场环境的开放性以及境内外信息的交互性，促使保险市场需求的加大,而大湾区内部融合交流将进一步缩小湾区各城市保险业发展的差距,提升湾区保险业的国际竞争力。

保险业要充分发挥在产品服务创新上的主动性,首先要在大湾区的核心城市、关键行业取得突破。要结合大湾区风险的特点和重点,深入市场调研,了解市场需求,尽可能地开发出关系到公众生活品质和行业安全的深度保险产品,提升社会风险管理的满意度和可控度,更好地服务于大湾区。如,进一步开展或完善粤港澳两地车险、航运保险、信用保证保险和雇主责任险等跨境活动保险业务。随着湾区对外开放的力度加大,健康、医疗、意外、养老等四重基本保险的需求会持续增加,尤其是对那些高净值人士、高精专人才。可以预计,高端医疗险、年金险、终身寿险等保险都具有巨大的市场潜力。保险业要发挥保险优势,关注民生重点领域的风险保障需求,共同打造大湾区优质城市生活圈。

2. 服务实体经济,充分发挥保险的保障功能。大湾区已经形成了先进制造业和现代服务业双轮驱动的产业体系,其超大规模经济总量是其他区域所不可比拟的。面对保险市场需求的持续增长,保险业要扎根实体经济,以提供风险管理和保障为切入点,通过保险创新和科技创新,基于珠三角九市的人口、经济、房屋建筑、市政设施、水利设施、海洋设施、公共服务设施、矿山和危化设施、农作物和森林、海水风电等,开发各类保障型产品,如信用保证保险、绿色保险、科技保险等等,为中高端制造业和高新技术产业提供一揽子保险解决方案,助力大湾区实体经济的发展。

3. 坚持"保险姓保"和"监管姓监"。这是一个老生常谈,又不得不谈的问题。事后的介入不是保险参与社会管理的唯一方式,提前识别和预防风险对整个社会安全运行更为重要。揭示、防范、控制风险和减少风险损失是保险业的基本职能,也是社会经济赋予保险业的重要职责。当然,也不能否认保险业立足风险保障的前提是必须做到承保盈利不亏损。

4. 全面提升保险服务质量。分析保险公司的经营成本,可以看出,最大的成本是赔付支出。因此,降低保险标的出险率和损失程度,是保险公司实现经营效益的重要保障。而要达到这样一个目的,只有通过技术的(如运用防灾减损的知识和技术)、服务的(如加强保险标的现场的检查和监控)、宣传教育的(如增强防灾减灾意识)和内外部管理的(保险机构的内部管理自律和保险监管机构的外部监督)等具体手段和方法来提高保险企业自身的防灾防损能力水平。

保险业服务经济高质量发展,保险业自身的高质量发展,是当前和未来一个时期行业转型升级的方向。必须不断加强和改进保险监管,提高保险机构对经营合规性和产品合法性的重视程度。香港保险监管制度一直是保险业监管的典范,内地的保险业在治理乱象、补齐短板、防范风险、服务实体经济等方面也在持续发力,成效正在持续显现。保险监管部门要从"制度、市场、竞争和消费者权益"等四个方面加大监管力度,即要加快修订、健全和补充相关保险制度,补齐监管短板,提升监管效能;要维护安全稳定的保险市场,坚决守住防范系统性风险底线;要创造公平有序的竞争环境,集中整治违规套取费用、销售误导、拖赔惜赔等市场乱象;要始终把保护消费者合法权益放在首位,严厉查处损害消费者权益的行为。粤港澳三地保险监管体系、标准、方式具有较大差别,因此,监管协调是大湾区保险业成功发展的关键性因素之一。

（三） 加强保险理论和实验研究,普及灾害科学教育

《粤港澳大湾区发展规划纲要》提出要"支持深圳建设保险创新发展试验区",如何按照纲要的要求,办好创新发展试验区,加强保险的理论和应用研究是大湾区保险机构的要务之一。

1. 建立粤港澳大湾区保险实验室。借鉴欧美等国家的先进经验,联合国内外风险管理机构,在深圳建设具有较高科研水准和社会知名度的粤港澳大湾区保险实验室,开展"9＋2"城市群历史灾情补充收集与时空特征的规律分析、多灾种灾害链致灾情景构建与危险性评估、主要承灾体脆弱性曲线构建与量化风险评估、综合减灾与区域协同防治能力评估,开展粤港澳大湾区房屋建筑及主要基础设施的保险费率区域划分,研发台风、洪涝、风暴潮、雷电等灾害的动态风险评估和预警功能模块,并推广运用。

2. 建立"灾害体验馆"。从普及灾害教育,强化"自救"、"他救"和"公救"出发,在深圳建立一个大型的"灾害体验馆",模拟地震、火灾、交通事故、紧急救护、应急逃生等灾害和应急救援场景,筹建面向大湾区公众进行灾害科普教育、虚拟体验与实训演练的公共安全风险管理的教育与培训基地。

（四） 努力提高大湾区9＋2城市群的参保率和投保额

1. 加强保险的宣传教育,提升公众的保险意识。要通过各种途径,努力做好保险的宣传教育工作,使保险的承保额、保险的赔付额、保险的保障度及保险的贡献度等指标均得到显著提高。

2.创新社区风险管理模式,服务和谐社会的建设。将保险机制引入社区风险管理,为大湾区经济社会平稳发展和人民群众安居乐业提供全方位的保险保障。

（五）大力发展责任保险,有效化解社会矛盾

发展责任保险是保险业积极参与社会管理的重要手段之一。要大力推进责任保险,充分发挥其促进公共服务创新,维护社会和谐稳定的作用。

1.要推动保险向立法强制保险升级,尤其是在巨灾保险领域。要积极发展再保险市场,科学规划和培育再保险市场结构,完善各种再保险机制。要加强与国际再保险市场接轨,实现再保与直保的协调发展,提升大湾区对巨灾风险管理水平和抗风险的能力。要通过再保险、巨灾风险证券化等手段,在全球范围内分摊损失,这十分有利于做好巨灾的损失补偿和灾后重建。随着资本市场与保险市场的日趋融合,国际上已有了飓风风险证券化等新型的风险转移工具,增加了巨灾的可保性。

2.建立责任保险推广制度。综合粤港澳三地的实际情况,借鉴北京、宁波等地的做法,建立大湾区责任保险推广制度。在国家已推行的责任保险种类的基础上,重点推广公众责任险、食品安全责任险、环境污染责任险、医疗责任险、校园方责任险等险种。

3.提升安全生产责任险的实施效果。要充分调查研究安全生产责任险的实施情况,尽快设计制定并推出符合区域特点、行业特色的差异化保险产品和服务方案,提高责任保险的服务效果。

四、结语

粤港澳大湾区的建设为中国保险业提供了前所未有的发展机遇,随着大湾区规划细则的逐步出台及落实,湾区内的保险机构可以充分利用政策、区位和业务先发优势,通过协同发展、优化布局、科技创新等方式,改变大湾区的保险理念、调整保险产品形态、创新保险运行模式、强化保险的社会管理功能,提升跨区域服务能级。与此同时,湾区内的保险机构也将直面由大湾区内社会制度、法律制度、关税区域、金融体系、监管体系、数据信息、保险关键假设等差异所带来的内外部双重挑战。

把握机遇,迎接挑战,中国保险业将以自身独特的优势,在产品、服务、资

金、人才、监管等领域积极探索、改革创新,实现经济新常态环境下的稳健发展,并助力粤港澳大湾区建设,推动大湾区建设成我国经济发展和对外开放的标杆区域,成为粤港澳大湾区居民同享经济高质量发展、生活高质量服务的美好家园。

参考文献

[1] 杨文明:《粤港澳大湾区建设中保险的社会管理作用》,载《合作经济与科技》2021年第5期。

[2] 杨文明:《谈安责险制度推行过程中应处理好的若干关系》,载《安全与健康》2022年第2期。

[3] 杨文明:《我国应急管理视域下责任保险的发展之需》,载《中国市场》,2020年第10期。

[4] 于明霞:《保险原理与实务》,化学工业出版社,2021年。

[5] 孙祁祥:《保险学》,北京大学出版社,2021年。

[6] 杨月巧:《新应急管理概论》,北京大学出版社,2020年。

[7] 马宝成:《应急管理体系和能力现代化》,国家行政管理出版社,2022年。

[8] 陈婧、刘婧、王志强等:《中国城市综合灾害风险管理现状与对策》,载《自然灾害学报》2006年第6期。

[9] 盛和泰:《保险服务与现代社会治理》,载《中国金融》2015年第4期。

第二十六章　安全生产责任保险及事故预防

第一节　安全生产责任保险概述

一、安责险含义

2018年,原国家安全生产监督管理总局印发了《安全生产责任保险实施办法》,明确规定了安全生产责任保险(以下简称"安责险")属于商业保险,亦是责任保险的一种,而责任保险归属于财产保险,所以安责险本质上是财产保险。但与一般的财产保险不同,安责险是以投保人对受害第三人的民事法律责任为保险对象,即被保险的生产经营单位对受害第三人因生产安全事故造成的人员伤亡和经济损失的法律责任为保险对象。

二、安责险特征

安责险与其他保险险种相比,具有以下几个特征:

(一) 社会公益性

一方面,安责险和责任险、工程险、团体意外险一样,旨在减少企业因突发事件造成的财产损失,进而保障投保企业的经济效益;另外一方面安责险更是为了维护和增进社会效益。其社会效益主要表现为两点:其一,安责险作为国家应急管理部门大力推广的险种,在保险费率和保障额度设置方面,相较于其他商业保险更具优势。较低的保险费率能够吸引更多的企业购买安责险,较高的保障额度能够最大程度上保障受害者的权益。其二,政策要求保险机构须为投保企业提供事故预防服务,通过引入第三方的专业技术服务机构,协助投保企业完善安全管理制度,加强企业管理层与从业人员的安全意识,提升企业安全风险辨识、评估及隐患排查治理水平,促进投保企业实现安全生产标准化运营,减少生产安全事故的发生,保障企业可持续发展,维护社会的稳定。

(二)强制性

安责险本质上属于商业保险,与其他商业保险的区别在法律赋予的强制性,表现在安责险的参保、续保和退保的强制性。即国家规定行业领域的生产经营单位未按规定投保安责险的,将受到政府相关部门的行政处罚;除因法定事由终止生产经营活动外,符合国家规定应当投保的相关主体不得自行暂停和结束保险合同;生产经营单位未按规定续保和退保的,将会被安全生产监督管理部门纳入惩戒"黑名单"管理,情节严重的将追究其法律责任。

(三)保障范围广

将安责险与其他险种综合对比来看,安责险的保障范围不局限于单一对象,其保障对象更加丰富,既包括与企业有劳动关系的员工,还包括因生产安全事故遭受损失的第三者,在对象上为企业提供更全方位的保障,险种的风险转移能力更强。同时,安责险综合了雇主责任险和公众责任险的优势和特点,从满足投保人需求的角度出发,在保险责任的范围上设计更为合理和全面,其保险范围除上述对象外,还包括事故抢险救援费用、诉讼服务费用和事故鉴定等费用。

(四)理赔实行"无过错"原则

其他责任保险实行"过错"原则,保险机构只对企业在生产经营活动中因疏忽或者过失发生的生产安全事故进行理赔,如果企业对于生产安全事故的发生没有过错,保险机构将不会予以赔偿。而安责险的理赔实行的是"无过错"原则,打破其他险种在除外责任上的局限性,将其他险种纳入除外责任的"重大过失责任"和"违反安全法规的行为"列入保险责任范围。

三、安责险与相似险种的比较

(一)安责险与工伤保险的区别

从保障对象来看,工伤保险的保障对象是生产经营单位内部员工的伤亡,安责险则不同,它的保障对象是生产经营单位在法律上的赔偿责任。工伤保险在进行赔偿之后,也没有办法减免生产经营单位因生产安全事故所导致的损害赔偿责任。从赔偿条件来看,工伤保险需要三个前提条件,即存在劳动雇佣关系,获得相关政府部门工伤认定以及必须发生人身伤亡事故。安责险赔付的前提条件则是发生由应急管理部门认定的生产安全事故。

从法律依据来看,工伤保险的法律依据是《工伤保险条例》,安全生产责任保险依据《中华人民共和国安全生产法》和《安全生产责任保险实施办法》等。从保障范围和数额上看,工伤事故保险的范围大体包括:一次性工伤补偿金、医疗费、停工费、长期护理费、受抚养人抚恤金等,保障的依据主要为城市或农村地区去年的年平均工资,安责险的保障范围则主要包含人身和财产损害赔偿、事故抢险救援、医疗救护、事故鉴定、法律诉讼等,保障额度依据保险合同进行约定,死亡赔偿限额不低于30万元。从保障对象来看,工伤保险只包括企业的雇员,安责险则包括企业的雇员和社会公众。

从保险事故来看,引起工伤保险理赔的保险事故是职工在生产或工伤过程中遭遇到职业病、工伤创伤等的人身伤害,它往往只是单位职工个体性的损害并不构成重大安全生产责任事故;而安责险的保险事故是投保企业需要对外承担的重大安全生产责任事故。

（二）安责险与雇主责任险的区别

在保险性质上,安责险属于责任保险,而雇主责任保险虽然也属于责任保险,但两者却存在许多不同之处,主要是在保险的责任范围与保险事故方面有所区别。同建筑工程意外伤害保险类似,雇主责任保险并无关于第三者人身伤亡或经济损失赔偿的保险责任,如发生企业或雇员过失导致的第三者损害赔偿责任,只能再额外添加第三者责任保险。

在保险责任上,雇主责任保险针对的是投保企业的雇员在上班期间发生的意外事故,而安责险的责任范围较之更宽泛,包括投保企业或其员工过失行为导致的安全生产事故所应承担的对第三者的损害赔偿责任。

（三）安责险与意外伤害险的区别

从保险性质来看,安责险属于责任保险,是财产保险的一种;而建筑工程意外伤害保险属于意外险,是人寿保险的一种。从保险标的来看,安责险的保险标的是企业需要对外承担的侵权损害赔偿责任,是一种民事赔偿法律责任;

而建筑工程意外伤害保险的标的是被保险人的生命和人身,也正因为此,建筑工程意外伤害保险的赔付无法做到消除企业生产安全事故所导致的损害赔偿责任。

从保障对象来看,建筑工程意外伤害保险的保障对象仅为投保企业的雇员,安责险的保障对象既包括企业的雇员,又包括因安全生产事故而受难的社会公众。

(四) 安责险与工程一切险的区别

工程一切险属于财产保险,赔付责任针对施工过程中意外事故和不可抗力造成的物质财产损失,包含第三者的人身伤亡以及财产损失(附加险),无法实现对于从业人员伤亡的经济赔偿。安责险属于责任保险,用以转移企业的赔偿责任,其保障范围相对更广,包含了从业人员人身伤亡、第三者人身伤亡及财产损失、医疗费用以及事故救援等保障,基本涵盖了除财产损失以外的损失。

四、基本原则与功能定位

(一) 安责险制度的基本原则

面对日益严峻的安全生产形势,高危行业领域事故频发,立法先行是世界上不同国家建立高危行业领域安全生产保障体系的普遍做法。建立安责险制度,首先应明确我国安责险制度的立法原则。我国安责险制度建立的根本出发点和落脚点是减少事故造成的人身和财产损失,因此,与其他保险法律制度相比,安责险制度有其特殊性,需要遵循下列基本原则。

1. 政府推动原则

保险作为管理和转移风险的市场机制,在风险管理的效率和效果方面具有显著优势。但对于具有一定公共性的领域,纯粹的市场主体缺乏参与其中的足够意愿,因此,在进行类似安责险这种保险的制度设计时,要充分发挥政府的作用,要从政策上强制市场主体购买该保险,并借助政府政策引导和行政权力推动,最大程度地整合社会资源来促进该制度的良性运行。

2. 市场化运作原则

尽管安责险制度的完善有赖于政府的引导和协调,但是政府对于成熟保险市场的干预方式极为有限,且应当加以限制。通过市场进行运作的方式旨在使安责险制度在政府的底线约束和监管之下,通过市场化运作方式,吸纳保险公司、资本投资者等多种资金来源渠道,实现风险共担,以分散事故风险。

3. 保本微利原则

安责险与其他商业保险截然不同,它不能仅以利润当作生存和壮大市场的目标。反之,其目标应该是整个社会的稳定,然后促进社会利益的增长和维持。此立法原则在具体的安责险制度中,就表现为保本微利原则。

4. 强制投保原则

商业保险普遍采用自愿投保的原则,而安责险不同于一般的商业保险,因为其具备很强的政策性特征,并且被保障地区通常都是高危行业较为集中的地区,表现特征为经济社会发展相对落后,当地居民的投保能力、自我保障意识相对较弱,因此,政府有必要为了人民的人身安全和财产安全保障,制定强制性的参保制度,将高危行业领域全部纳入安责险的保障范围之中。

(二) 安责险的制度功能

安责险制度在弥补事故损失、提高抵御风险能力、化解社会矛盾三方面发挥了经济补偿、事故预防、社会管理功能,同时能够有效解决事故赔偿资金不足的问题,一定程度上也弥补了工伤保险的局限。

1. 及时对受害者进行补偿

生产经营单位存在较高的安全生产隐患,只要发生生产安全事故就极大可能造成重大人员伤亡和巨额财产损失,企业需要承担数额巨大的事故赔偿。经济补偿功能是各类保险的核心功能,生产安全事故发生后,保险机构依据保险合同约定赔付责任限额内的保险金,能够极大程度弥补受害者因事故而遭受的损失,减轻投保单位因承担事故赔偿责任产生的财务负担。安全生产领域引入安责险,对于生产安全事故的救济补偿和抚恤安置等善后事宜,保险机构均可直接参与其中,受害者或家属可以及时获得一定数额的保险金,弥补其因事故遭受的损失,经济补偿在一定程度上安抚了受害者及其家属。生产经营单位通过缴纳少量保险费用,就能享受到较大的风险保障金额,减轻其因生产安全事故带来的经济损失,有利于快速恢复生产和维持企业正常经营秩序。

2. 预防生产安全事故发生

首先,保险机构在承保前,会由风险评估人员对企业所处行业类别、职业危害、生产作业环境、历史事故记录及出险情况进行等级评定,生产经营单位风险等级高低是确定保险费率的重要参考因素。安责险采取指导费率下的差别费率和浮动费率,有利于激励和约束生产经营单位做好安全生产预防工作,及时排除潜在的风险隐患,降低生产安全事故发生的机率,能够有效控制和妥善处理安全隐患。其次,保险机构为实现"少赔付、低成本"的经营目标,会不定期的对企业开展安全生产监督检查,发现风险隐患后,可及时向企业提出安全生产整改意见,从而达到控制安责险的出险频率,减少自身的赔款支出的目的。最后,保险机构于事故发生后开展现场调查,找出企业发生安全生产事故的原因,指出企业安全生产预防工作中存在的漏洞和缺陷,避免安全生产事故再次发生,如生产经营单位未采取措施进行整改,可以上报其安全生产主管部门,由安全生产主管部门采取行政手段进行督促整改。

以往的保险险种基本都侧重于事故发生后的经济赔偿,一旦投保交易行为完成后,保险公司基本不会去关注投保企业的安全生产管理状况,至于是否需要理赔则寄托于事故的偶发性,更未向企业提供事故预防服务。而安责险不一样,把事故预防工作放在第一位就是其诞生的缘由。企业投保以后,在法律的支撑下,保险机构与投保企业绑定形成利益共同体。保险公司为降低理赔发生的概率和最大化降低最高理赔金额,从自身的利益出发,利用自己庞大的社会资源的优势,为投保企业提供一系列的事故预防服务,增强企业安全生产意识和风险防控能力,最大限度的降低生产安全事故发生的可能性。投保企业可以借助保险公司的力量,改善企业安全生产管理状况,履行自身的安全生产主体责任。事故预防服务理想的模式就是:保险公司提供企业真实需要,且具有专业性、针对性的事故预防服务;企业愿意真实反馈自身的需求,且积极配合保险公司开展事故预防服务工作。只有双方的共同目标均是降低生产安全事故,并且自觉履行自身的义务,最后的结果一定是双赢的局面。

3. 激励企业落实安全生产主体责任

保险机构作为市场化运营的主体,为保证自身的可持续发展、扩大市场影响力、提高盈利能力,会根据市场需求开发对应的保险产品。同时,为了降低理赔风险,保险机构通常会根据投保人的风险水平高低,设计不同的保险费率。安责险就采取行业指导费率下的差别费率和浮动费率,投保企业如在保险期间生产安全事故预防工作效果明显,续保时保险机构将按照一定比例下调保险费率,以此激励投保企业继续做好安全生产预防工作。反之,保险费率上涨,增加投保企业的投保成本。在保险费率机制作用下,企业为了控制保费支出,就会积极主动地落实安全生产主体责任,以此提升企业的风险管理能力和信用等级。

4. 弥补工伤保险的局限

工伤保险体现了国家和社会对劳动者的关心和爱护，一定程度上缓解了劳动者对因工致残的担忧。工伤保险保障了劳动者的基本权益，劳动者即使因工遭受损害，也能享受到一定的经济补偿，有利于劳动者全身心投入到工作当中，提高工作积极性。但工伤保险作为国家为全体劳动者提供的社会保险，其在保障范围、保障额度、事故预防方面存在一定的局限性，对于风险管控、事故预防、未参加工伤保险的特殊群体等方面缺乏保障力度。

此外，因生产安全事故遭受损害的劳动者，在取得法律规定工伤保险赔偿外，还享有依据相关民事法律继续向企业索赔的权利，但由于劳动者对法律规定和索赔程序不熟悉，企业在工伤保险赔偿后缺乏主动性，常常出现劳动者难以获得足额赔偿的现象。企业购买安责险后，保险机构可就扣除工伤保险赔偿额度的部分向劳动者提供相应赔偿，工伤保险和安责险保险额度叠加，破除因保险额度不足造成的理赔不到位的局面，让每一位劳动者都得到全方位的保险保障。

5. 解决事故赔偿资金来源

安全生产风险抵押金制度在一定时期内起到了保证生产安全事故发生后抢险救援和善后处理资金来源问题，但由于其存在占用企业流动资金、未能建立风险分摊机制、事前预防作用不明显等制度缺陷，大部分企业都不愿意缴存风险抵押金，导致制度实施效果不佳，未能实现预期目标。同时，生产经营单位缴存的风险抵押金仍属于自有资金，并未提高生产经营单位的抗风险能力，仍然难以承担生产安全事故带来的巨额赔偿责任。投保安责险以后，企业可以将未来不确定的大额风险事故损失支出转变成每年稳定的小额财务预算，保险费用相对于安全生产风险抵押金小得多，既可以减少成本支出，又能保证生产经营单位资金流动性，进而获取更多的经营利润。更重要的是还能在保险合同约定的额度内满足生产安全事故后企业承担的经济赔偿需要。

五、国内安责险发展历程

2006年6月，国家发布了《国务院关于保险业改革发展的若干意见》，第一次提出"政策引导、立法强制、政府推动、市场运作"的方式发展安全生产领域的责任保险业务，并建议在危险系数较高的煤炭行业开始试点，依次逐步发展到其他高危行业。同年 9 月份，国家又颁布了《关于大力推进安全生产领域责任保险，健全安全生产保障体系的意见》，初步形成了"政府推动、市场运作"的机制，建议在建筑、采矿等高危行业试点雇主责任保险。2007 年 9 月，基于《关于在重庆市推行高危行业责任保险试点的通知》，重庆成为全国第一个在高危行业全面推广责任保险的城市。

2009 年 1 月，原国家安全生产监督管理总局开始探索安责险替代风险抵押金的改革方案，并在河南等省份开始试点。同年 7 月，国家颁布了《关于在高危行业推进安责险的指导意见》，该《意见》分为推进安责险的重要意义、指导思想和基本原则、一些重点问题、工作基本要求 4 部分，明确了安责险的承保范围和改革模式，至此，安责险才被作为独立的险种正式使用。

2010 年以来，国家颁布了多个安全生产领域的重要文件，其中《安全生产"十二五"规划》等都强调了保险机制中事故预防服务的重要性和安责险与风险抵押金的衔接问题。同年 11 月，原国家安全生产监督管理总局明确先行在危化品行业中实施安责险。2011 年，国家先后对《中华人民共和国建筑法》和《中华人民共和国煤炭法》进行了修订，引导建筑公司和煤炭生产经营单位从意外伤害险投保转向安责险投保。2013 年，原国家安全生产监督管理总局根据烟花爆竹行业风险特点和安全生产工作实际，在烟花爆竹行业推行全国统保示范项目，设计推出了适合行业需求的专属产品、保险方案及配套机制。这是我国安全生产领域的第一个全国统保的项目。2014 年，国家再次对《安全生产法》进行修订，鼓励生产经营单位投保，为推进安责险工作提供了法律依据。

2016 年，国家印发了第一个关于安全生产工作的纲领性文件中共中央国务院关于推进《安全生产领域改革发展的意见》，标志着安责险进入到强制实施阶段。次年，国家出台《安全生产责任保险实施办法》，在安责险的实施细节上做了明确说明，使得安责险的推广和实施有章可循。2019 年，基于安责险实施过程中事故预防服务功能发挥不充分、市场上事故预防服务秩序紊乱，应急管理部颁布了《安全生产责任保险事故预防技术服务规范》，对安责险为纽带的安全生产社会化服务体系中各主体提供了行为准则和可行意见，确保安责险制度发挥应有作用。2020 年，《安全生产专项整治三年行动计划》提出通过实施安责险，加快建立保险机构和第三方服务机构等社会组织广泛参与的安全生产社会化服务体系。2021 年新修订的《安全生产法》明确对不按规定投保安责险的生产经营单位予以罚款。由此可见，在推动安责险为纽带的安全生产社会化服务方面,相关法律规定、政策措施正不断完善,同时也显现出国家对于安责险发挥事故预防功能的重视程度,对生产经营单位安全生产水平及安全生产专业技术服务机构服务能力不断提升的期待。

第二节　安责险事故预防服务的主要内容及探索

生产安全事故预防服务指的是保险机构与投保的生产经营单位在保险合同中约定并按保险合同为投保的生产经营单位提供事故预防服务,保障安全生产,预防事故发生的行为。

一、安责险事故预防服务的主要内容

(一) 安全生产宣传教育培训

安全生产教育培训,是预防企业安全事故发生的基础方法和途径。通过安全生产教育培训,来提升企业广大干部职工的安全防范意识和能力。事故预防服务运营商委派行业资深专家根据企业的实际情况及具体需求,针对性制定符合企业特点的培训内容及培训方式,切实保障培训效果。

(二) 安全生产风险辨识与评估

安全生产风险的辨识与评估是企业安全生产管理的关键要素。通过划分风险点单元进行危险源辨识,对企业生产过程中存在的安全生产风险进行系统辨识和评估,对安全生产风险进行定级,并针对性制定有效的预防控制措施,实现风险分级管控。

(三) 安全生产标准化建设

安全生产标准化建设,指的是企业建立完善的安全生产责任制等系列安全管理体系,确保责任科学划分和落实,是企业提升安全管理水平的重要保障。事故预防服务运营商在详细了解企业的生产经营过程和特点的基础上,委派专家帮助企业建立安全生产标准化体系,帮助企业实现安全生产的标准化管理。

（四）生产安全事故隐患排查

事故隐患排查治理是提升企业安全事故预防处置能力的重要措施，是一个动态化的工作过程，需要企业全员参与。事故预防服务运营商委派专家对生产过程中的风险控制措施的有效性、充足性及落实程度进行多维度的隐患排查，并提供合理有效的解决方案，协助企业形成有效的隐患排查治理机制。比如，针对化工行业特点，可以提供有针对性的专项隐患排查，如动设备静设备使用过程专项隐患排查、SIS 系统、自控系统专项隐患排查、重点监管危险化学品使用及管理专项隐患排查、重点监管的危险化工工艺过程的专项隐患排查等。

（五）生产安全事故应急演练

事故应急演练，是提升企业员工安全防范意识能力的必要措施。事故预防服务运营商委派专家为参保企业制定专业完善的应急演练方案，并指导企业组织员工开展演练活动，帮助员工掌握安全事故处置的方法和技能，科学检验和完善企业应急预案，建立企业事故应急处置能力。

（六）安全生产科技推广应用

针对投保企业的高风险区域，保险公司和事故预防服务运营商可协助安装必要的物联网监测监控设备，在高风险、易发事故的关键节点进行物联网智能监测，相关设备可用于监测生产环境和生产参数异常情况，相关布点可以与 BIM 模型及 AI 主动预警相结合，形成基于科技支撑下的综合风险管控体系。

（七）其他有关事故预防工作

如双重预防机制建设、安全生产诊断、量化评估、安全托管、企业安全管理机制建设、安全论证、体系持续改进、安全文化建设等。

二、民太安关于安责险事故预防服务的探索

（一）科技赋能方面

民太安采用"保险＋科技＋服务"创新模式自主研发的智能风控云平台、

安责险系统平台,实现了案件信息系统录入-移动端作业-自动生成标准化报告-系统审批报告全流程在线操作和管理,显著提高了保险风勘、安责险事故预防作业效率,并保证报告质量稳定可靠。

1. 风险管理系统平台

将安全技术、保险技术、科信技术有机结合,实现对风险的全过程管理,为政府部门、保险机构、生产经营单位打造一站式安全生产及风险控制管理平台。

图 26-1　民太安风险管理系统展示

2. 安责险事故预防系统平台

覆盖安责险事故预防服务四个角色(政府部门、保险公司、技术服务机构、投保企业),实现多方共同管控,预防任务可视化、线上流程闭环管理,抓取隐患数据并推送至各角色用户,搭建全流程信息化服务平台,构建"保险＋科技＋服务"新模式。

图 26-2　民太安安责险事故预防系统展示

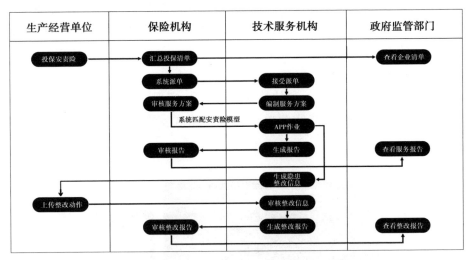

图 26-3 安责险事故预防系统业务流程图

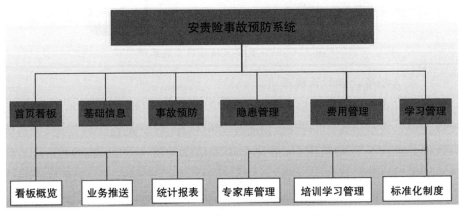

图 26-4 安责险事故预防系统功能模块图

(二) 产品标准化服务方面

根据《安全生产责任保险实施办法》要求,事故预防服务费用的提取是保险公司从投保企业支付的保费中按照一定的比例提取并用于给投保企业作为安责险事故预防技术服务。但是投保企业相当一部分因为企业规模、营业收入等原因,仅购买低保险额度的安责险产品。按照事故预防服务的提取原则,无法给该类企业提供质量较高,或者针对性的事故预防服务。但该类企业的数量不是少数,并且按照要求该类企业也需要享受到保险公司提供的事故预防服务。

针对此类企业的事故预防,作为保险公司或事故预防服务供应商因为成本原因,无法提供针对性的事故预防服务,因此只能从事故预防服务标准化、信息化的角度升级服务产品,降低服务成本。

民太安基于此,组织公司旗下的高级工程师、安全评价师、注册安全工程师、建造师、消防工程师等各行业具有专业资质的技术人才梳理了超过 60 个风险评估模型(或模块)。模型覆盖了危化、建筑施工、矿山、道路交通运输、金属冶炼等高危行业,以及其他的细分行业。专业技术人员在给企业提供技术服务过程中,利用手机 APP 移动进行作业,现场实时上传隐患图片、工作照片,并在作业现场服务结束后可以一键生成服务报告,省去了技术人员现场服务结束后人工整理照片、编制报告,在提供工作效率和保证报告服务质量的同时,降低了服务成本。

(三) 从后端公估到前端风险预防方面

民太安自 1994 年从事保险公估行业开始,已积累近 30 年行业经验,服务企业数量超过 1000 万家。基于这些丰富的实战经验,民太安的技术团队更了解各类自然灾害、生产安全事故导致的影响后果;更了解企业在遭受自然灾害、生产安全事故,财产损失主要集中在哪些方面;更了解企业在预防灾害事件(灾难事故)的薄弱或无力之处;更了解企业在灾后恢复生产期间的需求。基于此,民太安尝试做了两个方面尝试:一是归纳整理历史以往所有的公估案例,多维度分析各行业风险分布情况;二是在开展保险公估服务过程中,派遣公估师和注安师联合作业,公估师负责财产损失评估,注安师负责分析事故原因,并提出防灾防损建议,从而实现从事后损失评估到事前风险预防的全流程贯通。

(四) 共同探讨、推动安责险机制完善方面

民太安承接全国各地安责险事故预防服务业务,不仅仅是将自己定位为一个技术服务机构,而是要努力做安责险事故预防服务工作的推动者和行业健康发展的促进者。基于这种理念,民太安积极与全行业的同仁一起探讨和推动相关工作。2023 年,民太安先后协助福建省保险行业协会、甘肃保险学会、新疆保险学会等机构举办关于安责险及事故预防、风险减量等方面的学术论坛和交流会,并分享了《安责险事故预防服务的痛点和难点》《安责险概述及

事故预防作业风险》《公共安全视角下的保险业风险减量探索》等主题报告。

第三节　安责险事故预防服务的实践难题及突破

一、安责险事故预防服务重难点分析

（一）行业多元对专业人才要求较高

安责险事故预防服务行业涉及矿山、危险化学品、烟花爆竹、金属冶炼、建筑施工、交通运输、一般工贸等行业，每个行业均需要本行业领域的注册安全工程师、安全评价师、注册消防工程师、一级建造师等技术人才。一般市场上很难有单个公司同时具备这么齐全的行业领域的注册安全工程师或者安全评价师，对机构的专业人才储备考验较大。

（二）异地开展事故预防服务频次高

根据民太安和各大保司合作经验，以及各地安责险业务开展情况，某一保司或保险经纪公司委托的安责险业务一般会需要跨市县，甚至需要跨省进行作业服务，而市场安全技术服务机构一般由于资源、定位、业务规模等限制，其业务基本局限于公司所在地市或本省，因此异地跨省或跨市进行作业成本会明显提高。

（三）技术服务需多样化、个性化

虽然国家早在2017年就出台了《安全生产责任保险实施办法》，也发布了《安责险事故预防技术规范》（AQ9010），但大部分省、市针对安责险事故预防如何落地实施缺乏规范依据。在安责险事故预防工作已成必然之势的大背景下，如果安责险事故预防采取粗放式不考虑企业实际需求而提供"想当然"的服务，安责险事故预防服务这块市场要么将来会引起国家层面整顿，或得不到投保企业的认可。总之，事故预防技术服务未来方向必定是以解决投保企业安全管理方面的实际需求为核心。不同类型、不同定位的企业其安全生产需求不一样，其所需的服务内容和程度均不相同。如大型企业、国企本身就成立了安全生产管理部门，具备专职的安全生产管理人员，其所需要的事故预防服务的专业性程度就不是局限于泛泛而谈的培训、走马观花浮于表面的隐患排

查,而是更关注管理层安全管理思维意识加强、安全领导力提升、安全管理机制的优化等;中小微企业则由于企业经营成本、企业规模等因素影响,以及政策未强制性要求配备专业的安全管理人员,其更多关注的企业如何合规、怎么做才不会被政府监管部门行政处罚,因此需要是安全托管类的技术服务,用专业性帮助企业执行安全管理人员的职责。

（四）建立统一规范的全过程服务项目管理体系

由于投保时间不一,因此保险公司或保险经纪公司关于安责险事故预防项目一般是分批次的,且每一批次需要服务的企业数量较多,时间周期一般较短,因此大概率面临需要十几个,甚至数十个技术服务人员同时开展服务,且需要快速出具报告。鉴于此,提供安责险服务单位需要具备很强的组织管理、项目管理能力,在确保项目进度的同时,也需要确保项目报告的质量。

（五）提供多维度数据分析,并进行可视化展示

由于政府监管部门、承保的保险公司在安责险工作中,其职责、内容不一,政府更多关注的是必须投保的高危行业的企业投保情况、承保的保险公司用于事故预防技术服务的经费落实、聘请第三方事故预防技术服务机构资质及专业能力、事故预防技术服务工作程序、投保企业对事故预防工作的反馈、隐患闭环情况等;而保司一方面既考虑政府监管部门的需求,同时关注项目进度、项目质量、投保企业满意度等。因此,开展事故预防服务工作,既要实现专业层面的隐患数据多方共享,也要能够满足政府、保险公司在安责险事故预防服务工作中对数据的多维度分析,并通过可视化展示平台直观了解事故预防进展情况的需求。

二、当前安责险事故预防服务行业存在的问题

（一）事故预防服务过程管控缺乏明确依据

国家虽然 2017 年、2019 年分别发布了《安全生产责任保险实施办法》与《安全生产责任保险事故预防技术规范》（AQ9010）,但仅仅规范安责险事故预防服务的服务范围,对服务流程、服务成果、服务质量、服务机构及人员资质等内容并未明确。换言之,并未对事故预防服务实施细则进行明确,难以对保险机构开展事故预防服务工作提供具体指引。

（二）事故预防服务准入条件未明确

当前由于并未对提供事故预防服务的单位的资质进行明确，导致形成"人人皆可做事故预防服务"。部分地区已经出现事故预防服务由保险经纪垄断的现象。保险经纪公司凭借多年从事保险行业的经验优势，优先进入并形成垄断，更严峻的是甚至少部分保险经纪公司不具备提供安责险事故预防服务的能力。正是由于该行业自上至下并未明确事故预防服务准入"门槛"。事故预防服务不同于以往的保险风勘，从事事故预防的技术人员需要具备相应一个行业或多个行业的隐患辨识能力。以往的保前风勘，侧重的对投保企业遭受自然灾害、火灾、盗窃风险的查勘，而弱化了对企业内部的安全生产管理缺陷的风险辨识。

（三）事故预防服务品质管控不足

当前从事安责险事故预防服务的技术服务机构主要有三类：工程咨询类企业、技术服务类企业、保险公估或保险经纪类企业。这三类机构由于自身行业经验的影响，在开展事故预防服务的过程中，习惯性以自身深耕行业的经验为依据，导致服务流程，出具的报告、提供的服务过程材料存在差异。由于缺失统一的规范要求，滋生了一些事故预防服务机构在服务过程"走马观花"，在技术人员选择上"就低不就高"，在服务成果文字材料中"以篇幅论报告质量优劣"，在价格上以"极具优势"的低价垄断业务等不良行为。这就导致了事故预防服务流于形式，并未真正发挥事故预防的功能；不仅如此，还一定程度上限制了一些在工程咨询、技术服务行业深耕多年的专业公司因接受不了"低价"而暂停或暂缓进入安责险事故预防服务行业，一定程度上阻碍了国内安责险的健康发展。

三、完善安责险事故预防服务工作对策和建议

针对当前安责险事故预防服务行业存在的问题，提出以下几点建议：

（一）进一步完善安责险事故预防服务规范

《安全生产责任保险事故预防技术服务规范》（AQ9010）自 2019 年出台，至今已有近 5 年，尽管取得一些成就，但不可否认暴露出前文所述的一些问

题。安责险事故预防工作不是一个新行业、新领域,本质上仍是安全生产技术专业层面的工作,只不过其源头是高危行业企业购买安责险后衍生出的工作,另外还有一点不同于传统安全生产技术服务行业的是相关主体中增加了保险公司。因此安责险事故预防服务涉及的相关方,无论哪一方都要遵循安责险事故预防本质上仍是安全生产技术专业工作,都应遵循安全生产技术服务的服务流程规范、技术标准、质量管控原则等。综上所述,可预见的是国家部委未来可能出台文件规范事故预防服务机构准入条件、预防服务工作流程、服务质量等。

（二）明确事故预防服务中各类服务成果格式和要求

按照《安全生产责任保险事故技术服务规范》(AQ9010)规定各类事故预防服务内容,应进一步要求各类服务的服务成果输出格式和要求。如安全生产教育培训,提交的服务成果应包括服务工作方案、培训签到表、培训讲师姓名及资质、培训课件、培训照片、培训效果反馈;隐患排查服务提交的成果应包括服务工作方案、隐患排查报告、服务工作照片、技术服务人员姓名及资质、客户满意度调查表、现场服务工作记录单、隐患整改前后照片等。

（三）完善多元主体层面的协同机制

从事故预防的政府部门监管端、到保险公司执行端、再到专业服务机构服务端、最后到投保企业受益端,尽管每个主体都有自身不同的需求,但都应遵循"安责险把事故预防工作放在第一位"这一主线,偏离这一主线的需求都应摒弃。四类主体都应围绕这一主线改变或完善自身工作机制,确保事故预防服务全过程管控协同机制顺畅高效。比如政府部门应明确掌握法律法规明确应投保安责险的企业投保情况、掌握各保险公司用于事故预防服务资金到位情况、掌握技术服务机构服务能力和服务质量情况、掌握投保企业配合度以及隐患排查治理和安全风险管控履责情况等;保险公司应掌握技术服务机构资质、专业能力、服务质量、服务流程、服务效果等情况;技术服务机构在遵循事故预防服务技术规范的前提下,掌握事故预防服务费用到位、投保企业隐患整改到位情况;投保企业应掌握事故预防服务费用支出、保险公司和技术服务机构服务质量情况。因此需要建立一套机制,让各方主体都明白在安责险事故预防服务中自身应履行的职责,事故预防应按照什么规范流程实施,服务过程中排查出的风险或隐患是否真正实现闭环。

（四）增强企业投保和配合事故预防开展的积极性

第一,政府部门可以将安责险事故预防服务纳入年度安全生产计划中,不作为附加的一个监管执法任务。对企业来说,日常生产频繁迎检一定程度给企业造成了困扰,如果安责险事故预防服务再作为额外的一项需要企业配合的工作,无疑是加剧了企业负担。

第二,政府部门可以加强安责险事故预防服务宣传,强调安责险不同于其他保险,投保企业有义务配合保险公司开展事故预防服务工作。

第三,保险公司在企业投保安责险后,并在事故预防开展之前,组织对投保企业进行安责险事故预防服务培训,让投保企业明白配合开展事故预防服务不是单纯的商业行为,而是其有义务进行培训。

第四,政府监管部门和保险公司可以允许技术服务机构充分与企业沟通服务需求。服务需求确认后,允许投保企业更改前期的服务需求,针对服务费用超过安责险保费支配事故预防服务的额度后,由企业自行承担费用。

第五,政府监管部门和保险公司可采购或聘请专业技术服务机构或专业技术人才,监督管理服务过程和服务质量。因为,事故预防服务作业机构提交服务成果后,保险公司和企业很难具备审核服务成果的能力,比如风险辨识是否到位、引用依据是否准确等。

综上所述,对于本质上是安全生产技术专业层面的事故预防,在不另行增加企业负担的前提下,加强安责险事故预防服务宣贯培训,一定程度增加企业自行选择事故预防内容的自主性,相信未来企业在投保安责险和配合安责险事故预防服务的积极性方面会有很大改善。

第二十七章 韧性城市建设与巨灾保险模式探索

第一节 韧性城市与巨灾保险

一、韧性城市概述

"韧性"的概念最早运用在物理学界,表示弹簧的特性,或材料的稳定性及抗击冲击的能力。自二十世纪 90 年代以来,学者对韧性的研究逐步延伸,将韧性的理念与城市管理实践相结合,产生了韧性城市理论。

韧性城市是指城市在外界干扰之下,依然保持其主要的特征、结构和关键功能,这是韧性理念与城市管理实践相结合的产物,同时也是全球经济、政治、社会以及规划发展的产物。越来越多的学者开始研究韧性城市,根据国际标准化组织(ISO)于 2019 年度发布的 ISO/DIS37123 标准文件中明确提出,韧性城市是面对冲击和压力能够做好准备、恢复和适应的城市。

韧性城市的特性包括:鲁棒性、冗余性、多样性、智慧性,这些特性的具体含义见表 27-1。

表 27-1 韧性城市的特性表

韧性特征	含　义
鲁棒性	即健壮、强壮的意思,是指在异常或者危险情况下系统的生存能力
冗余性	是指具相同功能下的可替代要素,通过多重备份来增加系统的可靠性
多样性	有许多功能不同的部件,在危机之下带来更多解决问题的技能,提高系统抵御多种威胁的能力
智慧性	通过信息技术手段提高城市对风险扰动的识别能力

二、巨灾保险具有公共产品属性

巨灾保险是一种由政府主导的制度安排,将因发生地震、飓风、海啸、洪水、泥石流等自然灾害及其次生灾害可能造成的巨大财产损失和严重人员伤亡的风险,通过保险方式进行风险分散和经济补偿,是具备"公共产品"特性的保险产品。

巨灾保险因其独特属性,面临着有效供给不足和有效需求不足两方面的问题。一方面,巨灾导致的损失集中且巨大,一旦发生了损失,极大可能会超过保险公司的赔付能力,因此保险公司缺乏主动承保的动力,导致有效供给不足。另一方面,与大部分保险产品相比,巨灾从总体来看属于小概率事件,加上居民的保障意识不强,存在侥幸心理,并多寄希望于政府救助,从而导致有效需求不足。因此通过市场化方式、按照推广一般保险产品的方式去推行巨灾保险是行不通的。同时,巨灾作为一种人力不可抗拒的"天灾",政府对于居民的巨灾保障具有不可推卸的责任,巨灾保险也就具备了"公共产品"属性。因此,推动巨灾保险必须发挥政府的重要作用,建立配套政策,从而保障巨灾保险市场有效运行。

三、韧性城市评估指标与巨灾保险

根据卡特(Cutter)等人关于韧性城市的研究,在 2010 年提出了较为合理的韧性城市评估指标体系,总体来看,主要包括气候灾害韧性评估指标、经济韧性评估指标、社区韧性评估指标、组织韧性评估指标和基础设施韧性评估指标等 5 个方面。[①](见图 27-1)

(一) 气候灾害韧性评估指标

气候灾害韧性评估指标,主要体现的是城市承受自然灾害的能力,其主要目的是通过快速评估,对城市气候韧性指标作对比。评估的方式主要采取当地专家和学者对不同因子赋分结果,进而评估气候灾害韧性在城市各个层面

---

① 转引自:周利敏:《韧性城市:风险治理及指标建构——兼论国际案例》,载《北京行政学院学报》2016 年第 2 期。下述关于城市韧性的主要观点参考了该文的分析和表述。

的表现。(见图 27 - 2)

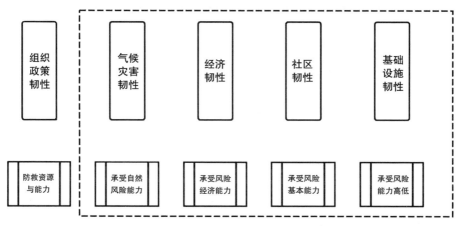

图 27 - 1　韧性城市评估指标体系

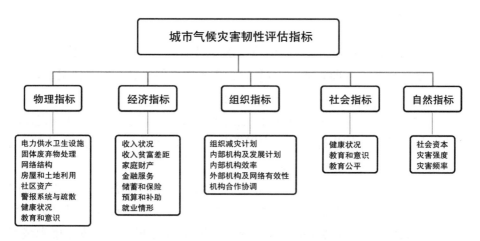

图 27 - 2　城市气候灾害韧性评价指标

在城市气候灾害韧性评估指标中,自然指标中体现的灾害强度和灾害频率,便是巨灾的直接表现形式。而巨灾保险中的防灾救灾机制,通过监控灾害强度和频率,进而优化城市气候灾害的自然指标,除此之外,巨灾保险机制也包含了组织救灾计划的内容。通过实行巨灾保险制度,可以有效的提升自然指标评价,从而提升整体城市韧性总体评估得分情况。

(二)经济韧性评估指标

经济韧性评估指标,主要体现的是城市承受风险的经济能力,它是直接影响城市灾后恢复的速度和质量的主要因素,它以自然资源依赖性、产业多样性、经济公平性、经济稳定性及经济能力为主要指标。自然资源依赖性代表城市对自然资源的依赖程度,其依赖程度越高,灾后恢复速度就会越慢。产业多样性代表经济冗余性及多样性,产业多样性越单一,灾后就会因为缺乏关键资源而影响恢复过程。经济公平性是指经济资源的分配情况,资源分配不公平会导致灾前的弱势群体在灾后弱势情况加剧。经济稳定性代表国内外对特定城市经济状况的信心,稳定的经济流通对于城市的灾后恢复具有积极的促进功能。

巨灾保险作为一种商业保险机制,由政府来统筹,充分发挥经济稳定器的作用,通过灾前预防和灾后补偿方式,为灾后城市重建和恢复提供金融保障,确保灾后产业不会严重衰退,为提升经济稳定、推动经济公平性和提升城市的经济能力发挥积极作用。

（三）社区韧性评估指标

社区韧性评估指标,主要体现城市承受风险的基本能力。卡特认为社区韧性包括抵御和重组两方面能力,是减少灾害损失的机制。一般情况下,具备较强韧性的社区也同样具备较强的抵御能力和重组能力。抵御能力直接影响城市面对灾害时采取行动的有效性,重组能力代表了灾后城市恢复与成长的能力。韧性社区评估指标主要来自以下几方面:人类资本、社会公平、人口、地方依附认同、社区参与与创新等。

巨灾保险通过"防灾减灾+灾后救助补偿"的方式,增强了社会和政府应对灾害能力,扩大巨灾保障责任,体现了政府保障民生、实现发展成果更公平惠及全体人民,也为社会经济的发展保驾护航,将有效增强市民安全感和城市吸引力,从而提升社区居民的满意度,增强地方依附认同,提升城市社区韧性。

（四）组织韧性评估指标

组织韧性评估指标,主要体现城市防救资源与能力。组织韧性层面包括灾前准备力、灾中反应力、灾后改变力、学习力与成长力,有效组织及沟通平台等。灾前准备力评估聚焦于组织日常的防灾能力、制定预案能力及效率;灾中反应力则是了解组织在灾中和灾后资源、人力与物力的实际投入、运作和恢复,灾后学习力注重知识获取与经验积累,组织及沟通能力关注组织间的行动交流效率及团队性。（见图 27-3）

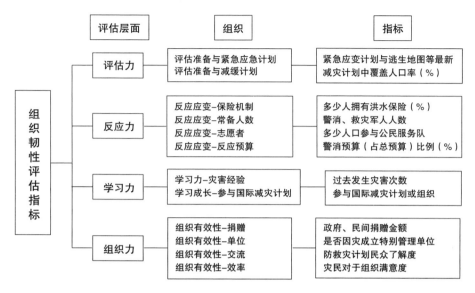

图 27 - 3 组织韧性评价指标

巨灾保险通过商业保险制度的安排,实现社会经济自然风险转移分散,为灾中反应力提供有效保障;通过灾害数据平台建设,积累广泛的灾害经验,提升学习力;通过防灾防损活动的开展,组织灾害研究、灾害风险隐患排查、应急演练、灾害急救宣传等防灾防损事项以及其他相关事项,提升民众对防灾计划的了解度。

(五) 基础设施韧性评估指标

基础设施韧性评估指标,主要体现城市承受风险能力的高低,主要关注基础建筑物的冗余性和关键设施能否在灾后持续发挥作用。冗余性是评估基础建筑物是否有老化现象、是否存在危险、是否有用做紧急庇护与疏散的闲置空间作为紧急庇护与疏散之用。关键设施是评估城市至关重要的少数资源、网络或服务(如电力、自来水、电话、网络和交通等系统),同时评估城市应急服务设施和废弃物处理等方面,强调恢复成本并评估基础设施受损害程度。

巨灾保险制度的实施,通过保险补偿机制,建立完善的理赔通道和制度,有助于基础建筑物的灾后快速恢复,一定程度上保持基础建筑物的更新换代,对基础设施韧性评估具有间接影响作用。

韧性城市评估指标体系与巨灾保险制度的内在关联关系见图 27 - 4。

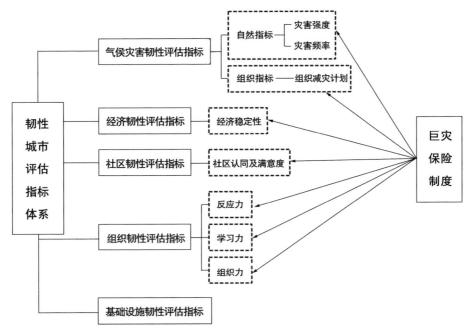

图 27-4   韧性城市评估指标体系与巨灾保险制度关联示意图

四、巨灾保险在韧性城市风险防控体系中发挥的作用

伴随着近年来极端气候、重大疫情以及重大自然灾害的频繁发生,如何增强城市韧性成为很多城市的重点探索课题,在众多增强韧性城市的工具中,保险金融也多次被提及,被认为是有效提升城市韧性的工具之一。巨灾保险的制度安排,可逐步增强城市的风险预防、预警能力以及灾害事故处理等能力,保障经济和社会的正常运转。总体而言,巨灾保险能在韧性城市风险防控体系能发挥如下三种作用。

(一) 提供减损防灾技术服务

经营巨灾保险的保险公司在灾害事故处理方面具备专业技术实力和专业队伍,可有效地预防和减少矛盾纠纷,维护社会稳定。将巨灾保险纳入韧性城市治理和风险防控体系中,可充分利用保险公司在防灾减灾方面的技术实力,让其参与制定、研究和完善巨灾风险管理方案、建立巨灾风险预警机制,充分共享减损防灾方面的技术输出,可最大化发挥保险的"社会稳定器"作用。

（二）快速处理灾害事故

保险公司在灾害事故处理建立了完善的理赔制度、通道和专业队伍，在灾害发生后，确认灾害损失、提供赔付方式、确定赔付金额以及灾后总结复盘等方面，保险公司具备独特的优势。将保险机构纳入灾后事故处理工作，通过巨灾保险理赔为受灾居民及时赔付，能加速推进灾后重建与恢复，充分发挥保险的社会"减震器"作用。

（三）转移与分散灾害风险

巨灾保险通过立法、制定细则、设置保险准入条件等方式，充分发挥保险对防灾减损行为的激励和约束作用，能有效抑制道德风险的产生。另外通过多层保险安排，构建"政府统保＋巨灾基金＋个人商业保险"模式，将灾害风险进行分散和转移；同时通过鼓励保险公司承保巨灾风险，规范城市巨灾风险防控体系中不同参与主体的行为，使得巨灾保险的方案、举措和模式不断得以优化，实现良性循环，达到事前预防和源头治理，从而降低风险发生的概率。

第二节 国内外巨灾保险探索的多元模式

一、国外巨灾保险的主要做法

（一）美国国家洪水保险计划

美国的《国家洪水保险计划》（以下简称 NFIP）是由政府主导的一种巨灾制度安排。NFIP 在 1969 年获得通过，美国初步建立了国家洪水保险基金。在国家洪水保险计划中，主要由政府负责和统筹，具体负责政府部门为联邦应急管理署下的联邦保险管理局。巨灾保险基金的主要来源是收取的保费，私营保险公司主要负责市场推广和拓展销售渠道，通过售卖保险以获得保险佣金。洪水灾害管理部门负责保险基金的运营和管理，确保在全国范围内在发生索赔案件时，保险经费能够灵活地转移和覆盖。当遇到罕见的重大财产损失时，洪水灾害管理部门还可向财政部申请有息贷款，国会根据受灾情况考虑提供财政资金拨款，此时最终的承保责任将落到政府的头上。

美国联邦紧急事务管理局在 1982 年就与多家大型保险机构达成合作协

议,提出了一个"以你自己的名义"的计划。私营保险公司仅以自己名义来负责承保和销售并在洪灾发生时办理赔偿手续和垫付理赔款项。但是私营保险公司仅仅是作为保单销售、损失理赔事务的代理人,保费收入和赔款全部由国家洪水基金收缴和支付,最终的赔付责任由政府承担。形成了国家洪水保险计划+私营保险公司项目补充的模式,这种保险模式较好地解决了私营保险公司偿付能力不足和产品侧供给动力不足的问题,保证了美国国家洪水保险制度的健康发展。

（二）法国巨灾保险制度

法国巨灾保险制度是一种由政府主导的半强制性巨灾制度安排。法国国会在 1982 年 7 月通过了《自然灾害保险赔偿制度》。这一巨灾保险制度要求投保形式为半强制性,将地震保险附加于财产险保单之上,居民可以自愿选择购买,但如果居民选择购买,则各个保险公司必须承保。法国的巨灾保险是属于多风险体系,一般包含多种灾害类型,如地震、洪水、雪崩、干旱等。法国巨灾保险标的覆盖面广,保险标的覆盖私人住宅、机动车、企业的办公及生产用房、营业收入等方面。法国的自然灾害保险赔偿制度,是以政府政令的形式来确认和更新免赔额,以此鼓励预防和减少风险发生。在保险理赔方面,必须由地方政府首先提出自然灾害确实存在的申请,上报至部长会议确认后,保险公司才可索赔。法国中央再保险公司（简称 CCR）是国家自然灾害保险制度的主要运营机构,CCR 在政府的授权下为自然灾害风险提供再保险,商业保险公司将保险责任分保给 CCR,CCR 如果无法承担巨额赔偿,则由法国政府负责最终的赔偿保证。同时商业保险公司也可通过国际再保市场进行再保险分保。自 1982 年开展自然灾害保险赔偿制度以来,巨灾制度发展顺利,还未出现由法国政府最终承担赔偿保障的情况。

（三）新西兰地震保险

新西兰的地震保险制度是典型的政府与市场相结合的形式。新西兰地震保险制度的营运机构是新西兰地震保险委员会（简称 EQC）,EQC 是独立法人机构,其核心功能是对居民的财产提供自然灾害保险保障;另外 EQC 还负责管理自然灾害基金,包括基金的投资和再保险;同时 EQC 还开展防灾减灾研究教育工作,资助一些开展自然灾害的研究和教育项目,寻找减少自然灾害的负面影响。地震保险的承保范围不只包括地震,还扩展到自然塌方、火山爆发、海啸以及由上述现象引起的次生灾害如火灾、暴风雨、洪水等。在险种设计上,地震保险是附属于住宅火灾险之上的,保险金额以重置成本法计算,住宅保险金额以 10 万新元为上限,家庭财产保险金额以 2 万新元为最大保额。在损失分担上,新西兰的地震保险是实行分级承担,EQC 与再险公司在不同的损失额度内,承担相应责任,当损失超过 56 亿新元时,则由新西兰政府出面承担最终的无限连带责任。

(四) 日本地震风险管理体制

日本地震保险制度也是政府与市场相结合,以市场运行为主的巨灾制度安排。它的特点是将家财险和企财险明确分开,分别采取不同的保险政策。

日本家庭财产地震风险的保险方案,是由"保险公司＋政府"作为共同承保人,实行分级分保、限额承保的模式。被保险人向私营保险公司投保,各保险公司在确定承保限额后,将超出的限额分保给地震再保险公司,若地震再保险公司仍不能满足分保需求,则超出部分由国家承担。这一制度安排主要目的,将地震损失赔偿责任按照额度分级承担,小额的地震损失赔偿由保险公司承担,较大的地震损失赔偿由政府和私营保险公司共同承担,特大地震损失赔偿则基本由政府承担。但由于日本政府财政能力和私营保险公司自身偿付能力的限制,家庭财产地震保险采取的是限额承保的方式。即使标的物发生全损,被保险人最终只能得到限额范围内的赔付。这种制度的安排一方面能够克服政府参与私人市场所带来的挤出效用,另一方面也达到稳定整个巨灾保险业的目的。

与家庭财产地震保险不同的是,日本企业财产地震保险是纯商业保险的模式,它的承保主体仅为私营保险公司,政府不参与承保。因此,地震灾害发生后企业财产损失的赔付责任全部由私人保险公司自身承担,政府不承担赔付责任。

二、国内巨灾保险的探索

目前国内巨灾保险探索,也已在多个省市地区开展试点,经过汇总梳理至少有以下三种模式:

(一) 宁波、厦门巨灾保险模式

宁波在 2014 年正式启动巨灾保险试点工作,宁波巨灾保险重点突出保障居民家庭财产损失和因灾人身伤亡救助,并附加了见义勇为保险和突发公共安全事件救助保险,公共安全事件救助保险包含人身伤亡救助和安置转移救助等内容。宁波巨灾保险的保障责任主要是以台风为主的自然灾害,保费来源是政府的全额财政补贴。厦门在 2017 年也启动了巨灾保险,保障内容主要包括:居民的住房倒塌损失及居民财产损失救助、人身伤亡及医疗救助,居民家庭火灾、森林火灾及危害社会公共安全的突发紧急事件造成的损失。保障责任主要是以台风为主的自然灾害,保费来源于政府全额财政补贴。

(二) 广东巨灾保险模式

广东在 2016 年启动指数型巨灾保险,该保险模式是由财政部门牵头,主要保障的是当巨灾发生时,为政府提供灾害救助所要拨付的资金来源。其触发形式是采取了指数保险方式,即当灾害因子达到了保险方案约定的等级系数时,则触发保险理赔。理赔款由保险公司将款项支付给地方政府,地方政府根据灾害情况统筹安排救助。广东巨灾指数保险的保障灾种主要是台风和强降雨。保费来源于政府的全额财政补贴。

(三) 云南、四川巨灾保险模式

云南、四川均于 2015 年开始地震巨灾保险试点工作,均由民政部门牵头。从两地的保障内容来看,四川的地震巨灾保险主要是保障城乡居民住房在地震中的损失;云南地震巨灾保险则是保障地震造成农村住房和人员伤亡的损失。从两地的保费来源来看,四川是采取的“财政补贴＋个人投保”的方式,保费分配比例为 6∶4。其中,财政补贴是由四川省、市(县)两级财政共同承担60％,另外 40％保费由投保人单独承担。云南的地震巨灾保险则全部由财政补贴,由省、州(含县)两级政府按照 6∶4 比例全额承担。

第三节　深圳市对巨灾保险的探索及优化路径

从国外的巨灾保险运行模式来看,巨灾保险模式有以政府主导的美国模式和法国模式,也有政府与市场相结合的运行模式,如新西兰地震巨灾保险模式,同样也有“政府＋市场”或市场独立运作的复合模式,如日本的家庭财产地震保险和企业财产地震保险。

从国内的巨灾保险试点情况可以看出，各地巨灾保险模式不尽相同，既有以台风为主要保障内容为主的宁波、厦门模式，也有创新使用指数巨灾保险的广东模式，另外也有四川针对地震灾害采取的"财政补贴＋个人投保"模式。可以看出，国内多个地区在因地制宜地探索符合自身需求的巨灾保险方案。

深圳的巨灾保险通过多年的调研和摸索，形成了以"政府主导、多层次、覆盖广、保基本、重防范"的深圳巨灾模式。

一、深圳巨灾保险现状

深圳市在 2013 年 9 月，由保监会批复成为全国巨灾保险的首批试点地区之一。2013 年 12 月 30 日，深圳市政府通过了《深圳市巨灾保险方案》，率先建立了巨灾保险制度。2014 年 5 月深圳市政府与保险公司正式签署《深圳市巨灾救助保险协议书》，标志着深圳巨灾保险制度正式进入实施阶段。

自实施巨灾保险以来，深圳不断探索和深化巨灾保险制度方案，健全深圳市灾害救助体系，充分发挥金融保险工具作用，增强全社会防灾减灾能力，切实提升城市应对巨灾风险的能力和韧性，为人民群众在巨灾救助方面提供了有力保障。自开展巨灾保险制度以来，深圳市每年通过市级财政资金向保险公司为全市人民购买巨灾保险，为全市人民群众因自然灾害造成的人身伤亡、转移安置、灾后人员生活救助、住房安置补偿、核应急等救灾救助服务提供保险保障。截至 2022 年 12 月 31 日，深圳市巨灾保险累计支出（包含保险赔付和防灾防损费用）共计 4198.61 万元，总救助人次共计 17.81 万人次[①]。

二、深圳巨灾保险主要特征

（一）以政府为主导

深圳巨灾保险是在政府主导下开展起来的，其主导作用体现在两个方面：

一是巨灾保险制度中发挥组织领导作用。深圳巨灾保险实施联席会议制度，主要负责协调各方共同推进巨灾保险工作，同时对保险公司和第三方公估公司进行业务监管。在联席会议的政府单位中，保险监管机构负责牵头召开

---

① 《助力韧性城市建设，构筑防灾救灾防线深圳市巨灾保险为逾 17 万人次提供救助》，深圳市应急管理局网站：http://yjgl.sz.gov.cn/gkmlpt/content/10/10588/post_10588932.html#3184，访问时间：2023—5—14。

联席会议,财政部门负责保费的财政支付,民政局负责巨灾保单签订和灾后救助的具体实施等工作。

二是政府负责购买巨灾保险和建立巨灾基金。深圳市政府每年拨付巨额的财政资金支付给保险公司购买巨灾保险,保障受灾人员在深圳市行政区及深汕合作区内可能遭受自然灾害及其次生灾害所造成的损失。同时,深圳市政府还投入大量的财政资金来建立巨灾基金,用于政府应对重大自然灾害的长期"资金储备"。在2014年深圳巨灾保险试点之初,深圳市政府通过财政拨付3000万元设立深圳市巨灾基金,巨灾基金所有权归属政府,由政府有关部门进行运作,政府也可以委托专业机构运作,实现其保值增值。

(二)多层次风险保障

深圳巨灾保险制度包含三个层次的风险保障:即"巨灾救助保险+巨灾基金+商业性个人保险"。一是设立巨灾救助保险,通过财政资金为全体深圳市民购买巨灾保险,保险灾种覆盖深圳市行政区域内所有自然灾害及其次生灾害,救助项目包括因灾造成的人身伤亡救助费用、转移安置补偿、灾后人员生活救助、住房安置补偿等内容。二是设立巨灾基金,巨灾基金作为巨灾保险的资金补充,为深圳市政府提供额外资金保障,用于弥补实际巨灾损失超过巨灾救助保险限额时的差额,同时也可广泛吸收社会捐赠资金。三是商业性个人巨灾保险,具有"自愿性""高保额"的特征,保费由市民自己承担,用于巨灾救助保险和巨灾基金的以外的保障和补充。

(三)灾害范围覆盖广

深圳巨灾保险不同于宁波、厦门、四川、云南等地单一灾种模式,保障范围覆盖众多灾种,深圳巨灾保险所保障的灾害主要包括深圳市行政区域及深汕合作区范围内可能发生的所有自然灾害及其次生灾害,做到应保尽保,体现"广覆盖"原则。

(四)保障基本民生

深圳巨灾保险以保障基本民生为根本,范围包括灾害发生时对受灾人员的人身伤亡救助费用、转移安置补偿、灾后人员生活救助、住房安置补偿等。其中,人身伤亡救助的责任限额最高,每次事故责任限额15亿元,每人每次事故责任限额35万元。核应急救助费用的责任限额次之,每次事故责任限额5

亿元,每人每次事故责任限额 2500 元。住房损失费用的每次事故责任限额 2 亿元,每人每天定额补偿 150 元,每次最高补偿 90 天。

除此之外,深圳巨灾保险扩展了灾中紧急转移安置补偿和灾后人员生活补助两大内容。其中,紧急转移安置补偿的每次事故责任限额 1500 万,每人每天补偿 50 元,每次最高补偿 3 天。扩大灾后人员生活救助范围,为体现对农业的扶持,将灾后人员生活救助范围从过渡期生活救助扩展至农牧渔业受损、住房受损、冬令春荒等所有因灾导致生活困难需要救助的情形,灾后人员生活救助的每次事故责任限额为 1000 万元,每人每天定额补偿 100 元,每次最高救助 90 天。

其他具体保障内容详见表 27 - 2[①]。

表 27 - 2　深圳巨灾保险保障责任内容表

保障项目	保障内容及救助明细	每人每次责任限额	每次灾害责任限额
人身伤亡救助	自然灾害及其次生灾害导致人身伤亡以及抢险救灾和见义勇为行为导致的人身伤亡救助,包括普通伤害救助、残疾救助及身故救助。 1. 普通伤害救助包括医疗费(就医治疗所产生的挂号费、诊费、检查费、手术费、治疗费、住院费、医药费、康复费、后续治疗费等包括自费部分在内的医疗费用)、误工费、护理费、交通费、住院伙食补助费、营养费。 2. 残疾救助包括残疾救助金、残疾辅助器具费、残疾鉴定费。	35 万元,抢险救灾和见义勇为人员 70 万	地震、海啸及其次生灾害限额为 15 亿元;其他自然灾害及其次生灾害限额为 1 亿元
核应急救助	自然灾害导致核电事故需要转移安置受灾人员时,用于政府隐蔽、撤离和安置人员的相关救助所产生的费用,具体包括为受灾人员购买被服、食品、饮用水、帐篷、交通等费用。	2500 元	5 亿元
紧急转移安置补偿	自然灾害需要转移安置受灾人员到避难场所时(包括灾前转移安置),政府对受灾人员的食宿补偿。	50 元 天/人,每次最高补偿 3 天	1500 万元

[①]《深圳市巨灾保险救助工作规程(2023 年)》,深圳市应急管理局网站:http://yjgl. sz. gov. cn/zwgk/xxgkml/qt/tzgg/content/post_10508041. html,访问时间:2023—03—28。

（续表）

保障项目	保障内容及救助明细	每人每次责任限额	每次灾害责任限额
灾后人员生活救助	自然灾害导致受灾人员基本生活困难,政府对受灾人员的生活救助。其中,以下情形均属于救助范围:1.农作物因灾严重受损,或作为主要经济来源的牲畜、家禽等因灾死亡,导致受灾人员收入锐减,当前基本生活出现困难; 2.受灾人员因灾丧失居住条件且无生活来源、无自救能力; 3.冬令春荒期间,受灾人员因灾出现口粮、饮水、衣被、取暖、医疗等方面困难。	每人每天定额救助 100 元,每次最高救助 90 天	1000 万元
住房安置补偿	自然灾害及其次生灾害导致受灾人员丧失居住条件,政府对受灾人员的住房安置补偿	每人每天定额偿 150 元,每次最高补偿 90 天	地震、海啸及其次生灾害限额为 2 亿元;其他灾害限额为 2500 万元

（五）重视综合灾害防范

深圳巨灾保险制度不是仅仅是巨灾损失经济补偿制度,其更加关注构建现代城市综合灾害防范体系,全面提升城市应对巨灾风险的能力和韧性。根据深圳市巨灾保险方案约定,保险公司的职责不仅仅仅限于承担巨灾保险救助补偿和保险理赔责任,还需承担减损防灾的技术输出者的角色,需提供包括防灾防损服务、定期报告、建立灾害数据平台等内容。其中,防灾防损制度要求保险公司每年提取保费收入的 20% 作为专项费用,用于组织开展灾害研究、灾害风险隐患排查、应急演练、应急避难、急救宣传等工作内容,引导金融保险行业将资源更多分配给灾害预防,努力减少灾害事故的发生;定期报告制度要求保险公司按季度、年度出具当期灾害情况和赔付情况的统计分析报告,并根据所掌握的出险数据提出防灾减损、应急管理、灾害救助等方面的建议和对策,为构建深圳城市综合灾害防范体系提供出险数据和智库力量;灾害数据平台建设要求保险公司研究建立深圳市灾害数据平台,为市政府相关部门提供灾害数据和相关服务。

三、深圳巨灾保险与韧性城市的关系

从韧性城市的视角来看,巨灾保险作为一种保险制度安排,本身就体现了组织韧性中反应力中的保险机制,由政府来主导巨灾保险的实施和推动,比其他主体更具备效率,体现组织韧性评估指标中的高效的组织力;多层次的风险保障和广覆盖的保障范围,都是为了确保城市产业经济稳定和经济正常流转,体现的是经济韧性评估指标的经济稳定性;巨灾保险保障基本民生,覆盖受灾人群多种保障场景,体现了政府关注民生,进一步增强民众的地方依附认同和满意度,体现的是社区韧性评估指标;在重视综合灾害防范体系中,提供防灾防损服务为民众开展宣传培训工作,提升了组织韧性中防救灾计划的民众了解度,构建灾害数据平台则是了解和积累过往灾害发生情况,提升组织韧性中的学习力。具体关系示意图如图 27-5。

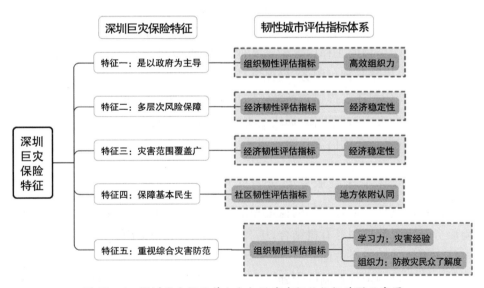

图 27-5　深圳巨灾保险特征与韧性城市评估指标关联示意图

四、深圳巨灾保险取得的成绩

(一) 建立了巨灾保险损失补偿多元化模式

关于巨灾解决方案,目前国内多是以财政补贴为主的巨灾补偿模式,损失补偿资金来源单一,受限于地方财政预算限制,巨灾保险制度的推动面临着资金不足和市场动力不足等现实问题。建立巨灾保险制度,不仅可以缓解政府在灾后重建过程中所面临的资金压力,而且有利于推动政府管理水平提升和职能转变。深圳市巨灾保险制度,将原本以财政补贴为主的巨灾补偿方式,向"财政补贴＋保险赔付＋巨灾基金多元化补偿方式"转变,有助于提高巨灾损失的补偿水平,减轻政府财政压力,确保经济稳定性。

(二) 探索了"政府＋市场"的巨灾保险模式

国际上,美国、法国等发达国家都曾探索建立政府与保险公司合作的巨灾保险制度。然而各国情不同,巨灾保险合作的方式也不尽一致。深圳根据自身情况,建立了具备深圳特色的巨灾保险合作模式。首先,国外政府财政支持多表现为巨灾保费补贴、提供再保险安排或是建立巨灾基金等形式,深圳市政府每年直接通过财政拨付为辖区内所有自然人购买巨灾保险,这一举动在国内外都是极为少见的。在政府财务状况良好的前提下,由政府全部承担和支付巨灾保险保费成本,在保费归集效率上是十分高效的。其次,深圳巨灾保险方案还对保险公司的工作内容做了其他安排,保险公司除了负责常规理赔工作,还需要提供赔款预付服务,确保灾后救助资金快速到账。在防灾防损制度安排中,保险公司还需提供包括防灾防损服务、定期报告和灾害数据平台建设在内的综合性灾害防范工作,形成了将"事前风险防范＋事中灾害救援＋事后损失补偿"有机结合的巨灾保险模式。

(三) 创建了保险服务与应急管理深度结合的范例

深圳巨灾保险通过多年的探索和发展,建立完善的理赔保险机制,并将保险服务与应急管理服务有机结合,更高效的提供保险理赔服务和应急管理服务。主要体现在三个方面:

一是通过制定规章制度明确巨灾保险救助实施。如深圳市应急管理局制定了《深圳市巨灾保险救助工作规程(2023 年)》《深圳市巨灾保险避难场所紧急转移安置救助工作细则》《招募街道、社区及避难场所编外工作人员参与巨灾保险救助服务工作实施方案》等制度,明确在发生巨灾时,保险救助如何规范操作,如何有序实施,将保险服务与应急救助进行有效衔接。

二是将保险服务与应急响应机制挂钩。将保险服务与深圳市自然灾害预警及市三防指挥部应急响应等级挂钩,当市气象部门发布相关预警信号后,保险公司需及时启动应急响应程序,主动联系了解基层出险信息,并通过电台、短信、公众号等多种形式向市民宣传巨灾保险理赔指引。

三是引导保险行业深度参与灾害救助。当启动全市防汛(台风)Ⅲ级以上应急响应后,保险公司须派驻至少1名工作人员到市三防指挥部参与24小时值班值守;当全市室内应急避难场所开放后,保险公司应向各个实际安置人员的室内应急避难场所派驻至少1名工作人员,全程跟踪灾害过程,开展保险理赔工作。这一创新性的制度安排,引导保险行业主动服务,深度参与灾害救助服务,切实发挥保险的经济补偿作用,也充分调动了保险行业深入参与灾害救助服务的作用。

（四）提高了对灾害风险的综合防范能力

深圳实施巨灾保险试点工作以来,保险公司在防灾防损、灾害数据平台建设方面开展了大量的工作。具体工作内容包括但不限于:印制《深圳市巨灾保险手册》,在全市范围内组织防灾防损专题培训,开展"进校园/社区防灾避险宣传活动",委托第三方排查和评估全市巨灾风险;举办"现代城市综合防灾减灾体系构建研讨会",发布《深圳市巨灾风险分析和风险管理建议》;建立灾害数据平台,开发"深圳市自然灾害救助信息管理平台"等。

五、深圳巨灾保险存在的薄弱环节

（一）巨灾保险制度细则还有待健全

深圳市巨灾保险制度在保险方案上不断优化,理赔制度不断完善,防灾防损要求不断提高,但是仍有薄弱环节需要进一步完善,如巨灾基金如何与巨灾救助保险进行衔接,相关管理办法和实施细则需要深入研究。另外,在巨灾风险的分散机制、巨灾基金的税收优惠与财政支持政策方面目前还存在较大差距,巨灾保险准备金的提取和评估、巨灾偿付能力评估与管理、巨灾保险理赔管理等问题上也不够明确,这些问题都需要相关部门和单位做进一步研究和探讨,不断优化深圳巨灾保险制度体系。

（二）防灾减灾基础性工作任务艰巨

近年来,深圳市巨灾保险在防灾减灾方面已做了大量工作,并取得了一定成效,但想要在源头降低重大灾害的发生概率和尽可能减少自然灾害所带来的损失,仍然还有大量工作要做。从目前工作开展情况来看,深圳市在灾害综合防范体系方面还存在诸多薄弱环节,具体表现包括:街道、社区两级应急预案体系不健全;专职的救灾人员队伍需进一步壮大,基层的救灾工作人员大多为兼职,工作精力和救灾技能有限;获取灾害信息的渠道比较单一,灾害信息员体系薄弱;灾害模拟分析评估预警系统不完备、防灾减灾信息处理与分析水平需要提高。要加强这些薄弱环节的工作,需要政府部门和保险公司共同探索研究,不断创新思路和方法,做细做实防灾减灾基础性工作。

(三) 未能充分调动个人投保积极性

在深圳巨灾保险方案中,商业性个人保险也是巨灾保险的重要组成部分,它与巨灾救助保险、巨灾基金共同组成了多层次的风险保障体系。与巨灾救助保险相比,其保额较高,需要个人支付保费自愿购买,从目前开展情况来看,保险公司推出了多款商业性个人巨灾保险,但从保障责任来看与普通的意外险和家财险保障责任没有太大区别,未突出显著特征,对民众的吸引力较弱。另外在购买商业性个人保险政策支持上,不能获得保费补贴和税收优惠,因此导致商业个人保险的投标积极性不高,从而使得商业性个人保险端保费资金不充足,将影响巨灾保险风险保障体系的稳定性。

六、深圳巨灾保险制度优化路径

(一) 建设巨灾保险法律体系

纵观国际上巨灾保险发展比较成功的国家,大部分都是通过立法的方式,依托完善的法律法规来确认和保障巨灾保险的落地和实施,比如美国的《联邦洪水保险法》、法国的《自然灾害保险补偿制度》、挪威的《自然灾害保险法》、日本的《地震保险关联法》等。我国在巨灾保险的法律法规体系中,仍然存在较大差距,各地推行巨灾保险的动力和保障不足。然而建立巨灾保险法律制度是个庞大而复杂的系统工程。需要考虑众多环节和内容,包括但不限于保费来源、保险方案、准备金计提、保险金运用、独立核算、政府责任、税收优惠等众多环节。深圳作为经济特区和中国特色社会主义先行示范区,应该发挥其创新桥头堡作用,针对巨灾保险治理框架、监管规则、责任边界、合作模式、灾害综合防范等方面作出立法上的突破,为全国及其他省市地区的巨灾保险法律法规的制定提供借鉴经验。

（二）完善巨灾保险的保险责任

近年来，深圳市巨灾保险不断探索和发展，保险保障责任得以不断扩展和增加，作为保险公司，为确保其保险产品具备市场吸引力，可以扩充如下以确保巨灾保险体系的高效运转，具体包括两方面：（1）扩大保障范围，在现行的巨灾保险已承保的人员伤亡救助、核应急救助、紧急转移安置补充、灾害人员生活补偿、住房安置补充的基础上扩展因灾导致的城镇家庭财产、企业财产以及基础设施损失等内容，进一步扩大保障责任，使更多人可以享受巨灾保险的保障，促进再分配公平性；（2）增加附加服务，进一步深化防灾减灾服务，完善灾前预防、灾中救助、灾后补偿的服务体系，将巨灾保险的工作重心从灾后补偿向灾前预防转移，进一步细化明确保险单位在城市风险防控各节点的工作内容，充分引导金融保险行业主动服务，深入参与应急管理服务，引导金融保险行业作为防灾减灾基础性工作补充力量。

（三）提升个人投保积极性

在深圳巨灾保险的风险中，商业性个人保险也是巨灾保险的一个重要组成部分，它与巨灾救助保险、巨灾基金共同构建了深圳多层次风险保障体系。就目前试点实践情况来看，因为各保险公司推出的保险产品性价比不高，难以吸引个人投保，因此个人投保积极性不高。对此，一方面，保险公司需要研究和开发明显区别于人身意外险和家财险的个人巨灾保险产品，增加个人投保意愿；另外一方面，政府需提供政策支持，鼓励个人投保，比如出台个人投保实行保费补贴或者实行税收优惠等政策，采取多种手段和工具，充分调动个人投保的积极性，健全多层次的风险保障体系，推动深圳市巨灾保险的健康有序发展。

（四）实行巨灾风险证券化

尽管深圳的巨灾保险是由政府拨付财政资金统一支付保费，通过"巨灾保险救助＋巨灾基金"的方式来分散巨灾风险。但是从救灾救助保险的角度来看，保险公司也会将大部分的风险份额通过再保险市场进行分出。而从整体的巨灾再保险市场来看，巨灾再保险存在着市场承保能力不足，保费昂贵，市场效率低下和存在信用风险等诸多问题，因此在巨灾再保分出方面存在很大阻碍。深圳市可以研究通过巨灾风险证券金融工具，合理的产品设计，将区域内高度聚集的巨灾风险在空间上进行风险转移,并通过庞大的社会资本市场进行吸收消化。巨灾风险证券化的尝试,也将会是这保险市场和资本市场都是互惠共利的创新产品,将降低巨灾再保市场成本,分散巨灾风险,提高保险公司推动巨灾的积极性。

参考文献

［1］马忠浩:《国外巨灾保险模式及对我国的启示》,载《时代金融》2018 年第 12 期。

［2］周利敏:《韧性城市:风险治理及指标建构——兼论国际案例》,载《北京行政学院学报》2016 年第 2 期。

［3］何小伟、汤靓虹:《深圳巨灾保险试点的探索及思考》,载《保险职业学院学报》2018 年第 3 期。

［4］荣巍、文兴易、王毅宏等:《发达国家巨灾风险融资体系对比及其对我国的启示》,载《西南金融》2013 年第 5 期。

［5］宇文晶:《国外巨灾保险保障体系分析及对我国的启示》,载《当代经济》,2015 年第 22 期。

［6］侯伊莎:《勇当改革创新排头兵　推进深圳市巨灾保险制度建设》,载《中国减灾》2015 年第 3 期。

第二十八章 社区公共安全综合保险与安全社区建设

推动实施社区公共安全综合保险,顺应国家关于加快保险服务创新、推进城市安全发展、加强应急管理体系和能力现代化建设等指导意见的要求,引入商业保险融合社区公共事务安全管理,探索基层社会治理新模式,有利于增进民生福祉,提升人民群众获得感、幸福感、安全感。

第一节 推行社区公共安全综合保险的背景

社区作为城市社会的基本单元,是城市居民生活的基本空间,同时也是城市各类突发灾害事件的承载体。随着经济的高速发展、城市化进程的不断深化以及气候的极端变化,社区基层各种灾害事故的频度和强度不断增加,同时极易衍生和次生出其他社会矛盾和经济灾害,导致政府在社区基层治理中背负巨大的压力、承担无限的责任,而为此履行政府救助责任的财政预算的或然性一直以来是财政的老大难问题。因此,亟须寻求合理途径提升和完善社会基层治理体系,化解社会基层治理结构中的重大风险。

一、社区公共安全风险及典型案例

（一）道路交通事故

机动车辆为城市生活出行带来便利,但由于车辆性能、路况、驾驶人行为等综合因素,存在一定的使用风险。随着城市机动车辆的迅速增加,人流的日益集聚,逐渐形成了道路构成复杂、交叉路口过多、道路两侧建筑相对比较密集等特点,道路交通事故特别是群死群伤重大事故屡有发生。

典型案例1:2015年3月1日,深圳宝安机场离港平台上一辆车失控撞向站立在路旁的人群,导致9人死亡、24人受伤。此事故中,肇事驾驶员在事故发生后坠桥致重伤送医院经抢救无效死亡;肇事车辆交强险保额12.2万,未投保其他商业险。事发地区政府垫付了事故善后处置费用逾1400万元(机场集团事后承担800万元),妥善做好伤员救治、善后安抚、垫付赔偿等工作,至8月中旬处置圆满结束。

典型案例2:2019年5月16日晚,某司机驾驶机动车沿深圳市南山区南山大道从北往南行驶至登良路口时车辆失控,撞向过街行人,造成3死12伤重大交通事故。事发后由于网络信息快速传播,引发公众舆论的广泛关注,肇事方在支付了调解款290万后,无能力支付剩余款项。事发地区政府出于救助目的,共计垫付570万,包括但不限于医疗费、误工费、伤残赔偿金、死亡赔偿金、家属安置费用、鉴定费等。

（二）火灾事故

据应急管理部统计数据,2012年至2021年全国共发生居住场所火灾132.4万起,造成11634人遇难、6738人受伤,直接财产损失77.7亿元。从火灾原因看,以电气火灾、用火不慎居多,吸烟、玩火、自燃、放火、遗留火种等其他原因也易引发火灾。

由于现阶段家庭财产保险投保率十分有限,即使住宅火灾未造成人员伤亡,但由此引起的受灾群众临时安置、现场清理、财产损失等问题不容忽视;特别是当火灾事故波及邻里引起公众赔偿责任时,不仅将在一定程度上对社区居民的日常生活造成影响,如果处置不当极易引起社会稳定风险。

典型案例:2019年2月13日凌晨2时40分许,深圳市一住宅小区地下停车场发生火灾,虽未造成人员伤亡,但事故导致小区停车场32辆汽车不同程度受损,小区第2栋建筑物外墙、供电设施、消防监控设施、照明系统、供排水管网等不同程度受损,并对大量居民家庭财产造成巨大损失。经第三方机构评估,核定227户业主家庭财产损失合计约210万元;参照公职人员出差标准(每户每天200元住宿费、每人每天100元餐费),为342户共1243人解决过渡安置食宿问题合计约800万元。上述费用全部由辖区政府垫付。

（三）公共场所意外事故

城市各类公共场所众多,包括体育场所、游乐场所、购物场所,宾馆、酒店等住宿与交际场所,地铁、公交等交通客运场站,图书馆、展览馆等文化交流场所。这些公共场所构成了市民群众生产生活的重要组成部分。由于公共场所具有开放性、公共性、流动性等特点,特别是节假日等特殊时期,场所活动举办频繁、人员聚集,易导致人员拥挤踩踏、广告牌或霓虹灯等装饰物砸伤或触电、景观喷泉发生触电、健身器材等设施伤人等多种意外事故。

典型案例:2014 年 12 月 31 日晚,为迎接新年,上海外滩人员聚集。23 时35 分,外滩陈毅广场东南角通往黄浦江观景平台的人行通道阶梯处发生拥挤踩踏,造成 36 人死亡,49 人受伤。上海市政府对上海外滩踩踏事件遇难者,给予每人 80 万抚慰金。

（四）　高空坠物意外事故

由于城市高层建筑聚集,且住宅建筑楼层较高,高空坠物事故频发。高空坠物包括阳台花盆坠落、物体抛掷、空调外壳意外掉落、外墙悬挂物失效掉落、大风吹落物体等,极易砸伤地面(路面)群众及过往行人,造成意外伤害事故。

目前防高空坠物监控覆盖尚不全面,高空坠物事件取证难,且难以认定责任人。司法实践中,由于往往要经过漫长的法律诉讼程序,让受害者家属心力交瘁;同时,关于高空坠物致人损害采用过错推定的归责原则,案件审理中实行举证倒置,多数被告因无法"自证清白"而需要对损害结果承担责任,也给社区和谐氛围和邻里关系蒙上了一层阴影。

典型案例 1:2019 年 6 月 13 日,深圳市一小区发生高空坠物事故。一个 5 岁男童被小区高坠玻璃窗砸伤,并于 16 日上午因抢救无效死亡。在此期间,医疗费用超过 7.5 万元,而事发小区物业部门只代交了 3000 元押金。一时之间,高空坠物事件引起社会强大反响,一度占据微博话题榜,舆论此起彼伏。

典型案例 2:2006 年 5 月 31 日,一名小学生在放学回家路上,途经位于深圳市南山区某大厦旁的人行路面时,被一块从天而降的玻璃砸到头部而死亡。警方成立专案组调查,但没有找到肇事者。该学生的父母将大厦 2 楼以上的73 户业主和负责大厦管理的物业公司告上法庭,提出 76 万多元的民事赔偿。2010 年 6 月 9 日,经过长达 4 年的诉讼周期,深圳市中级人民法院作出终审判决:由大厦北侧的 73 户业主,每户补偿 4000 元,总计 29.6 万元。

（五）　无主动物袭击意外事故

随着城市居民生活水平的提高,饲养宠物(猫、狗等)数量不断增加,因不文明饲养(遗弃等)而产生的动物伤人事件也日益增加。无主动物没有定期接种疫苗,穿行在一些角落和垃圾集中的地方寻找食物,携带大量病菌;长期在社区内徘徊,可能因患病、受惊吓等原因对辖区居民造成伤害。根据深圳市卫生健康委统计,深圳市每年犬伤暴露多达 10 万多例,其中绝大部分都是被猫狗咬伤抓伤。

《中华人民共和国民法典》第一千二百四十五条、第一千二百四十六条、第一千二百四十七条均规定,饲养动物造成他人损害的,应由动物饲养人或者管理人承担侵权责任;第一千二百四十九条也规定"遗弃、逃逸的动物在遗弃、逃逸期间造成他人损害的,由动物原饲养人或者管理人承担侵权责任"。但是对于无主动物,侵权责任人的认定就显得十分困难,特别是发生在社区公共区域,没有明确的场所产权归属单位和管理单位的情况下,受害人往往维权无门。

典型案例 1:2018 年 11 月 16 日,温州市区有一条体型中等的黄色流浪土狗沿从梧挺龙霞路、新南站、下吕浦南塘、西山路、新桥一带乱窜连续伤人,据不完全统计,有 73 名市民被咬伤,最小的伤者 2 岁,最大的伤者 71 岁。

典型案例 2:2018 年 5 月 7 日,北京市朝阳区一条流浪狗在短短 2 小时之内咬伤 8 人,其中包括至少 3 名儿童,被咬伤最严重的是一名 5 岁男童,其面部被严重咬伤,伤势触目惊心,据家长称治疗费用超 10 万元。

二、城市公共安全领域相关保险保障

(一) 保险保障基本现状

为适应复杂多变的经济社会环境,以及城市公共安全突发事件,我国保险业不断推陈出新,完善商业保险的保障范围,特别是城市公共安全领域,近年来不断推出并逐步形成了比较系统的保险产品体系。

以深圳市为例,由政府通过政策推动、引导或直接购买的相关城市公共安全领域保险种类颇多。根据《中华人民共和国突发事件应对法》,从突发事件分类角度出发,可将相关保险保障体系划分为四类:

1. 自然灾害类:巨灾保险。

2. 事故灾难类:火灾公众责任保险;环境污染责任保险;安全生产责任保险;电梯综合责任保险等。

3. 公共卫生类:食品安全责任保险;医疗责任保险等。

4. 社会安全类:校方责任保险和学生意外伤害保险;旅行社责任保险;展览会责任保险等。

针对不同保险的保障对象、保障灾种(突发事件)、保障内容(保险责任)进行梳理,相关信息如表 28-1 所示。

表 28 - 1 城市公共安全领域保险保障信息表

突发事件分类	保险类型	保障对象	保障灾种（突发事件）	保障内容（保险责任）
自然灾害类	巨灾保险	当自然灾害发生时处于深圳市行政区域范围内的所有自然人，包括常住人口、临时来深圳出差、旅游、务工等人员，以及灾害事故中的抢险救灾和见义勇为人员。	①暴风（扩展到狂风、烈风、大风）、暴雨、崩塌、雷击、洪水、龙卷风、飓风、台风、泥石流、滑坡、地陷、冰雹、内涝、海啸、森林火灾；主震震级 4.5 级及以上地震；②上述自然灾害引起的衍生灾害；③包括人类活动导致的"地陷"以及"滑坡"。	以自然灾害和事故灾难发生时对受灾人员救助保障为主要内容，包括人身伤亡救助费用、转移安置费用、灾后救助费用。
	火灾公众责任保险	从事生产、经营等活动时，因场所内发生火灾、爆炸，导致在该场所内受到人身损害的第三者。	生产、经营场所的火灾、爆炸事故。	因该场所内发生火灾、爆炸造成第三人人身损害，保险人负责赔偿被保险人应承担的人身经济赔偿责任。
	环境污染责任保险	因企业发生污染事故，受到损害的第三者。	生产、经营企业发生的环境污染事件。	以企业发生污染事故对第三者造成损害，保险人承担了被保险人因意外造成环境污染的经济赔偿和治理成本，使污染受害者在被保险人无力赔偿的情况下也能及时得到给付。
事故灾难类	安全生产责任保险	生产经营单位在发生生产安全事故后，造成人员伤亡和有关经济损失的从业人员及第三者。	生产、经营单位发生的生产安全事故。	对投保的生产经营单位发生的生产安全事故造成的人员伤亡和有关经济损失等予以赔偿，并且为投保的生产经营单位提供生产安全事故预防服务。
	电梯综合责任保险	在电梯运行期间，由于电梯故障造成人身伤亡或造成财产损失的乘客，以及因意外事故造成财产损失的电梯。	电梯运行期间意外出现的电梯故障。	故保险人所拥有或管理的电梯在运行期间同意外造成乘客的人身伤亡或财产损毁的经济赔偿责任。

（续表）

突发事件分类	保险类型	保障对象	保障灾种（突发事件）	保障内容（保险责任）
公共卫生类	食品安全责任保险	消费者	消费者发生食物中毒或感染其他食源性疾病等食品安全事故	被保险人或其雇员在进行食品生产和食品经营过程中，因疏忽或过失导致食品的污染或因食物中掺有异物，致使消费者发生食物中毒或感染其他食源性疾病等食品安全事故，而造成消费者人身损害或财产损失的，应承担经济赔偿责任。
	医疗责任保险	患者	在医疗期间，医护人员出现执业过失的医疗事故。	被保险人的投保医务人员在诊疗护理活动中，因执业过失造成患者人身损害，应承担的其民事赔偿责任。
社会安全类	校方责任保险和学生意外伤害保险	校方、学生	在教学活动或统一组织和安排的活动过程中发生的意外事故。	被保险人在教学活动中或由被保险人统一组织或安排的活动过程中，因过失导致在册学生人身伤亡，应承担经济赔偿责任。
	旅行社责任保险	旅游者	在旅游过程中从事高风险的旅游活动出现的意外事故。	在从事由被保险人组织的乘车、潜水、高山滑雪、无动力滑翔、探险性漂流、赛马、攀崖、滑板、跳伞、热气球、冲浪等具有高风险的旅游活动过程中，由于被保险人的疏忽致使造成旅游者人身伤亡和随身携带行李物品损失，应承担的经济赔偿责任。
	展览会责任保险	展览场所的建筑物、固定设备、地面、地基等，布置会场的工作人员，在展览场所的群众。	在展览场所所发生的意外事故，包括建筑物、地基损失、工作人员伤亡、第三者的人身伤亡等。	在展览场所进行展出工作、装卸展品、运转机器的过程中以及其他疏忽行为所发生的意外事故，用承担经济赔偿责任。

（二）面临的主要问题

1. 政府公共事务性应急财政压力日益增大

保障人民生产生活、维护社会稳定是政府的基本职能，各类城市安全突发事件发生后，特别是社会公共事务管理领域，往往需要政府调用公共服务资源，为辖区群众或受害者家属的民生保障提供财政资金。由于受体制机制等因素制约，目前社区群众（家庭和个人）自主参加保险的比例依然较低，仅有少部分灾害事故损失能够通过商业保险获得补偿，既不利于及时恢复社区生产生活秩序，又增加了政府财政和事务负担。

随着城镇化进程不断推进，城区人员聚集和财富积累不断加速，群众生活水平日益提高，民生保障需求不断增强，公共安全突发事件所涉及的安置救助、赔偿（补偿）金额将进一步提高，尤其是发生人身伤亡事故。根据最高人民法院出台的《关于人身损害赔偿案件适用法律若干问题的解释》规定"死亡赔偿金按照受诉法院所在地上一年度城镇居民人均可支配收入标准，按 20 年计算"。在城市公共安全风险形势日趋严峻的环境下，政府面临的应急财政压力日益增大。

2. 城市安全领域的保险保障力度依然有限

（1）保障范围。除了巨灾保险为全辖区范围内自然人提供灾害救助的托底保障外，其他保险保障主要针对生产经营、教育教学、医疗护理等特定活动领域。纵观城市安全领域现有保险所构成的"保障网"，尚无法全面覆盖城区各类突发事件，特别是在社区公共事务管理、群众日常生活等方面存在明显不足，无法满足城区（社区）公共安全风险形势与风险保障需求，同时给政府留下财政预算风险敞口。

（2）保障程度。与对应当地经济发展水平的群众实际保障需求相比，存有较大差距。以深圳市巨灾保险为例，其遵循的是"广覆盖（保障对象）、低保障（保障程度）"的设计思路。根据深圳市减灾委员会办公室印发的《深圳市巨灾保险救助工作规程（2023 年）》，巨灾保险针对普通伤害救助、残疾救助、身故救助三项费用累加赔付，合计每人最高赔付 35 万元，仅占深圳当地人身损害死亡赔偿金（约 145 万元①）的 24.1%；紧急转移安置补偿和灾后生活救助标准分别为每人每天定额 50 元和 100 元，仅占公职人员出差标准（每天 200

---

① 根据 2023 年 2 月 15 日国家统计局深圳调查队发布数据，2022 年深圳居民人均可支配收入 72718 元。根据最高人民法院《关于人身损害赔偿案件适用法律若干问题的解释》规定"死亡赔偿金按照受诉法院所在地上一年度城镇居民人均可支配收入标准，按 20 年计算"。

元住宿费、100 元餐费)的 16.7% 和 33.3%。

(3) 保障对象。现行政府主导的保险计划归类属于公民福利性质,被保险主体主要是自然人。然而,越来越多社区公共安全事件的矛盾主体都直接或间接指向了政府,政府承担的赔偿责任和财政负担包括:城市公共设施的财产损失、民众在公共场所(设施)遭遇的人身伤害和财产损失、现行保险没有覆盖的损失缺口、应急响应支出、政府履行灾害救助和灾后重建所发生的财政支出、灾后政府财政税收的阶段性缺口、灾后恢复关键经济领域的支持等等。

3. 城市风险治理体系有待系统化的保险制度融合

政府主导的现行社会保险计划仅仅实现了公民福利保险的功能,目前存在的风险敞口和保障缺口是政府的因灾赔偿责任和财政负担。这些保险计划仍未能科学化制度化融合到社会经济的治理体系中,无法客观加强极端灾害风险下的经济韧性。西方发达的经济体(如英国、美国、德国等)均形成了保险融合城市风险治理体系的模式,一个地区的保险实践模式是依照当地政治制度、经济模式、金融体系、文化认知、生活习惯、灾害程度等多重因素影响下的客观规律形成的。

三、相关政策指导意见

(一) 加快保险服务创新

1.《国务院关于保险业改革发展的若干意见》(国发〔2006〕23 号)

2006 年 6 月,国务院颁布《国务院关于保险业改革发展的若干意见》(国发〔2006〕23 号,简称"国十条"),为推动和完善中国的保险事业起到重要作用。"国十条"充分揭示了加快保险业改革发展的重要意义,指出保险具有经济补偿、资金融通和社会管理功能,是市场经济条件下风险管理的基本手段,是金融体系和社会保障体系的重要组成部分,在社会主义和谐社会建设中具有重要作用。加快保险业改革发展有利于应对灾害事故风险,保障人民生命财产安全和经济稳定运行;有利于完善社会保障体系,满足人民群众多层次的保障需求;有利于优化金融资源配置,完善社会主义市场经济体制;有利于社会管理和公共服务创新,提高政府行政效能。

2.《国务院关于加快发展现代保险服务业的若干意见》(国发〔2014〕29 号)

2014 年 8 月,国务院印发《关于加快发展现代保险服务业的若干意见》(国发〔2014〕29 号,简称新"国十条"),提出:构筑保险民生保障网,完善多层次社会保障体系;发挥保险风险管理功能,完善社会治理体系;完善保险经济补偿机制，提高灾害救助参与度；拓展保险服务功能，促进经济提质增效升级等 10 部分共 36 条意见。

新"国十条"针对政府社会治理和公共安全保障的有关意见要求包括：

（1）运用保险机制创新公共服务提供方式。政府通过向商业保险公司购买服务等方式，在公共服务领域充分运用市场化机制，提升社会管理效率，不断完善运作机制，提高保障水平。鼓励发展社区综合保险等新兴业务。

（2）发挥责任保险化解矛盾纠纷的功能作用。强化政府引导、市场运作、立法保障的责任保险发展模式，把与公众利益关系密切的环境污染、食品安全、医疗责任、医疗意外、实习安全、校园安全等领域作为责任保险发展重点，探索开展强制责任保险试点。加快发展旅行社、产品质量以及各类职业责任保险、产品责任保险和公众责任保险，充分发挥责任保险在事前风险预防、事中风险控制、事后理赔服务等方面的功能作用，用经济杠杆和多样化的责任保险产品化解民事责任纠纷。

（3）将保险纳入灾害事故防范救助体系。提升企业和居民利用商业保险等市场化手段应对灾害事故风险的意识和水平。积极发展企业财产保险、工程保险、机动车辆保险、家庭财产保险、意外伤害保险等，增强全社会抵御风险的能力。充分发挥保险费率杠杆的激励约束作用，强化事前风险防范，减少灾害事故发生，促进安全生产和突发事件应急管理。

（4）建立巨灾保险制度。围绕更好保障和改善民生，以制度建设为基础，以商业保险为平台，以多层次风险分担为保障，建立巨灾保险制度。鼓励各地根据风险特点，探索对台风、地震、滑坡、泥石流、洪水、森林火灾等灾害的有效保障模式。

（二）推进城市安全发展

1.《中共中央　国务院关于推进安全生产领域改革发展的意见》（中发〔2016〕32 号）

2016 年 12 月，中共中央、国务院印发《关于推进安全生产领域改革发展的意见》（中发〔2016〕32 号）指出，要发挥市场机制推动作用。取消安全生产风险抵押金制度，建立健全安全生产责任保险制度，在矿山、危险化学品、烟花爆竹、交通运输、建筑施工、民用爆炸物品、金属冶炼、渔业生产等高危行业领域强制实施，切实发挥保险机构参与风险评估管控和事故预防功能。

2.《中共中央　国务院关于推进防灾减灾救灾体制机制改革的意见》

2016 年 12 月，《中共中央国务院关于推进防灾减灾救灾体制机制改革的意见》要求,充分发挥市场机制作用,坚持政府推动、市场运作原则,强化保险等市场机制在风险防范、损失补偿、恢复重建等方面的积极作用,不断扩大保险覆盖面,完善应对灾害的金融支持体系;加快巨灾保险制度建设,逐步形成财政支持下的多层次巨灾风险分散机制;统筹考虑现实需要和长远规划,建立健全城乡居民住宅地震巨灾保险制度;鼓励各地结合灾害风险特点,探索巨灾风险有效保障模式。

3.《中共中央办公厅　国务院办公厅关于推进城市安全发展的意见》

2018 年 1 月,中共中央办公厅、国务院办公厅印发《关于推进城市安全发展的意见》,要求坚持统筹推动、综合施策。充分调动社会各方面的积极性,优化配置城市管理资源,强化城市安全保障能力,健全社会化服务体系;制定完善政府购买安全生产服务指导目录,强化城市安全专业技术服务力量;大力实施安全生产责任保险,突出事故预防功能;特别要求加强安全社区建设,完善城市社区安全网格化工作体系,强化末梢管理。

(三) 推进应急管理体系和能力现代化

2021 年 12 月,国务院印发《"十四五"国家应急体系规划》,全面贯彻落实习近平总书记关于应急管理工作的一系列重要指示和党中央、国务院决策部署,扎实做好安全生产、防灾减灾救灾等工作,积极推进应急管理体系和能力现代化。规划提出推动共建共治共享,筑牢防灾减灾救灾的人民防线。要求健全社会服务体系,鼓励保险机构参与风险评估、隐患排查、管理咨询、检验检测、预案编制、应急演练、教育培训等活动;强化保险等市场机制在风险防范、损失补偿、恢复重建等方面的积极作用;探索建立多渠道多层次的风险分担机制,大力发展巨灾保险;鼓励企业投保安全生产责任保险,丰富应急救援人员人身安全保险品种。

第二节　试点探索与推行基础分析

一、部分地市试点经验借鉴

(一) 上海:社区公共管理综合保险

基于上海社会经济的发展,人口流动性加大,社区环境日趋复杂,社区活动内容日益丰富,人民群众面临的生命财产损失风险也显著增加,早在 2005

年上海就开展了社区公共管理综合保险试点。

上海社区综合保险在全市 17 个县区、208 个街道实现全覆盖,为 483 万户社区居民、5.1 万名街道工作人员,提供合计 1146 亿元风险保障。从 2005 年试点至 2014 年,累计保障 1.33 亿人次,保险金额 6775 亿元。在社区公众责任险的基础上,扩展了包括志愿者服务意外、校园食堂食品安全责任等 30 项保险责任,同时为投保区域引进人才配套提供额外风险保障。试点以来累计提供保障 14.05 亿元,赔付 368.85 万元。

上海社区综合保险总体保障范围包括:社区公众责任险、社区固定财产险、社区居民财产火灾责任险、社区居民财产自然灾害险和团体人身意外伤害险等。此外,各保险公司还根据社区街道的实际情况,增加了见义勇为奖励、无主动物袭击、孤老低保人员重疾险、燃气意外伤害、家电人身意外保险等附加险种。

上海市各个街镇可根据本辖区的具体突发事件的特点,选择与辖区公共利益关系密切的社会公众责任保险。以上海青浦区华新镇为例,为了给社区居民提供财产安全保障和居民生活风险保障,为创建和谐文明的社区提供切实的服务,提高社区的抗风险能力,进一步强化政府管理职能,保障社区工作、生活有序进行,充分体现政府职能部门为社区居民提供全方位服务的根本宗旨,上海市青浦区华新镇人民政府共采购 4 种保险险种,包括①乡镇辖属居民住宅及乡镇辖属公共设施火灾和爆炸综合保险;②社区公众责任险;③乡镇固定资产财产一切险;④社区工作人员因工意外伤害综合保险,采购预算金额为 45 万元。

(二)宁波:社区综合保险

为进一步提升社会治理水平,解决灾后赔偿保障问题,2015 年宁波市投入 154 万在全市率先推出社区综合保险,2016 年在社区综合保险的基础上增加保费投入,扩大保险范围,推出了民生综合保险,确保群众利益在遭受意外事故损害时得到及时、优质的保险救助,得到了全区群众的一致好评。

社区综合保险主要分为两个险种,社区公众责任险和困难人群意外伤害险。社区公众责任险是对于因居民自住房发生火灾、爆炸事故,居民房屋倒塌造成的意外事故,依法承租的住宅房屋发生火灾、爆炸、燃气泄漏、电气线路或电器设备漏电的意外事故,居民自住房发生高空运行物体坠落而产生伤亡的事故、因居民燃放烟花爆竹造成其他第三者的人身伤亡等,保险公司也将视情况予以不同程度的抚恤救助,合计保费 136 万元。

困难人群意外伤害险是针对经认定的 1357 名困难人群,包括低保户、残疾人、孤儿及因病致贫家庭,补助范围较为广泛。上述人员因各类意外事故造成人身伤亡、医疗费用、住院津贴和重大疾病的,每人死亡伤残限额 10 万元,意外医疗费用 3 万元,意外住院津贴 5400 元,重大疾病一次性给付 2000 元,合计保费 18 万元。

保险对象包括意外事故发生时在江东行政区域范围内所有人员,包括出差、旅游、务工的人员。2015 年社区综合保险共受理案件 82 起,58 起已全部赔付到位,赔付金额 28.5 万元。与一般的商业保险不同,江东首推的社区综合保险更具公益性质,对被保险人因过失或疏忽造成第三者人身伤亡或财产损失依法应当承担的经济赔偿责任由保险公司负责赔偿。

(三) 北京:政府公共管理综合保险

针对政府公共管理综合保险,北京市分各区进行试点,2015 年,北京丰台区公共管理综合保险服务项目,保险金额 200 万,丰台区常住人口 218.6 万人。2018 年 3 月,北京朝阳区开展政府公共管理综合保险投保工作,445 万保费,朝阳区常住人口 373.9 万人。2019 年,北京东城区继续加强推进政府公共管理综合保险,总中标价 200 万,东城区常住人口 82.2 万人。

以北京丰台区为例,该城市公共管理综合保险的保障范围主要分为两大类,赔偿责任保险范围和救助责任保障范围。

赔偿责任保障范围包括:1)固定场所赔偿责任;2)设施设备赔偿责任;3)非商业群众性活动赔偿责任;4)公务作业赔偿责任。救助责任保障范围包括 1)自然灾害救助责任;2)恐怖活动救助责任;3)火灾、爆炸救助责任;4)交通事故引发的突发环境污染事故救助责任;5)食品安全事故救助责任;6)踩踏事故救助责任;7)精神病人致害事故救助责任;8)居民煤气中毒事故救助责任;9)上访人员意外事故救助责任;10)见义勇为救助责任。

丰台区公共管理综合险项目,是通过政府购买保险服务的方式,保障对象不仅包括保障辖区户籍人口,还覆盖到其他常住人口,如拥有暂住证、观光旅游、洽谈商务等流动人口,使原本由政府承担的赔偿责任和社会救助责任,通过商业保险的方式来承担,使受害或受灾百姓获得更多的赔偿。

(四) 山东:灾害民生综合保险

为充分发挥保险在防灾减灾和灾害救助中的重要作用,提升抵御自然灾害能力,山东开展由省、市、县三级财政分担,以设区的市为投保主体,保险机构按照市场化机制运行的灾害民生综合保险工作,转变传统单一的政府救灾救助模式,建立灾害民生综合保险制度。

2015 年开始,山东省在潍坊市试点以农房保险为主的灾害民生保险,2016 年在潍坊全市推开。截至 2018 年底,已有 8 个设区的市(含原莱芜市)全面施行,保障人口达 3600 多万人。截至 2018 年底,8 个市共投入保费 2.38 亿元,累计赔付金额 3.18 亿元,其中,潍坊、东营等市因"温比亚"台风灾害赔付保险救助金 1.34 亿元,在灾害救助中发挥了积极作用。

灾害民生综合保险惠及全省行政区域内常住人口以及灾害发生时在本行政区域内的其他人员,实现全民救助,共享普惠。灾害民生综合保险基本保障范围主要包括以下六类:

1. 洪涝、干旱、台风、风雹、低温冷冻、雪灾、地震、山体崩塌、滑坡、泥石流、风暴潮、海啸、森林草原火灾等自然灾害及溺水、居家煤气中毒、爆炸、火灾、触电等特定意外事故造成人身伤亡;

2. 自然灾害和特定意外事故造成居民住房倒塌或损坏;

3. 自然灾害和特定意外事故造成居民基本生活用品(衣被、口粮、厨具)的损毁;

4. 抢险救灾、应急救援人员的伤亡;

5. 因灾导致受灾人员的饮水困难;

6. 其他政府认定需救助的事项。当发生责任事故或意外事故后,政府本身无责,但出于社会责任,必须启动救助的,保险人负责给付政府应急救助补偿金。应由有关责任方负责赔偿的,保险人代位行使被保险人对有关责任方(政府部门除外)追偿的权利。

保险的基本保费标准按照公安户籍人数计算,每人 2 元、每户 2 元。保费以设区市为主体统一缴纳,山东省级财政根据各市县财力情况,按照分档分担办法予以补助。在具体保障额度上,以设区的市统算,全年累计赔付限额为保费总额的 15 倍;如发生重特大灾害事故时,赔付限额可上浮至保费总额的 18 倍。每人人身救助金限额 15 万元;每户房屋救助金限额 5 万元;每户居民基本生活用品(衣被、口粮、厨具)救助金限额 600 元;抢险救灾、应急救援人员的救助金限额 25 万元/人;因灾导致饮水困难的人员饮水救助费用 60 元/人/月。

（五）武汉：公共安全责任保险

2015年初，武汉汉阳区创新社会综合治理举措，由综治办和文明办牵头实施，把公共安全责任保险作为当年着力办好的8件实事之一。财政预算300万余元，为辖区58万群众购买公共安全责任保险。并在2019年，汉阳区财政预算584万元，保险金额542.687万元，持续为辖区人民购买公共安全及治安家财保险。

公共安全责任保险责任范围涵盖高空坠物及树枝掉落、健身场所意外、疫情传染、火灾爆炸、恐怖活动等五项。无论是辖区常住人口还是路人，只要在汉阳区辖区内的居民，因为高空坠物及树枝掉落、健身场所意外、疫情传染、火灾爆炸、恐怖活动等五种情况造成的意外伤害，经现场取证后，都能在最迟不超过一周的时间内获得相应的理赔。

（六）青岛：社会公众安全险

山东省青岛市市南区政府斥资820万元购买"社会公众安全险"，社会公众安全险分为政府救助保障险和家庭财产保障险，其中政府救助保障险保费为420万，家庭财产险保费为400万。今后，凡常住居民或进入该区行政区划内的所有人员及相关财产，出险后都能享受到保险保障。

1. 政府救助保障险：服务对象为政府救助保障险的服务对象包括所有处在市南辖区范围内的人员，含常住人口、暂住人口、外国人、公共交通设施（含地铁）候车及乘车人、市南区上空飞机内部人员以及在市南区进行旅游、就学、务工、经商、出差等活动的对象。保险范畴涵盖自然灾害、见义勇为、志愿活动、火灾爆炸、拥挤踩踏、重大恶性案件伤害、精神障碍患者伤人、高空坠物伤人、道路交通事故、市政设施伤人、居民意外死亡残疾共十一种救助保险。

2. 家庭财产保障险：为辖区内坐落于青岛市市南区行政区划内的家庭生活住房及室内相关财产（住房包括自有房屋及租赁房屋，不含违章建筑、危险建筑、非法占用的建筑及存放在里面的财产），提供自然灾害和意外事故（台风、暴雨、雷击、冰雹、雪灾等气象灾害及火灾、爆炸意外事故含燃气使用过程中或燃气罐、管道突发火灾、爆炸）、盗窃（门窗有明显撬窃痕迹的盗窃、有明显翻墙掘壁痕迹的盗窃、技术性开锁盗窃，并经公安机关鉴定为盗窃行为）、入室抢劫、水暖管（住户室内的管道——自来水管、暖气管、排水管和排污管）爆裂等保险项目。

2018 年度社会公众安全险项目自 4 月 13 日启动以来,已立案赔付 739 起,金额达 106 万余元;仅 6 月 13 日突遇大风、大雨、冰雹极端天气,承保社会公众安全险的两家公司就立案赔付 665 起,金额达 82.7 万余元,社会公共安全险保障责任见表 28 - 2。

表 28 - 2　青岛市南区社会公共安全险保障责任

保险责任	每次事故每人赔偿限额 (万元)	每人每次医疗费用 救助限额(万元)
自然灾害救助保险	5	1
见义勇为保险	30	5
志愿活动救助保险	15	5
火灾爆炸救助保险	12	3
拥挤踩踏救助保险	5	1
重大恶性案件伤害 救助保险	12	3
精神病人伤人 救助保险	30	5
高空坠物伤人 救助保险	12	3
道路交通事故 救助保险	7	2
市政设施救助保险	5	1

二、城市社区公共安全综合保险综合比较

根据部分地市社区公共安全综合保险的具体特点,将其汇总进行对比分析,如表 28 - 3 所示。

(一) 见义勇为、火灾爆炸事故是社区综合保险的重要保障内容

各地市的社区综合保险均包括火灾、爆炸意外事故责任险及见义勇为

责任险。由于火灾事故发生频发,消防安全形势严重,根据《中华人民共和国消防法》,国家鼓励、引导公众聚集场所投保火灾公众责任保险,鼓励保险公司承保火灾公众责任保险,火灾作为社区安全的重大隐患,是社区综合保险的重要保障内容。同时针对目前存在的"扶不扶"社会热点问题,各地区为见义勇为者提供额外的奖励,树立良好的传统美德,维护社会的长治久安。

（二）社区工作人员责任险及无主动物袭击保险普及较少

作为"最先一公里"的社区工作人员、反应及时的基层应急救援人员,发生突发事件时,可第一时间到达现场进行先期处置工作,但目前仅有上海青浦区华新镇和山东省将其纳入保险责任范围,无法让社区工作者"会救、敢救、放心救"。同时,由于辖区内无主动物(流浪动物)数量不断增多,经常发生无主动物袭人事件,对社区群众生命安全造成严重威胁,扰乱辖区群众人民正常生产生活。

（三）困难人群意外伤害险及道路交通险逐步纳入投保

困难人群包括低保户、残疾人、孤儿及因病致贫家庭等,就业困难,生活水平较低,当患有重大疾病、发生意外事故造成人身伤亡时,难以维持基本生活,因此将辖区内困难人群纳入保险责任范围内,有利于社会稳定,上海、宁波等地已将其纳入保障范围。

各城市道路交通事故发生频繁,酒驾、疲劳驾驶、超载、无证驾驶等事件频发。道路交通事故可考虑纳入社区综合保险范畴,北京、青岛等地已将其纳入社区综合保险。

（四）社区综合保险涵盖的保险责任与保费相统一

各地区的保费虽差别较大,但基本与其保险责任相一致。辖区所需的保险责任范围越广,保费收取越高,除此之外,与辖区人口、辖区面积、所处地理区域等也有一定的关联。以上海市青浦区华新镇为例,保险责任包括火灾爆炸责任险、社会公众责任险、固定资产财产险、社区工作人员意外险,其保费金额为45万元,假设一个一线城市的县级行政区下设10个乡镇(街道),则其保费约450万。因此,可根据各个辖区保险种类及保险责任的多少,来具体划定保险金额。

表 28-3　部分地市社区公共安全相关保险产品对比分析表

城市	保险种类	财政支出(元)	保障金额(元)	保险对象	保险责任范围
上海	社区公共管理综合保险	—	1146 亿	包括 483 万户社区居民,5.1 万名街道工作人员。街道工作人员包括执法人员,公出人员,志愿者,见义勇为者。	社区公众责任险,社区固定财产险,社区居民财产火灾责任险,社区居民财产自然灾害险,团体人身意外伤害险,孤老低保人员重疾险,见义勇为奖励,无主动物袭击、气意外伤害,家电人身意外保险。
	青浦区华新镇:社区综合保险	45 万	—	青浦区华新镇辖区范围内所有人员。	包括①各乡镇辖属居民住宅及乡镇辖属公共设施火灾和爆炸综合险;②社区公众责任险;③乡镇固定财产一切险;④社区工作人员因工伤害综合保险
宁波	社区综合保险	154 万	—	在宁波江东(现归鄞州区管辖)行政区域范围内所有人员,包括出差,旅游,务工的人员。	包括社区公众责任险和困难人群意外伤害险。社区公众责任险涵盖火灾、爆炸、燃气泄漏、电气线路或电器设备漏电,房屋倒塌、高空坠物、燃放烟花爆竹意外事故;困难人群意外伤害险包括低保户,残疾人,孤儿及因病致贫家庭因各类意外事故造成人身伤亡,医疗费用,住院津贴和重大疾病的意外事故。
北京	政府公共管理综合保险	丰台区:200 万	—	丰台区辖区范围内所有人员:218.6 万常住人口以及部分流动人员	包括赔偿责任范围和救助责任范围。赔偿责任保障范围包括 1)固定场所赔偿责任;2)设施设备赔偿责任;3)非商业群众生活活动赔偿责任。救助责任保障范围包括 1)自然灾害救助责任;2)恐怖活动救助责任;3)火灾、爆炸事故救助责任;4)交通事故引发的突发环境污染救助责任;5)食品安全事故救助责任;6)踩踏救助责任;7)精神病人致害人救助责任;8)居民煤气中毒事故救助责任;9)上访人员意外事故救助责任;10)见义勇为救助责任。
		朝阳区:445 万	—	朝阳区辖区范围内所有人员:373.9 万常住人口以及部分流动人员。	
		东城区:200 万	—	东城区辖区范围内所有人员:82.2 万常住人口以及部分流动人口。	

（续表）

城市	保险种类	财政支出（元）	保障金额（元）	保险对象	保险责任范围
山东	灾害民生综合保险	2.38亿	—	全省行政区域内常住人口以及灾害发生时在本行政区域内的其他人员，保障人口达3600多万人。	包括6大类：1)洪涝、干旱、台风、风雹、低温冷冻、雪灾、地震、山体崩塌、滑坡、泥石流、风暴潮、海啸、爆炸、火灾、触电等灾害自然灾害事故造成人身伤亡；2)自然灾害和特定意外事故造成居民住房倒塌或损坏；3)自然灾害和特定意外事故造成居民基本生活用品（衣被、口粮、厨具）的损毁；4)抢险救灾、应急救援人员的伤亡；5)因灾导致受灾人员的饮水困难；6)其他政府认定需救助的事项。
武汉	公共安全责任保险	汉阳区：300万	—	汉阳区辖区范围内所有人员；58万辖区群众。	包括高空坠物及树枝掉落、健身场所意外、疫情传染、火灾爆炸、恐怖活动等五项。
青岛	社会公众安全险	市南区社会公众安全政府救助保障险：420万	—	社会公众安全政府救助保障险：市南辖区内所有常住人口、暂住人口、外国人、公共交通设施（含地铁）候车及乘车人、辖区上空飞机内部人员以及来区旅游、就学、务工、经商、出差人员，截至2016年辖区共58.03万人。	包括自然灾害、意外事故、见义勇为、志愿活动、火灾爆炸、重大恶性案件伤害、精神障碍患者伤人、高空坠物伤人、道路交通事故、市政设施伤人、居民意外死亡残疾共十一种一种救助保险。
	家庭财产保障险	市南区家庭财产保障险：400万	—	家庭财产保障险：青岛市市南区行政区划内的家庭生活住房及室内相关财产。	自然灾害和意外事故（台风、暴雨、雷击、冰雹、雪灾等气象灾害及火灾、爆炸意外事故（含燃气使用过程中或燃气管道、管道突发火灾、爆炸）、盗窃（门窗有明显撬砸或撬盗痕迹的盗窃，有明显翻墙撬壁痕迹的盗窃，技术性开锁盗窃，并经公安机关鉴定为盗窃的行为；入室抢劫）；水管、暖气管、排水管和排污管（住户管内的管道——自来水管、暖气管和排水管、排污管）爆裂。

三、推行社区公共安全综合保险的基础分析

（一）必要性

保障人民生产生活、维护社会稳定是政府的基本职能。由于社区基层各类突发事件的频率、强度不断增加，社会矛盾和问题反映日趋集中，政府在社会公共事务管理领域背负巨大的压力和责任。当前，城市安全领域内，政府公共事务性应急财政压力日益增大，相关资金保障机制仍需优化，现有保险保障依然有限，商业保险参与机制尚不健全。引入商业保险建立市场化的灾害事故风险管理机制，对完善灾害防范和救助体系，增强全社会抵御风险的能力，具有不可替代的重要作用；对协调社会管理中的各种利益关系，有效化解社会矛盾和纠纷，推进公共服务创新，进一步转变政府职能，提高政府行政效能，具有重要的促进作用。

（二）可行性

将保险纳入城市公共安全管理体系，利用保险制度和保险功能，最大限度地发挥保险的经济补偿、资金缺口填补、预算平滑和社会管理功能，有利于提高经济韧性，为城市经济社会安全发展营造良好环境。国家关于加快保险服务创新、推进城市安全发展、推进应急管理体系和能力现代化的指导意见，为保险参与社会治理，特别是参与城区（社区）公共事务安全与应急管理，提供了方向指引和根本遵循。推行社区公共安全综合保险，通过引入商业保险参与社区公共事务安全管理，探索基层社会治理的新模式，符合相关上位文件精神导向要求，所需的政策保障已成熟。北京、上海、宁波、山东、武汉、青岛等省市，已先后成功实施政府（社区）公共管理、社会公众安全、公共安全责任、民生综合责任等同类（或相近）的保险产品，相关地市的试点探索经验可供借鉴参考，推行实施社区公共安全综合保险的时机已成熟。

（三）效益性

推行社区公共安全综合保险，引入商业保险参与社区公共事务安全管理，有效发挥保险的经济"助推器"和社会"稳定器"作用，对完善社会保障体系，提高全社会保障水平，实现社会稳定与和谐，具有显著的经济效益和社会效益。

一方面,依托保险的财务杠杆调节作用,以确定的财政资金(保费)投入,充分放大保障资金规模,抵御突发事件对政府财政造成的冲击,有效提高资金保障水平;另一方面,通过市场机制协调社会管理中的各种利益关系,有效化解社会矛盾和纠纷,推进公共服务创新,分担政府社会治理和公共救助压力,有利于提高政府行政效能。

（四）效率性

社区公共安全综合保险在制度运行、资金使用、事后补偿等方面,具有较高效率性。

1. 商业保险运行效率优于社会保险。社区公共安全综合保险作为定制型的商业保险,符合商业保险的市场化效率机制,可弥补了社会保险认定条件复杂、报销流程多、理赔时效慢等缺陷。

2. 保险资金使用效率优于留存财政预备费。大额刚性留存财政预备费,事实上挤占了可支配的财政资源,资金使用效率偏低。

3. 保险理赔效率优于司法诉讼途径。保险公司开通理赔绿色通道,简化索赔单据,除了在保险责任范围内根据保险合同约定代替被保险人承担相应的经济损失(财政支出),还能在面对影响较大、社会关注度高的赔案事件中快速承担起事故抢险救援、医疗救治、财产损失补偿的职能,钝化公共安全问题,之后再向事故责任方行使代位求偿权。与司法诉讼等传统民事争议解决方式相比,效率性十分显著。

第三节　社区公共安全综合保险方案初步设计

一、保险方案涉及的基本概念

社区公共安全综合保险是政府通过与保险公司协商签订保险协议的方式购买保险服务,订立的一揽子保险产品组合的保障计划。

（一）险种性质

根据是否以盈利为目的,保险可以分为商业保险和社会保险(国家保险)。商业保险是指按照商业规律经营的、以盈利为目的、以精算为依据的、以高度资金杠杆为价值的、以风险大数法则为基础的、以保险和再保险消化风险为保障的保险机制；社会保险是指通过国家立法的形式强制实施的、不以盈利为目的、仅提供微小基本保障额度的、财政兜底的保险机制，主要有养老保险、医疗保险、失业保险、工伤保险和生育保险等。

社区公共安全综合保险属于商业保险，旨在提供更宽泛的保障、更高的保额、更全面的服务，同时，社区公共安全综合保险具有公益性质。政府财政支付该保险计划的保费，实现两项公共利益，即：降低了政府因灾对社区居民的救助（财政）支出；社区居民获得了确定性因灾保险保障，从而提升社区的经济韧性。

（二）保险人

保险人又称"承保人"，是指与投保人订立保险合同并按照保险合同约定承担赔偿或者给付保险金责任的保险公司。根据社区公共安全综合保险的保险责任，保险人应为依法设立的财产保险公司。

（三）投保人

投保人又称"要保人"。根据我国《保险法》的规定，投保人是指与保险人订立保险合同，并按照合同约定负有支付保险费义务的一方，且一般为单一主体。依照此规定，社区公共安全综合保险的投保人应是各级地方政府及其派出机关或指定授权机构，具备统筹处理辖区内公共安全管理事务的主体资格。可以从两方面进行理解：

1. 社区公共安全综合保险的投保人不是自然人，而是投保辖区内各级地方政府机构。从相关地市的实践经验来看，既可以是省、市、区（县）、乡镇一级政府，也可以是街道办事处等政府派出机关。

2. 社区公共安全综合保险的投保人一般同时也是被保险人，但不一定是受益人。被保险人是指其财产或者人身受保险合同保障，享有保险金请求权的主体。各级地方政府机构与保险公司订立社区公共安全综合保险合同，约定在保险期间内，一旦发生对辖区公众和第三者造成损害的保险事故，相应的赔偿责任由保险机构代为承担。在此当中，投保的各级地方政府机构既是投保人，也是被保险人，但不一定是受益人，因灾害事故受到损害的辖区居民和第三者才是社区公共安全综合保险的最终受益人，保险人可直接向受到损害的辖区居民和第三者进行赔偿或给付保险金。

（四）保险标的

所谓保险标的，是指作为保险对象的财产及其有关利益或者人的寿命和身体。保险标的既是确定危险程度和保险利益的重要依据，也是决定保险种类、确定保险金额和保险费率的依据。

社区公共安全综合保险是责任保险。责任保险以被保险人对辖区群众和第三者依法应负的赔偿责任为保险标的。按此规定，社区公共安全综合保险的保险标的是投保的各级地方政府及其派出机关或指定授权机构，因在辖区范围内发生公共安全事件等，造成人员伤亡和有关经济损失依法应负的赔偿责任，以及紧急情况下对居民的过渡性安置保障责任。

（五）保险责任

对于承保社区公共安全综合保险的保险人，在保险事故发生后，应当依据保险合同约定的保险责任，及时足额支付赔偿金。但也存在保险人不进行赔付的情形，例如：超过赔偿责任限额部分；根据保险合同，不属于保险责任的事故或属于免除赔偿责任的情况。

（六）保险防灾防损职能

保险的职能分为基本职能和派生职能。基本职能不因时间的推移和社会形态的不同而改变，包括补偿损失职能和经济给付职能，其主要作用是在保险责任事故发生后给予损失赔偿或者是经济给付。防灾防损职能，则是保险主要的派生职能之一，是减轻灾害和责任事故损失的重要组成部分。

二、保险方案的定位及与相关险种的关系

（一）保险方案的定位

社区公共安全综合保险是社区居民住宅及公共设施火灾责任综合保险、社区公众责任保险、工作人员雇主责任保险等多种保险产品的组合与拓展，涵盖财产损失风险、责任风险和意外伤害风险的保障。它是为发生公共安全突发事件时，处于一定区域范围内的所有人员的人身意外及其财产提供保障的保险产品。根据《中华人民共和国突发事件应对法》，突发事件包括自然灾害、事故灾难、公共卫生事件和社会安全事件等，保险保障对象包括保障区域内的

常住人口以及临时逗留的出差、旅游、务工、居住等流动人口。

（二）与城市公共安全领域相关险种的关系

与传统单一险种（如财产险、公众责任险、意外伤害险等）相比，社区公共安全综合保险涵盖了财产损失风险、责任风险和意外伤害风险的保障，保障内容具有综合性，不仅一定程度节约了保险保费成本，也分担了政府社会保险保障的压力。

1. 与现行的城市公共安全领域相关保险，如巨灾保险、安全生产责任保险等相比，社区公共安全综合保险将在保障范围和保障额度上形成互补效应。以深圳市为例（参见表 28 - 1），现有城市公共安全领域保险所构成的"保障网"，主要针对生产经营、教育教学、医疗护理等经济社会特定活动领域，尚无法全面覆盖城区各类突发事件，特别是在社区公共事务管理、群众日常生活等方面存在明显不足。

2. 社区公共安全综合保险拓展了以社会保险、社会救助、社会福利为基础的社会保障体系的保障范围，优化了不同险种叠加的保险金额配置，不仅弥补了突发事件社会保障范围存在的漏洞，而且在保险产品之间，也建立了风险的分散机制。

三、保险责任范围

社区公共安全综合保险的保险责任范围，应充分依据具体城区（社区）区位特征和突发事件风险。推荐保险方案可涵盖但不限于以下与城市社区公众利益密切相关的保险产品，如社区公众责任险、交通事故救助保险、社区居民财产火灾责任险、基层工作人员意外伤害保险、高空坠物责任险、无主动物袭击保险、见义勇为保险及奖励、传染病防控保险等。

（一）社区公众责任险

1. 辖区内的公共设施、公共场所内（包括市政、内河、绿化等），因管理疏忽过失或意外而导致发生意外事故（含拥挤踩踏、道路窨井盖损毁或丢失、高空坠物及树枝掉落），造成人身伤亡或财产损失，应由政府机构承担的经济赔偿责任；

2. 发生前述公共安全事件，但责任主体不明确时，由保险公司在责任限额内进行偿付；

3. 应由除政府机构外的其他明确的责任主体承担的经济赔偿责任,由保险公司在责任限额内先行垫付赔偿,再向责任主体进行追偿。

(二) 交通事故救助保险

辖区内发生机动车事故导致人身伤亡,在肇事车辆逃逸的情况下,未找到肇事方且未能破案,或虽能找到肇事方但肇事方无力承担赔偿责任,伤亡人员经政府有关部门或机构核实并公布属于救助、抚慰对象范围的,由保险公司在责任限额内先行承担相应的经济赔偿责任,垫付赔偿,再向责任主体进行追偿。

(三) 社区居民财产火灾责任险

辖区内企业或居民自住房发生火灾、爆炸事故应承担对第三方伤亡人员给付的抚恤金、家庭财产损失补偿及受灾家庭无法居住而发生的临时安置费用,由保险公司在责任限额内先行垫付赔偿,再向责任主体进行追偿。

(四) 基层工作人员救助险

辖区内基层工作人员参加相关政府部门、街道、社区等统一组织的志愿者活动、抢险救灾等集体活动时发生意外伤亡,由保险公司在责任限额内承担相应的经济赔偿责任。基层工作人员具体包括乡镇政府(街道办事处)及社区工作站工作人员、社区网格员、基层应急救援人员、应急志愿者等。

(五) 高空坠物责任险

辖区内建筑物及外墙附着物发生高空坠物而导致居民的人身伤亡,由保险公司在责任限额内先行承担相应的经济赔偿责任,垫付赔偿,再向责任主体进行追偿。

(六) 无主动物袭击保险

辖区内发生动物伤人且无法找到饲养人和管理人的意外事故时,由保险公司在责任限额内承担相应的经济赔偿责任。

(七) 见义勇为保险及奖励

辖区内居民因见义勇为而伤亡,由保险公司根据保险合同约定承担相应的死亡、伤残补偿金及医疗费用。此外,对于辖区居民积极参与社区公共事务安全管理,具有隐患举报、纠纷调解、抢险救援、见义勇为等行为的,经相关政府部门或街道办事处等认定后,由保险公司对相关人员发放奖励。

(八) 传染病疫情隔离安置保险

辖区内发生甲类传染病及依法应采用甲类传染病应对措施的疫情,需要按照相关规定对感染人员进行统一转移隔离的,由保险公司按保险合同约定,结合被隔离人员人数、隔离天数,在责任限额内对政府机构进行定额补偿。

四、保险服务运行模式

社区公共安全综合保险属于商业保险,适用市场化机制。遵循"政府+市场"的基本方式,建议采取"政府牵头、专业机构协助、市场化运作"的模式,在各级地方政府的统一领导下,明确多元主体的角色定位。

(一) 政府机构投保

各级地方政府及其派出机关或指定授权机构作为投保主体,其他相关政府部门和基层组织等协同配合,统筹推行社区公共安全综合保险。鉴于社区公共安全综合保险具有定制化需求,建议政府机构可通过招标选定保险经纪公司,提供相关保险服务。

(二) 委托保险经纪公司协助

对于保险类政府采购项目,特别是预算金额达到集中采购限额标准的,宜委托保险经纪机构协助,包括但不限于对保险采购项目进行风险评估、拟定投保方案、询价及报价分析、协助招标采购、办理投保手续、保险期内风险管理咨询及日常服务、协助保险索赔、受理投诉和续保安排及相关咨询服务等。

保险经纪机构服务的重点,是对辖区公共安全风险进行全面评估,协助拟定保险结构,对所需保障额度进行测算,设计形成详尽的保障方案,经政府机构(投保主体)同意后,最终确定社区公共安全综合保险方案。

(三) 招标保险公司承保

政府机构协同保险经纪公司编制招标书,开展保险公司招标工作。入围招标的保险公司应满足政府机构要求的资本金实力、偿付能力等硬性指标,符合风险管理能力强、机构健全、承保理赔服务优质等条件。鼓励保险公司采取共保体方式承保社区公共安全综合保险,并组织专业服务团队为辖区群众提供高效保险服务。

(四)预先指定保险公估公司

社区公共安全综合保险的保险责任范围广、专业领域复杂,保险理赔时效和服务要求高。特别对于突发事件所造成的危害后果评估与经济损失认定,直接关乎居民群众的切身利益,社会关注度高。借鉴青岛"11·22"中石化输油管道泄漏爆炸、天津港"8·12"危险品仓库火灾爆炸、深圳"12·20"渣土受纳场滑坡事故等国内重特大突发事件的处置经验,建议预先甄选具备专业实力并具有丰富公共安全突发事件保险理赔公估经验的保险公估公司,作为社区公共安全综合保险的理赔公估单位,确保在突发事件发生后能够快速响应、及时介入,协助涉及公众损失的评估认定工作。

(五)防灾防损服务

建议通过保险合同明确约定,保险公司从保险费用中提取部分资金作为专项防灾防损费(计提比例一般不低于总保费的 10%),专门针对辖区可能出现的保险责任事故,制定年度防灾防损服务计划,并在取得投保政府机构的同意后实施。

防灾防损服务应充分体现"防患于未然"的工作要求,可结合城区(社区)特点,组织开展形式多样、内容丰富的活动,包括但不限于防灾减灾安全知识讲座、应急疏散体验、救援技能实训、典型事故应急演练、社区隐患排查活动、减灾文化营造、应急物资发放等,提升社区居民安全防灾意识、紧急避险以及自救互救能力。

(六)保险理赔服务

承保保险公司应为社区公共安全综合保险开通理赔绿色通道,一旦有保险责任事故发生立即启动理赔绿色通道,同时预先指定的保险公估单位应第一时间介入,确保在最短时间内让受害居民群众得到及时救助、补偿,获得过渡期保障,以利于快速恢复正常生活秩序。

1. 报案

可设置专门的社区公共安全综合保险报案电话,建立网上报案平台。保险公司、保险经纪公司和保险公估公司分别建立专门的服务团队,制定相关主体协同机制和理赔工作机制。

政府机构或居民群众可以直接以电话、网络等形式向保险公司报案,也可以向保险经纪公司和保险公估公司咨询报案。保险经纪公司和保险公估公司全程协助政府机构、居民群众办理保险索赔事宜。

2. 现场查勘

接到报案后,保险公估公司和保险公司应立即启动查勘定损理赔工作,安排理赔人员或保险公估人第一时间赶赴事发现场,保证以最快的速度开展现场查勘,同时通知事发地的政府机构或基层组织相关人员赶赴现场进行信息核实。保险经纪公司应积极协助政府机构、居民群众,配合开展现场查勘工作。

（1）对于需要开展避险疏散、紧急救治等抢险救援行动的,坚持紧急避险和救治第一的原则,政府机构、基层组织或其他任何第三者不需要等待保险公司现场查勘,可直接开展抢险救援工作;

（2）对于一般保险责任案件(现场保留程度较好且适合进行现场查勘的案件),保险公司和保险公估公司在到场后应及时完成现场查勘工作,政府机构、基层组织应在各自职责范围内为现场查勘工作提供支持;

（3）对于无法进行现场查勘的情形,保险公司可以免于现场查勘,以政府机构或其授权的基层组织提供的突发事件证明作为认定依据。

3. 收集索赔单证

保险经纪公司负责向相关各方收集保险理赔所需单证,进行初步审核,并及时提交给保险公司。政府机构或其授权的基层组织提供与确认事件的性质、原因、损失程度等有关的证明和材料。

在突发事件的原因和损失已被证实的情况下,保险公司应简化索赔单证要求,不得仅以缺少单据或单据不合格为由拒绝或拖延承担其在保险合同项下应承担的赔偿责任。

4. 理算赔偿

保险公估公司和保险公司对政府机构或其授权的基层组织认定的属于保险责任的案件进行理算核赔处理,向受害方和政府机构或其授权的基层组织提供赔偿确认函,经双方确认后,保险公司依据赔偿确认函支付理赔款项。

5. 赔案数据管理

保险经纪公司负责制作赔案报表,将赔案信息录入数据平台,并定期向政府机构提交赔案报表及赔案分析报告。

6. 预付赔款服务

保险公司建立应急偿付机制,通过预付赔款为事故抢险救援、善后恢复等工作提供快捷的资金支持。

(1)对于保险责任范围内的事件,保险公司立即启动应急机制,开展查勘定损工作,并在责任范围内先行支付部分赔偿金额或给付保险金;

(2)对于非保险责任事故,保险公司先行垫付事故抢险救援、医疗救治、财产损失补偿等费用,之后再向事故责任方行使代位求偿权。

第二十九章 科技在保险与应急管理中的运用

第一节 科技在保险与应急管理领域的现状

一、科技应用对优化应急管理的促进作用

随着现代科技的不断发展,各个行业都在不断地引入新技术,应急管理领域也不例外。科技的应用在应急管理领域中发挥了越来越重要的作用,为应急管理工作提供了更加高效、精准、及时的支持。

(一) 科技的应用提升了应急管理工作的响应速度

在灾害发生之后,通过遥感技术、卫星图像、无人机等高科技手段,可以及时获得事故发生地点的图像、视频等实时信息,实现远程监控和应急响应。在重大突发事件中,基于大数据技术和人工智能技术,可以快速分析和处理大量信息,制定出相应的应急响应计划,指导应急救援工作的开展。

(二) 科技的应用提升了应急管理工作的效率和准确性

在传统的应急管理中,人员需要手动完成各种信息的收集、整理和分析工作,容易出现信息滞后、错误等情况。而现在通过互联网技术、移动通信技术、物联网技术等应用的广泛使用,可以实现信息的快速收集和处理。通过应用信息化手段,可以实现全面的信息共享和传递,从而提高救援工作的效率和准确性。

（三）科技的应用还提升了应急管理工作的安全性

在应急救援过程中,通信设备的可靠性和安全性非常重要。现在,应急救援人员常常配备单兵通讯设备、卫星电话等高科技设备,这些设备可以保障通讯的可靠性和安全性,提高应急救援人员在应急事件中的安全系数。同时,物联网技术和人工智能技术的应用也可以实现设备的自我检测和自我维护,从而降低设备故障的风险。

（四）科技的应用在应急管理领域中还存在一些挑战

科技的更新换代速度过快,一些老旧的设备可能无法适应新的应急管理要求;此外,在一些落后地区或发展中国家,基础设施建设不完善,科技应用的推广也存在困难。因此,我们需要在保证科技应用的效率和准确性的同时,加强对于技术的持续发展和创新,推动保险和应急管理行业的数字化和信息化进程。

本章将分别描述人工智能、物联网、3S空间、无人机、区块链、通讯、大数据、虚拟现实、数字孪生、应急指挥等技术和其相关案例。

二、当前运用在应急领域的主要技术

（一）人工智能技术

人工智能是一种模拟人类智能的技术,它可以模拟人类的认知、学习、推理、规划、决策、语言和行动等能力,从而完成一系列复杂的任务。人工智能技术包括自然语言处理、机器学习、图像识别、语音识别等:

1. 自然语言处理

自然语言处理（NLP）是一种将自然语言转化为计算机可处理形式的技术。它可以用于解析和分析大量的文本数据,如保险合同、索赔文件、应急预案等。通过使用NLP技术,保险公司可以更好地理解客户的需求,提高索赔处理的效率,同时应急管理部门可以更快速准确地收集和分析各种文本信息,辅助指挥决策。

2. 机器学习

机器学习（ML）能够通过学习数据和算法,从中提取规律和模式,用于分类、预测和优化问题。在保险领域,机器学习技术可以用于评估风险和定价,同时可以帮助保险公司更好地了解客户需求。在应急管理领域，机器学习技术可以帮助预测灾害风险和响应方案，优化资源配置，提高响应效率。

3. 图像识别

图像识别（Image Recognition）是一种利用计算机算法，识别和分析图像的技术。在保险领域，图像识别技术可以帮助检测车辆损坏、评估房屋受损程度等。在应急管理领域，图像识别技术可以用于卫星遥感图像分析、视频监控图像分析等，提高应急管理部门的决策效率和精度。

4. 语音识别

语音识别（Speech Recognition）可以将语音转化为文本或命令，从而帮助人们与计算机进行更加自然和高效的交互。在保险领域，语音识别技术可以用于客服电话或语音理赔等方面，提高客户满意度。在应急管理领域，语音识别技术可以帮助实现语音交互式指挥系统，提高应急指挥效率。

5. 经典案例

案例一："智慧雨伞"

某保险作为国内保险行业中的领军企业之一，一直致力于将科技创新与保险业务相结合，提高保险业务的服务质量和效率。在应对突发自然灾害等风险方面，该保险也积极利用人工智能技术，推出了"智慧雨伞"应急服务项目。在 2019 年台风"利奇马"来袭时，该保险利用智能云平台，通过人工智能和大数据分析技术对台风路径、降雨量等多个指标进行分析预测，及时部署应急队伍和资源，为受灾群众提供快速响应和救援服务。此外，该保险还联合雨伞共享企业，为用户提供智能雨伞，通过内置传感器采集天气信息，实时监测降雨量、风速等指标，预警提醒用户避免在恶劣天气下使用雨伞，保障用户人身安全。

案例二："小 i 保"服务

某保险集团作为一家国际化保险集团，在应急管理方面也一直积极探索人工智能技术的应用。该保险集团旗下的"小 i 保"应急服务项目，利用人工智能和大数据技术，为用户提供 24 小时在线应急救援服务。小 i 通过 NLP 技术、搜索技术以及语音技术，打造了 AI 能力三合一的技术体系，为该保险公司提供了在线智能客服机器人、智能座席知识库、智能外呼平台及语音质检等层次丰富、高质量的智能化服务。在该保险公司的营业厅，小 i 机器人推出了线下智能实体机器人应用。机器人可以提供来宾欢迎、业务知识咨询、大堂巡检、地图指引等功能服务。在 AI 赋能之下，该保险集团集中整合营业厅资源,从整体上对各地中心对外营业厅进行了升级改造。小i也为该保险公司量身打造了智能服务机器人,主要服务于保险代理人,也可服务于保险客户。智能服务机器人可以助力保险代理人来查询保险产品、核保规则等一系列与保险展业相关的知识,提高服务效率并优化服务质量。在智能知识库的应用方面,小i为该保险公司构建了新一代智能知识管理平台,实现了知识生命周期的闭环管理,也重塑了知识查询方式,实现了知识的有机整合。经过人工智能的知识梳理之后,新知识库的体量更为轻盈,也大幅提升了业务咨询的服务效率。对于智能外呼领域,小i综合运用了智能语音识别、智能语音合成、语义理解、智能交互等AI技术,打造了与名单筛选系统、质检系统对接,实现全自动、智能化语音交互自助服务,提高客户服务体验,提升外呼效率。小i与该保险集团共同建设了多种外呼场景,实现标准和差异融合,容错和精准平衡。对于保险业,AI可以赋能创新服务、提升技术和精细管理等多方面应用,更加有效地触达客户,切实提升客户服务质量和效率。小i机器人将以持续发展的AI技术创新能力,一路伴随保险行业的数字化、智能化转型升级。

这些案例都展示了人工智能在应急管理中的应用,可以提高灾害响应和救援的效率,同时也能够保护更多的人免受自然灾害的侵害。

（二）物联网技术

物联网技术(IoT)是一种将各种物理设备连接到互联网的技术,使其能够相互交流和共享数据。在保险和应急管理领域,IoT技术可以用于实时监测和控制风险,提高风险评估的准确性和可靠性,减少事故损失,并帮助应急人员更快速、更准确地响应紧急情况。物联网技术的应用可以分为以下几个方面:

1. 传感器网络

使用各种传感器监测环境变化和设备状态,并将数据传输到云端进行分析和处理。在保险行业中,传感器网络可以用于监测建筑物、车辆、设备等的状态,提高风险评估的准确性和可靠性。在应急管理领域,传感器网络可以用于监测自然灾害,例如洪水、地震、风暴等,帮助应急人员更快速地响应紧急情况。

2. 物联网平台

物联网平台是一个管理和监测物联网设备的系统。它可以集成各种设备、传感器和应用程序,提供数据分析、远程监控和控制等功能。在保险行业中,物联网平台可以用于监测和管理保险公司的车辆、建筑物等资产。在应急管理领域,物联网平台可以用于管理和监测紧急情况下的资源和人员。

3.数据分析

利用大数据和人工智能技术分析物联网设备收集的数据,从而获得有价值的洞见。在保险行业中,数据分析可以用于评估风险、制定保险计划和控制风险。在应急管理领域,数据分析可以用于预测自然灾害、评估风险和监测应急响应情况。

4.经典案例

案例一:广东省物联网行动计划

以广东省为例,2018 年广东省委、省政府发布了《广东省物联网行动计划(2018—2020 年)》,提出了利用物联网技术推进广东省的应急管理现代化。在 2018 年 8 月的台风“山竹”袭击后,广东省率先运用物联网技术提高应急管理能力。当时,广东省电力公司在台风来临前通过搭建物联网实时监测系统,对供电设施进行全面排查和检修,确保设备安全稳定运行,同时利用物联网技术建立起应急响应机制和保障措施。在台风过后,广东省电力公司还通过物联网技术对供电设施进行了全面巡检,及时排除电力故障,保障了供电稳定。此外,广东省公安厅也借助物联网技术建立了一套覆盖全省的视频监控系统,实现对于公共区域的全面监测,可以及时发现各类违法犯罪行为,便于公安机关采取及时有效的应对措施,提高了应急管理的响应速度和有效性。

案例二:智慧城市应急管理平台

一个基于物联网技术的应急管理案例是中国广东省深圳市的“智慧城市应急管理平台”。该平台集成了传感器、摄像头、GPS 等设备,并使用物联网技术,通过对实时数据的分析和处理,以快速响应应急事件。该平台提供了多个子系统,包括灾害监测与预警子系统、指挥调度子系统、信息通信子系统和资源调度子系统。这些子系统通过物联网技术和云计算技术相结合,能够实时收集、分析和展示各种数据,如气象数据、交通数据、人流数据、环境数据等,帮助应急管理部门及时做出决策和应对。例如,在灾害监测与预警子系统中,通过灾害监测设备的数据采集和传输,能够实时监测地震、气象、水文等各种灾害,及时发出预警信息,并向指挥调度子系统发送报警信息。在指挥调度子系统中,可以快速获取各类应急救援队伍和资源的位置信息,利用物联网技术和地理信息系统,进行快速调度和指挥。在信息通信子系统中,采用了视频会议、无线通信、短信通知等多种通信方式,能够在不同的场景下进行即时通讯和信息共享。该平台的应用不仅提高了应急管理部门的反应速度和决策水平,也提高了公众的安全感和信任度。此外,该平台在应急事件后的事故调查、经验总结等方面也提供了有力的支持和保障。

案例三:智慧物联网

2018 年,中国的广东省发生了台风山竹袭击,这是 21 年以来该地区最强烈的台风之一。台风过后,该地区许多道路、电线杆、楼房都遭受了严重的损坏,导致了广泛的断电和通讯中断。在这种情况下,广东电网公司利用物联网技术,成功实现了电力设施的应急管理。广东电网公司使用了"智慧物联网"的系统来进行应急管理。该系统是由多个传感器和智能电表组成,可以实时监测电力设施的状况,并将数据上传到云端进行分析和处理。当发生断电时,该系统可以自动识别故障所在位置,并发送警报信息到电网公司的指挥中心,以便他们可以迅速采取应对措施。在台风山竹袭击期间,该智慧物联网系统发挥了重要作用。它可以及时发现电力设施的损坏,并向指挥中心提供实时数据,以便指挥中心可以快速调度电力维护人员到达现场,进行维修和修复工作。此外,该系统还可以远程控制电力设施的开关和断路器,以确保整个电力系统的安全和稳定。通过物联网技术,广东电网公司在台风山竹袭击期间成功实现了电力设施的应急管理,保证了该地区市民的安全和生产的正常运转。

综上所述,物联网技术在应急管理领域具有广泛的应用前景。通过物联网技术,可以实现对于灾害风险的实时监测、信息的共享和传递、灾害响应的快速反应和处置等目标,从而提高应急管理的效率和准确性。

(三) 3S 空间技术

3S 空间技术是指地理信息系统(GIS)、全球定位系统(GPS)和遥感技术(RS)三种空间信息技术的集成应用。在应急管理领域中,3S 技术的应用可以帮助管理人员获取和分析地理信息数据,实现快速响应和决策支持。以下是应急管理中 3S 空间技术的概述:

1. 地理信息系统

地理信息系统(GIS)是一种将地理信息与非地理信息相关联的技术,可以对地理信息进行采集、存储、管理、处理、分析、查询、表达和显示。在应急管理领域,GIS 可以通过图层的叠加、分析和查询等功能,绘制出各种与应急管理相关的专题图,如灾情分布图、疏散路线图等,为决策者提供空间信息支持。

2. 全球定位系统

全球定位系统(GPS)是由美国提供的全球卫星定位系统,可以为全球任何地方提供三维位置和速度信息。在应急管理中,GPS 技术可以实现人员、物资和设备的定位和跟踪,支持资源的快速调度和分配。

3. 遥感技术

遥感技术(RS)是通过对地面物体反射、辐射、散射等特性的探测和分析,获取地面特征信息的一种技术。在应急管理中,遥感技术可以通过卫星遥感图像获取灾区情况,提供灾区范围、灾情分布、疏散路线等信息,为决策者提供空间信息支持。

4. 经典案例

案例一:防洪保险项目

某财险在长江中游流域等地区,联合中国科学院遥感与数字地球研究所、北京大学等高校,利用遥感技术获取地表信息,包括河流、水库、堤防、建筑物等,进行洪水灾害风险评估,并开展防洪保险项目。该项目采用高分辨率遥感数据和数字高程模型,提高了风险评估的精度和效率。例如,在风险评估过程中,该项目发现一处重要防洪设施上的建筑物未被记录在基础地理信息数据库中,而这一建筑物可能影响洪水流向和水位,进而影响防洪效果。因此,保险公司采取了相应的措施,提高了保险项目的精度和准确性。此外,该项目还利用卫星通信技术和卫星导航技术,提高了应急响应的效率。例如,在灾害发生后,保险公司可以快速响应并赔偿受灾群众,而卫星通信技术可以提供远程通信服务,帮助保险公司和应急管理部门快速响应。

案例二:某市"智慧消防"项目

某市公安局消防总队开展"智慧消防"项目,通过利用卫星通信技术和卫星导航技术,实现了对消防车辆和人员的实时监控和调度。该项目通过全球卫星定位系统(GPS)和卫星通信技术,实现了消防车辆和人员的实时监控和调度。消防队员可以在出动前通过移动设备查看事故现场情况,并确定最佳路线。在灾害发生后,消防队员可以通过移动设备随时与指挥中心保持联系,以便及时汇报情况和请求支援。这使得消防队员可以更快速地到达事故现场,提高了救援效率和质量,减少了人员伤亡和财产损失。

案例三:美国国家气象卫星数据中心

美国国家气象卫星数据中心(National Oceanic and Atmospheric Administration Satellite and Information Service)利用卫星遥感技术,对全球气象和

海洋环境进行监测和预测。该中心通过卫星遥感技术获取气象数据，包括温度、湿度、气压、降雨等，以及海洋数据，包括海洋温度、海洋风、海面高度等，从而为天气预报、海洋预报和气象灾害预警等提供支持。该中心的卫星遥感技术在多个应急管理领域都得到了广泛应用。例如，该中心可以实时监测气象和海洋环境变化，及时预警自然灾害，例如风暴、洪水、海啸等。同时，该中心还可以提供实时数据和影像，帮助应急管理部门进行灾后评估和决策。在2017年的飓风"哈维"中，该中心提供的卫星数据和影像帮助应急管理部门及时评估了灾害损失，指导了救援和重建工作。

综上所述，应急管理中的3S空间技术在提供空间信息支持方面具有重要作用。通过GIS技术的地图叠加、GPS技术的定位跟踪和RS技术的卫星遥感图像获取，可以快速获取灾情信息，实现对灾害风险的评估、应急响应的调度和现场救援的实时监控，提供决策支持，帮助管理人员快速响应和调度资源，提高应急响应能力，从而减少了灾害造成的损失，保护了人民的生命和财产安全。

（四）无人机技术

无人机技术是指利用无人机完成一系列的工作。无人机是一种可以在没有人员操控的情况下，自主地飞行和执行任务的飞行器。无人机可以搭载各种传感器和设备，如摄像头、雷达、红外线探测器等，用于各种用途。在保险和应急管理领域，无人机技术可以用于灾后巡查、应急救援、高精度测量等多个方面。

1. 损失评估

无人机可以在事故现场进行损失评估，帮助保险公司更准确地确定赔偿金额。无人机可以提供高分辨率的图像和视频，以及各种传感器数据，从而提供更全面的损失评估。

2. 灾害响应

在自然灾害发生后，无人机可以用于搜索和救援。无人机可以携带摄像机和传感器，通过高度和速度的优势在搜救过程中快速获取信息。此外，无人机还可以传输实时视频和图像以便应急人员及时做出决策。

3. 风险评估

无人机可以对不同地区和场所进行空中监测，以评估风险，如洪水、地质灾害等。无人机携带的传感器可以收集地形、地貌、水文、气象等信息，使得风险评估更加准确。

4. 风险预测

无人机可以用于监测并预测潜在的风险和威胁,如森林火灾、洪水等。它们可以携带气象传感器和多光谱相机等设备,以收集气象、环境和地理数据,从而预测可能发生的事件。

5. 保险销售

无人机可以用于保险销售和营销。保险公司可以使用无人机制作宣传视频和图像,以展示其产品和服务的特点和优势。

6. 经典案例

案例一:利用无人机进行抗震救灾

在 2013 年中国云南省鲁甸县发生的 7.0 级地震中,中国的某无人机厂商利用无人机技术,在紧急救援行动中发挥了关键作用。其无人机系统被用来完成对灾区的高精度地形建模,提供即时的图像和视频监控,为抢险救援和重建提供数据支持,还用于搜救和供应物资运输。该公司的无人机可以搭载高清相机和红外线热成像仪,利用先进的遥感技术在无需飞行员干预的情况下,快速获取受灾地区的高分辨率图像。该无人机在救援行动中可以飞行高度达到 1000 米,拍摄面积超过 20 平方公里,速度可达每小时 120 公里。该案例表明,无人机在应急救援中的作用十分重要,可以快速获取数据信息,帮助救援人员掌握灾区状况,指导救援行动,提高救援效率和质量。

案例二:无人机在灾后评估中的应用

2015 年尼泊尔地震发生后,英国的第一批救援队派出了一架无人机,在受灾地区进行了损失评估和搜救工作。无人机可以快速获取高分辨率的图像和视频,这对于救援队和保险公司来说非常重要,可以更好地确定赔偿金额和处理赔偿事宜。此外,无人机还可以在狭窄或危险的地区进行搜索和救援,以避免救援人员受伤或死亡。

案例三:无人机在风险评估中的应用

保险公司利用无人机技术对风险进行评估,以确定保险费用和赔偿金额。例如,在美国佛罗里达州的海岸线上,保险公司使用无人机监测和评估风险,以确定海洋退潮和潮汐等变化对房屋和基础设施的影响。无人机可以在难以到达的地方悬停,以获取详细的图像和视频,并提供更准确的风险评估。

案例四:无人机在保险销售中的应用

保险公司可以使用无人机来制作营销视频和宣传图像,以展示其产品和服务的特点和优势。例如,全球保险公司 Allianz 在欧洲使用无人机制作了一段宣传视频,介绍其特定的保险产品和服务。该视频通过无人机提供的空中视角,展示了保险产品和服务的覆盖范围和保障能力,吸引了更多的潜在客户。

综上所述,无人机技术为保险和应急管理行业提供了许多新的机会和解决方案。随着技术的不断发展和进步,无人机技术的应用将越来越广泛。

(五) 区块链技术

随着科技的不断发展,保险行业也在不断地寻找新的技术来提高业务效率和降低运营成本。区块链技术因其去中心化、可信、安全等特点,逐渐成为保险行业的热门技术之一。

1. 区块链技术在保险行业中的应用

主要包括数据共享和数据存储。在数据共享方面,区块链技术可以让不同保险公司之间共享数据,例如客户信息、理赔记录等。这样,可以减少数据冗余,提高数据安全性,同时也可以降低保险公司之间的信任成本。在数据存储方面,区块链技术可以实现不可篡改的数据存储,确保数据的真实性和完整性。例如,对于一份保单,可以将其存储在区块链上,以确保数据不会被篡改或丢失。

2. 区块链技术在应急管理中的应用

区块链技术可以提高保险公司对于灾害和意外事件的响应能力。例如,在某个地区发生重大灾害时,保险公司可以通过区块链技术及时获取受灾人员的信息和受损情况,从而快速响应和安排救援和理赔工作。此外,区块链技术还可以帮助保险公司更好地管理数据,提高数据安全性,减少数据冗余,提高数据可靠性和透明度。

3. 经典案例

案例一:区块链理赔

某保险公司是中国的一家大型保险公司,该公司使用区块链技术改进了保险理赔流程,并提高了应急管理的效率。在该公司使用的区块链系统中,客户可以提交索赔申请,并在区块链上记录索赔信息,这使得理赔过程更加透明和安全。此外,该公司还使用区块链技术来记录其业务流程,以提高业务操作的透明度和可追溯性。该公司的这些举措大大提高了客户的信任度,并加强了公司的应急管理能力。

案例二：区块链风险管理平台

2019 年 7 月，某保险与某科技公司共同推出了一款区块链风险管理平台，旨在帮助企业更好地应对风险。该平台运用了区块链技术，具有可追溯性和不可篡改性的特点，可以帮助企业更好地管理风险和降低成本。该平台通过区块链技术实现了资产证券化，让各个资产的信息可以在区块链上被追踪、核实和证明，从而减少风险。同时，该平台还可以实时监控各个风险指标，提供精准的预警和应急响应，有效降低企业在风险事件发生时的损失。此外，该平台还引入了智能合约技术，可以根据不同的风险事件制定相应的应急响应计划，并自动触发相应的应急机制，提高应急响应的效率和准确性。该案例展示了区块链技术在保险行业中应急管理方面的应用，通过利用区块链技术的不可篡改性和可追溯性，可以更加精准地识别风险、降低风险和提高应急响应的效率，从而为企业和客户提供更加安全、可靠的服务。

案例三：贵州省大规模洪水灾害

2018 年，中国贵州省遭受了大规模洪水灾害，许多家庭和企业都遭受了重大的损失。在灾后，由于受灾范围广、涉及面广，估算损失及理赔的工作量巨大，传统的理赔方式已经无法满足需求。当地保险公司采用了区块链技术来实现对受灾人员的快速理赔。他们开发了一款名为"灾后一小时"（Hour After Disaster）的应用程序，通过应用程序和区块链技术，可以实现灾后一小时内的快速理赔服务。当灾害发生后，灾区内的受灾者可以通过这款应用程序上传相关证据和信息，如照片、视频和损失清单等。这些信息将被存储在区块链上，确保信息的安全和可追溯性。同时，应用程序中的智能合约可以自动核实信息的真实性，并将理赔金额快速支付给受灾者。通过区块链技术，当地保险公司可以在短时间内处理大量的理赔申请，并确保理赔的公正性和可靠性。此外，区块链技术的去中心化特性也可以避免因单点故障而导致的服务中断或数据丢失等风险。

综上所述，区块链技术可以为保险行业的应急管理提供更快速、高效、安全和可靠的解决方案，进一步提升了保险行业的服务质量和客户体验。

（六）通讯技术

1. 通讯技术在应急信息传递中的作用

它可以在灾难或紧急情况下，为应急管理人员提供关键的沟通工具和资源。通讯技术的主要作用是支持紧急响应、协调行动和管理事件。它包括各种类型的技术和工具,如移动电话、卫星电话、基站、无线电和单兵通讯装备等。这些技术和工具可以提供多种通讯方式,例如语音、短信、电子邮件和数据传输等,以便应急管理人员在紧急情况下能够更好地协调应对行动。在通讯技术方面,一些新技术正在逐渐应用于应急管理领域。例如,无人机和机器人技术可以帮助应急管理人员收集实时数据,从而更好地了解事件现场的情况。同时,物联网技术可以连接各种设备和传感器,帮助应急管理人员更好地监测和管理事件。这些新技术的出现,将有助于提高应急管理的效率和精确性,提升灾难应对的能力和水平。

2. 经典案例

案例一:基站应急通讯系统在中国地震灾害中的运用

在中国,地震是一种经常发生的自然灾害。2008年5月12日,四川汶川发生了一场7.8级的大地震,造成了超过8万人的死亡和失踪,数百万人的生命财产受到了严重影响。在这场灾难中,通讯网络的瘫痪给应急救援造成了很大的困难,而基站应急通讯系统的运用则成为了救援行动中的重要工具。基站应急通讯系统是一种独立于公共通讯网络的紧急通讯系统,其基本原理是通过卫星或无线电信号实现紧急通讯。这种系统具有自主性、快速响应、广覆盖等优势,可以为救援行动提供快速的通讯支持。在汶川地震中,中国移动等通讯公司采用了基站应急通讯系统,通过卫星信号将移动基站快速投入到受灾地区,为救援人员提供了通讯保障。通过这种方式,救援人员可以及时获取受灾区域的情况,实现快速响应和协调救援。此外,单兵通讯装备也成为了汶川地震救援行动中的重要装备。中国军队通过配备先进的单兵通讯装备,实现了士兵之间、士兵与指挥部之间的快速通讯,提高了救援行动的效率。汶川地震中的通讯救援行动展示了通讯技术在应急管理中的重要性。基站应急通讯系统和单兵通讯装备的运用,极大地提高了救援行动的效率和成功率,为灾民提供了及时的救援和保障。

案例二:2019年江西暴雨灾害[①]

2019年6月9日,江西省赣州市发生特大暴雨灾害,造成巨大损失。当时,作为赣州市人民政府指定的保险公司,某保险赣州分公司迅速启动应急预案,组织开展赔付工作。在灾害发生初期,赣州市电力供应中断,通讯基站也受到影响,导致当地的通讯网络受阻。为了解决通讯问题,该保险赣州分公司

---

① 平安产险赣州分公司:《赣州特大暴雨灾害救援保险理赔纪实》,载《保险经济》2019年第11期。

紧急调派了专业的应急救援队伍,携带单兵通讯装备进入受灾区域。通过单兵通讯装备,救援人员可以保持实时通讯,获取灾情信息,并快速做出救援决策。同时,该保险赣州分公司还积极与其他相关保险公司合作,共同为灾区居民提供支持和救援。通过共享信息和资源,保险公司能够更好地协调行动,提高应对突发事件的能力。此次灾害中,该保险赣州分公司通过应急管理和通讯技术的有机结合,成功开展了保险理赔工作,为灾区居民提供了及时的帮助和支持。

(七)大数据技术

随着信息技术的飞速发展,大数据技术被广泛应用于各个领域,包括应急管理。大数据技术在应急管理中的应用不断增加,对应急管理工作的效率和准确性都有着重要的作用。

1. 大数据技术在应急响应中的应用

在应急响应过程中,大量的信息需要被及时、准确地搜集、分析和处理。大数据技术通过搜集和分析大量的信息数据,可以提供应急响应决策的依据和支撑。大数据技术可以从各种传感器、监测设备、社交媒体等多个渠道收集数据,如气象数据、交通流量数据、地震数据、传染病数据等,从而实现对应急事件发生的快速监测、分析和预测。此外,大数据技术还可以通过人工智能等技术手段,对收集到的数据进行分析和挖掘,以发现潜在的风险和预警信号,帮助应急响应决策者更好地做出决策。

2. 大数据技术在应急救援中的应用

在应急救援过程中,大数据技术可以帮助救援人员更好地了解救援现场的情况,包括人员伤亡情况、物资储备情况、道路交通情况等,从而做出更准确的救援决策。同时,大数据技术还可以帮助救援人员快速了解受灾区域的地形地貌,优化救援路线,提高救援效率。在救援过程中,救援人员可以通过无人机、传感器等设备实时采集数据,帮助救援指挥中心及时了解救援现场的情况,实现救援信息的实时共享。

3. 大数据技术在灾后重建中的应用

在灾后重建过程中,大数据技术可以帮助政府部门和相关机构更好地了解受灾区域的情况,包括灾害损失的情况、灾后基础设施的状况等,从而制定更科学、更有效的重建方案。同时,大数据技术还可以帮助政府部门和相关机构进行风险评估,预测未来可能发生的灾害,制定相应的应对措施

4. 经典案例

案例一：云南省丽江市强降雨和洪涝灾害

2016年，中国云南省丽江市受到强降雨和洪涝灾害的袭击，大量房屋和道路受损，给当地居民和企业造成了巨大的财产损失。某保险作为中国领先的保险公司之一，利用大数据技术，快速响应此次灾害，为客户提供全面的理赔服务。某保险通过收集和分析大量的气象、地理、社会等数据，精准地把握灾害范围和程度，快速制定应急响应计划，并将理赔服务分为"快速理赔"和"特殊理赔"两种方式。通过大数据技术，某保险还可以自动识别保险申请的真实性和准确性，避免了保险欺诈行为的发生。某保险的应对措施为当地居民和企业提供了及时有效的保险理赔服务，同时也为中国保险业的发展提供了有力支持。

案例二：珠海市台风灾害

2019年，中国广东省珠海市突发台风，给当地居民和企业造成了巨大的财产损失。某保险利用大数据技术，开展了针对台风的灾后保险理赔服务，保障客户权益。某保险运用大数据技术，通过分析气象数据、交通数据、地理数据等多种数据，精准预测台风可能造成的影响范围和损失，同时将理赔服务分为普通理赔和快速理赔两种模式。在快速理赔方面，太平洋保险引入了智能理赔机器人和在线理赔系统，为客户提供更加高效和便捷的理赔服务。某保险的应对措施得到了当地客户的高度认可和赞誉，也为保险公司提高灾害应对能力和保障客户权益提供了有力支持。

（八）虚拟现实技术

虚拟现实技术（Virtual Reality，VR）是一种近年来快速发展的新兴技术，在应急管理领域也得到了广泛的应用。虚拟现实技术通过计算机生成的虚拟环境，能够让使用者在真实环境之外的虚拟环境中进行身临其境的体验，实现人机交互。虚拟现实技术的应用，可以有效地提升应急管理的效率和准确性。虚拟现实技术在应急管理中的应用主要体现在以下几方面：

1. 培训与演练

虚拟现实技术可以模拟出各种应急场景，提供虚拟的演练环境，使应急管理人员能够在模拟的场景中进行实战演练，提高应急管理的水平。同时，虚拟现实技术还可以模拟出各种灾难现场，让应急管理人员进行灾难情况下的实战演练，以便更好地了解应急管理的工作流程，加强应急管理人员的培训。

2. 现场指挥

虚拟现实技术可以在现场建立虚拟环境,应急指挥人员通过 VR 设备可以观察到虚拟环境中的情况,实现指挥现场的作用。在实际的应急现场中,指挥人员可以通过 VR 设备实时监控虚拟现场的情况,制定更加准确、有效的应急预案,提高应急管理的效率和准确性。

3. 情报采集和处理

虚拟现实技术可以模拟出各种灾害情况,并通过传感器和监测设备获取相关数据,包括地面温度、气象、水文等,将这些数据进行分析和处理,帮助应急管理人员了解实时情况和未来趋势,以便更好地做出应对决策。

4. 资源调配

虚拟现实技术可以通过 3D 建模和虚拟现实技术,建立各种应急场景,包括灾难现场、疏散路线、物资储备、人员调度等等。应急管理人员可以通过 VR 设备观察虚拟环境中的情况,并进行虚拟调配,帮助更好地调度各种资源,提高应急管理的效率和准确性。

5. 经典案例

案例一:虚拟现实技术在保险理赔中的应用

某保险集团利用虚拟现实技术开发了"理赔全景 VR 体验平台",通过虚拟现实技术,将车辆事故现场、医院诊疗室等场景模拟出来,让客户可以通过 VR 眼镜进行身临其境的体验。客户可以通过平台了解理赔流程,提高理赔速度和准确性,同时提高客户满意度。

案例二:虚拟现实技术在灾害应急管理中的应用

浙江省应急管理厅利用虚拟现实技术开发了"VR 应急演练系统",模拟火灾、地震等灾害场景,通过虚拟现实技术让参与者身临其境,进行实战演练,提高应急反应能力和应对灾害的能力,从而减少灾害损失。

案例三:虚拟现实技术在教育培训中的应用

某保险公司利用虚拟现实技术,开发了"虚拟保险公司体验馆",通过 VR 技术模拟保险公司的经营环境和流程,让员工可以进行实战培训和模拟演练,提高员工的业务水平和服务质量,优化客户体验。

案例四:虚拟现实技术在安全生产中的应用

中石化集团利用虚拟现实技术开发了"安全教育 VR 系统",通过虚拟现实技术模拟危险场景,让员工身临其境,进行安全操作演练和事故应急处理,提高员工安全意识和安全技能,降低安全事故的发生率。

案例五：虚拟现实技术在保险理赔中的应用

某保险公司与华为公司合作,利用虚拟现实技术来提高车险理赔效率。使用 VR 眼镜,理赔员可以实时获取事故现场的信息,快速完成理赔流程。此外,该技术还可以在事故现场生成 3D 模型,提供更准确的事故重建和判断,减少理赔纠纷的发生。

案例六：虚拟现实技术在消防救援中的应用

广东省消防总队引入虚拟现实技术,用于培训和模拟实战演练。在模拟的环境中,消防员可以模拟火灾、煤气泄漏等现场情况,快速做出正确的处置决策。此外,还可以通过 VR 技术实时监测消防员的身体指标,提高救援效率和安全性。

案例七：虚拟现实技术在应急指挥中的应用

福建省应急管理厅与福建师范大学合作,利用虚拟现实技术开发了"数字福建"应急指挥系统。该系统可以模拟各类灾害和应急事件,为应急指挥员提供真实的应急决策环境。此外,该系统还可以与传感器、监控设备等现有设施结合使用,实时获取事故现场的信息,提供决策支持。

综上所述,虚拟现实技术在保险和应急管理领域有广泛的应用前景。通过虚拟现实技术的应用,可以提高保险理赔效率,增加应急救援效率和安全性,提高应急指挥水平。未来,随着虚拟现实技术的不断发展和完善,其在保险和应急管理领域的应用将越来越广泛。

(九) 数字孪生技术

1. 数字孪生技术在应急决策中的应用

是一种将实体物体或系统的数字化复制品与其真实世界同步更新的技术。数字孪生技术由数字模型和传感器数据组成。数字模型可以是三维模型、模拟模型等,传感器数据可以来自传感器、物联网设备和其他可用数据。数字孪生技术通过从现实世界中收集数据、实时分析和模拟现实世界,提供有关物体或系统运行状况的信息,以优化运营和管理。数字孪生技术有三个核心组成部分:物理世界的物体、数字孪生模型和连接两者的传感器网络。通过数字孪生技术,我们可以使用数据分析和建模技术来优化实体世界中的过程,提高效率并减少成本。

2. 经典案例

案例一：数字孪生技术在台风防御方面的应用

数字孪生技术可以为台风防御提供强有力的支持。在浙江省宁波市,专家们利用数字孪生技术建立了一个高精度的台风模拟平台,可以在台风到来前提前预测台风对建筑物、水利设施、交通运输等基础设施的影响,为应急管理提供更准确的决策依据。

案例二:数字孪生技术在城市规划中的应用

数字孪生技术可以为城市规划提供更全面、更准确的数据支持。例如,在英国布里斯托尔市,专家们建立了一个数字孪生城市,利用大量的传感器和监控设备收集城市各种数据,并建立了一个复杂的城市模型,可以在模拟中进行各种实验和测试,为城市规划提供更精确的数据基础。

案例三:数字孪生技术在灾后重建中的应用

数字孪生技术可以为灾后重建提供更高效的方案。例如,在四川汶川地震灾后重建中,专家们利用数字孪生技术建立了一个三维模型,可以对灾区进行精确的测绘和重建规划,并为灾民提供更科学的安置和重建方案。

案例四:数字孪生技术在应急演练中的应用

数字孪生技术可以为应急演练提供更真实的模拟环境。例如,在上海市浦东新区,专家们利用数字孪生技术建立了一个三维模型,模拟了火灾、地震等突发事件场景,并且还可以模拟出不同人员和设备的应急响应情况,为应急演练提供了更为真实的环境。

（十）应急指挥技术

在突发事件发生时,组织和协调应急资源,快速、高效地指挥和决策的技术手段。在应急管理领域中,应急指挥技术是非常重要的一部分,其核心目标是减少损失、保护生命和财产安全。应急指挥技术包括以下几个方面:

1. 指挥中心建设

建设应急指挥中心,通过信息化手段,对各级应急资源进行整合,提高应急指挥效率。

2. 指挥流程

建立科学、规范的指挥流程,确保指挥决策的准确性和高效性。

3. 应急指挥系统

建立适应不同应急情况的指挥系统,如消防指挥系统、医疗救援指挥系统等。

4. 应急预案

建立完善的应急预案,明确各级责任、流程和资源配置,提前做好应急准备。

5．指挥员培训

开展应急指挥员培训，提高应急指挥员的应变能力和决策能力。

6．技术装备

配备先进的应急指挥技术装备，如视频监控、卫星通讯、无人机等，提高应急指挥的科技含量和精准度。

7．经典案例

案例一：2020 年重庆市南川区"8·15"特大山洪灾害

2020 年 8 月 15 日，重庆市南川区遭遇了特大山洪灾害，造成巨大损失。重庆市委市政府及时成立抗洪救灾指挥部，并采用应急指挥技术，及时收集、传输、分析和共享灾情信息，实现了指挥、调度和决策的快速响应，提高了救援效率和准确性。

案例二：2019 年江西省九江市濂溪区"6·17"特大暴雨洪涝灾害

2019 年 6 月 17 日，江西省九江市濂溪区遭遇了特大暴雨洪涝灾害，给当地人民的生命财产造成了严重威胁。当地政府及时启动应急指挥体系，通过应急指挥技术对灾情信息进行及时采集、传输、处理和共享，实现了指挥、调度和决策的快速响应，有效提高了救援效率和准确性。

案例三：2020 年河南省洛阳市特大暴雨洪涝灾害

2020 年 7 月 20 日至 22 日，河南省洛阳市遭受了特大暴雨洪涝灾害，给当地人民的生命财产造成了严重威胁。当地政府及时成立抗洪救灾指挥部，通过应急指挥技术对灾情信息进行及时采集、传输、处理和共享，实现了指挥、调度和决策的快速响应，有效提高了救援效率和准确性。

综上所述，应急指挥技术是应急管理的重要组成部分，其有效运用可以提高应急处置的效率和准确性，降低突发事件对社会的影响。

第二节　科技在保险与应急管理领域的展望

随着科技的不断发展，保险与应急管理领域也将不断迎来新的技术与应用。以下是一些可能的未来趋势：

一、人工智能技术的发展将让保险和应急管理更加智能化

人工智能可以帮助自动化理赔和风险评估等流程，同时通过对数据的分

析和学习,提高精准度和效率。例如,基于图像识别技术的车辆定损和理赔,通过分析照片或视频中的车辆损伤情况,自动给出理赔方案。此外,基于自然语言处理技术的保险产品咨询、客服和风险评估等,也将大幅提高效率。

二、数字化技术将会推动保险和应急管理的数字化转型

物联网技术可以使得保险产品更加个性化和定制化,同时提高数据采集和分析的精准度。区块链技术可以提高数据安全性和可信度,为保险业务提供更好的保障。此外,大数据技术和数字孪生技术也可以帮助保险和应急管理更好地理解和管理风险。

三、3S 空间技术和无人机技术将推动保险和应急管理更加可视化

这些技术可以帮助实现实时监测和数据采集,提高应急响应和风险评估的效率和精准度。例如,无人机技术可以用于灾害现场的数据采集和图像传输,帮助指挥中心快速掌握灾情,以便更快地做出应对措施。

四、应急指挥和应急演练技术将使得保险和应急管理更加全面化

应急指挥系统可以通过预警、监测、指挥、调度和应急处置等多个环节,对灾害应急工作进行全面的管理和协调。应急演练也可以帮助各类应急人员进行针对性培训和实战演练,提高应急响应能力。

总之,科技在保险和应急管理领域的应用将会越来越广泛,未来也将会有更多新的技术出现并运用到这些领域中。我们需要密切关注科技发展的趋势和新技术的应用,不断创新和完善相关技术和系统,以提高保险和应急管理的效率和水平,更好地保障人民群众的生命财产安全。当然,技术的发展不仅是便利,也会带来新的问题和挑战,比如网络安全问题。随着科技的不断发展,保险和应急管理机构需要将网络安全放在更重要的位置上,加强网络安全意识和技术防范能力。同时,技术的运用也需要严格遵守相关法律法规和道德规范,避免对个人隐私和社会稳定带来不良影响。

后　记

　　2024 年是民太安成立的第 30 个年头，在从无到有、从小到大的发展历程中，全体民太安人以"服务人民太平安康"为使命，在保险公估与应急管理两个领域勤奋耕耘，取得了一定成绩，积累了丰富的作业场景和专业技能。

　　为充分总结多年来的实践经验，更好地服务于中国的应急管理和保险事业，民太安集团和深圳市应急管理学会在 2023 年 1 月初成立了《应急管理理论与实务》编委会，经过一年多的艰苦努力，终于能够将这本并不完善的书奉献给大家。

　　民太安集团董事长、深圳市应急管理学会会长杨文明担任本书的主编，提出了本书的方向性倡议，确定了全书的结构性框架，明确了写作的基本要求，动员和组织了精干的团队，主持了全书的编撰及书稿终审工作。

　　民太安风险管理研究院执行院长、深圳市应急管理学会秘书长许尧作为本书的总编审，负责组织全书的选题策划、进程督导、结构调整、书稿核改、图书出版等工作。

　　民太安财产保险公估股份有限公司和深圳市应急管理学会对本书编写给予了最大程度的支持，编委会成员主要来自于上述两家单位。深圳市应急管理学会会长助理陈珑凯、技术总监唐敏康承担了部分章节的审核修改工作和团队协调工作。

　　本书集中了民太安集团和深圳市应急管理学会二十余名管理者和技术骨干的力量，得到了来自深圳市城市公共安全技术研究院、深圳保险学会、天津国际工程咨询集团有限公司等兄弟单位部分科研人员的支持，感谢他们将自己多年来积累的专业知识和心得凝练汇集成这本"厚重"的著作。尽管编委会再三审阅修改书稿，但错漏之处仍难以避免，依照学术界的规则，本书编写遵循文责自负原则。

本书总体包括理论与实践两大板块,横贯自然灾害、社会安全、安全生产、保险等四个领域,各章的对应作者如下:

风险与应急管理理论篇

第一章	中国特色应急管理体系的发展变革与制度建设	许 尧	
第二章	自然灾害风险与灾害学的理论探索	许 尧	
第三章	社会风险与冲突管理学的理论探索	许 尧	
第四章	企业安全生产风险与管理理论	梁 虹	
第五章	商业保险与风险管理理论	万 鹏	刘竹恒

自然灾害及应急机制篇

第六章	突发事件应急演练实务	孙明哲	
第七章	综合减灾社区创建	黄晶晶	焦圆圆
第八章	室内应急避难场所管理实务	胡 可	
第九章	应急救援队伍体系与能力建设	陈珑凯	
第十章	人员密集场所突发事件预防与应急处置实务	陈珑凯	
第十一章	应急第一响应人培训体系建设	梁 虹	陈鸿婷
第十二章	突发事件跨区域应急联动机制建设	万素萍	梁 虹
第十三章	自然灾害信息报送机制及其完善	张 蓉	许 尧
第十四章	自然灾害损失评估的规范与方法	许 尧	

社会安全实务篇

第十五章	社会稳定风险评估实务	赵心田 齐师杰 刘骁勇	
第十六章	社会冲突化解的网络渠道建设	许 尧	
第十七章	保险与社会冲突风险管理	万 鹏	

安全生产实务篇

第十八章	风险分级管控与隐患排查治理	范伟全	
第十九章	生产经营单位安全生产标准化建设	鲍军欢	赵向利
第二十章	危险化学品行业常见安全隐患及治理	梁平华	
第二十一章	建筑行业常见安全隐患及治理	欧鸿春	
第二十二章	道路交通行业常见安全隐患及治理	胡赤平	栗丽兵
第二十三章	工贸行业常见安全隐患及治理	邓永沛	
第二十四章	生产安全事故损失计算	白 峰	

保险、科技与应急管理篇

在此特别感谢南开大学刘茂山教授,原国务院应急管理专家组组长、原国家减灾委专家委副主任闪淳昌参事为本书做序,感谢原中国银保监会副主席陈文辉先生为本书撰写导读,他们的肯定和鼓励给予了我们进一步前行的信心和动力。感谢北京师范大学史培军教授及其团队,感谢南开大学刘玮教授及其团队,感谢他们长期以来对民太安的支持,我们在多次合作和研讨中增进了对保险与应急管理的理论认知和实践自觉;感谢深圳市应急管理局、深圳市交通局等单位的领导和同仁,本书的诸多章节来自于我们服务深圳应急过程中的心得和体会,没有他们的支持,我们就无法深入了解应急这个复杂而专业的领域。

同时,感谢上海三联书店钱震华先生为本书的高质量出版贡献的辛勤劳动!感谢民太安诸多未列入编委会名单但长期奋战在安全应急条线的诸多技术和管理人员,他们积累的诸多案例也是本书创作的重要资料来源。

以此铭记全体为本书出版贡献智慧和汗水的人们!

也以此作为民太安安全应急事业发展的节点性成果,奉献并求教于广大理论和实务工作者!

《应急管理理论与实务》编委会

2024 年 1 月 10 日

图书在版编目(CIP)数据

应急管理理论与实务 / 杨文明主编.
—上海：上海三联书店，2024.

ISBN 978-7-5426-8390-8

Ⅰ.①应⋯　Ⅱ.①杨⋯　Ⅲ.①突发事件—公共管理
Ⅳ.①D035.29

中国国家版本馆 CIP 数据核字(2024)第 012621 号

应急管理理论与实务

主　　编　杨文明

责任编辑　钱震华
装帧设计　陈益平

出版发行　上海三联书店
　　　　　中国上海市威海路 755 号
印　　刷　上海晨熙印刷有限公司

版　　次　2024 年 1 月第 1 版
印　　次　2024 年 1 月第 1 次印刷
开　　本　700×1000　1/16
字　　数　795 千字
印　　张　47
书　　号　ISBN 978-7-5426-8390-8/D·618
定　　价　98.00 元